SANGZHI YEARBOOK 2018

桑植年鉴

（2018）

桑植年鉴编纂委员会　编

方志出版社
Publishing House of Local Records

图书在版编目（CIP）数据

桑植年鉴. 2018 / 桑植年鉴编纂委员会编 . --
北京：方志出版社，2019.10
ISBN 978-7-5144-3923-6

Ⅰ. ①桑…　Ⅱ. ①桑…　Ⅲ. ①桑植县— 2018 —年鉴
Ⅳ. ① Z526.44

中国版本图书馆 CIP 数据核字（2020）第 037429 号

桑植年鉴（2018）

编　　者： 桑植年鉴编纂委员会
责任编辑： 李志瑜

出 版 者： 方志出版社
地址　北京市朝阳区潘家园东里 9 号（国家方志馆 4 层）
邮编　100021
网址　http://www.fzph.org
发　　行： 方志出版社图书经销中心
电话　（010）67110500
经　　销： 各地新华书店
排　　版： 北京中文天地文化艺术有限公司
印　　刷： 北京中科印刷有限公司

开　　本： 889 × 1194　　1/16
印　　张： 23.75
字　　数： 649 千字
版　　次： 2019 年 10 月第 1 版　2019 年 10 月第 1 次印刷

ISBN　978-7-5144-3923-6　　　**定价：** 308.00 元

序

贫困问题一直是困扰人类社会发展的重大问题。中国作为世界上最大的发展中国家，为解决贫困问题进行了长期不懈的努力。改革开放以来，特别是党的十八大以来，以习近平同志为核心的党中央把脱贫攻坚作为全面建成小康社会的底线任务和标志性指标，纳入“五位一体”总体布局和“四个全面”战略布局，以前所未有的力度推进精准扶贫、精准脱贫，扶贫开发成就举世瞩目，显著改善了贫困地区和贫困群众生产生活条件，具有重大的现实意义和深远的历史意义。身处中华民族几千年发展历史上将首次整体消除绝对贫困现象的伟大时代，如何更好地发挥地方志的存史、育人、资政的作用，是新时代全国地方志系统必须深入研究和着力解决的重大课题。

党的十八大以来，在党中央国务院的正确领导下，全国地方志系统深入学习贯彻习近平新时代中国特色社会主义思想，紧紧围绕党和国家事业发展需要，深入推进地方志改革创新发展，凝心聚力，稳扎稳打，勇于担当，主动作为，全国地方志形势和地方志工作者的精神面貌发生了深刻变化，取得了优异成绩。其中，为贯彻落实《全国地方志事业发展规划纲要（2015—2020 年）》，经中国地方志指导小组领导批准，中国地方志指导小组办公室于 2015 年、2017 年先后启动民族地区与贫困地区志书、年鉴出版资助工程（以下简称“志鉴出版资助工程”），对国家级贫困县（区、旗、县级市），中西部地区、少数民族边疆地区面临出版经费困难的志书和综合年鉴给予出版资助。实施志鉴出版资助工程是紧扣时代脉搏、坚持创新发展、传承弘扬中华优秀传统文化的一项创举，不仅有力推动了“两全目标”的实现，而且数十部资助出版的志书、年鉴及时记述了民族地区与贫困地区在全面建成小康社会伟大征程中取得的新成绩和新经验、出现的新情况和新问题、涌现的优秀人物和典型事迹，留住地方文化的“根”和“魂”，为这些地区的经济社会发展、地域文化传播、爱国主义教育、精神文明建设等提供了历史借鉴和智力支持，对全面提升民族地区与贫困地区文化建设水平、确保民族地区与贫困地区和全国其他地区同步全面建成小康社会具有重要意义。

尤为可喜的是，志鉴出版资助工程促成了一批扶贫志书的编纂出版，在文化脱贫攻坚中发挥了独特的作用。例如，《贵州省减贫志》全面系统客观记述了从 1978

年至 2015 年贵州省扶贫、减贫工作的历程及取得的经验，为贵州省实施大扶贫战略提供了有力的资政辅治参考，集中体现了地方志工作因时而动、顺势而为的新作为。前不久，由福建省地方志编委会和人民网共同编纂的《闽宁扶贫协作图志》，是全国首部扶贫协作图志，图文并茂、直观立体、全方位地展现闽宁扶贫协作波澜壮阔的历程，弘扬“闽宁一家亲”“携手奔小康”的深厚情谊和滴水穿石、久久为功的精神，是贯彻落实习近平总书记扶贫工作重要论述精神，服务国家精准扶贫、精准脱贫战略的有力举措。希望各地以此为鉴，编纂出版更多、更好的扶贫志书、年鉴，助力国家精准扶贫、精准脱贫战略的实施，充分展现地方志的独特价值和作用。

当前，我国脱贫攻坚已进入全面决战决胜的关键时期，尚未脱贫的贫困地区集中分布在中西部深山区、极端干旱山区、高寒阴湿地区等，文化建设还比较薄弱，文化产品还不够丰富，文化精品更是少之甚少。同时，这些地区往往是民族文化、历史文化、红色文化、生态文化富集区，具有发展文化旅游、推进文化扶贫的巨大潜在优势，也是繁荣发展地方志事业的巨大文化宝库。要发挥好文化扶贫凝聚人心的优势，善于利用方志文化优势为贫困地区“赋能”，在脱贫攻坚中做出方志人应有的贡献。要发挥好中国名镇志文化工程、中国名村志文化工程的引领作用，大力加强乡镇村志编纂，让百姓记得起乡情、记得住乡愁，凝聚贫困乡镇村庄的强大民心，补齐贫困乡镇村庄的文化短板，以“扶智”的方式“扶志”，践行习近平总书记强调的“扶贫先扶智，扶贫必扶志”的重要理念。

求木之长者，必固其根本；欲流之远者，必浚其泉源。扶贫扶起的是志气骨气，传承的是家国情怀，守护的是绿水青山。扶贫既要富口袋，也要富脑袋。必须坚持文化脱贫和物质脱贫两手抓，筑牢贫困地区文化之基，补足信仰精神之钙，引领脱贫发展之舵。全国地方志系统要围绕中心、服务大局，坚决投入脱贫攻坚这场必须打赢的硬仗，积极参与脱贫攻坚战，发挥优势和特长，深入挖掘文化资源，着力补齐文化短板，努力帮助民族地区与贫困地区的文化建设实现较大的发展提升，在全面建成小康社会、实现中华民族伟大复兴中国梦的征程中贡献方志人的力量。

是为序。

中国社会科学院院长
中国地方志指导小组组长　谢伏瞻

民族地区与贫困地区年鉴出版资助工程领导小组

组　　　长：高　翔

常务副组长：冀祥德

副　组　长：高京斋　邱新立

民族地区与贫困地区年鉴出版资助工程领导小组办公室

主　　　任：冀祥德

副　主　任：邱新立

成　　　员：于伟平　刘永强　冷晓玲　李　静

《桑植年鉴》编纂委员会

《桑植年鉴》编辑部

《桑植年鉴》分类编辑

谷志锦：县委办、组织部、宣传部、统战部、党校、档案局、信访局、老干局、编委办、接待办、扶贫办、巡察办、纪委（监委）、住建局、房管局、规划局、安监站、自来水公司、天然气公司、城管局、公积金管理部、环保局、经科局、教育局、文体广新局、文物局、电视台、文化行政执法大队、澧源镇、瑞塔铺镇、空壳树乡、竹叶坪乡、走马坪白族乡、人潮溪镇

钟　锐：人大办、政府办、人社局、政务中心、旅外局、民政局、移民局、党史研究室、商务粮食局、盐务局、石油公司、供销联社、旅外局、八管处、风景名胜区管理局、贺龙纪念馆、人行、建行、工行、中行、农商银行、华融湘江银行、官地坪镇、马合口白族乡、芙蓉桥白族乡、刘家坪白族乡、洪家关白族乡、桥自弯镇

彭红梅：政协办、总工会、团县委、妇联、工商联、科协、残联、红十字会、发改局、国土局、统计局、审计局、食工质局、安监局、经科局、工业园、国网桑植供电公司、卫计局、疾控中心、妇幼保健和计划生育服务中心、人民医院、中医院、卫计监督执法局、凉水口镇、沙塔坪乡、龙潭坪镇、五道水镇、八大公山镇、河口乡

陈智慧：人武部、消防大队、人防办、政法委、公安局、检察院、法院、司法局、农业农村工作局、畜牧水产局、林业局、水利局、气象局、水文局、农经站、烟草局、交通局、交通运输管理所、交通质量安全监督管理所、公路局、海事处、邮政局、电信、移动、联通、财政局、国税局、地税局、人民保险公司、人寿保险公司、泰康人寿公司、上河溪乡、陈家河镇、廖家村镇、上洞街乡、利福塔镇

《桑植年鉴》部门供稿人员

（以姓氏笔画为序）

丁　声　邓碧丹　韦　强　王　敏　王　阐　王弘毅　王立恒
王仙凤　王成均　王红艳　王兆雄　王丽雪　王晨妍　王婉容
田　敏　田坚强　付一婕　冯　成　冯芳兰　印显爱　刘　勇
刘　浩　刘　燕　刘力嘉　刘纪建　刘湘硕　刘雅静　刘德虎
向　伸　向　涛　向必帅　向克清　向师帅　向有为　向绍武
向松青　向剑波　向俊盼　向俊儒　向绪友　向辉霞　向碧辉
朱　彦　朱银珍　陈　辉　陈　颉　陈　静　陈自辉　李陈君
陈志清　陈建民　陈明月　陈思敏　陈海英　陈蕾霜　谷　曼
谷　婕　谷飞翔　谷林衍　谷晓平　谷祥武　谷辉军　谷群华
李　欢　李　励　李　梅　李　巍　李冰洁　李清云　邵　钰
宋秋月　沈英华　吴　芳　吴玉琴　吴光辉　张　伟　张　莉
张　琴　张　媛　张红霞　张作军　张细刚　张杰程　张春秀
张爱新　张晓英　张绮君　张琳玲　孟春霞　尚　军　尚秋雨
周业萍　周立清　郑　涛　姜　勇　钟　亚　钟　实　钟　侦
钟　亮　钟　婕　钟广博　钟小艳　钟小辉　钟立平　钟金山
钟学明　钟高文　钟峥嵘　胡　弦　唐　旭　唐　鑫　唐美华
莫银屏　莫翠华　符　玲　黄丽娟　庹湘望　庹树琴　廖春雨
廖海波　彭　娟　彭立梅　彭丽娜　彭恩泽　彭琳媛　覃　棱
谢雨清　喻淑红　曾晓莉　甄　琪　甄　霞　熊　英　瞿　稳

编 辑 说 明

一、《桑植年鉴（2018）》坚持马克思列宁主义、毛泽东思想、邓小平理论、“三个代表”重要思想、科学发展观、习近平新时代中国特色社会主义思想为指导，坚持辩证唯物主义和历史唯物主义的立场、观点和方法，全面系统地记载了全县政治、经济、文化、科技、教育、卫生、军事以及社会各项事业所取得的成绩和积累的丰富经验。

二、《桑植年鉴（2018）》是桑植县地方志编纂委员会办公室编纂的县级地方综合年鉴，是记载桑植县2017年社会发展变化的综合性史料书籍，是展示全县各项建设成果的有效载体。

三、《桑植年鉴（2018）》的编纂，旨在总结过去、宣传桑植、给各级各部门领导科学决策提供可靠的借鉴依据，并为下一轮编修《桑植县志》积累丰富资料。

四、《桑植年鉴（2018）》采用条目体，由特载、专文、大事记、部门分类记载、领导简介、先进模范简介和反映全县概况的主要统计数据、附录等主要内容构成。内容的起止时间为2017年1月至12月，少数内容为了解事物原委并反映其全貌，上溯至发端或延至完成之时。条目标题用黑体字加【 】以示醒目。

五、《桑植年鉴（2018）》的人物部分，人物简介刊载的是2017年新任的及之前任职未刊载的副处级以上领导干部和荣获国家、省（部）、省厅级表彰的先进模范人物。在以前编纂的年鉴当中已登录简介的，不重复介绍。各单位正文之前的领导名录，收录的是时间断限内在相关单位任正副实职的人员。

六、《桑植年鉴（2018）》所需文字、图片资料，主要由县域内各有关单位（含全县行政企事业单位、中央省市垂直管理单位、较具规模的民营和个体私营企业）提供。有关数据大多以统计部门的统计公报和有关统计报表为准，统计部门未涉及的，由主管部门提供。

七、由于统计数据的来源、口径、方式或时间的不同，部分数据可能存在差异，请以统计局提供的统计资料为准。

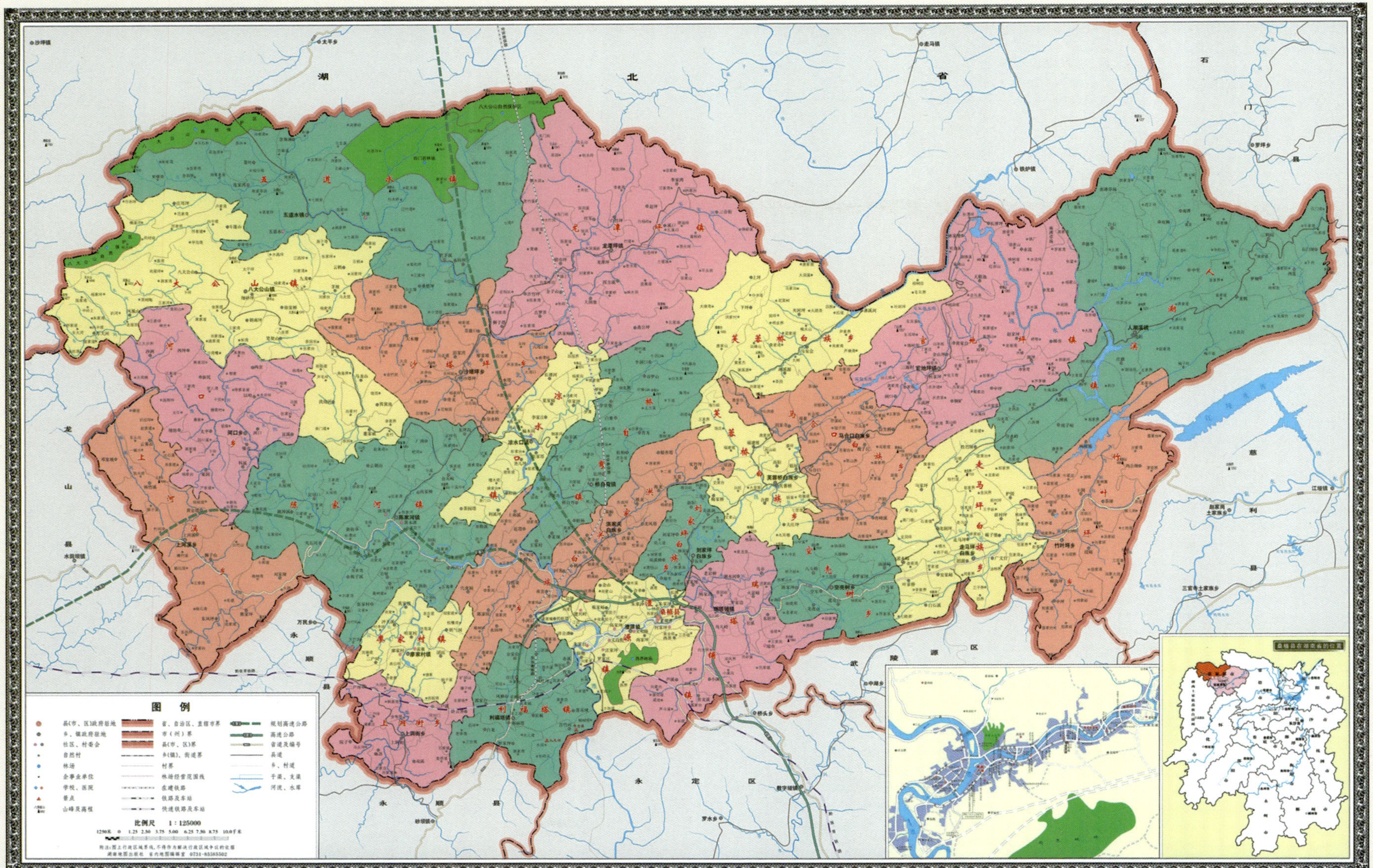

桑植县人民政府编制 湖南省民政厅监制 地图审图号：湘S（2016） 号 地图书号：1280552· 湖南省行政区划系列图编号：
湖南地图出版社编制出版 二〇一六年十一月

县　城

桑植县城全景　　曹　斌　摄

桑植县行政中心　　曹　斌　摄

中国共产党桑植县第十二届四次全体（扩大）会议

2017 年 5 月 2 日，县委书记刘卫兵（中）督查环保工作

2017 年 6 月 28 日，参加桑植县委召开的“喜迎十九大”七一表彰大会全体党员，向党宣誓，重温入党誓词

中国共产党桑植县第十二届委员会委员

县委办公室　提供

人　大

桑植县第十七届人民代表大会第二次会议顺利召开

2017 年 8 月 14 日，县人大机关党支部开展主题党日活动，参观贺龙纪念馆

2017 年 7 月 9 日，县人大常委会主任皮运舰（左）在五道水镇查看灾情，走访慰问贫困户

桑植县第十七届人大常委会主任：皮运舰（左三）；副主任：张东林（右三）、王云（左二）、王军（右二）、韦先娥（左一）、彭英（右一）

县人大办公室　提供

桑植县第十七届人民政府第二次全体（扩大）会议

2017年12月3日，张家界市委副书记、市长刘革安调研桑植县落实环保督察反馈问题水电站整改工作

2017年10月7日，桑植县人民政府县长赵云海（左）与长沙师范学院院长李学全（右）签约

政协桑植县第九届委员会第二次全体会议

县委书记刘卫兵（右一）、县政协主席熊正元（右二）在政协桑植县九届二次会议期间到宾馆看望参会的政协委员

2017 年 10 月 27 日，政协桑植县委员会退休老同志和在职工作人员一同考察建设中的张桑高速公路

县政协办公室　提供

2017年3月16日，省委副书记、省长许达哲（前右）在刘家坪白族乡新阳村看望“一户一栋，集中建、给补助”整体搬迁集中安置户和“一户一套，集中建，免费住”农村特困家庭安居工程“阳光院”建档立卡贫困户

李维跃　摄

县委书记刘卫兵（左一）在禾佳农业产业园向省长许达哲（右一）、副省长陈向群（中）一行介绍桑植县扶贫工作情况

李维跃　摄

许达哲一行瞻仰贺龙纪念馆、贺龙故居，向贺龙铜像敬献花篮　李维跃　摄

2017年5月2日，中共张家界市委书记、市人大常委会主任虢正贵到桑植县澧源镇西界村，看望慰问建档立卡贫困户，就脱贫攻坚重点工作进行调研

李维跃　摄

张桑高速公路——桑植县与永定区交界的沿溪坡路段

李维跃　摄

张桑高速公路——桑植黄香湾隧道　　李维跃　摄

通往张桑高速公路桑植东站的酉水大桥

李维跃　摄

双门岛澧水大桥全貌　　李维跃　摄

双门岛澧水大桥二桥　　李维跃　摄

在红二方面军长征出发地刘家坪，采访团一行循着红色记忆，参观了红二方面军长征纪念馆，并在红二方面军长征出发地纪念碑前合影留念　　　　　李维跃　摄

采访团实地采访桑植县创新探索出的“一户一栋，集中建、给补助”的整体搬迁集中安置和“一户一套，集中建，免费住”的农村特困家庭安居工程“阳光院”扶贫模式。图为副县长陈海涛在禾佳农业产业园向采访团记者介绍产业扶贫情况

2017 年 7 月 18 日，“直播洪家关，民歌天下传”，第二届中国张家界民俗活动月暨首届国际网红直播洪家关活动拉开帷幕

第二届中国张家界民俗活动月暨首届国际网红直播洪家关活动中，洪家关白族乡艺人为海内外游客表演《桑植锣鼓》　　　　　李维跃　摄

2017 年 6 月 8 日，修葺后的省级文物保护单位——贺龙刀劈芭茅溪盐局旧址正式开放

李维跃　摄

2017 年 6 月 8 日，县政协主席熊正元（左一）等县领导和群众，参观贺龙刀劈芭茅溪盐税局旧址

李维跃　摄

桑植烈士陵园　　曹开胜　摄

桑植烈士纪念碑
曹开胜　摄

桑植烈士陵园烈士墓
曹开胜　摄

2017 年 11 月 10 日，2017 第三届张家界—桑植民歌节开幕仪式在贺龙体育馆举行　　李维跃　提供

桑植县县长赵云海主持并参加桑植民歌节活动
李维跃　摄

桑植民歌节文艺演出　　李维跃　摄

2017 桑植民歌王总决赛活动现场全貌
李维跃　摄

参加桑植民歌王总决赛的桑植民歌歌手
李维跃　摄

思源学校揭牌仪式
李维跃　提供

2017 年 9 月 1 日，思源学校揭牌。(左起：县领导阙玉英、韦先娥、杨绍武、王茂蓉)为学校揭牌
李维跃　提供

2017 年 8 月 31 日，思源实验学校建成正式开学前，县长赵云海(左三)到学校了解情况
李维跃　提供

参加开街活动的市县领导和人民群众同唱歌曲《没有共产党就没有新中国》

李维跃　摄

市委常委、组织部部长艾可知和县委书记刘卫兵为开街活动揭幕

李维跃　摄

参加“三月三”活动的陈、彭、谷、王、钟、刘、李、赵、朱、熊等诸姓后人代表在白族神堂前合影

李维跃　摄

在“三月三”文化活动上，县、乡有关领导为桑植非遗传承人颁发证书

李维跃　摄

桑植猕猴桃产业

桑植县陈家河镇蔡家坪猕猴桃产业园
曹开胜　摄

桑植县陈家河镇蔡家坪猕猴桃产业园盛产的猕猴桃
曹开胜　摄

桑植县刘家坪禾佳农业产业园栽种的 200 亩观赏荷花含苞欲放
李维跃　摄

桑植县刘家坪禾佳农业产业园种植的秋葵
曹开胜　摄

桑植县刘家坪禾佳生态农业产业园种植的向日葵
曹开胜　摄

桑植生态农业产业

桑植白茶基地

2018 年 12 月 16 日，省人民政府副省长隋忠诚（右二）在桑植县委书记刘卫兵（右四）的陪同下视察湘丰桑植白茶包装生产车间

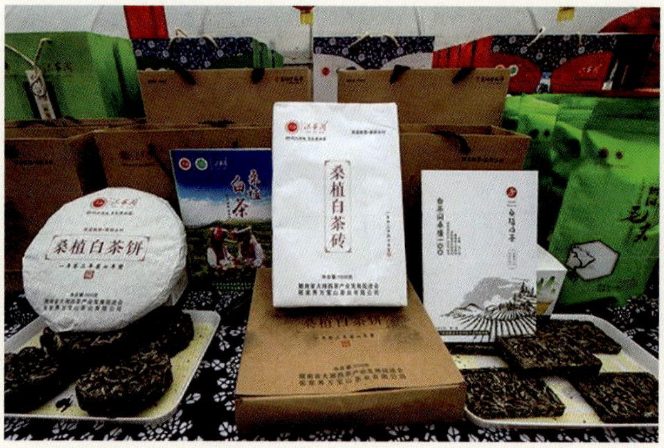

桑植白茶系列产品

2018 年 10 月 29 日，长沙市雨花区区长刘素月（中）在桑植县人民政府县长赵云海（右）的陪同下，考察湘丰桑植白茶公司，践行“雨花区—桑植县携手奔小康”行动

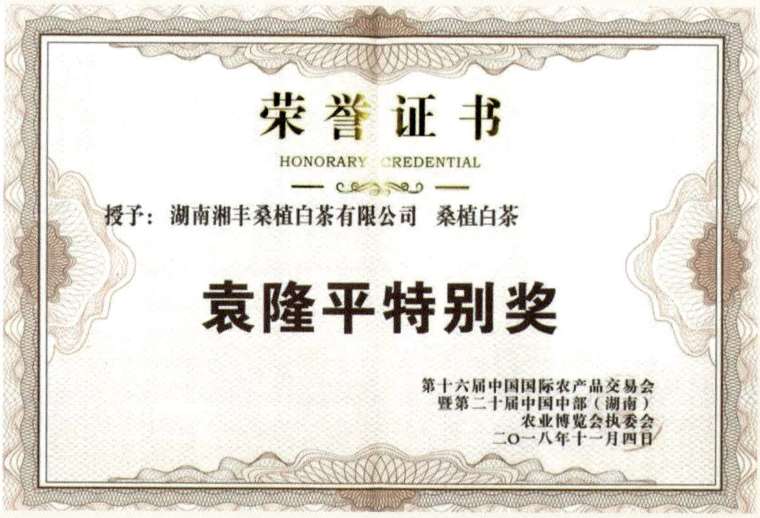

荣誉证书

HONORARY CREDENTIAL

授予：湖南湘丰桑植白茶有限公司 桑植白茶

袁隆平特别奖

第十六届中国国际农产品交易会
暨第二十届中国中部（湖南）
农业博览会执委会
二〇一八年十一月四日

目录

政　治

中国共产党桑植县委员会

交通·通信

建设·环保

文物管理

广播电视

文化市场综合执法

卫　生

医疗卫生

疾病预防控制和皮肤病防治

妇幼保健和计划生育服务

桑植县人民医院

人　物

县（处）级领导干部简介

获国家及省部级表彰的先进个人

文献辑录

文献资料辑录

文学作品选录

特 载

在县委十二届三次全体（扩大）会议上的讲话

（2017年8月25日）

中共桑植县委书记 刘卫兵

一、务必从政治、战略和全局的高度，充分认识抓党建促脱贫攻坚的重大意义

习近平总书记指出："越是进行脱贫攻坚战，越是要加强和改善党的领导。"要打赢脱贫攻坚这场硬仗，我们必须将思想和行动统一到习总书记指示精神上来，把党建摆在更加突出的位置，统一思想，凝聚共识，增强抓党建促脱贫攻坚的责任感和使命感。

（一）从实现战略目标来看，需要进一步加强党的建设。县第十二次党代会，对未来五年发展进行了总体谋划和思考。我们的总体思路是：旅游融合、产业扶贫、绿色发展。我们的发展定位是：打造张家界西线旅游发展新高地、生态健康产品生产新基地、老区群众小康生活新福地。我们的发展目标是："一超、一赶、一领先、一同步"，即经济发展年均增速超过全市平均水平，社会发展基本赶上全市平均水平，生态建设领先全市平均水平，确保在2019年实现整县脱贫摘帽，2020年与全市同步全面建成小康社会。这既是对全县人民的郑重承诺，更是党和人民赋予我们这一代人的神圣职责。如期实现这一目标，首要任务是脱贫，最难啃的"骨头"是脱贫。目前，全县仍有118个贫困村未退出，有18042户57574人未脱贫，贫困发生率达13.7%。一些贫困村生产条件相对恶劣、基础设施相对薄弱；一些贫困村产业发展滞后，集体经济发展面临诸多困境；一些贫困户贫困程度相对较深，脱贫难度越来越大。全面小康建设也还存在一些短板，2020年人均财政总收入要达到2500元，2016年为1385元，实现程度仅为55.4%；规模以上企业农产品加工产值与农业产值比仅达到59.4%，实现程度仅有42.4%；农村居民人均可支配收入要达到10000元，今后几年年均增长速度要达到14%以上；小康社会总体实现程度只有85.5%，等等。实现战略目标，关键靠基层。宣传和落实扶贫政策，组织和引导贫困群众发展产业，开展技术技能培训，实施转移就业等，都要更多地依靠基层党组织和广大党员干部一点一滴去落实。这就要求我们，必须把加强基层特别是村一级党建同脱贫攻坚结合起来，才能更好发挥基层党组织在脱贫攻坚和全面小康建设中的领导核心作用，才能真正把基层党组织建设成为带领群众致富奔小康的坚强战斗堡垒。

（二）从解决现实问题来看，需要进一步加强党的建设。2017年我县共有1046个基层党组织，2.08万党员，基层党组织和贫困人口的比例为1比100，党员和贫困人口的比例为1比5。这个数据说明了什么？就是如果基层党组织的战斗堡垒作用和党员的带富作用得到充分发挥，就会产生助推我县脱贫攻坚的强大力量。但受诸多因素影响，我县的党建工作还存在一些主要问题，还不能完全适应脱贫攻坚的实际需要。主要表现在：思想上不解放，有的还有党建无用的思想，还有党建抓不抓的思想，面对脱贫攻坚压力，存在畏难情绪，找不到党建与脱贫的切入点、结合点。党建是抓“人”的工作，目的是号召人、凝聚人，充分调动人的积极性、创造性，产生巨大的能动作用。党建抓得好，就有战斗力、号召力，这个地方各项工作就会走在前面，就会发展，脱贫攻坚的力度也会很大。我们不能忽视人的因素，人的因素是决定性的。方式上不适应，在新的形势下，我们的工作方式要有转变，要与时俱进，跟上时代步伐。在抓党建促脱贫方面，我们还有许多不适应的地方，就只想到驻村帮扶、结对帮扶等，方式还是老一套，思想没有完全统一到对扶贫的认识上来，没有充分考虑到贫困户，如项目覆盖贫困户方面，扶贫项目要带动贫困户，不能把贫困户甩在一边；产业方面手段单一，今后的方向是发展现代农业，要把农民组织起来，抱团发展、集约发展、品牌发展，这就需要党组织发挥作用。产业方面，我们要推行“四对接”模式：对接县域主导产业、对接市场主体、对接扶贫基地和项目、对接村集体经济和贫困户。作风上不务实，部分基层党组织制度得不到落实，“三会一课”、民主生活会、组织生活会、民主评议党员等形同虚设，部分基层党组织班子致富能力不强，起不到带头人的作用，党的模范作用发挥不到位，党员管理不到位，有的党员不在组织、不像党员、不起作用、不守规矩；有的为群众办事不公，优亲厚友，甚至违纪违法，今年以来，全县查处扶贫领域案件39件；保障上不到位，目前有集体经济收入的村185个，占63%，集体经济收入空白村107个，占37%，集体经济收入4万元以上的村只有35个。基层党组织强不强的标准，主要看有不有能力为群众办事。村集体经济不发展，无钱办事成为基层组织凝聚力、战斗力的瓶颈问题，村级党组织就没有威信、没有号召力。解决这些问题，我们要充分认识到在脱贫攻坚中发挥好党建领航作用的特殊含义，进一步加强党的建设、落实党的制度、发挥党员作用，努力在脱贫攻坚战场展现党建工作的担当和作为，使党的建设成为全县扶贫到户、精准脱贫的强大牵引。

（三）从促进长远发展来看，需要进一步加强党的建设。“办好中国的事情，关键在党。”无论任何时候，任何情况下，都必须毫不动摇坚持和完善党的领导。党的领导更多地体现在基层，党的政策更多的落实在基层，做好党的工作最坚实的力量在基层，经济社会发展、民生改善最突出的矛盾和问题也在基层。基础不牢，地动山摇。基层党建工作事关国家长治久安，事关民计民生，事关长远发展，必须把抓基层打基础作为长远之计和固本之策，持之以恒深入推进基层党建。实现桑植的长远发展，我们的基础工作还存在很多不足和问题。县域经济发展水平不高，经济总量不足，2016全县生产总值82亿元，永定是202亿元，慈利是167亿元；城乡居民人均可支配收入相对不高，2016年我县是8953元，永定是15947元，慈利是13708元，我们还有差距；社会矛盾易发多发，不稳定因素依然存在，我们要特别关注；经济转型、提质增效、深化改革等，都是十分艰巨的任务，我们重任在肩。即使到2020年全面建成小康社会，这些问题也依然存在。同时，各乡镇、村发展不均衡，一些乡镇产业发展找不对路子，项目落地难推进慢等问题也不同程度存在。桑植的经济社会建设更多更艰巨的任务责无旁贷地落在基层党组织和广大党员肩上，必须持续深入加强基层党建，发挥党的政治优势，突出党组织把握全局、协调各方的作用，永葆党的先进性和战斗力。

二、务必把握抓党建促脱贫攻坚工作重点，多方位凝聚脱贫攻坚合力

今年以来，县委坚持问题导向，着力落实抓党建促脱贫攻坚工作，着手起草《关于实施党建“五项工程”促脱贫攻坚的意见》(以下简称《意见》),《意见》多次反复修改，先后多次召开专题会议对此项工作进行研究部署，县委常委会进行了专题研究。《意见》的主要内容就是充分发挥党建工作在脱贫攻坚中的领航作用，围绕脱贫攻坚目标任务，实施“堡垒”“先锋”“人才”“廉洁”“双扶”五项工程，实现党的建设和脱贫攻坚同步推进、同频共振。

(一)实施“堡垒”工程，关键要配好领导班子，凝聚脱贫攻坚的“合力”。乡村两级领导班子是脱贫攻坚前沿的指挥部，承担着攻坚任务具体推进落实责任，必须建设成为带领群众脱贫攻坚的坚强领导集体。要选优配强基层领导班子。要注重把扶贫能力突出、事业责任感强、熟悉情况、对群众感情深、乐于吃苦奉献的基层干部，作为选拔担任乡镇党政正职的重要来源，把优秀的乡镇党委书记作为县直部门主要负责人乃至今后县级领导班子成员的重要来源。要将提拔任用的年轻干部放到脱贫攻坚工作岗位进行锻炼和检验，把精兵强将充实到扶贫工作岗位上去；要把保持乡镇正职相对稳定作为政治纪律来执行，乡镇党政正职除涉嫌违纪违法、不适宜担任现职、因健康原因无法正常履行工作职责、已到龄或不符合继续提名条件、特别优秀提拔重用等五种情形外，其他情况一般不得调离，保证基层力量相对稳定。要加强村“两委”班子建设。注重选优配强党组织书记，加强贫困村党组织建设，着力打造服务群众意识强、担当履职能力强的贫困村党组织班子，切实提升贫困村“两委”班子抓党建促脱贫攻坚的能力和水平。要建好农村综合服务平台。立足发挥便民服务、文体活动、农业服务、医疗服务、党建服务五大功能，打造标准统一、特色鲜明的综合服务平台，构建“一站式”便民服务体系，真正把村级服务平台建成便捷服务、便利活动、便于议事的综合阵地。2017年要完成新建项目130个，完成改扩建项目141个。要完善基层党组织设置。在完善党组织功能设置上下功夫，及时跟进新型产业领域新需求，依托脱贫攻坚经济链条组建服务型党组织，把党组织建在产业协会上，建在专业合作组织上；围绕“两个覆盖”目标要求抓好“两新”组织党建工作，并引导和鼓励“两新”党组织投身脱贫攻坚事业，带动贫困人口增收。要推动软弱涣散党组织整顿常态化。2017年开展软弱涣散整顿村29个。要坚持问题导向，实行一村一策，对症下药，分类施治，建立转化升级工作责任制，明确具体责任人和转化时间表，确保软弱涣散基层党组织全部转化提升，以基层党组织的高效运转，确保脱贫攻坚各项决策部署落地见效。

(二)实施“先锋”工程，关键要发挥党员作用，注入脱贫攻坚的“动力”。村看村、户看户，群众看党员、看干部。一名党员就是一面旗帜，党员的先锋模范作用得到充分发挥，就会成为脱贫攻坚的强大力量。领导干部要亲力亲为做表率。要落实领导干部脱贫攻坚工作职责，县委书记、县长带头走遍辖区内所有的贫困村；联系贫困乡镇和贫困村的县级领导要协调督促指导脱贫攻坚，推动各项工作落细落实；乡镇党委书记、乡镇长要走遍辖区内所有贫困户，带头开展“三走访三签字”活动，走访情况作为领导干部每年述职评议的重要内容。党员干部要带头当先锋。我们安排了8920名党员干部结对帮扶，要把精准扶贫作为践行“两学一做”的主赛场、主战场和主考场，每名机关党员干部至少联系帮扶4—5户贫困户，每年实地指导帮扶原则上不少于4次，对有帮扶能力的农村党员要安排结对帮扶贫困户2户以上，帮助贫困村、贫困户制定实施脱贫计划，选准好发展路子，落实好扶贫项目，不断增强贫困户的“造血”功能，原则上干部结对帮扶贫困户确定后，不再变动，直至脱贫。对不服从党组织安排，拒绝参与或消极对待脱贫攻坚工作，是党员领导干部的要追责问责，是农村党员的要作为年度不合格党员对象进行处置。村干部要示范引领当先锋。充分发挥村级党组织书记在脱贫攻坚工作中的领导推动、示范引领作用，鼓励村级党组织书记和其他村干部带头创办或领办产业项目、专业合作社、家庭农场，走“致富带头人＋经济实体＋贫困户”的发展路子，与贫困户结对实现发展双赢。要建立脱贫攻坚激励机制。在脱贫攻坚期间，适当提高村党组织书记基本报酬，按照不低于上年度农村居民人均可支配收入的2.5倍标准确定；适当提高县城社区党组织书记基本报酬，按照不低于上年度城镇居民人均可支配收入的2倍标准确定；乡镇根据干部在脱贫攻坚工作中的表现，可适当提高年度考核奖励标准；对抓脱贫攻坚成绩突出的村干部，乡镇可以适当奖励；提高脱贫攻坚一线干部在各类评先评优中的名额比例，将脱贫攻坚一线干部纳入年度单独考核，提高优岗或嘉奖比例；县委县政府每年评选表彰一批脱贫攻坚先进党组织和个人。根据工作需要，可从实绩突出（获得县级及以上表彰）、任职3年以上的优秀村书记、村主任中定向招录公务员或公选乡科级副职；同时，安排优秀村党组织书记列席县委常委会议和乡镇党委会议，优秀村党组织书记可优先推荐为市县“两代表一委员”候选人提名人选。

（三）实施“人才”工程，关键要调配急需力量，激发脱贫攻坚的“活力”。要针对脱贫攻坚人才紧缺现状，多渠道、多途径，培养人才、引进人才，为脱贫攻坚提供智力支撑。“第一书记”要优中选优。总体要求是选得准、下得去、融得进、干得好；主要任务是建强基层组织、推动精准脱贫、为民办事服务、提升治理水平。要注重选派机关优秀党员干部到贫困村担任“第一书记”，防止把干不成事的“闲人”派下去，防止单位、村里“两头挂”，充分发挥“第一书记”在脱贫攻坚中的尖兵作用；要强化对驻村“第一书记”的管理，严格落实日常驻村请销假、工作驻村等制度，要把“第一书记”年度考评纳入评先评优和干部选拔任用的重要依据，对业绩突出的驻村“第一书记”实行提拔使用、平级重用、晋升非领导职务、纳入后备干部和交流锻炼“五个优先”。要引进高层次人才为脱贫攻坚调配急需力量。在脱贫攻坚期间，实施“百名人才入桑计划”、“定向委托培养计划”以及“能人帮扶计划”，针对新型工业、旅游管理、农业产业、市场营销等急需紧缺岗位，实行公开招聘，引进脱贫攻坚急需紧缺的高层次人才，保证脱贫攻坚急需力量。要鼓励高校毕业生到农村基层从事脱贫攻坚工作。实施“一村一名大学生”计划，每年拿出一定数量乡镇事业岗位面向高校毕业生招聘，适当放宽专业和年龄限制；对愿意回乡从事脱贫攻坚工作的大学生，按照人岗相适的原则，优先安排到扶贫专干工作岗位上，并列入村级干部后备人才信息库。

（四）实施“廉洁”工程，关键要把权力关进笼子，增强脱贫攻坚的“定力”。要把全面从严治党向基层延伸，落实基层党建责任制，履行管党治党责任，推动党的基层建设全面进步、全面过硬。要建立村（居）干部小微权力清单。细化明确村（居）干部权力“边界”及决策程序，厘清村（居）组织依法依规履行和协助党委、政府工作事项，凡未列入村级权力清单的，不得向村（居）交办。健全村级民主监督管理机制。完善村级党务、事务和财务公开制度，统一规范公开目录、公开内容、公开时间和公开地点；加大对村级各类政策性补助收入、惠民惠农资金和民生扶贫项目资金的监管，加强农村集体经济合同监督管理，规范农村资产处置等经济活动行为。要聚焦扶贫领域“雁过拔毛”。严肃查处农村扶贫领域中的虚报冒领、贪污挪用、盘剥克扣、优亲厚友、收受贿赂、挥霍浪费，以及在办理群众事务时滥用职权，索取“回扣”“手续费”“辛苦费”等“雁过拔毛”行为，保持高压惩腐态势。近几年我们查处了一批“雁过拔毛”案件，如空壳树乡罗家坪村原书记肖云荣，贪占危房改造资金25000元；五道水镇原杨家湾村书记侯玉祥用虚假合同套取资金10万元。要完善脱贫攻坚工作容错纠错机制。鼓励脱贫攻坚一线干部在工作中改革创新、敢于担当。客观看待扶贫干部非因主观故意出现的失误偏差、损失和负面影响，按照有关规定从轻、减轻处理或免除相关责任，最大限度地调动脱贫攻坚一线干部工作积极性、主动性和创造性。同时，加强“庸、懒、散”专项整治，把纠正脱贫攻坚中不作为、慢作为、乱作为问题作为加强机关作风效能建设的突破口，把治理庸、懒、散作为加强干部队伍作风建设的重点，以治庸提能力、以治懒增效率、以治散正风气；对干部懒政怠政、不作为、乱作为的现象，要坚决整改和严肃问责。

（五）实施“双扶”工程，关键要发挥主体作用，提升脱贫攻坚的“内力”。贫困群众既是脱贫的对象，更是脱贫的主体，扶贫要将“扶志”和“扶智”相结合，充分发挥贫困群众的主体作用，激发内生动力。要加大政策宣传力度。依托综合文化站、文化活动中心、农家书屋等乡村文化阵地，开展“送戏下乡”等活动；利用“桑植民歌”“三盘鼓”“快板”“花灯”等载体，向广大群众宣传精准扶贫政策，帮助群众走出“扶贫等于救济”的误区，破除“等、靠、要”的思想，要把贫困群众自己主动脱贫的志气“扶”起来，脱贫的腰杆“硬”起来，实现从“要我脱贫”到“我要脱贫”的根本性转变。要加强教育培训。要从职业教育、农技推广、拓展信息流通渠道入手，培养有科技素质、有职业技能、有经营意识与能力的新型知识化农民。要围绕培养新型职业农民的带路人，建立产业巡回科技服务队，聘请科研院所专家学者、选派科技特派员、抽调技术骨干等，开设“专家讲堂”“教授课堂”，启动“农村乡土人才培养开发行动”，大力培养农村致富能人。要注重典型引路。宣传脱贫致富先进典型，树立群众身边榜样，找差距、补短板，以先进典型激发群众脱贫的内生动力，充分发挥典型示范、激励、引导作用，抓点带面，激励后进。

三、务必明确抓党建促脱贫攻坚的工作要求，确保各项举措取得实效

做任何事情，包括抓党建促脱贫攻坚，说到根上，是定了就办、言出行随，只有坚持真心抓、真正做，政策才能落地，部署才有实效。

（一）进一步压实工作责任。进一步明确乡镇党委的“主体责任”以及各级党组织书记、分管副职的“第一责任”，督促各级党组织切实把抓党建促脱贫攻坚落到实处；组织部门要负起牵头抓总职责，强化工作指导，加强督促检查，抓好各方面任务的组织协调；纪检部门要加强扶贫领域专项整治力度，严格落实党风廉政责任，聚焦扶贫领域“雁过拔毛”问题；各相关部门特别是涉农部门和县扶贫办，要结合各自职能，给予抓党建促脱贫工作业务支持；宣传部门要深入挖掘、广泛宣传基层党组织和党员干部带领群众脱贫攻坚的鲜活典型、生动事迹，引导贫困地区广大群众诚实守信、自力更生、艰苦奋斗，依靠辛勤劳动改变贫困落后面貌。

（二）进一步用好实践载体。要结合当前“两学一做”学习教育常态化制度化工作实施抓党建促脱贫攻坚，要将脱贫攻坚作为考验广大党员干部素质能力的主战场，作为检验“两学一做”学习教育成效的主阵地，各级党员领导干部要坚持以上率下，深入扶贫联系点抓政策落实、抓督查指导、抓工作推进，帮助解决实际困难和问题，在脱贫攻坚一线当标杆、作示范；广大党员干部要争做“四讲四有”合格党员，立足岗位、敢于担当，努力在脱贫攻坚中当先锋、做贡献。各级党组织要围绕脱贫攻坚开展支部主题党日活动，确保主题活动实打实、接地气，做到“握指成拳”，形成脱贫攻坚的强大合力。

（三）进一步加强督促检查。要通过党建季度督查聚焦抓党建促脱贫攻坚，坚持做到党建工作与脱贫攻坚工作同安排、同部署、同检查、同考核。县委组织部和县扶贫办要对重点工作进行分解，建立任务清单，对工作开展情况进行动态管理；联合开展工作督查，严格落实“一单三制”，列出督查问题清单，提出整改建议，并纳入“两学一做”学习教育整改内容，逐项整改落实到位，把学习教育成果体现在脱贫攻坚的具体行动中和实际成效上。

（四）进一步落实综合考评。把脱贫攻坚纳入乡镇党委书记抓党建工作述职评议考核和村党组织书记“双述双评”重要内容，重点考核乡镇党委领导核心作用、领导干部带头作用、基层党组织战斗堡垒作用和党员干部先锋模范作用发挥等情况，重点加大抓党建促脱贫攻坚在党建考核中的权重，考核结果与评先评优、干部任用挂钩，对考核排名靠后的乡镇和县直单位严格问责，限期整改。对工作不力、整改不到位的主要负责人、分管副职进行约谈问责或工作岗位调整。

抓党建促脱贫攻坚事关党的各项制度落实，事关贫困群众的民生福祉，事关全面小康社会同步实现。让我们以只争朝夕的紧迫感，全力以赴，迎难而上，为全面加强党的建设，决战决胜脱贫攻坚而努力奋斗。

桑植县人民代表大会常务委员会
工作报告

——在桑植县第十七届人民代表大会第二次会议上

（2017年12月28日）

县人大常委会主任　皮运舰

2017年主要工作

过去的一年，县人大常委会在县委的正确领导下，认真贯彻落实党的十八大以来中央各项决策部署和习近平总书记系列重要讲话精神，紧紧围绕全县“旅游融合、产业扶贫、绿色发展”工作思路，以“五联五争五个一”主题活动为抓手，探索创新，主动作为，切实履行宪法法律赋予的各项职权。一年来，县第十七届人大常委会共召开主任会议18次、常委会议10次，听取和审议工作报告21个，做出决议决定17个，依法人事任免11批82人次，组织开展调研视察9次，形成调研视察报告13份，配合省市人大常委会开展6部法律法规的执法检查和立法调研。为推进法治桑植建设、维护社会和谐稳定、促进经济社会发展做出了积极贡献。

一、把住关口，依法监督有力有效

一是把好事前提议关，严格财政监督。通过调研等提前介入的方式，对26个部门预算细化方案进行备案审查，实行动态监督，促进政府完善程序，依法理财，科学用财。听取和审议县本级财政决算、预算执行、预算调整情况的报告，增强计划预算执行的透明度和人大审批的严肃性。听取政府及有关部门审计查出问题整改情况报告，并进行满意度测评。财政收支行为更加规范，财政资金使用效益得到明显提高。

二是把好事中审议关，强化法律监督。听取政府关于“六五”普法决议贯彻执行情况的报告及“七五”普法决议的说明，审议通过第七个五年法制宣传教育决议。开展《传染病防治法》《大气污染防治法》《道路交通安全法》等执法检查，对政府报送的48份规范性文件进行备案审查。组织对公、检、法、司等单位的视察调研，举行首批入额法官、检察官宪法宣誓活动。听取县人民法院关于立案、法庭合署办公和执行工作专项报告，听取县人民检察院关于公益诉讼专项报告。配合市人大开展《张家界市八大公山自然保护区条例》立法调研工作，开办“法治桑植”电视专题，通过案例，以案释法，让人民群众从每一件司法案件中感受到公平正义。

三是把好事后评议关，落实跟踪监督。听取和审议审计报告、审计整改报告，持续推动审计结果公开，切实促进监督工作落到实处。紧扣小区物业管理、餐饮企业排污、城区周边采石场扬尘、公交车运营、校车安全、农村道路交通安全等群众反映强烈、事关群众切身利益和社会事业发展的热点难点问题，开展视察调研，把常委会提出的意见和建议，以交办函的形式向政府进行交办，推动问题的有效解决。

二、服务发展，决议决定有理有据

一是围绕中心，依法作出决定。通过深入调研和听取审议工作报告，依法对《桑植县村（居）民建房管理办法》作出决议，审议批准将文昌街等8个棚户区改建项目纳入国民经济和社会发展年度计划，同意政府将农村义务教育薄弱学校改造、农村基础设施、旅游扶贫建设项目政府购买服务资金列入财政预算，在全力支持政府抓好项目建设的同时，从政策依据、风险评估、工程质量、资金可靠性等方面为政府把好关口。

二是聚焦民生，助力脱贫攻坚。听取政府脱贫攻坚工作报告，就《湖南省农村扶贫开发条例》贯彻实施情况，对县直19个单位和8个乡镇开展执法检查，为常委会强化监督、依法决策提供科学依据。人大机关按照县委统一部署，选派得力人员，先后在五道水镇五道水居委会、沙塔坪乡彭家湾村开展驻村帮扶工作，协调和引进资金3200多万元，为帮扶村新修村部、村组公路和维修学校，切实改变了贫困村基础设施落后的面貌。五道水居委会的青钱柳、粽叶和娃娃鱼产业，借助民营企业支撑，实现了市场化、集约化、规模化经营，为群众长远致富打下了坚实基础。

三是主动作为，推进项目建设。按照县委工作部署，人大常委会6名领导主动参与全县重点项目建设，及时协调解决项目建设中的困难和问题。黔张常铁路、老观潭文化产业园、县委党校以及红军体验园项目建设正在顺利推进，淋溪河电站建设前期工作已经启动，烟草新城、永生廊桥项目已经投入使用。在“三联三转三攻坚”主题活动中，人大常委会领导联系上洞街、龙潭坪等6个乡镇和康华公司、金土地烟叶等6家企业，指导联系乡镇圆满完成村（居）委会换届选举等工作，帮助联系企业争取和协调资金1500余万元，助推企业快速发展。

三、完善程序，人事任免有规有序

一是任前考察，注重德才兼备。把充分行使法定职权和贯彻县委意图紧密结合起来，在召开人大常委会议之前，对拟任命人员的任职资格、工作能力、岗位匹配、群众口碑等进行必要审查。审查通过后的拟任命人员，在提请人大常委会审议前，组织拟任命人员进行法律知识考试，增强任职人员法治意识。

二是严格程序，坚持宪法宣誓。组织拟任命人员在人大常委会议进行书面发言，汇报本人基本情况，并就下步工作和本人工作目标做出承诺。常委会组成人员对拟任免人员进行审议，现场进行任免表决。任命通过后，由常委会主任向被任命人员颁发任命书，并组织被任命人员向宪法宣誓，增强被任命人员的法律意识、责任意识、自律意识。

三是任后监督，确保依法履职。运用听取和审议专项工作报告、执法检查、工作评议、视察调研等法定手段，了解和掌握人大选举或任命干部履行职责、依法行政、廉洁自律等方面的情况，落实对干部的常态监督。今年，常委会将对县经科局、环保局、公安局、民政和民族宗教局、林业局等5个政府工作部门及其班子进行工作评议。通过评议，加强对干部的任后监督，提高干部依法行政、公正司法的能力，增强干部为民服务的宗旨意识。

四、搭建载体，代表履职有为有位

一是创新平台，建立“五联五争五个一”考核机制。常委会通过推进“五联五争五个一”主题活动，着力解决“人大系统干部及人大代表干什么、怎么干”问题。全年共受理群众来信来访65件93人次，督办省市人大常委会领导批办函2件。特别是在脱贫攻坚工作中，人大代表积极主动投身于脱贫攻坚主战场，全县81名市人大代表结对帮扶361户建档立卡贫困户，227名县人大代表结对帮扶797户建档立卡贫困户，1242名乡镇人大代表结对帮扶3726户建档立卡贫困户，全面助力脱贫攻坚。

二是拓展渠道，完善代表服务保障机制。进一步完善和巩固乡镇代表联系群众工作室建设，全年共安排46万元用于代表活动经费和代表联系群众工作室建设。邀请省市专家对常委会组成人员、乡镇人大主席、县直单位班子成员共93人次进行人大业务知识培训；分5个片区对县乡人大代表共1176人次进行如何履职的培训。先后邀请县乡人大代表124人次列席县委常委会议、人大常委会议和政府常务会议。指导陈家河、洪家关、上洞街等乡镇人大组织好乡镇人民政府主要负责人分片区向选民报告工作，促进政府依法履职。

三是注重实效，建立代表建议办理机制。听取和审议代表议案、建议、批评和意见办理工作情况报告，按照“提得实在、交得到位、办得满意”的要求，通过人大交办、政府主办、部门承办和人大委室督办等措施，进一步规范办理机制，落实办理责任。提请县委将建议办理工作纳入全县目标绩效考核内容。县第十七届人民代表大会第一次会议期间收到76件建议，常委会及时向“一府两院”进行了交办，建议均在规定时间内办理完毕并答复代表，代表对承办单位办理建议的态度，表示满意。截至本年底，解决和列入规划解决建议45件，占承办数的59%。2018年，常委会对列入规划办理的建议将继续跟踪督办。

五、强基固本，自身建设有声有色

一是加强思想建设，增强政治定力。扎实推进“两学一做”学习教育，积极参与县委组织的“解放思想”大讨论活动，认真开展支部主题党日活动。坚持人大党组向县委报告工作制度和重大事项向县委请示报告制度，牢固树立政治意识、大局意识、核心意识、看齐意识，自觉把党的领导贯穿依法履职的全过程。

二是加强作风建设，展示良好风范。坚持党要管党，从严治党，认真落实党风廉政建设主体责任，严格执行中央八项规定和省、市、县委关于作风建设的各项规定和要求，以创建县级文明单位为抓手，通过建设机关文化墙、筹资建设工会活动室等方式，推进学习型、创新型、和谐型、快乐型、健康型的“五型”人大机关建设。

三是加强制度建设，提升工作水平。完善人大党组、人大主任会议、人大常委会议、人民代表会议和人大机关会议5个层次的制度体系，建立人大网站、人大微信平台和人人工作QQ群，全年报送省人大及相关媒体理论文章和新闻稿件90余篇，借助媒体宣传，讲好人大故事。

同时，我们也清醒地认识到，常委会工作还存在一些差距和不足。主要是：监督工作的深度和实效有待进一步拓展和提高；代表依法履职能力和审议质量有待进一步提升；代表建议的办理还有待进一步加强。对于这些问题和不足，我们将高度重视，认真研究，切实加以解决。

2018 年工作任务

2018 年是学习贯彻党的十九大精神之年，也是开展“不忘初心，牢记使命”的主题教育之年，更是我县决胜脱贫攻坚、与全市同步全面建成小康社会的关键之年。新的一年，县人大常委会工作的总体要求是：全面贯彻落实党的十九大精神，以习近平新时代中国特色社会主义思想为指导，坚持党的领导、人民当家作主、依法治国有机统一，围绕“旅游融合、产业扶贫、绿色发展”工作思路，继续以“五联五争五个一”主题活动为抓手，按照“坚持一个原则、夯实两个基础、突出三个重点、注重四个创新”工作主线，充分发挥人大在推进法治建设中的重要作用，不断加强和改进人大工作，为加快建设快乐幸福美丽新桑植做出新的贡献。

围绕总体要求，2018 年重点做好以下四个方面的工作：

一、坚持一个原则，提高政治站位

一是学习贯彻十九大精神，自觉接受县委领导。坚决贯彻落实党的十九大精神，全面领会把握党的十九大对人大工作提出的新要求，自觉把党的领导、党的主张和党的决定贯穿人大工作各个方面。主动将人大工作中的重大问题、重大事项向县委请示报告，不折不扣落实县委的决策部署。继续巩固“两学一做”学习教育成果，认真开展“不忘初心、牢记使命”主题教育，积极参与县委组织的重大活动，紧扣县委工作大局开展工作。

二是围绕县委中心工作，谋划安排人大工作。及时了解和掌握县委的决策和意图，使人大常委会更好的围绕县委的工作思路和任务，研究制定人大常委会的年度工作要点和监督计划。围绕全县经济社会发展的难点、人民群众关注的热点、深化改革攻坚的重点，加强调查研究，发挥职能作用，推动各项工作落到实处。

三是主动参与全局工作，努力完成交办任务。坚持党对人大工作的领导，依法行使宪法法律赋予的各项职权。按照县委的统一安排，把贯彻落实党的十九大各项战略部署和落实县十二届党代会精神紧密结合起来，主动参与县委的全局工作，主动承担并完成县委安排的各项工作任务，确保人大工作方向正确、有为有位。

二、夯实两个基础，推进依法履职

一是落实“四化”建设，夯实代表工作基础。落实联系代表常态化。进一步完善和健全各项代表工作制度，修订“五联五争五个一”主题活动方案，坚持并完善代表列席人大常委会议制度，创新建立人大代表视察制度，确保本届内所有人大代表参与活动全覆盖。落实代表培训制度化。通过举办法律知识专题讲座和座谈会等形式，重点加强对代表新理论、新法规、新政策、新知识的学习，增强代表履职责任、政治意识和综合素质。落实代表活动多样化。立足营造“代表走进基层、代表贴近群众、代表服务发展”的履职生态环境，积极完善代表活动载体。加强和完善“代表之家”和“人大代表联系群众工作室”建设，按照区域和行业的不同，合理划分市、县、乡镇三级人大代表活动小组，通过定期召开代表座谈会等形式，交流联系选民、脱贫攻坚和结对帮扶等情况，讨论社会热点、难点问题，并积极提出建议、意见。落实督办建议程序化。注重提升建议办理质量，从代表提建议、汇总整理意见到交办、督办、反馈、报告、公示，规范细节，加强衔接，形成体系，强化督查，狠抓落实，改变建议意见“一提了之”、办理工作“应付了事”的状况，做到事事有交代、件件有落实。

二是完善各项机制，夯实自身建设基础。常委会以提升工作质量和水平为重点，通过“四个机关”建设，确保为各项工作的顺利开展夯实基础。在机构建设上，进一步探索完善机构和职能的统一，加强县乡人大工作力量和能力建设。在制度建设上，进一步完善已有的工作制度和工作规则，形成规范有序、运转高效的长效机制。在作风建设上，坚持深入基层、深入实地、深入群众调查研究，坚持求真务实、严守规矩，说实话、出实招、办实事、求实效，不断提升人大工作的质量和水平。在信息化建设上，以信息技术为支撑，以业务应用为主线，以创新服务为基础，推进人大常委会服务平台、社情民意建议通道和人大代表网络平台建设，实现公共信息资源共享，提升人大信息化建设水平。在上下联系上，探索建立人大系统沟通联系制度，积极参加渝黔湘鄂人大工作联席会议，主动接受省市人大常委会的指导，创新指导乡镇人大工作，通过沟通协作、联动监督等形式，增强人大系统的凝聚力和吸引力，增强人大监督工作的深度、力度和实效。

三、突出三个重点，服务发展大局

一是发挥作用，突出促进经济发展。坚持把促进发展作为第一要务，主动融入，主动对接，主动作为，想发展大局，议发展大事，谋发展大计。围绕全县发展大局，着力就“三重一大”事项依法作出决议决定。围绕促进经济发展，组织对品牌农业、棚户区改造、美丽乡村建设等进行视察调研，着力就推进工作、解决问题，向县委、县政府提出有针对性、导向性、操作性的意见和建议。围绕提高财政资金使用绩效，进行预决算重点审查，着力督促政府管好、用好财政资金。围绕全域旅游、重大项目建设，着力就科学规划、优选项目、加强管理、完善机制等方面提出意见和建议。围绕“转方式、调结构、促发展”等全局性、战略性、前瞻性问题，把工作的着眼点集中到保障和促进经济发展各项措施的实施上来，把监督的着力点落实到支持和帮助政府解决制约发展的“瓶颈”问题上来，使人大工作更加贴近经济社会发展的实际，更好地服务经济社会发展。

二是敢于担当，突出关注民生改善。围绕县委提出的破解社会热点难点问题和系列“民生工程”，组织人大常委会组成人员和人大代表，着力就群众关注关心的城乡义务教育一体化、生态环保、城市管理、公共交通等民生事务、发展热点问题，开展专项调研与视察活动，做到民有所呼、人大有应、呼应有效。坚持以适当形式向社会公布人大常委会工作计划和监督重点、重要活动开展情况，坚持听取、审议并及时公示对“一府两院”专项工作情况、执法检查情况的意见和建议。积极协助党委、政府做好答疑解惑、抚顺情绪、化解矛盾、维护稳定的疏导工作，依法有效地预防和化解矛盾纠纷，共同营造良好的社会环境。

三是维护正义，突出推进民主法治。依法治国是党领导人民进行社会主义现代化建设的基本方略，建设法治桑植是县委贯彻依法治国的重大举措，也是人大常委会工作的重要任务。围绕《“七五”普法规划》，认真组织执法检查，推动全县法制宣传教育的深入开展，形成全社会自觉学法、守法、用法的良好氛围。组织常委会组成人员带头学法守法用法，增强法治理念和法律意识，严格依照法律规定的权限和程序，规范履职行权行为。继续开办好“法治桑植”电视专题，落实好规范性文件的备案审查，使人大常委会的各项工作都做到依法开展，依法推进。

四、注重四个创新，提升工作效能

一是提高认识，注重思想观念创新。坚持从提高思想认识入手，强化对人大法定职权、依法履职的责任意识，进一步树立人大工作权威。不断强化人大干部和人大代表工作必须创新、创新必须务实、务实才能作为、有为才能有位、有位才能尽职的意识。牢固树立有政治素养、有法制意识、有创新思维、有履职能力、有大局观念、有担当精神的“六有”理念，发扬敢想、敢说、敢做、敢为人先的精神，将人大工作与推动发展结合起来，为加快我县经济社会发展贡献力量。

二是强化监督，注重工作方法创新。找准角色，摆正位置，坚持问题导向，做到法律监督抓重点，工作监督抓大事，敢于监督不越权，善于监督不失职，确保人大和“一府两院”各司其职、各负其责，协调一致地开展工作。通过创新人代会、常委会议、主任会议“三会”监督，强化监督实效。人代会通过听取各项工作报告，组织代表开展热点问题专题审议、“一府两院”领导向代表解读报告、接受代表询问等活动；常委会议严格落实听取“一府两院”工作汇报必须有调研报告，审议工作报告必须有审议意见，出台规范性文件必须有情况说明等要求；主任会议通过直接听取政府部门汇报，必须作出相关审议意见等方式，提高人大审议质量与法定效力。落实本届任期内分年度对政府工作部门开展，作评议，推进乡镇人民政府主要负责八分片区向选民报告工作。

三是立足实际，注重工作内容创新。在创新人大工作内容上，注重在完善、深化和落实上下功夫。在规范人事任免程序上，重点把好人事任免的各个环节；在常委会听取汇报上，按照主任会议确定的议题，组织常委会组成人员学习相关法律，并开展调查研究，在听取汇报和调查报告后，进行重点发言，经过汇总整理最后确定审议意见；在预算审查监督上，按照编制、初审、批准、执行、调整等专题监督办法进行，增强预算的约束力和审查监督的可操作性；在行使重大事项决定权上，着力完善重大事项量化机制、良性互动工作机制和决议决定落实工作机制，切实解决固定事项决定多、对新问题关注少；简单赞成通过多、认真审议通过少；突击决定多、提前沟通少；常委会会议决定多、人大会议决定少的“四多四少”问题。支持县人民法院、县人民检察院的司法改革和县深化监察体制改革试点工作，指导乡镇人大做好人民代表大会重大工程票决制试点工作。

四是讲求实效，注重工作绩效创新。注重工作方法创新。在破除领导工作方法“公式化”上，逐步探索并形成调研出思路、思路定任务、任务重分解、分解有重点、督促抓落实的“五部曲”工作方法，强化作为意识，崇尚实干兴业，突出绩效考评。注重监督乏力问题。充分运用“一审二评三查四提”等监督手段和方法，既做到监督到点子上、关键处，让党委放心、人民满意，又做到监督不监视、支持不支配、补台不拆台，真正寓支持于监督之中，在监督中支持。注重提高服务水平，在代表知情知政方面，由知情知政情况相对窄小向比较宽广的方面转变；在办理代表建议方面，由重形式上的满意率向重实体办成率转变；在代表活动方面，由活动组织少、代表参加少“两少”向增加活动载体、增加代表内容“两增加”转变；在代表培训方面，由单一的授课灌输式向调研、考察、交流等多元化转变；在工作保障方面，代表活动经费由一届不变向随着地方财政增加而不断增加转变。

《人大工作报告》名词解释

“五联五争五个一”主题活动：“五联”即人大常委会班子成员联系机关委室、联系人大常委会委员、联系人大代表活动小组、联系乡镇人大、联系人大代表；“五争”即在县人大代表、人大代表活动小组、乡镇人大、人大机关和相关部门中开展争当优秀县人大代表、争当先进人大代表活动小组、争当先进乡镇人大、争当人大机关先进委室、争当办理议案建议批评和意见先进单位；“五个一”即县级人大代表参加一次以上视察调研、撰写或参与撰写一份议案建议批评意见或社情民意、调处一起发生在选民身边有影响的矛盾纠纷或缠访闹访事件、参加一次以上人大代表小组活动、结对帮扶一户以上建档立卡贫困户。

“四个机关”：坚持把坚定人民代表大会制度自信，作为人大讲政治最鲜明特征，建设立场坚定的政治机关；坚持把实行正确监督、有效监督，作为人大履行职权的主要内容，建设胜任职责的工作机关；坚持把紧密联系群众、走在前头，作为代表的基本要求，建设人民满意的代表机关；坚持把规范公务行为、树立良好形象，作为人大系统的行为准则，建设务实高效的文明机关。

“三重一大”：“三重”即重大事项决策、重要干部任免、重要项目安排；“一大”即大额资金使用。

“一审二评三查四提”：“一审”即审议报告；“二评”即评工作、评整改；“三查”即调查、视察、检查；“四提”即提意见、提建议、提对策、提要求。

政府工作报告

——在桑植县第十七届人民代表大会第二次会议上

（2017 年 12 月 28 日）

县人民政府县长　赵云海

一、2017 年工作回顾

过去的一年，在市委、市政府和县委的坚强领导下，我们围绕脱贫攻坚，积极应对挑战，主动作为担当，较好地完成了县十七届人人一次会议确定的工作任务。预计全年，实现地区生产总值 88.9 亿元，增长 8.2%；一般公共预算收入 6.04 亿元，增长 12%；固定资产投资 48 亿元，与去年持平；社会消费品零售总额 35.9 亿元，增长 115%；城镇居民人均可支配收入 15670 元，增长 11%，农村居民人均可支配收入 7200 元，增长 15%。

——坚持脱贫统揽、精准施策，年度任务圆满完成。整合投入财政涉农资金 4.89 亿元，老区投融资 4.03 亿元。实施基础扶贫，完成重要县乡道改造 27 公里、窄路加宽 233 公里、通村主干线和自然村公路新建（改造）371 公里，30 个村农网改造，180 个农村综合服务平台建设，2.5 万贫困人口饮水安全问题得以解决，贫困村基础设施得到全面改善。实施产业扶贫，415 家各类经营主体与 37 万贫困人口建立持续稳定的利益联结机制；举办首届跨地区劳务协作现场会，新增农村贫困劳动力转移就业 4628 人；建成光伏电站 33 个；发放扶贫小额信贷 1.2 亿元。实施阳光安居保障，完成易地扶贫搬迁 1665 户 6000 人，危旧房改造 3120 户，建成特困家庭安居工程 400 套。实施阳光助学保障，推进“分层资助、三个覆盖”的助学保学模式，发放助学金 6700 万元；推进“合作培育、免费就读”的师范生培育模式，招收县级免费师范生 100 名；推进“订单培养、定向就业”的职业教育培养模式，培养定向就业学生 50 名；推进“因地制宜、因材施教”的技能培训模式，培训贫困人口 1.5 万人。实施阳光医疗保障，探索实行“城乡医保一卡通、医疗结算一站式”和“先诊疗后付费”，为 10969 名贫困人口发放医疗救助金 2312 万元。实施兜底保障，核定社会保障兜底对象 1301 户 3267 人，农村低保纳入建档立卡率达 96%。实现 25 个村整体退出，19669 人稳定脱贫，贫困发生率由 14.3% 下降至 9.6%。代表全省顺利通过中央扶贫督查，“梯度搬迁、适度规模”的阳光院住房保障模式、农村小学教师公费定向培养扶贫招生等创新举措得到督查组充分肯定。

——坚持系统思维、统筹办法，改革创新成效显著。推进简政放权、放管结合、优化服务改革，精简行政审批54项；推行行政审批“三集中三到位”，并实行“朝九晚五”作息制度，纳入审批单位30个，审批事项315项，基本建设项目审批时限缩短至48个工作日，公开、公平、公正、高效的政务环境正在形成。深化财税征管制度改革，全面实行国库集中支付，出台《支持乡镇全面推进小康社会建设财税征收管理奖励办法》，乡镇招商引资、项目意识大为增强，发展经济、培植财源热情得到激发。推进投融资体制改革，做大做强经投、老区投公司，组建交投、园投公司。深化商事制度改革，实施“多证合一”，新增市场主体2439户，完成“个转企”117家、“小升规”12家。不动产登记、党政机关公务用车改革基本完成，农村土地承包经营权确权颁证有序推进。成功创建生态原产地产品保护示范区、出口食品农产品质量安全省级示范区。全面整改环保督察突出问题，完成团结煤矿涌水污染治理、工业园污水处理厂建设，关停水电站5家、关闭矿山11家、取缔河道采砂点39处、拆除投饵网箱2.85万平方米。完成生态红线划定、国家森林城市创建，成为全国生态保护与建设典型示范区、县域生态环境质量考核全国受奖励的10个县之一。

——坚持项目带动、投资拉动，发展基础不断务实。重点工程顺利推进。张桑高速公路全线贯通，黔张常铁路加快建设，双门岛大桥、刘洪公路、东外环路建成通车，大湘西中药材交易中心等项目开工建设，牛洞口水库获国家烟草总局批准，桑龙高速公路、风力发电等项目前期积极跟进，发展动力更加强劲。城市功能继续完善。完成土地利用总体规划调整、城市总体规划实施评估，编制城市风貌、消防等专项规划。强力推进控违拆违，累计拆除违法建设3597.5平方米，帅乡路清零行动顺利完成。光明路、滨河路、长征东路延伸工程竣工通车，创业路、长征西路、澧兰大桥、北门桥交通枢纽建设全面启动，城区通行能力进一步提升。汽车东站建成，思源实验学校、中医院骨伤科大楼投入使用，文明路地下商业街、永生廊桥正式运营，公建服务配套进一步完善。原县委县政府、澧源建安、古树塔、新一中等棚户区改造加快实施；完成房地产开发投资4.9亿元，居住条件进一步改善。梭子丘白族风情老街、沙塔坪集镇街道改造等项目相继建成，城乡发展更加协调。招商引资来势喜人。创新招商方式，着力招大引强，与华彬集团等国际知名企业达成合作意向，累计签约项目11个，实际利用内资10.89亿元，增长11.93%。全年争取中央和省投资项目31个，争取资金3.72亿元。

——坚持融合发展、升级转型，产业结构调整加快．现代农业稳步提升。实现农业增加值10.6亿元，增长3.3%：现代农业综合产业园、千亩蔬菜产业综合示范园、中药材产业园项目相继完成，稳定烟叶种植3万亩，产烟5.8万担（290万公斤）：新增商品蔬菜0.7万亩，基地总面积达到8万亩；新建（改造）良种茶园1万亩：大鲵存池量达到100万尾；蜜蜂养殖发展到6.55万箱。农业组织化程度不断提高，省市级龙头企业达到44家，农民专业合作组织达到409家，家庭农场达到266家，全县土地流转面积达到13.9万亩。农业品牌建设有新进展，“桑植蜂蜜”地理标志申报进展顺利，“桑植白茶”正式面市，新增认证绿色食品、无公害农产品3个。新型工业扎实推进。实现规模工业增加值8.29亿元，增长6.2%。新增规模企业7家。绿色产业园承载能力持续增强，新建标准厂房1.2万平方米，湘恩光伏、恒天华熠等8家企业入驻园区。旅游产业加速发展。全年接待游客538万人次，实现旅游收入27亿元，分别增长21%和23%。芭茅溪盐税局旧址对外开放，贺龙纪念馆被评为全省爱国主义教育基地“十大魅力场馆”。九天峰峦景区、长征出发地纪念馆、红军体验园、刘家坪风情镇建设进展顺利，利九公路、九苦公路加快推进，旅游经济圈逐步成型。现代服务业繁荣活跃。华融湘江、长沙银行筹备设立分支机构．金融机构存贷款余额分别达到123亿元、67亿元，增长14.01%、28.85%，服务实体经济的能力有新提升。新建（改造）乡镇农贸市场2个，建成村级电商服务站48个，成功申报国家电子商务进农村示范县。

——坚持改善民生、创新治理，社会事业全面进步。新增城镇就业2630人，城乡居民养老保险参保25.3万人。城镇居民医疗保险与新农合顺利并轨。城区学校扩容提质工程有序推进，新增学位3750个，城区“大班额”得到有效缓解：建成合格学校（园）11所、“全面改薄”学校6所。县疾控中心开工建设，3个乡镇卫生院改造完成。大力推进文旅融合，广泛开展“欢乐潇湘”群众文艺活动，成功举办桑植民歌节；“村村响一‘户户通”建成使用：刘家坪白族乡、洪家关村入选“湖南省首批经典文化村镇”，双溪桥村、庄耳坪村入选“湖南省第五批历史文化名村”。圆满完成村（居）换届选举工作。实施高家坪社区等地质灾害防治项目，地质灾害搬迁86户。扎实开展“河长制”工作，开工建设乡镇污水处理厂2个，划定农村集中饮用水源保护区31个。深入推进“六城同创”和农村环境综合整治，城区垃圾无害化处理率达100%。“天网工程”实现行政村全覆盖，加大涉黑涉毒，交通秩序等社会治安热点问题整治，刑事发案、火灾事故、交通事故起数明显下降，群众满意度调查全省排名上升67位，市级排名第一。推进“五五”普法，被评为全省法治先进县。组建专家评审团，积极化解信访积案，依法处置信访违法行为，圆满完成十九大特护期维稳任务。压实党政同责、企业主责，建立健全隐患排查整治一单四制，安全生产形势持续稳定，被评为金省安全生产工作优秀县。国防、编制、统计、民族宗教、物价、审计、移民、档案、史志、气象、水文、供销、残疾人等各项事业不断发展。工商联、无党派人士、工会、共青团、妇联、侨联、科协等做出了新的贡献。

——坚持依法行政、提升效能，自身建设不断加强。严格执行政府议事规则，坚持科学民主决策，主动接受人大依法监督、政协民主监督和社会公众监督。创新建议提案办理方式，由政府常务会议集体审议，分管县长领办，113件人大代表建议、115件政协委员提案全部办结。深入推进“两学一做”学习教育常态化制度化，严格执行中央“八项规定”和国务院“约法三章”，落实党风廉政建设主体责任，加大行政监察、审计监督力度，提升行政效能和政府执行力。

看到成绩的同时，必须清醒地认识到我县经济社会发展面临的困难和问题：思想不够解放，仍然掣肘发展；措施不够有力，仍会丧失机遇。项目意识不强，创先争优不够，均衡发展欠缺，固定资产投资等经济指标没有达到预期。教育、卫生、文化、体育等社会事业发展滞后，加快基本公共服务均等化任重道远。贫困程度深，产业支撑弱，脱贫攻坚任务艰巨。我们必须增强忧患意识、担当意识，抓住脱贫攻坚机遇，采取切合实际措施，以更加勤奋工作换取更好更快发展。

二、2018年工作安排

2018年是决胜脱贫攻坚、全面建成小康的关键之年，做好明年工作．关键是要贯彻十九大精神，深刻领会习近平新时代中国特色社会主义思想的科学内涵，准确把握“八个明确‘十四个坚持”基本方略，真正在学懂、弄通、做实上下功夫。必须坚持党的领导。不断增强政治意识、大局意识、核心意识、看齐意识，自觉在思想上政治上行动上与习近平同志为核心的党中央保持高度一致，坚决落实中央、省委省政府、市委市政府、县委决策部署。必须增强机遇意识。脱贫攻坚不仅是责任和压力，更是机遇和动力。中央实施乡村振兴和区域协调发展战略，加大对深度贫困地区、革命老区、民族地区支持，为我们提供了后发赶超的机会，弯道超车的可能。必须全力脱贫攻坚。对照户脱贫“一超过两不愁三保障”、村退出“一个确保两个完善”，逐项部署落实，逐项考评检验，确保如期实现脱贫摘帽。必须推进绿色发展。践行创新、协调、绿色、开放、共享的发展理念，以国家重点生态功能区建设为核心，构建自然保护区和生物多样性保护网络，筑牢澧水源生态安全屏障。深化供给侧结构性改革，推动产业转型升级。

实施乡村振兴战略，建设产业兴旺、生态宜居、乡风文明、治理有效、生活富裕的美丽乡村。必须始终以人民为中心。多谋民生之利，多解民生之忧，少讲空话，多办实事，在“幼有所育，学有所教、劳有所得、病有所医、老有所养、住有所居、弱有所扶”上不断取得新进展，不断满足人民日益增长的美好生活需要。2018年政府工作的总体要求是：以习近平新时代中国特色社会主义思想为指导，深入学习贯彻党的十九大精神，坚持“旅游融合、产业扶贫、绿色发展”总体思路，围绕县第十二届党代会“新三地一决策部署，以高质量发展为核心”，打好防范化解重大风险、精准脱贫、污染防治攻坚战，突出全域旅游、项目建设、生态环境、教育优先、民生保障，为全面建成小康社会夯实基础。

2018年主要预期目标是生产总值增长8.5%；一般公共预算收入增长10%；规模工业增加值增长6%以上；固定资产投资增长15%以上；社会消费品零售总额增长11%；城乡居民人均可支配收入增长12%：贫困发生率下降到2.85%，全面小康实现程度达到87%；社会治安综合治理、计划生育、安全生产、节能减排等完成省定任务。

实现上述目标，我们将重点抓好以下六个方面的工作：

（一）切实抢抓机遇，决胜脱贫攻坚。坚持以脱贫攻坚为统揽，形成大扶贫格局，在做实做细上下功夫。压实结对帮扶和驻村帮扶责任，用好用活深度贫困地区政策，安排8328名干部结对帮扶30300户贫困户，派驻124支工作队帮扶124个贫困村，稳定实现55个贫困村退出，2.8万人脱贫。

统筹基础设施建设，实现整体配套全覆盖。按照“全面铺开、重点推进”的思路，行政村水、电、路、网、卫生室、村级服务平台等基础设施全部开工建设。至少完成窄路加宽112公里、通村主干线和自然村公路新建（改造）966公里、安保工程480公里、渡改桥及危桥改造21座；解决2.8万农村人口饮水安全问题；完成26个村电网升级改造；实施乡村宽带工程，积极推进“三网融合”，提高4G网络、宽带网络和有线电视覆盖面；建设完善乡村综合服务平台，行政村村部、文化体育设施、卫生室100%达标。

统筹社会保障政策，实现综合保障全覆盖。落实兜底政策，力争实现扶贫和低保“两线合一”。以“梯度搬迁、适度规模”的阳光院建设模式，推进易地扶贫搬迁、危旧房改造、特困人员安居工程，完成易地扶贫搬迁2018户7220人，至少改造危旧房3000户。完善教育扶贫“桑植模式”，落实贫困学生救助政策，确保不让一个学生因贫困而失学；安排农村小学教师公费定向培养扶贫计划100名；职校订单培养、定向就业学生50名；技能培训贫困人口1.2万人。完善医疗保障政策，织牢基本医疗保险、大病保险、商业保险、民政救助、财政兜底“五重医疗保障网”，全面推行“城乡医保一卡通，医疗结算一站式”，真正解决困难群众的住房、就学、就医难题。

统筹扶贫产业发展，实现增收措施全覆盖。围绕“龙头企业+品牌+农户”，突出烟、菜、茶、大鲵、蜂蜜、牛羊肉、中药材等农业基本产业实现增收。建立健全龙头企业、专业合作社、家庭农场、能人大户等与贫困群众的利益联结机制，引导贫困农户以订单收购、基地务工、合作经营、资产入股等多种方式参与产业建设。加强与企业对接，通过免费对建档立卡贫困劳动力开展订单、定向、定岗培训，转移就业3900人。深入实施旅游扶贫，积极发展特色客栈和乡村农家乐，引导农户参与旅游产业建设。大力推进电商扶贫，整合邮政、供销等电商物流配送，构建农产品进城、工业品下乡的双向流通体系。加强农村精神文明建设，将扶贫与扶志、扶智相结合，保证现行标准下的脱贫质量，既不降低标准，也不吊高胃口，瞄准特定贫困群众精准帮扶，激发贫困人口内生动力。

（二）深化旅游融合，加速转型升级。落实“对标提质、旅游强市”战略，在做精做美上下功夫，加快融入全市“三星拱月、月照三星”旅游格局，力争接待游客达到620万人次，旅游收入达到33亿元以上。

完善交通体系，解决进得来的问题。桑植作为张家界的“后花园”，必须打开连接核心景区的大门；作为张家界的“桥头堡”，必须打通连接西南市场的大路。加快建设瑞中、竹黄、天汨公路，建成利九、九苦公路，开工建设产业大道、定大、人竹公路，实现与武陵源核心景区景景相连、景城相融。建成张桑高速公路，继续推进黔张常铁路，力争桑龙高速公路开工建设，启动桑鹤高速公路前期工作，争取通用航空机场、航空旅游小镇招商落地，把桑植建设成为西南客源来张家界旅游的第一站。

建好旅游景区，解决游得好的问题。按照“加强产品建设、优化精品线路、强化基础设施”的思路，大力发展红色、绿色和民俗文化旅游，逐步形成“一圈两线多点”的旅游空间布局。加快建设旅游经济圈，苦竹寨、九天峰峦景区开门纳客，红二六军团司令部旧址、长征出发地纪念馆对外开放，红军体验园、长征纪念园建成营业，初步形成红二方面军长征出发地—元帅故里—九天洞—苦竹河精品旅游线路。逐步延伸旅游两条线，推进溇水（南滩）、八大公山旅游开发，力争取得实质性进展。着力打造乡村旅游多个点，深度挖掘民族民俗文化，建设完善洪家关、利福塔、刘家坪等旅游风情镇，重点培育一批优势明显的乡村旅游点和旅游商品特色村。做大做强旅游投融资和运营平台，加快完善旅游交通标识系统、停车场、厕所等配套设施。完成西线智慧旅游服务和管理平台建设。强化旅游宣传促销，迈出振必桑植旅游的实质性步伐。

完善旅游配套，解决留得住的问题。突出“一城三区”，推进“六城同创”，加快建设山水人文旅游城市。着力打造核心城区，实施城市生态修复和城市修补工程，开展“路网、棚改、配套、四化”四大专项行动。加快西水风光产业带建设，完成北门桥交通枢纽、澧兰大桥、北门码头、沿河景观工程等项目，启动茅岩河旅游开发有限公司总部建设，完善旅游服务功能。全面实施和平路周边（三期）、西水风光产业带（城区段）、文昌街周边（二期）、朱家台周边等四个棚户区改造项目。加快推进老观潭、桑植故事项目，开工建设电商物流园，配套高星级酒店、综合商业中心等设施，增强承载能力。做大做强产业园区，推进园城互动、产城融合，完善水、电、路、标准厂房、污水处理、垃圾收运等基础设施，力争新增入园企业5家。完善园区规划，积极培育生态农副产品、中药材加工、旅游商品制造等特色产业园区。规划建设高铁新区，开工建设高铁站前广场，充分发挥高铁站场的交通枢纽和辐射带动作用，打造“形象独特、生态绿色、活力开放、科技智能”的产业新城。

（三）强化项目带动，扩大有效投资　项目建设加速度。坚持把项目建设作为促进发展的核心任务，统筹抓好49个重点项目建设。继续推进思源路、创业路等18个项目，积极创造条件开工建设长潭坪大桥、牛洞口水库及城乡供水一体化等31个项目。坚持“项目推进五个一”工作机制，充分发挥重点项目联席会议作用，形成加快项目建设的长效机制。完善行政审批“三集中三到位”，完成基本建设项目审批流程再造，提高办事效率。优化项目建设环境，强化服务项目意识，依法打击阻工扰工，严厉问责不作为、慢作为、乱作为，确保项目建设顺利推进。

项目谋划重质量。用好用活深度贫困地区支持政策，围绕脱贫攻坚、乡村振兴、重大基础设施建设、创新和结构调整等重点投资方向，主动对接争取。设立专项资金，完善项目库，有针对性地做好一批重大项目前期工作。坚持“立足优势资源招商，利用优惠政策招商，提升优质服务招商”的思路，瞄准产业培育、文化旅游资源开发等重点领域，全力谋划和引进一批投资规模大、辐射带动强的大项目、好项目，力争全年招商签约资金30亿元以上。

要素保障上水平。深化投融资体制改革，做大做强经投、老区投、交投、园投等融资平台。多种方式融资，多种模式建设，积极争取一批重大项目进入省级PPP项目库，吸引更多的社会资本投入项目建设。确保华融湘江、长沙银行分支机构开门营业，积极引进村镇银行，加快发展融资担保、小额贷款等金融业态。人力推进耕地占补平衡、建设用地增减挂钩工作，积极争取用地指标。强化用地管理，加快征地拆迁，增加土地有效供应，满足项目用地需要。

（四）坚持绿色发展，发挥生态优势切实加强生态保护。编制生态功能区规划，严守生态红线。继续实施森林禁伐减伐行动和天然商品林保护工程，完成人工造林2.8万亩，封山育林5万亩。启动第三次土地资源调查，加大永久基本农田保护，确保耕地保有量达到46.5万亩。加强地质灾害防治，继续推进石漠化、水土流失综合治理。强化企业生态环境治理主体责任，探索生态补偿和市场化治理模式，着力构建“谁破坏、谁治理，谁保护、谁受益”的生态保护格局。提倡绿色循环低碳生活方式，开展节约型机关、绿色家庭、绿色学校、绿色社区创建行动，建设美丽桑植。

铁腕推进环境治理。实行最严格的环境保护制度，加大督察问责，严惩环境违法违规行为，绝不以任何方式牺牲环境换取发展。完成中央环保督察交办问题整改，开展关闭矿山污染治理，严格执行自然保护区内水电站退出整治方案。扎实开展养殖污染专项整治，禁养区全面禁止规模养殖，限养区和可养区实现达标排放。

启动第二次全县污染源普查工作。认真贯彻落实《张家界扬尘污染防治条例》，持续开展矿山企业、燃煤锅炉等专项治理，淘汰黄标车辆，让天空更蓝。深化“河长制”管理，强化城乡污水治理，加大饮用水源地监管保护，让碧水更清。继续开展农村环境综合整治，严格执行《桑植县村（居）民建房管理办法》，压卖职能部门、乡镇、村居（社区）责任，形成农村控违拆违强大合力，营造整洁优美的城乡居住环境。

大力发展绿色产业。以生态原产地产品保护示范区、出口食品农产品质量安全省级示范区建设为抓手，壮大特色生态农业。在确保粮食安全的基础上，稳定烟叶种植面积3.5万亩，力争收购烟叶8万担（400万公斤）；新增商品蔬菜基地0.7万亩；改造低产茶园1万亩；新增中药材基地0，5万亩；大鲵养殖发展到120万尾；蜜蜂养殖发展到8万箱。发挥农业特色园区示范引领作用，鼓励发展适度规模农业、高效设施农业、休闲观光农业。做大生态工业增量，支持湘丰茶叶、康华粽叶、焱煌食品等龙头企业发展，开工建设南滩风力发电、澧水南源饮用水扩建项目。努力推进桑植生态优势向经济优势转化，把绿水青山变成金山银山。

（五）注重共建共享，改善民本民生优先发展教育事业。统筹推进城乡教育一体化十大任务，落实“全面改薄”二十条底线，办人民满意的教育。推进城区扩容。完成二小扩建，实施一中、四中、贺中等学校扩容，推进澧源镇中学、机关幼儿园、启智学校搬迁，启动县级教师发展中心建设，积极争取“芙蓉学校”项目，引进一所民办学校，基本消除“超大班额”。推进乡村提质。编制城乡学校布局专项规划，完成9个薄弱学校改造、3个学校标准化和3个农村合格幼儿园建设。适度集中农村教育资源，推广芭茅溪、四方溪留守儿童托管模式，配套建设青少年宫、信息化三通工程等，让农村孩子享受更公平、更有质量的教育。推进教育改革。探索创新教育投入，统筹安排全县学校基本建设，让学校专心教学。逐步提高教师待遇，尽快实现全口径财政保障，让校长专心管理。

健全完善保障体系。持续扩大就业，新增城镇就业2600人以上。实现城乡居民医保从整合向融合发展，稳步扩大医保覆盖面和受益面。发放住房补贴4000户，帮助解决低收入家庭的住房困难。积极推进国企改革，保障改制职工基本权益。加大拖欠农民工工资整治力度，构建和谐劳动关系。启动公墓和殡仪馆建设。完善农村留守儿童、妇女、老年人关爱政策，健全残疾人保障制度。

加快发展社会事业。深化医药卫生体制改革，健全现代医院管理制度，探索建立医药集中配送机制。提升城乡卫生服务水平，完成妇幼保健院、澧源镇卫生院搬迁，开工建设县人民医院综合医疗服务中心，改扩建5所乡镇卫生院。开工建设残疾人康复中心和残疾人学校。有序实施全面两孩政策，健全以利益导向为主的计划生育管理服务体系。开工建设文化传承中心（博物馆、规划馆、文化馆）、全民健身中心（工人文化宫、困难职工帮扶中心、青少年活动中心、妇女儿童活动中心、老年人活动中心）。完成永生亭布展，举办桑植起义90周年纪念活动。推进新一轮有线数字电视整体转换，丰富城乡居民精神文化生活。举办第十四届中国粽子文化节。加强国防动员和民兵预备役工作，扎实开展双拥共建，推动军民融合深度发展。

提升社会治理能力。继续推进“天网工程”，加快乡镇综治中心和网格指挥中心建设，建立社会治安立体化防控体系。严厉打击黑恶势力、“盗抢骗拐”、“黄赌毒”等违法犯罪行为，不断提高人民群众安全感和满意度。畅通信访渠道，规范信访秩序，依法及时解决群众合理诉求。完善法律援助和司法救助体系，努力让人民群众在每一个司法案件中感受到公平正义。牢固树立安全生产红线意识，严格落实‘岗双责，完善一单四制，系统推进安全生产事业改革发展，坚决遏制较大以上安全事故。积极推进国家食品安全示范城市创建，强化食品生产流通重点领域、重点环节监管，让人民吃得放心。

（六）加快职能转变，提高服务水平公平公正，依法行政。法定职责必须为，法无授权不可为。自觉运用法治思维谋划工作，运用法治方式解决问题，坚持重大事项公众参与、专家论证、风险评估、合法性审查和集体讨论决定相结合，推进政府决策民主化、科学化和法制化。健全行政权力监督制约机制，自觉接受人人依法监督、政协民主监督，加强政府内部层级监督和审计监督，主动接受社会监督、舆论监督。

奋发有为，实干兴政。实干才能梦想成真。持续推进“两学一做”学习教育常态化制度化，深入开展“不忘初心、牢记使命”主题教育，切实增强政治意识、大局意识、核心意识、看齐意识，以敬民之心行简政之道。落实干部鼓励激励、容错纠错、能上能下机制，激发广大干部干事创业热情，用务实的好作风形成创业的好氛围。

干净干事，廉洁从政。打铁必须自身硬。严格遵守《准则》和《条例》，坚决执行《中央八项规定实施细则》，从严落实党风廉政建设主体责任和“一岗双责”，始终把纪律和规矩挺在前面。坚持用制度管权管人管事，严格土地出让、工程招投标、政府采购等重点领域管理，把权力关进制度的笼子。坚持厉行节约，强化公务支出和项目绩效管理，真正把有限的财力用到群众最需要的地方。

中国人民政治协商会议
桑植县第九届委员会常务委员会
工作报告

——在政协桑植县第九届委员会第二次会议上

（2017 年 12 月 27 日）

县政协主席 熊正元

2017 年工作回顾

2017 年，县政协在县委的坚强领导下，不忘初心，牢记使命，按照“维护核心、服务中心、凝聚人心”的工作思路，牢牢把握团结和民主两大主题，认真履行政治协商、民主监督、参政议政三大职能，真抓实干，锐意进取，为推进全县经济社会发展做出了积极贡献。

一、服务大局，用心尽力，扎实履行政协职能

一年来，县政协围绕中心，服务大局，认真履行职能，彰显政协价值，体现政协担当，积极为全县经济社会发展献计出力。

协商民主规范有序。始终将协商民主建设列入工作的重要议事议程，把协商民主建设与各项工作同规划、同部署、同落实。2017 年，共组织开展常委会议协商 4 次、主席会议协商 8 次、小组会议协商 7 次，向县委、县政府提交协商意见和建议案 3 件。由 3 名副主席牵头，分别就“红色旅游发展”“如何发展产业助推脱贫攻坚”“城区义务教育学校标准化建设”“优化我县政务服务环境建设”等课题调研，形成调查报告，召开相关专题协商会；并将协商情况以《政协专报》报送县委、县政府，供决策参考。同时，不断加大协商议政力度，从不同层面搭建参政议政平台，县政协主席、副主席分别列席县委常委会议、政府常务会议；部分政协委员应邀列席县委常委会议、政府常务会议等重要会议，使政协委员更好地明情知政、协商议政。通过政协常委会议、主席会议和其他形式，先后就我县脱贫攻坚、产业建设、财政预算及决算方案等重大事项和重点工作的决策部署进行协商，提出意见和建议，得到县委、县政府的高度重视和采纳。

民主监督务实有力。为协助县委、县政府解决问题、改进工作、增进团结、凝心聚力，按照中共中央《关于加强和改进人民政协民主监督工作的意见》，多管齐下，加大民主监督力度。实施主动监督。提案是政协委员履行民主监督等职能的重要方式、重要载体和重要渠道。为确保提案的办理实效，今年对县人社局、县农业农村工作局、县公路管理局等单位的年度提案办理工作进行民主评议。政协委员集中听取工作汇报，现场评分，当场出结果、排名次，增强了监督的效力和影响，激发了委员的工作热情和积极性，有

效防止了委员“说了也白说”的问题。实施动态监督。充分发挥社情民意专报、“桑植政协委员之家”微信公众号和委员活动小组微信群的作用，收集整理委员活动小组、乡镇政协联络组等渠道提供的社情民意信息，及时向县委、县政府反映基层干部群众的意见建议，较好地发挥了社情民意的民主监督作用。开展专项监督。先后组织16名政协委员担任政风、行风评议员和政法等部门的特邀监督员，全年共70人次参与城市控违拆违、创建文明县城等监督，对推动工作落实发挥了积极作用。协助省政协开展“精准扶贫、精准脱贫政策落实情况”专项民主监督和参与全县脱贫攻坚工作情况督查，极大地推动了精准扶贫、精准脱贫工作的制度化、规范化，较好地发挥了政协的民主监督作用。

建言献策积极有为。印发政协委员建议征集函，引导委员为旅游融合、产业发展、城镇建设、脱贫攻坚等中心课题建言献策。全年委员通过提案、社情民意、大会发言和调研报告等形式，提出意见建议100余条，其中有些建议引起县委、县政府的高度关注，如《关于举办纪念桑植起义90周年活动的建议》，县委、县政府主要领导批示有关部门抓紧落实。积极发挥提案建言献策作用。九届一次会议立案的64件提案中，向晓莲等委员提出的《关于进一步加强桑植蜂蜜产业发展的建议》、饶怀荣委员提出的《关于加强农村道路建设和养护的建议》、刘东权等委员提出的《关于加强传统村落历史文化名村保护工作的建议》等提案，主题突出，内容充实，得到县委、县政府的高度重视。蜂蜜产业已是我县脱贫攻坚的主导产业；县农村道路养护管理水平明显提高；洪家关村、苦竹河村、双溪桥村等一批历史文化名村保护工作正加紧规划实施。配合省政协、市政协开展“推进教育扶贫”“优化非公经济发展法治环境”“校车安全”等课题调研，召开专题座谈会，广泛征求意见建议，反响强烈。

二、围绕中心，主动作为，助推经济社会建设

一年来，县政协始终坚持与县委、县政府同频共振，组织和带领广大政协委员，紧紧围绕全县“三联三转三攻坚”主题活动、脱贫攻坚和重点项目建设等中心工作献智出力。

全面助力经济社会发展。按照县委安排，6名正副主席，分别主抓定大公路、城乡供水一体化工程、农村电子商务平台建设、电商物流园项目、瑞中公路、三溪公路、竹黄公路、城区学校建设等12项重点工程项目，以及茶叶等产业；负责联系三木能源开发有限公司、湘蓝农产品有限责任公司等企业和上洞街、竹叶坪等6个乡镇12个村，开展“三联三转三攻坚”主题活动。尽力为企业发展献计出力、排忧解难。在各自联系的乡镇，6名正副主席采取督促检查、蹲点调研等方式，与乡镇党委政府一起查找问题、分析原因、研究对策，协助推进经济、社会、生态建设、脱贫攻坚等各项工作。同时，全力协助县委、县政府抓好特色乡镇建设、城市控违拆违和小水电关停等工作，成效明显。

扎实推进脱贫攻坚。坚持把脱贫攻坚作为第一民生工程来抓，全年召开4次党组会议，研究部署上洞街乡卧云界村和竹叶坪乡茶垭村的驻村帮扶和结对帮扶工作。主要领导10多次到帮扶村进行调研，落实帮扶措施，筹措帮扶资金。2017年投入各类项目建设资金1137万元，完成卧云界村农网改造、村主干道“窄路加宽”、安全饮水工程、亮化工程、“村部、学校、阳光院”三位一体建设和茶垭村村组道路扩建、村部“三通一平”、文化广场建设等一系列水、电、路等基础设施建设。扶持引导产业发展。制定以奖代投办法，支持建档立卡贫困户发展种植、养殖业。搞好劳务输出工作，2017年两村劳务输出人数达838人。发展壮大村集体经济，引导卧云界村与凯哥蜂业签订蜂蜜产业发展协议，年底集体经济收入可达4万元以上。投入资金184万元，帮助

11个贫困户易地搬迁、21个贫困户危房改造；实施农村环境整治项目，年内新修房屋均达改厨改厕标准。扎实推进结对帮扶。两村未脱贫的60户190人，全部纳入政协机关干部职工的联系对象户，实行帮扶对象不脱贫，联系干部不脱钩。各位副主席深入各自联系的贫困村，为他们出主意、想办法，攻坚克难，各贫困村的脱贫工作稳步推进。机关全体干部职工，定期深入帮扶村，完成了所有贫困户的走访调查和建档立卡工作。继续与中国人民解放军3303工厂所属技工学校联系，该校今年在我县定向招收贫困学生34名，免费培训后安排在该厂就业。结合省政协组织开展的“三个一”扶贫行动，以“百名委员下基层”主题活动为载体，组织委员结对贫困户，采取不同形式对贫困家庭进行帮扶，150多名委员积极参加，或帮扶一个贫困家庭增加收入，或帮助一个贫困孩子完成学业，或帮助贫困家庭一名成员解决就业。

组织引导委员服务发展大局。充分发挥委员界别优势，积极引导委员投身全县经济社会建设，带动和影响周边群众，成效明显。广大工商界政协委员纷纷将企业发展与履行社会责任结合起来，积极参与“同心工程”，采取企地共建、村企共建、“一家一”助学等形式回报社会。康华实业公司、九天食品公司、西莲茶叶有限公司、土家亲戚土特产品电子商务有限公司等一批非公企业将产业链条延伸到贫困山村，参与到产业扶贫和经济建设之中，主动接纳城镇失业工人、农村贫困群众、残障人员到企业、基地就业，为贫困家庭早日脱贫奉献力量。积极发挥政协委员联系广泛的优势，大力开展招商引资。组织委员开展“加快新农村建设，促进农村经济社会发展，助力全面小康”等专题视察活动，参观农村产业示范基地、新农村建设示范点，召开专题座谈，为我县农村经济产业建设和新农村发展建言献策，助力新农村建设快速健康发展。

三、强基固本，提高效能，大力加强自身建设

一年来，县政协顺应政协事业发展的新常态、新形势，始终把加强自身建设作为政协履行职责、提高效能的重要工作来抓，不断探索强基固本的有效途径，着力提升政协工作水平。

加强委员队伍建设。年初制订委员学习计划，发放委员履职学习手册，为新一届委员尽快进入角色和更好履职打下良好基础。组织全县政协委员进行学习十九大精神专题培训，聘请省政协经科委主任、湖南大学教授、博士生导师吴金明和有关理教工作人员授课，受到委员的一致好评。机关工作人员参加全国政协和省政协组织的业务培训。积极组织委员走访联系本界别群众，围绕事关发展、稳定、民生问题，认真听取群众的意见和建议，真正把他们的心声和合理诉求及时转化为提案和社情民意，反映给县委、县政府，使委员真正成为党委政府与人民群众沟通的桥梁和纽带。通过一系列的活动，委员履职能力得到大幅提升。

深化联谊文史工作。先后参加了在湖北长阳、永定举行的湘鄂黔渝边区县（市、区）政协工作第34次、35次联系会，与各成员县一道就武陵山片区旅游一体化建设等问题进行探讨，并将调研报告报送国务院扶贫办、国家发改委和国家旅游总局。加强联络交流，先后接待省、市政协领导莅临桑植视察调研，以及铜仁、津市、鹤峰、五峰等地政协20余批次来桑考察。与五峰县政协召开座谈会，就加强农村电子商务发展的交流与合作进行深入探讨，达成众多共识。与津市市政协开展澧水环保行及政协工作学习交流活动，携手共同关注和保护澧水流域生态环境。不断加强文史工作。完成乾隆版、同治版《桑植县志》点校，新一辑《桑植文史资料》正在编辑。协助《湘声报》记者来我县采访，宣传报道我县红色历史，8月5日《湘声报》以整版篇幅作了题为《红色桑植：他们值得永远铭记》的宣传报道，反响强烈；撰写的文史文章《1987年，习仲勋来到桑植》在《张家界日报》等多家报刊发表，较好地发挥了文史资政育人的作用。

切实推进机关建设。巩固“两学一做”学习教育成果，加强党的建设。扎实开展“支部主题党日”活动，每月一个主题，内容丰富多彩，规定动作不走样，自选动作有特色，集中讨论有深度，使党支部在活动中增强了活力，广大党员干部在活动中得到了锻炼，各项工作有了新的进展。以创建“五型机关”“委员之家”为目标，进一步完善机关管理制度建设，大力改进工作作风。坚持用学习强素质，用制度抓规范，用文化树正气，用实事鼓干劲，形成了工作争先、团结和谐的良好风尚。注重加强对机关干部的培养，增强机关全体干部的理解领会能力、落实执行能力和服务大局能力，培养一支政治坚定、作风优良、业务熟练、积极主动开展工作的政协干部队伍，为做好政协工作提供了保障。大力开展机关文明创建工作。明确责任，细化任务，上下齐心，全员参与，努力打造文明机关，全面提升干部职工素质。此外，政协离退休老领导退休不退志，充分发挥余热，在全县老科协事业、老干部自身管理、关心下一代工作等方面发挥了重要作用。

在肯定成绩的同时，我们也清醒地看到，县政协工作与县委和人民群众，与新形势、新任务对政协工作的新要求相比，还存在一些距离和不足，主要是：调研深度和建言质量还有待进一步提高，协商议政内容和途径还有待进一步拓展，委员服务管理和主体作用发挥还有待进一步加强。这些问题，需要我们在今后的工作中认真研究，切实加以改进。

2018年主要任务

2018年是全县人民奋力实施“十三五”规划、“抢抓发展机遇，决胜脱贫攻坚，与全市同步全面建成小康社会”的关键之年；也是新一届县政协肩负新使命、谋求新作为、开创新局面的重要之年。2018年，县政协工作的指导思想是：坚持以习近平新时代中国特色社会主义思想为指导，认真学习贯彻党的十九大精神，紧紧围绕“旅游融合、产业扶贫、绿色发展”总体思路，把握团结、民主两大主题，认真履行政治协商、民主监督、参政议政三大职能，为维护经济社会改革稳定大局、决胜脱贫攻坚、加快桑植全面建成小康社会做出积极贡献。

一、领会新思想，认真学习贯彻党的十九大精神

党的十九大确立了新思想，制定了新目标，开启了新征程。党的十九大报告是一个举旗帜、指方向、明方略、绘蓝图的报告，是党进入新时代、踏上新征程、书写新篇章的政治宣言和行动纲领。广大政协委员和政协机关工作人员，要按照习近平总书记“来一个大学习”的要求，把学习贯彻党的十九大精神作为当前和今后一个时期的首要政治任务，迅速掀起学习贯彻党的十九大精神的热潮，把学习贯彻活动不断引向深入。要着力在深学深悟、准确把握精神实质和丰富内涵上下功夫。学习贯彻党的十九大精神，最根本的是学习贯彻习近平新时代中国特色社会主义思想。要深刻领会这一重要思想的历史地位、精神实质和丰富内涵，充分认识党的十九大把习近平新时代中国特色社会主义思想确立为党必须长期坚持的指导思想的重大政治意义、理论意义、实践意义和深远历史意义。要深刻理解党的十九大报告中“有事好商量，众人的事情由众人商量，是人民民主的真谛”“协商民主是实现党的领导的重要方式，是我国社会主义民主政治的特有形式和独特优势”“人民政协是具有中国特色的制度安排，是社会主义协商民主的重要渠道和专门协商机构”等重要论述，全面贯彻落实党的

十九大关于政协工作的新部署，以此武装头脑、指导实践、推动工作。要着力在强化“四个意识”、增强政治定力上下功夫。要组织发动广大政协委员，深入界别群众，广泛宣传党的十九大的新思想、新部署，不断增进社会各界的思想共识、政治共识，把社会各界群众的思想和行动统一到党的十九大确定的决策部署上来，把智慧和力量凝聚到党的十九大确定的目标任务上来。进一步强化“四个意识”，切实把坚持和发展中国特色社会主义作为巩固共同思想政治基础的主轴，凝聚强大向心力，汇聚更多同行者，形成广泛正能量。要着力在学以致用、指导实践上下功夫。学习贯彻党的十九大精神，重在落实。要把党的十九大精神融入政协履职全过程，贯彻到履职的各方面。要紧扣党的十九大确立的目标任务，发挥政协优势和特点，不断搭建平台，创新方式方法，更主动有效地服务人民群众，切实做到人民政协为人民，在履职尽责中奋发有为。

二、立足新时代，切实履行政协三大职能

新时代赋予新使命，新使命呼唤新作为！做好新时代政协工作，需要我们把政协工作放到新时代背景、历史方位中认识和谋划，更需要我们以创新的理念、思维和方式去推进。我们要结合桑植实际，立足新时代，适应新变化，推动新实践，展现新作为。政治协商要有新进展。坚持创新协商方式、加大协商力度，把专题协商、对口协商、界别协商、提案办理协商有序组合起来，着重围绕全县重点工程项目、重大决策内容和重要民生问题等开展民主协商；做到围绕科学民主决策开展专题协商、围绕重点领域问题进行对口和界别协商、围绕民生民利实施提案办理协商。注重提升协商质量，坚持大课题、小切口的原则，力求把课题做深、做透、做实。要通过开展多层次协商，有力推进党委政府民主决策、各项政策措施有力落实、部门工作积极改进、群众关心问题有效解决。民主监督要有新作为。按照政协章程和中央关于加强政协民主监督的要求，进一步完善民主监督机制，使民主监督有计划、有载体、有措施、有成效，使民主监督准确定好位、履职不缺位、尽职不越位、工作做到位。要着重就人民群众密切关注和反映强烈的问题，充分运用建议案、视察调研、提案督办、反映社情民意信息等形式，开展经常性的民主监督活动。着重围绕加快推进新城区建设、新农村建设、优化经济发展环境以及全县重点工程建设等组织委员开展监督视察。充分利用“政协云”，使委员能随时随地提出微提案、微建议，开展微协商，实施微监督，打通委员联系群众“最后一公里”，打造“不落幕的政协全会”。发挥委员主体作用，组织开展民主评议活动。发挥统一选派民主监督员的作用，加强与派驻单位的联系沟通，使政协的民主监督真正成为维护广大人民群众利益的有效方式。参政议政要有新成效。坚持立足县情、突出重点，按照“民之所忧，我之所思；民之所思，我之所行”的要求，紧紧围绕全县的旅游融合、产业扶贫、绿色发展，围绕“十三五”规划实施过程中面临的新情况和新问题，围绕全县加快“新三地”建设、脱贫攻坚、全面建成小康社会，围绕广大人民群众关注的热点问题，建诤言，出实招。要重视所提意见和建议的反馈工作，推动建议案、协商意见、提案、社情民意信息、大会发言等的办理和落实，使参政议政成为促进人民群众利益得以实现的有效途径。

三、贡献新智慧，继续助力全县中心工作

政协委员是社会各界的精英，在新时代、新征程中，要勇于创新，迎接挑战，为全县经济社会发展不断地贡献政协智慧、政协力量。全力助推中心工作。深入开展“三联三转三攻坚”主题活动，政协县级领导干部继续联项目、联企业、联基层，同心协力打好重点项目攻坚战、重大改

革攻坚战和重要事项攻坚战。充分发挥政协人才荟萃的优势，紧紧围绕全县中心工作，深入开展调查研究，真实反映社情民意，多建睿智之言，多献务实之策，为推动全县改革发展谱新篇、建新功。充分发挥各界别委员的资源和优势，为全县招商引资工作献计出力。要提高招商引资工作的主动性，带着感情、带着责任、带着振兴桑植的紧迫感，自觉融入招商引资的大潮中。要着眼于“走出去”，为宣传推介桑植尽心尽力；致力于“请进来”，为招商引资增实效；立足于“谋长远”，为服务桑植发展献良策。全力推进脱贫攻坚。切实增强脱贫攻坚工作的紧迫感、责任感和主动性、创造性，把助力脱贫攻坚作为当前和今后一段时期的履职重点。按照全县脱贫攻坚总体工作要求，坚持精准扶贫、科学帮扶为根本，以产业培育为重点，切实改善贫困群众的生活水平，加快脱贫奔小康步伐。细化工作举措，做到有机制、有措施、有实效，将脱贫攻坚真正落到实处。充分发挥政协联系广的优势，调动工商界政协委员参与脱贫攻坚积极性，鼓励其从发展产业、促进就业等方面开展帮扶，帮助培养培育致富带头人，确保贫困群众真脱贫、可持续。结合省政协开展的“三个一”扶贫行动，充分发挥委员专长，组织引导相关界别委员开展送科技、文化、卫生“三下乡”活动和访贫问苦送温暖活动，尽力为困难群众做好事、办实事、解难事。全力凝聚社会正能量。大团结大联合是人民政协的重要特征，凝聚和增进共识、巩固和扩大团结是政协工作的重要目的。要实现桑植又好又快发展，需要最大限度调动一切积极因素，团结一切可以团结的人，汇聚起共创伟业的强大力量。要充分发挥政协代表性强、联系面广、包容性大的优势，围绕县委、县政府的工作中心，坚持团结稳定鼓劲，多做春风化雨的工作，多做解疑释惑的工作，多做添砖加瓦的工作，把增进政治共识摆在更加突出的位置，进一步在道路、方向、目标上形成统一意志和步调，努力寻求全社会意愿和要求的最大公约数，画出民心民愿的最大同心圆，最大限度为全县经济社会发展凝聚共识、凝聚智慧、凝聚力量，在民心所向、民意所归、民力所聚上凸显政协作用。

四、落实新要求，切实抓好政协自身建设

事业发展，关键在人。政协事业跃上新台阶、开创新局面，必须主动适应新要求，大力加强自身建设。加强党的领导。始终坚持党对政协的领导，坚持维护和自觉服从县委的领导，重要问题、重要会议和重大活动及时向县委请示报告。坚持党委的中心工作就是政协工作中心的思路，努力与党委“同唱一台戏”“同念一本经”，使政协工作与党政工作同频共振。认真落实全面从严治党主体责任，严格执行各项准则、条例和规定，切实增强党建工作实效，确保筑牢信仰之基、补足精神之钙、把稳思想之舵。注重队伍建设。建立主席联系常委、常委联系界别、界别联系委员的“三联系”制度，实现横向到边、纵向到底的“全覆盖”联系和管理，广泛开展“珍惜委员荣誉、树立委员形象、展示委员风采”教育活动。强化集中学习培训，建立主席会议学习、常委会议学习、小组会议学习、委员会议学习的“立体”集中学习培训机制，定期组织集中培训，全力建设学习型政协。按照习近平总书记关于政协委员要“懂政协、会协商、善议政”的要求，不断增强政协委员的政治把握能力、调查研究能力、联系群众能力、合作共事能力。强化委员履职责任，在政协委员中广泛开展“撰写一篇献策文章、开展一次调研视察、提交一份高质量提案、反映一条有价值的社情民意、投身一次公益活动”的“五个一”活动，充分发挥委员主体作用。扩大交流合作。积极参加湘鄂黔渝边区县（市、区）政协工作联系会和武陵山片区政协主席联系会，多渠道多形式开展联谊活动。搭建更多具有政协特色的合作交流平台，传递桑植元素，讲好桑植故事，进一步为桑植的开放崛起贡献力量。严格机关管理。继续推进“两学一做”学习教育常态化制度化，扎实开展整治“四风”活动，进一步加强作风建设。在认真学习领会、深入贯彻落实党的十九大精神上下功夫，在提高政治站位、增强政治能力上下功夫，在立足本职岗位、提高履职实效上下功夫，按照党的十九大对人民政协工作的新要求，努力打造一支“党政所需、群众所盼、政协所能”的机关干部队伍，为政协高效履行职能、科学开展工作提供坚实保障。

大事记

1月

◇ 12 日　桑植县召开 2016 年乡镇党委书记及县直战线系统党组织书记抓基层党建述职评议会议。市委非公有经济组织和社会组织工委专职副书记聂和俊一行到会指导。县领导刘卫兵、熊卫国等出席会议。

同日　省人大常委会原副主任、省关工委副主任高锦屏带领湖南省关心下一代工作委员会、湖南省关心下一代基金会一行到桑植县，给麦地坪小学送去爱心款项 6 万元，用于建设学校饮水设施。

◇ 13 日　中共桑植县委第十二届二次全会召开。会议遴选票决通过桑植县出席中共十九大代表推荐提名人选，票决通过 27 个党委、政府部门领导班子行政正职拟任人选。县领导刘卫兵、赵云海、熊卫国等出席会议。

同日　湖南省委宣传部副部长周湘在市委宣传部、市文明办等单位负责人的陪同下，前往陈家河镇两河口村走访慰问第四届“湖南省道德模范”获得者彭发家，送去道德模范帮扶资金 3 万元。县委常委、宣传部部长杨绍武陪同。

◇ 17 日　县委书记刘卫兵主持召开 2016 年县委常委班子民主生活会。市委常委、市委秘书长刘桦，市委组织部副部长田杰胜，市纪委常委、监察局副局长黄章宪等到会指导。

同日　市委常委、市政法委书记刘绍建一行到桑植县网格化指挥中心，查看中心试运行情况。县领导刘卫兵、彭发斌、朱爱民陪同查看。

◇ 20 日　桑植县召开县级老干部座谈会，县领导刘卫兵、赵云海、熊卫国、皮运舰、熊正元、蔡昌顺、陈瑞、彭发斌与老同志欢聚一堂，叙情谊、话未来、谋发展。

同日　县人民政府与湖南湘丰茶业有限公司签订白茶战略合作协议，双方将本着平等互利、优势互补的原则，在未来五年全方位合作打造桑植白茶产业，实现资源共享、共同发展。县委书记刘卫兵出席签约仪式，县委副书记、县长赵云海代表县人民政府签约。

2月

◇ 9—10 日　省煤矿整顿关闭领导小组办公室主任、省安监局副局长、省煤炭管理局局长李联山到桑植县督查煤矿监管和关闭退出工作。副市长李传荣，县委副书记、县长赵云海参加汇报会。

◇ 10 日　县人大常委会主任、黔张常铁路（桑植段）建设指挥长皮运舰在上洞街乡召开 2017 年度黔张常铁路桑植段建设、环境维护相关工作目标任务及责任分解现场办公会，对排查梳理出的 13 个问题进行研究并督办，要求相关单位要按照“四个明确”，落实责任、制定时间图、任务表，多协调支持，形成共识，共同维护好施工环境、发展环境，确保项目建设顺利推进。中铁十一局、县水利局、公路局、上洞街乡及有关村相关负责人参会。

◇ 15 日　中共桑植县委经济工作会议召开，县委书记刘卫兵作重要讲话，县委副书记、县长赵云海主持会议。县领导熊卫国、皮运舰、熊正元、杨绍武、陈桂花、蔡昌顺、吴正平、张小庆、陈瑞、彭发斌、朱爱民、刘铠参加。

同日　召开全县 2017 年党务工作会议，就政法、办公室、组织、统战和宣传等工作进行回顾总结，安排部署 2017 年工作。县委副书记熊卫国出席会议并讲话。县领导杨绍武、陈桂花、陈瑞、彭发斌、朱爱民出席会议并作工作报告。

◇ 16 日　中共桑植县十二届纪委二次全会召开。县委书记刘卫兵出席会议并讲话。会议由县委副书记、县长赵云海主持。县委常委、纪委书记张小庆向大会作工作报告。

◇ 21 日　县委书记刘卫兵主持召开 2017 年脱贫攻坚工作汇报会。县委副书记熊卫国，县委常委、常务副县长蔡昌顺，县委常委、县委办主任彭发斌，副县长陈海涛出席会议，县扶贫办、发改、财政等相关部门负责人参加会议。

同日　县委常委、政法委书记朱爱民率政法委、澧源镇政府及其所辖社区相关工作人员共 20 余人，赴岳阳市岳阳楼区就网格化社区治理和服务创新进行为期 2 天的考察，助推桑植县网格化建设工作，使之进入深化、优化和实用化阶段。岳阳楼区委常委、政法委书记黎建欣，副区长方正春等全程陪同。

◇ 22 日　马合口白族乡麦地坪村白族民俗文化活动中心正式投入使用。为两层白族风格建筑，总面积 725.7 平方米，总投资 147 万元。是村民议事、保护和传承白族文化的活动阵地。

◇ 23 日　桑植县全域旅游发展大会召开，县委书记刘卫兵出席会议并作重要讲话，县委副书记、县长赵云海主持会议。熊卫国、皮运舰、熊正元、杨绍武、陈桂花、蔡昌顺、吴正平、张小庆、陈瑞、彭发斌、朱爱民、刘铠等副处级以上领导出席会议。

同日　召开桑植县脱贫攻坚暨全面小康建设工作会议，总结回顾全县 2016 年工作，安排部署 2017 年工作。刘卫兵、赵云海、熊卫国、皮运舰、熊正元等在职处级领导出席会议。

◇ 28 日—3 月 1 日　县委副书记熊卫国一行赴长沙高新区对接精准扶贫及项目招商工作。参观高新区展示馆，考察长沙高新技术工程学校、创研股份、湖南农商通电子商务股份有限公司。副县长陈荣昌及县直有关部门负责人参加相关活动。

3 月

◇ 1 日　桑植县召开专题会议，部署落实市委书记、市人大常委会主任虢正贵关于做好信访维稳工作的指示精神。县委书记刘卫兵，县委常委、常务副县长蔡昌顺，县委常委、县委办主任彭发斌，副县长、县公安局局长唐湘桥出席会议。

◇ 3 日　广东省深圳展能集团爱心人士一行 50 余人，在县教育局相关负责人的带领下，深入凉水口中学进行考察。将援建一栋造价 400 万元的四层爱心综合楼。

◇ 7 日　县委书记刘卫兵会见湖南雄森集团一行，就旅游项目开发进行意向性招商洽谈。副县长陈荣昌、钟照寰及县商粮、旅游等相关部门负责人参加洽谈会。

◇ 8 日　县委书记刘卫兵公开接待信访群众，倾听群众呼声，解答群众诉求。县法院、公安、信访、教育、经管等有关部门及澧源镇负责人参加接访。

◇ 9日　桑植县举行首届跨地区劳务协作现场招聘会，县领导赵云海、熊卫国、皮运舰、熊正元、蔡昌顺等出席活动。

◇ 10日　桑植县全面推行河长制，由县委副书记、县长赵云海任总河长，县委常委、常务副县长蔡昌顺任副总河长，各乡镇主要负责人担任乡镇河长。

◇ 17日　省委副书记、省长许达哲深入桑植县，就脱贫攻坚和财政资金使用情况进行调研。省委常委、常务副省长陈向群参加调研。许达哲一行还瞻仰了贺龙纪念馆、贺龙故居，并向贺龙铜像敬献花篮。

◇ 19日　湖南省演艺集团董事长吴友云率北京、浙江等地文化演艺公司一行到苦竹寨，考察文化旅游融合合作项目。县领导杨绍武、蔡昌顺等陪同考察并参加座谈会。

◇ 20日　桑植县领导干部综合能力提升研修班在上海复旦大学顺利开班。上海复旦大学统战部长阎嘉陵，县委副书记、县长赵云海出席仪式并讲话，县领导皮运舰、熊正元、李明、陈桂花、吴正平、张小庆、彭发斌等县领导及部分县直部门和乡镇负责人共91人参加该次研修班。

◇ 24日　市委书记、市人大常委会主任虢正贵率领湘江集团、中国金茂华中区域公司及市直相关单位负责人深入桑植县洪家关白族乡花园村，就脱贫攻坚工作进行调研指导。市委副书记刘革安，湘江集团党委书记、董事长张利刚，中国金茂华中区域公司总经理范建军，县委书记刘卫兵，县委副书记熊卫国等参加调研。

◇ 29日　县委书记刘卫兵主持召开专题会议，传达贯彻市委七届三次全体（扩大）会议精神。县领导皮运舰、熊正元、杨绍武、陈桂花、张小庆、陈瑞、彭发斌、朱爱民、刘铠等县领导，部分“两代表一委员”，乡镇党委书记代表，县委各部办委，县人大办、政府办、政协办及部分县直部门负责人参加会议。

4月

◇ 6日　桑植县召开创建省级文明县城动员大会，县委书记、县文明委主任刘卫兵要求全县上下统一思想、深化认识，围绕目标，突出重点，完善机制，统筹推进，力争到2018年成功创建“省级文明县城”。县领导皮运舰、熊正元、李明、杨绍武、陈桂花、蔡昌顺、吴正平、张小庆、陈瑞、彭发斌、朱爱民、刘凯等出席会议。在家在职处级领导、县直副科级以上单位和企业主要负责人，乡镇党委书记参加会议。

◇ 6—7日　省人大常委会委员、省人大农业与农村委员会副主任委员殷海清，省人大常委会委员、省人大农业与农村委员会委员李俊湘一行到桑植县调研指导脱贫攻坚工作。市县领导李建民、皮运舰、吴正平、彭发斌、王军参加调研。

◇ 10日　研修班二班85名学员到上海复旦大学，开始为期5天的专题研修。上海复旦大学统战部部长阎嘉陵出席开班仪式并致辞。县领导杨绍武、陈瑞、朱爱民、刘铠等参加本期研修。

同日，省财政厅非税收入征管工作调研座谈会在桑植召开，省非税收入征收管理局局长陈其辉带领调研组对张家界市非税收入征管工作进行调研。县委常委、常务副县长蔡昌顺，张家界市财政局及各区县非税收入征管部门负责人和工作人员参加会议。

◇ 12日　广东中山市速腾集团在桑植县开展扶残助弱、爱心捐助活动，共捐赠净水器80台，价值47万元。县民政和民族宗教局、县慈善办负责人参加捐赠仪式。

同日　湖南省发改委一行，由经济贸易处副调研员李冲带队，到桑植县对仓储设施项目进行调研。张家界市发改委及经贸科、地区科相关负责人，桑植县发改局相关负责人参与调研。

◇ 13日　投资1.9亿元、占地约300亩的红军体验园项目正式启动建设。市人大常委会党组副书记陈红日授争创“党员先锋号、工人先锋号、青年文明号、三八红旗手”旗，副市长欧阳斌宣布项目开工和劳动竞赛正式启动。县领导皮运舰、熊正元、彭发斌出席活动。

同日 张家界市人大常委会党组副书记、市人大常委会副主任吴名凤及部分市人大代表一行到桑植县进行《中华人民共和国道路交通安全法》现场执法检查。县领导陈桂花、彭英及部分市县人大代表陪同。

◇ **14日** 革命先烈毛泽民外孙曹耘山到桑植考察，参观贺龙纪念馆和贺龙故居，缅怀革命先辈。

同日 德国HETTICH集团油根先生、天津博轩家具制造有限公司总经理安波一行5人在副县长谷忠涛的陪同下，参观考察张家界程锋木艺文化有限公司和张家界名匠旅游产品开发有限公司，初步达成产品出口欧盟的协议。

◇ **16日** 省政协副主席、致公党湖南省委主委胡旭晟到桑植县调研脱贫攻坚民主监督工作。

◇ **17—18日** 张家界市政协党组书记、主席汪业元深入桑植县调研西线旅游开发项目。市政协副主席彭红、覃仕斌、周芳、张元次、褚新年、王光明、李文化，县政协经科委及市经投公司相关负责人陪同调研。

◇ **18日** 张家界市原正厅级干部、市委原特邀顾问、市老促会会长陈美林一行深入刘家坪白族乡，就禾佳生态农业建设、光伏发电扶贫、易地扶贫搬迁进行督查调研。县领导陈海涛陪同调研。

◇ **21日** 桑植县与湖南省演艺集团正式签订文化旅游产业融合发展合作框架协议，携手打造文化旅游新天地。县领导赵云海、杨绍武、王茂蓉参加签约仪式。

同日 桑植县召开脱贫攻坚突出问题集中整改动员大会，学习贯彻中央、省、市有关脱贫攻坚工作会议精神，全面部署脱贫攻坚突出问题集中整改工作。刘卫兵、皮运舰、熊正元等县领导出席会议。县直副科级以上单位主要负责人，23个乡镇党委书记、扶贫办主任，县直驻村帮扶工作分管负责人参加会议。

◇ **23—25日** 县委书记刘卫兵率代表团出席在深圳、香港等地举办的2017年湖南省（香港）投资贸易洽谈周活动。副县长陈荣昌，县商务粮食、旅游外事侨务、经科及县工业园管委会等部门负责人参加活动。24日，“锦绣潇湘 · 张家界全域旅游产业项目专场推介会”在深圳隆重举行。会上，桑植县成功签约项目3个，总投资额达31亿元人民币。整场推介会共签约项目11个，投资总额110.1亿元人民币。25日，到深圳几家企业考察，就投资贸易工作进行洽谈。

◇ **27日** 省人民检察院党组成员、副检察长丁维群一行到桑植检察院调研指导工作，张家界市人民检察院党组副书记、副检察长邢国锋陪同调研。县委常委、政法委书记朱爱民参加调研。

5月

◇ **2日** 市委书记、市人大常委会主任虢正贵深入澧源镇西界村，看望慰问建档立卡贫困户，就脱贫攻坚重点工作进行调研。县领导刘卫兵、赵云海、熊卫国、彭发斌及市、县发改、财政、住建、交通、水利等相关部门负责人参加上述活动。

◇ **3日** 市委常委、组织部部长艾可知带领市委老干局、农委、财政、交通、畜牧、卫计、经投等部门负责人深入马合口白族乡梭子丘村、麦地坪村、青峰溪村，召开现场办公会，就小康帮建、脱贫攻坚、驻村帮扶、村支两委换届等工作进行调研，并走访慰问结对帮扶户。县委常委、组织部部长陈瑞，副县长谷忠涛陪同调研，县扶贫办、小康办、交通、民政等相关负责人参加调研。

同日 市委书记、市人大常委会主任虢正贵一行到人潮溪镇，就企业发展、产业发展与脱贫攻坚工作进行调研。县领导刘卫兵、熊卫国、彭发斌、王建群以及市委办、市委政研室、张家界经开区、县委办和市、县发改、财政、扶贫、教育、住建、交通等相关部门负责人参加调研。

同日 湖南省委党校第52期中青班第3组学员到桑植县利福塔镇白龙村开展“驻村入户体察民情”体验式培训。

同日 财政部监督检查局副局长王振东一行到桑植县开展扶贫资金专项检查督导工作。市县领导罗志斌、皮运舰、熊正元、杨绍武、蔡昌顺、陈海涛、彭曙光参加座谈会或陪同调研。

◇ **3—4日** 省防治重大动物疫病指挥部督查组组长李英明带队，对桑植县2017春防工作开展督查。副县长陈海涛及相关单位负责人参加春防工作汇报会。

◇ **4日** 市委常委、组织部部长艾可知深入洪家关白族乡，就县委党校新址、村支两委换届工作进行调研。县领导刘卫兵、张小庆、陈瑞、彭发斌、幸电安陪同调研。

◇ **6日** 湖南有色金属职业技术学院与桑植县人民政府签订教育扶贫合作协议。县领导赵云海、杨绍武、王茂蓉，到桑植开展体验式培训的湖南省委党校第52期中青班第三组学员出席签约仪式。

同日 张家界市委常委、纪委书记袁美南一行到桑植县调研指导中央环保督查交办问题进展和脱贫攻坚集中整改工作，市纪委第二纪检监察室主任于金武，桑植县委常委、纪委书记张小庆出席会议。

◇ **7日** 在四川成都举行的2017年全国残疾人射击锦标赛上，由桑植县输送的湖南省残疾人射击集训队运动员王鑫鑫，获女子SH1级气步枪立射40发、女子SH1级50米运动步枪三姿（卧、立、跪）两项金牌，并以248.5环的气步枪成绩，创全国决赛纪录。

◇ **11日** 湖南省旅发委党组成员、副主任尚斌带队到桑植县调研旅游扶贫工作。市旅外委领导及县委副书记熊卫国陪同调研，县旅外、扶贫等县关单位负责人参加调研。

◇ **12日** 桑植县召开推进“两学一做”常态化制度化工作视频会议，刘卫兵、熊卫国、皮运舰、熊正元等县“四大家”班子成员、县直机关及企事业、人民团体等单位党组织负责人在主会场参加会议。各乡镇党委班子成员及299个村（社区）党组织书记在各乡镇分会场参加会议。

◇ **15—20日** 县人大常委会副主任王军率领由财政局、畜牧局、养蜂办和养蜂专业合作社组成的桑植中峰产业考察团赴重庆、湖北、长沙等地考察中蜂产业。

◇ **16日** 张家界市易地扶贫搬迁现场推进会在桑植召开。市委常委、常务副市长罗智斌发表讲话，市人民政府副秘书长黄华主持，慈利县、永定区、武陵源区、桑植县分管副县长，市县发改、扶贫、国土、住建、规划、财政等单位负责人参加会议。

◇ **17日** 省扶贫办政策协调处卜洋、向阳腾，省农村信用联社滕潭贵一行到空壳树乡督查扶贫小额信贷工作，助力脱贫攻坚。县农商银行相关人员陪同督查。

◇ **17—19日** 县人大常委会主任皮运舰率桑植代表团出席在贵州省铜仁市碧江区举行的渝黔湘鄂部分县（市、区）人大工作联席会第五十四次会议。共23个成员单位出席，黔江区、桑植县、龙山县、建始县、来凤县、松桃县、碧江区等7个成员单位，围绕“聚焦生态文明，履行人大职能”主题，作主题交流发言。

◇ **18日** 省国调队党组书记、总队长赵太想一行深入桑植县，就精准扶贫及全面小康建设进行调研。市国调队及县领导熊卫国、蔡昌顺、彭发斌、张东林、钟标出席座谈会。

同日　省文化馆工会主席胡敏，省非遗传承中心办公室副主任王钧，携2017“BMW中国文化之旅”湖南非遗探访活动组织者一行深入洪家关白族乡陈家院村，就桑植县非物质文化遗产保护和传承情况进行实地探访。县文体广新局、县非遗传承中心等单位相关人员以及部分非遗项目代表性传承人参加该活动。

同日　湖南省建筑工程集团第三工程公司一行到桑植县考察重点项目建设，就西水风光产业带、文化传承中心、城市交通道路等重点项目开展PPP项目的具体合作。县住建局、文体新局、经投公司相关负责人作项目介绍。

◇18—20日　由湖南省中小学教师发展中心主办，桑植县教育局承办的湖南省“国增计划”项目县管理者研修班在桑植举行，来自桑植、慈利、永顺、龙山、花垣、凤凰、泸溪、石门、桃源、汉寿等10个国培项目县相关负责人及专家共46人参与研修。

◇19日　建军90周年来临之际，以“弘扬‘八一’精神，推进老区发展”为主题的“八一”精神研讨会在桑植县隆重举行。国防大学科研部原部长、中国延安精神研究会常务副会长兼秘书长苏希胜少将，延安精神研究会部分成员、部分红军后代及有关同志，市、县领导刘革安、杨昌永、刘卫兵、熊卫国、杨绍武、彭发斌、肖卫君、钟标、幸电安及县直有关部门负责人出席研讨会。

同日　桑植县举行2017年公开选拔科级领导干部考试。县委常委、纪委书记张小庆，县委常委、组织部部长陈瑞到考场查看考场纪律及考试情况。

◇20日　为迎接中国传统节日端午节，长沙市民族联谊会桑植分会在长沙市南郊公园举行“端午粽香民歌情”暨2017年新会员见面会。原省劳动保障厅副厅长陈吉权、长沙警备区原副司令员钟为军、省警卫局原副局长陈才幸、省有色地勘局副局长王晓敏、长沙市民族联谊会会长、湖南日报社原副总编辑姚子珩、长沙市民族联谊会常务副会长欧阳久耀、长沙市民族联谊会秘书长黄禹康、长沙市民族联谊会副秘书长邹林玲等嘉宾参加活动。

◇20—22日　市委副书记、市长王志刚带领市农委、经投等相关部门负责人一行到桑植县，就脱贫攻坚及旅游资源等情况进行调研，就“两委”换届、全面落实“河长制”及防汛备汛等工作进行检查指导。市、县领导尚生龙、刘卫兵、熊卫国、蔡昌顺、张小庆、彭发斌、陈海涛及县直有关部门负责人参加调研或座谈会。

◇24日　市委常委、纪委书记袁美南到桑植县人潮溪镇调研慈利三合镇至桑植人潮溪公路项目进展情况，详细了解项目推进中的问题和困难。县委常委、纪委书记张小庆陪同调研。

◇25日　市委常委、市委统战部部长田华玉一行到桑植县，就全县统工作进行专题调研。县委书记刘卫兵，县委常委、统战部部长陈桂花，在职党外处级以上领导王云、陈海涛、阙玉英、王建群及部分统战系统部门负责人分别参加调研或座谈。

同日　国家民委发展司司长乐长虹一行深入桑植县洪家关白族乡，就精准扶贫、民族客栈和少数民族特色村镇建设进行调研，省民宗委党组副书记、副主任赵仁秀，市民宗委主任李林，县人大常委会主任皮运舰，县委常委、县委办主任彭发斌等省、市、县领导陪同调研。

◇26日　国道353（原省道305）双门岛大桥正式竣工通车，至此，该路段多年的交通安全隐患得以彻底消除。副市长李传荣出席仪式并宣布大桥正式通车，县领导陈桂花、谷忠涛、钟建国、顾吉耀及市、县相关部门负责人和当地群众一同见证通车。

◇ 31日 县委书记刘卫兵公开接待信访群众，倾听群众呼声，解答群众诉求。县信访局及陈家河镇等相关部门和乡镇负责人参加接访。

6月

◇ 3日 县委书记刘卫兵在调研全县棚户区改造项目建设时强调，要把握发展机遇，营造浓厚氛围，加快推进棚户区改造项目建设。县领导钟照寰、庹良成，县房管、财政、规划、教育、国税等部门及澧源镇、县经投公司负责人参加调研座谈会。

◇ 7日 县委书记刘卫兵会见五洲半岛有限公司总裁肖芳清一行，就白石南滩生态农业项目进行招商引资意向性洽谈。县委副书记熊卫国，县委常委、县委办主任彭发斌，副县长陈荣昌及相关部门负责人参加洽谈会。

同日 省委常委、宣传部部长蔡振红到桑植县，调研红二方面军长征出发地纪念馆扩建项目、贺龙纪念馆和贺龙故居。市委书记、市人大常委会主任虢正贵，县委书记刘卫兵陪同调研。省、市、县领导李发美、杨金鸢、周湘、刘桦、熊卫国、杨绍武、彭发斌陪同调研。

◇ 8日 桑植县举行2017年全县“文化和自然遗产日”主场活动和贺龙刀劈芭茅溪盐税局旧址开放仪式，县领导熊正元、杨绍武、王云、幸电安，市文物局、县委宣传部、县委网信办、县文物保护委员会成员单位等相关负责人，及数千名群众和游客参加活动。

同日 市委常委、市政法委书记刘绍建，副市长欧阳斌督查桑植县防汛抗旱工作，市水利局、市防办等相关部门负责人参加督查。县领导刘卫兵、朱爱民、陈海涛陪同检查或参加汇报会。

◇ 9日 县委书记刘卫兵主持召开省、市脱贫攻坚交办问题整改调度会，就省委、省政府脱贫攻坚工作督查组反馈问题及市委市政府交办的脱贫攻坚突出问题整改工作进行再动员、再部署。县领导熊卫国、蔡昌顺、张小庆、彭发斌、陈海涛及脱贫攻坚问题整改责任部门负责人参加会议。

◇ 13日 宁乡县党政考察团到桑植县澧源镇西界村，就脱贫攻坚工作进行考察。市委书记、市人大常委会主任虢正贵，市委常委、市委秘书长刘桦，宁乡经开区四大家相关领导及该县有关部门主要负责人参加考察。县领导刘卫兵、熊卫国、皮运舰、熊正元、蔡昌顺、彭发斌、彭曙光等陪同考察或出席座谈会。

◇ 15—16日 县委书记刘卫兵一行到湖南湘西密码生态农业开发有限公司和湖南新华雅实业集团等企业考察，就蜜蜂产业和旅游开发项目进行招商引资合作意向性洽谈。县委常委、县委办主任彭发斌，县人大常委会副主任王军及县商务、畜牧等部门负责人参加考察。

◇ 21日 市委常委、市纪委书记袁美南带领市扶贫办、水利、交通、国土等相关部门负责人到官地坪镇和澧源镇现场调研办公，研究协调解决脱贫攻坚中存在的困难和问题。县领导刘卫兵、熊卫国、蔡昌顺、张小庆及县扶贫办、水利、交通等部门负责人参加调研。

◇ 23日 桑植县召开“两项专项整治”暨农村环境综合治理工作推进视频会议。县委书记刘卫兵、县委副书记熊卫国、县人大常委会主任皮运舰、县政协主席熊正元等领导，在家处级县领导出席会议，县直单位负责人参加会议，各乡镇组织乡镇干部及村书记收看视频工作会议。

◇ 26日 桑植县召开脱贫攻坚精准识别上报数据复核工作会议，安排部署脱贫攻坚精准识别上报数据复核工作。县委副书记熊卫国主持会议，县脱贫攻坚指挥部正副指挥长、各复核小组组长、各乡镇党委书记、行业扶贫部门负责人及扶贫办党组班子成员及股室负责人参加会议。

◇ 28 日　桑植县隆重召开“喜迎十九大”七一表彰大会，庆祝建党 96 周年。县委书记刘卫兵出席会议并讲话，县委副书记熊卫国主持会议。皮运舰、熊正元、杨绍武、陈桂花、蔡昌顺、吴正平、张小庆、彭发斌、朱爱民、刘铠、肖卫君等县领导出席会议。其他在职县处级领导、县委委员、部分离退休老同志、县直正科级及以上单位党组织负责人、各乡镇党委书记、全县村（社区）党组织书记、乡镇党委组织委员、乡镇扶贫办主任及 90 名表彰对象参加会议。

◇ 29 日　市委常委、市纪委书记袁美南到桑植县，对交办该县的脱贫攻坚领域问题线索处置情况进行专项督查。市纪委常委张冲，党风政风监督室主任谷小兵，党风政风监督室副主任金彦宪以及县领导刘卫兵、熊卫国、张小庆、陈海涛参加汇报会。

◇ 30 日　县委书记刘卫兵会见深圳大贝无界文化有限公司及长沙康庄有限公司相关负责人，就走马坪白族乡白石村和刘家坪白族乡犀牛村旅游开发项目进行招商洽谈。县委副书记熊卫国，县旅游、商务、交通等部门负责人参加洽谈。

7 月

◇ 5 日　县委书记刘卫兵会见碧桂园集团湖南区负责人，进行招商引资合作意向性洽谈。

◇ 6 日　省委常委、省国资委党委书记胡衡华到桑植县，就深入开展“两学一做”学习教育进行调研。市委书记、市人大常委会主任虢正贵，市委常委、市委秘书长刘桦，市委常委、市委组织部部长艾可知，县领导熊卫国、陈瑞、彭发斌、幸电安等参加调研。

◇ 7 日　桑植县召开脱贫攻坚迎国务院巡查部署安排会。县委副书记熊卫国，县委常委、县委办主任彭发斌，副县长陈海涛出席该次会议。

◇ 8 日　省委政研室副主任曾剑光、湘西自治州副州长刘新民，率省委政研室调研组到桑植县，以实地察看、座谈等方式就脱贫攻坚工作进行专题调研。市、县领导尚生龙、熊卫国、蔡昌顺、彭发斌、陈海涛等陪同调研。

◇ 10 日　在澧源镇西界村村部举行张家界经济开发区精准扶贫微电影《甜蜜的希望》首发暨西界村驻村帮扶项目建设资金捐赠仪式，县委常委、宣传部部长杨绍武出席。

◇ 14 日　县委副书记、县长赵云海会见香港铜锣湾集团副总裁李济华、总经理叶敬涛、湖南片区总经理李猛一行，就桑植铜锣湾项目进行招商引资洽谈。副县长陈荣昌及县侨务、商务、国土、林业、规划等相关部门负责人参加洽谈会。

◇ 17 日　岳阳市屈原管理区区委书记金晨一行到桑植县考察廊桥项目建设，县委副书记、县长赵云海，县委常委、统战部部长陈桂花，县人大常委会副主任韦先娥，副县长陈荣昌陪同考察。

同日　“我是中国人——抗日老兵话当年”大型采访活动一行，在桑植进行抗战老兵采访。

◇ 18 日　第二届中国张家界民俗活动月暨首届国际网红直播洪家关活动拉开帷幕，县委副书记熊卫国致开幕词，市旅游和外事侨务委员会副主任曾韦栋讲话，市政府副秘书长王兆业宣布活动启动，县领导王云、陈荣昌、幸电安出席活动。

同日　中南民族大学“三下乡”团队在该校指导教授田敏的带领下，到桑植县桥自弯镇进行民歌采风。

◇ 19—20 日　由市县两级人大代表第六活动小组部分代表组成的考察团赴永定区，通过实地考察、开展座谈等方式考察该区乡村旅游工作。县委常委、纪委书记张小庆，县人大常委会副主任彭英参加考察，永定区人大常委会副主任孙林贤、漆辉玉陪同考察。

◇ 26日　县委书记刘卫兵会见张家界浙江商会会长徐小彬一行，就教育扶贫助学进行会商洽谈。副县长王茂蓉参加会见。

◇ 28日　市政协主席汪业元一行到桑植县看望慰问复员军人、失散红军、参战退伍老兵、军休干部和军人、烈士家属及洪家关光荣院老人。张家界军分区政委雷体全参加。县领导熊正元、彭发斌、肖卫君参加陪同。

同日　桑植县举行贺晓英先进事迹报告会暨“两学一做”专题学习研讨、2017年县委常委中心组（扩大）第三次集中学习暨“桑植大讲堂”。县委书记刘卫兵，县委副书记、县长赵云海等县委常委学习中心组全体成员，其他在职处级领导，县直副科级以上单位主要负责人，乡镇党委书记、宣传委员、澧源镇社区干部及县直单位干部代表参加学习。

8月

◇ 7日　湖南省非遗文化探访团在湖南省军区原娄底军分区司令员刘长生的带领下到龙潭坪镇进行非遗文化探访活动。

◇ 8日　张家界市脱贫攻坚巡查整改暨年度脱贫任务攻坚会议在桑植召开，市委副书记、市长王志刚主持会议，市委副书记刘革安作工作报告。市委书记、市人大常委会主任虢正贵出席会议并发言。市领导汪业元、余怀民、刘绍建、罗智斌、袁美南、刘桦、艾可知、雷体全、朱用文、李传荣、邹菊芳、欧阳斌、雍岩、谢振华、李培其，县主要领导刘卫兵、赵云海及其他区县主要负责人参加会议。

◇ 9日　市委常委、纪委书记袁美南带领督查组，赴上河溪乡督查农村纪检监察信访举报办理工作。市纪委副书记刘小平，县委常委、纪委书记张小庆等陪同。

◇ 10日　省政协常委、致公党湖南省委老龄委主任骆伟一行到刘家坪白族乡双溪桥村，就脱贫攻坚及民主监督工作召开座谈会。县委常委、统战部部长陈桂花及刘家坪白族乡政府相关负责人参加座谈会。

◇ 16日　湖南省纪委副书记、省委巡视办主任程纪龙率调研组通过“听、看、访”和召开座谈会等方式，深入桑植县调研扶贫领域监督执纪问责工作。市委常委、市纪委书记袁美南，县委书记刘卫兵、县委副书记熊卫国等陪同。

◇ 19—20日　张家界市委书记、市人大常委会主任虢正贵深入湖南八大公山国家级自然保护区天平山林区，就全域旅游、生态环境保护工作进行调研。市委常委、市委秘书长刘桦，县领导刘卫兵、赵云海、熊卫国、张小庆，八大公山保护区管理处党委书记、主任蔡双林等领导陪同参加调研。

◇ 22日　在朱日龙博士的带领下，省环境监测中心站一行6人到桑植县开展走基层监测技术指导培训服务活动。

◇ 23日　县委书记刘卫兵专题调研全县信访维稳工作。县委常委、政法委书记朱爱民，副县长唐湘桥，县人民法院院长覃恩赐及县检察院、纪委、信访、安监等部门负责人参加调研座谈会。

◇ 25日　中国共产党桑植县委员会第十二届第三次全体会议召开。会议传达中央、省委和市委抓党建促脱贫攻坚有关精神，审议通过《关于实施党建“五项工程”促脱贫攻坚的意见》，对下半年全县脱贫攻坚工作进行安排部署。县委书记刘卫兵出席会议并作重要讲话。

9月

◇ 1日　桑植县思源学校揭牌，正式投入使用。县领导杨绍武、韦先娥、王茂蓉、阙玉英出席揭牌仪式。

◇5日　县委常委会举行“凝心聚力、后发赶超”解放思想大讨论活动。刘卫兵、赵云海、熊卫国、皮运舰、熊正元、杨绍武、陈桂花、蔡昌顺、吴正平、陈瑞、彭发斌、朱爱民、刘铠、肖卫君等县领导参加讨论。

同日　桑植县举行统一战线“泛海助学行动”捐助仪式，全县233名农村建档立卡贫困家庭大学新生每人获得5000元助学金，受资助金额共计116.5万元。县委常委、统战部部长陈桂花出席仪式。

◇11日　桑植县组织全县23个乡镇全体工作人员进行脱贫攻坚政策理论水平考试。县委副书记熊卫国，县委常委、统战部部长陈桂花，县人大常委会副主任韦先娥参加考试巡查。

同日　湖南雄森集团到桑植县洽谈风情小镇项目。县委副书记、县长赵云海，副县长谷忠涛出席洽谈项目会议，工业园管委会、商粮局负责人参加洽谈会。

◇13日　桑植县鹤峰县战略合作座谈会召开，签订了两县战略合作框架协议。恩施州人大常委会副主任、鹤峰县委书记、县人大常委会主任王小平，湖北能源集团股份有限公司副总经理金彪，鹤峰县领导胡平江、张真炎、罗申贵、谷祥勇、钱成玉等，桑植县领导刘卫兵、赵云海、熊卫国、皮运舰、熊正元、彭发斌、朱爱民、彭英等出席会议。

◇14日　省科技厅成果处张洁苇一行到桑植县调研科技成果转移转化示范县建设情况。副县长谷忠涛及市科技局、县经科局、畜牧局、商粮局相关负责人陪同调研。

◇18日　县委书记刘卫兵深入洪家关白族乡，就“湖南湘丰”“湘西密码”在桑植县投资建设及全县茶叶和蜜蜂产业发展情况进行专题调研。县领导熊卫国、彭发斌、王军、陈海涛、王建群及县直有关部门负责人参加调研。

同日　省扶贫督查组一行四人到上河溪乡狮子山村开展精准扶贫入户督查。

◇19日　环保部青年干部培训班完成“走基层、接地气、转作风”实践活动返京。在桑植县环保局调研期间，环保部青年干部听取了环保、发改、畜牧、八管处等有关生态文明建设与脱贫攻坚的工作汇报。

◇21日　张家界市举行2017年第三次重大招商项目签约仪式，桑植县现场签约桑植樱花小镇项目、桑植县油气综合利用项目、桑植县湘西密码现代农业产业园项目等3个项目，总资金达44.1亿元。

同日　县委书记刘卫兵会见香港铜锣湾集团湖南区域总经理李猛、投资战略部总监张洪一行，就桑植铜锣湾项目进行招商引资洽谈。

同日　省交警总队督察小组对桑植交警大队十九大安保维稳工作进行督查。

◇26日　省纪委常委刘文杰率调研组到桑植调研纪检监察工作。市委常委、市纪委书记袁美南，县委书记刘卫兵，县委副书记、县长赵云海，市纪委常委、监察局副局长周珍云，县委常委、县纪委书记张小庆，县领导彭曙光等陪同。

◇27日　省地震局防震减灾处处长万芹、民政厅救灾处处长祝林书一行，对利福塔镇申报的省级地震安全示范社区创建工作进行现场验收。市县相关负责人陪同。

◇28日　市委书记、市人大常委会主任虢正贵深入永定区和桑植县，就西线旅游开发和扶贫工作进行调研。市委副书记刘绍建、副市长欧阳斌，桑植县领导刘卫兵、赵云海、熊卫国、陈荣昌参加调研。

10月

◇10日　市委书记、市人大常委会主任虢正贵在桑植县调研基层党建工作。市委常委、市纪委书记袁美南，市委常委、市委秘书长刘桦，县委书记刘卫兵，县委副书记、县长赵云海，县委常委、县纪委书记张小庆，县委常委、县委办主任彭发斌参加调研。

◇ 11 日　鹤峰县交通运输局一行 4 人到桑植县召开交通项目建设工作座谈会。桑龙高速办、县交通运输局及其二级机构相关负责人参加座谈会。

◇ 12 日　2017 张家界 · 桑植民歌节新闻发布会在张家界华天大酒店举行。县委常委、宣传部部长杨绍武出席回答记者提问，副县长任重致辞，县文体广新局、县旅外局、县商粮局分别发布民歌节、旅游、招商等信息。

同日　省军区政治工作局副主任谭柏林到刘家坪白族乡新阳村调研指导脱贫攻坚工作，市军分区战备建设处处长戴广林、省军区驻桑扶贫工作队队长、县委常委吴正平陪同调研。

◇ 13 日　桑植县召开脱贫攻坚“奋战两个月，迎接省考核”动员大会，分析研判全县前阶段脱贫攻坚工作，安排部署后段工作。县委书记刘卫兵出席会议，熊卫国、皮运舰、熊正元等在职县处级领导出席会议，县直正科级单位主要负责人，各乡镇党委书记、乡镇长、扶贫办主任参加会议。

◇ 18—19 日　陕西太白山国家级自然保护区考察人员到湖南八大公山国家级自然保护区，对其信息化项目建设进行交流学习，并在天平山林区进行实地考察。陕西太白山国家级自然保护区党委书记郭安平和湖南八大公山国家级自然保护区党组书记、主任蔡双林参加考察座谈。

◇ 19 日　张家界市 2017 年选调生到桑植县，开展“刘家坪—洪家关”红色教育活动。市委组织部部务委员贺军梁带队，市委党校副校长刘坤明，县委常委、组织部部长陈瑞，贺龙纪念馆馆长幸电安及各区县组织部长参加活动。

◇ 23 日　省纪委驻省委组织部纪检组赴桑植开展支部主题党日活动，省纪委驻省委组织部纪检组组长刘越高，副组长刘凤毛，县委书记刘卫兵，县委常委、组织部部长陈瑞参加活动。

◇ 28—29 日　张家界日报社、张家界摄影协会、桑植县委宣传部等单位 50 余人组成采访团，深入马合口白族乡梭子丘村，开展“新时代新思想新生活 · 贯彻学习十九大 · 记者见闻”主题采访活动。

◇ 29 日　市委常委、市纪委书记、市委巡察工作领导小组组长袁美南到桑植开展巡察调研督导工作，并召开座谈会。县领导刘卫兵、陈瑞、彭发斌参加座谈会，张小庆全程参加活动。

◇ 31 日　中共十九大代表、市委书记、市人大常委会主任虢正贵深入扶贫联系点桑植县西界村宣讲中共十九大精神。市领导袁美南、刘桦参加宣讲。赵云海、熊卫国、皮运舰、熊正元等在职县“四大家”领导现场聆听宣讲。

11 月

◇ 2—3 日　常德津市市政协主席姜正才一行到桑植县，开展澧水溯源及政协工作学习交流活动，县政协主席熊正元、副主席钟标陪同。

◇ 6 日　邵阳市新宁县党政考察团到桑植县，先后到刘家坪白族乡新阳村、洪家关白族乡泉峪村、澧源镇兴旺塔村，就脱贫攻坚工作进行考察。新宁县委副书记佘芝云，县委常委、省地勘院副院长、驻一渡水村工作队队长刘卫阳，县人大副主任唐吉宏，县政府副县长徐立华，副县级干部、驻村办政委伍贤春及该县财政局、交通局、农业局等相关单位主要负责人、各乡镇相关负责人参加考察。县领导熊卫国、吴正平、彭发斌、王军、陈海涛、王建群等陪同考察或出席座谈会。

◇ 8 日　桑植县召开深入贯彻中共十九大精神精准扶贫业务专题讲座暨县委常委中心组（扩

大）第五次集中学习会议。全县在职在家的县处级领导，各乡镇党委书记、乡（镇）长、扶贫办主任、扶贫办电脑操作员，124个贫困村支部书记、第一书记，县直承担脱贫攻坚任务的单位主要负责人，脱贫攻坚指挥部、县扶贫办、驻村办全体工作人员参加会议。

◇ 10日　2017桑植民歌节文艺演出在贺龙体育馆举办。市县领导陈红日、欧阳斌、周芳、朱新星、赵云海、熊卫国、皮运舰、熊正元等参加开幕式。

◇ 12日　桑植县举办纪念中国工农红军第二方面军从桑植出发长征八十二周年暨湖南省桑植县首届“金科世家杯”自行车挑战赛，以全民健身缅怀革命精神。经过角逐，张家界火车头自行车队选手秦安州获公路车组冠军、龙山挑战者车队选手符家瓒获男子精英组冠军、安道中国车队选手彭睿峰获男子大众体验组冠军、张家界火车头自行车队选手符召霞获女子组冠军。县领导杨绍武、王军、任重参加活动。

◇ 13日　国家知识产权局自动化部部长钱红缨一行到凉水口中学进行爱心捐赠活动。县委常委李明陪同。

同日　华彬集团董事长严彬一行到桑植考察投资项目情况，市领导虢正贵、刘革安、单铸飞、欧阳斌，县领导赵云海、熊卫国、皮运舰、熊正元、蔡昌顺、彭发斌、陈荣昌陪同考察。

◇ 14日　省委法治建设验收组就桑植县“全国法治先进县创建工作”进行检查验收。县委常委、政法委书记朱爱民，副县长、公安局局长唐湘桥，副县长彭曙光，市、县司法局主要负责人陪同检查。

同日　省农科院“三区”科技人才马庆辉、赵激到桑植县开展科技扶贫服务。深入到禾佳生态农业有限公司，进行现场实际操作技术培训，开展大棚蔬菜、莲藕种植、特色养殖等特色产业技术服务，向农民传播农业实用技术，助推当地经济产业发展。

◇ 15日　湖南省民宗委巡视员余开家一行深入洪家关白族乡，调研少数民族特色村镇建设情况。副县长陈海涛陪同调研。

◇ 23日　民建上海市委专职副主委钱雨晴一行10余人到桑植县贺龙中学，就“上海民建扬帆班”项目实施情况进行考察。民建湖南省委宣传联络处处长龙冬林，县委常委、统战部部长陈桂花陪同考察。

同日　省民政厅派出的核查小组到澧源镇洋公潭村，就整村退出情况进行入户核查。

◇ 28日　县老年大学举办10周年校庆文艺会演，来自周边市县的多所老年大学应邀参加此次文艺会演。该活动由县委常委、组织部部长陈瑞主持，县委副书记熊卫国代表县委、县政府向县老年大学成立十周年表示祝贺。市政协原副主席、老年大学校长陈官炼，县领导王军、丁艳伟、阙玉英，老同志彭发顺、向延根、谷利民参加活动。

◇ 30日　“健康张家界”暨“百岁健康”示范乡创建启动大会在走马坪白族乡举行。省人大常委会原副主任、省政府原副省长、省老科协执行会长唐之享，省老科协副会长兼秘书长史小溪，省老科协副会长赵成瑜，张家界市委副书记刘绍建，市原副厅级干部、市老科协会长陈克定，县委常委、政法委书记朱爱民，县人大常委会副主任王军，县人民政府副县长谷忠涛，县政协副主席阙玉英，县老科协名誉会长庹仕墨，县老科协会长顾吉耀出席。

12月

◇ 8日　县委书记刘卫兵主持召开桑植县委常委（扩大）会议，围绕“2017年经济工作怎么看，2018年经济工作怎么干”集思广益，凝聚众心，为2018年经济工作把好脉、定好向、掌好盘。县委副书记、县长赵云海，县委副书记熊卫国，县人大常委会主任皮运舰，县政协主席熊正元等在家的县处级干部出席会议。

同日　省科技厅成果处处长张洁苇带领专家组对桑植县实施科技成果转移转化示范县建设项目进行年度考评。县经科代表县政府做示范县建设工作汇报，市科技局有关负责人陪同考评。

◇ 12 日　省人大常委会机关老干部义务扶贫表彰勤劳致富先进户暨湖南省山东商会精准扶贫捐赠大会在桑植县芙蓉桥白族乡合群村举行，省人大常委会原副主任刘玉娥，省人大常委会委员、副秘书长、机关党组副书记王刚等老干部及湖南省山东商会部分企业家出席捐赠会，市委副书记、代市长刘革安及市领导陈红日、邹菊芳，县领导赵云海、张东林等参加捐赠会。

◇ 13 日　长沙洗心禅寺慈善基金会（简称为基金会）到桑植县开展“万名学子助学计划”行动，为思源实验学校 100 名贫困学子共捐赠爱心基金 10 万元。省民宗委副主任邓文华及省、市有关部门负责人，长沙洗心禅寺慈善基金会副会长杨开井出席捐赠仪式。县委书记刘卫兵，县委常委、统战部部长陈桂花，副县长丁艳伟陪同参加。

◇ 15 日　县渔政执法人员在上洞街乡院子村成功查处一起违法捕捞野生大鲵幼苗案件。现场缴获违法捕捞工具绝户网（地笼）500 米，将其烧毁处理；救护野生大鲵幼苗 5 尾，检查健康后放归澧水南源源头河流。

◇ 17 日　省脱贫攻坚实地考核组第三组第八小组组长、省公安厅反恐总队三级警长刘毅峰一行 20 人到桑植实地考核 2017 年脱贫攻坚工作成效。见面会由县委书记刘卫兵主持，县委副书记、县长赵云海代表县委县政府就脱贫攻坚工作进行简要汇报。县领导熊卫国、皮运舰、熊正元等参加见面会。

◇ 18 日　市委书记、市人大常委会主任虢正贵主持召开张家界市委常委（扩大）会议，专题听取桑植县脱贫攻坚工作汇报，安排部署全市脱贫攻坚下一步工作。

◇ 19 日　省脱贫攻坚实地考核组第三组组长、省委党校副校长李巍主持召开省脱贫攻坚工作实地考核组桑植反馈会，就考核组到桑植实地考核情况进行反馈，助推桑植县脱贫攻坚工作。

◇ 20 日　省卫生计生执法监督局纪委书记刘助腾带领省检查组，通过召开座谈、查阅资料等形式，就桑植县健康扶贫工作进行专项检查。副县长王茂蓉参加座谈。

◇ 27—28 日　政协桑植县第九届委员会第二次会议召开。

◇ 28 日　县委书记刘卫兵主持召开桑植县第十七届人民代表大会第二次会议临时党委会议，县委副书记、县长赵云海以及县人大临时党委成员出席会议。

同日　桑植县举行民办金海实验学校签约仪式，副县长王茂蓉代表县人民政府与湖南金海闪光文化有限公司进行签约。县委书记刘卫兵，县委副书记、县长赵云海，县委常委、宣传部部长杨绍武，县人大常委会副主任王云共同见证签约。

28—29 日　桑植县第十七届人民代表大会第二次会议召开。应到代表 227 名，请假 19 人，实到代表 208 名，符合法定人数。选举产生王彦敏、汪正鄂、钟立、段俭、程国平为桑植县第十七届人大常委会委员，张小庆当选为县监察委员会主任。

◇ 29 日　张家界军分区副司令员吴广生带领工作组到桑植县人武部，对该部主官进行绩效考核及民主测评。桑植县人武部政委肖卫君，县人武部见习部长龚武兵，县人武部副部长钟小辉参加会议。

◇ 30 日　县监察委员会正式挂牌成立，县委书记刘卫兵、市纪委副书记刘小平共同为县监察委员会揭牌。

同日 县第十七届人民代表大会常委会第十一会议召开，表决通过县监察委员会副主任、委员等有关人事任免事项，朱春芝、刘光弟、谷晖当选为县监察委员会副主任，周功辉、朱丽明、陈进凤、李辉云、涂军当选为县监察委员会委员。

◇ **31日** 上午9时8分，张桑高速正式通车试运营。张桑高速通车后，改变了桑植无高速公路的历史，桑植至张家界车程由约一个半小时缩至半小时。桑植可全程高速直达长沙，车程从6小时左右缩至4小时左右。

（县委办向必帅及桑植县人民政府网）

桑植概貌

建置沿革

【**历史沿革**】 桑植远古称西南夷地。3万—10万年以前的旧石器时代，溇澧沿岸已有原始人类活动。唐、虞、夏、商、周属荆地。春秋属楚巫中地，战国属楚巫郡地。秦属黔中郡慈姑县。西汉高祖五年（前202）至东汉，属武陵郡，置充县，为桑植建县之始。东晋于充县境置临澧县，隶荆州天门郡。隋，废临澧，置崇义县，隶澧阳郡。唐朝并入慈利县。宋，置安福砦。元，置桑植宣慰司。明、清沿袭旧制。至清雍正七年（1729），改土归流，置桑植县，属永顺府。民国以县直隶于省。1949年解放后，桑植隶属于永顺地区，1952年8月改为湘西苗族自治区代管，1957年9月正式隶属湘西土家族苗族自治州，1988年5月改属大庸市（张家界市）管辖。

自然地理

【**位置面积**】 桑植县位于湖南省西北部，地处武陵山脉北系中段，北纬29° 27′至29° 84′，东经109° 41′至110° 46′之间。东与石门、慈利县交界，南与永定区、永顺县接壤，西与龙山县毗邻，北与湖北省宣恩、鹤峰县相连，县域东西长104公里，南北宽51公里，总面积3474平方公里，约占全省总面积的1.68%。

【**气象水文**】 桑植地处武陵山脉北麓。主要山脉40条，一般海拔500—1000米，最高点八大公山主峰斗蓬山海拔1918.0米，最低点柳杨溪海拔154米。属中亚内陆性季风气候，冬暖夏凉，四季分明。但因地貌差异大，气候变化呈垂直规律，常出现一山有四季，十里不同天的情况，形成间断的地方性热雷雨和暴雨，是湖南省三大暴雨中心之一。2017年，年内气温最高38.9℃，最低 -1.3℃，年降水量1362.3毫米。

【**环境状况**】 2017年，桑植县年平均空气环境质量达标率87.7%，地表水质达标率为100%。城镇污水处理率78%，农村垃圾集中处理率85%。全年单位GDP能耗为0.56吨标准煤/万元，同比下降3.5%。

【**物种资源**】 桑植县境生态环境优越，资源丰富，八大公山国家级自然保护区，有珙桐、光叶珙桐、南方红豆杉、红豆杉、钟萼木、银杏等珍稀植物，云豹、金钱豹、白颈长尾雉、林麝、金雕、大鲵等珍稀动物，野生动植物达6400多种，可开发利用的药用植物1700余种，被誉为“绿色宝库”“天然博物馆”“世界罕见的物种基因库”，被纳入中国“人与生物保护区网络”（MBA）。

【**矿产资源**】 桑植县地层发育齐全，矿产资源丰富，全县已探明储量的矿藏有28种，矿床、矿化点142处。主要矿产有天然气、铁、煤、硅石等，其储量均居全省前列。主要矿产中，天然气测算储量1982亿立方米，铁矿探明的储量3.5亿吨，铝土及铁矾土储量达2000万吨。

【水能资源】 桑植县多年平均径流量为38.93亿立方米，地表水资源总量为67.25亿立方米，水能资源理论蕴藏量48.4万千瓦，是湖南省最具开发价值的水能资源大县。全县地下水资源总量为4.88亿立方米/年。

【旅游资源】 桑植旅游资源丰富，主要有八大公山原始森林、九天峰恋溪风景区、溇水风景区、芙蓉龙国家地质公园和澧水风光带等自然景观，贺龙故居、贺龙纪念馆、贺龙铜像、贺龙桥、红二六军团指挥部旧址、中国工农红军第二方面军长征出发地纪念碑、中国工农红军第二方面军长征出发地纪念馆、贺龙刀劈芭茅溪盐局旧址、廖汉生故居、桑植县苏维埃政府旧址、中华苏维埃共和国六县联合政府旧址、贺满姑烈士纪念亭、桑植烈士陵园、陈家河大捷陵园、岩屋口烈士陵园、五道水烈士陵园等人文景观。县域属少数民族聚居区，民族文化底蕴深厚。

政区·人口

【行政区划】 2015年，桑植县实施乡镇区划调整，将原39个乡镇（场）调整为23个乡镇，其中12个镇，11个乡（含5个白族乡），共553个村（居）民委员会。2016年5月，桑植县人民政府下发关于同意乡镇建制村合并调整方案的批复，全县建制村（居委会）遂合并为299个。2017年，全县共辖23个乡镇，299个村（居民委员会）。

2017年桑植县乡镇及所辖村一览表

表1

乡镇名称	居委会（个）	居委会名称	村委会（个）	村委会名称
澧源镇	8	高家坪、文明路、文昌街、汪家坪、朱家台、何家坪、老观潭、建兴岭	12	西界村、合幸村、朱家坪村、尚家坪村、兴旺塔村、岩垭村、罗家庄村、长潭村、蔡家峪村、金山村、洋公潭村、仙鹅村
瑞塔铺镇	4	杨家洛、罗家边、瑞市、鸟儿岭	11	小溪村、潮水河村、青龙溪村、芦溪村、马井村、老岩桥村、王家坡村、定家峪村、甘溪村、火盆峪村、东旺坪村
空壳树乡			9	陈家坪村、八斗桥村、空军村、莲花台村、汤溪峪村、虎形村、龙虎山村、白马泉村、罗家坪村
走马坪白族乡			14	碾子堡村、走马坪村、滚水峪村、龙洞坪村、桂竹垭村、前村坪村、广文台村、安家峪村、叶家桥村、护国村、向家坪村、天合村、白石溪村、汨湖村
竹叶坪乡			9	中坪村、柳浪坪村、南湖村、竹叶坪村、浸峪村、鸡公垭村、茶垭村、柳杨溪村、干洞村
人潮溪镇			17	中里村、石门垭村、西莲村、三鹤园村、龙鹤村、罗柳村、南滩村、双狮村、白石村、新华村、廖城村、统子峪村、分水岭村、人潮溪村、和平村、红旗村、溇阳村
官地坪镇	1	杜家坪	16	龙泉村、水流村、长潭坪村、林家堡村、天眼池村、梯市村、富平村、中坪村、赵家坪村、双桥村、黄家台村、金山坪村、铜矿村、东流坪村、洞口村、三源村
马合口白族乡			9	青峰溪村、麦地坪村、芦阳村、马合口村、双泉村、刘家寺村、佳木峪村、自生桥村、梭子丘村

续表1

乡镇名称	居委会（个）	居委会名称	村委会（个）	村委会名称
芙蓉桥白族乡			13	淋溪源村、马安会村、夹河坪村、淋溪河村、下坪村、上坪村、梅家桥村、银屋村、高阳村、福建坡村、芙蓉桥村、合群村、大庄坪村
刘家坪白族乡			6	双溪桥村、长征村、关溪洞村、犀牛村、新阳村、刘家坪村
洪家关白族乡			23	小河口村、龙头村、南岔村、回龙村、枫坪村、云丰村、泉峪村、洪家关村、花园村、龙凤塔村、胜龙村、海龙村、玉泉村、实竹坪村、三屋洛村、银杏塔村、赶塔村、土南溪村、打鼓泉村、水田坪村、穴虎洞村、陈家院村、小埠头村
桥自弯镇			14	长坪村、谷罗山村、青龙村、牛洞口村、桥自弯村、山羊溪村、龙潭村、白果村、三和村、王家村村、松柏村、柏杨村、李家垭村、学堂堡村
凉水口镇	1	楠木岗	10	罗峪村、卓家坪村、夏家峪村、李家庄村、张家塔村、尧儿坪村、和谐村、利溪坪村、茶园塔村、长潭河村
沙塔坪乡			10	分水岭村、冷水塔村、六耳口村、廖家坡村、沙塔坪村、青龙村、彭家湾村、茶盘口村、大木塘村、唐家庄村
龙潭坪镇	1	龙潭坪	15	三合街村、李家湾村、赶坪村、白竹坪村、古罗界村、洪家峪村、大洞堡村、斋公坪村、红军村、狮子塔村、苦竹坪村、银市坪村、金子山村、四方溪村、溪口村
五道水镇	2	团堡、五道水	7	连家湾村、茶叶村、岔角溪村、桑植坪村、芭茅溪村、水田坝村、四门岩林场
八大公山镇			16	笔架山村、细砂坪村、朝南坪村、九龙村、云鹤村、徐家桥村、茅坡村、筲箕池村、蹇家坡村、洗泡河村、马龙山村、庄耳坪村、八大公山村、车大河村、凤凰山村、斗篷山村
河口乡			12	栗洞村、河口村、以咱村、两岔村、新民村、西坪村、太坪村、沙洲村、富溪村、科溪村、懂市村、塘坊村
上河溪乡			9	云雾山村、刘家垭村、东风坪村、狮子山村、上河溪村、黄金塔村、杨竹溪村、邓家坡村、熊家坪村
陈家河镇	2	黄木潭、桥头	19	新街村、夹石河村、梳子溪村、蔡家坪村、厂湾村、肖家桥村、仓关峪村、龙潭沟村、张家村村、官坪村、岩壁村、格溪村、两河口村、下洞街村、旧街村、岩屋口村、大吾坝村、撒埠溪村、云朝山村
廖家村镇	2	廖家村、苗寨	6	团结村、莫家塔村、冲天溪村、二户田村、咱家村村、妖气洞村
上洞街乡			7	二户坪村、双溪村、卧云界村、上洞街村、麻洛村、院子村、二户溪村
利福塔镇	1	利福塔	13	赤溪村、青龙村、杨仕坪村、凤栖村、莲花垭村、官庄村、岩板村、白龙村、苦竹河村、舒家坪村、郭家台村、金家台村、三岔溪村

【人口状况】 年末，全县总人口 46.76 万人，其中男性 24.4 万人，女性 22.36 万人；少数民族人口 43.44 万人；常住人口 38.96 万人，其中城镇人口 16.71 万人，农村人口 22.25 万人。人口出生率 11.2‰，人口自然增长率 4.89‰。

社会经济发展

【经济总量】 2017 年，地区生产总值 90.93 亿元，其中第一产业增加值 10.55 亿元，第二产业增加值 18.12 亿元，第三产业增加值 62.26 亿元。一、二、三产业结构比调整为 11.6 ∶ 19.9 ∶ 68.5。人均生产总值 23341 元，同比增长 2219 元。全县建成小康社会总实现程度 86.2%，同比增加 1.1%。

【农村经济】 2017 年，农林牧渔业总产值 17.54 亿元，实现农林牧渔业增加值 10.74 亿元，同比增长 3.9%。年末，农业机械总动力 202655 千瓦 / 36483 台，同比分别增加 0.2%/4.5%，完成机械化耕地面积 13290 公顷，机械化收获面积 4900 公顷，机电灌溉面积 8940 公顷，机械植保面积 13970 公顷，农机产业总收入 11659 万元，同比增加 0.4%。农业产业化、规模化步伐加快，现代农业综合产业园、千亩蔬菜产业综合示范园、中药材产业园项目相继完成，烟叶种植面积 3 万亩；商品蔬菜基地总面积 8 万亩；新建（改造）良种茶园 1 万亩；大鲵存池量达 100 万尾；蜜蜂养殖发展到 6.55 万箱。有省市级龙头企业 44 家，农民专业合作组织 409 家，家庭农场 266 家，全县土地流转面积达到 13.9 万亩。

【工业生产】 2017 年，工业增加值 14.75 亿元，在统规模以上工业企业增至 36 个。建筑业增加值 3.39 亿元。新增规模企业 7 家。绿色产业园承载能力持续增强，新建标准厂房 1.2 万平方米，湘恩光伏、恒天华熠等 8 家企业入驻工业园区。

【固定资产投资】 2017 年，固定资产投资 48.67 亿元，其中城镇投资 43.44 亿元，同比增加 3.6%，房地产开发投资 5.23 亿元，同比减少 12.2%。张桑高速公路全线贯通，黔张常铁路加快建设。强力推进控违拆违，累计拆除违法建设 3597.5 平方米，帅乡路清零行动顺利完成。光明路、滨河路、长征东路延伸工程竣工通车，创业路、长征西路、澧兰大桥、北门桥交通枢纽建设全面启动，汽车东站建成，思源实验学校、中医院骨伤科大楼投入使用，文明路地下商业街、永生廊桥正式运营，公建服务配套进一步完善。完成房地产开发投资 4.9 亿元，居住条件进一步改善。梭子丘白族风情老街、沙塔坪集镇街道改造等项目相继建成。招商引资创新招商方式，与华彬集团等国际知名企业达成合作意向，累计签约项目 11 个，实际利用内资 10.89 亿元，增长 11.93%。全年争取中央和省投资项目 31 个，争取资金 3.72 亿元。

【交通运输】 2017 年，全县公路通车里程为 4912.6 公里，其中高速公路 19.6 公里，国道 77.5 公里，省道 409 公里，县乡道 1193.5 公里。全年完成货运量 308 万吨、货物周转量 6.61 亿吨公里，客运量 663 万人、旅客周转量 3.1 亿人公里。

【邮电通信】 2012 年，完成邮电通信业务总量 1.7 亿元，年末固定电话用户 1.23 万户，移动电话用户 31.54 万户；年末互联网宽带用户 5.15 万户，同比增加 44.4%。

【商贸旅游】 2017 年，社会消费品零售总额 35.7 亿元，全年出口总额 1567 万美元，同比减少 35.1%；实际使用外资 489 万美元，同比减少 60.2%；实际使用内资 10.89 亿元，同比增长 18.1%。拥有各类市场 26 个。新建（改造）乡镇农贸市场 2 个，建成村级电商服务站 48 个，成功申报国家电子商务进农村示范县。接待国内外游客 515.58 万人次，旅游收入 26.35 亿元。

【财政金融】 2017 年，村商业银行、农信担保平台挂牌营业，中国银行、华融湘江银行设立桑植支行，桑植县并成为湘西北地区首家省级金融安全区。年末，全县各项存款余额119.29亿元，比年初增加11.67亿元。各项贷款余额63.28亿元，比年初增加11.11亿元。共完成原保险保费收入1.72亿元，同比增长12.8%，实现原保险赔付支出0.29亿元，同比增长2%。

【科技教育】 2017年，有各类专业技术人才5120人；共签订技术合同2项，技术成果金额1249万元；申请专利65件，其中发明专利30件。有各类学校225所，其中完全中学3所，中等职业技术学校2所，初中29所，小学190所，特殊教育1所。中小学招生13903人，毕业13001人，年末在校学生总数58928人，年末小学适龄儿童入学率99.98%，小学毕业升学率99.95%，高中阶段教育入学率86.2%。全年落实义务教育保障资金6739万元，资助中职学生2489人次，发放中职助学金249万元，落实中职免费资助学生3271人，发放资助金393万元，发放普通高中国家助学金374万元。培训贫困人口1.5万人。

【文化宣传】 2017年，有电影发行机构1个，电影院1个，图书馆1个，体育馆1个，文化站23个。全县电视综合人口覆盖率99%，年末拥有有线电视用户6.97万户。新闻宣传以脱贫攻坚、红色旅游、项目建设、产业发展等为重点，在中央、省市媒体全年刊播桑植各种新闻稿件6860条，其中国家级媒体刊播120条，省级媒体刊播1096条，中央电视台、《人民日报》、《光明日报》、《经济日报》、新华网等国家级媒体和《湖南日报》、湖南卫视、湖南经视等省级媒体均有大量报道。《时刻桑植》《新桑植》微信公众平台，发稿1500多条。有1200条被张家界在线、红网、新浪、搜狐等网站转发。第一批基层文化服务体系12个示范点建设完工。“桑植化石石雕”“桑植木具制作技艺”“桑植打上大人”“桑植土家族布鞋制作技艺”入选第五批市级非遗项目，陈永培、谷菊秋、侯宗平被命名为第四批市级非遗代表性项目代表性传承人；“陈洋盘的故事”“打算棋”“百根冰”“桑植围鼓”4个项目成功通过省级非物质文化遗产保护评审。洪家关村、刘家坪白族乡成功入选“湖南省首批经典文化村镇”。组织举办“2017张家界 · 桑植民歌节”等群众文艺活动；全年“送戏下乡”60场，“送电影下乡”6360场。

【卫生体育】 2017年，全县拥有医疗卫生机构390个，其中医院6个，乡镇卫生院23个，村卫生室310个，诊所、卫生所、医务室40个，专防站所3个，妇幼保健站1个；年末拥有卫生技术人员2701人，医院、卫生院床位数2312张，年末每千人拥有床位5.7张。城乡居民医疗保险参保人数38.3万人、征缴基金2.33亿元，发放医疗救助金2312万元；全县孕产妇活产0.53万人，未发生孕产妇死亡，5岁以下儿童死亡率为9.6‰。救治救助贫困重性精神疾病患者525人，落实严重精神障碍患者救治救助监护奖励对象580名。

【人民生活】 2017年，养老补贴覆盖率达到85.5%。全年城乡居民人均可支配收入10164元，同比增长13.5%，城乡居民人均消费性支出9165元，同比增长19.3%；城乡居民家庭恩格尔系数为30.6%；年末居民人均住房面积71.1平方米。年末贫困人口3.99万人，同比减少1.66万人，贫困发生率为9.6%，同比降低2.7个百分点。新增城镇就业2630人，新增农村劳动力转移就业4696人。城乡居民医疗保险登记参保人数为38.3万人、征缴基金2.33亿元；城乡居民养老保险参保人数为27.25万人、征缴基金0.18亿元。年底，城市、农村低保对象分别为0.45万人和1.49万人，同比分别减少29%和54%；全年累计发放残疾人补贴10.7万人次；解决农村2.5万建档立卡贫困人口饮水安全问题，完成30个村的农网改造。

（县委党史研究室〈地方志办公室〉）

政 治

中国共产党桑植县委员会

县委书记：刘卫兵

副书记：赵云海　熊卫国

常委：李　明（挂职）　杨绍武

陈桂花　蔡昌顺

吴正平（挂职）　张小庆

陈　瑞　彭发斌

朱爱民　刘　铠（挂职）

重要会议

【全县经济工作会议】 2017年2月15日，全县经济工作会议在行政中心三楼大礼堂召开。会议传达贯彻中央和省委、市委经济工作会议精神，回顾总结全县2016年经济工作，研究部署2017年经济工作，表彰先进。

【全县经济工作务虚会议】 2017年12月8日，在县委常委会议室召开。会议传达11月27日市委常委（扩大）会议精神，研究讨论2018年工作。

【县委第十二届二次全体会议】 2017年1月13日，在县委常委会议室召开。县委常委、组织部部长陈瑞作关于桑植县出席中共十九大代表、县人民政府工作部门行政正职推荐提名人选的情况说明，并对推荐提名人选进行遴选票决并通报票决结果。

【县委十二届三次全体（扩大）会议】 2017年8月25日，在行政中心三楼大礼堂召开，会议安排部署2017年下半年脱贫攻坚工作，审议通过《关于实施党建“五项工程”促脱贫攻坚的意见》。

重要文件

县委文件

2017年2月10日，县委、县人民政府发出《关于表彰2016年度先进单位和先进个人的决定》。

2017年2月14日，县委、县人民政府发出《桑植县2017年度深入开展“三联三转三攻坚”主题活动实施方案》。

2017年7月21日，县委、县人民政府发出《桑植县贯彻落实〈法治政府建设实施纲要（2015—2020)〉实施方案》。

2017年9月11日，县委发出《关于实施党建“五项工程”促脱贫攻坚的意见》。

县委办公室文件

2017年2月8日，县委办、县政府办发出《桑植县全域旅游基础设施和公共服务体系四年（2017—2020年）建设规划》。

2017年2月12日，县委办、县政府办发出《桑植县国有土地上房屋征收工作目标任务考核奖励暂行办法（试行)》。

2017年2月14日，县委办、县政府办发出《〈桑植县2017年度绩效考核实施方案〉的通知》。

2017年2月14日，县委办、县政府办发出《关于加强重点工程项目建设工作的意见（试行）》。

2017年2月14日，县委办发出《关于印发〈落实“三个区分”建立容错纠错机制的实施办法（试行）〉的通知》。

2017年3月10日，县委办、县政府办发出《关于印发〈桑植县创建省级文明县城“八大专项行动”实施方案〉的通知》。

2017年3月16日，县委办、县政府办发出《关于印发〈2017年桑植县村（社区）两委换届选举工作方案〉的通知》。

2017年3月20日，县委办、县政府办发出《关于印发〈桑植县创建省级文明县城工作实施方案〉的通知》。

2017年3月21日，县委办、县政府办发出《关于印发〈桑植县推行县本级行政审批“三集中三到位”改革工作实施方案〉的通知》。

2017年5月5日，县委办、县政府办发出《关于进一步加强督查工作的通知》。

2017年5月17日，县委办、县政府办发出《关于印发〈桑植县2017年度农民权益维护和农民负担监督管理工作考核方案〉的通知》。

2017年6月21日，县委办、县政府办发出《关于全面推行河长制的实施方案的通知》。

2017年6月21日，县委办、县政府办发出《关于印发〈2017年桑植县环境整治“6+1”行动实施方案〉的通知》。

2017年6月21日，县委办发出《关于印发〈推进全县“两学一做”学习教育常态化制度化的实施方案〉的通知》。

2017年6月22日，县委办、县政府办发出《关于印发〈桑植县农村环境综合整治推进方案〉的通知》。

2017年6月22日，县委办、县政府办发出《关于印发〈桑植县2017年巡察工作方案〉的通知》。

2017年6月22日，县委办、县政府办发出《关于印发〈桑植县关于加快推进互联网+监督工作实施方案〉的通知》。

2017年7月4日，县委办、县政府办发出《桑植县2017年重点工程项目征地拆迁“攻坚大会战”实施方案》。

2017年8月2日，县委办发出《中共桑植县领导班子成员安全生产“一岗双责”制度》。

2017年8月9日，县委办、县政府办发出《关于印发桑植县“凝心聚力、后发赶超”解放思想大讨论活动方案的通知》

2017年8月20日，县委办、县政府办发出《桑植县社会治安综合治理领导责任制实施办法的通知》。

2017年9月12日，县委办、县政府办发出《关于支持农业扶贫产业发展的实施方案（试行）的通知》。

2017年9月16日，县委办、县政府办发出《关于成立和调整全面建成小康社会领导小组等二十个领导小组、工作委员会的通知》。

2017年10月16日，县委办、县政府办发出《关于印发桑植县公证处体制改革实施方案的通知》。

2017年10月20日，县委办、县政府办发出《关于印发桑植县美丽乡村建设实施方案（2017—2021年）的通知》。

2017年11月7日，县委办、县政府办发出《关于印发〈“十三五”桑植县国家重点生态功能区县域生态环境质量监测评价与考核工作实施方案〉的通知》。

2017年12月8日，县委办、县政府办发出《关于印发加快发展桑植绿色综合产业园的实施意见的通知》。

县委办公室工作

县委办公室

主任：彭发斌

常务副主任：向 勇

副主任：石春银 陈建伟 曾望振（挂职）

县纪委驻县委办纪检组组长：邹家建

政研室主任：莫洪平

机要局局长：赵旭东

保密局局长：吴秀英

督查室主任：钟 刚

秘书组组长：刘家赞

行政组组长：尚香君

【概　况】 2017年，县委办公室在县委的正确领导下，坚持以中共十九大精神为指导，全面贯彻落实习近平新时代中国特色社会主义思想，紧紧围绕“参谋政务、管理事务、服务上下、协调各方”四大工作任务，按照“规范服务，指导基层，优质高效”的工作思路，深入开展提升政务服务水平“五要五不怕”的主题活动，精诚团结，扎实工作，办公室业务工作跃上新的台阶。

【政研工作】 完成各类重要文稿起草50多份（篇），主要起草县委经济工作会议、旅游发展大会、七一表彰大会、十二届三次全会、中央、省、市脱贫攻坚检查调研汇报以及各类汇报表态发言材料等。做好常委会议服务。收集常委会议议题，完成27次常委会议纪要记录整理。积极开展调研。围绕全县中心工作、重点发展领域开展调查研究，自主或向基层单位安排调研课题16个，完成武陵源北部旅游区规划建设、重点项目建设、征地拆迁、纪检监察体制改革、教育布局、农村建房管理、优化交通布局等10多篇调研报告。编辑《桑植通讯》2期，刊发文章近40篇，宣传推介桑植县的典型做法。拟写主要领导署名文章。在《人民日报》《湖南日报》《张家界日报》分别完成县委主要领导署名文章1篇、2篇、2篇。全面深化改革。出台《2017年全面深化改革工作要点》，调整深化改革领导小组，成立10个专项小组，明确11大类36大项141小项改革任务，确定10大自主改革重点任务，各项改革稳步推进。配合做好省、市政研室（深改办）到桑植调研安排及汇报，市委脱贫攻坚推进会、座谈会相关工作。

【督查工作】 按照“中心工作重点查、领导批示认真查”的要求，突出重点，创新方法，严督细查。组织开展督查活动72次，其中全县性会议筹备与会风会纪督查48次，专项督查22次，督查调研2次，有力促进县委、县政府各项重大决策和重要部署及时、快速、全面落实到位。坚持有批则办、快办快结的原则，重点保证上级交办件、领导批示件的及时到位，市、县委领导批示件转办、督办13件，办结市政协委员提案4件，编发《督查专报》25期，督查专报10期，下发督查整改通知书4期，督查报告书2期，全面完成年度目标。

【保密工作】 结合实际制定规划，利用会议、工作检查等契机，深入开展保密宣传教育，多渠道、多形式加强对领导干部、重点涉密人员、保密干部的保密法制宣传教育。按照省市保密部门的要求，对全县的保密人员并认真开展网络安全及高考保密人员培训2次，并对全县县直单位和部门的网站进行3次检查。狠抓涉密载体和移动介质的管理，对需及时销毁的涉密载体要求相关单位上交县保密局统一集中销毁，进一步加大保密执法力度。

【文秘工作】 会务服务坚持归口管理、规范运作、统筹兼顾、突出重点，确保全县性的重要会议圆满成功。全年承办重要会议53场，下发会议通知412个，涉及参会人员10830人次，会议组织规范、严谨、无差错。公文处理严格把关，程序规范。全年共发文325个，所有文件把关严格、种类合理、格式规范、校核准确、存档及时。值班联络工作始终坚持24小时值班，确保上传下达准确无误。机要保密管理规范，密码服务保障能力全面提升，强化密码安全管理，全力消除安全隐患，全县未发生一起失泄密事件。完成各类接待方案124篇，处理电话2216个。

【综合信息工作】 县委办出台《中共桑植县委办公室关于明确重大突发性事件上报工作要求的通知》（桑办发电〔2017〕5号）文件，制定应急管理制度，按照“谁值班、谁在岗，谁出事、谁负责”的原则，对值班环节出现的工作失误或问题，严格分清责任，落实责任追究。一年来，县委办从未误报、迟报、漏报突发事件信息，从未谎报、瞒报信息，从未出现突发事件处置不当而造成重大影响，从未出现值班电话无人接听、节假日带班领导脱岗的情况。报送紧急信息54条。分别于7月初、12月初完成《中共桑植县委2017年上半年工作总结》《中共桑植县委2017年工作总结》，并及时向市委进行报告。编辑《桑植信息》25期，完成调研材料6篇、典型材料3篇；完成其他约稿综调信息报送45条。通过党委信息内网向省委办公厅、市委办报送各类信息302条。

【驻村帮扶工作】 2017年，县委办驻厂湾村、龙潭沟村开展驻村帮扶工作，扎实有力，取得明显成效。工作队在两个村整修及硬化道路6.6公里，整修公路3.8公里，整修平板桥1座，为村里发展铺平了道路。龙潭沟村帮扶。争取项目资金60万元，新修标准化村级综合服务中心一栋400平方米；新修标准化水池3座，铺设饮水管道6000多米，实现安全饮水全覆盖；争取资金20万元，实施唐家坡排污排水工程；投入9.706万元为16户贫困户实施庭院硬化工程；投入15万元资金，为107户农户新修三级化粪池107个；投入资金60万元，建成70千瓦的光伏发电站一座，年收益4.6万元；发展以蔬菜、蜜源植物等为主的种植产业基地面积421亩；采取“村社合一”模式，村集体、大户、贫困户三方入股分红，建成占地规模达2000平方米，养殖规模1000头的豪猪养殖基地，村集体已实现年收益5万元；建立以养蜂为主的特色产业基地，通过委托代养方式，每户贫困户代养5箱蜂，每户每年分红1000元，为贫困户增收开辟了新渠道。

【联点扶建工作】 县委办、县人社局驻文昌街社区党建联点扶建工作组，以“三联四建”活动为重点，从夯实基层党建、改善基础设施、提升生活环境、提高服务质量出发，为社区和居民群众做实事。集中开展中共十九大精神学习等培训，切实开展好创先争优和学习型党组织建设，增强广大党员干部的大局意识和责任意识。制定《文昌街社区第二轮党建联点扶建工作规划》，2017年共投入172万元，完成道路建设等7个基础工程项目建设。帮助社区组建3支志愿者队伍，共计204人，负责公共区域服务等义务服务。

（向必帅）

组织工作

县委组织部

部长：陈　瑞

常务副部长：杨昌顺

副部长：龙　云　于兴国

【概　况】 中共桑植县委组织部是县委管理全县党的基层组织建设和干部队伍建设的职能部门。内设办公室、调研室、组织一组、组织二组、干部一组、干部二组6个职能组室，另设县委组织部党员教育中心（正科级）、县直属机关工作委员会（正科级）、县委绩效考核办公室、县委组织部干部档案室、县非公有制经济和社会组织党工委、县委组织部干部举报中心几个职能机构，核定编制25个。

【基层组织和党员队伍建设】 大力实施抓党建促脱贫攻坚工作。县委十二届三次全会审议通过《关于实施党建“五项工程”促脱贫攻坚的意见》，在全县大力实施“堡垒”“先锋”“人才”“廉洁”和“双扶”五项工程，建立任务清单51条，并按照“一单三制”要求层层推进，全面压实基层责任。全力做好村（居）“两委”换届选举工作。全县298个村完成村党组织换届任务，其中党总支98个，村党支部200个，共计9400余名党员参与换届，参与率达70%。共选举产生村党组织班子成员1252名，35岁及以下的223人，女性313人，高中及以上学历的592人，与建制村合并之前相比，综合比例分别提升了8个、5个、10个百分点；班子成员平均年龄比合并前下降3.5岁，班子结构实现“三升一降”优化目标。在村“两委”班子中组织开展“新班子、新气象、新作为”百日行动，围绕走访纳谏、脱贫攻坚、为民办事、信访维稳和环境整治五个方面提升新一届村（社区）“两委”班子能力素质。提高村干部待遇水平，村（社区）党组织书记的基本报酬分别按上年度农村居民人均可支配收入的2.5倍、城镇居民可支配收入的2倍确定，其他村主干基本报酬按同书记1∶0.9∶0.8的比例确定，村书记待遇达到15660元/年，社区书记达到28236元/年，村干部基本报酬同比增长44.3%。着力提速综合服务平台建设。先后召开11次联席会议，解决一批平台建设问题，其中就包括整合扶贫资金1200万元，用于项目点的征地拆迁及“三通一平”费用，缓解基层压力。加大工作督查力度，实行“一周一调度、一月一通报”。截至12月底，全县153个新建项目，其中投入使用的5个、主体完工92个、二层建设中38个、一层建设中18个；全县168个改扩建项目，其中已投入使用的44个，装修阶段的89个，自建两层且进入二层建设阶段的35个。着力统筹党建工作各项任务。2017年新建“两新”党组织76个，社会组织、非公组织党组织覆盖率分别从36%、19%提高到74%、75%，实现应建尽建目标。按照“三区一校七室”标准，着力打造了500平方米的县工业园园区企业党群服务中心。采取“牵头单位+责任单位”的方式，从14个单位派驻了28名工作队员，扎实推进7个城市社区三联四建工作。加强“一网一云”推广，全县共有1.3万名党员登陆红星云注册激活，党员学习积分在全市和全省区县名列前茅。结合农村四培四带活动扎实开展农村党员冬春训，全县共举办各类培训班287期，培训党员1万多人次。

【领导班子和干部队伍建设】 树立服务脱贫攻坚、重点项目建设的选人用人导向，激励干部“撸起袖子加油干”。2017年，共调整干部7批次513人，其中提拔195人，重用19人，交流168人，免职56人，调任19人。开展超职数配备干部整治，通过改任非领导职务、降职、免职等办法“让位”消超，重点解决一批难点单位，122名超职数配备干部全部消化到位。严格执行干部选任全程纪实制度，重点对选任程序、基本情况、重要或特殊情况进行全面准确纪实，全年对195名提拔任职干部进行全程纪实，确保履行程序不走样。开展因私出国（境）证件和身份证件专项清理工作，完成767名对象的登记备案工作，上交处级干部因私事出国（境）证件24本，集中保管县管干部的因私事出国（境）证件406本。认真开展职务与职级并行审批工作，全年共审批34人职级晋升事项，其中晋升副处级15人，晋升正科级19人。落实执纪问责，全年收到干部信访23件，其中转办县纪委办理10件，初查了解4件，转立案6件，党纪立案9人，直接查办11件，转相关单位办理2件。依托本地资源大规模培训干部，围绕经济发展，脱贫攻坚等重要工作，开展集中轮训和专题培训，共举办各类培训班26期，培训干部2344人次。选送18名干部参加省委党校主体培训班，选送28名干部参加市委党校主体培训班。坚持走出去拓展知识、提升能力，县委安排专项培训经费90万元，举办2期

“一把手”进高校培训班，181名领导干部赴上海复旦大学集体“充电”。规范干部人事档案管理，结合专项审核中存在的突出问题，对干部人事档案专项审核工作进行全面复查，完成干部人事档案1793册的重审工作，重新认定495人次档案信息，补充档案材料832份。

【人才工作】 始终把人才作为最核心的竞争优势，不断探索创新引才、聚才、用才、留才的方式方法。全年全县新增各类人才300多人，总量达1.3万人。开展人才专题调研，进一步梳理摸清人才工作中的短板弱项。扎实推动“百名人才入桑”计划，引进高层次专业人才和脱贫攻坚紧缺人才23名；积极争取选派省市县科技特派员18名，为县域经济全面发展注入高精专的人才力量。坚持严管厚爱相结合，召开引进人才工作座谈会2次，组织选调生、大学生村官、年轻干部、高层次人才面对面座谈，专门听取他们在工作生活中的感受、困难和建议，现场答复他们提出的各种问题，并建立高层次人才微信群和定期座谈会制度，适时了解其想法。对引进的高层次人才5年服务期内安家补贴每年1.5万元，住房补贴每月500元。

【自身建设】 持之以恒把“四个过硬”作为价值追求、文化内核、行为规范，不断把“建设模范部门、打造过硬队伍”引向深入。围绕“干部成长感恩谁”开展大讨论，将讨论纳入党校主体班课程，先后组织开展讨论活动3次，参加人员达到500余人次。组织开展部机关主题党日活动7次，先后到红二方面军长征出发纪念馆、芭茅溪盐局等红色教育基地开展重温入党誓词、朗诵十九大原文等活动，避免机关党建“灯下黑”的现象。搭建部机关学习交流平台，编发内刊《鞠水留香》13期，鼓励干部推荐好文章共享共学，拿出8000多元经费购买书籍为干部配送“精神食粮”。选派4名干部到贫困村参与驻村帮扶工作，多次组织部机关干部到贫困户家中走访慰问，帮助落实政策、解决困难问题，争取各类资金项目700多万元，为贫困村解决基础设施建设短板，并探索学习“塘约经验”，建立专业合作社2个，把194名建档立卡户全部纳入合作社成为股东，带动参与脱贫产业。

【两学一做】 县委常委会专题研究审定“两学一做”实施方案，常委带头开展学习研讨，带头开展“党性体检”，带头上好党课，建立常委联系点13个、示范点10个。在县委班子的带动下，全县1051个基层党组织、2万余名党员参与到学习教育中，累计上党课1105堂，完成学习笔记13000余篇。积极开展支部主题党日活动，将每月的27—29日作为全县支部主题党日活动固定时间，要求各级党组织依托工作实际、学习任务、红色文化等内容开展活动，提升凝聚力和战斗力；在完成“常规动作”的基础上，突出操作性强、易于推广原则，在全县范围内征集“主题党日活动创意金点子”12个，并对优秀活动创意进行重点推介，让“自选动作”加分。举办“喜迎十九大”七一表彰大会，90个基层先进党组织和优秀共产党员受到表彰；开展向贺晓英学习活动，将身边的标杆竖起来，极大激发了广大干部干事创业热情。注重常态长效，推动基层党支部“三会一课”、组织生活会等基本制度有效落实，党内政治生活的质量和水平进一步提高。

【驻村帮扶】 2017年，全县共派出124支工作队372名工作队员帮扶124个贫困村，实现驻村帮扶和领导联村全覆盖，其中中直工作队1支2人（国家知识产权局，帮扶2个村），省直工作队4支10人（省军区、省工行、省气象局、省邮政公司），市直工作队34支119人，县直工作队84支241人。制定出台《桑植县县派驻村帮扶工作队管理办法》，印发《关于做好县直单位驻村帮扶工作队考勤登记的通知》《关于进一步规范选派县直驻村帮扶工作队的通知》等一系列管理文件，进一步明确工作队选派和职责，强化管理和考核，确保驻村干部待遇。对县派驻村工作队就党建业务、工作职责、贫困村退出指标等内容开展业务培训4次。固定每周三、周四为宿村日，先后8次对驻村工作队宿村情况开展督查。参与开展对4支省直单位驻村工作队、56支市派驻村工作队（含县主要领导联系的12支县派驻村工作队）的年度工作考核；完成国家、省、市后盾单位来我县开展脱贫攻坚工作走访、调研20余次；配合完成对桥自弯镇松柏村、洪家关乡小河口村脱贫攻坚工作中存在问题调查；配合县脱贫指挥部完成2017年25个拟退出贫困村的县级验收，及省、市的抽查验收等工作。

（曾晓莉）

宣传工作

县委宣传部

部长：杨绍武

副部长：谷和园　赵本雄　谢德才

纪检员：王先隆

文明办主任：彭　文　向延波

文联主席：彭　文

【概　况】 桑植县委宣传部下设办公室、理教组、政教组、新闻组。挂靠单位有县文明办（正科级）、县文联（正科级）、县国教办（股级），现有干部职工11人（含县文明办、县文联），另有退休人员6人（含提前退休人员1人）。宣传系统下辖县委网信办、文广新局、文化市场行政执法大队、文物局、广播电视台、贺龙纪念馆、新华书店共7个单位，设系统党委1个，党支部13个。

2017年，桑植县宣传文化系统在市委宣传部和县委的正确领导下，以迎接、宣传、贯彻中共十九大为主线，认真贯彻落实中共十八大及十八届三中、四中、五中、六中全会和习近平总书记系列重要讲话精神，主动作为、狠抓落实，以强烈的责任担当推动宣传思想文化工作取得新进展、新成效。

【理论武装】 抓好县委常委中心组学习。举行县委常委中心组集中学习6次，其中扩大学习5次，参学人数近2000人。邀请知名专家、学者、企业家讲授当前政治理论、经济形势重点、热点课程。组织开展解放思想大讨论活动。围绕桑植县经济社会发展中的重点难点，在全县开展解放思想大讨论活动，召开县委常委解放思想专题讨论会，查摆问题，致力于整改，积极参加全市解放思想征文活动，努力推出一批有思想含量、有实践价值的研究成果，进一步打破思想禁锢，激发工作活力。开设“桑植大讲堂”。制订详细计划，邀请县外领导、专家、学者到桑植进行社会经济发展讲座，扩展知识，开拓思路。扎实开展理论宣讲工作。邀请学者型领导干部、青年理论骨干、退休老同志等20人充实县委宣讲团，建立“菜单式”学习新模式，有效地解决理论宣讲队伍不稳定、宣讲需求难满足的问题。全年组织宣讲活动150场次。

【新闻宣传】 立足全县大局，做好宣传策划。在县电视台、红网桑植站开设“身边人身边事”“重点项目建设”“脱贫攻坚”“旅游融合发展”“文明创建”等5个重点宣传专栏，对每个专栏都制定了具体的细化方案。围绕中心工作，做强主流宣传。就“文明创建”、“桑植民歌节”、“喜迎十九大”、十九大精神宣讲等重大活动进行宣传报道。在市级以上重点媒体发稿1000余条（其中国家级媒体20条，省级媒体60条）。

【网信工作】 促进媒体融合，建设新媒体平台。积极推进媒体深度整合，完成全县“两微一端”清理工作，打造《时刻桑植》《新桑植》官方微信公众平台，已发布300余期，发稿1500多条，其中1200条被张家界在线、红网、新浪、搜狐等网站转发，营造积极正面的舆论环境。二是强化网络意识形态，加强网络舆论监督。完善网上舆情处置机制，形成“监看、研判、交办、督办、办理、回复”链式工作模式，确保网民反映问题件件有回音。截至12月底，共监测并交办网络舆情346件，办结344件。组织交流培训，加强队伍建设。组织召开新闻通讯员、网评员、新闻发言人、文艺骨干培训班，邀请资深新闻媒体人、文艺工作者授课指导。选派骨干通讯员到《张家界日报》社跟班培训，得到报社领导的高度认可，极大地提高了新闻宣传队伍的综合素质。

【精神文明建设】 加强先进典型宣传推介力度。推荐的洪家关光荣院院长贺晓英获湖南省道德模范提名奖，全国“岗位学雷锋标兵”称号，并在5月份全省精神文明工作表彰大会上作典型发言，县委、市委先后下发向贺晓英学习的决定，组织全县各级党组织开展贺晓英先进事迹学习活动。通过这一系列的宣传推介工作，最大限度地弘扬了社会主义核心价值观，充分发挥了先进典型的带头示范效应。全面开展省级文明县城创建暨六城同创工作。4月，在全县召开动员大会，启动开展创建省级文明县城“八大”专项行动，迅速掀起文明县城创建的工作热潮。渣土扬尘专项治理取得阶段性效果，得到广大干部群众的高度认可；开展文明共建行动，入城口和帅乡路的治理工作全面铺开，取得较为明显的治理效果；开展占道经营整治集中行动，重点整治帅乡路的乱停乱靠；开展城市交通集中整治行动，交通持续明显好转；重点交办一小周边环境治理等工作，取得较好的治理效果；启动市民素质提升行动，小区整治，志愿服务，新闻监督等创建行动，均取得较好的工作效果。狠抓文明单位、村镇创建工作。深入开展动员工作，明确创建目标，出台考核细则，已有30多个单位申报县级文明单位，创建积极性空前高涨，全面推进文明单位创建和乡村移风易俗工作。开展未成年人思想道德建设和志愿服务活动。组织开展微心愿认领活动和参加全省关爱留守儿童活动，各级文明单位认领了留守儿童微心愿，2名儿童和2个乡村学校接受企业捐赠；3月在全县范围内广泛开展学雷锋志愿服务系列活动。加强爱国主义教育建设。新申报省级爱国主义教育基地4处；成功举办“文化遗产日”“贺龙两把菜刀闹革命”、芭茅溪盐税局旧址修复开放仪式等活动。贺龙纪念馆荣获“红色潇湘 · 薪火相传——湖南省爱国主义教育基地形象展示大赛”“全省十大魅力场馆”称号，讲解员谷秀芹荣聘湖南省广播电视台难共频道“特约帮女郎”。

【公共文化服务】 完成“农家书屋”的图书补充更新和村级综合文化服务中心的器材设备发放工作；“送戏下乡”60场，“送电影下乡”6360场，完成率100%；2017年户户通工程投入使用；新建的11个村级文化服务中心项目完成85%；完成农村广播“村村响”工程建设。植民歌产业化工作开始起步。4月，桑植县与湖南省演艺集团正式签订文化旅游产业融合发展合作框架协议，正式展开战略合作，科学保护、传承、开发优质非遗资源，促进文化旅游建设，助力脱贫攻坚；选送桑植民歌、“百根冰酒”、“土家布鞋”等优秀非遗项目参加省、市非遗博览会，4个项目入选市级非遗项目，5人被评为市级非遗传承人。启动文化传承中心项目建设。该项目占地面积35.83亩，计划投入建设资金1.2亿元。建成后将成为新的标志性文化旅游设施，已完成节能评审、立项和施工设计招标等前期工作，正在进行施工设计。成功举办2017张家界 · 桑植民歌节。本届民歌节注重突出桑植民歌创新、改编和宣传推介，活动内容丰富，是一次最具特色、最为规模、最有影响力的艺术盛会。共举办桑植“民歌王”选拔大赛、桑植民歌快乐合唱“3+1”活动、桑植旅游和名优产品摄影展及推介会、桑植民歌节文艺演出四大活动。其中首次引进交响乐，创作改编《爱的传奇》《九岭十八岗》《冷水泡茶慢慢浓》等多首桑植民歌，社会反响很好。

【举办“2017年张家界·桑植民歌节”活动】 历时1个月的2017“张家界·桑植民歌节”于11月10日落下帷幕。该届桑植民歌节充分体现群众性，同期举办桑植民歌王大赛、桑植民歌快乐合唱“3+1”、桑植民俗风景摄影展等群众性系列文化活动，充分调动广大群众的积极性，实现文化与娱乐的融合发展。“桑植民歌王大赛”吸引来自全国各地的550多名选手直接报名参赛，间接参与人数达到10万人以上。10余所中小学数千名学生参加“桑植民歌快乐合唱‘3+1’”活动，是对桑植县实施桑植民歌进校园行动的一次全面检阅。300多名摄影爱好者参与“桑植民俗风景摄影展”，参展作品均系反映桑植名胜风景、乡土风情及生产劳作的优秀作品。文艺演出活动首次引进大型交响乐，由湖南演艺集团创作改编演出桑植民歌10余首，星光大道总冠军刘赛现场演唱由著名作曲家良鹏作词、著名作曲家孟勇作曲、著名歌唱家张也录制献唱的《爱的传奇》，桑植白族仗鼓舞、桑植花灯等非遗保护项目也得以充分展现。整场演出突出桑植民歌创新创作，为广大观众精心打造了一台最具特色、最为规模、最有影响力的艺术盛会。

（谷群华）

统战工作

县委统战部

部长：陈桂花

副部长：丁进武　肖碧文

对台办主任：葛选章

侨联主席：蒋晓英

【概　况】 中共桑植县委统战部共有编制5个，其中行政编制4个，工勤编制1个，实有工作人员5人，侨联共有编制3个，实有工作人员2人。

2017年，县委统战部在县委的正确领导下，在省、市统战部门的精心指导下，认真贯彻落实中共十九大和十八届五中、六中全会精神，紧紧围绕全县中心工作，凝心聚力，突出重点，积极开展统一战线工作，为全县经济建设和社会各项事业发展做出了积极贡献。

【同心工程】 深入推进凝心聚力“十三五”行动。致公党深圳市委、民建上海市委、民建长沙市委等民主党派在桑植县新开办同心班级5个；为刘家坪、芭茅溪小学援建图书室2个；组织党外干部和统战成员组成10个心灵辅导小组，与539名受助学生结对进行心灵辅导活动；做好“泛海助学”行动，为全县233名建档立卡大学新生发放助学金115万元。抓实“四同创建”工作，农工党张家界市委在桑植县新建同心圆卫生室2个，为洪家关卫生院捐助医疗设备及药品价值100万元；全县创建县级“四同创建”示范点9个，省级同心项目1个，申报市级示范点3个。组织26家非公企业参与“万企帮万村”活动精准扶贫行动，与27个贫困村结对帮扶，发展养蜂、蔬菜、中药材、粽叶等重点产业，受益农户3500户。

【党外干部队伍建设】 首先，加强对党外人士的管理。开展党外干部队伍建设调研活动，摸清全县党外干部底数，逐人建立档案，实行分级分类管理。积极开展“两学一做”学习教育活动，9月8日，组织统战委员、党外干部在贺龙纪念馆接受红色教育，12月7日，在全县统战委员、党外干部中开展“十九大知识竞赛”。其次，积极参政议政。组织党外干部开展统战课题集中调研，共分10个调研小组，围绕7个重点课题32个参考课题进行专题调研，撰写调研文章20篇，建议、意见29条。县人大、县政府、县政协组织党外人士参与各类协商活动9次，协商问题12个。三是拓展党外特约人员、知识分子、新的社会阶层人士统战工作。制定《特约人员聘请及管理办法》，建立健全特约人员库。全县25个政府工作部门和司法机关聘请特约人员119名，其中党外人员54人。普查县域新的社会阶层人士，开展调研活动1次。

【民族宗教工作】 加强党对宗教工作的领导。县委常委会议专题听取宗教工作汇报，并研究落实；4月15日召开全县民族宗教工作会议，将宗教工作纳入全县绩效考核内容；建立健全宗教执法队伍，对郑家坪、谷家坪两个宗教活动场所安全隐患进行整改，对洪家关三神寺主持非法设置功德箱和烧高香情况进行治理，制止桑植和永顺交界处的民间信仰场所万灵寺计划聚集大量信教群众进行聚会的活动，对假冒宗教教职人员在宗教活动场所外进行化缘、募捐等不法活动进行制止；调查统计全县所有的民间信仰场所和从事民间信仰人员进行，及时掌握相关情况。落实少数民族政策。2017年，洪家关白族乡泉峪村被评为最美少数民族特色村寨；全县完成高考学生民族成分审核2200人；落实少数民族“两费”减免35万元；争取少数民族项目资金600万元。

【港澳台海外统战工作】 全年主要开展以下工作：组织文化旅游、城镇建设两批次赴台考察活动，参加人员21人。把侨法宣传列入全县“七五”普法内容，为落实普法工作，县侨联组织开展侨法宣传活动3次，桑植在线网站开设侨务法规宣传专栏。洪家关白族乡侨眷属较多，在其微信公众平台开设侨胞之家，加强侨眷侨属之间的沟通与交流。

【非公经济工作】 努力促进“两个健康”。4月18日，举办非公有制经济人士理想信念教育活动，开展“访民企、办实事、强信心”行动，走访企业28家。县工商联与长沙开福区工商联缔结为友好工商联，并在桑植举行投资项目考察活动，在长沙召开招商推荐会，全年通过统战系统共促成招商引资项目5个。

【宣传调研工作】 全面学习贯彻十九大精神。组织全县统一战线开展“八个一”系列活动，即：组织一次集中收看、召开一次动员会、组建一支同心宣讲队伍、开展一个“集中学习月”、组织一次专题研讨、开展一次“十九大精神进农户”活动、开展一次建言献策活动、建立一个学习贯彻十九大精神示范点。全县统一战线集中学习2725人次，开展宣讲115场次，参与宣传1185人，撰写学习心得189篇，印发学习资料528册，宣传报道23篇，覆盖统战成员3350人。加强统战理论知识的培训。将统战理论知识学习纳入各级中心组的学习内容，纳入县委党校主题班的教学内容。各级党委中心组专题学习侨务、民宗等统战政策法规687人次；举办的两期科干班开设有贺龙元帅与统战和侨法、宗教知识等课程。结合“四同创建”，在示范点开辟统战知识专栏26个；在电视台和各类网站宣传统战工作189条次。选派统战系统单位负责人参加上海复旦大学领导干部综合能力提升专题研修班。县委常委、统战部长参加全省统战部长培训班，副部长参加全省统战部副部长培训班，部机关全体人员、工商联、台办、侨联、民政和民族宗教局相关单位负责人参加全市统战干部培训班。组织全县统战委员、党外干部进行为期3天的统战知识培训。加强统战宣传、信息调研。在《湖南统一战线》发表文章1篇，《湖南统战周报》采用信息13篇，三湘统战网报道统战工作16篇，《张家界日报》报道统战工作1篇，张家界统战网报道统战工作100余篇，红网桑植站报道统战工作80多条。

（熊　英）

党校工作

县委党校

校长：胡绍华

副校长：向晓莲　刘纯规

校务委员、教育长：王　波

校务委员、工会主席：谷　瑜

【概　况】 中共桑植县委党校位于桑植县澧源镇高尚路2号，背依梅家山贺龙森林公园，前临西水河。占地面积20.5亩，建筑面积7249.4平方米，其中教学楼3379平方米，学员宿舍1680平方米、床位100个，食堂、餐厅290平方米，能同时接纳200多人在校培训学习。有干部职工20人，其中：副教授3人，讲师8人。设办公室、教务科、行管科和教研室、信息中心等机构。下设中央广播电视大学桑植工作站。正在筹建以桑植为龙头的一加三（张家界市、永定区、慈利）党性教育基地。

2017年，桑植县委党校在县委、县政府的领导下，积极贯彻落实《中共共产党党校工作条例》精神，以“狠抓作风管理”为转变切入点，精心组织，全面排查，扎实改进。在日常规范管理、干部培训、学历教育、调研工作等方面都取得显著成绩。

【干部培训】 创新培训内容，把握培训导向。完善教学专题更新机制，形成贺龙纪念馆现场教学、贺龙精神等党性教育精品课程以及桑植民歌、土家族等少数民族传统文化精品课程体系，推广“案例式”“研讨式”“情景模拟式”等教学方法。创新培训理念，深化教学改革。严格教学纪律和学员管理，教学质量稳步提升，形成从严治党、从严治教、从严治学、从严治校的良好氛围。确立“以人为本”的理念，坚持以学员为本，实行“人性化”管理。树立服务理念，干部教育培训工作突出服务大局、服务社会、服务学员，建设服务型党校。改进培训形式，增强培训效果。除提高自身教学水平同时增强引人借智力度，聘请专家学者、领导干部、企业家为党校兼职教师。不断改进干部培训方式，采取“四个结合”的方法，即课前研学与课堂教学相结合、理论教学与应用教学相结合、考察交流与调研研讨相结合、领导与学员互动相结合。培训形式的改进，以强化培训、思考研讨、考察调研、课题研究等为特点，增强学员主动学习的内在驱动力，提升学员开拓创新能力。2016—2017年先后举各种培训班46个，其中主体班次28个，其他班次18个，培训4612人。

【师资建设】 坚持教师主导作用，注重教育培训，强化内部管理，注重强加教师队伍整体教学质量水平提高，教师队伍建设得到全面加强。坚持不懈抓好教师教育培训管理，采取学习上引导、政治上关心、生活上关怀、待遇上关照等一系列措施，采取岗位练兵、业务进修、外出培训、跟班学习、挂职锻炼、外聘教师等一系列方式，优化队伍结构，提升综合素质，打造一支结构更佳、素质更优、作风更实、能力更强的教师队伍。县委党校有专兼职教员12人，其中高级职称2人，研究生学历2人。同时，建立有一支由专家、领导干部组成的10余人的客座教授队伍。

【基础建设】 坚持致力基础建设，不断加大投入，狠抓后勤保障，办学条件得到有力改善。在县委、县政府的高度重视和关怀下，县财政加大对党校的投入和培训经费的保障力度。累计将投入资金近100万元，实施食堂、学员宿舍改造搬迁等一批基础设施工程，完善教学、办公和学员生活配套设施，为教师、学员创造一个良好的学习、生活环境。

【学历教育】 桑植电大工作站是中央广播电视大学张家界分校设在桑植县的工作站，运用现代远程教学平台，利用互联网技术、计算机多媒体技术等多种现代通信手段开展现代远程教育，并提供必要的面授辅导。每年春秋两季面向全县招生，设有专科、本科层次的法律、行政管理、会计学、小学教育等多个专业。学生可按专业教学计划的安排，根据自己的学习能力、工作特点、生活环境在学校或家中自主学习，借助互联网、各级远程教学平台随时点播和下载网上教学资源。学员实行学分制，学籍和所获学分8年内有效，最短学习年限为两年半，修满学分，即可办理毕业审核手续，颁发国家承认的本科、专科毕业证书，教育部电子注册。达到学位要求者可授予相应学位证书。2017年，桑植电大工作站共有学员600人。

【调研工作】 教研室以申报省委党校课题为契机，实施课题带动策略，组织教师深入全县各机关、工厂、农村、学校开展专题调研，实现课堂教学与理论研讨的结合，以教研促进教学，实现理论到工作能力的转化。2016年以来，共获准立项省级课题2个并已成功结项。有刘纯规等教师在《求真》等国家级或省级刊物上公开发表论文10余篇，入选省委党校理论研讨会论文10余篇，其中获得二等奖论文2篇，获得三等奖论文3篇，获得入选论文奖5篇。

（田　敏）

史志工作

县委党史研究室（县地方志编纂委员会办公室）

主任：童自立

副主任：钟　锐　杨源澧

【概　况】 中共桑植县委党史研究室（桑植县地方志编纂委员会办公室），是地方党史、地方志的工作部门，为参照公务员管理的正科级事业单位，归口县委办公室管理。主要负责全县党史和地方志资料的征集、研究、编纂、出版发行、宣传教育、业务指导、咨询服务等工作。设综合组、党史组、方志组。编制6名，实有人员7人，其中领导班子成员3人。

2017年，县委党史研究室紧紧围绕县委、县政府工作中心，不断加强党史宣传教育，开展地方志、地方综合年鉴编纂，取得一定成效，较好地完成省市业务主管部门和县委、县政府交办的各项工作任务。

【党史编著与组稿】 制订2017年度和未来五年全县党史、地方志工作计划，编写《中国共产党桑植历史》（第二卷），收集《中国共产党桑植历史》（第三卷）资料，组织编写“张家界市红色历史现场教学点教学资料”桑植部分的内容，撰写《关于彭九南同志相关情况的说明》，协助做好党史联络工作，联合编写《先锋颂》一书。

【地方志年鉴编纂】 认真做好地方志、地方综合年鉴的资料收集、整理、编纂工作，开展《武陵源志》桑植部分的组稿、试写、正式撰写和编稿，协助完成《湖南省人大志》桑植部分的组稿，完成《桑植年鉴（2015—2016）》《湖南年鉴》2017年卷的组稿和《湖南乡镇简志·张家界卷》桑植部分的文字稿的校对工作，实时对专业志、部门志编修进行业务指导，参与全县地名普查文稿编审，启动中国名村志桑植有关村志编写工作。

【史志宣传教育】 协助贺龙纪念馆等单位做好党史资料的陈列保存。积极参加“八一”建军90周年纪念活动。继续发行《中国共产党桑植历史》（第一卷）和《桑植县志》。配合市委组织部驻村工作队，完成贺龙与梭子丘红色故事调研、采访、收集、编写，并在县委、县政府时刻桑植公众平台上推介，扩大党史工作影响。服务县域经济发展，给“桑植文化产业园”等建设项目尽可能地提供其前期规划设计所必要的史志资料。接待中央和省市委党史研究室、省党史联络组领导到桑植调研指导工作5批次，与湖北洪湖、公安等多个区县党史研究室开展党史交流活动。撰写的《贺龙的党性修养》《1987年，习仲勋来到桑植》等党史文章，引起良好社会反响。完成《湘潮》杂志2018年度征订工作。

【史志工作纳入全县年度绩效考核】 桑植县作为贺龙元帅的家乡、桑植起义发起地、湘鄂川黔革命根据地的策源地和中心地、红二方面军长征出发地，红色文化十分丰富，是全省乃至全国的红色资源大县。县委党史研究室充分利用红色资源优势，先后编辑出版《中国共产党桑植历史（1921—1949）》（第一卷）、《老区的足迹》（系列丛书）、《桑植县志》、《桑植年鉴》等书籍，社会反响良好，得到省市主管部门的高度肯定。近年来，中央、省、市各级党委政府高度重视地方史志工作，出台一系列关于加强党史、史志工作的政策和文件，要求抓紧抓好党史研究和地方志编纂工作。任务重、要求高、时间紧，为更好地完成史志工作目标任务，推动史志事业为全县经济发展服好务，县委、县政府将史志工作纳入2017年度全县绩效考核内容；通过绩效考核，切实督促和保证史志工作按时、按质、按量完成任务。这是桑植县首次将史志工作纳入全县年度绩效考核内容。

（钟 锐 彭红梅）

档案工作

县档案局（馆）

局长：王青彬

副局长：李福群 钟 燕

纪检员：李宇英

【概 况】 桑植县国家综合档案馆（桑植县档案局）位于帅乡路澧源镇老观潭社区，占地12亩，总建筑面积5298.1平方米，其中库房面积1849.1平方米，展厅面积731.4平方米。新馆于2013年11月28日开工建设，2017年2月14日建成并投入使用，总投资1798万元。局馆合一，两块牌子，一套人马，定编9人。隶属县委办管辖全额拨款事业单位。

有馆藏档案15万余卷（册），有民国档案、民清档案、志谱档案、旧政权档案、党和国家领导人档案等革命历史档案，门类齐全、结构合理。是桑植县爱国主义教育基地、档案安全保管基地，现行文件中心、档案接待利用中心，同时也是湖南省重要红色档案馆基地之一。

2017年，县档案局（馆）在县委、县政府和上级业务主管部门的正确领导和大力支持下，紧紧围绕“旅游融合、产业扶贫、绿色发展”的工作思路，认真贯彻落实中共十九大和习近平总书记系列重要讲话精神。扎实开展“两学一做”及“三联二转三攻坚”活动，切实转变工作作风和思想作风，密切党群干群关系，开展优质服务全面提升档案部门服务水平。

【初步规范民生档案业务】 把“建立覆盖广大人民群众的档案资源体系和方便人民群众利用的档案体系”作为全年工作的重点，加大与广大人民群众利益相关领域的民生档案建设力度。加强对扶贫档案、土地承包档案等民生档案的业务指导工作。

【进行会计档案业务培训】 与县财政局联合举办会计档案业务培训班，全县各县直机关及乡镇会计人员共106人参训，全县会计人员业务水平提高，为桑植县会计档案管理规范化建设奠定了基础。

【《中华人民共和国档案法》贯彻落实力度加大】 档案工作继续列入全县绩效考核，分值占5分；开展“6·9国际档案日”宣传活动，让广大群众了解档案，接受档案法制教育，让档案走近百姓，让百姓走进档案；给县直部门和乡镇订阅《档案时空》杂志260份，普及档案知识，提高人们对档案重要性的认识。

【综合档案馆档案保管规范有序】 建立分区分类管理、全宗管理、目录管理制度，定期对馆藏档案、资料进行检查、清理、核对，做到账物相符，对破损或褪变的档案，及时进行修补和复制；建立《档案安全保管登记簿》《档案库房内外温湿度逐日记录簿》《档案借出登记簿》《资料借出登记簿》等12种登记簿和《档案移交接收登记台账》《固定资产设备统计台账》等统计台账，做到档案工作的客观性、统一性，确保档案实际查阅利用数据真实可靠。制定档案安全保管制度，落实专人负责档案库房及案卷的日常管理维护工作，“十防”措施到位，馆藏档案完整安全。认真落实党政同责，一岗双责，未发生任何安全责任事故。

【档案利用与接收成效显著】 档案的最终目的就是利用，是档案工作服务于经济建设、服务于社会的一个缩影。2017 年，共接收县委办、县民宗局等 40 个全宗单位的文书档案 804 盒，15773 件，接收资料 58 卷（册）。共接待利用档案资料 1120 人次，利用档案 1763 卷次。为综治维稳、编史修志、工作查考、学术研究、经济建设等起到了重要作用。

【开展重点档案抢救保护工作】 贺龙及革命历史档案已基本完成抢救与保护，正在收集、征集新的资料，非物质文化遗产（桑植民歌）档案已列入省重点档案抢救和保护项目。完成清乾隆、同治版《桑植县志》的抢救点校刊行工作。

【完成档案馆（局）搬迁工作】 新档案馆竣工投入使用后，积极筹备搬迁工作，对新馆库房进行合理布局，优化方案，县直档案、乡镇档案、民生特色档案、企业改制档案独立库房分设。经过 3 个月的时间，15 万卷档案及办公设备全部完成搬迁工作。

（莫翠华）

老干部工作

县老干局

书记、局长：向佐章

副局长：曾　涛　刘　勇　王仙凤

【概　况】 中共桑植县委老干部局（简称：老干局）位于朱家台社区居委会大桥 55 号，是县委主管老干部工作的工作部门，隶属县委组织部管理。主要承担贯彻执行老干部工作方针、政策和法规，协助制定县老干部工作政策，指导督促全县老干部政治和生活待遇的落实，指导督察老干部党建工作，加强老干部思想政治工作，组织离休干部和退休副处级以上老干部的政治理论学习，做好老干部工作宣传，发挥老干部作用，负责县老干部工作领导小组办公室和其他涉老机构的日常工作。内设办公室、待遇股，辖二级机构桑植县老干部管理所，挂靠单位：桑植县关心下一代工作委员会办公室（2012 年参照公务员管理）。有干部职工 11 人（其中公务员 5 人），局班子 3 人。服务管理的离退休处级干部 186 人，其中离休干部 25 人，正处级退休干部 18 人，副处级退休干部 143 人。

2017 年，全县老干部工作在县委、县政府正确领导和县委组织部指导下，以中共十九大为主线，以进一步加强离退休干部思想政治建设、改进离退休干部服务管理工作为重点，着力解决改革发展中老干部工作遇到的重点、难点问题，全面总结干部离退休制度建立以来的老干部工作，努力提高老干部工作科学化水平，取得显著成绩。

【老干部工作领导管理体系】 做好老干部工作关键在领导，领导关键在认识。2017 年，全县各级党委、政府、部门把老干部工作摆上重要位置，主要领导身体力行，率先垂范，常问老干部之事，常听老干部工作之言。坚持老干部工作制度，深入老干部家庭、老干部工作部门调查了解情况，交流沟通思想，召开会议研究解决老干部工作中的问题，重视发挥老干部作用，关心、关怀、关爱老干部和老干部工作。县委书记刘卫兵，县委副书记、县长赵云海亲自给离退休干部作县情通报会，常务副县长蔡昌顺，组织部部长陈瑞等县领导先后多次到老干部局、老年大学调研工作，查看实况、了解实情，解决问题。由于县委、县政府领导高度重视老干部工作，组织、人力资源和社会保障、财政、卫生等相关部门及企事业单位、社会各界逐步树立起老干部工作无小事，有政策的坚决办，没有规定的设法办的理念，把关系到老干部切身利益的问题解决在基层，服务管理工作优化在基层，思想政治工作加强在基层。进一步形成党委、政府统一领导，有关部门齐抓共管，社会各方面共同参与，通力协作，合力贯彻落实好老干部工作方针、政策的工作格局。全县老干部工作有明显进步，老干部满意度明显提高，呈现出新的发展态势。

【离退休干部思想政治工作】 为加强老干部思想政治工作，老干部局从夯实基础入手，强化政治建设。1. 抓老干部的政治理论学习。坚持每季度28—29日政治学习日，凡中央、省、市、县有关重要文件都及时传达学习。为保证有学习资料，老干部局征订党报党刊、《老年人》、快乐老年报等各类报刊20多种。2017年，先后组织离退休干部参观考察官瑞公路、张家界市城市新貌。离退休干部作为特邀代表参加县党代会、人大会、政协会等会议。适时召开各种座谈会、文艺演出、书画联展、门球、太极拳等系列比赛活动。2. 抓老干部党支部建设。建立健全离退休干部党支部，根据方便就近的原则，全县共建离退休干部党支部50个，强化组织管理。根据中组部《关于加强离退休党支部建设的意见》精神，一是以全面落实政治待遇为抓手，不断加强老干部思想政治建设。坚持老干部阅读文件、集中学习、参观考察、走访慰问和联系老干部等八项制度，不断改进新形势下老干部思想政治工作的感染力，说服力和感召力。二是按照五好要求，合理设置机构，配齐配强支部班子。

【离退休干部各项生活待遇】 努力使老干部的生活待遇与经济社会发展水平相适应，尽心竭力为老干部办实事、做好事、解难事，提供全方位、个性化的服务。一是坚持做好走访慰问工作。每年春节前夕，县委、县政府召开离退休干部代表座谈会，听取老干部的意见与建议，并走访部分老干部家庭，发放慰问金；二是组织离退休干部到乡镇和部分县直部门调研，让他们切身感受到改革的变化；三是两年共走访慰问离退休干部及特困老干部、离休干部无工作遗孀596人次，让他们感受到组织的温暖；四是为离退休干部生日祝福祝寿。五是坚持入院探望。随着退休干部年龄增大，住院频繁，老干部局将探望慰问住院老干部纳入重要工作日程，及时把县委、县政府对老同志的关心送进病房、送到家中。先后到县人民医院、县中医院，慰问、探望离退休干部108人次；六是做好老干部去世善后工作。先后有8名离退休干部因病逝世。为体现县委、县政府对离退休干部的尊重和关心，老干部局在及时进行慰问的同时，积极与老干部单位联系，仔细宣传老干部政策，协助处理善后事宜，及时化解家属的疑虑与纠纷。

【离退休干部精神文化生活】 2017年，老干部局以建校10周年活动为契机，以和谐固本，学乐双赢为目标，不断改善老年大学条件，优化管理服务，开办多门学科，开展多种形式活动，崇尚科学，陶冶情操，提升老干部精神生活水平，满足老年人老有所学、老有所教、老有所乐、老有所为的愿望。并扩大招生规模，提高办班质量，把老年大学办成传播知识的课堂，思想沟通的平台，文明健身的场所和老有所为的阵地。

【离退休干部发挥作用】 组织部及时将身体好、组织能力强、有热心的退休干部充实到关工委、计生协会、老体协、退管办、老科协和老年大学等领导岗位。按照专业特长兴趣爱好，把退休干部编入到相应的涉老组织中来，发挥他们的积极作用。同时，大力宣传老干部发挥作用典型事迹，充分展示老干部的精神风貌，积极营造老有所为的良好氛围。

【老干部工作部门自身建设】 老干部工作政治性、政策性、责任性都很强。一是加强局干部职工政治理论学习和业务培训，不断增强为老同志服务的工作意识与业务技能。二是建立和完善请销假制度、服务承诺制度、向老同志通报情况制度等。三是认真完成中心工作任务。认真开展县委、县政府分配的工作任务，同时抓好党组织建设、党风廉政建设、精神文明建设、效能建设和综治、平安创建工作、计生工作，宣传信息等常规工作。县委、县政府高度重视，把老干部工作摆在重要议事日程，配齐配强县委老干部局领导班子，建立健全老干部工作领导机制，实行定期走访老干部制度，完善待遇保障机制，定期组织老干部学习，党政主要领导定期向老干部通报工作情况，定期组织召开老干部代表座谈会，为老干部工作排忧解难，让老干部工作制度化、常态化。

（王仙凤）

信访工作

县信访局

党组书记、局长：尚金秀　邹启林

党组副书记、纪检组长：张孝文

党组成员、副局长：向延波　廖春雨

张茗伟（挂职）

副局长：傅　辉

【概　况】 2017年，桑植县信访局在县委、县政府的正确领导和省、市信访部门的帮助指导下，紧紧围绕县委、县政府中心工作，坚持以群众工作统揽信访工作，认真落实信访工作领导责任制，不断夯实基层基础，畅通信访渠道，突出领导干部接访、信访积案化解、信访制度改革、进京非访治理等重点，着力推动“事要解决”，积极探索维护社会稳定，构建和谐社会新途径，新方法，有效维护了群众合法权益，有力促进了全县社会大局和谐稳定。2017年，被张家界市联席办评为信访积案化解工作先进单位、复查复核工作先进单位。

2017年，全县群众进京上访75批138人次，非访登记4批8人次，赴省上访186批271人次，非访登记13批27人次，到市上访登记217批586人次，到县来访2421批2973人次，其中群访51批810人次。全县共受理办理网上信访件1685件，其中网上信访1200件，网信占比72.5%，按期办结1654件，按期答复率98.2%。受理复查案件49件，出具不予受理告知书26件，出具复查意见书4件，二次调解化解19件，1件未到期正在办理。

【领导重视　强化责任担当】 县委、县政府以此为契机，认真抓《信访工作责任制实施办法》落地执行。县委常委会、县政府常务会定期研究信访工作，研判信访形势，解决突出信访问题。主要领导亲自抓，以上率下、担当作为，县委书记、县长多次召集、调度、调研信访工作，阅批重要信访件并作出批示；县委、县政府分管领导主导推动信访工作，定期主持研判信访形势；其他县领导认真履行“一岗双责”，既谋划组织开展分管范围内信访工作，又带头接访下访、包案解决信访问题。压实信访工作责任，县委、县政府把信访工作纳入全县绩效考核，考核结果作为评价责任单位领导班子政绩、领导干部选拔任用和奖惩的重要依据；层层签订信访工作责任状，研究制定《桑植县信访工作考核办法》，综合运用督查、考核、问责等措施，督查各级各部门认真履行信访工作职责。全县形成党委领导、政府主导、部门负责，上下联动、齐抓共管的信访工作合力。

【夯实基础　加强源头治理】 1.建立健全四级群众工作网络。进一步整合乡镇综治、司法、派出所、民政等组织成立群众工作站，村村成立群众工作室，组组设立信访信息员，形成县、乡（镇）、村（社区）、组四级群众工作网络。群众工作站（室）创造性地开展工作，做到“小事不出村，大事不出乡”，矛盾纠纷及时就地解决，成为信访维稳的第一道防线和掌握社情民意、源头预防治理的综合平台。2.提高科学民主决策水平。重大社会事项、重点工程建设实行重大社会事项信访稳定风险评估机制，广泛听取群众意见、接受群众监督，充分听取法制、信访、维稳、综治等部门的意见，强化信访稳定风险预警防控，从而最大限度地减少不和谐因素，从源头上预防和减少社会矛盾。3. 创新常态化排查研判机制。坚持抓早抓小抓苗头，建立日常排查、专项排查和重点时段（特护期）集中排查机制。以乡镇、县直单位为主体，每月定期开展拉网式排查，把工作重心从矛盾纠纷的事后处理转移到事前排查化解上来。县联席办每月召开一次信访问题研判会，对上报的问题进行集中梳理分析，归纳分类进行转（交）办，对重点信访问题跟踪问效、限时督办。4. 完善信访和“三调联动”工作对接机制。积极推行信访与人民调解为依托，行政调解、司法调解有机衔接。在县、乡、村三级建立人民调解委员会组织共 602 个，把本地区威望较高的“五老人员”、人大代表、政协委员以及大学生村官充实到基层调解员队伍中，基层调解员总数达 2197 名；设立行业性、专业性多元化调委会 10 个。5. 创新工作方式方法。创新复查“二次调解”机制。为提高信访人对复查案件满意度，增强信访复查结果的权威性，在复查中设立调解庭，将“二次调解”机制贯穿信访复查过程始终，最终让执行人（信访人）与被执行人和解，以调解和谐方式结案，此经验得到省、国家信访业务部门认可。一批信访事项在复查过程中通过调解得到解决。

【畅通渠道　打造“阳光信访”】 进一步完善信、访、网、电“四位一体”的诉求受理平台。人民来信绿色通道、书记县长信箱、12345 政府公共服务热线全天候畅通，信访大厅规范有序，网上投诉平台全覆盖，群众来电、来信、来访、网上投诉得到及时处理，做到事事有回音、件件有落实。大力推广“互联网 + 信访”。在乡镇、县直单位实行网上信访信息系统全覆盖，设立信访投诉代理站，实行“信访网上投、事项网上办、结果网上评、问题网上督、形势网上判”的信访新模式，做到“数据多跑路、群众少跑路”。规范办理程序。我们把来信来访登记、受理办理、转办交办、复查复核等信访业务纳入信息系统统一管理，严格规范网上信访业务受理办理，提高办理质量和效率，打造“阳光信访”。同时，加强网上信访信息系统业务培训，采取“以跟班学习代培训”的方式，每周抽调 4 名乡镇或县直单位信访专干轮流到信访局参加跟班学习，确保信访干部会用、愿用、管用。全面推动领导接访约访下访。县委书记亲自调度领导接访工作，要求县级领导每天轮流到信访大厅公开接访，不能按期接访的，自行调剂其他县领导接访，不能出现空挡。同时，县领导要在所联系乡镇或分管部门进行公开接访，积极开展带案下访、专题约访、到包案信访人家走访。各乡镇、县直各单位班子成员每天轮流值班接访，随时听取和了解社情民意，及时掌握信访动态信息，疏导好信访群众的情绪，解决好群众合理诉求。大力推进视频接访，县领导在视频接访室接访群众，既接受上级领导的监督，又接地气，得到信访群众的欢迎。全县形成“领导带头，上下联动，全面参与”的接访工作格局，领导干部接访约访下访成为维护社会稳定的推进器，大量信访问题得到化解。2017 年，县级领导接访群众 699 批 924 人次，重点约访、专题接访 79 批 138 人次，推进解决各类信访问题 235 个。

【多措并举　化解信访积案】 1. 主要领导做表率，主动带头包难案。县委常委会、县政府常委会召开会议专题研究信访工作。县委书记刘卫兵、县长赵云海亲自组织召开化解会接待调处化解，完成自己的包案化解任务；其他县级包案领导积极深入基层，主动攻坚化解。2. 综合施策，确保案结事了。各乡镇、各县直单位对交办的信访积案，按照习总书记“三到位一处理”原则，采取灵活多样的方式进行化解，取得明显效果。诉求合理的解决到位，诉求无理的思想教育到位。2017 年 12 月 26 日县人民法院依法判处方某香有期徒刑 1 年，有力地震慑了非访行为。3. 建立专家评审团攻坚化解。从职能部门业务骨干、律师、法律工作者、两代表一委员、“五老人员”、心理咨询师等抽调一批在群众中有威望、群众工作经验丰富、政策法律水平高、善于调处矛盾纠纷的人员组成专家评审团人员库，充分发挥专家评审团作为第三方在参与化解信访案件矛盾纠纷、促进社会和谐稳定的积极作用。

【规范秩序　推进“法治信访”】按照涉法涉诉信访工作机制改革的总体要求，严格实行诉访分离，建立信访部门与诉讼、仲裁、行政复议等法定受理部门的协调联动机制，强化沟通对接，保障合理合法诉求依照法律规定和程序得到解决。严格落实国家、省关于规范信访事项受理办理程序和引导来访人依法逐级走访的有关规定，进一步强化属地责任和主体责任，使县一级成为群众信访的终点站。在保证信访渠道畅通的前提下，重点规范信访人信访行为，特别是对无理缠访闹访和越级非访行为依法打击处理，树立合理合法诉求得到妥善解决、不合理不合法诉求得不到支持、违法上访和非理性行为受到打击处置的工作导向。信访秩序明显好转。

【督查督办　实行责任追究】县委、县政府督查室把信访工作列入督查工作范围，加大督查密度，加强督查督办的权威和实效。严格按照《湖南省信访工作责任实施细则》《湖南省信访工作责任追究办法》《张家界市信访工作责任追究办法》《桑植县肇访责任追究暂行办法》实行信访工作责任追究。

（廖春雨　陈　辉）

机构编制工作

县机构编制办公室

主任：郭幸之

副主任：王志爽　谢云清

【概　况】2017年，桑植县机构编制委员会办公室在县委、县政府的正确领导和市编办的精心指导下，紧抓“互联网＋机构编制”新机遇，主动适应和服务经济社会发展新常态，不断深化行政体制改革，持续推进简政放权，严格控制并优化配置机构编制，确保各项改革任务和管理举措落地见效，为促进桑植县经济社会发展提供体制机制保障。

【理顺行政管理体制机制】紧紧围绕精简、统一、效能总体要求，以理清职责管理权限为重点，积极开展畜牧兽医体制改革、综合能源机构设置及职能整合工作、城市建设和重点项目建设机构设置工作、事业单位分类改革、行政审批清理及政府机构改革，切实提高政府各部门的工作效率，为逐步建立廉洁高效、运转协调、行为规范、公正透明的行政管理体系提供保障，全面完成机构改革各项工作任务。1.扎实推进事业单位分类改革。及时调整事业单位改革领导小组，深入县水利局、县农业农村工作局等15家经营类事业单位主管部门及市场服务中心、鸡公垭采育场等尚未分类定性的事业单位进行调研，制定《桑植县生产经营类事业单位改革方案》。9月27日，召开桑植县生产经营类事业单位改革工作会议，同意贺龙纪念馆服务中心、县城市基础设施建设投资管理中心于2017年底前率先启动改革，其他单位在2018—2020年陆续开展，其他暂未分类的参照文件方案执行。2.积极开展纪检监察体制改革工作。按照职能相近、业务相关、工作量大小相配的原则，将全县原有的27个派驻纪检组、31家县一级党和国家机构内设纪检监察机构，整合为9个派驻纪检组。并结合“一办三组”的模式设立县委巡察机构。10月19日，桑植县第3次编委会议专题研究《关于县纪检监察体制改革编制划转调整事项》，统筹调剂解决行政编制38名。机构设置及人员编制已全部落实到位。3.认真开展城管体制改革。根据中央、省、市相关文件要求，积极开展城市管理执法体制改革工作，先后多次深入城管、房管、住建和规划等部门进行城市管理体制调研座谈，统计摸清桑植县城市管理行政执法队伍基本情况，并制定《中共桑植县委桑植县人民政府关于深入推进城市管理和综合执法体制改革的实施方案》。10 月 18 日，桑植县召开县长办公会议，同意将房管局的房屋测绘、交易、档案管理等职能移交县不动产登记中心。4. 认真做好“放管服”改革相关工作。结合中央、省、市对行政审批项目取消、下放等调整情况，积极做好行政审批项目调整，下发《桑植县人民政府关于调整部分行政权力事项的通知》（桑政发〔2017〕11 号），共取消行政审批事项 37 项，调整 35 项，新增 20 项，暂不列入县本级行政审批项目目录 24 项。梳理完成政务服务事项目录清单，编制《桑植县政务服务事项目录清单（2017 年版）》，确定列入目录清单政务服务事项 493 项，其中行政许可 169 项，行政确认 42 项，行政征收 30 项，行政给付 30 项，公共服务事项 222 项（其中主动服务类 128 项，依申请类 94 项）。为提高企业办事效率，桑植县工业园管委会以全县行政审批“三集中三到位”改革为契机，在县政务服务大厅开设了园区窗口，派驻专人为入驻企业提供各项行政审批全程代理工作。把县政务服务大厅的 315 项审批（其中行政许可 200 项、其他行政审批 99 项、公共服务事项 16 项）下放到了园区。同时组织县直及驻桑相关单位负责人，就行政许可事项管理规范、行政许可流程管理规范、行政许可服务规范、行政许可受理场所建设与管理规范、监督检查评价规范等事项进行行政许可标准化培训，为有效落实行政许可标准化打下了良好基础。

【强化机构编制管理】 认真做到“三个坚持三个不”“五个严禁六个一律”，严格坚持机构编制的集中统一管理，严把机构编制关口。完善机构编制管理工作程序，全面提高机构编制管理水平，实现“零增长”目标。1. 严格审核把控机构编制，强化机构编制管理。以“五个只减不增”严格控制编制增量，严把机构编制关口，并采取“要增编、必清理，先减法、后加法”的办法审批机构编制。实行事业编制总量管理。以控编减编基数为基准，对县直、乡镇事业编制实行总量管理。对年内可预见的重点用编需求进行研究测算，根据测算结果，制订本年度事业编制总量内调整计划。同时推行空余编制集中管理。凡行政事业单位因组织、个人申请调动、到龄退休、意外死亡、自然减员及因罪判刑（实刑）等形成的空余编制，由县编办作为机动编制从严管理（除省定行政编制、政法专项编制、中小学教育编制、乡镇医院卫生编制），机动编制使用严格按照机构编制审批程序进行。2. 认真复核完善机构编制实名制管理系统数据库及日常维护更新。严格落实机构编制实名制管理，并及时更新完善实名制管理系统相关人员信息和数据，进一步提升系统的操作性和实用性，并与财政部门发放工资和转移支付、纪检监察机关以及组织人社部门开展相关工作的系统紧密结合，充分发挥实名制系统的基础性依据作用，基本做到管理台账、机构编制微机管理系统和财政统发工资人员花名册相统一，做到人员管理与编制性质、编制结构、职数配备、进销编时间及原因等一一对应。3. 积极开展消化超编人员工作。针对桑植县存在的结构性超编问题，着眼控入口、疏渠道、拓空间、畅出口，狠抓措施落实，积极开展消化超编人员工作，取得良好成效。行政消化超编任务数为 102 名，事业消化超编任务数为 291 名，截至 2017 年 11 月，已消化超编人员 322 名（其中行政 80 名，事业 242 名）。行政还有 22 名超编人员待消化，事业有 49 名超编人员待消化。4. 加强机构编制问题整改推进审批联动。桑植县通过自查共发现 25 个机构编制问题，其中因政策原因造成人员超编的问题 22 个，行政事业编制混用的问题 3 个，截至 2017 年 11 月，已销号 3 个。尚存因政策原因造成人员超编的问题19个，行政事业编制混用的问题3个。

【规范事业单位登记管理】 以落实证书使用制度为重点，进一步强化事业单位年度审查，认真开展事业单位法定代表人的培训，积极做好事业单位维权服务工作，有效地对事业单位进行监管，确保其在“三定”规定的职责范围内开展工作，为逐步实现事业单位社会化目标打下坚实基础。1.认真开展社会信用统一代码工作。下发《关于开展2016年度事业单位法人年度报告换证及公示工作的通知》并通过县事业单位登记管理局QQ群进行政策法规宣传、操作流程培训和相关业务交流，及时收集和掌握各单位在提交报告操作中遇到的困难和问题。在网上受理中，对事业单位提交的年度报告书及相关材料，严格进行内部规范化审核，严格把关、认真审验，重点审查上报材料是否规范齐全，填报内容是否属实，开办资金是否超过规定幅度及有无超出宗旨和业务范围开展活动。网上审核后对提交的纸质材料再次进行确认合格后及时换发新的统一社会信用代码，发挥网上申报管理的优势，办事流程简化，办事效率提高，办事主体方便，受到基层单位的广泛好评。2017年，全县机关、群团赋码总数98个（其中机关赋码数94个，群团赋码数3个，非法人赋码数1个）。2.积极开展事业单位登记管理实地核查工作。为确保登记事项核查全面，信息真实准确，桑植县编办下发《桑植县事业单位登记管理实地核查工作实施方案的通知》通过“三明确三确保”随机抽取13所学校开展实地核查，依据《事业单位登记管理暂行条例》及其实施细则对事业单位办公场所、从业人员、经费来源、开办资金、宗旨和业务范围等逐项核查，通过听取汇报、查阅资料、现场询问等方式了解核查单位登记事项详情，全面了解掌握贯彻执行登记管理和开展业务活动情况，按照评分表逐项进行评价，并当场反馈检查结果和整改意见。该次核查，13所学校都做到法人登记及时，单位名称、印章规范。3.及时整理，确保档案入库规范完整。在做好网上办公和实时汇总登记管理数据的同时，注重纸质材料的收集整理，对于各事业单位年审所呈报的年度报告书、财务报表、设立变更登记表、任职文件等纸质资料，按单位及时进行归档整理，做到档案入库及时，档案整理规范完整。2017年，全县应参加年度报告公示的事业单位法人257个，完成年度报告公示资料审核的事业单位法人257个。新设立事业单位4个；变更登记事业单位54个（其中法定代表人变更29个，机构名称变更1个，举办单位变更11个，住所变更11个，开办资金变更2个），注销1个。4.全面推进中文域名注册和网站挂标工作。根据市编办统一部署，县编办认真学习贯彻中编办和省编办关于中文域名注册工作的文件和会议精神，以高度的政治责任感和强烈的事业心，继续推进政务和公益专用中文域名应用普及工作。通过争取县级财政专项资金，加强服务管理，耐心解答各单位使用中文域名中出现的问题，积极推动全县机关事业单位注册中文域名，并确保每个拥有网站的机关事业单位都能够挂标成功，同时，结合日常机构编制业务和事业单位法人登记管理业务不断推进中文域名工作的持续开展。全县527个单位注册532个域名，其中政务类域名77个，公益类域名455个。全县自建网站的15个党政机关事业单位已全部申请标识并挂标。

【强化干部队伍自身建设】 以创建“三强”班子“四好”队伍为目标，强化干部职工政治理论和机构编制业务知识学习，认真开展政治思想教育活动，切实加强干部能力建设，进一步增强调查研究能力、学习创新能力和为民服务能力，努力建设成为一支政治合格、业务过硬、作风优良的机构编制队伍。1.积极开展精准扶贫及“三联三转三攻坚”活动。自工作开展以来，领导高度重视，派专人负责扶贫工作，每月召开精准扶贫例会，及时传达最新扶贫政策，安排下一步工作。办领导班子与村“两委”干部、驻村干部沟通工作进度，帮助整理扶贫档案。编办8名党员干部共结对帮扶建档贫困户40户，并与村党支部联合开展“党支部主题党日+精准扶贫”活动，资助村里开展刘家坪白族乡文化节4万元，为群众送去慰问物资及资金2万元，帮助农户解决困难和问题8个。2.加强机关自身建设。以创建学习型、创新型、服务型机关为目标，认真组织开展政治理论学习，深入学习贯彻习近平总书记系列重要讲话及十九大会议精神，全体党员干部积极参加“两学一做”学习教育活动，提前完成年度干部在线学习任务。制定完善加强机关效能作风建设的相关制度，严格加强内部管理，营造风清气正工作环境，提高办事服务水平。以“支部主题党日”活动为契机，组织人员到刘家坪白族乡、瑞塔铺镇进行走访慰问，有效增强干部服务意识，不断树立部门良好形象。

（唐　旭）

接待及机关事务工作

县接待办

主任：田　野

副主任：钟　立

【概　况】 桑植县委县人民政府接待办公室为中共桑植县委办公室管理的正科级事业单位，参照公务员管理，全额事业编制3名，共有工作人员4人。2015年10月，办公场所搬至桑植县行政中心新办公大楼，设办公室、财务股、接待股、综合管理股、公车管理股等机构。2016年4月设立机关事务服务中心，编制增至7名。2016年12月设立县机关公务用车管理服务中心，编制增至11名。2018年2月，编制增至20名，现有工作人员35人。另外，张家界信源物业公司派遣劳务人员24人。

2017年，县接待办紧紧围绕县委、县政府中心工作，认真履行职责，扎实推进工作，严格落实中央“八项规定”，精准做好公务接待、公车管理、机关事务及机关后勤保障等各项工作，为行政机关有序运转，扩大对外交流，推动全县经济社会快速发展做出了积极贡献。

【公车改革和平台建设】 按照县委、县政府的统一部署，于2016年10月16日正式启动党政机关公务用车改革工作，制定《桑植县党政机关公务用车制度改革实施方案》，先后完成车改工作动员、单位方案审批、资料收集与整档建档、车辆封存、标识喷涂、公车改革补贴发放、取消车辆价格认证和拍卖、车辆报废、资产过户等工作。该次涉改单位共89个，参改人数2179人，其中处级41人，正科级714人，副科级606人，科员614人，科员以下204人。2017年，两次共拍卖出处置车辆57辆，拍卖资金共162.7万元已上缴国库（平均2.71万元／台）。其中，4月14日，完成第一批公车拍卖，50辆公车成交41辆，拍卖成交率82%；起拍价84.5万元，成交价117.5万元，增值33万元。9月7日，组织完成第二批车辆公开拍卖，31辆公车成交16辆，拍卖成交率48.4%；起拍价40.5万元，成交价45.2万元，增值4.7万元。报废车辆共18辆，其中给县一职工划拨3辆拟报废车辆作为教学科研使用。完成112辆保留车辆的标识喷涂，其中公务用车83辆，行政执法24辆，应急用车5辆。下发《关于春节期间公务车辆封存的通知》和《关于国庆期间公务车辆封存的通知》，要求落实公务车辆封存，并上报车辆封存情况。12月底，完成66辆平台集中管理车辆的资产过户手续。全年公务交通补贴共计1836.48万元。

【公务接待工作】 做好县重大活动后勤保障。以高度的大局意识和责任意识，把保障县重大活动作为政治任务来抓，圆满完成张家界市精准扶贫现场会、张家界市政法系统现场会议、县“两会”、建党96周年“七一”大型表彰会议、第三届桑植民歌节、北京华彬集团到桑植投资考察等重大活动的会务、接待、车辆、餐宿保障工作。提升公务接待保障能力。认真落实中央“八项”规定，严格执行《桑植县党政机关公务接待暂行管理办法》，加强公务接待管理，严格执行公务接待事先审批制度，严格接待标准，确保接待工作顺利高效有序展开。接待是第一窗口，第一形象。面对接待任务日益繁重，接待批次、接待层次、接待规格日益提高的新形势和省市领导考察调研多，大型会议多，党政团组交流多，重要客商多等特点，全办上下按照“围绕中心、服务大局”的目标，自觉增强责任意识，坚持实事求是、因地制宜、勤俭节约、方便务实的原则，努力做到高标准、严要求，慎思慎行、细致周到，使客人高兴而来，满意而归。圆满完成省长许达哲，省委常委、省纪委书记傅奎，省委常委、省委统战部部长黄兰香，省委常委、省国资委主任胡衡华，省军区司令员黄跃进，省人民政府副省长戴道晋，国务院扶贫办巡查组到桑植巡查，省扶贫督察工作组第一组到桑植督察精准扶贫工作等国家、省、市领导到桑植的公务接待工作，较好地履行了接待部门的工作职责。全年共接待人员952批次、17357人次，为顺利开展工作、扩大对外交流、推动经济社会快速发展做出了积极贡献。

【机关事务管理工作】 加大对基础设施的投入。为进一步巩固完善基础设施，营造良好政务环境，结合行政中心大楼实际，2017年，共投入106.7万元巩固完善行政中心大楼基础设施建设。其中，安排资金2万元邀请专业队伍对行政中心化粪池进行清理，投入资金5万元安装标准化垃圾桶50个；分三期共投入资金30万元完成行政中心办公大楼的“亮化”工程；投入资金2万元完成行政中心楼和会议中心楼的亮化字体安装，整改楼梯灯和行政中心广场灯饰，更换破损照明设施，提高大院整体亮化度；投入资金15万元改造装修行政中心阅览室1间；投入资金22万元完成三楼大会议室、县委常委会议室、政府常务会议室、县委办717会议室、政府办517会议室和部分楼层办公室的中央空调改造工程；投入资金8万元完成行政中心大厅门口和大院的破损地面进行抢修及对破损的花坛维修；投入资金8.7万元完成对行政中心大楼楼顶的防漏防水处理；投入资金5万元完成对枯死的树林花草进行补植新种，定期对院内花草树木修剪、喷洒农药和冬季防病虫害处理；投入资金2万元新购保卫服装10套和对讲机10部；十九大前夕，按照省公安厅和机关事务局下发的整改通知，共投入资金7万元对行政中心的电子监控系统进行改造升级，实现行政中心全区域监控无“死角”工作目标。此外，对大院内单位车辆停放进行规范管理，分开建立单位车辆和私人车辆管理台账，科学规划、划区域停放，有效避免行政中心院内车辆乱停乱放的现象发生。同时，还加强对行政中心大楼三楼大会议会场、视频会议室、安全保卫等的管理与服务工作，完善配套设备设施，使其功能得到充分体现，营造优质一流的行政中心大楼政务环境。不断加强对物业员工规矩意识、礼仪文化、爱岗敬业意识的培养，制定员工考核机制、物业工作考核方法，激励物业公司持续为行政中心的美好办公环境做出贡献。加强水电设备设施管理。新增水电工作人员1名，行政中心专业水电工作人员达到3人。全年共对消防设施进行维护保养12次，并进行1次消防控制系统模拟演练测试；供排水管道进行维护检修12次；电梯进行维护保养检修24次；便槽、供电线路等相关公共设备设施维护检修520批次，维修办公室空调400余批次，有效预防和排除各类安全隐患，保障了公务大楼各套设备设施的正常运转。加强安全保卫管理。新增安全保卫人员1名，行政中心安全保卫人员达到10人。对照《党政机关反恐怖防范标准》，确保各项规定配置全部到位，做到人防、物防、技防到位。加强保安人员思想意识，提高警觉性，增强安全防范意识，树立危机感和责任感，克服侥幸心理，严格门卫登记制度，做好大院日常巡查，对群众做好有序引导，确保大院安全稳定，不发生群体性等不安全事件。定时对大院的消防设施、治安监控设备、水电设施等检查，配备消防头盔、消防服等消防设施，以保障在危急时刻能够正常使用。全年共对10名安全保卫人员和2名物业管理人员进行教育引导4次，技能培训12次，行政中心大楼每天至少巡逻巡查2次，严格实行对来访人员、出入车辆进行登记管理和跟踪监督服务。加强卫生保洁管理。认真落实卫生保洁制度和轮值班制度，明确卫生保洁工作职责范围，坚持每周一、五大扫除，每半小时对所有卫生区域进行巡查检查并及时清除残留物，加强对一楼、三楼、五楼和七楼等重点楼层的保洁管理。全年进行卫生保洁人员礼仪培训2次，积极组织卫生保洁人员参加县委、县政府安排的各类重大接待服务工作。加强会议会场管理。全年，县接待办顺利完成在三楼大会议室召开的党代会、人代会、政协会、“七一”表彰会、全市精准扶贫现场会等各类大小会议会场布置和会务服务1109场次；根据各类接待、会议等需求，派出工作人员参与服务10余场次。未出现一次差错，保障了行政中心大楼各项工作的优质、高效运转。努力创建机关“满意食堂”。认真组织开展调研活动，积极探索适应干部职工需求的供餐服务新机制，不断完善餐饮服务监管模式。抓好食堂的食品安全和卫生，严格餐具餐前消毒制度，强化食堂清扫保洁，每天要求配送的蔬菜必须有食品安全检验单，并联系市场监管局，每星期对食堂配送的蔬菜抽检一次，以绝对保证食品的安全。着力在增加菜的品种、提高菜肴品质、提升服务质量上下功夫，提高服务满意度，每个工作日为600多名机关干部提供营养、可口的一日三餐。积极联系县发改局物价部门，加大对机关食堂小超市的商品质量和价格监管，确实为行政中心干部职工的切身利益着想。2017年7月下旬，因融荣公司与原行政中心机关食堂承包合同期满将其收回，行政中心干部职工暂时没有食堂就餐。接待办主动协调、多方沟通，第一时间化解各种债务纷争，维护600多名干部职工的切身利益。同时，根据领导指示，对下一步机关食堂建设作出5套备选方案，获得领导好评。

【办公用房清理工作】 开展办公用房清理“回头看”。根据《党政机关办公用房管理办法》和《党政机关办公用房建设标准》等有关规定，年初组织机关单位开展办公用房“回头看”活动，对超标准建设、装修或违规占用办公用房等问题进行自查自纠。对腾空的闲置办公用房统一调配使用管理，因机构增设、职能调整需要增加办公用房的，由县接待办整合办公用房资源调剂解决。加大办公用房调配力度。7月份完成县扶贫办、发改局办公用房调整；9月份完成县委巡察办、人大办、政府办、政协办、统战部、经管站、妇联、团县委、科协办公用房调整；11月份完成县发改局、统计局办公用房调整；12月完成监察委员会、纪委、统战部、工商联、民宗局、科协、团县委、扶贫办、烟办、旅外局办公用房调整。

【结队帮扶贫困户工作】 县接待根据精准扶贫工作规划和结对帮扶工作要求和县委、县政府重大决策，制定在陈家河镇唐家坪居委会扶贫和“一对一”结对帮扶精准扶贫方案，定期或不定期深入镇村（居）走访调研，全面掌握该居委会基本情况，认真开展帮扶慰问工作。一是进村入户建立完善精准扶贫帮扶档案；二是精准摸清建档立卡贫困户的致贫原因、家庭状况、脱贫对策和生产生活需求；三是针对每个建档立卡贫困户精准宣传脱贫政策，立足扶贫与扶志和扶智相结合，制订帮扶计划；四是给12户联系户全年共解决帮扶资金3万元，发放大豆油20桶、大米20袋、棉被5床、牛奶和饮料20件等慰问物资物品。12 对建档立卡贫困户有 6 户合格完成预脱贫验收。

【平安单位创建工作】 继续以“平安单位”创建活动为载体，坚持“预防为主、单位负责、突出重点、保障安全”的工作方针，进一步落实安全目标责任制和责任追究制度，分别与各股室负责人及行政中心各单位签订社会治安综合治理目标责任书和消防安全工作责任书，完善与公安、消防等部门的协作机制。进一步加强门卫管理，配合信访、公安部门，及时处置群体性上访事件，询查和妥善处置个访人员，维护机关正常工作秩序。

（张　莉）

扶贫工作

县扶贫开发办

党组书记、主任：熊基林

党组成员、副主任：钟高皇　谷祥武

党组成员、纪检组长：张晓英

【概　况】 桑植县扶贫开发办公室为县人民政府直属正科级事业单位，领导职数 4 人，有 4 个内设机构。

2017 年，认真贯彻落实中央、省、市有关脱贫攻坚工作部署，按照中央提出的“六个精准”“五个一批”的要求，紧紧围绕贫困户“两不愁、三保障”目标，实施精准扶贫，坚持以产业带动为核心，构筑五大保障体系，强化五大推进措施，认真落实驻村帮扶、结对帮扶两项帮扶责任，真扶贫，扶真贫，有序推进脱贫攻坚，取得较好成效。全县以脱贫对象为重点，按照“一超过、两不愁、三保障”要求，以驻村帮扶、结对帮扶为抓手，创新扶贫模式，倒排工期、挂图作战，按月梯次累计减贫，年度减贫任务圆满完成。一是全面完成贫困村退出任务。将任务分解到乡镇、分解到具体村。为保证贫困村如期脱贫退出，驻村帮扶办对照贫困村退出标准，加大工作督查力度，督促工作队将工作重点由过去的建设扶贫转移到精准扶贫、精准脱贫上来，统筹解决贫困村“两个确保、两个完善”。二是全面落实贫困人口脱贫任务。为把减贫任务落到实处，与乡镇签订责任状，将任务分解到乡镇。各乡镇根据下达的任务分解到村到组、到户到人，并结合实际，因户因情施策，安排直接帮扶资金进行扶持，统筹解决贫困人口的“一超过、两不愁、三保障”问题。当年，124 个贫困村，退出 31 个；全县 5358 户 18892 人脱贫，贫困发生率减少到 9.5%，减贫成效显著。

存在的困难和不足：由于底子薄、欠账多，仍有 93 个贫困村 39907 人贫困人口未脱贫退出，贫困发生率仍达 9.5%，实现脱贫摘帽困难多、压力大。一是资金投入不能满足退出需求。经测算，要达到“保基本、能退出”的基本标准，全县总量上要投入资金 26 亿元，预计到 2020 年可筹措资金 20.2 亿元，资金缺口 5.8 亿元。但就阶段性来说，要在 2018 年、2019 年两年内完成所有任务，实现脱贫摘帽，资金缺口则达 10 亿元以上。二是非贫困村（户）与贫困村（户）工作差异显现。非贫困与贫困实质差别不大，但在政策上存在较大差异，资源与精力都向贫困村（户）倾斜，而非贫困村（户）在基础建设、产业发展等方面投入不够，影响群众满意度。三是贫困村基础设施项目建设推进慢。受招投标、环评、土地报批等政策制度限制，存在审批难、管理难、建设难、推进慢难题。

【激发产业扶贫内生动力】 坚持将扶贫产业与县域支柱产业发展深度融合，探索推行扶贫产业发展“四个对接”模式，实现产业稳步发展。一是对接支柱产业。把扶贫产业与县域支柱产业一同谋划，同步发展，把扶贫产业作为支柱产业发展的基础，把支柱产业发展作为扶贫产业可持续发展的保障。突出抓好蜜蜂、茶叶、大鲵、蔬菜、中药材五大县域农业支柱产业，扶贫产业围绕支柱产业布局，重点加大对蜜蜂、白茶等扶贫产业的投入力度，建立县级平台公司，打响“桑植野蜂蜜”“桑植白茶”等公共品牌。二是对接市场主体。坚持“四跟四走”，积极对接龙头企业、专业合作社、电商企业、家庭农场等市场主体，鼓励各类市场主体参与脱贫攻坚，引导扶贫产业融入大市场，培育市级以上农业产业化龙头企业50家，各类专业合作组织422家，电商企业48家。按照“规划到村、项目到户、增收到人”的原则，实行以奖代补，探索出资源合作、股份合作、园区带动、委托代养、整体带动、购买服务六种运作方式，实现市场主体发展壮大、贫困户增收脱贫“双赢”。三是对接项目和产业基地。发挥财政资金主导作用，引导生产要素向贫困村、贫困对象相对集中区域集聚，因地制宜谋划项目、建设项目，实现“一村一品”“一村多品”或“多村一品”。发挥旅游扶贫作用，高标准规划18个重大旅游提质项目，高品质发展乡村旅游，建设旅游风情小镇、特色村寨，形成景点建设扶贫、旅游商品扶贫、旅游就业扶贫格局。加快基础设施连片建设，保证路通向基地、水流向基地、电输向基地、信息覆盖基地，让贫困片区基本具有自我发展能力。全县各类扶贫产业基地达273个。四是对接集体经济和贫困户。将扶贫产业与贫困村、贫困户形成紧密利益联结，实行“公司+基地+贫困户”“支部+合作组织+贫困户”等形式，采取让贫困村和贫困户土地流转得租金、基地就业得薪金、反包管理得酬金、超产分成得奖金、订单种植得售金等多种增收方式，实现了贫困村集体经济创收，贫困户长久增收、稳定脱贫。2017年，扶贫产业发展势头强劲，全县新增蔬菜种植面积0.9万亩，总面积达到8万亩，直接受益人口10.7万人；新增大鲵养殖16.5万尾，总量达103万尾，产值达6113万元；新建茶叶基地1万亩；草本药材新增0.85万亩，年产中药材2.6万吨，总产值达1.3亿元；新增蜜蜂3万箱，蜜蜂养殖达6260户，1.8万人受益；五大产业共覆盖贫困人口达7.7万人，占建档立卡人口的77%。共有422家各类经营主体与7.3万贫困人口建立持续稳定的利益联结机制；建成光伏电站33个；发放扶贫小额信贷1.2亿元，超额完成任务指标。

【构筑基本民生保障体系】 着力从政策层面和基础设施方面，改善贫困群众生产生活条件。一是实施“阳光安居”保障。按照“一户一套，集中建，免费住；一户一栋，集中建，给补助”的工作思路，实施梯度搬迁、适度规模——“阳光院”建设模式，解决群众住房困难，并得到省委、省政府的推介。2017年完成易地搬迁1665户，6000人，危旧房改造3120户，建成特困家庭安居工程400套。二是实施“阳光助学”保障。推进“分层资助、三个覆盖”的助学保学模式，发放助学金6700万元，贫困家庭学生资助覆盖率达到100%；推进“合作培育、免费就读”的师范生培育模式，招收县级免费师范生100名；推进“订单培养、定向就业”的职业教育培养模式，培养定向就业学生50名；推进“因地制宜、因材施教”的技能培训模式，培训贫困人口1.5万人。三是实施“阳光医疗”保障。建立完善基本医疗保险、大病保险、商业保险、医疗救助、财政兜底“五重医疗保障网”，推行“城乡医保一卡通，医保结算一站式”，有效解决看病贵、住院难、报销难的问题。同时将建档立卡贫困人口、低保对象、特困人员100%纳入重特大疾病医疗救助范围。2017年，发放医疗救助金2312万元，受益人口达1.1万人。四是实施就业保障。大力发展劳务经济，支持农村剩余劳动力转移就业，举办桑植县首届跨地区劳务协作招聘会，2017年新增农村贫困劳动力转移就业2406人。加强就业培训服务，围绕主导产业发展，对有劳动能力的贫困人口全面开展实用技术培训，完成技能培训

2829人，产业培训11514人，实现“培训一人、就业一个、脱贫一户”。五是实施基础设施保障。重点推进农村道路建设，完成重要县乡道改造27公里、窄路加宽233公里、通村主干线和自然村公路新建（改造）371公里；加快水、电、信息等重大基础设施建设，2.5万贫困人口饮水安全得到解决，完成30个村农网改造，贫困村无线通信实现全覆盖，宽带网络覆盖率达97%；发展文化、教育、卫生等社会事业，建成合格学校（园）11所、“全面改薄”学校6所，新增学位3750个。

【落实精准脱贫有效抓手】 围绕脱贫攻坚目标任务的落实，采取了一系列措施。一是压实工作责任。严格实行领导责任制，成立县委书记、县长“双组长”脱贫攻坚领导小组，下设脱贫攻坚指挥部，由县委副书记任指挥长，层层传导压力，压实县、乡、村三级和行业扶贫单位的责任。书记、县长积极开展“三走访三签字”工作，对124个贫困村进行全面走访，全面掌握情况，及时化解困难和问题。二是整合各类资源。整合机构人员，完善县、乡、村自上而下完整配套的指挥系统，切实发挥指挥部的牵头抓总作用；整合涉农资金，2017年统筹各级财政涉农资金4.4亿元，融资7.9亿元，主要用于基本民生保障和基础设施建设；整合社会力量，充分运用社会扶贫网，调动各方面力量助推脱贫攻坚。三是做好“两项帮扶”。全县124个贫困村，每个村都由县直以上单位派驻一支工作队，每个村都安排一名“第一书记”，开展驻村帮扶工作；按照每个党员干部结对4—5户的办法，安排8300多名党员干部结对3万多贫困户，实现结对帮扶全覆盖；进一步加强驻村工作队的管理，加大对帮扶责任人的培训、监督、考核力度，确保“两项帮扶”工作不流于形式。四是加强资金监管。建立一个资金专户，确保资金整合到位；列出一张项目清单，确保资金投向准确；坚持一支笔审批，确保资金使用安全；明确多个业主负责，确保资金发挥效益；成立资金监管办公室，确保涉农整合资金使用安全。五是严格考核奖惩。出台桑植县脱贫攻坚《问责办法》《考核办法》，对未完成规定任务的乡镇、行业部门相关责任人严肃问责。切实调动干部积极性，县财政每年安排500万元工作经费，对脱贫攻坚工作中表现突出的单位和个人予以奖励。

【其他扶贫政策全面落实】 文化惠民和科技服务方面。建档立卡贫困村124个，都有农家书屋。村村响工程已实行免费公益全覆盖。户户通工已实行免费公益覆盖。有合格村级综合文化服务中心达到50%，共计发放105套文化器材，40多套体育设施。25个退出贫困村“161”村级综合服务平台新建项目10个，改扩建项目15个。省科技厅选派18位优秀专家到桑植县担任“三区”科技人才，组织部管理的省、市科技特派员7名，县农业、畜牧技术人员57名进驻118个贫困村开展科技培训与服务相关工作，实现科技人员联系贫困村覆盖95%。社会扶贫方面。截至11月30日，全县爱心人士注册数量11237人，完成率为72%；贫困户注册数量16603户，完成率为107%；管理员注册数量385人，完成率为100%；发起贫困户需求4568条，完成率为42%；对接成功936条，对接成功率为24%；信息报送19条，完成率82%。全县管理员已注册385人，完成率100%。生态补偿脱贫方面。全县选聘建档立卡贫困人口生态护林员337名，达100%，并全部签订管护协议，按季度发放管护工资168.5万元。扶贫政策宣传方面。发放口袋书104226人，完成100%。完成约稿任务1条,《人民日报》上稿1条,《西部开发报》上稿1条，省级报刊上稿4篇，湖南卫视新闻5条，湖南公共频道1条，湖南红网新闻8条。张家界在线140条，桑植广播电视台252条。

（刘　浩）

巡察工作

县委巡察办

主任：向秋明

副主任：彭宏萍

县委第一巡察组：组长：唐智猛

副组长：周勇华

县委第二巡察组：组长：胡三玲

副组长：张建平

县委第三巡察组：组长：刘纪平

副组长：廖晓萍

【概　况】 2017 年 9 月 22 日，县委成立巡察工作领导小组，下设县委巡察工作领导小组办公室和县委第一巡察组、县委第二巡察组、县委第三巡察组。县委巡察工作领导小组领导全县巡察工作；县委巡察工作领导小组办公室为县委巡察工作领导小组日常办事机构，明确为县委工作机构，设县纪委，具体负责巡察工作的统筹、协调、指导；县委第一巡察组、县委第二巡察组、县委第三巡察组承担具体巡察任务，向县委巡察工作领导小组负责并报告工作，实行组长负责制。

自巡察机构成立以来，县委巡察工作始终坚持政治巡察定位，突出巡察重点，讲究方式方法，发现并移交了一批违规违纪问题，与此同时，坚持发现问题与解决问题并重，推动整改落实和巡察成果运用，取得成效明显。

【巡察工作顺利推进】 1. 常规巡察有序开展。按照县委统一部署，自 2017 年 10 月至 2018 年 1 月县委三个巡察组分别对县国土资源局、农业农村工作局、水利局、财政局、发展和改革局、民政和民族宗教局、住房和城乡建设局、教育局、交通运输局、林业局、卫计局等 11 个单位开展巡察“回头看”，对县规划管理局、食工质局、安监局等 3 个单位进行常规巡察。县委三个巡察组进一步提高政治站位，强化政治责任，牢固树立政治规矩和政治意识，坚持以发现问题为导向，通过召开会议、设立巡察举报箱、调阅资料、民主测评、个别谈话等形式开展巡察工作，取得初步成效。2. 脱贫攻坚专项巡察顺利推进。为认真贯彻落实《中央巡视规划（2018—2022 年）》精神，推进村（居）巡察全覆盖，打通全面从严治党最后一公里，拟对退出贫困村开展脱贫攻坚专项巡察。

【工作机制不断健全】 为进一步加强对巡察工作的指导，明确本届桑植县委任期内的巡察工作目标任务，出台《中共桑植县委巡察工作办法》《2017—2021 年中共桑植县委巡察工作规划》等相关规章制度，制订《县委巡察工作手册》及巡察办内部相关管理制度，明确巡察工作方法、纪律规矩和发现问题线索分类处置的具体标准及程序，确保巡察工作开展有章可循、运转有序。同时，通过严格推荐审查，组建 81 人的县委巡察工作人才库。县委每轮巡察派出 3 个巡察组，从合理搭配、选优配强的角度，从人才库中抽取巡察干部。积极探索建立与纪检、组织、审计、公、检、法、司等相关部门的工作协调机制，确保巡察工作有效对接，提升巡察实效。

【学习培训成效明显】 巡察办 16 名巡察干部大多为首次接触巡察工作，为尽快进入工作状态和角色，积极创新学习方式。一是坚持“外出取经”。通过分批次选送巡察干部参加省市巡视巡察工作现场学习，学习归来及时向办组人员分享工作经验，传授工作方法，并协助巡察办制订巡察手册。共选送 13 名巡察干部参加了省、市巡视巡察工作。二是坚持“边巡边学”。每轮巡察前，均组织巡察人员进行业务集中培训；与此同时，在巡察过程中，建立新老成员传帮带机制，做到边巡边学，使巡察人员进一步掌握巡察工作政策、方法、程序，业务工作能力和水平得到有效提高。

【后勤保障全面跟进】 巡察办积极履行统筹、协调、指导职责，全力做好工作谋划、人员调配、制度建设、后勤服务等配套保障工作。县委巡察机构经县编委核定行政编制 18 名，已到位 16 名。在县行政中心办公用房紧缺的情况下，挤出 9 间办公室共 223 平方米作为巡察办公用房；按要求配备办公桌椅、文件柜、电脑、打印机等办公设施设备；在财政设立独立的预算拨款账户，与此同时，为各巡察组做好巡察后勤服务，提前与被巡察单位及相关部门衔接做好各种资料准备，妥善安排巡察组的饮食、住宿、车辆，及时配备办公设备用品，为巡察工作的开展提供充分的后勤保障。

（王　阐）

纪检监察工作

县纪委

书记：张小庆

副书记：朱春芝　向秋明　刘光弟　谷　晖

常委：谷　晖　周功辉　朱丽明

陈进凤　王彦敏　蔡　娜

县监察局

局长：朱春芝

副局长：谷　晖　周功辉　谷立志

重要会议

县纪委十二届二次全会暨全县党风廉政建设和反腐败工作会议。2017 年 2 月 26 日召开，县委常委、县纪委书记张小庆向全会作《永远在路上，坚定向前行，在跨越发展新长征中推进全面从严治党》的报告，传达学习贯彻十八届中央纪委七次全会、十一届省纪委二次全会和七届市纪委二次全会精神，回顾总结 2016 年全县党风廉政建设和反腐败工作，研究部署 2017 年工作。县委书记刘卫兵出席会议并作重要讲话。

【概　况】 中共桑植县纪委、桑植县监察局下设：办公室、组织部、宣传部、党风政风监督室、案件监督管理室、信访室、第一至第四纪检监察室、案件审理室。2017 年底，核定人员编制 94 名（其中行政编制 90 名、事业编制 4 名）。领导班子成员 11 人，其中书记 1 人，副书记 3 人。

2017 年，桑植县纪委监察局认真贯彻落实中共十九大及中央、省、市纪委全会精神，在县委、县政府和市纪委的领导下，聚焦主责主业，强化监督执纪问责，深入推进党风廉政建设和反腐败工作，为桑植县经济社会发展提供坚强纪律保障。

【牵住“牛鼻子”倒逼“两个责任”落地生根】 准确站位，积极履行党风廉政建设两个责任，把“管党治党、从严治党”的政治责任牢牢扛在肩上。压紧夯实责任。县委、县政府主要领导严格履行第一责任人的责任，坚持“一岗双责”，召开县委常委会议 8 次，铺排谋划工作、审议纪检案件、研究干部工作、落实纪检体制改革等。召开县纪委常委会议贯彻上级精神、研究部署工作、调度工作进度、强化纪律审查等。健全责任机制。出台落实全面从严治党主体责任和监督责任工作要点、党风廉政建设责任制考核细则和落实三个区分建立容错纠错机制实施办法，明确管党治党目标任务，进行绩效考核并调整加大考核分值，细化责任分解，量化到人，层层传导压力，推动“两个责任”向基层延伸，向事业单位和国有企业拓展。签订主体责任状 104 份，监督责任状 85 份。制定反腐败协调领导小组工作制度，充分发挥工作协调机制作用，召开领导小组会议 1 次，移送问题线索 112 件。严肃责任追究。深入贯彻《中国共产党问责条例》，严格执行关于落实“两个责任”的实施细则，对落实不力的进行责任追究，推动问责工作常态化，不断提高问责的实效性和震慑力，全年追究主体责任 27 人次，监督责任 1 人次（交流岗位）。合理容错纠错，对在改革创新过程中没有主观故意、履职尽责、未谋私利的问责对象，可申请容错，免责或从轻、减轻问责。2017年予以容错免责1起2人。

【打好“持久战”推动正风肃纪持续发力】 坚持改进作风永远在路上，着力在长和常、严和实、深和细上下功夫，切实打好作风建设持久战，把正风肃纪往深里抓、实里做。加强日常监督。制定下发《关于开展对县直单位党组织党内政治生活和党委班子落实全面从严治党主体责任有关事项专项检查的通知》并加强检查，落实落实党风监督相关制度，重点对县发改局等10家单位进行检查。开展领导干部述职述廉34人次；县纪委书记与下级党政主要负责人谈话130人次；结合全县村（社区）两委换届和脱贫攻坚工作，通过集中或个别廉政谈话427人次。对“党风廉政意见回复”严格把关，廉政审查17批次491人，取消12人的提拔或评先资格。深入治理违反规定收受礼品礼金行为，累计上交廉政账户礼金48.05万元。服务中心工作。突出抓好行政监察工作，参与组织、公安、教育、卫计、人社等单位行政事业单位招考考务监督工作。加强对全县25个重点工程、重点项目、征地拆迁的工作督查。坚持挺纪在前，加强对村（社区）“两委”换届工作纪律督查，成立23个驻地监督指导组、2个巡回督察组，开展驻地督导和巡回督察，摸底排查解决问题58个。审查候选人资格2235人，取消106人。受理换届纪律问题信访举报11件，初查了结5件，转立案6件，党政纪处分9人，对换届未实现组织意图的，约谈66人次。细查作风问题。深入开展“每月一主题，精准交叉监督”作风建设年活动，通过督查内容轮换，部门联动，整合力量开展交叉督查，以问题导向，全年开展明察暗访65次。通过对重要节假日的干部作风明察暗访，结合节后返岗情况督查和日常督查，保持作风监督检查的高频率、高节奏。抽调精干力量对行政企事业单位、政务服务窗口、宾馆酒店、超市商场、居民小区、公园景点进行检查，收到公车管理、违规赈酒、干部酒驾、违反工作纪律等问题线索40余件。下发作风建设通报4期，发布信息16篇，通报批评11个单位25人次，6名干部被立案查处。

【用活“好抓手”推进落实专项整治工作】 按照省市纪委对专项整治活动的安排部署，用活专项整治这个抓手，统筹全局，合理铺排，确保政治生态风清气正。严查实改，切断与民争利后路。一是加大扶贫领域监督执纪问责力度。贯彻落实中纪委扶贫领域监督执纪问责工作会议精神，通过开辟信访举报“绿色通道”，开展脱贫攻坚专项督查，问题线索集中交办，部署扶贫领域监督执纪问责“七个一”专项行动，做到腐败“零容忍”“严查处”。纠正整治以权谋私、弄虚作假、吃拿卡要、与民争利等损害群众利益的问题。提出整改建议126条，受理信访举报121件，问责20人，立案查处99件。二是“治陋习、树新风”专项整治，以“告别赈酒陋习，树立文明新风”为抓手，开展“五个心、五个一”“破除政务服务‘中梗阻’”等专项整治，现场劝阻违规赈酒6起，立案5件。通过4次督查督促39家单位按期进驻大厅。受理“四风”问题举报62件，立案查处59件。三是“雁过拔毛”式腐败问题专项整治，对侵害群众利益的不正之风和“雁过拔毛”式腐败问题严查快处，约谈14人，诫勉谈话6人，立案查处84人，移送司法2人，收缴资金138.81万元，清退资金21.37万元，下发典型案例通报7期。全面推进“互联网＋监督”平台建设，已完成数据采集录入工作。四是“全市百村财务大清查”专项行动。县纪委对25个村的村级财务收支管理、村级集体“三资”管理、落实村级财务公开制度及村干部廉洁自律等情况进行清查。对市纪委交办的16个村问题线索进行督办，约谈6人，诫勉谈话6人，立案28人。乡镇纪委清查298个村，发现处置问题线索30条，组织处理9人、立案17人，收缴违纪资金8.34

万元。五是全县中小学违规征订教辅资料专项整治。县纪委组织成立联合督查组对部分中小学及周边书店开展明察暗访，检查是否存在“一科多辅”、教师拿回扣等问题。违规征订教辅资料和违规公款旅游集中约谈118人次，立案5人，收缴违纪资金91.2万元，清退违纪资金18.96万元。与此同时，对中央环保督察问题线索快查快结，整改履职不力问责12人。细督深挖，还原清廉为民本色。一是开展中央八项规定精神情况“回头看”专项行动，通过下发文件，开展自查自纠和专项督查，重点治理违规发放津补贴或奖金福利问题、公务接待超标准问题、违规公款吃喝问题、违规租赁车辆等6类12个突出问题。查处违反中央八项规定精神案件5起，给予党政纪处分6人，组织处理9人。二是开展2017年巡察工作。对全县11个县直涉农职能单位、10个乡镇就履行党风廉政建设“两个责任”情况、民生资金项目管理使用情况及群众反映强烈、带有苗头性、倾向性的问题进行巡察，发现问题线索124个。县委巡察机构成立后，部署启动了十二届县委第一轮巡察工作“回头看”。三是开展全县违规公款购买高档白酒专项整治。与税务部门联系，查看全县上半年白酒发票情况，从中查找购买消费高档白酒情况。购买300元以下（含300元）白酒3200瓶，涉及11个单位，尚库存797瓶。整治营私，纯洁干净担当干部。一是开展国家公职人员涉砂涉矿专项整治，对国家公职人员违规参与涉矿、涉砂等六类经营性活动进行清理整治，对全县9653名国家公职人员全面梳理，建立清理对象基础数据电子档案。涉嫌违规人员22人，自查清理退出20人。通过核查发现违规问题线索6条，整改2条，立案调查4人。二是启动领导干部参与金融业务情况大清查。下发《关于开展领导干部本人、配偶、子女及其配偶和其他特定关系人从事金融活动有关情况清查工作实施方案》，对23个乡镇、9个派驻纪检组综合监督的63家县直单位和授权监督的12家企事业单位进行全面清查，领导干部配偶、子女及其配偶和其他特定关系人有76人在金融机构从业。

【坚持“零容忍”保持惩治腐败高压态势】 突出主业抓线索。拓宽案源渠道。强化纪检监察机关畅通群众诉求渠道，构建“信、访、网、电”四位一体的信访网络举报体系。开展《桑植县纪检监察信访举办办理百日会战》活动，实行委局班子包片督办机制、乡镇纪委交叉办案机制、按月汇总排名通报机制、末位三名约谈问责机制，进行责任倒查，保证办信质量。共开展督查督办27次，县纪委书记“末位”约谈乡镇党委书记和乡镇纪委书记约谈12人次，有效化解上级转办信访件多的情况，总量明显下降。2017年，县纪委信访室共受理信访举报件508件，同比减少202件，下降28.1%。注重从执法监察、专项检查和执纪执法部门中收集线索，发现问题，实行问题线索统一管理、集中交办。定期召开线索排查处置会议，杜绝“瞒案不报、有案不查”。处置线索480件，同比增长218件，增长83.2%。突出主业抓执纪。坚持铁面执纪，加强对党的政治纪律、组织纪律、工作纪律、财经纪律和生活纪律等各项纪律执行情况的监督检查，重点对民主集中制、“三重一大”集体决策制度、党政正职“三个不直接分管”、末位表态、规范“一把手”履职用权行为的若干规定等制度规定进行了监督检查，坚决查处和纠正有令不行、有禁不止的行为。按“三转”要求，调整监督检查方式，紧紧围绕推动项目的审批、落地、开工、发挥效益等部署开展监督检查工作，把建设项目推进落实情况作为重点，坚决按照《桑植县重大项目建设落实不力问责暂行办法》追责问效，确保项目顺利推进。突出主业抓办案。加强执纪审查工作。坚持“有案必查、有腐必反”的原则，做到“零容忍”惩治腐败，执纪审查工作实现新突破。推行“全员办案”制，统一调度力量。实行班子成员分组包片制度，对重大、复杂、疑难信访举报案件“一对一”的“包接待、包协调、包督办、包落实、包稳定”的五包工作责任制。充分发挥纪检监察机关及其各职能室在执纪审查中的作用，形成执纪审查合力。坚持依纪依法安全文明办案。积极践行《湖南省纪检监察干部监督执纪“十不准”》，规范办案行为。全年立案226件、结案226件、处分224人，同比增长10.2%、11.8%、12%。立案审查县管干部28人，同比增长33.3%。全年谈话函询187件。“四种形态”运用占比分别为52.7%、40.6%、6.25%、0.42%。

【找准“宣传点”筑牢警示拒腐防火墙】 推广廉政文化。启动“树清廉家风创最美家庭”廉政文化建设主题活动，发放“树清廉家风创最美家庭”倡议书2000余份。组织党员干部、部分一把手配偶等观看廉政阳戏《全家福》3场1100人次。推动党员干部特别是领导干部提升以德齐家、以廉保家意识。发挥警示作用。与桑植县电视台联合制作拍摄的警示教育宣传片《严惩腐败警钟长鸣》，全县1万余人观看该警示教育片。组织全体干部学习中纪委纪录片《打铁还需自身硬》《永远在路上》《迷失》《警示·提醒》等教育片。联合县纪委驻财政局、政法委、卫计局三个纪检组拍摄廉政微电影四部。炼精信息质量。紧扣党风廉政建设和反腐败斗争工作中心任务，大力宣传在落实“三个区分”、换届风气监督、狠刹赈酒、信访举报“百日会战”、扶贫领域监督执纪问责、党的纪律建设、落实“两个责任”等工作中的新思路、新举措、新办法。完善宣传奖惩制度，提升宣传质量和深度，营造反腐倡廉的浓厚舆论氛围。在中央、省级媒体刊登论文8篇，发表文章328篇，积极宣传推介桑植县党风廉政建设工作。

【增添“新活力”全面加强纪检队伍建设】 强化政治担当。落实党建工作责任，认真开展“两学一做”学习教育活动常态化制度化活动，改进工作作风，开展委局主要领导为机关全体党员讲党课活动、纪委书记带头坐班接访、看展谈心谈话活动、定期联系贫困结对户，进一步增强宗旨意识和群众工作本领。提升素质水平。以市纪委巡察县纪委监察局领导班子建设和干部作风建设情况为契机，结合巡察反馈问题整改，提升领导班子议事水平，转变干部作风和提高干部业务能力。全年举办全县纪检监察干部业务培训2期，217人参训。组织委局干部、乡镇和派驻机构纪检干部赴北京大学参加能力提升培训班学习，50人参训。组织纪检系统学习《中国共产党纪律检查机关监督执纪工作规则》《湖南省纪检监察干部监督执纪“十不准”》，并对学习情况进行督促检查。按照统筹使用、锻炼、培养的原则，提拔重用6人、机关调进人员4人、轮岗2人、选调工作人员3人，选配少数民族高层次骨干人才2人。受理纪检监察干部信访举报20件，涉及22名纪检监察干部，其中诫勉谈话3人、批评教育4人、廉政谈话1人、组织调整1人。落实体制改革。按照省市纪检体制改革部署，实现县一级党和国家机关派驻纪检机构全覆盖，统一名称、统一管理。共设立9家派驻纪检组，监督63个单位7318人。做到监督无盲区，实现全方位、全领域、全时段监督，充分发挥派驻监督“派”的权威、“驻”的优势。监察委员会改革工作按照市纪委统一部署稳步推进。

（钟金山）

桑植县人民代表大会常务委员会

县第十七届人大常委会

主任：皮运舰

副主任：张东林　王　云　王　军

　　　　韦先娥　彭　英

党组成员、办公室主任：汪正鄂

办公室副主任：陈　颉

法制委员会主任委员：刘兴民
财政经济委员会主任委员：余菊海
选举任免联络工作委员会主任：尚道华
内务司法工作委员会主任：王志武
农业农村工作委员会主任：刘金章
城乡建设与环境资源保护工作委员会主任：罗敬军
教育科学文化卫生工作委员会主任：冯协忠
民族侨务外事工作委员会主任：钟　立
法制工作委员会主任：王少华
预算工作委员会主任：钟晶晶

重要会议

【桑植县第十七届人民代表大会第二次会议】 2017年12月27日至29日在县城召开，出席代表227人，列席代表106人。会议听取和审议县人民政府、人大、法院、检察院工作报告和发改、财政、环保书面报告，并审查和批准这七项报告。会议期间代表提出建议63件。会议选举张小庆为桑植县监察委员会主任；王彦敏、汪正鄂、钟立、段俭、程国平为桑植县人大常委会委员。

综　述

【概　况】 桑植县人民代表大会常务委员会是县人大代表大会闭会期间行使地方国家权力的机关，是县人民代表大会的常设机关，设立正科级办事机构“一办两专委八工委”，有在职职工22人，县第十六届人大常委会组成人员31人，其中常委会主任1名，副主任5人，常委会委员25名，其中兼职委员14名。

【依法监督有力有效】 严格财政监督。通过调研等提前介入的方式，对26个部门预算细化方案进行备案审查，实行动态监督。听取和审议县本级财政决算、预算执行、预算调整情况的报告，听取政府及有关部门审计查出问题整改情况报告，并进行满意度测评。强化法律监督。听取政府关于“六五”普法决议贯彻执行情况的报告及“七五”普法决议的说明，审议通过第七个五年法制宣传教育决议。开展《中华人民共和国传染病防治法》《中华人民共和国大气污染防治法》《中华人民共和国道路交通安全法》等执法检查，对政府报送的48份规范性文件进行备案审查。听取县人民法院关于立案、法庭合署办公和执行工作专项报告，听取县人民检察院关于公益诉讼专项报告。配合市人大开展《张家界市八大公山自然保护区条例》立法调研工作，开办“法治桑植”电视专题，通过案例，以案释法，让人民群众从每一件司法案件中感受到公平正义。落实跟踪监督。听取和审议审计报告、审计整改报告，持续推动审计结果公开，切实促进监督工作落到实处。紧扣小区物业管理、餐饮企业排污、城区周边采石场扬尘、公交车运营、校车安全、农村道路交通安全等群众反映强烈、事关群众切身利益和社会事业发展的热点难点问题，开展视察调研，把常委会提出的意见和建议，以交办函的形式向政府进行交办，推动问题的有效解决。

【决议决定有理有据】 围绕中心，依法作出决定。通过深入调研和听取审议工作报告，依法对《桑植县村（居）民建房管理办法》作出决议，审议批准将文昌街等8个棚户区改建项目纳入国民经济和社会发展年度计划，同意政府将农村义务教育薄弱学校改造、农村基础设施、旅游扶贫建设项目政府购买服务资金列入财政预算。聚焦民生，助力脱贫攻坚。听取政府脱贫攻坚工作报告，就《湖南省农村扶贫开发条例》贯彻实施情况，对县直19个单位和8个乡镇开展执法检查，为常委会强化监督、依法决策提供科学依据。人大机关按照县委统一部署，选派得力人员，先后在五道水镇五道水居委会、沙塔坪乡彭家湾村开展驻村帮扶工作，协调和引进资金3200万元，为帮扶村新修村部、村组公路和维修学校，切实改变贫困村基础设施落后的面貌。五道水居委会的青钱柳、粽叶和娃娃鱼产业，借助民营企业支撑，实现市场化、集约化、规模化经营，为群众长远致富打下了坚实基础。主动作为，推进项目建设。按照县委工作部署，人大常委会6名领导主动参与全县重点项目建设，及时协调解决项目建设中的困难和问题。人大常委会领导联系上洞街、龙潭坪等乡镇和康华公司、金土地烟叶等企业，指导联系乡镇圆满完成村（居）委会换届选举等工作，帮助联系企业争取和协调资金，助推企业快速发展。

【人事任免有规有序】 任前考察，注重德才兼备。把充分行使法定职权和贯彻县委意图紧密结合起来，在召开人大常委会议之前，对拟任命人员的任职资格、工作能力、岗位匹配、群众口碑等进行必要审查。审查通过后的拟任命人员，在提请人大常委会审议前，组织拟任命人员进行法律知识考试，增强任职人员法治意识。严格程序，坚持宪法宣誓。组织拟任命人员在人大常委会议进行书面发言，汇报本人基本情况，并就下步工作和本人工作目标做出承诺。常委会组成人员对拟任免人员进行审议，现场进行任免表决。任命通过后，由常委会主任向被任命人员颁发任命书，并组织被任命人员向宪法宣誓，增强被任命人员的法律意识、责任意识、自律意识。任后监督，确保依法履职。运用听取和审议专项工作报告、执法检查、工作评议、视察调研等法定手段，了解和掌握人大选举或任命干部履行职责、依法行政、廉洁自律等方面的情况，落实对干部的常态监督。对县经科局、环保局、公安局、民政和民族宗教局、林业局等5个政府工作部门及其班子进行工作评议。通过评议，加强干部任后监督，提高干部依法行政、公正司法能力，增强干部为民服务宗旨意识。

【代表履职有为有位】 创新平台，建立“五联五争五个一”考核机制。全年共受理群众来信来访65件93人次，督办省市人大常委会领导批办函2件。人大代表积极主动投身于脱贫攻坚主战场，全县81名市人大代表结对帮扶361户建档立卡贫困户，227名县人大代表结对帮扶797户建档立卡贫困户，1242名乡镇人大代表结对帮扶3726户建档立卡贫困户，全面助力脱贫攻坚。拓展渠道，完善代表服务保障机制。进一步完善和巩固乡镇代表联系群众工作室建设，全年共安排资金46万元用于代表活动经费和代表联系群众工作室建设。邀请省市专家对常委会组成人员、乡镇人大主席、县直单位班子成员共93人次进行人大业务知识培训；分5个片区对县乡人大代表共1176人次进行如何履职的培训。先后邀请县乡人大代表124人次列席县委常委会议、人大常委会议和政府常务会议。注重实效，建立代表建议办理机制。听取和审议代表议案、建议、批评和意见办理工作情况报告，按照“提得实在、交得到位、办得满意”的要求，通过人大交办、政府主办、部门承办和人大委室督办等措施，进一步规范办理机制，落实办理责任。提请县委将建议办理工作纳入全县目标绩效考核内容。县第十七届人民代表大会第一次会议期间收到76件建议，常委会及时向“一府两院”进行了交办，建议均在规定时间内办理完毕并答复代表，代表对承办单位办理建议的态度，表示满意。

【自身建设有声有色】 加强思想建设，增强政治定力。扎实推进“两学一做”学习教育，积极参与县委组织的“解放思想”大讨论活动，认真开展支部主题党日活动。坚持人大党组向县委报告工作制度和重大事项向县委请示报告制度，牢固树立政治意识、大局意识、核心意识、看齐意识，自觉把党的领导贯穿依法履职的全过程。加强作风建设，展示良好风范。坚持党要管党，从严治党，认真落实党风廉政建设主体责任，严格执行中央八项规定和省、市、县委关于作风建设的各项规定和要求，以创建县级文明单位为抓手，通过建设机关文化墙、工会活动室等方式，推进学习型、创新型、和谐型、快乐型、健康型人大机关建设。加强制度建设，提升工作水平。完善人大党组会议、人大常委会主任会议、人大常委会议、人民代表会议和人大机关会议5个层次的制度体系，建立人大网站、人大微信平台和人大工作QQ群，全年报送省人大及相关媒体理论文章和新闻稿件90余篇，借助媒体宣传，讲好人大故事。

（陈　颉）

桑植县人民政府

县长：赵云海

副县长：蔡昌顺　刘　铠　丁艳伟　陈海涛　唐湘桥　彭曙光　王茂蓉　钟照寰　任　重

正处级干部：向才英

副调研员：刘先进

副处级干部：庹良成

重要文件和政令

县人民政府文件

2017年2月14日，下发《桑植县全民健身实施计划（2016—2020年）的通知》（桑政发〔2017〕1号）。

2017年2月22日，下发《关于成立桑植县环境保护督察工作领导小组的通知》（桑政发〔2017〕2号）。

2017年2月23日，下发《桑植县支持乡镇全面推进小康社会建设财税征收管理奖励办法（试行）的通知》（桑政发〔2017〕3号）。

2017年6月5日，下发《关于进一步加强食品安全工作的意见》（桑政发〔2017〕4号）。

2017年6月9日，下发《关于调整有关部门行政权力事项的通知》（桑政发〔2017〕5号）。

2017年6月22日，下发《关于印发桑植县被征地农民社会保障实施办法的通知》（桑政发〔2017〕6号）。

2017年6月26日，下发《关于切实做好2017年粮油生产工作的指导意见》（桑政发〔2017〕7号）。

2017年7月20日，下发《关于调整部分乡镇便民服务事项的通知》（桑政发〔2017〕8号）。

2017年9月8日，下发《关于进一步做好防范和处置非法集资工作的实施意见》（桑政发〔2017〕9号）。

2017年9月6日，下发《关于印发桑植县基本建设工程项目并联审批流程图的通知》（桑政发〔2017〕10号）。

2017年11月30日，下发《关于调整部分行政权力事项的通知》（桑政发〔2017〕11号）。

2017年11月27日，下发《关于印发桑植县突发事件总体应急预案》的通知（桑政发〔2017〕12号）。

2017年12月20日，下发《关于进一步加强审计工作的实施意见》（桑政发〔2017〕13号）。

2017年12月26日，下发《关于印发桑植县土壤污染防治工作方案》的通知（桑政发〔2017〕14号）。

2017年12月30日，下发《桑植县统筹整合使用财政涉农资金管理办法的通知》（桑政发〔2017〕15号）。

政府办公室文件

2017年2月22日，下发《关于切实加强环境监管执法的通知》（桑政办发〔2017〕1号）。

2017年3月8日，下发《关于印发桑植县人民政府政务服务大厅窗口及窗口工作人员管理办法（试行）的通知》（桑政办发〔2017〕2号）。

2017年3月17日，下发《关于印发2017年市、县政府工作报告任务分解方案的通知》（桑政办发〔2017〕3号）。

2017年4月10日，下发《关于做好市、县人大代表建议和政协委员提案办理工作的通知》（桑政办发〔2017〕4号）。

2017年4月13日下发《关于印发桑植县突发环境事件应急预案》的通知（桑政办发〔2017〕5号）。

2017年4月13日，下发《关于印发桑植县“十三五”环境保护规划的通知》（桑政办发〔2017〕6号）。

2017年4月17日，下发〈关于交办桑植县2017年第一批重大安全生产隐患的通知〉（桑政办发〔2017〕7号）。

2017年4月17日，下发《关于印发桑植县开展“落实企业安全生产主体责任活动年”实施方案的通知》（桑政办发〔2017〕8号）。

2017年5月8日，下发《关于启用“桑植县人民政府行政复议应诉专用章”的通知》（桑政办发〔2017〕9号）。

2017年5月9日，下发《关于印发桑植县江垭水库养殖污染治理专项工作实施方案的通知》（桑政办发〔2017〕10号）。

2017年5月9日，下发《关于印发桑植县行政审批事项进驻县政务服务大厅集中办理的实施方案的通知》（桑政办发〔2017〕11号）。

2017年5月9日，下发《关于印发桑植县贯彻落实〈水污染防治行动计划〉实施方案（2017—2020年）的通知》（桑政办发〔2017〕12号）。

2017年5月22日，下发《关于切实抓好2017年省市重点民生实事工作的通知》（桑政办发〔2017〕13号）。

2017年6月5日，下发《关于印发桑植县落实省人大常委会食品安全“一法一条例”执法检查意见的整改方案》（桑政办发〔2017〕14号）。

2017年6月5日，下发《关于印发桑植县全面推进国家食品安全城市创建工作实施方案的通知》（桑政办发〔2017〕15号）。

2017年6月15日，下发《关于印发桑植县利用国开行贷款支持农村扶贫项目建设和资金管理方案的通知》（桑政办发〔2017〕16号）。

2017年6月22日，下发《关于印发桑植县非法集资举报奖励实施办法的通知》（桑政办发〔2017〕17号）。

2017年6月28日，下发《关于印发桑植县固定资产投资、重大项目前期工作及重点工程推进考核奖励实施方案的通知》（桑政办发〔2017〕18号）。

2017年7月19日，下发《关于加强住宅小区管理的意见》（桑政办发〔2017〕19号）。

2017年7月27日，下发《关于印发桑植县小型生猪定点屠宰场点设置规划的通知》（桑政办发〔2017〕30号）。

2017年8月17日，下发《关于印发桑植县加强留守儿童关爱保护工作实施方案的通知》（桑政办发〔2017〕21号）。

2017年8月17日，下发《关于印发桑植县2016—2020年城乡建设用地增减挂钩项目实施工作方案的通知》（桑政办发〔2017〕22号）。

2017年9月14日，下发《关于进一步加强耕地占补平衡工作的通知》（桑政办发〔2017〕23号）。

2017年9月15日，下发《关于印发桑植县公共租赁住房分配和运营管理办法的通知》（桑政办发〔2017〕24号）。

2017年9月21日，下发《关于加强2017年度县直单位安全生产工作考核的通知》（桑政办发〔2017〕25号）。

2017年9月21日，下发《关于印发桑植县危险化学品安全综合治理实施方案的通知》（桑政办发〔2017〕26号）。

2017年10月10日，下发《关于印发桑植与煤共（伴）生矿山关闭退出工作实施方案的通知》（桑政办发〔2017〕27号）。

2017年10月20日，下发《关于印发桑植县“电子商务进农村示范县”创建工作实施方案的通知》（桑政办发〔2017〕28号）。

2017年10月24日，下发《关于印发桑植县财税综合信息平台建设工作实施方案的通知》（桑政办发〔2017〕29号）。

2017年11月8日，下发《关于印发桑植县提高城乡居民医疗保障水平促进健康扶贫工作实施意见（试行）的通知》（桑政办发〔2017〕20号）。

2017年11月20日，下发《关于印发桑植县食品安全事故应急预案的通知》（桑政办发〔2017〕31号）。

2017年12月6日，下发《关于印发桑植县人民政府领导班子及成员耕地保护责任分工的通知》（桑政办发〔2017〕32号）。

2017年12月13日，下发《关于印发桑植县进一步规范公益性岗位管理实施方案的通知》（桑政办发〔2017〕33号）。

2017年12月17日，下发《关于印发桑植县村（居）民建房管理办法（试行）的通知》（桑政办发〔2017〕34号）。

重要会议

【桑植县第十七届人民政府第3次常务会议】 2016年12月30日，桑植县召开县第十七届人民政府第3次常务会议，县长赵云海主持会议，听取环境整治“6+1”专项行动考核工作情况汇报和信访工作考核情况汇报，讨论《关于推进金融业加快发展的指导意见》和《桑植县统筹整合使用财政涉农资金管理办法（试行）》，传达省委经济工作会议、全省卫生与健康大会、全省烟叶工作会议精神，安排部署税收征管工作。副县长蔡昌顺、叶治中、陈海涛、唐湘桥、谷忠涛、王茂蓉、陈荣昌、钟照寰参加会议。

【桑植县第十七届人民政府第4次常务会议】 1月6日，受县长赵云海委托，常务副县长蔡昌顺在政府常务会议室主持召开第十七届人民政府4次常务会议。会议讨论通过领导小组调整工作、2017年安全生产工作考核、2017年农业主导产业财政奖补方案、2017年工业提质升级行动计划奖励方案、桑植县全域旅游基础设施和公共服务体系建设四年行动计划。副县长刘铠、陈海涛、唐湘桥、谷忠涛、王茂蓉、陈荣昌、钟照寰参加会议。

【桑植县第十七届人民政府第5次常务会议】 1月12日，县长赵云海在政府常务会议室主持召开第十七届人民政府5次常务会议。会议听取2016年投资落地工作考核、2016年招商引资工作考核、县委党校整体搬迁工作、集体土地征地拆迁奖励办法。副县长蔡昌顺、陈海涛、唐湘桥、王茂蓉、陈荣昌、钟照寰参加会议。

【桑植县第十七届人民政府第6次常务会议】 2017年2月22日，桑植县第十七届人民政府第6次常务会议召开，县长赵云海主持会议，会议研究项目争取、行政审批制度改革、创建国家森林城市等工作。听取中央财政和省级财政预算投资方向、国家森林城市创建工作情况汇报。讨论《桑植县全民健身实施计划（2016—2020）年》《桑植县2017年化解信访问题专项活动实施方案》《桑植县支持乡镇全面推进小康社会建设财税征收管理奖励办法》《桑植县经济建设投资有限责任公司组建集团及子公司完善法人结构的方案》、2017年禁毒工作考核细则。会议还研究了县政府领导成员工作分工。副县长蔡昌顺、刘铠、陈海涛、唐湘桥、谷忠涛、王茂蓉、陈荣昌参加会议。

【桑植县第十七届人民政府第7次常务会议】 3月9日，县长赵云海在政府常务会议室主持召开第十七届人民政府7次常务会议。会议听取2017

年县人民政府督查工作要点，2017年市、县政府工作报告任务分解方案，村（居）民委员会换届选举工作，三农电商产业园、红星美凯龙、轩德公司等三个项目招商协议等情况的汇报。副县长蔡昌顺、刘铠、陈海涛、唐湘桥、谷忠涛、陈荣昌、钟照寰参加会议。

【桑植县第十七届人民政府第8次常务会议】 2017年3月20日，受湖南省桑植县委副书记、县长赵云海委托，桑植县委常委、常务副县长蔡昌顺主持召开桑植县第十七届人民政府第8次常务会议，传达省委副书记、省长许达哲在桑植调研指示精神，讨论《桑植县2017年度精准扶贫统筹整合财政涉农资金使用方案》《桑植县2017年度精准扶贫统筹整合财政涉农资金使用方案》。会议还听取了交投公司成立情况汇报，讨论《桑植县工业园开发建设有限公司体制机制改革实施建议》等。副县长刘铠、唐湘桥、彭曙光、陈荣昌、钟照寰参加会议。

【桑植县第十七届人民政府第9次常务会议】 4月7日，受县长赵云海委托，常务副县长蔡昌顺在政府常务会议室主持召开第十七届人民政府9次常务会议。会议听取桑植县2017年计生工作考核评估方案、桑植县2017年度城市基础设施、党校搬迁等重点项目融资计划、一季度财税形势、一季度安全生产形势、2017年度人大代表建议、政协委员提案办理、阳光电源、恒天光机、湖南演艺集团等项目招商协议及2017年招商引资重点项目情况的汇报。副县长、刘铠、唐湘桥、王茂蓉、陈荣昌参加会议。

【桑植县第十七届人民政府第10次常务会议】 2017年5月4日，受县委副书记、县长赵云海的委托，县委常委、常务副县长蔡昌顺主持召开桑植县第十七届人民政府第10次常务会议。会议讨论留守儿童关爱保护实施方案、信访秩序整治暨信访积案化解攻坚专项行动工作方案、听取新公墓建设工作情况汇报。通过《关于将文昌街等8个棚户区改建项目纳入2017年度国民经济和社会发展计划的草案》。会议还讨论了《校长教师交流轮岗工作方案》《县教育基金会工作汇报》等。副县长刘铠、唐湘桥、王茂蓉、陈荣昌参加会议。

【桑植县第十七届人民政府第11次常务会议】 2017年5月4日晚，县委副书记、县长赵云海主持召开桑植县第十七届人民政府第11次常务会议。会议讨论《桑植县关于全面推行河长制的实施意见》。听取环保相关工作汇报，讨论《环境保护“十三五”规划》《突发环境事件应急员》《涉自然保护区水电站限期退出方案》等。会议还研究了110报警服务平台与社会救助服务平台对接工作；听取县城区及乡镇污水处理厂建设情况汇报等。副县长蔡昌顺、刘铠、陈海涛、唐湘桥、谷忠涛、陈荣昌、钟照寰参加会议。

【桑植县第十七届人民政府第12次常务会议】 2017年5月26日，受桑植县委副书记、县长赵云海委托，桑植县委常委、常务副县长蔡昌顺主持召开桑植县第十七届人民政府第12次常务会议，会议讨论《关于进一步加强食品安全工作的意见》，研究农村环境治理等工作。副县长刘铠、陈海涛、唐湘桥、谷忠涛、陈荣昌、钟照寰参加会议。

【桑植县第十七届人民政府第13次常务会议】 6月15日，受县长赵云海委托，常务副县长蔡昌顺在政府常务会议室主持召开第十七届人民政府13次常务会议。会议听取县财政局关于全县PPP工作及项目入库筛选识别情况的汇报、县法制办关于《桑植县贯彻落实〈法治政府建设实施纲要（2015—2020年）〉实施方案（讨论稿）》、被征地农民社会保障实施办法、2017年信访工作责任目标管理考核实施方案、小型生猪定点屠宰场点设置规划、龙源公司改制工作、“阳光医疗”实施方案。副县长陈海涛、唐湘桥、谷忠涛、彭曙光、陈荣昌、钟照寰参加会议。

【桑植县第十七届人民政府第14次常务会议】 6月21日，受县长赵云海委托，常务副县长蔡昌顺在政府常务会议室主持召开第十七届人民政府14次常务会议。听取县监察局关于杨金国违纪问题处理情况的汇报。会议决定，同意县监察局对杨金国的处理意见，给予其开除公职处分。副县长刘铠、唐湘桥、谷忠涛、彭曙光、王茂蓉、陈荣昌参加会议。

【桑植县第十七届人民政府第15次常务会议】 2017年6月29日，县委常委常务副县长蔡昌顺代为主持召开第十七届人民政府第15次常务会议，组织学习《中华人民共和国审计法》，听取研究二季度稳增长审计整改工作情况汇报，审议环境治理“夏季攻势”实施方案，审议修改2017年度棚户区改造“夏季攻势”行动实施方案、重点项目政府拆迁“攻坚大会战”工作方案。县领导刘凯、唐湘桥、谷忠涛、王茂蓉、钟照寰出席会议，县委、县人大、县政府、县政协及人武部相关领导特邀出席，县直相关部门、部分乡镇负责人列席会议。

【桑植县第十七届人民政府第16次常务会议】 7月18日，县长赵云海在政府常务会议室主持召开第十七届人民政府16次常务会议。听取县发改局、财政局、经科局、商粮局、旅外局、农业农村工作局关于上半年经济运行情况和县规划局关于《私房建设管理办法》起草情况、县住建局关于《农村建房专项整治三年行动方案》《农村建房整治考核方案》拟订情况的汇报以及进一步做好防范和处置非法集资工作的实施意见、关于加强住宅小区管理的意见、10万吨油茶鲜果及副产品综合利用项目合作框架协议、中国流动科技馆湖南张家界桑植巡展活动方案、县第十七届人民政府第一次全体会议会务方案、中央预算内投资项目调度。副县长蔡昌顺、刘铠、陈海涛、唐湘桥、谷忠涛、陈荣昌、钟照寰、丁艳伟参加会议。

【桑植县第十七届人民政府第17次常务会议】 2017年7月31日，县长赵云海主持召开县第十七届人民政府第17次常务会议，研究安全生产、脱贫攻坚巡查整改、农村低保对象清理等工作。听取桑植县2017年脱贫攻坚巡查整改工作情况汇报。研究环境治理“夏季攻势”、计划生育、信访等工作。副县长蔡昌顺、刘铠、陈海涛、唐湘桥、谷忠涛、彭曙光、王茂蓉、谷忠涛、陈荣昌、钟照寰、丁艳伟参加会议。

【桑植县第十七届人民政府第18次常务会议】 2017年8月11日，县长赵云海主持召开县第十七届人民政府第18次常务会议，讨论2018年棚改规划、中央环保督察交办《大鲵自然保护区矿场及水电站整改方案》和《美丽乡村建设五年规划》。副县长刘铠、陈海涛、唐湘桥、王茂蓉、陈荣昌、钟照寰参加会议。

【桑植县第十七届人民政府第19次常务会议】 2017年8月17日，县长赵云海主持召开县第十七届人民政府第19次常务会议，传达省军区司令员黄跃进在桑植调研脱贫攻坚指示精神，调度主要经济指标，研究全县投资工作。讨论《关于进一步加强统计工作的意见》。听取全县投资任务完成情况汇报。会议还听取了淋溪河电站建设、桑植县公益性岗位开发管理、桑植民歌节筹备、全县政府性债务、城乡建设用地增减挂钩、城乡规划编制工作情况汇报，讨论2017年市人大代表建议、政协委员提案主办件答复意见和《私房建设管理办法》《农村规范建房控违拆违方案》，研究了中央第六环保督察组督查湖南桑植县涉国家级自然保护区水电站及采砂项目的整改方案。副县长蔡昌顺、刘铠、陈海涛、唐湘桥、谷忠涛、王茂蓉、陈荣昌、钟照寰参加会议。

【桑植县第十七届人民政府第20次常务会议】 9月7日，县长赵云海在政府常务会议室主持召开第十七届人民政府20次常务会议。听取县安监局关于当前安全生产形势及市政府安全生产巡察反馈情况的汇报、县发改局关于《政府投资项目管理办法》拟订情况的汇报、县房管局关于《公共租赁住房分配运营管理办法》(以下简称《管理办法》）及保障房建设资金保障工作情况的汇报、县扶贫办关于《支持农业扶贫产业发展的指导意见》拟订情况的汇报、县国土资源局关于耕地占补平衡有关工作情况的汇报、湘西密码、樱花小镇、油气综合利用等项目招商协议、县财政局、县政府办关于县政府部分领导分工调整工作情况的汇报。副县长蔡昌顺、刘铠、陈海涛、唐湘桥、谷忠涛、彭曙光、王茂蓉、陈荣昌、钟照寰、任重参加会议。

【桑植县第十七届人民政府第21次常务会议】 2017年9月28日，县长赵云海主持召开桑植县第十七届人民政府第21次常务会议，讨论电子商务进农村示范县创建实施方案、民办学校建设方案、桑植县教育信息化“三通工程”整体推进方案，会议还讨论了《桑植县公证体制改革方案（草案）》《关于进一步加强审计工作的实施意见》《景点公路连接线建设PPP项目实施方案》，听取了不动产登记工作、工商联工作、绿色综合产业园建设工作、医改工作等情况汇报。副县长蔡昌顺、刘铠、陈海涛、唐湘桥、谷忠涛、王茂蓉、陈荣昌、钟照寰、任重参加会议。

【桑植县第十七届人民政府第22次常务会议】 2017年11月3日，县长赵云海主持召开桑植县第十七届人民政府第22次常务会，听取桑植县食品安全示范城市创建工作、脱贫攻坚工作情况汇报以及桑植县前三季度经济形势简要分析。会议讨论并原则通过《桑植县突发事件总体应急预案》。会议还听取了2017年《政府工作报告》起草筹备、土地确权、消防、津补贴调标、民生实事、绩效考核等工作情况汇报。副县长蔡昌顺、刘铠、陈海涛、唐湘桥、谷忠涛、王茂蓉、钟照寰、任重参加会议。

【桑植县第十七届人民政府第23次常务会议】 2017年11月18日，县长赵云海主持召开桑植县第十七届人民政府第23次常务会议，学习传达全国推开国家监察体制改革试点动员部署电话会议精神，讨论《桑植金融产业扶贫风险补偿资金管理办法》和关于教育融资方案。听取桑植县民办金海实验学校建设前期工作以及其他工作情况的汇报。副县长蔡昌顺、刘铠、陈海涛、唐湘桥、王茂蓉、钟照寰、陈荣昌、丁艳伟参加了会议。

【桑植县第十七届人民政府第24次常务会议】 2017年12月8日，县长赵云海主持召开桑植县第十七届人民政府第24次常务会议，讨论《政府工作报告》《2017年统筹整合涉农资金整合使用方案》《县政府第二次全体会议会务方案》。讨论并原则通过《县政府第二次全体会议会务方案》《文昌街棚户区改造房屋征收决定》。副县长蔡昌顺、刘铠、陈海涛、唐湘桥、王茂蓉、陈荣昌、钟照寰参加会议。

【桑植县第十七届人民政府第25次常务会议】 2017年12月20日，县长赵云海主持召开桑植县第十七届人民政府第25次常务会议，讨论《进一步深化文化市场综合执法改革实施方案（讨论稿）》《桑植县2018年规范农村建房工作方案（试行）》等。讨论并原则通过《2017年全县人口和计生工作考核评估结果》《交投公司章程法人结构及全资子公司法人结构》等。会议还讨论了其他有关事项。副县长蔡昌顺、刘铠、唐湘桥、谷忠涛、王茂蓉、陈荣昌、钟照寰、丁艳伟、任重参加会议。

县政府办公室工作

县政府办

党组书记、主任：张先政

党组副书记：钟同松

副主任：向恩林　刘亚明

谷志锦　黎　洪

【概　况】 桑植县人民政府办公室内设综合调研

室、督查室、秘书组、机要保密室、应急办、后勤保卫组等6个组室，加挂政府法制办、金融办牌子。核定行政编制37名，工人编制9名。主要职责是协助县政府领导审核或组织起草以县政府、县政府办名义发布的公文；研究县政府各部门、各乡镇人民政府请示县政府的问题，提出审核意见，报县政府领导审批；负责县政府常务会议、全体会议、办公会议、工作会议的准备组织工作，协助县政府领导组织会议决定事项的实施；根据县政府领导的指示或办理公文的需要，对县政府部门间出现的争议问题提出处理意见，报县政府领导决定；督促检查县政府各部门和乡镇人民政府对县政府公文、决定事项及县政府领导有关指示的执行落实情况并跟踪调研，及时向县政府领导报告；协助县政府领导组织处理需由县政府直接处理的突发事件和重点事故；起草《政府工作报告》和县政府领导的重要讲话；根据县政府领导的指示和县政府工作部署，对涉及全县经济建设、社会发展和改革开放等全局性工作的重大课题进行调查研究，及时反映情况，提出建议；收集、整理、传递政务信息，为县政府领导决策和指导工作提供信息服务；负责全县政府系统办公室自动化建设的规划和业务指导工作，负责政府网站的维护、管理工作；组织办理人大代表建议、政协委员提案；负责县政府值班工作，及时向县政府领导报告重要情况，协助处理各部门和各乡镇政府反映的重要问题。

【办文办公】 严格执行开门办公、请示报告限时办理、会议合并、文件精简等制度，实行工作规范化、公开化操作，最大限度方便群众和单位办事，确保规范高效运转。细致做好上传下达，处理各类来电1500次，完成政府全会、常务会等会议通知700个。加强值班留守，全天24小时、节假日有人值班，确保上传下达及时准确。规范公务接待，顺利完成各级领导、各兄弟单位到桑植接待工作。认真做好公文办理，共制发各类公文695份；处理上级来文2000余份、县直乡镇来文700余份；加强机要保密工作，处理传真、机要件350余份，接待查阅文件档案50余人次。完善印章使用管理制度，加强公务介绍信开具管理。实行全员接访制度，做到上访对象有人接待、有人沟通、有人协调，顺利处理民贸公司、康华家园等30余次群体信访。积极参与防汛、森林防火、道路交通、社会治安等各类突发事件处置，应急信息上报及时准确、事件处置科学规范。

【信息调研】 2017年，报送各类信息80多条，其中国办采用1条，省政府办公厅采用6条，超额完成市政府办、县委、县政府规定的信息上报任务。县政府网站全面改版，建立县政府办部门子网，完成各类政务信息公开任务；梳理审核行政审批项目，完善政务服务、政务公开栏目，推进电子政务建设进程；加快单位网站建设、板块管理，及时上传信息，更新网站内容；全年县政府网站自身编辑上报信息78条，审核公开各单位各类规范性文件41个。

【综合协调】 始终把政府工作中的难点、热点和领导谋划的重点，作为办公室思考、研究的课题。按“选题准、调查深、研究透、建议实”的要求，大兴调查研究之风，开展阳光助学五种模式、阳光院住房保障等课题调研，掌握基层工作动态，及时准确地反映现实情况和存在问题，并形成各类调研汇报材料20余篇，为领导掌握实情、科学决策提供参考与借鉴。起草政府工作报告，“两会”、政府全会、专题会等各类会议材料和领导讲话稿60余篇，各类综合汇报材料40余篇。

【政府法制】 明确法治政府建设工作任务。在充分调研和征求意见的基础上，修改形成《桑植县贯彻〈法治政府建设实施纲要（2015—2020年）〉实施方案》，确定116项具体落实措施，进一步细化明确全县各部门单位工作责任和任务。加强政府合同审查。全年共审查备案政府及有关部门合同151件，招标文件120件，杜绝了未审查即签约的现象发生，为政府合同的签订提供有力的法制保障。加强法治教育培训。严格落实《桑植县人民政府常务会前学法制度》，把领导干部学法常态化，制订领导干部年度学法计划并组织实施，常务会议会前安排不低于40分钟的时间学法，进一步提升领导干部的法治思维和能力。

【应急管理】 基本建立县、乡两级应急机构。成立有县级综合应急救援大队和11支专业救援队伍，23个乡镇和县直各部门及部分社区和村居委会已成立应急救援队伍。全县各乡镇和部门已基本建立总体应急预案、专项应急预案、部门应急预案、企事业单位应急预案，2017年，重新修订《桑植县突发事件总体应急预案》《桑植县突发环境事件应急预案》等预案，乡镇、部门预案逐步实现从无到有、从有到优。全县除重点组织两次规模较大的应急演练外。8月29日、8月31日、9月14日、9月15日分别组织开展了城区地下建筑灭火救援实战演练、帅乡大酒店高层建筑灭火演练、金豪国际大酒店现场灭火和应急疏散联合演练、反恐防暴应急处突演练活动。

【督查督办】 紧紧围绕县委、县政府中心工作、重点工作，开展督查活动。一是围绕年初确定的重点项目，会同县委督查室等单位，对民生工程、重点工程项目，开展督查，印发《督查通报》10期，通报单位10个，通报个人1人，确保重点项目稳步推进。二是围绕领导批示件、县政府常务会、专题会等相关会议议定事项办理情况，开展专项督查，全年共对15件信访批示件、环保督查、精准扶贫等工作开展专项督查39次，有力工作推进。

【提议、提案办理】 围绕建议提案办理建立健全督办联系网络，提高办理速度和质量。认真办理人大代表建议113件、政协委员提案115件，办结率100%，满意率100%。

【党务工作】 深入学习贯彻中共十九大精神和习总书记系列讲话，精心开展“两学一做”学习教育活动。严格按照县委工作部署，分阶段分专题集中学习，并通过组织党员参观贺龙纪念馆和红二方面军长征出发地纪念馆、观看党建宣传教育影片、邀请专家、领导讲授党课等多种形式，巩固学习教育成果。全办共开展专题学习4次，撰写学习心得128篇，全体党员的政治觉悟提高，大局意识增强。严格落实“三会一课”制度，组织召开党员民主生活会，通过党员自评、互评、支部讲评、领导点评等方式，规范党内政治生活，开展“支部主题党日”活动，不断深化基层党组织履职尽责创先进、广大党员立足岗位争优秀的热情。通过组织生活，县政府办班子及成员共征求意见15条，其中理想信念方面2条、政治纪律和政治规矩方面2条、作风方面3条、担当作为方面2条、组织生活方面4条、落实全面从严治党方面2条。针对查摆的问题，制定详细整改措施，建章立制，立行立改，全部整改落实到位。班子成员认真贯彻中央八项规定、省委九项和市委十项措施规定，坚决反对“四风”，带头抓好整改，率先做到“四讲四有”，模范遵守党纪国法，弘扬新风正气，工作作风整体进一步好转。

【后勤管理】 加强对财务的管理。坚持严格的经费支出审批制度，有效控制接待费等经费支出增长幅度，全年经费比上年减少约10%左右。加强机安全用电管理。建立值班安全检查制度，由值班人员对机关安全用电情况实行每晚检查，确保无安全事故发生。推进公车改革。成立政府办公务用车制度改革领导小组，按照文件规定，核定保留1辆事务保障用车（湘GN1935），公车改革平稳顺利实施。

（王成均）

人力资源和社会保障工作

县人社局

局长：向劲松

副局长：张伯海　向国勇　张启稳

【概　况】 桑植县人力资源和社会保障局位于东正街80号，下辖县社会保险管理服务局、县医疗生育工伤保险管理服务局、县就业管理服务局和城乡居民社会养老保险管理服务局四个副科级事业单位，内设：办公室、法制行政审批股、社保基金监督股、就业培训管理股、公务员管理股、事业单位人事管理股、专业技术人员管理股、社会保险与劳动关系股、工资福利股、人事教育股、劳动监察大队、仲裁院、人才交流中心、职业技能鉴定站（自收自支），共计4个二级局14个内设机构。

2017年，县人社局干部职工精诚团结，开拓创新，工作稳步进行。人事人才方面：紧扣人才兴县战略，牢固树立人才资源是第一资源理念，用改革的思维建立完善人才管理机制，以调整和优化人才结构为主线，吸纳引进一批高层次人才。社会保险方面：县社会保险管理服务局四个“狠抓”，突出工作重点，维护职工权益，确保养老保险金按时足额发放。县城乡居民社会养老保险管理服务局成功“解锁”城乡居保手机自主缴费模式，通过手机自主缴费，实现城乡居保信息化、智能化服务的提升，确保城乡居保基金安全，开创城乡居保工作新局面。医疗保险方面：县医保局逐步完善阳光医疗“五重医疗保障”体系建设，在全省率先推行健康扶贫“一站式”结算，开启桑植县健康扶贫的新模式。劳动就业方面：县就业管理服务局紧紧围绕“促民生、保稳定”这一主题，始终坚持以人为本、求真务实、科学发展的理念，在全局基础性工作稳步前进的同时促进就业事业的持续协调发展。

【人事管理坚持“凡进必考”原则】 2017年，考试录用新进公务员93名，其中乡镇机关54名；乡镇司法所8名；乡镇财政所8名；县委办1名；政府办1名；旅游质量监督管理所2名；防汛抗旱指挥部办公室2名；国土资源监察大队1名；政务公开中心1名；扶贫办2名；张家界市森林公安局八大公山国家级自然保护区大队1名；基层派出所12名。事业单位2017年公开招聘专业技术人才133人。其中，教育系统公开招聘80名，卫生系统计划公开招聘50名，建设项目审计中心公开招聘2名，交通建设质量安全监督管理所1名，公开招募“三支一扶”人员7名。无一起公务员和事业单位违规进人情况。截至2017年末，桑植县专业技术人才结构情况详见下表：

2017年桑植县人才构成情况表

表2

人才构成分类			人数（人）
人才总量			4971
职称结构	高级职称		545
	中级职称		2459
	初级职称及以下		1967
学历结构	研究生	博士	0
		硕士	7
	本科		2488
	大专及以下		2476

续表 2

人才构成分类		人数（人）
年龄结构	35 岁及以下	988
	36—45	2172
	46—55	1580
	56 岁以上	231

【社保“四个狠抓”出实绩】 狠抓机关事业养老保险改革工作。一是完善基础数据整理。对符合要求参保单位及参保职工的有关信息数据进行进一步的规范核实，保证参保单位职工个人信息和参保单位所报的有关数据的真实性和可靠性。二是核算错后期养老金及职业年金。三是突击完成2016年度新系统内单位的申报、人员的异动、应缴费的测算和记账等上机工作，为机关事业养老保险工作的全面启动夯实基础。

狠抓征缴续保，维护职工权益。一是搞好测算，对全县企事业单位全面摸底，认真进行年初工资审核，并据此测算新缴费基数，以防止社会保险基金的流失。二是明确责任，年初将基金收缴任务分解到组，责任到人，由企业组、机关事业组常年跑企业、下机关催收养老保险费。三是宣传政策，对国务院、省、市有关养老保险的新政策进行宣传，深入到各参保单位，利用召开座谈会、发放资料等形式宣传养老保险相关政策。四是实行激励机制，对征缴任务进行目标管理，采取收缴和奖励挂钩，调动全体人员收缴养老保险费的积极性。2017年养老保险扩面净增260人，全年共征缴养老保险费23048万元，其中企业征缴基金9000万元，完成市分任务6500万元的107%，机关事业股征缴基金14048万元。

狠抓确保力度，确保养老保险金按时足额发放。一是与财政、银行等相关部门搞好配合，理顺养老金发放工作流程，确保按时足额发放。二是积极争取省级补助基金，加大投入，提高养老基金调剂和抗风险能力。三是建立健全内部管理和监督制约机制，严格执行“一事两岗两审”，做到基金的收、管、发、补各业务环节，均达到内控要求，各项管理业务均有相应制度予以监督。四是严格把退休审批关，每年开展离退休人员年检，采集大量信息，防止养老保险基金的流失，从源头杜绝养老金多领、冒领现象。2017年，共争取中央转移支付6448万元，省局结余调剂金4044万元。有力地支撑了全县企业离退休基本养老保险金按时足额发放。全年共发放养老金36951万元，其中企业发放17556万元，机关发放19395万元，发放率100%。

狠抓社保队伍，树立良好形象。一是加强理论学习。提高全局干部职工的理论素养。二是强化民主集中制建设。班子成员工作上互相支持，感情上互相尊重，坚持做到领导班子集体研究，保证各项决策的民主性和科学性。三是加大党风廉政建设力度。通过深入学习中央和省、市、县委关于党风廉政建设的文件，提高对党风廉政建设和反腐败工作重要意义的认识，对干部队伍特别是领导干部严格教育、管理和监督，不折不扣地完成好党风廉政建设和反腐败工作任务目标。四是按照群众路线教育实践活动的要求，树立“以民为本、为民服务、人社人为人民”的理念，认真开展反对和整治“四风”活动。服务群众做到“五个心、五个一”，服务群众实行“五制、四公开、三亮明”，积极开展优质服务窗口活动，不断完善服务大厅前台窗口建设，不断提高服务质量，树立社会保险经办机构的良好形象。

【城乡居保手机自主缴费便民利民】 通过加强服务平台建设，全县城乡居保缴费已经实现手机银联缴费功能。通过这一缴费模式的转变，解决了缴费人员在银行排队缴费的不便和担心保费没有缴入个人账户的顾虑，在外地务工的缴费人员也可以便捷地为自己或家中的父母缴纳保费，方便广大参保群众。以“12333全国统一咨询日”活动为载体，紧扣“话说居民养老保险”的活动主题，按照“全覆盖、保基本、有弹性、可持续”的方针，以政策宣传、现场咨询、发放宣传资料、提供服务等形式，开展城乡居保集中宣传活动。此次宣传活动共发放宣传资料3000余份，群众反响强烈。另外，通过电视、网络等媒介积极推广城乡居保手机缴费模式，积极倡导广大参保群众通过手机实现自主缴费，足不出户就可以缴纳城乡居保保费，享受到信息时代的便捷。被省评为“2017年度城乡居保经办管理服务工作优秀单位”。

【“五重医疗保障”体系惠民生】 将“基本医疗、大病保险、商业保险、民政医疗救助、财政兜底”整合到医保系统，在全省率先推行健康扶贫“一站式”结算，落实各部门的医疗扶贫惠民政策，实现建档立卡贫困患者住院政策范围内费用（合规费用）报销比例达到100%、出院结算“零跑腿”的目标。2017年度，享受阳光医疗政策的贫困患者有7088人次，救助资金支出总额6748万元（其中医保基金4899万元、大病保险258万元、商业保险36万元、民政救助958万元、财政兜底597万元）。通过“五重医疗保障”救助，建档立卡贫困患者政策范围内的住院费用报销比例到达100%（合规费用全报销），实际住院报销比例为87.26%，人均住院费用负担为1044元（政策实施前为1969元），有效缓解贫困人口因病致贫、因病返贫现象。

【医疗生育工伤保险扎实进行】 2017年度，职工医保累计参保27390人（其中在职职工20125人，退休人员7265人），新增参保人数748人。基金征缴6733万元；大病互助收入874万元。全年补偿住院患者3948人次，基金支出6238万元（其中统筹基金2499万元，个人账户3035万元，大病互助支出704万元）。城乡居民医保累计参保382008人，基金征缴23253万元。全年补偿患者188673人次（门诊117228人次、住院71445人次），基金支出20550万元。生育保险累计参保20125人，新增参保人数748人。全年收入257万元，支出170万元（其中剖宫产197人，平产95人，终止妊娠39人，享受生育津贴63人）。工伤保险累计参保18871人，全年收入810万元，支出590万元（发生工伤事故39起，享受工伤待遇补助40人次）。

【就业管理服务目标全面完成】 全年共完成城镇新增就业2630人，完成目标任务2600人的101.15%；下岗失业人员再就业804人，完成目标任务800人的100.5%，其中就业困难对象就业人数512人，完成目标任务500人的102.4%；“零就业”家庭动态就业援助率100%，城镇登记失业率3.05%，完成城镇登记失业率控制在4.5%以内的任务指标。为390人发放就业困难人员灵活就业社会保险补贴244.5万元。全年开发公益性岗位340个，累计发放就业失业登记证4904人，其中困难人员2477人，新增发证303人，其中困难人员209人。为符合小额担保贷款要求的各类人员及小微企业发放小额担保贷款845万元，完成目标任务800万元的105.6%。

【真情实意服务农民工】 坚持“执法为民”指导思想，以劳动法等法律为依据，以加强劳动保障监察，规范用人单位的用工行为，切实维护劳动者的合法权益，在2017年春节前后，配合县劳动监察大队先后追回拖欠工资达12.53万元，涉案件人数9人。同时，借助电视、网络、宣传窗发放宣传单等多种形式，宣传政府关于改善农民进城就业环境的政策措施。公共就业服务机构对进城务工农村劳动者提供免费就业服务内容，共设宣传点23个，发放宣传资料1万余份，接受政策咨询人数达5000人，组织农民工专场招聘会3场次（其中包括桑植县跨地区劳务协作大型现场招聘会），招聘会进场人数达7000人，与用人单位达成意向的1347人，提供省内外就业岗位信息5000个。2017年5月，为武汉三三〇三工厂招聘员工34人；2017年9月至10月，为上市高科技公司蓝思科技招聘员工132人；2017年10月，向湖南有色金属职业技术学院输送技能培训学员（农民工）19人。农村劳动力转移工作正常开展。市里下达的新增农村劳动力转移就业4500人，全县已完成新增农村劳动力转移就业4628人，完成全年任务4500人的102.8%。并协助县人社局完成全县技能培训工作任务。

（王婉容）

政务公开工作

县政务中心

主任：杨　迪

副主任：肖光新　曾凡雄

【概　况】 桑植县政务公开中心于2001年10月正式挂牌成立，加挂县政务公开政务服务领导小组办公室牌子，为政府办归口管理的正科级事业单位，核定编制6名，实有人员7名（含借调人员1名）。

县政务公开中心由管理机构和政务服务大厅两部分组成，主要职能是贯彻落实关于政务公开工作的方针、政策和行政审批制度改革中的一系列重大决策；抓好政务公开载体建设，管理指导全县政务公开工作；组织制订、实施全县政务公开工作计划、目标；直接管理县政务服务大厅窗口单位的政务公开政务服务工作；对全县非税收入的收取、使用和会计核算中心的运行实行公开监督；会同相关部门受理县域内招商引资项目"一站式"审批办证（照）服务，公开监督建设工程招投标活动；受理人民群众对政务公开政务服务活动及有关经济环境问题的投诉，并会同相关部门进行调查处理。

2017年末，县政务服务大厅办公总面积2600平方米，进驻单位32个，设置窗口67个，进驻人员126人（含政务中心人员）、办理事项315项。

【加强政务公开　打造阳光透明政府】 根据《中华人民共和国政府信息公开条例》《湖南省人民政府办公厅关于印发〈2017年湖南省政务公开工作要点〉的通知》，全力推行政府信息主动公开和依申请公开工作，认真履行政府信息公开职能，规范全县政府信息主动公开和依申请公开工作，依法依规答复依申请公开政府信息，并及时上报政府信息统计报表，同时拟定《桑植县2017年政务公开工作要点》。2017年，全县主动公开政府信息16185条，其中主动公开规范性文件32件，政府公报公开政府信息1期，政府网站公开政府信息3670条，政府微博公开政府信息21条，政府微信公开政府信息1105条，其他方式公开政府信息11356条。回应公众关注热点或重大舆情216条。依申请公开情况，收到依申请公开17条，其中当面申请14条，网络申请3条，申请办结16条，申请答复数26条。行政复议9件，行政诉讼32件。

【加强阵地建设　政务服务日趋优化】 归并职能，优化审批流程。县政务中心按照要求，积极配合县编办完成对县直具有行政审批权的34家单位行政审批股进行职能归并。督促各相关单位在完成职能归并后，认真开展行政审批事项的清理和流程再造，并制定政务服务大厅人员进驻方案。于2017年7月底，完成进驻工作；积极组织和督促进驻单位充分授权给窗口和启用"审批专用章"。根据各单位的"三定"方案和《桑植县人民政府办公室关于启用"审批专用章"的通知》，积极与具有行政审批职能的县直单位衔接，督促相关单位授予首席代表或窗口负责人进驻事项的审批权力和对审批专用章的使用权，除法律、法规特别规定外，各类审批文书一律使用审批专用章。审批专用章仅限于在政务服务大厅窗口使用，县内审批环节中，审批专用章与单位公章具有同等效力。合理布局，整合大厅窗口。按照业务相关、办事有序、方便群众、提高效率的原则，着力优化政务服务大厅场地布局和窗口设置。将整个大厅划分为三个区域：一是民生项目服务区，主要办理事项为居民身份证、出入境证件、婚姻登记等证照办理；二是企业注册登记区，主要办理事项有食品药品经营许可、企业登记注册；三是基本建设项目报建区，主要办理事项有项目立项、用地审批、规划许可、施工许可、不动产登记、地产交易等。使大厅各进驻单位的功能布局更加合理，给人们提供环境优良、功能齐全、服务优质的办事员平台和"高效、廉洁、公开、便民"的一站式政务服务。开发系统，规范收费行为。为规范全县行政审批事项的各项收费行为，县政务中心在县委、县政府的大力支持下，与中国工商银行股份有限公司张家界分行、湖南科创信息技术股份有限公司合作，共同开发"一表制"收费系统并投入使用。该系统的运行，真正实现县政务服务大厅网上审批、网上收费一体化，收费的公开公平，办事效率提高。强化管理，提高服务水平。为规范管理，强化服务水平。一是出台《桑植县人民政府办公室关于印发〈桑植县人民政府政务服务大厅窗口及窗口工作人员管理办法（试行）〉的通知》《桑植县政务公开领导小组办公室关于印发〈桑植县人民政府政务服务大厅窗口工作人员考核细则〉的通知》《桑植县政务公开领导小组办公室关于印发〈桑植县政务服务大厅窗口工作人员公派及请假等事项的补充规定》的通知〉，强化政务服务大厅窗口管理。二是重点抓窗口工作人员上班情况的巡查。实行每日4次打卡考勤、一天两次巡查登记。每月将出勤情况汇总后在电子显示屏上予以公告，兑现考勤奖，考勤结果列入个人年终考核。三是对窗口工作人员进行业务强化培训。针对大厅工作人员不熟悉审批操作系统和业务不熟的问题，政务中心聘请专家授课和业务指导培训和政务礼仪培训，保证其在各自岗位上能正常开展业务。四是加强对窗口服务质量和服务效率的督查。重点是对窗口工作人员执行规章制度和业务办理情况进行督查，保证工作人员严格遵守政务服务大厅有关制度和提高办事效率；同时对窗口人员的服务质量和服务态度进行跟踪督查，对服务态度不好的工作人员进行批评教育，督促整改，确保政务大厅窗口服务优质高效。

【推动基层政务服务建设　畅通政务服务"最后一公里"】 首先，科学设置窗口，完善各项制度。指导各乡镇便民服务中心进行规范化建设，科学设置办事窗口，主要分为司法、民政、卫生计生、国土城建、劳动保障、财政惠民、农林水牧、户籍办理等窗口，让老百姓在家门口就能快办事、办成事、办好事。同时为加强管理，督促各乡镇便民服务中心严格落实首问负责制、一次性告知制、限时办结制和责任追究制，并制定相关的考核细则与管理制度，为群众提供更加优质的服务。二是启动"智慧乡镇"建设工作，推进乡镇信息化建设。在中央推进"互联网＋战略"部署背景下，为建设"为民、务实、清廉、高效"的服务政府，打通服务群众最后一公里，让群众得到更多实惠，在全市先行先试，建设"智慧乡镇"综合管理服务平台。2017年11月，确定瑞塔铺镇、陈家河镇、官地坪镇、凉水口镇、竹叶坪乡、马合口乡、人潮溪镇、河口乡等8个乡镇作为"智慧乡镇"建设试点，进一步推进乡镇信息化建设、助力经济社会发展。

【行政审批"三集中三到位"改革取得突出成绩】 2017年，在市开展"两集中两到位"改革的基础上，创新实施"三集中三到位"（"三集中"即县级行政机关的审批事项向一个股室集中，行政审批股室向县人民政府政务服务大厅集中，审批事项向网上办理集中；"三到位"即事项进驻到位，审批授权到位，电子监察到位），有效促进政务环境的优化，取得一系列的工作成效。一是极大的方便群众办事。政务服务大厅是为人民群众提供优质、高效、便捷服务的重要平台与载体，最根本的目的就是方便群众办事。通过实施“三集中三到位”和进一步深化行政审批制度的改革，政务服务环境不断提升，群众办事方便快捷，社会反响很好。截至 2017 年 12 月，县政务服务大厅共计受理行政业务 72755 件，办结 72743 件，办结率 99.98%。其中，网上办件共计收件 6252 件，办结 6249 件，办结率 99.95%。县国土资源局有关窗口自入驻政务服务大厅以来，共受理不动产登记业务 5735 余宗，颁发不动产权证 1887 本、不动产登记证书 3848 张，办理土地使用权转让 326 宗；县公安局、县民政和民族宗教局窗口自迁至政务服务大厅以来，共办理出入境证件 5221 件；办理身份证 14382 件、婚姻登记 1625 件。2017 年 12 月 18 日，县公租房签订合同第一天，就在政务服务大厅办理 422 套，效率是未进驻政务大厅时的 4 倍。同时，为提高群众的满意度，县政务服务大厅以群众需求为导向，不断探索便民新举措。2017 年 12 月 1 日起率先实行“朝九晚五”作息制度，使办公时间更加集中；考虑到老人、孕妇、残疾人等弱势群体排队不方便，特别开设了绿色窗口，减少他们的等待时间。便民举措都是县政务服务大厅践行以人为本，为人民服务理念的集中表现。2017 年，桑植县政务服务工作得到省委、省政府的肯定，被评为全省“放管服”改革先进县。二是审批效率提高。为提高行政审批效率，根据投资建设项目管理的相关规定，按照报建的不同阶段和各有关部门职能分工，将行政审批归并为立项工可、用地供地、规划设计许可、施工许可、竣工验收备案五个阶段，并且通过并联审批将审批环节由原来的 94 个环节减少至 50 个环节，审批时限由原来的 155 个工作日缩短至 58 个工作日（其中从立项工可到施工许可仅需时间 48 个工作日）。桑植县“人防平战”工程，就是通过并联审批，从立项工可到施工许可审批时限仅为 46 天，大大提高审批效率。这一创新性工作方法得到省、市有关部门的高度评价。并在全市推广。三是推动全县经济的发展。通过全面落实“三集中三到位”，既方便企业和群众办事，又有效地促进县域经济社会发展，实现财政增收。近年来，按照行政审批制度改革的要求，重点抓企业发展环境，积极配合县食品药品工商质量监督管理局扎实开展商事制度改革，企业注册登记由实缴制改为认缴制，由“先证后照”改为“先照后证”，实行“多证合一”“企业简易注销登记”，通过一系列改革不仅为企业发展赢得时间，而且节省人力、物力和财力，为企业发展营造良好的发展环境。2017 年 1—12 月，全县新增企业 938 家，其中经济合作社 283 家。同时，助力财税收入增长。通过实施“一表制”收费，实现透明计费，确保收费的公开公平，有效遏制“微腐败”现象，促进财税收入增长。截至 2017 年 12 月，在行政性、事业性收费大幅取消和降标的情况下，财政非税窗口非税收入达到 1534.7 万元；不动产登记实施一年多来抵押登记贷款近 8.2 亿元，协税近 1.8 亿元。

（彭 娟）

民政和民族宗教工作

县民政和民族宗教局

党组书记、局长：王远胜

党组副书记、副局长：陆 斌

党组成员、副局长：张贤龙 周雪庆

【概 况】 桑植县民政和民族宗教局是县政府主管有关社会行政事务的职能部门。2015 年机构改革，县民政局和县民族事务局合并，新组建县民政和民族宗教局，并将两部门职能一并划转到县民政和民族宗教局，依照公务员管理，主要承担救灾减灾、社会救济、优抚安置、军队离退休干部管理、民族宗教、城乡低保、医疗救助、农村五保、基层政权和社区建设、社会组织管理、行政区划、行政区域界线管理、地名管理、婚姻登记管理、儿童收养登记管理、城市流浪乞讨人员救助管理、殡葬管理、福利彩票发行、老区开发和老龄等工作。局机关设办公室、救灾救济股、优抚安置股、民族宗教股、计划财务股等8个股室。下辖县老区办、县社会福利中心、县社会救助服务中心、县军队离退休干部休养所、县救助管理站（加挂县流浪儿童救助保护中心）、县社区服务中心、县婚姻登记服务中心、县社会福利募捐办公室、县康复医院、县殡葬管理所、县殡仪馆等11个事业单位，县老龄办挂靠县民政和民族宗教局。现有干部职工92名，其中在职人员52名、退休人员40名。

2017年，在县委、县政府坚强领导和省、市民政和民族宗教部门的指导支持下，县民政和民族宗教局认真贯彻县委经济工作和省、市民政和民族宗教工作会议精神，主动站位新时代，担当新使命，以创新驱动为牵引，以人民日益增长的美好生活需要为目标，坚持在兜底线、补短板、强弱项、优供给、建机制、增活力上求突破，推动各项工作有序开展，并取得一定成绩，被评为全县社会管理综合治理先进单位、卫生和计划生育工作先进单位、信访工作先进单位、结对帮扶先进单位和提案办理先进单位；地名普查工作顺利通过省、市合格验收；贺晓英爱岗敬业先进事迹被中央电视台、新华社、《人民日报》等媒体广泛报道，干部群众反响强烈。

【脱贫攻坚落实到位】 紧抓扶贫作为“第一民生工程”不放，牵头推进社会保障兜底扶贫，农村低保对象年保障标准达到3026元，月人均补差132元，兜底保障对象月人均补助253元，实现与国家扶贫标准“两线合一”。扎实开展农村低保和社会兜底脱贫对象认定清理整顿工作，完成1301户3267人兜底对象认定，将农村低保户6541户14878人中的5326户13735人纳入建档立卡，除去“特困”人员后农村低保纳入建档立卡率达96%，清退农村低保对象和兜底保障对象11658户16916人，清减率达52.3%，进一步规范动态管理。积极开展医疗帮扶，大病医疗救助向困难群众倾斜，困难群众住院政策内费用救助达到30%，特困对象县级政策内费用全额报销。全力推动“两项帮扶”，加大“五基工程”建设，落实“六到农家”，联系帮扶贫困村人潮溪镇石门垭村整体退出；结对帮扶建档立卡贫困户175户，全年稳定脱贫125户。

【基本民生保障有力】 按照习近平总书记“三个着力”要求，全力保障困难群众生活。特困分散供养年保障标准达到3934元。完善专项救助制度，医疗救助3.5万人次，临时生活救助2750人次，流浪乞讨救助1294人次。及时有效应对自然灾害，发放因灾困难群众生活救助资金500多万元、棉被2000余床、棉衣1500余件，完成因灾倒损房屋重建46户，争创国家和省级综合减灾示范社区2个。留守困境儿童救助有力，完成0—16岁14893人农村留守儿童排查摸底，县儿童福利院供养楼主体建设基本完成，医疗救助留守儿童226人次，临时救助留守儿童237人次。全面落实残疾人“两项补贴”政策，全年发放补贴资金581万元，惠及1.2万名残疾人。

【双拥共建融合发展】 坚持以双拥为龙头，以“双带双促”为载体，协同部门强化涉军保障。落实优抚政策，按政策标准及时足额发放抚恤补助资金。春节和“八一”期间，走访慰问重点优抚对象和驻地部队。积极开展“四帮”活动，扶持贫困种养户100户，建房28户。举办短期疗养6期，疗养121人次；积极开展医疗巡诊活动，巡诊优抚对象1000余人次。扎实推进自谋职业、技能培训和就业服务“三位一体”的退役士兵安置改革，接收2016年度退役军人报到144人，稳妥安置2016年度转业士官和城镇退役士兵23人；办理退伍军人自谋职业手续3人，免费培训退役士兵42人。有序开展烈士褒扬工作，完成洪家关光荣院业务用房主体建设。深入推进涉军信访维稳，接访信访群众1400人次，做到事事有回音，件件有答复，未发生一起群体性赴京上访事件，维护全县大局和谐稳定。创新军休管理服务，"两项待遇"全面落实。

【社会治理规范有序】 全面完成村（居）换届选举工作，参选率95%，选举产生新一届村（居）委会成员901人。组织开展新任村主干集中培训，完成村居务公开"亮栏"建设80个，加强城乡居民依法自治管理，城乡居民依法自治达标率分别达到100%、97.8%，基层民主政治建设进一步加强。深化社会组织登记管理体制改革，按照"五规范、五分离"要求，完成18家协会商会与行政机关脱钩。依法新登记7家、注销5家，全县社会组织达189家（其中民办非企业88家，社会团体101家），专职工作人员1300人、会员6万余人；社会组织建立党组织数量由2016年的18个增加到2017年的53个，实现社会组织党建及业务工作两个全覆盖。全面推进全国第二次地名普查，并顺利通过省、市验收组的检查验收。扎实开展平安边界创建，桑宣、桑鹤界线联检任务全面完成。

【公共服务提质优化】 老年人各项优惠政策全面落实，养老服务补贴、高龄老人补贴纳入财政预算，发放高龄补贴110万元，养老补贴覆盖率达85.47%。"新增66张养老床位"重点民生实事项目全面完成，每千老年人口养老床位数达到33.4张。加快殡葬事业改革，扎实开展乱埋乱葬、修建豪华墓、大墓专项整治；县公墓建设完成选址、规划、土地报批等工作。加强婚姻登记和收养管理，全年办理结婚登记2559对，离婚登记936对，补发婚姻证件682对，登记合格率为100%；依法办理收养登记13例，发证13例。加快慈善福利事业发展，慈善助学助残1500人次，完成福彩销售5661.2万元。

【民宗工作深入推进】 牢牢把握"两个共同"主题，积极开展民族团结进步创建活动，全力支持民族乡、村经济社会发展，全年争取少数民族发展资金991万元，建设道路、饮水等民生项目40多个，积极做好芙蓉桥、洪家关、官地坪等少数民族特色村寨的保护和建设。认真落实民族优惠政策，完成2364名"两种"考生民族成分审核，加大少数民族困难群众救助和"两民"企业扶持力度，医疗救助350人次，扶持"两民"企业27家，银行贴息资金700余万元。依法规范宗教事务管理，加强和谐寺观教堂创建，促进全县宗教领域和谐稳定。

【综合能力建设增强】 全面从严治党，牢固树立"四个意识"，强化责任担当，主体责任落实落细，推进"两学一做"学习教育常态化制度化，深入开展"两个专项整治"，完成"互联网+监督"平台建设，上传城乡低保、资金项目等数据，接受社会公众监督。持之以恒抓好作风建设，认真贯彻落实中央、省、市县纪委有关会议精神和有关规定，强化内部管理，完善各项管理制度，干部职工作风更加务实。统筹推进机关党建、安全生产、基础设施建设、信访维稳、办公楼搬迁等多项工作，综合管理水平不断提升。

（谢雨清）

移民工作

县移民局

局长：李红灯

副局长：陈俊礼　吴保华

【概　况】 县移民开发局属参照公务员管理的全额拨款事业单位，编制10人，实有15人，辖移民开发中心，属自收自支事业单位，有编制7人。

【落实直补保障金】 2017年，全县移民4354户

12188人，共发放直补生活金515.34万元。

【改善库区设施】 2017年，解决71个村库区和移民安置区水、电、路、码头建设，完成工程项目72个，完成投资792万元。

【发展移民产业】 推进库区发展蔬菜、茶叶、中药材等农业主导产业，投入产业发展资金294万元，扶持发展22个专业合作社。

【加强移民培训】 2017年，不断加强移民培训工作，共培训移民400人，就业培训60人，掌握一技或多技，为脱贫致富奠定基础。

【避险解困迁新居】 2017年，库区分散建房194户556人，县城购房53户152人，发放避险解困资金1735万元。投入资金690万元，完成6个乡镇集中安置点的“三通一平”工作。

【整村推进助脱贫】 2017年，投入137万元推进水田坪村水、电、路、产业建设助力脱贫攻坚；投入144.6万元为人潮溪村修平板桥二座，改造公路2.5公里，改造老茶园338亩，发展牛、羊、猪200多头（只），家禽1000羽；投入20万元救助生活困难移民和实行计划生育奖扶。

【内务管理上台阶】 认真贯彻落实中央八项规定、省委九项规定、市委十项措施、县委《作风建设问责办法》，没出现违纪违法行为。建立健全湖南移民信息管理系统，完善更新移民信息管理系统和相关移民人口，工程项目资金管理、网信办公等数据信息，报送政务信息70条，被《湖南移民》《张家界日报》等采用27篇。

（钟　亚）

中国人民政治协商会议桑植县委员会

县政协第九届委员会

主席：熊正元

副主席：钟　标　阙玉英（女）

钟建国　佘　平　王建群

副县级干部：顾吉耀　杨桃富

秘书长：向延超　彭发球

办公室主任：向延超　彭发球

提案法制联络联谊委主任：钟四有

民族宗教文史委主任：杨祥林

经济科技委主任：李胜保　傅　辉

文教卫体委主任：覃章敖

人口资源环境委主任：陈敏慧

重要会议

【政协桑植县第九届委员会第二次会议】 2017年12月26—28日，政协桑植县第九届委员会第二次全体会议在县城召开。审议通过县政协第九届常委会工作报告和提案工作情况报告；进行委员大会发言；列席县第十七届人大二次会议，听取和讨论政府工作报告及其他报告；补选县政协第九届委员会秘书长及常务委员；审议本次会议提案审查情况的报告；通过政协常委会工作报告的决议、提案工作情况报告的决议；表彰2017年度提案办理先进单位；县委书记刘卫兵在闭幕式上作重要讲话。

综　述

【概　况】 政协桑植县第九届委员会由10个界别、202名政协委员组成，设常务委员会主持会务，其中主席1人、副主席5人、秘书长1人、常务委员26人，属正处级行政单位，编制13人，在职工作人员19人。主要职能是政治协商、民主监督和参政议政。机关内设正科级一室五委，即办公室、提案法制联络联谊委员会、民族宗教文史委员会、经济科技委员会、文教卫体委员会、人口资源环境委员会。

2017年，县政协在县委的坚强领导下，不忘初心，牢记使命，按照“维护核心、服务中心、凝聚人心”的工作思路，牢牢把握团结和民主两大主题，认真履行政治协商、民主监督、参政议政三大职能，真抓实干，锐意进取，为推进全县经济社会发展做出了积极贡献。

【协商民主规范有序】 始终将协商民主建设列入工作的重要议事议程，把协商民主建设与各项工作同规划、同部署、同落实。2017年，共组织开展常委会议协商4次、主席会议协商8次、小组会议协商7次，向县委、县政府提交协商意见和建议案3件。由3名副主席牵头，分别就“红色旅游发展”“如何发展产业助推脱贫攻坚”“城区义务教育学校标准化建设”“优化桑植县政务服务环境建设”等课题调研，形成调查报告，召开相关专题协商会；并将协商情况以《政协专报》报送县委、县政府，供决策参考。同时，不断加大协商议政力度，从不同层面搭建参政议政平台，县政协主席、副主席分别列席县委常委会议、政府常务会议；部分政协委员应邀列席县委常委会议、政府常务会议等重要会议，使政协委员更好地明情知政、协商议政。通过政协常委会议、主席会议和其他形式，先后就桑植县脱贫攻坚、产业建设、财政预算及决算方案等重大事项和重点工作的决策部署进行协商，提出意见和建议，得到县委、县政府的高度重视和采纳。

【民主监督务实有力】 为协助县委、县政府解决问题、改进工作、增进团结、凝心聚力，按照中共中央《关于加强和改进人民政协民主监督工作的意见》，多管齐下，加大民主监督力度。实施主动监督。提案是政协委员履行民主监督等职能的重要方式、重要载体和重要渠道。为确保提案的办理实效，对县人社局、县农业农村工作局、县公路管理局等单位的年度提案办理工作进行民主评议。政协委员集中听取工作汇报，现场评分，当场出结果、排名次，增强监督的效力和影响，激发委员的工作热情和积极性，有效防止委员“说了也白说”的问题。实施动态监督。充分发挥社情民意专报、“桑植政协委员之家”微信公众号和委员活动小组微信群的作用，收集整理委员活动小组、乡镇政协联络组等渠道提供的社情民意信息，及时向县委、县政府反映基层干部群众的意见建议，发挥社情民意的民主监督作用。开展专项监督。先后组织16名政协委员担任政风、行风评议员和政法等部门的特邀监督员，全年共70人次参与城市控违拆违、创建文明县城等监督，对推动工作落实发挥积极作用。协助省政协开展“精准扶贫、精准脱贫政策落实情况”专项民主监督和参与全县脱贫攻坚工作情况督查，极大地推动精准扶贫、精准脱贫工作的制度化、规范化，较好地发挥政协的民主监督作用。

【建言献策积极有为】 印发政协委员建议征集函，引导委员为旅游融合、产业发展、城镇建设、脱贫攻坚等中心课题建言献策。全年委员通过提案、社情民意、大会发言和调研报告等形式，提出意见建议100余条，其中有些建议引起县委、县政府的高度关注，《关于举办纪念桑植起义90周年活动的建议》，县委、县政府主要领导批示有关部门抓紧落实。积极发挥提案建言献策作用。九届一次会议立案的64件提案中，向晓莲等委员提出的《关于进一步加强桑植蜂蜜产业发展的建议》、饶怀荣委员提出的《关于加强农村道路建设和养护的建议》、刘东权等委员提出的《关于加强传统村落历史文化名村保护工作的建议》等提案，主题突出，内容充实，得到县委、县政府的高度重视。蜂蜜产业已是桑植县脱贫攻坚的主导产业；县农村道路养护管理水平明显提高；洪家关村、苦竹河村、双溪桥村等一批历史文化名村保护工作加紧规划实施。配合省政协、市政协开展“推进教育扶贫”“优化非公经济发展法治环境”“校车安全”等课题调研，召开专题座谈会，广泛征求意见建议，反响强烈。

【全面助力经济社会发展】 按照县委安排，6名正副主席，分别主抓定大公路、城乡供水一体化工程、农村电子商务平台建设、电商物流园项目、瑞中公路、三溪公路、竹黄公路、城区学校建设等12项重点工程项目，以及茶叶等产业；负责联系三木能源开发有限公司、湘蓝农产品有限责任公司等企业和上洞街、竹叶坪等6个乡镇12个村，开展“三联三转三攻坚”主题活动。尽力为企业发展献计出力、排忧解难。在各自联系的乡镇，6名正副主席采取督促检查、蹲点调研等方式，与乡镇党委政府一起查找问题、分析原因、研究对策，协助推进经济、社会、生态建设、脱贫攻坚等各项工作。同时，全力协助县委、县政府抓好特色乡镇建设、城市控违拆违和小水电关停等工作，成效明显。

【扎实推进脱贫攻坚】 坚持把脱贫攻坚作为第一民生工程来抓，全年召开党组会议4次，研究部署上洞街乡卧云界村和竹叶坪乡茶垭村的驻村帮扶和结对帮扶工作。主要领导10余次到帮扶村进行调研，落实帮扶措施，筹措帮扶资金。2017年投入各类项目建设资金1137万元，完成卧云界村农网改造、村主干道“窄路加宽”、安全饮水工程、亮化工程、“村部、学校、阳光院”三位一体建设和茶垭村村组道路扩建、村部“三通一平”、文化广场建设等一系列水、电、路等基础设施建设。扶持引导产业发展。制定以奖代投办法，支持建档立卡贫困户发展种植、养殖业。搞好劳务输出工作，2017年两村劳务输出人数达838人。发展壮大村集体经济，引导卧云界村与凯哥蜂业签订蜂蜜产业发展协议，年底集体经济收入达4万元以上。投入资金184万元，帮助11个贫困户易地搬迁、21个贫困户危房改造；实施农村环境整治项目，年内新修房屋均达改厨改厕标准。扎实推进结对帮扶。两村未脱贫的60户190人，全部纳入政协机关干部职工的联系对象户，实行帮扶对象不脱贫，联系干部不脱钩。县政协副主席深入各自联系的贫困村，为他们出主意、想办法，攻坚克难，各贫困村的脱贫工作稳步推进。机关全体干部职工，定期深入帮扶村，完成所有贫困户的走访调查和建档立卡工作。继续与中国人民解放军3303工厂所属技工学校联系，在桑植县定向招收贫困学生34名，免费培训后安排在该厂就业。结合省政协组织开展的“三个一”扶贫行动，以“百名委员下基层”主题活动为载体，组织委员结对贫困户，采取不同形式对贫困家庭进行帮扶，150多名委员积极参加，或帮扶一个贫困家庭增加收入，或帮助一个贫困孩子完成学业，或帮助贫困家庭一名成员解决就业。

【组织引导委员服务发展大局】 充分发挥委员界别优势，积极引导委员投身全县经济社会建设，带动和影响周边群众，成效明显。广大工商界政协委员纷纷将企业发展与履行社会责任结合起来，积极参与“同心工程”，采取企地共建、村企共建、“一家一”助学等形式回报社会。康华实业公司、九天食品公司、西莲茶叶有限公司、土家亲戚土特产品电子商务有限公司等一批非公企业将产业链条延伸到贫困山村，参与到产业扶贫和经济建设之中，主动接纳城镇失业工人、农村贫困群众、残障人员到企业、基地就业，为贫困家庭早日脱贫奉献力量。积极发挥政协委员联系广泛的优势，大力开展招商引资。组织委员开展“加快新农村建设，促进农村经济社会发展，助力全面小康”等专题视察活动，参观农村产业示范基地、新农村建设示范点，召开专题座谈，为桑植县农村经济产业建设和新农村发展建言献策，助力新农村建设快速健康发展。

【加强委员队伍建设】 年初制订委员学习计划，发放委员履职学习手册，为新一届委员尽快进入角色和更好履职打下良好基础。组织全县政协委员进行学习十九大精神专题培训，聘请省政协经科委主任、湖南大学教授、博士生导师吴金明和有关工作人员授课，受到委员的一致好评。机关工作人员参加全国政协和省政协组织的业务培训。积极组织委员走访联系本界别群众，围绕事关发展、稳定、民生问题，认真听取群众的意见和建议，真正把他们的心声和合理诉求及时转化为提案和社情民意，反映给县委、县政府，使委员真正成为党委，政府与人民群众沟通的桥梁和纽带。通过一系列的活动，委员履职能力得到大幅提升。

【深化联谊文史工作】 先后参加在湖北长阳、永定举行的湘鄂黔渝边区县（市、区）政协工作第34次、35次联系会，与各成员县一道就武陵山片区旅游一体化建设等问题进行探讨，并将调研报告报送国务院扶贫办、国家发改委和国家旅游总局。加强联络交流，先后接待省、市政协领导莅临桑植视察调研，以及铜仁、津市、鹤峰、五峰等地政协20余批次到桑植考察。与五峰县政协召开座谈会，就加强农村电子商务发展的交流与合作进行深入探讨，达成众多共识。与津市市政协开展澧水环保行及政协工作学习交流活动，携手共同关注和保护澧水流域生态环境。不断加强文史工作。完成乾隆版、同治版《桑植县志》点校，新一辑《桑植文史资料》正在编辑。协助《湘声报》记者到县采访，8月5日《湘声报》以《红色桑植：他们值得永远铭记》为题整版篇幅宣传报道桑植县红色历史，反响强烈；撰写的文史文章《1987年，习仲勋来到桑植》在《张家界日报》等多家报刊发表，较好地发挥文史资政育人的作用。

【切实推进机关建设】 巩固“两学一做”学习教育成果，加强党的建设。扎实开展“支部主题党日”活动，每月一个主题，内容丰富多彩，规定动作不走样，自选动作有特色，集中讨论有深度，使党支部在活动中增强活力，广大党员干部在活动中得到了锻炼，各项工作有新的进展。以创建“五型机关”“委员之家”为目标，进一步完善机关管理制度建设，大力改进工作作风。坚持用学习强素质，用制度抓规范，用文化树正气，用实事鼓干劲，形成工作争先、团结和谐的良好风尚。注重加强对机关干部的培养，增强机关全体干部的理解领会能力、落实执行能力和服务大局能力，培养一支政治坚定、作风优良、业务熟练、积极主动开展工作的政协干部队伍，为做好政协工作提供保障。大力开展机关文明创建工作。明确责任，细化任务，上下齐心，全员参与，努力打造文明机关，全面提升干部职工素质。此外，政协离退休老领导退休不退志，充分发挥余热，在全县老科协事业、老干部自身管理、关心下一代工作等方面发挥重要作用。

（向克清）

群众团体

总工会

县总工会

主席：王　军（兼）

党组书记、副主席：黎　频

党组成员、副主席：刘玉平　陈海波

【概　况】 桑植县总工会的主要职责是领导和指导全县工会工作，全面履行工会建设、维护、参与、教育四大职能。具体包括维护广大职工的合法权益；指导全县基层工会的组建及工会干部的教育培训；指导企业实行民主管理，厂务公开；负责工会资产管理和工会经费的审查、审计；督促工会经费的征缴；组织开展困难职工帮扶和医疗互助、“一户一产业工人”培育等工作。桑植县总工会设办公室、组织部、生产保护部、女工部、财务部、宣传教育部，

2017年，有干部职工7人；下设二级机构工人俱乐部，属自收自支事业单位。共有基层工会527个，会员27902名。

【基层工会组织建设】 健全体制，着力提高工会服务全县职工的能力。2017年，县总工会着眼新形势、新常态，深化改革创新，主动谋划求变，立足基层，夯实基础，健全体制，完善机制，增

强服务意识，从本质上提高工会凝聚力和吸引力。一是加强基层工会组织。共组建基层工会79家，创建省模范职工之家2家，市级模范职工之家1家，县级模范职工之家5家。全县200余家企业按照不同组织形式均建立工会组织，100多个机关、事业单位建立工会，27家规模企业全部建会，工会会员总数达27902人。二是加强工会活动阵地建设。投资10万元，改造职工活动中心，添置工会活动设施设备；并积极申报工人俱乐部建设项目。三是加强财务管理。对本级工会财务进行自查，接受市财监局和市总工会的检查、审计。为进一步规范工会帮扶工作，对近3年来的帮扶资金进行核实清查。对县内5家基层工会的财务进行审计，进一步规范全县基层工会经费的使用。四是健全完善工会工作各项制度，确保工会工作在良性机制和规范有序的运行体制下开展。

【民生惠民行动】 心系民生，着力开展“一季度一行动”。按照县委、县政府和上级工会的工作部署，切实转变观念，强化服务意识，扎实开展以困难职工群众为主体的“惠民行动”，努力为全县困难职工办实事、办好事、解难事，使关爱职工特别是帮扶困难职工常态化、制度化、社会化。一是“春送岗位”。县总工会与人设部门举行了2017年“春送岗位”专场招聘会，为下岗失业人员、农民工、毕业生送去就业岗位2100个。二是“夏送清凉”。为切实做好高温季节防暑降温工作，预防高温中暑和生产安全事故的发生，为中铁十八局的铁路工人、思源实验学校的建筑工人以及帮扶村的贫困联系户送去300份“清凉包”。三是“秋送助学”。桑植县总工会筹集12.4万元资金，并举行“金秋助学”仪式，帮助困难职工家庭子女上大学，助他们完成大学梦。四是“冬送温暖”。元旦、春节期间，开展“送温暖”活动，对全县55家困难企业中的4279名困难职工（农民工）进行慰问，共发放大米1.78万公斤；发放解困资金22万元。

【帮扶救助工作】 总工会强化责任担当，着力打造职工“娘家人”，甘当职工贴心人。困难职工与农民工帮扶和医疗互助一直是总工会的工作重点。一是对全县的困难企业、困难职工，逐个建立档案，实行动态管理，侧重医疗救助、生活救助、金秋助学等及时给予帮扶。二是突出开展医疗互助。2017年第四期职工医疗活动共有194个单位参加，参加职工11792人，共收取医疗互助资金75.722万元（含女职工特殊疾病保障资金）。其中党政机关67家，事业单位105家，企业22家，机关、事业单位参加率达100%。2017年，补助职工医疗互助资金76.5846万元，776人次接受补助。三是强化困难职工帮扶。2017年，困难职工帮扶支出帮扶资金93.646万元，共帮扶困难职工、农民工487人，其中医疗救助229人，支出帮扶资金50.5万元；生活救助156人，支出帮扶资金17.84万元；助学资金38人，支出帮扶资金11.2万元。

【维权工作】 依法履职，着力构建和谐劳动关系。一是维护职工权益。专门聘请专业律师作为法律顾问，协助法律事务部开展职工维护工作。2017年共开展职工维权10起次，为职工解决工资、安全条件、劳动保护等问题15件。二是维护女职工合法权益。进一步加大对女职工专项集体合同签订工作的宣传力度，2017年新签、续签订295家集体合同，签订率达98.5%，续签女职工劳动保护合同82家。三是极力为职工说话，把职工权益保护融入安全生产。积极参与安全生产督查检查和事故调查，充分行使工会保护职工职能，督促企业加强劳动安全保护，2017年共配合参与3起生产安全事故调查。

【劳模服务工作】 培育典型，着力弘扬劳模精神带动职工发挥工人阶级主力军作用。劳模是一个特殊的群体，他们曾为社会做出过突出的贡献，搞好劳模的帮扶工作，充分发挥他们的示范引领作用是工会工作的重中之重。2017年，由县总工会领导带队，走访了37名劳模，其中国家级劳模1名，省级劳模35名，市级劳模1名，并对贫困劳模进行困难帮扶，帮扶资金合计8万元，在走访慰问劳模的同时，县总工会联合县党史联络组和县委党史研究室将省级以上劳模事迹汇编成《先锋颂》一书，让劳模事迹代代相传。

【职工文体活动】 激发活力，着力开展精彩纷呈的职工文体活动。在全县各级工会积极组织职工开展系列文体活动，切实增强工会组织的凝聚力和创造力。4月，县总工会成功组织桑植县“五一”职工篮球赛。5月，由县总工会牵头，组织茶业行业的优秀从业代表参加“湘茶”劳动竞赛，取得全省第七名的好成绩，并授予省“五一劳动奖章”及“湘茶优秀工匠”。8月，为关爱留守儿童，协助晟盛集团举办“2017桑植公益乐跑”大型公益活动。9月，由总工会在古都大酒店会议厅举办以“传承孝道和谐家庭”为主题的道德讲堂，部分县直工会负责人及工会工作人员参加这次讲座。10月，县总工会组织参加省“湘绣”比赛的人才选送。工会系列活动的开展，塑造良好的工会文化形象，让更多的职工参与到文体活动中，满足广大职工的精神需求，让职工的精神世界得到丰富。

【职工素质提升】 催生动力，着力引导广大职工创新创业创优。针对全县下岗职工群体，总工会积极配合国家淘汰落后产业和化解过剩产能，针对3家国有煤矿下岗职工举办“一户一产业工人”培养工程，免费培训低压电工40人，湘绣25人，增强下岗职工技能，增加再就业的机会。

【参与脱贫攻坚】 强化担当，着力落实建整扶贫政治责任。县总工会成立以县总工会党组书记、副主席黎频任队长，党组成员、副主席陈海波任副队长，彭长佐为村党组织第一书记，刘启忠任驻村队员的干部驻村帮扶工作队，开展驻村结对帮扶，领导坚持每月下村3次以上，走访联系村、慰问困难户，调研精准扶贫工作，确保建扶村2019年整村退出，已完成建扶村洪家关回龙村易地扶贫搬迁项目的设计图及签订征地协议；投资59万元发电73千瓦的光伏扶贫发电项目已建设完工，为村集体年创收6万元。

（陈明月）

共青团桑植县委

团县委

书记：熊 振

【概 况】 2017年，共青团桑植县委在县委和团市委领导下，带领全县各级团组织牢牢把握增强政治性、先进性、群众性和克服“机关化、行政化、贵族化、娱乐化”的根本要求，充分发挥共青团组织桥梁、纽带、生力军、突击队的作用，紧紧围绕县委、县政府的中心工作，坚持率先突破发展、青年争当先锋的工作思路，深入开展“凝聚青年力量·助力脱贫攻坚”系列活动。

【坚持固本强基 加强基层组织建设】 坚持选优配强基层团组织班子。按照上级团组织安排部署，按期完成全县299个行政村的团组织换届选举工作，全县乡镇团的组织格局创新工作和村级团组织换届工作全部圆满成。推动农村共青团工作全面活跃，进一步夯实团的基层组织建设。坚持依托手段凝聚队伍。准确把握新时期、新形势下青年工作的新特征，结合青年喜爱的沟通、交流、联络和聚集的新方式，依托互联网等现代科技手段进行组织建设和运行联络的新方式，开办“桑植青年网”、桑植青年微信公众号、团组织QQ群、团干部微信群，充分发挥青年之声的作用。使全县团组织实现组织管理和运行方式网络化，影响和覆盖更多的青年，进一步有效凝聚青年。坚持依托载体强化竞争。不断深化“五四红旗团组织”和“青年文明号”创建活动。有3家团组织成功申报市级“青年文明号”、2名优秀团员青年被评为申报市级“青年岗位能手”。坚持依托党建带动团建。积极争取党组织在组织、队伍和资源等方面的带动和支持，使团建紧跟党建工作步伐。以党建带团建纵览全局，根据全县实际，针对全县基层团组织建设普遍薄弱、发展不平衡、团员意识淡化等现象，出台《2017 年基层共青团工作考核方案》，为全县 2017 年团的工作指明了方向。同时，全力支持农行挂职干部在团县委的工作。

【围绕四大职能　扎实开展主题活动】 服务红色旅游。在五一期间组织开展“五一小长假”志愿服务活动，在贺龙纪念馆设立青年志愿者服务台，组织青年志愿者为游客提供旅游资料、供应饮用水、义务咨询等服务，为桑植县旅游事业发展做出积极贡献。服务时政热点。大力开展以弘扬雷锋精神、倡树文明新风为主题的学习雷锋实践活动。围绕全县绿色发展的发展思路，开展“微心愿认领”“保护母亲河”等系列活动，在全县树立了良好的舆论导向。动员基层团组织积极开展保护母亲河行动，开展植绿护绿、义务清扫等活动，获得社会一致好评。服务团员青年。积极贯彻《共青团中央改革方案》文件精神，为努力实现青年工作请青年参与、青年工作请青年设计，增强青年获得感、让共青团离青年更近。组织召开全县共青团 2017 年度青年婚恋交友工作座谈会、五四青年干部座谈会等。加强团委和青年的凝聚力。

【围绕四维工作格局　完成共青团重点工作】 青年之友。动员全县乡镇团干部完成 1+100 的信息录入。召开 2 次重点工作培训会，专门组织 23 个乡镇团委书记参加青年之友线上操作培训。青年之声。完成以基层团干部、学校团队教师等为主要成员的专家团队的招募，累计共招募 10 名，动员全县广大团员青年通过手机客户端在线进行提问，每月 20—30 日定期组织专家团队对提出的问题进行解答。青年之家。已成功建成青青果教育为基地的青年之家，并成功组织 4 场有影响力的大型活动。脱贫攻坚。联合县扶贫办制定共青团助力脱贫攻坚的实施方案。按照团省委要求，要求乡镇团委书记联系走访本乡镇三分之一的贫困户，到户宣传扶贫政策，发放扶贫手册等。使乡镇团委书记成为脱贫攻坚政策宣传的主力。一学一做。组织召开全县范围内的动员会，要求全县基层团组织严格按照“两学一做”的标准来开展“一学一做”，并定期开展督查。

（谷　婕）

妇女联合会

县妇女联合会

党组书记、主席候选人：谭晓莉

党组成员、副主席：谷欣燕

【概　况】 桑植县妇女联合会内设办公室和组宣维权室。有在职在编人员 4 名：党组书记、主席候选人 1 名；党组成员、副主席 1 名；其他正科级干部 2 名。

2017 年，县妇联围绕全县工作大局、体现妇联组织的政治性、先进性及群众性，组织、引导和服务妇女实施巾帼文明、发展、维权、关爱、提升行动，在促进全县妇女儿童发展事业实践中，做出大量卓有成效的工作。

【党建工作】 按上级要求，召开高质量的单位民主生活会和组织生活会，查找自身问题与不足，开展批评与自我批评，切实做到了转变思想观念、改进工作作风。深入推进“两学一做”学习教育常态化制度化。10 月 23 日，县妇联组织妇联系统（各乡镇妇联主席、副主席，县直单位妇委会主任）145 人在县委党校学习中共十九大精神暨业务知识培训。张家界市妇联副主席欧芳艳、副县长王茂蓉参加开班典礼并作重要讲话。此次培训为期 3 天，集中学习中共十九大报告解读，妇联改革暨改革后的妇联工作等进行业务培训。各级妇联组织通过开展主题党日活动，认真学习新党章及相关法律法规，听红色故事，重走长征路，加强党性锤炼，努力增强四个意识。找准服从大局的切入点，充分发挥妇联组织优势，联系服务广大妇女群众。

【救助帮扶工作】 实施救助“两癌贫困妇女”23人，“春蕾计划”助学71人，其他贫困妇女儿童34人，救助金额33.85万元。

【“十三五”妇儿发展规划宣传、实施工作】 县妇联在时刻桑植，通过微信平台对新一轮两个规划进行生动有趣的图解宣传，通过广大妇女干部微信朋友圈转发，在桑植新闻网、桑植手机报上也多渠道地宣传两个规划，并组织两个规划宣讲团，进单位、进社区、进乡镇宣讲5场次。让更多的人了解两个规划的知识、支持和参与两个规划的实施。7月，县妇儿工委召开妇儿工委委员（扩大）会议，对全县两个规划的实施和监督管理进行安排部署，8月份完成2016年实施两个规划监测评估工作。

【普法宣传及维权工作】 县妇联先后在行政中心、县城区街道、乡镇、党校开展8次法律宣传活动。发放《中华人民共和国反家庭暴力法》《中华人民共和国妇女权益保障法》等相关法律法规、平安桑植建设知识、婚姻法律法规知识、全面放开二胎政策、优生优育知识、禁毒知识等宣传资料共计2万余份。接待群众来信来访87人次，参加陪审妇女儿童案件21件。主要涉及婚姻家庭矛盾、贫困救助、家庭暴力等。县妇联主动服务，强化与公检法司等部门衔接，有效地帮助妇女儿童维权。

【农村妇女“两癌”免费检查工作】 农村妇女两癌免费检查是县重点民生项目，7月全面完成全县10154名35—64岁的农村妇女进行宫颈癌、乳腺癌普查的工作任务。

【妇女安康系列保险】 为健全妇女保险保障机制，提高全县妇女的健康保障水平，县妇儿工委下发《桑植县2017年女性安康系列保险实施方案》，下达指标任务，通过县妇联积极督查落实，2017年投保25.8万元，理赔3起6万元。

【“三八”“六一”活动】 3月7日，召开纪念“三八”国际妇女节暨全县妇女先进典型表彰大会。表彰2016年度妇女工作先进单位10个、先进个人10名、三八红旗集体一个、三八红旗手10个、巾帼文明岗2个、巾帼建功标兵10个以及“最美家庭”10户。县农村商业银行对40名受表彰的先进个人和道德模范进行每人10万元“道德贷”的公开授信。县纪委、县委组织部、县妇联联合在全县党员干部中开展了“树清廉家风、创最美家庭”活动。“六一”期间，县直各单位、各乡镇组织开展丰富多彩的庆祝活动，省妇联为全县新建的4个“儿童快乐家园”项目，各自配送价值10万元的电脑、投影仪、文体用品和书籍，为全县留守儿童送上特殊的节日礼物。救助18名农村留守儿童，发放“春蕾计划”助学金3万元。县妇联联合新华书店开展“快乐成长·书香六一”阅读活动，发动县直各单位、各乡镇为单位干部职工子女赠送读书卡，全县累计发放读书卡5000余张，价值50万元。

【基层妇联组织改革】 县基层妇女组织改革工作基本完成，初步形成每个乡镇、村（居）有妇联组织，有妇联执委。县妇联组织举办全县乡镇妇联主席、副主席能力提升培训班，编制《基层妇联工作手册》，全县23个乡镇已经全面完成村（居）妇联执委培训。

【巾帼发展行动】 春节期间开展“春风送岗位”活动，为近千名妇女提供了就业岗位；组织全县建档立卡户家庭中的100名妇女参加育婴师培训班，在取得育婴师资格证后，推荐到长沙、广州等在就业；组织农村妇女参加“SYB”创业就业培训，鼓励广大妇女充分利用家门口的资源，自主创业并通过电商销售走向市场、走向社会；推出“巾帼文明道德贷”信贷产品，对评选出的三八红旗手、巾帼建功标兵、五好文明家庭等，可申请最高授信额30万元的无抵押道德贷款，拓宽了妇女创业就业融资途径。

【宣传报道工作】 县妇联加大宣传，积极向外界推介妇女儿童工作动态，展现巾帼风采。报送三联三转活动简讯32条；桑植手机报简讯45条；潇湘女性网工作动态及通讯172篇，其中桑植县通讯、桑植手机报采用20篇，潇湘女性网采用157篇。妇联工作的社会认知性增强，妇联干部的工作热情高涨。

（张晓英）

科学技术协会

县科协

主席、党组书记：付万红

【概　况】 桑植县科学技术协会为行政正科级群团组织。核定行政编制3人，实有2人，其中领导职数2人。全县有基层科协组织69个，专业技术协会39个，农村科普示范基地15个，省、市级农村科技示范户51户。

【科普工作】 大力实施"基层科普行动计划"。常年深入协会、基地、社区听取汇报，实地考察指导，有澧源镇文昌街社区、高家坪社区被评为市"先进科普社区"，桑植县龙虎山畜牧生态养殖合作社陈雄、芙蓉桥乡下坪村"互联网+"电商熊蝉被评为市"农村科普带头人"，张家界禾佳生态农业有限公司（罗勇）、桑植县君健蓝莓生态专业技术协会（覃世忠）被评为市"先进科普示范基地"，桑植陈家河蜜蜂养殖协会（杜芳珍）、桑植县龙潭沟畜牧养殖专业合作社（罗雪刚）被评为市"先进专业技术协会"。同时，在全县范围内确定命名5个县级科普基地和一批科技示范户。加强科普信息化建设。在桑植红网手机报和桑植在线上开设"大@科普"科技大视野栏目，每个工作日一期，覆盖10000多名党政机关和事业单位人员，起到一定的宣传推广作用。联合20多个县直单位和企业举办全国科普日活动，有防灾减灾与气象宣传、农业畜牧环保科技产品博览会等内容，参加干部群众达8000人次。认真组织农村实用技术的培训。2017年，县科协会同县老科协及相关县直单位通过举办技术培训班，共培训农民560人次。

【科技学会协会工作】 2017年，全县有青少年科技教育协会、驾驶员协会及县档案学会等一批协会，活动频繁，成绩斐然。县十一学校、贺龙中学在全市第四届青少年"鸽子花"科技创新奖大赛中，获得1个一等奖、3个二等奖和2个三等奖。

【基层科普行动计划项目实施】 2017年来，在科技助力精准扶贫中，成效显著。2017年，国家"科普惠农兴村计划"刘家坪白族乡新阳村、空壳树乡空军村、澧源镇洋公潭村项目和湖南省"科普惠农兴村计划"桑植县养蜂专业技术协会项目，每个项目由中国科协、省科协分别给予10万元，为脱贫摘帽发挥重要作用。

【老科协工作】 县老科协不断创新工作思路，发挥老科技工作者的作用，积极扶持优势产业的发展。先后组织部分养殖户，考察特种水果、养蜂、魔芋先进种养经验，进行技术、市场方面的论证，扶持县名优水果协会扩大水果种植面积100亩，年创收230万元。百岁老人健康行动计划正常运转。

【科协自身建设】 县科协密切同省、市科协方面的联系，先后参加中央、省、市科协举办的流动科技馆巡展、青年科学家进校园巡回演讲、科技知识讲座，学到很多新知识。主动参与联合国儿童非正规教育、农村中学科技馆以及众创空间申报及梳理等，吸收很多新本领。同时，制定《桑植县科协系统深化改革实施方案》，进一步完善体制，保障运转有序。顺利召开县科协三届三次会议，听取科协委员的建议意见，拟定工作思路；积极为中央、省级科协改革提供基层意见，并撰写意见建议报告1篇，为省科协撰写调研报告8份。

（韦　强）

工商业联合会

县工商联

主席：佘　平

党组书记：李成忠

副主席：朱文阶　李成忠

兼职副主席：张绵源　廖传军

秘书长：钟　亮

【概　况】 桑植县工商业联合会、总商会（简称：工商联）属中华全国工商业联合会的基层组织，是工商界组织的具有统战性、民间性、经济性的人民团体和民间商会；是县委、县政府联系非公有制经济人士的桥梁和纽带，是政府管理和服务非公有制经济的助手。内设办公室、非公有制经济工作部、桑植县非公有制经济服务中心，有干部职工5人，退休干部2人，共有会员676家，其中企业会员122个，团体会员9个。工商联第十二届执委成员40名，其中非公人士25名，占62.5%，中共党员24名。

2017年，县工商联（总商会）在县委、县政府的正确领导下，在市工商联及县委统战部的指导和有关部门的大力支持下，紧扣“两个健康”工作主线，积极融入县委“旅游融合、产业扶贫、绿色发展”工作中去，突出“招商引资、精准扶贫、协调服务、宣传教育”四项工作重点，着力推动构建“亲、清”政商关系，努力当好县委、县政府管理和服务非公有制经济的助手，推动全县非公有制经济健康发展和非公代表人士健康成长。

【参政议政】 拓展参政议政平台，推动环境优化。一是坚持问题导向，深入开展调研。先后组织开展桑植县上规模民营企业调研、全域旅游与农业产业融合考察调研、“万企帮万村”精准扶贫行动调研和桑植县非公经济发展环境座谈会，聚焦全县企业发展现状制约因素及政策环境，提出意见建议，撰写调研报告2篇，为县委、县政府科学决策提供了参考；二是加强非公经济服务中心建设。成立桑植县促进非公有制经济和中小企业发展工作领导小组，组建桑植县非公经济服务中心，新进工作人员1名。搭建“政企连心桥”服务平台，畅通企业反映问题的诉求渠道，建立企业反映问题解决的运行机制。三是建立局际合作平台，增强工作合力。加强与县商粮局、人社局、法院、税务等部门沟通，就广大民营企业关心的税费政策、发展环境、创新扶持政策、企业合法权益保障开展沟通协调，研究对策，为企业发展提供优质服务。

【宣传教育】 加强教育引导，促进非公经济人士健康成长。一是加强非公经济人士思想政治引领工作。2017年来，县工商联通过召开执委会、辅导讲座、研讨交流等方式，组织广大非公代表人士学习贯彻县委经济工作会议、全域旅游工作会议和脱贫攻坚暨全面小康建设工作会议会议精神；组织6名非公代表人士参加为期一个星期的“浙江大学——张家界市年轻一代民营企业家研修班”；组织工商联直属会员企业、行业商（协会）负责人、工商联直属会员党委各党支部书记、工商联系统“两代表”一委员60多人学习贯彻中共十九大精神培训。引导非公经济人士坚定理想信念，遵纪守法，增强道路、理论、制度自信和发展信心，争当“爱国敬业、守法经营、创业创新、回报社会”的典范。把非公经济人士思想统一到全县“旅游融合、产业扶贫、绿色发展”的思路上来，统一到县委的重大决策上来。二是注重典型引领，扩大非公经济组织社会影响。借助电视台、报纸、网站等媒介对全县优秀非公经济人士及非公企业进行宣传，扩大非公经济人士影响力。积极参与张家界市青年企业家代表推荐，推荐了7名年轻成功创业人士；张家界九天生物科技有限责任公司有望进入“湖南省高新技术企业”行业，支部党建工作被张家界市电视台《党建精品》栏目予以推介；张家界康华实业有限公司生产的粽叶在第十三届中国粽子文化节全国粽子技艺比赛中被中国食品工业协会授予指定粽叶优质奖，同时，通过积极争取，第十四届“中国粽子文化节”将于2018年在桑植召开。

【组织建设】 加强会员队伍建设。大力发展会员，确保会员质量。注重从战略性新兴产业、先进制造业、现代服务业、文化创意产业发展企业会员，吸纳小微企业入会。全年，共发展直属会员12个。加强（协）商会组织建设。将乡镇商会建设纳入全县绩效考核内容，以“四好”商会建设为目标，坚持规范与发展商（协）会组建，桑植县龙潭坪镇、凉水口镇商会正在积极筹建当中；指导行业商（协）会依照章程规范开展工作，桑植县官地坪商会先后组织会员开展十九大学习和无偿献血活动。推进信息化建设。紧贴互联网时代对信息工作的新要求，建立桑植县工商联系统微信群，便捷信息流转共享，提高信息化服务能力。按照“数量有增加、质量有提升、实效有突破”的思路，加强与张家界市工商联的联系与沟通，把基层搜集到的信息、加工、上报，为领导决策提供依据；加强与县直各局际单位，金融机构的联系，把国家简政放权的具体措施和政策宣传到企业，便于企业合理运用。三是加强工商联所属会员企业党的建设。按照“六有两公开”（有场所、有设施、有标志、有党旗、有书报、有制度，公开党员身份、公开依岗承诺）标准，规范直属会员企业党组织建设；在工商联直属会员党员队伍中组织开展党员示范岗、党员责任区、党员公开承诺、党员“四争一创”等活动，助推“两学一做”学习教育常态化制度化开展。开展党务工作者培训2期，抓好张家界康华实业有限责任公司党支部示范点建设，搞好党员发展工作，选送5名积极分子参加县组织的入党积极分子培训班，发展党员2名。

【扶贫帮困】 抓实精准扶贫工作，为全面建成小康社会贡献力量。一是以“三联三转三攻坚”主题活动为总抓手，助脱贫攻坚活动。工商联3名干部联系走马坪白族乡15户建档立卡户，为切实让联系贫困户“两不愁、三保障”，工商联加强领导，明确工作目标，制定“五送七保障”活动的具体措施，做到每季度定期入户摸排问题，定期碰头研究制定解决措施，建立问题摸排、交办、销号制度，做到解决问题有措施、有责任人、有解决时限，2017年，4户结对户脱贫。二是积极推行“万企帮万村”精准扶贫活动“企业+X”模式，搞好“一家一”助学就业同心温暖工程，为联系村和贫困户解决实实在在的困难。组织全县14家非公企业与12个贫困村412个贫困户建立结对帮扶关系，其中2017年发展5个企业与6个贫困村结对扶贫，涉及贫困人口297户863人，投入资金1500万元，通过带信息、带项目、带市场、带技术等多种途径，为帮扶对象寻找致富门路，培育主导产业，助力建档立卡户脱贫。

【会员服务】 搭建服务平台，促进非公有制经济健康发展。一是为企业招商、融资提供服务。发挥工商联联系广泛、资源密集的独特优势，为企业招商、融资提供服务。7月份，与县农商行一起举办桑植县工商联银企发展联谊会，建立“单一的贷款对接”向“多种融资方式协调联动”制度，为广大中小微企业现场授信额度1亿元，为中小微企业发展提供资金需求。二是开展法律维权服务活动。加强与桑植县华联律师事务所合作，聘请法律顾问1名，积极协助会员维权，维护非公企业的合法权益，为企业排忧解难。积极参与“三方四家”会议，调处涉及非公企业的各类纠纷，参加南方林牧债权纠纷化解、天子山宾馆公司职工上访劝解稳控工作，当好非公企业“娘”家人。

【对外联络】 实施走出去、引进来战略。与长沙市开福区工商联进行对接，达成缔结友好工商联协议。做好龙山县民安商会到全县考察接待工作。加强广东省桑植商会的工作联系，利用桑粤经济信息平台和商会人员联系广、信息灵通等优势，积极向外界推荐桑植县招商引资项目和土特产品，鼓励他们在外面以商招商，全年引进2家企业落户县工业园。

【自身建设】 着力提升工商联“五好”水平。2017年2月召开工商联第十二届二次执委会，进一步选齐配强工商联领导班子，建立完善工商联规章管理制度、议事程序和非公有制经济人士后备人员数据库，不断提高执委的履职尽责能力和水平，进一步提高工商联凝聚力、号召力和影响力。结合党员“两学一做”学习教育活动的开展，加强政治理论和业务知识学习，组织干部深入学习中共十八届五中、六中全会精神以及习总书记系列重要讲话，努力提升干部四个意识。进一步加强党风廉政建设，强化从严治党主体责任，打造清廉机关；加强机关党支部建设，加强党员干部党性修养；加强干部教育管理，全面提高干部综合素质，努力造就一支政治强、业务精、作风正的干部队伍。进一步完善机关目标管理责任制，将全年的目标任务分解，量化考核，创建依法行政机关；抓好机关工作作风转变、规范干部行为，提高办事效率；继续坚持机关内部的科学管理和民主决策，增强班子团结，大兴求真务实之风。

（钟　亮）

残疾人联合会

县残联

主席：熊卫国（县委副书记兼任）

党组书记、理事长：陈　保

副理事长：谷敏江

【概　况】 县残联为正科级事业单位，内设办公室、康复股、教就股、维权股和残疾人劳动就业管理中心。2017年11月，县残联召开全县第五次残疾人代表大会，选举产生新一届主席团、执行理事会和五个残疾人专门协会。全县总人口43万人，现有各类残疾人3.2万人，占全县总人口的6.9%。

2017年，县残联在县委、县政府的正确领导下，紧紧围绕县委、县政府提出的“旅游融合、产业扶贫、绿色发展”的工作思路，按照省市残联工作部署，围绕“全面改善残疾人生活状况，提高残疾人生活水平”的工作目标，认真履行“代表残疾人利益，管理残疾人工作，服务残疾人群体”的职能，按照“心想、情系、利谋”残疾人，“动真情、用真心、下真功夫”为残疾人提供“量体裁衣”式的个性化服务宗旨。积极开展“民生赶超计划”，在残疾人康复、教育，劳动就业、康复扶贫、文化体育、权益保护等方面取得了显著成绩，为全县社会经济全面协调可持续发展做出了积极贡献。

【全县残疾人重点工作】 完成省市为民办实事“0—6岁”贫困残疾儿童抢救性康复训练任务40名。全县40名“0—6岁”的脑瘫、智障、自闭症等残疾儿童已全部结束在省博爱医院、市人民医院、市爱心林启智学校等康复机构为期4—6个月的康复及训练。其间，市县残联进行看望慰问，各级投入资金100多万元。完成残疾人培训任务150名。2017年9月底，已委托有关培训机构对30名残疾人进行创业扶持培训、30名残疾人进行电子商务培训、10名残疾人进行盲人按摩培训、118名农村残疾人进行种植和养殖等实用技术培训，共完成培训任务188名。完成残疾人无障碍改造项目任务60户。已对全县10个乡镇60户贫困残疾人家庭进行无障碍改造信息采集和设计，按户平7000元的标准进行资金安排，2017年11月底项目已验收。完成残疾人居家托养服务任务100名。通过政府购买服务的方式，委托“益民、力行”两家托养服务机构已对120名重度残疾人提供生活照料、心理疏导、康复服务等居家托养服务。

【全省残疾人试点工作】 2017年，桑植县被列为全省“残疾人精准康复服务”“残疾人基本服务状况和需求信息数据动态更新”工作试点县。一是完成全省残疾人基本服务状况和需求信息数据动态更新工作。2017年9月30日，完成全县16476名残疾人的数据核查，入户率80%，完成率100%。二是完成残疾人精准康复服务工作。残疾人精准康复服务是贫困残疾人脱贫攻坚、精准扶贫的重要内容。全县23个乡镇已完成对4600名年度工作任务对象的信息采集，完成1770名辅具适配和2230名其他康复服务任务。

【残疾人康复工作】 围绕“人人享有康复服务”的目标，大力开展残疾人精准康复服务工作。2017年，为150名精神病人免费发放治疗药物，对县卫生部门开展的为民办实事重性肇事精神病人住院治疗期间生活给予补贴，发放360多名项目对象生活补贴10万元；积极与张家界市爱尔眼科医院沟通协调，对桑植县22名白内障患者实施免费手术；完成盲人定向行走、聋儿听力言语训练、智力康复训练、肢体康复训练12人次；为5名贫困肢残儿童实施矫治康复手术；为3名低视力患者适配助视器；假肢装配完成19例。

【残疾人教育与文体活动】 依法保障残疾人受教育权利。保障残疾少年儿童随班就读，积极支持县启智学校发展；向省市特校输送残疾学生9人；积极协助做好升学录取工作，有4名残疾学生被大中专院校录取；全县资助残疾学生和残疾家庭学生78名，发放扶助学费和生活费共12.6万元。积极培养残疾人运动员，向省市选拔输送残疾人运动员10名；2017年，桑植县残疾人运动员王鑫鑫在全国残疾人射击锦标赛上，获得“一金三银一铜”的佳绩。认真组织和参加第三届全市残疾人文艺会演活动。

【残疾人就业和帮扶贫困残疾人】 充分利用社会力量多渠道、多形式安排残疾人就业，从根本上改善他们的生活状况。2017年，新增残疾人就业117人；新批准2家残疾人扶贫就业基地；通过地税代征，征缴残疾人就业保证金243万元，完成年度378万元征收任务的64%。加大残疾人脱贫力度，进行残疾人精准扶贫。投入扶持资金15.5万元，对11名贫困残疾人进行创业扶持；实施“残疾人阳光增收计划”，投入资金40万元，对17名残疾人致富示范、典型户进行资金扶持，对153名贫困给予生产资料等物资扶持；实施“连村助残帮困”工程项目，与建扶村15名贫困残疾人进行结对帮扶。

【残疾人权益维护和社会保障】 大力宣传《中华人民共和国残疾人保障法》，努力维护残疾人权益。2017年，为285名残疾人发放驾驶机动车燃油费补贴资金7.41万元；通过政府购买服务的方式，委托县利民托养院对55名精神病患者进行集中托养服务；县残疾人法律救助工作站为5名残疾人提供法律援助。积极构建桑植县残疾人保障体系建设，保障广大贫困残疾人的基本生活。一是协助县民政部门做好全县10250名残疾人“两项补贴”的发放工作，2017年由县残联通过残保金投入的“两项补贴”地方配套资金近40万元，占地方配套的13%；二是积极协助做好困难残疾人的低保尽保应保工作，全县1.3万名城乡低保对象中，残疾人0.56万人，占43%；三是做好残疾人的临时救助和大病救助工作，发放救助资金30万元。

【残疾人信访工作】 桑植县在全省率先出台《残疾人信访工作办法》。县残联以倾听残疾人呼声，解决残疾人困难为己任，认真接待残疾人来信来访。对待残疾人上访，不推诿，细心接待，耐心解释，及时答复或者联系其他部门协调处，重大残疾人信访案件，积极主动协助处理、化解，为县委、县政府和残疾人排忧解难。

【残疾人服务设施项目建设】 桑植县残疾人托养中心和残疾人康复中心两个建设项目均为中央预

算内投资建设项目。其中，县残疾人托养中心改造项目，总投资270万元，3月底竣工验收，12月底投入使用；县残疾人康复中心建设项目在进行土石方和主体建筑的施工图设计阶段。

【“两项帮扶”工作】 县残联按照“一超过、两不愁、三保障”积极开展结对帮扶工作，机关3名干部对八大公山镇车大河村结对的11户建档立卡贫困户制定33条帮扶计划措施，已落实危房改造、异地搬迁、阳光助学、生产扶持和产业发展、劳动力转移等17条具体帮扶内容。协助县委宣传部大力开展驻村帮扶工作，选派第一书记常年驻村，进行脱贫攻坚突出问题整改，顺利完成村支两委换届选举。村综合服务平台建设、阳光院、危房改造、异地搬迁、阳光助学、产业发展和村集体经济建设、村级道路建设等有序推进。

【基层党建和党风廉政建设】 严格履行党组书记抓党建的主体责任，认真抓好基层党建各项工作，按照县委关于落实党风廉政建设主体责任情况的要求，县残联领导班子认真履行年党风廉政建设主体责任。制定《桑植县残联2017年党风廉政建设工作要点》、明确目标要求、具体措施，并部署相关工作。制定《桑植县残联党风廉政建设主体责任分解方案》，并层层签订责任状，落实责任部（室）、责任人，确保党风廉政建设顺利开展。残联理事长作为“第一责任人”，强化组织领导，敢抓敢管，对党风廉政建设重要工作亲自部署、重大问题亲自过问、重点环节亲自协调，切实提升县残联党风廉政建设工作实效。县残联领导班子常态化专题研究分析党风廉政工作；并按要求向上级部门报告履行党风廉政建设主体责任情况及主要负责人履行“第一责任人”职责情况。领导班子坚持不定期对残联党员干部职工遵守纪律情况、上班工作情况、群众工作服务情况等检查督查。

（陈　静）

桑植红十字会

县红十字会

会长：王茂蓉（兼）

专职副会长：谷仲茗

【概　况】 桑植县红十字会，是县人民政府领导下的人民卫生救护和社会福利团体，挂靠县卫计局，是依照公务员管理的副科级事业单位，核定全额事业编制3名，实有5人，其中专职副会长1名。

2017年，县红十字会在县委、县政府的正确领导下，在上级红十字会的具体指导及社会各界的大力支持下，按照中国红十字总会提出的建设有中国特色红十字事业的目标和实现性质任务及组织体制两个转变的工作思路，遵循“救死扶伤、扶危济困”的人道主义宗旨，大力宣传《中华人民共和国中国红十字法》，弘扬“人道、博爱、奉献”的红十字精神，加强救灾工作，开展社会救助，积极参与和推动无偿献血，充分发挥政府人道事务工作方面的助手作用，桑植县红十字会事业取得较大发展。

【救护培训工作】 普及卫生救护知识是红十字会的一项传统工作。2017年6月市红十字会、市救护培训研究会、张家界市蓝天救援队联合青青果培训中心在献血屋街头开展救护培训活动，为行人讲解现场急救、心肺复苏、呼吸道异物排除、创伤救护、止血包扎、固定搬运伤员等理论知识及常用方法技术，并用人体模型进行心肺复苏、AED急救示范，取得良好效果，深得社会好评。11月，县委党校科干班44名学员接受现场救护知识培训，通过看录像、人体模型操作和理论讲解，使学员对心肺复苏，创伤救护等技术有一定的了解，并在实践中很好地运用，反响很好。

【救助工作】 2017年1月，市红会一行到桑植县澧源镇一小、利福塔镇八一中学、赤溪硬骨头六连希望小学四所学校发放“魅力湘西”助学款10

万元，资助学生 50 名。4 月 1 日，现场向 26 所中小学校捐赠由中国红基会“六个核桃读书慧”公益基金捐献的书架 26 个，书籍 444 件。

【参与无偿献血及造血干细胞捐献】 根据《中华人民共和国献血法》的规定，县红十字会积极参与无偿献血的组织、宣传和推动工作，组织人员进行无偿献血活动。2017 年，协助县卫计局积极开展无偿献血的宣传和推动工作，组织全民参与无偿献血活动。桑植县共有 35 人自愿捐献造血干细胞加入中国造血干细胞捐献者资料库，完成市红十字会年初下达的任务。

【积极开展募捐援助】 2017 年，为下丘脑综合征唐某募集善款 5000 元，同时为 6 名白血病及先心病患儿和 9 名无偿献血等特困对象办理基金救助申报，结合精准扶贫抓好救助工作，将相关物资及时发放到位。

【桑植县红十字会医院】 桑植县红十字会医院，为桑植县农村合作医疗及城镇医疗保险定点单位。营业面积 2000 平方米，有全自动生化仪、全自动血液分析液、DR 数字 X 光、大型体外短波治疗仪、大型双通道雾化道超声器、彩色 B 超等多种医疗设备，床位 45 张，医师、护士、药师等医疗工作人员 38 人，其中高级职称 2 人，中级职称 8 人。医院重视规章制度建设，加强对医院职工的管理、规范职工文明行医，不断提高员工的自身素质和整体形象。狠抓典型疑难病例讨论、术前术后病例讨论等基本制度的落实，确保安全行医。缩短平均住院日，加快病床周转。推行整体化系统护理服务制度，加强对病人的心理护理和健康教育，让病人了解自己的病情，主动配合治疗。对出院病人实行回访制度，患者出院十日之内主治医生或责任护士电话回访一次，了解治疗效果及病人对医院的意见。医院充分发挥自身特长，为广大群众提供优质低价的医疗服务，实行免费优惠体检，降低群众就医费用。2017 年，就诊 2 万人次，为病人减免 4 万余元。到乡镇发放医疗救助卡 10 万元。坚持创办“群众满意医院”，视患者为“衣食父母”。让患者看病省时、省钱，看专家不再难。实行 365 天应诊，免挂号费、免专家会诊费、咨询费，病人可自选专家；免费发放科普知识手册等；能用便宜药，不用贵药；住院费、检查费及药品费在同类医院最低水平，实行一日清单，让患者花明白钱，看明白病、看好病。

（付一婕）

军 事

中国人民解放军桑植县人民武装部

县人武部

部长：龚武兵

政治委员：肖卫君

副部长：钟小辉

保障科长：钟　伟

政工科长：赵　云

军事科参谋：何　苏

【概　况】 2017年，在张家界军分区和桑植县委、县政府的领导下，人武部坚持以党的创新理论为指导，深入贯彻落实科学发展观，按照“思想跟随对表看齐，改革大考稳心定神，主责主业务实创新，基层建设解难促转，整风整改持续深化，安全稳定巩固向好”工作思路，坚持以军事斗争准备为中心，坚持落实党管武装，坚持依法从严治军，积极参加地方“四个文明”建设，全面建设取得了比较优异的成绩。

【政治工作深入扎实】 围绕迎接和学习贯彻中共十九大这条主线，扎实开展思想政治工作。一是落实十九大精神学习贯彻。积极发挥“关键少数”作用，在认真学习上级宣讲活动基础上，主官亲自带头宣讲十九大精神，认真自学十九大精神，做好笔记，并组织2次专题测试。同时积极组织指导基层武装部开展学习贯彻十九大精神活动，制定下发《关于推进全县民兵学习宣讲党的十九大精神及系列讲话活动的意见》。二是推进“两学一做”学习教育常态化制度化。先后3次召开党委（支部）会修改完善学习教育方案，运用好上年教育中形成的好经验、好做法，明确“党委统筹督促指导，支部具体组织落实”思路，支部先后组织12次学习检查、4次理论考试，强化学习自觉。党委成员围绕解读党章党规、宣讲“四讲四有”，人人编写讲课提纲，利用党日时间，组织专题授课辅导和讨论交流。围绕“三对照三查纠”，组织召开民主生活会，真正达到“扯扯袖子”“红红脸”“出出汗”的效果。三是同步开展主题教育。在学习习近平系列重要讲话精神为重点的基础上，扎实开展“两学一做”、改革、学习贯彻十九大精神等专题党委中心组带机关理论教育。在听讲座、开展党日活动等教育形式基础上，完成《退伍兵的致富梦》微视频拍摄、书法大赛等自选活动，其中书法作品获得建军90周年湖南省书法美术摄影作品大赛书法类优秀奖。四是抓活国防教育。先后10余次组织现役干部到县委党校科干班和4所高中开展国防知识和国家安全形势辅导讲座，社会反响较好；积极宣传桑植县“双带双促”典型、桥自弯红军学校运用“三转”开展红色国防教育的做法、贺晓英三十一年如一日照顾革命老人和退伍老兵杜龙玉带领群众脱贫致富等典型人物的先进事迹，并在

《解放军报》《国防报》《中国双拥》《国防教育》等报纸杂志上进行综合报道。

【推进改革顺利稳妥】 坚持如期实现规模结构和力量编成调整改革目标，高标准完成人武部各项改革任务作为最重要一项工作倾力推进。一是扎实开展改革教育。结合省军区开展的“坚决服从改革、正确对待去留”专题教育；围绕“五查五看”召开专题组织生活会，人人进行表态发言，个个递交拥护支持改革决心书，较好地凝聚了干部职工的思想意志；认真开展思想谈心、矛盾化解、问题反思、困难帮扶“四项活动”，确保干部职工心稳神定，积极拥护支持改革。二是坚决执行改革纪律。坚持把纪律规矩挺在前面，严格遵守政治、组织、廉洁、财经、保密等纪律规定，先后4次就移交资料及文书组织集中会审，对弹药仓库进行彻底清查，在转改中交“明白账”；坚持党委理财，加强预算管理，严控行政开支，杜绝改革期间突击花钱现象。三是研究细化职能。结合省军区组织的“非转专”专题教育，在军分区统一安排下，该部组织干部职工开展“适应新岗位、履行新职能、当好明白人”讨论活动，进一步引导干部职工把职能使命搞清楚、把岗位任务搞清楚，增强跑好首棒、干好首任、负好首责的使命感。

【主责主业务实有效】 正规战备备勤。对全县国防动员潜力数据进行核实更新，修订完善动员方案计划，夯实快速动员基础。结合民兵整组，及时调整健全各级应急分队，修订完善3类战备方案的22个子案，并召开任务部署会，确保各应急分队能快速依案行动。抓实民兵整组。把整组与战备方案修订、战场环境考察、基层阵地建设、兵役登记工作捆在一起抓，进一步优化编组布局，理顺兵力编组和作战编成的关系，较好完成民兵应急队伍整组任务。严格正规抓训。先后选派18名专武干部参加上级组织的各类集训，本级组织10余次征兵工作、民兵整组和国防动员等业务能力培训，圆满完成年度民兵军事训练任务，民兵队伍的应急应战能力和遂行抢险救灾任务的能力得到明显提高。紧抓兵员征集。精准开展兵役登记，18岁男性青年登记率达到100%。征兵宣传形式多样，做到电视有影像、网络有专栏、街面有标语、社区有橱窗、手机有短信，大大激发广大适龄青年依法参军入伍的自觉性和积极性。组织“双合格”预征青年进行役前训练，量化评比训练成绩，为择优定兵提供重要依据。通过聘请监督员、问卷调查、现场监督和网络媒体等监督方式，严把廉洁征兵关，严肃征兵纪律，圆满完成新兵征集任务，大学生征集率达到50%，没有一起退兵和廉洁征兵投诉举报现象。

【正风肃纪成效明显】 1.严格党内政治生活。部党委认真学习贯彻《中国共产党章程》、四个《条例》、两个《准则》，加强和规范党内政治生活，不断加强自身建设。严格落实民主集中制，营造了依法决策、团结共事的浓厚氛围；班子成员自觉参加双重组织生活、及时报告重大事项、坚决执行新政新规，群众威信高；持续肃清郭徐流毒，全面纠治沉疴流弊，教育干部职工转变观念，不能怀念没改作风的福利，而要享受正风肃纪的红利。2.推进财经秩序整治。坚持党委理财，加强预算管理，严控行政开支，行政性开支占年度预算的13.6%，其中接待费较上年相比减少44.4%，确保年度经费86%以上投向军事功能开支。3.全面停止对外有偿服务。民兵训练基地（祥天宾馆）和印象桑植客栈对外有偿服务项目，全面停止对外有偿服务。

【参建参治效益突出】 1.务实推进扶贫攻坚。紧紧围绕县委、县政府脱贫攻坚“556”行动计划，安排一名驻村第一书记，派驻一名常住工作队员专职从事扶贫工作，大力推进洪家关乡小埠头村的脱贫攻坚。从年度经费预算中拿出20万元，用于扶贫村基础设施建设、30户结对帮扶对象生产发展。投入7.2万元给小埠头村安装太阳能路灯

15盏，2.2万元用于春节走访慰问，协调交通局、电力公司等单位，完成小埠头村的农网改造1515户、新修公路3公里。2.主动协调涉军维权。做好涉军涉法和涉军信访疑难问题梳理上报，在县司法局设立军人军属法律援助服务工作站，协调县政法委、县公安局、县司法局等相关部门妥善处理10起涉军维权事件。3.主动参与地方活动。组织机关干部职工和近百名民兵积极参加“省级文明城市创建”行动，大力发扬拥政爱民优良传统，开展植树造林、街道卫生整治、城市美化等活动，赢得群众好评。组织民兵应急队员100人参加县十九大维稳反恐演练，并保持应急战备状态，确保一有任务能迅速出动。组织各乡镇应急排出动民兵100余人，扑灭大小山火5次，保护了人民群众生命财产安全。

【安全工作持续夯实】 1.加强组织领导。部党委将安全工作列入重要议事日程，坚持党委会每季、办公会每月分析安全形势，及时查找隐患和问题，制定防范和整改措施，明确“时间表”和“责任人”，确保营区所有重要目标“时时有人管，处处有人抓”。2.强化安全意识。采取“交班会上讲、专题组织学”方式，认真学习贯彻国防动员部下发的六个安全管理规定，及时传达上级事故案件通报，引导干部职工举一反三、汲取教训，时刻绷紧安全这根“弦”；将政治纪律、保密守则、军队人员使用微信等“十不准”规定制作成小卡片，随身携带，方便干部职工学习落实，划清政治纪律这条“红线”。3.狠抓排查整改。扎实开展了“百日安全”活动，对照细则全面排查安全隐患，并及时整改。人员管理方面，开展谈心交心，加强“两外三圈”管理，做好一人一事工作。枪弹管理方面，对照“五查五看”25个方面重点，严格落实人员政审、主官入库检查、个人签订责任书、完善兵器室安防设施、改革期间“五个暂停”等规定要求，确保枪弹专项清查整治落到实处。车辆管理方面，加强对驾驶员的管理教育，杜绝违章违规开车；设置车辆钥匙存放盒，由值班员集中保管，严格车辆派遣和登记制度；加强对干部职工驾驶私家车管理教育，落实单程超过100公里，必须报批手续。涉密信息管理方面，涉密载体落实“上班领取、下班归还”，涉密文件及时交还保密室存放，文印室专人负责复打印等规定；与地方广告公司、办公设备采购点签订保密协议，确保不发生失泄密。营院管理方面，对办公楼、宿舍以及旧武器仓库营房部分老化电路进行改造，消除用电安全隐患；完善修订营区应急处置预案，每个星期利用1天早操时间组织干部职工演练，熟悉程序方法，提高处置各种突发事件应急能力。

【党管武装落到实处】 1.领导重视支持。县委、县政府及主要领导始终把党管武装作为政治要求来摆位、作为全局战略来谋划，坚持重点工作亲自部署、重大活动亲自指导、重要问题亲自解决。按照改革任务部署，人武部民兵仓库管理中心4名全额事业编职工全部纳编，对外有偿服务项目（祥天宾馆）管理经营权顺利移交。2.专武干部管理逐步规范。县委决定将武装工作纳入全县经济工作会议一并表彰，进一步激发基层武装工作动力。专武干部的招录、选配及任用逐步规范化，基层武装工作有较大进步。3.党管武装职责有效落实。全县各部、委、局、办及企事业单位能较好履行法定职责，特别是利用建军节、春节等时机，组织对全县抗战老兵、军烈属、退伍老兵进行慰问等活动，社会反响好，全县党管武装氛围浓厚。

（钟小辉　刘德虎）

桑植县公安消防大队

县公安消防大队

大队长：杨川玮

教导员：刘　熠

中队长：陈贤峰

指导员：杨文君

【概　况】 桑植县公安消防大队组建于1990年，前身为武警桑植消防中队，桑植县公安消防股与武警桑植县消防中队合并成立桑植县公安大队，下设桑植县消防中队。

桑植县消防大队以全县灭火救援和防火监督为已任，2017年，消防队伍共接警111起，出动消防车171辆次，消防人员957人次，抢救被困人员16人，疏散人员115人，抢救挽回经济损失134.7万元，较好地完成以防火、灭火、抢险救援为中心的各项工作任务。

【打造桑植消防铁军】 1.深入开展专项教育整顿、作风纪律整顿、作战训练安全专项整顿等活动。大队党委积极部署，组织官兵学习《军队基层建设纲要》、“三严三实”专题论述、“五条禁令”、“十二条铁规”等内容，认真开展讨论，深刻剖析自身存在的问题，制定严密的整改措施，使教育整顿活动真正落到实处，有效的促进部队内部管理规范，官兵条令、条例意识增强，杜绝了安全事故和事故苗头。2.狠抓“两个经常”促进日常养成。大队狠抓“两个经常”，对官兵日常性的思想和工作情况加强管理，促进养成。通过不定时点名，夜间紧急出动，查铺查哨等，将各项工作任务量化到岗，责任到人，规范细化各项制度管理。通过一系列措施的深入推进，部队秩序井然有序，官兵精神面貌焕然一新，一日生活秩序得到很好的落实。3.始终瞄准“练为战”的主要目标。累计完成重点单位演练54次，修订并完善演练预案65份，制订城市消火栓卡69份。

【推动全县消防事业快速发展】 消防工作纳入政府综合目标管理、平安建设、社会治安综合治理考核评比和领导干部政绩考评内容，全面落实上级党委政府《消防安全责任制实施办法》明确的各项消防工作目标任务，全县消防工作整体平稳发展。一是政府领导职能作用充分发挥。县政府与各乡镇、县消安委各成员单位签订消防安全责任状，按照“党政同责、一岗双责、齐抓共管”和“管行业必须管安全、管业务必须管安全、管生产经营必须管安全”的要求，明确职责和任务，充分发挥各部门监管职能，积极开展部门联合执法，有效地改善了消防部门孤军奋战的局面。二是乡镇街道消防工作富有成效。全县乡镇、街道办事处“网格化”排查的消防工作机制基本建立，23个乡镇已全部达到消防安全网格精细化管理标准，100%的消防安全重点单位“户籍化”管理建设达标，100%消控室达标建设单位创建工作验收达标，5个乡镇29个村开展农村消防宣传服务站建设。全县乡镇、街道整体防控火灾能力不断增强，为确保全县火灾形势持续稳定夯实了基础。四是强化社会面消防宣传教育培训。先后组织“重点单位消防安全培训”“消防科普教育基地开放”“消防安全进校园”“消防安全进农村”等一系列大型宣传活动，共开展单位消防培训40余次、消防科普教育基地开放活动25余次、乡镇、村直两委培训10余次，校园消防安全培训10余次，进一步加强消防宣传工作，人们消防安全意识和自防自救能力明显增强。

【全面提升防控火灾整体能力】 扎实有效落实“今冬明春”火灾防控、劳动密集型企业和夏季消防安全专项整治专项活动，共检查社会单位2500余家，发现火灾隐患4000余处，下发责令改正通知书1600余份，下发行政处罚决定书43份，临时查封50家，责令“三停”20家，拘留5人，罚款30余万元。一是部署周密，行动迅速。维护火灾形势稳定，是促进经济发展、社会和谐稳定大局的迫切要求。大队对火灾防控和劳动密集型企业消防安全专项整治工作高度重视，严格按照方案的要求，迅速行动，周密部署，制定方案，成立领导小组，召开动员大会，层层签订承诺书，责任明晰，措施有力，大队先后联合公安、安监、质监等部门开展联合检查7次，有效净化了全县消防安全环境；二是排查深入，成效明显。社会各单位场所积极开展消防安全检查，坚持“户籍化”管理自我消防安全评估备案。在自查互查的基础上，县公安机关治安、督察、消防、基层派出所和各乡镇办、街道办事处工作人员，成立联合检查小组，逐一排查各类社会单位，对发现的火灾隐患，明确整改责任人、整改期限和整改标准。重点查处违章用火用电、违规留宿人员、关停消防设施、堵塞安全出口等违法行为，并逐项登记造册，实行跟踪问效，确保隐患彻底消除。三是大造声势，浓厚氛围。为提高全县人民群众的消防安全意识，有效遏制和防控火灾事故的发生，多措并举拓宽宣传路径，桑植消防创新宣传形式，与县移动公司、县电信公司、县联通公司、城乡公交车车载平台开通消防宣传短信平台，每月定期通过互动的方式向全县人民群众发送消防安全知识，积极拓展宣传载体和形式，组织消防宣传队深入到社会单位、学校、社县、居民楼院，发放宣传资料6000余份，张贴各种宣传贴图、标语3000余条，各社会单位也通过制作消防标语、悬挂消防宣传横幅、制作消防版面等形式，营造火灾隐患整改工作浓厚氛围。

（陈自辉）

人民防空

县人防办

主任：廖操元

副主任：欧阳开成　向贤锦

纪检组长：钟海源

【概　况】 桑植县人民防空办公室，既是桑植县国防动员委员会常设办事机构，也是县政府人民防空工作主管部门，列入县政府工作部门序列，不计入县政府机构个数，主要履行人民防空工作职责。内设综合股（法制行政审批股）和工程管理股；下设人防指挥信息保障中心，为人防办管理的全额拨款事业单位，有正式工作人员9名。其主要职责：贯彻和监督执行国家关于人民防空的法律、法规和政策，拟定并组织实施全县人民防空的基本战略方案；会同有关部门审批人民防空建设与城市建设相结合规划，审批城市总体规划中的有关贯彻落实人民防空要求及人民防空建设规划情况，依法对城市和经济目标的人民防空建设进行监督检查；组织管理人民防空通信警报建设和人民防空工程建设；会同有关部门组织开展人民防空宣传教育工作，普及人民防空知识和技能，指导人民防空干部教育培训；战时组织开展城市人民防空袭斗争。

2017年，在县委、县政府、县人武部的正确领导和相关部门的大力支持下，桑植县人防建设着眼于军事斗争准备，以贯彻落实《中华人民共和国人民防空法》及相关政策法规为重点，坚持解放思想、更新发展观念、创新发展思路、破解发展难题，努力夯实人防基础工作，较好完成各项目标任务，为促进和谐桑植建设做出了应有的贡献。

【人防知识宣传】 2017年，县人防办按照上级人防部门的精神，积极开展人防宣传教育工作。一是加强人防宣传报道工作。在《湖南人防》网站、《张家界日报》和《桑植新闻》栏目专题宣传桑植人防工作，通过宣传，市民防空防灾意识和国防观念增强。二是开展人防知识讲座。结合国家“防灾减灾日”，在青青果教育基地举办“大型青少年人防知识普及讲座”，发放人防宣传资料150余份。三是开展人防知识进校园活动。桑植县人防办组织工作人员走进桑植县思源学校和澧源中学开展“人防知识进校园”活动。免费向该校学生发放《人民防空宣传手册》3500余册，向学生宣传人民防空基本知识，预防与避险、自救与互救的基本技能、基本逃生手段和防护措施，以及后期处置等知识。

【人防行政执法】 2017年，根据《湖南省物价局、湖南省财政厅〈关于核定人防系统行政事业性收费标准的通知〉》和《湖南省发展和改革委员会、湖南省财政厅关于降低2016年度第四批涉企行政事业性收费标准的通知》规定，严格依法依规审批人防报建项目，全年共审批报建项目20个。通过人防执法，全面规范建设工程管理程序，人防队伍建设不断加强。

【人防指挥通信】 2017年，根据省、市人防部门的要求，加强机动指挥所设备设施和信息系统维护，抓好短波的日常训练工作；按照《人民防空训练与考核大纲》要求，分类组织分项训练、演练，已组织全县人防系统工作人员参加省人防开办的“指挥通信大讲堂”人防指挥信息化专业培训6次，开展跨区域拉练2次。为满足城市防空需求，投入资金4万余元，在人防地面应急指挥所新安装警报设备1台，全县城区警报设备总数达到8台。11月1日，开展全省防空警报试鸣，同时也是桑植县连续第11年组织防空警报试鸣活动，警报鸣响率和警报覆盖率均达100%。

（田坚强）

法　治

政法委及综治

县政法委员会

书记：朱爱民

副书记：张祥胜　陈龙祥

【概　况】 中共桑植县委政法委是中共桑植县委主管政法工作的职能部门，担负着维护社会稳定、社会治安综合治理、执法监督、队伍建设等重要任务。内设机构 5 个［综合办公室、政治办、综治办、维稳办（加挂国安办）、防范办］，下设二级机构社会稳定风险评估中心、社会服务网格管理办公室；在编在岗人员共 21 名，其中行政编制 9 名，全额事业编制 10 名、工勤编制 2 名；委机关实配领导正职 1 名、副职 2 名；委机关副科级以上干部 10 名；在职党员 17 人。

2017 年，桑植县委政法委在市委政法委、县委、县政府的坚强领导下，以营造良好的社会环境确保中共十九大顺利召开为重点，以维护国家安全和社会稳定、夯实综治基层基础、创新社会治理、突出专项治理为着力点，不断创新理念思路和工作方法，深入推进平安桑植、法治桑植、智慧桑植建设，综合治理各项工作取得明显实效，全县大局持续稳定，群众安全感普遍增强，在上半年全省民调中，桑植县得分同比上升 4.21 分，排名上升 40 位；下半年全市民调，桑植县又取得了排名第一的佳绩。

【强化政治意识　全力维护社会大局稳定】 一是县维稳领导小组将社会稳定风险评估工作作为县委、县政府决策的前置条件，县社会稳定风险评估中心指导相关单位做好深化改革、调整产业结构、项目建设、征地拆迁等重点领域的社会稳定风险评估工作，列入风险评估规划项目 30 个，全部完成风险评估。县维稳办组织开展三次较大规模的不稳定因素排查和信访积案处理活动，对 29 个重点群体不稳定问题，通过县级领导包案、联席会议调度、实行销挂号制度等措施，全部处理完结。牵头、协调处理阻工群访、重大事故、涉众纠纷等群体性事件苗头 11 起，依法处置 1 起蓄意闹事涉稳事件，全县没有发生一起重大涉稳有影响事件。国安部门加强特护期维稳安保工作，圆满完成中共十九大、国省“两会”、省委领导到桑植、春节国庆等节庆敏感时期安保维稳任务 30 次。其间，未发生重特大安全事故、刑事案件和群体性事件。公安机关开展反恐、涉恐隐患排查整治专项行动和反恐应急处突综合演练，启用五道水省际公安检查站、利福塔市际公安检查站，强化湘西北边界防控。结合精准扶贫，做细做实邪教在册人员的贫困户摸底。认真开展“无邪教创建”基层基础工作，创建了 1 个乡镇、6 个村（社区）示范点。二是县委、县政府高位推动，把信访工作纳入综治考核体系，成立联席会议15个专项工作组，健全信访工作机制和责任链条，形成了党委领导、政府主导、部门负责上下联动、齐抓共管的信访工作合力。县级领导认真履行“一岗双责”，包案解决信访问题，接访群众192批290人次，重点约访、专题接访79批138人次。县联席办信、访、网、电“四位一体”诉求受理平台受理办理来信、网转来访、意见建议、领导信箱1297件，网上信访占比为83.6%，居全市第一。县维稳办、县联席办对三年来赴省进京正常访、赴省进京非正常访、赴省进京集体访的人员进行全面梳理，将12件疑难信访积案、8件涉法涉诉信访积案、29个群体性问题、75个重点稳控对象对相关部门予以交办，明确了稳控责任主体。在特护期间，县委、县政府分管领导密切关注重点群体、组织串联牵头人、骨干分子的动向，带领信访、公安民警、重点信访责任单位工作人员组成前方工作组进行维稳劝返工作，并在市火车站设立劝导站，共从北京劝返上访人员20人次，从长沙劝返52人次，从市火车站劝返欲进京人员58人次，确保特护期“五个坚决不发生”，实现了特护期赴省进京非访“零登记”目标。三是重拳打击整治。2017年，公安机关共立刑事案件645起，破253起，刑事拘留211人、逮捕102人、移送起诉315人，抓获网上逃犯97人。县检察院受理审查批准逮捕案件48件70人，起诉案件115件189人，提起公诉66件95人。县法院受理各类案件2076件，审执结1192件，结案率为57.42%。政法机关以“围猎”行动为重点，强力破案攻坚，全县命案实现“零发生”；打掉2016年侦办的3个恶势力团伙，涉案人员40人，移送起诉32人，新挖掘3个涉恶势力团伙，打击处理17人；侦破系列盗窃案20起，打掉跨省盗窃团伙1个、跨市州盗窃门面团伙1个；破涉毒刑事案件43起、行政案件274起，刑事拘留36人、行政处罚367人、行政拘留352人，强制隔离戒毒140人、社区戒毒（康复）129人；交警大队现场执法7721起，行政拘留160人，处理各类交通事故845起。消防部门检查社会单位1968家次，临时查封47家，处罚39家，责令“三停”18家，行政拘留6人。四是多元化纠纷化解。司法行政部门着力充实专业性、联合性人民调解组织建设，指导建立医疗卫生、道路交通、婚姻家庭、物业纠纷等4个专业性、行业性人民调解委员会，基层人民调解委员会达到602个，聘请人民调解员2197名。各级综治调解部门深入开展“三调联动解纠纷、防控风险促发展”专项调解活动，聚力化解社会热点、难点矛盾纠纷，防控社会风险。2017年，共调解纠纷5876件，调处成功5809件，调处成功率达98.99%。排查纠纷59次，预防纠纷1104件，防止民间纠纷引起的自杀17件19人次，防止民间纠纷转化为刑事案件38件142人次，防止群体性上访53件983人次，防止群体性械斗31件400人次。政法各部门强化经济领域矛盾纠纷排查化解活动，严厉打击各类干扰破坏重大项目、重点工程建设的违法犯罪活动，公安机关共受理各类经济案件10起，立案7起，破案6起，刑事拘留7人、移送起诉16人；全县非法集资案件“零”发生；县检察院为加大生态环境保护监督力度，6月初在县环境保护局挂牌成立环境保护检察联络室，让生态环境保护工作进入常态化；县法院注重重点工程结算纠纷案件的审理，保证重点项目建设顺利实施，共审结建设施工合同纠纷案件25件，涉案标的2416万元。

【强化责任意识　健全政法综治保障体系】 县委、县政府明确提出，2017年全县政法工作要把为中共十九大顺利召开营造良好的社会环境作为首要任务，把争创全市、全省综治工作先进县作为奋斗目标。为此，县委常委会议、政府常务会议先后12次研究综治工作，从健全综治保障体系建设入手，极大解决综治工作中遇到的实际困难和问题。1.健全队伍。加强县级综治组织机构建设。调整完善了32个县级综治组织领导小组，综治委各分支机构领导力量进一步加强，人员更加充实。为适应新形势，新成立网格化领导小组，下设网格办，事业编制工作人员增加到4人。新成立巡特警大队（正科级），人员从大学毕业生、退伍军人等群体中招录，已正式运行并取得良好效果。新成立信访维稳大队，加强信访治理处置信访涉稳事件，4名成员均从政法部门借用。新成立人民来访接待中心，增加5个全额事业编制，分配1名法律专业研究生、从全县选拔4名干部充实接访力量。加强政法队伍建设。政法委机关人员进一步加强，综治办人员增加至7人，维稳办人员增加至4人。2017年，公、检、法、司、信五家单位提拔重用干部80人，为近五年来提拔重用人数最多的一年。调整充实基层综治机构和人员。由一名或多名副职分管，综治办人员相应增加，每个乡镇至少5名，最多16名，全县23个乡镇综治办工作人员总数达到187人。2. 保障经费。县综治工作经费保障按照“分级管理、分级负担、确定标准、逐年增加”的原则，在加大保障的同时，积极探索以财政拨款为主、多渠道筹措综治经费的保障机制。一是确保人员经费落实到位。政法综治人员经费通过年初清理编制、核实标准，在编制预算时，全额纳入财政预算，同时对可能发生的新增人员经费及支出资金预留，不留缺口。二是确保公用经费落实到位。2017年政法机关公用经费人均2万元，禁毒、追逃、普法、法制宣传等公用经费给予重点倾斜，按高于其他部门的标准安排。三是重点项目经费落实到位。网格化、综治中心建设工作经费由县财政预算保障，已落实经费90万元，“天网”、物联网等大型项目工程建设除财政保障部分外，采取“政府承租、企业承建”的方式逐步推进。乡镇、村（社区）按照政府拨付一点、部门帮助一点、村级经费支付一点的“三个一点”办法，多方筹集综治工作经费，弥补基层综治工作经费不足。四是强化责任。为强化各级领导责任意识，切实担负起维护一方稳定、确保一方平安的重大政治任务，按照中共中央办公厅、国务院办公厅下发的《健全落实社会治安综合治理领导责任制规定》相关要求，强化社会治安综合治理考核评价结果运用，把社会治安综合治理工作实绩作为对领导班子和领导干部综合考核评价的重要内容，与业绩评定、职务晋升、奖励惩处等挂钩。2017年上半年，县综治委领导分别对全市民调排名倒数第一、全县民调排名倒数第一的乡镇和单位主要领导进行约谈。对信访工作反应迅速、稳控得力的2个乡镇进行通报表扬，对稳控不力的7个乡镇进行通报批评，对进京上访2人以上的4名乡镇党委书记进行集中警示约谈。

【强化创新意识　有序推进社会管理】 一是通过网格化管理初步搭建起县—乡镇—社区—网格的四级网络构架，各乡镇划分为340个网格（其中城区7个社区划分为48个网格）。截至2017年11月22日，系统采集人口总数52714人，楼栋总数8429栋，房屋总数24568套，单位总数1896家。指挥中心共收到登记居民服务信息385条，收到事件上报信息160条，及时分流上报事件160件，其中119件已由相关责任单位按时处理并结案，29件延时处理并结案，事件分流率100%，事件处理率达94%。为提高网格化管理水平，县网格办通过专家授课、重点辅导、交流发言等各种形式，先后举办7次县网格指挥中心座席员、县直进驻单位联络员、乡镇网格指导员、社区网格员业务培训班，参加人员达200多人次，进一步提升网格精细化服务能力。综治、维稳、司法、信访等方面的资源基本实现信息共享。二是通过平台融合增进资源整合。网格化平台与12345政府公共服务热线实现初步整合融合。县网格化指挥中心从城管局借调4名退伍军人，与原政府办12345热线2人及原网格办座席员1人共7人合署办公。其中4名借调人员为公益性岗位人员，自11月21日始实行三班制值班，主要从事非警务投诉与咨询电话的接听和登记。另3名工作人员值行政班，主要对接听登记的电话事件进行分流、交办和催办。出台《桑植县12345政府公共服务热线工作规划（试行）》和《桑植县政府热线“12345”工作流程》。三是雪亮工程见成效。为切实抓好“雪亮工程”建设，成立桑植县“雪亮工程”建设工作领导小组，由县公安局负责组织实施。“雪亮工程”建设监控点初勘，共规划监控点位1501个。2月，县公安局配合县电信分公司和中星公司等承建单位，对全县23个乡镇的监控点位进行复勘，共核查确定监控点位1135个，覆盖县城区、各乡镇以及行政村路口。5月，中星公司开始前端基础施工，6月，县电信公司开始线路施工，拟建设前端监控摄像头2276个，微卡口100个，制高点1个。先后投入资金1000余万元，建设视频监控点1013个、治安电子卡口13个。110报警服务平台与社会求助服务平台（“12345”平台）、网格化管理平台的对接联网工作也在紧锣密鼓进行中。四是综治中心高标准建成。按照国家标准综治中心建设规范，共投入资金50万元，建成高标准县级综治中心，综治视联网正式投入应用并运行，实现中央—省—市—县视频四级联通。投入资金15万元，对现有23个乡镇和条件成熟的村（社区）的综治中心进行升级改造，实现与中央、省、市、县的对接。有条件的48个村居也正在积极筹建。五是公共法律服务开始运用。县级公共法律服务中心正式投入运行，设有接待指引、投诉受理、法律援助、法律咨询四个岗位，为百姓提供便捷、及时、有效的法律服务。截至10月底，接待咨询500人次，其中指引200人次，申请法律援助40件，解答咨询266人次。县司法局积极构建覆盖城乡的公共法律服务体系，已建成23个公共法律服务工作站、299个公共法律服务工作点，实现县、乡、村（社区）公共法律服务三级全覆盖，并陆续投入运行，全年受理法律援助案件276件，决定援助276件，指派276件，较上年度有所增长，做到“应援尽援”。全年没有出现违规受理、审查、指派法律援助案件的情况，没有引发举报投诉、越级上访、极端行为发生，为维护社会稳定和弱势群体合法权益做出了积极贡献。

【强化攻坚意识　突出重点专项治理】 1.精神病人救治。县政府制定《桑植县肇事肇祸精神病人强制医疗暂行办法》，规范县肇事肇祸精神病人强制医疗、年度体检、季度随访等工作，形成政府、基层组织和家庭管控网络。2017年上半年，全县对精神病患者展开全面性的调查，共摸排出肇事肇祸精神病患者170人，未发生一起重大精神病患者肇事肇祸案（事）件。县公安局共护送20余名精神病患者前往永顺、慈利等地精神病医院进行治疗。县卫计局落实重性精神疾病市级救助180人。县民宗局将852名精神病患者纳入民政医疗救助范围，救助金额60万元，对符合低保条件的精神病患者全部纳入低保，全额补助参合，城市居民最低生活保障标准由每人每月340元提高到每人每月420元，农村居民最低生活保障标准由每人每年2640元提高到每人每年3026元，农村特困对象分散供养标准由每人每年3200元提高到每人每年3934元，保障患者基本生活。2.“三实”信息采集。县公安局、县综治办等单位高度重视“三实”信息采集工作，县综治办下发《2017年度桑植县“三实”信息绩效评估细则》，进一步明确各单位职责，5月，召开全县“三实”工作推进会，提出全县实有人口信息，实有房屋、实有单位境外人员临时住宿登记录入率、准确率、及时率达到100%的总体目标。为确保“三实”信息采集工作顺利完成，县公安局指挥中心、督察大队及人口与出入境管理大队组成督察组，对信息采集工作实行一月一检查、一月一通报。5月17日，“三实”信息采集工作领导小组深入基层，督导“三实”信息采集工作，要求相关部门讲究方法步骤，切实增强“三实”信息采集工作的技巧性和准确性，分类实施，强化核查，坚持“凡采必核、凡录必审”，从源头上减少和杜绝弄虚作假，确保源头信息完整、准确、鲜活，全面提升信息采集、资源共享和综合应用水平。2017年，全县共录入实有人口371607人，从业人员36283人，实有房屋198841间，实有单位7199个；2017年新增实有人口6517人、实有房屋2399间、实有单位672家。3. 枪爆物品整治。县公安局扎实开展缉枪治爆专项整治，不断加强对公共场所、特种行业、危爆物品的监管力度。2017年，共检查酒店宾馆684家次，整改安全隐患52处，检查危爆场所41家次，整改安全隐患32处。开展百日排查整治工作，对寄递物流、加油站、液化气站、烟花爆竹等行业进行全面检查，重点检查危险化学品经营单位28家、特种设备使用单位1家、采石场1家、烟花爆竹生产经营单位58家，排查安全隐患12处，下达责令改正文书5份。县安监局结合安全生产大检查工作，积极推进危爆物品清理整顿工作，对5家危化品生产企业、9家危化品经营企业、1家烟花爆竹批发企业、30家烟花爆竹零售点以及5家非煤矿山企业进行危爆物品专项排查，检查企业48家，排查一般隐患57项。县交通局与公安、运管部门组成联合检查组，对县矿石开采企业、汽车运输公司和寄递物流行业进行突击检查，查处各类违法违规使用和运输爆炸物品企业5家。县国土局组织相关职能部门对城区31家寄递物流营业网点进行上门检查，对1家网店发出问题整改通知书。全县枪爆整治工作被评为全省先进单位。

【强化平安意识　深入开展十大创建】 为贯彻落实中央和省委、省政府有关平安建设的系列重大决策部署，建设更高水平的平安桑植，县综治委在全县范围内深入开展平安单位（企业）、平安交通、平安乡镇、平安边界、平安景区、平安校园、平安村（社区）、平安家庭等项目的创建活动。1. 平安单位、乡镇和社区（村）创建。由综治部门组织开展。为提高平安创建知晓率和参与率，提升群众集体荣誉感，县综治办细化、量化平安家庭、平安单位、平安乡镇、平安村创建标准，集中在9—10月开展平安评选活动，在每个单位、村组召开居民会议，评选出“守法光荣户”“平安家庭户”“平安创建示范户”并予以奖励。2017年度，共有3万余户被评为“守法光荣户”，8000余户被评为“平安创建示范户”，1000余户被评为“平安家庭”。评选采取村民自行投票的方式进行，互相监督，公正公平，群众参与平安评选的积极性空前高涨，平安创建影响力不断扩大。全县累计有5个乡镇被评为县级平安单位、30个村（社区）被评为县级平安村（社区）、6个单位被评为市级平安单位，成功创建国家级“民主法治示范村”3个，省级“民主法治村”11个，县级“民主法治示范村（社区）”47个。2. 平安景区创建。由综治部门协调、旅外侨局主抓。县旅外侨局立足全域旅游发展形势，在春节、清明、五一、十一等节假日期间集中组织专项整治，深入全县主要景区（景点）检查4次，参与市旅外委调研和执法检查3次。根据景区的发展变化，突出重点，坚持开展景区（景点）“大排查、大调处、大化解”活动，对景区内突出问题，落实责任，落实人员，依法及时就地解决，努力做到小事不出景区，矛盾不上交。对每月摸排出的尚未调结的重点矛盾纠纷和隐患及时调解处理，将各类矛盾纠纷解决在辖区内，化解在萌芽状态。全年没有发生重大旅游投诉、重大旅游安全事故、重大旅游拥堵等情形，全县旅游安全形势整体平稳。3. 平安边界创建。由综治部门协调、民政、公安部门主抓。在矛盾纠纷易发多发的县际边界，建立环桑8+1边界联调组织，签订环乡镇联防联调协议书65份。边界乡镇成立以乡镇长为组长，综治办、司法所、公安派出所等单位为成员，司法所具体负责日常事务的联防联调工作机制，各毗邻村也相应建立以村委会主任为组长，村小组组长为成员的联合调解小组，与周边地区相应组织加强联系，定期沟通，把矛盾纠纷化解在萌芽状态，确保群众发生纠纷有联调组织及时调处，接边地区社会稳定。2017年，边界联防组织共调解纠纷案件38件，调处成功38件，调处成功率达100%，排查纠纷188次，预防纠纷333件，防止群体性械斗2件17人次。4.平安校园创建。由综治部门协调、教育部门主抓。一是强化学生的安全教育。各中小学邀请县禁毒办专业人员讲授如何防毒拒毒，邀请消防官兵进学校为师生进行消防演练，邀请交警进学校为学生讲解道路交通安全知识130余次。聘请兼职法制副校长61名，为各校学生进行法律宣传知识讲座120场（次）。二是深入开展学校及周边环境专项整治活动。联合公安、司法、城管、交警、运管、文化、工商、环保及乡镇政府等部门，集中整治校园周边寻衅斗殴、敲诈勒索、环境污染等扰乱学校教学秩序的违法犯罪行为及学校周边网吧、电游室、经营摊点、车辆乱停乱靠、非营运车辆搭乘学生及未成年人驾驶摩托车等行为。三是严格落实责任追究。县教育局组织安全大检查20余次，抽查日常工作30余次，发现70余处安全隐患，5名校（园）长被约谈，30余所学校被下达整改通知书，有效预防安全事故的发生。5.平安文化市场创建。由文化市场综合执法大队牵头，制定《桑植县平安文化市场创建工作方案》，针对文化市场经营中存在的问题，以解决网吧接纳未成年人、电子游戏室违规经营、盗版教材、违法音像制品等问题为突破口，有计划、有重点地开展文化市场各项整治工作。共组织联合执法2次，检查音像店20余家次、娱乐场所50余家次、网吧100余家次、游戏室10余家次、书店30余家次、打字复印店20余家次、印刷厂10余家次。收缴盗版碟130余张、盗版教辅书256本，下达整改通知书20余份，查处违规经营案件18起，停业整顿9个经营场所，罚款48000元，有力规范了文化市场经营行为，确保了文化市场安全有序。6.平安交通创建。由综治部门协调、交通部门主抓。县交通局充分结合自身职能，以建成桑植最安全水域、最畅通公路、最规范客运、最满意车站为目标，围绕节假日运输安全、危险品运输、工地安全等环节，重点排查整治。对全县公路桥梁、高边坡、高挡墙及临水临崖路段进行全方位、立体式、地毯式、集中性排查，发现隐患问题32处，完成整改30处，限期整改2处；对何刘公路、空关公路、走碾公路、关实公路等在建工程进行安全检查，发现隐患62处，完成整改54处，限期整改8处；加强安防工程建设，投入200余万元进行道路交通危险路段整改、农村公路安保工程建设，有效消除事故隐患。全县未发生一起重大以上交通安全事故，交通秩序安全稳定。7.平安家庭创建。由综治部门协调、妇联主抓。县妇联以平安家庭创建工作为重点，下发《关于做好全县“平安家庭”“最美家庭”推荐工作的通知》。全县各级各单位共评选出“五好家庭”“最美家庭”近千户，评选出“好婆婆”“好媳妇”近500人，上报省、市妇联表彰“最美家庭”10个，2个家庭被评为湖南省“最美家庭”，4个家庭被评为张家界市“最美家庭”。县妇联充分发动家庭妇女，以生动活泼的方式晒家庭幸福生活、讲家庭和谐故事、展家庭文明风采、秀家庭未来梦想，大力宣传夫妻和睦、尊老爱幼、科学教子、勤俭持家、邻里互助的家庭美德，将平安创建与文明创建相结合、与基层妇女工作相结合，走出一条全新的、充满活力的平安创建路子。

【强化党建引领　打造政法过硬队伍】 围绕中央《关于新形势下加强政法队伍建设的意见》，以解决突出问题、补齐工作短板为抓手，高位推动，全县政法系统以党建带队建、打造过硬队伍。坚持党对政法工作的绝对领导。坚持把坚定理想信念作为政法队伍的政治灵魂，把党史国史、革命传统以及社会主义核心价值观教育，纳入政法系统党委（党组）中心组学习和干警日常教育，引导全体政法干警始终牢记“党委政府的刀把子”，牢牢把握政法机关政治属性。坚持每年召开全县政法系统党的建设工作会议，加强对全系统党建工作的统一研究、统一部署，充分发挥党建统领作用。突出抓好政治轮训，坚持每年举办新任局级领导干部、局级后备干部等主体示范班，深入开展政治纪律和政治规矩教育，确保政法队伍绝对忠诚、绝对纯洁、绝对可靠。2017年，为推进“两学一做”学习教育常态化、制度化，结合中共十九大安保维稳任务，在全县政法系统部署开展“喜迎党的十九大表彰大会暨文艺会演”，突出表彰在重点工程征地拆迁、维稳处突等方面取得显著成效的3个单位和25名先进个人。进一步丰富全县广大政法干警的精神文化生活，激发政法干警工作热情，展现政法干警“敢为人先、永争一流”的精神风貌，为政法部门进一步履职尽责、攻坚克难、再创佳绩催生内生动力。同时，结合全县精准扶贫工作，政法委全体干部在驻村帮扶、结对帮扶中积极谋划、主动作为，贡献应有力量。

（王 敏）

公 安

县公安局

党委书记、局长：唐湘桥（副县长）

党委副书记、政委：吴 勇

党委副书记、副局长：杨雄兵

党委委员、副局长：龚少云 朱声保

党委委员、政治办主任：李素平

党委委员：徐家权

党委委员、旅游警察大队长：张元松

【概 况】 桑植县公安局是县人民政府组成部门，现有在编民警282人。全局现内设机构31个，辖15个派出所。主要承担着：维护国家政治安全和社会治安稳定；侦破刑事案件、经济案件、毒品案件，依法打击各类犯罪分子；依法对特种行业、枪支弹药、危爆物品进行管理，依法查处各类治安案件；依法管理户籍、居民身份证，受理、审核公民出国境申请；受理、审核境外人员签证、证件申请；依法管理全县道路交通安全、车辆和驾驶员，处理交通事故，维护全县的道路交通秩序等职责。

2017年，桑植县公安局在市公安局、县委县政府的坚强领导下，找准坐标，持续发力，因成绩突出，县公安局被评为全省公安机关打黑除恶成绩突出单位、刑侦大队被评为全省公安机关追逃专项行动成绩突出单位。在全省综治民调中，桑植县居全省45位，比2016年上升62个名次。对公安机关公众评价在全省排名第31位，人民群众满意度大幅上升。

【持续狠抓案件侦办】 2017年，桑植公安连续开展“围猎”“打击盗抢骗”“冬春攻势”等专项行动。一举侦破“钱某、王某利等人电信诈骗案”，涉案金额高达1.5亿元，追回损失3000万元，一审判决15人。铁拳铲除了盘踞在廖家村镇以“谭某、陈某、李某”等为首的村痞村霸恶势力团伙3个，打击处理42人。3小时内侦破“8·30命案”，及时侦破“5·31”陈某、叶某轮奸案、“7·11”曾某贵纵火案等社会反响强烈的严重暴力犯罪案件；对积案难案永不言弃，千里追逃，远赴新疆、广州等地抓获冯某、张某，侦破17年前的命案两起，“8·25命案”仍在全力侦办。严厉惩治毒品犯罪活动。全年共破禁毒刑事案件60起，查处涉毒行政案件372起，行政拘留500人，强制隔离戒毒183人，设立特殊人群羁押室，破解了特殊涉毒群体打击、收治难题。2017年桑植公安共破获刑事案件394起，打击处理382人，刑事拘留273人，移送起诉397人，抓获网上逃犯116人，因成绩突出，县公安局被评为全省公安机关打黑除恶成绩突出单位、刑侦大队被评为全省公安机关追逃专项行动成绩突出单位。在全省综治民调中，桑植县居全省45位，比2016年上升62个名次。对公安机关公众评价在全省排名第31位，人民群众满意度大幅上升。

【扎实履行服务职责】 为筑牢社会治安防线，县公安局深化警务机制改革，完成指挥情报、侦查实战、治安防控、新闻舆情“四大中心”建设，提质升级“天网”工程，近3000个监控探头覆盖全县299个村（居委会），五道水省级公安检查站、利福塔市级公安检查站投入使用，警务实战效能进一步提升。扎实开展“敲门行动”“1·03基础工程”调查，开展缉枪治爆、护校安园专项行动，强化风险隐患排查，全面落实监所管理“十项重点工作”，连续八年保持监所安全“零事故”，防范基础进一步夯实。推行行政审批入驻政务中心，实行“一站式”服务；开通驾驶证科目一考场、机动车PDA智能查验系统，服务能力进一步增强。2017年，共查处各类行政案件1522起，行政处罚1594人，行政拘留1333人。同比，案件查处数上升64.5%，行政处罚数、行政拘留数上升46.9%、60.7%，行政案件查处数、行政拘留数创历史新高。持续开展道路交通“六大整治”和打击重点交通违法“百日会战”专项行动，现场查处各类交通违法行为13981起，行政拘留416人，清理淘汰黄标车318台，淘汰率达100%，整治成效显著。严厉打击阻工扰工行为，为张桑高速、黔张常铁路等重点工程建设营造良好的施工环境；深入开展大排查、大管控，组织开展反恐应急处突大演练，圆满完成中共十九大、“两节”、“两会”等节庆敏感时期各类安保任务24次，确保社会大局和谐稳定。在全市公安机关的综治考评中，连续两年位居榜首，在全县101个县直单位综治考评中排名第二位，绩效考核上档进位。县交警大队荣获全省打击重点交通违法“百日会战”专项行动成绩突出集体。

【不断加强队伍建设】 县公安局不断加强公安队伍自身建设，深入开展系列主题教育，坚持“党日”活动常态化，打牢听党指挥、忠诚使命的思想政治基础。素质强警再创新佳绩，强化队伍技能训练，先后组织体能、射击、写作等业务培训18期，在全市公安机关“三项技能”比武暨警体运动会上，摘取“三项技能”团体、男子篮球、女子乒乓球团体及单打等多项桂冠。暖心惠警凝聚新能量，牢固树立“以警为本”理念，举办升国旗、新警入警宣誓、老民警荣誉退休和迎新春文艺晚会，重视老干工作，开展走访慰问、座谈等活动，对民警子女高考予以奖励，提升住房公积金和门诊缴费比例。从严治警筑牢新防线，认真履行党风廉政建设“两个责任”，推行“半月谈”制度，坚持从严执纪，正风肃纪，强化督导问责。队伍发展树立新导向，本着“四重”干部选用导向，提拔重用优秀民警74人任职于各二层单位，解决正、副科级别39人。

（刘纪建　钟峥嵘）

检　察

县人民检察院

党组书记、检察长：谭红亮

党组副书记：曾吉林

党组副书记、副检察长：符　婷

党组成员、副检察长：朱兴阶

副检察长：陈峪林

党组成员：黄美玉

【概　况】 2017年，县检察院在县委和上级检察机关的正确领导下，在县人大及其常委会的有力监督下，在县政府、县政协和社会各界的关心支持下，深入贯彻中共十八大、十九大精神和习近平新时代中国特色社会主义思想，紧紧围绕全县工作大局，不断在服务发展、保障民生、深化改革上聚焦发力，在强化法律监督、自身监督和队伍建设上积极作为，努力开创检察工作新篇章。全院共获得省级荣誉 17 项，市级荣誉 26 项，首次迈入全省文明单位行列。

【维护和谐稳定 服务经济社会发展】 依法惩治刑事犯罪。共受理审查批捕案件 155 件 232 人，批准逮捕 97 件 140 人，不批准逮捕 58 件 92 人；受理移送审查起诉案件 324 件 472 人，提起公诉 253 件 377 人，不起诉 37 件 62 人。严厉打击严重影响社会治安稳定的刑事犯罪，办理发生在廖家村镇的陈某达、谭某平等 22 人寻衅滋事、故意伤害案，发生在县城南门峪的张某星、韦某财等 5 人故意伤害致 4 人重伤案，增强人民群众的安全感。严厉打击严重侵害农村留守儿童合法权益的刑事犯罪，办理了黎某石强奸、猥亵儿童案，王某谷猥亵儿童案等恶性案件，切实维护留守儿童合法权益，保持对此类案件“零容忍”。关注网络新型犯罪，办理了全市首例非法控制计算机信息系统案，陈某东、苏某进等 5 人利用网络实施的开设赌场案，钱某、王某利等 10 人利用网络实施的诈骗案，涉案金额高达 1 亿多元，保障了人民群众的信息安全和财产安全。积极参与社会治理。全面贯彻宽严相济刑事政策，积极推进刑事和解、检调对接工作，以法治思维促进社会矛盾化解。对罪轻、罪疑的犯罪嫌疑人，不批准逮捕 31 件 53 人，不起诉 18 件 28 人，对不捕、不诉案件加强释法说理，减少社会对抗。全面贯彻教育、感化、挽救方针，对未成年人实施的犯罪实行专案专办，办理未成年人特别程序案件 19 件 23 人，通过与教育部门联合开展“法治进校园”巡讲活动、组建志愿者帮教团队、在学校设立“法制副校长”等，加强对未成年人犯罪的跟踪帮教和教育预防。全面开展社区服刑人员脱管、漏管专项检察工作，对 250 余名社区矫正罪犯逐一核查，确保无一脱管、漏管。全面做好信访维稳、息诉罢访工作，落实检察长接待日、律师代理申诉、信访风险评估等制度，办结信访案件 18 件、刑事申诉案件 3 件，发放司法救助金和举报人奖励 6 万元，继续保持涉检赴省进京非访零记录和省级“文明接待室”称号。同频共振服务发展。服务经济发展，严厉打击破坏社会主义市场经济秩序的犯罪，批捕起诉生产、销售伪劣产品、非法经营、组织、领导传销活动、信用卡诈骗等经济类犯罪案件 16 件 18 人。服务重大项目建设，对非法阻工、强揽工程涉嫌犯罪的 15 人依法批捕起诉。运用法治思维和法治方式处置违法上访行为，对非访涉罪人员批捕起诉 1 件 1 人。服务绿色发展，在县环保局挂牌成立全市首家环境保护检察联络室，成功办理 2 件养殖污染监督案件，发出检察建议 4 份，协助公安机关行政拘留 2 人。办理盗伐、滥伐林木案件 8 件 12 人，有力震慑了破坏生态环境的不法行为。助力脱贫攻坚，帮扶困难群众生活物资 6 万余元，协调相关单位投入 170 余万元为建整扶贫村解决用水问题，完善交通和产业设施，完成危房和电网改造，改善困难群众生产生活条件。

【惩防职务犯罪 持续推进反腐倡廉】 坚持强力反腐，营造清正廉洁环境。立案侦查职务犯罪案件 20 件 20 人，同比增长 122%。其中，贪污贿赂案件 14 件 14 人（大要案 10 件 10 人），渎职侵权案件 6 件 6 人（大要案 3 件 3 人），移送审查起诉 18 件 18 人，同比增长 157%，立案数、大要案数创历史新高，稳居全市基层院榜首。根据上级指定管辖和交办，运用侦查一体化机制，集中力量查办了张家界市卫计委原主任文某华（正处级）受贿案、张家界市财政局原调研员张某鹏（正处级）滥用职权、受贿案、武陵源区林业局原局长邓某雄受贿案等系列大要案，为国家和集体挽回经济损失 1588 万余元，取得良好的法律效果和社会效果。加强与纪检监察部门衔接，严肃惩治扶贫领域的贪腐行为，对移送立案的洪家关白族乡扶贫办主任杨某国贪污危房改造资金案进行依法查处，为脱贫攻坚提供司法保障。坚持除虫护花，保护经济发展活力。在严厉打击职务犯罪的同时，准确把握非公经济和产业经济的司法需求，坚持把铁腕“除虫”与柔情“护花”相结合，保护企业产业发展活力。建立涉企案件直通快办机制，在查办桑植县涉企案件时，进行细致的经济影响评估，在不影响办案效果的前提下，改进办案方式方法，对涉案较轻的企业法定代表人、生产经营负责人没有采取强制措施或者依法变更强制措施，最大程度减少、避免办案活动对生产企业正常经营活动可能带来的负面影响，为保护县域经济发展活力、提振县域企业产业发展信心贡献检察力量。坚持源头治理，加强职务犯罪预防。通过办案研究发案、通过个案研究类案，侦查与预防同步，先后在安全生产监管、工程建设项目等领域开展预防调查3次，形成预防调查报告3份，提出整章建制、规范管理的检察建议2份。加强对重点工程招投标的监督，现场监督政府投资项目招标17次，提供行贿档案查询933人次。加强警示教育，在县委党校科干班、县烟草公司、国网桑植电力公司等开展预防职务犯罪讲座6次，结合典型案例开展警示教育8次，发放预防职务犯罪宣传资料2000余份，切实提升党员干部廉洁自律意识。

【强化法律监督　促进社会公平正义】 强化刑事侦查和刑事审判监督。开展立案监督，对应当立案而未立案的，监督侦查机关立案6件；对不应当立案而立案的，监督侦查机关撤案2件。监督公安机关对余高远生产、销售有毒、有害食品进行立案，维护人民群众“舌尖上的安全”。开展侦查活动监督，纠正漏捕1人，漏诉1人，向侦查机关发出书面纠正违法通知30份，口头纠正违法60余次。开展刑事审判监督，向人民法院发出量刑建议103件，维护司法公正，保障当事人合法权益。强化公益诉讼和民事行政诉讼监督。公益诉讼工作有新进展。认真贯彻新修改的民事诉讼法和行政诉讼法，着力解决人民群众关心的食品药品安全、生态环境和资源保护、国有财产保护、国有土地使用权出让等领域存在的问题，积极履行新增加的公益诉讼法律监督职能。在生态环境和资源保护领域摸排公益诉讼线索5件，立案调查3件，为公益诉讼工作谋局开篇奠定了坚实基础。行政行为监督有新突破。办理督促行政机关履职案件19件，发出检察建议17份，检察长带头独立办理督促履职案件，开创省内基层院入额检察长办理督促履职案件之先河，得到省、市检察院的充分肯定和推介。民事、行政审判活动监督有新成效。纠正法院审判程序违法1件、执行行为违法2件，发出检察建议2份。启动执行监督程序，帮助邹某成功追讨45万元欠款。强化刑罚执行和监管活动监督。加强羁押必要性审查，办理审查羁押必要性案件10件10人，依法解除羁押9件9人，切实保障当事人的合法权益。加强特殊人群犯罪羁押监管监督工作，根据县委政法委的统一部署，协助看守所在监区内设置全市首个特殊犯罪人群羁押室，专门羁押艾滋病患等特殊犯罪人群，确保刑事诉讼活动顺利进行。加强监管场所安全防范，设立检察官信箱，畅通在押人员控告、申诉渠道，对监管场所发生的问题及时发出检察建议10份、纠正违法通知书3份，确保监管场所安全稳定。检察院驻县看守所检察室顺利通过检查验收，继续保持国家“二级检察室”称号。

【加强自身建设　全面提升队伍素质】 坚实筑牢思想政治根基，凝聚队伍向心力。注重思想政治教育，深入推进“两学一做”学习教育常态化制度化，组织干警研读党章党规和习近平总书记系列重要讲话，举办专题讲座、读书论坛、道德讲堂、知识竞赛等活动，引导干警坚定理想信念、补好精神之钙。注重素能培养培育，开办一月一期的桑检大讲堂，组织干警赴浙江大学、厦门大学开展素能教育等各类培训73人次，全面提升干警职业素养。注重人文关心关怀，建立定期谈心谈话制度关爱干警心理健康，利用工会、妇委会、青工委等平台开展户外拓展、检察文化周等活动丰富干警业余生活，创新开展首届退休干警交流报告会，退休干警田政协的《致桑检的一封信》感人肺腑，社会反响热烈，被《检察日报》评为优秀作品，是县检察院首次在中央级媒体获奖。全面落实司法责任制改革，推进队伍专业化。严格落实检察人员分类管理，建立健全员额检察官权力清单、检察执法岗位操作规则、检察人员分类考核办法等相关制度，推进检察队伍管理科学化。严格落实司法办案责任制，按照员额检察官一线办案的要求，在全市率先出台入额院领导带头办案制度，入额领导共办理各类案件45件，出庭公诉22次，示范引领作用全面凸显，干警办案积极性、办案效率显著提高。严格落实案件管理工作机制，将486件案件纳入流程监控范围，对317件案件及时发出监控通知，对83件案件进行质量评查，发现并纠正程序性问题12个，杜绝错案发生，案件质量连续多年位居全市基层院前列。切实加大内外监督力度，提升队伍廉洁性。自觉接受党的领导和人大监督。始终坚持在县委的领导下谋划和推进检察工作，坚定不移地贯彻执行党的路线方针政策和县委的决策部署，坚持重要决策、重要部署、重要事项请示汇报制度；强化人大意识，主动接受人大监督，及时向县人大及其常委会报告检察工作开展情况，就公益诉讼工作向县人大常委会作了专题汇报。自觉接受外部监督，邀请人大代表、政协委员及社会各界人士参加检察开放日、庭审观摩、评议等检务公开活动300余人次，邀请人民监督员监督拟不起诉案件5件，向社会公开法律文书199份，发布程序性信息717条、重要信息动态29条。强化自身监督，坚持把规矩纪律挺在前头，压实“两个责任”，层层签订党风廉政建设责任状，确保党风廉政建设与检察业务工作同研究、同部署、同检查、同考核。检察院连续21年保持干警零违纪、执法零过错、单位零事故记录。

（朱 彦）

法 院

县人民法院

党组书记、院长：覃恩赐

党组成员：彭齐珠

党组成员、副院长：杨卫军 谷志传

副院长：向 进

党组成员：吴玉忠

党组成员、政治办主任：王爱民

专职审委会委员：黎德升 刘 谊

【概 况】 桑植人民法院共有正式在编干警90人，其中院领导班子7人，专职审委2人。

2017年，在县委的正确领导、县政府的大力支持、县人大、政协的有效监督和市中级人民法院的指导下，认真贯彻执行中共十八大、十八届历次全会精神和及时学习领会中共十九大会议精神，以“让人民群众在每一个司法案件中都感受到公平正义”为工作目标，以“抓队伍、强管理、提质效、促公正、树亮点”为工作思路，坚持司法为民、公正司法，推进司法改革，严格队伍管理，全面工作取得显著实效。为桑植县第十二次党代会确定的“旅游融合、产业扶贫、绿色发展”工作思路提供有力的司法保障。

全年共受理各类案件3592件，审（执）结2991件，结案率为83.26%。同比收案增加509件，上升16.51%；结案增加498件，上升19.73%。共有8个集体、41名个人受到省、市、县党委政府和法院表彰，司法绩效考核总分全市第一。司法警察大队被省高院评定为“五星级警队”。

县人民法院举办的中共十九大精神集中宣讲报告会

【依法严厉打击各类刑事犯罪】 全院受理刑事案件250件，审结223件。依法严惩严重刑事犯罪，审结贩卖毒品、故意伤害、寻衅滋事等刑事犯罪案件73件81人，其中判处五年以上有期徒刑的23人。依法严惩多发性侵财犯罪，快审快结盗窃、诈骗等案件32件37人。审结妨害社会管理秩序犯罪案件21件。依法做好轻微刑事案件和解、刑事附带民事案件调解工作，严格规范缓刑、监外执行条件及审理程序，慎重审理未成年人和老年人犯罪案件，保护未成年人和老年被告人的合法权益。

【履行民商事审判职责　维护民事权利和市场秩序】 受理各类民商事案件1760件，审结1510件。依法快审快结婚姻家庭、损害赔偿、医疗纠纷、劳动争议、土地承包等涉民生权益保障案件735件，审理房屋拆迁补偿合同案件8件。注重重点工程结算纠纷案件的审理，保证重点项目建设顺利实施。共审结建设施工合同纠纷案件33件，涉案标的3527万元。其中受理的桑植裕轮远航燃气工程有限公司的破产清算案，因燃气经营涉及民生和社会稳定，合议庭和清算组克服困难，采取边破产边经营的模式，确保正常经营用气，在全省法院审理的破产清算案件中当属首例，2017年11月14日，在债权人会议上已通过分配方案。因本案债权受偿率达83%，债权人对分配方案相当满意，并有序发放债权偿还款。

【履行行政审判职责　促进依法行政】 受理行政案件362件，审结138件（其中209件是2017年11月受理的）。加大司法审查力度，强化对非诉行政执行案件和被诉具体行政行为合法性审查，全力监督行政机关依法行政。积极延伸审判工作职能，针对行政执法工作中存在的问题，提出司法建议，促进司法与行政执法良性互动。在西线旅游开发项目、“利九”公路、思源学校建设中，全年60多次配合行政机关给被拆迁户耐心做思想工作，督促当事人，都自觉履行拆迁协议。

【创新工作方法　加大执行力度】 全年受理执行案件1173件，执结867件，执结率73.91%，法定审限执结率92.27%。受理案件标的额7.6亿元，结案标的额3.81亿元，执行标的到位率38.32%，实际执行率45.14%，标的到位金额1.46亿元。执行局创新工作方法，因案制宜，采取错时执行、和解执行、终结执行，执行“110”“白加黑”“5+2”等措施，使一些疑难复杂的案件有突破性进展。并在数字法院系统、媒体、闹市区广告屏幕公布失信被执行人名单等强制措施，让“老赖们”寸步难行。全年，采取拘留、罚款44人次，公布失信被执行人60人。以高压态势威慑被执行人，收到良好的执行效果。非诉执行工作初见成效，全年共受理非诉执行案件65件，已执行到位63件。先后组织12次大型执行活动，对思源学校、中药材大市场、利九公路、九天洞景区等重点工程项目中的15名被拆迁户依法强制拆迁腾地，取得很好的法律效果和社会效果。

【深化司法责任制改革】 确定32名员额法官，完成司法辅助人员、行政人员分类管理，成立5个审判团队，实行专业法官会议、院领导随机分案办案、员额法官自行签发法律文书等制度，完成员额法官的工资套改、绩效奖发放和非员额人员的选岗定责等与司改相关的工作。经县人大常委会主任会议批准同意，将原来的7个人民法庭合署为4个，员额法官较少、办案力量不足的压力缓解。完成人民陪审员“倍增计划”，邀请人民陪审员参与案件审理、调解、执行、送达等2243件，普通程序案件参审率达98%。

【狠抓队伍建设　完善廉政机制】 坚持“两学一做”教育活动常态化、制度化，要求全体干警经常学习党章、党规、习近平总书记系列重要讲话，将“两学一做”与法院执法办案相融合、与干警队伍建设相统一、与司法改革和脱贫攻坚相结合，深入推进队伍建设，大力提升队伍素质。全面贯彻党风廉政建设责任制，切实落实党风廉政主体责任和监督责任。全年给予撤职处分1人，党内警告处分1人，通报4次，约谈7人，廉政谈话35人次，电话回访当事人55人次。在县纪委的领导下，策划制作了廉政题材微电影《一张监督卡》，并荣获“青春践行十九大·不忘初心跟党走”张家界市青年廉政微电影大赛一等奖。

【加强基础建设　着力司法为民】 投入400多万元用于中心机房改造和新建六个科技法庭，初步建成以信息化为载体的审判监督动态管理体系，实现审判流程透明化、审判活动网络化、人事管理信息化、办公流程自动化、无纸化。利用现代科技手段提高办案质效，实现数字法院系统、智能办案系统、司法公开“一网融合”。完善便民利民措施，提高人民群众满意度。为13名困难群众减、免诉讼费19.8万元，裁准发放救助金12件19人18.38万元。

员额法官入额宣誓

（刘　燕）

司法行政

县司法局

局长：韦伦爱

副局长：谷湘云　雷　霞

政治办主任：谷臣魁

【概　况】 桑植县司法局是县人民政府组成局，是县委政法系统成员单位之一，担负着全县法治宣传教育、普法依法治理、人民调解、社区矫正、安置帮教、法律援助、公证律师、基层法律服务、司法鉴定的指导管理工作。机关共设7个内设机构，分别为办公室（挂法制行政审批股牌子）、普法宣传教育股、公证律师工作股、基层工作股、社区矫正工作股（挂县社区矫正中心牌子）、计划财务装备股、政治办，下设法律援助中心、公证处2个全额拨款事业单位，并派驻乡镇23个司法所。指导管理3个律师事务所、3个基层法律服务所、2个司法鉴定所。根据工作需要设有临时议事协调机构3个（中共桑植县委法治桑植建设领导小组办公室、桑植县人民调解工作领导小组办公室和桑植县综治委“三调联动”专项组办公室）。共核定政法专项编制73名（其中局机关编制23名、司法所编制50名），事业编制4名（法律援助中心和公证处各2名）。现有司法行政干部92人，其中在职74人，提前离岗人员1人，正式退休17人；法律服务从业人员57人，其中执业律师25人，基层法律工作者13人、专兼职司法鉴定人员19名。

2017年，全县司法行政工作在县委、县政府的正确领导和市司法局的精心指导下，紧紧围绕工作大局，履好职、服好务、带好队，为维护社会大局稳定、促进社会公平正义、保障人民安居乐业发挥了积极作用。全县司法行政系统以创建“法治桑植”为目标，创新工作思路，推行有力举措，被评为“全省法治县创建活动先进单位”。综治工作被市、县综治委分别评为全市“平安单位”创建示范单位和全县综治工作先进单位。局办公室、政治办、法治宣传教育股、公证律师工作股等股室被评为全市司法行政系统先进业务股室。

【法治宣传教育】 按照《桑植县七五普法规划》要求，以“法律六进”活动、农村法治主题月活动、青少年法治宣传教育周、“12·4”宪法宣传日等宣传活动为载体，大力开展法治宣传教育和普法依法治理工作。在微信平台及电视台开办专栏节目；筹资30万元在梅家山森林公园建成集健身、休闲、宣传于一体的“法治文化公园”；依托党校、中小学校等社会教育阵地开设法治主题课程；组织县非遗传承中心、县艺苑创业文化传媒文艺演出团队深入各乡镇将法治文艺大餐送到老百姓身边。2017年，全县共开展各类法治宣传教育活动1200场次，举办报告培训会550场次，受教育人数达15万人次，公民法律意识明显增强。突出抓好领导干部、公职人员法治宣传教育。着力提高领导干部的依法执政能力，把学法纳入各类大型会议、主体培训班学习内容，多次邀请省市专家进行授课；将述法及其测评情况存入档案，作为领导班子和领导干部业绩评定、奖励惩处、考核任用的重要依据，领导干部依法办事能力不断增强。深入开展“民主法治示范村（社区）”创建活动，2017年成功创建全国民主法治示范村1个，全省民主法治示范村2个；启动农村“法律明白人”培养工程，组织全县299名村居书记和319名村居法律明白人开展线上线下培训；举行优秀“法律明白人”和最美守法青少年评选活动，涌现出李成云、贺曦、王先虎等一批全市优秀“法律明白人”。组织年度普法考试“以考促学”筑牢学法用法第一关，全县国家机关工作人员网上学法考法学时完成率达100%，考核合格率达99.45%。推行“一村一法律顾问”工作，全县288个村（社区）聘请法律顾问，聘请率达96%，真正让群众足不出户即可享受到基本法律服务。

【矛盾纠纷调处】 深入开展“三调联动解纠纷、防控风险促发展”专项调解活动，积极调处矛盾纠纷。2017年，全县共调解纠纷4264件，调处成功4196件，调处成功率98.4%，排查纠纷350次，预防纠纷679件，防止民间纠纷引起的自杀17件18人次，防止民间纠纷转化为刑事案件32件127人次，防止群体性上访53件934人次，防止群体性械斗28件296人次，在助力全面小康建设上做出了积极贡献。洪家关白族乡胜龙村、瑞塔铺镇罗家边居委会、凉水口镇李家庄村等人民调解委员会被市司法局评为先进人民调委会，涌现出刘晓东、田启法、汪文建等一批“十佳”司法所长。巩固拓展行业性、专业性人民调解工作。已成立医疗纠纷、劳动人事争议、环境保护、道路交通事故、婚姻家庭纠纷等人民调解委员会，2017年，共调解医疗纠纷23件，道路交通事故纠纷252件，婚姻家庭纠纷313件，调解成效显著。落实人民调解案件“以奖代补”制度。2017年，共对2926件人民调解“以奖代补”案件补贴奖励资金18.83万元，发放人民调解指导经费14.63万元，极大地激发了基层调解员的工作热情和责任心，最大限度把矛盾纠纷化解在基层，为党委、政府分忧，为人民群众解难，较好地发挥了基层维稳“第一道防线”作用。

【社区矫正和安置帮教】 以县级社区矫正中心建设为抓手，推动社区矫正工作提质提量。县级社区矫正中心已投入使用。该中心建筑总面积达

246平方米，内设报到室、监控室、驻检（警）室，图书阅览室（教育培训室）、心理咨询室、社会联络室、安置帮教室、宣告（训诫）室、档案室等9大功能室，为全县社区服刑人员开展教育矫正、顺利回归社会提供强有力的场所保障。2017年，全县共接收社区服刑人员196人，解除矫正208人，没有发生一例脱、漏管情况。是年9月，桑植县社区矫正中心在市司法局和县政法委的关心支持和指导下，成功举办全市社区服刑人员行为规范教育活动观摩会并进行为期3天的规范化教育集中操训，社区服刑人员的法制意识、服刑意识大大增强，为社区矫正工作的顺利开展打下了良好基础。活动期间，市司法局邀请市检察院领导到此参观，武陵源、慈利等周边区县司法局领导到桑植参观交流，收到良好的社会效果。并开展“情暖高墙·关爱孩子”帮扶活动。先后2次与省女子监狱合作，为13名服刑在教人员的未成年子女申报助学金。2017年12月，与温州聚长者公益基金和惠州明珠禅寺联合举行帮扶活动，为70名孩子捐赠助学金和衣物，价值10万余元，为他们解决实际困难。坚持以人为本做好安置帮教工作的思路。将重点帮教对象必接工作纳入综治考评和业务考评。建立刑释人员工作档案，落实“三率”核查工作。2017年，全县共有刑释人员“重点帮教对象”10人，接送率达100%。帮助所有刑释人员落实责任田土，帮教率达100%，重新犯罪率始终控制在3%以内。

【公共法律服务】 大力提升民生服务能力，积极构建公共法律服务体系。投资近300万元建成1个公共法律服务中心、23个公共法律服务工作站、299个公共法律服务工作点，实现县、乡、村公共法律服务三级全覆盖。2017年，中心共接待咨询1222人次，其中指引600余人次，申请法律援助60件，解答咨询562人次。同时，依托工作站和工作点实施法律援助利民工程、开展律师服务专项活动，将法律服务送到家门口，打通服务群众“最后一公里”。法律援助服务普惠性、均等化水平明显提高。全年共受理法律援助案件303件，指派303件，实现“应援尽援”。秉承服务理念，做好公证工作。全年共受理公证事项160件，办结160件，业务收费50228元，无一错证、假证。强化基层法律服务监管，规范执业活动。督促法律服务机构建立健全日常管理制度，引导法律服务人员依法执业。加强“双随机一公开”执法检查和信访举报投诉办理工作，做到有案必查，来件必复，服务执业环境进一步净化，服务质量进一步提升。

【基层基础工作】 加强司法所规范化建设，推动全县司法所工作效能和服务水平提质升级。创建洪家关、澧源等一批高标准、示范性的全国先进司法所和省级模范司法所。2017年下半年，桑植县全国先进司法所和省级模范司法所顺利通过省司法厅的复查验收，巩固了创建成果。投入资金53万元对上洞街、人潮溪、空壳树、龙潭坪、澧源等所进行改造维修，并完成统一司法所标识和内部设置工作。近半数司法所标牌标识达到规范化建设的要求，司法所的履职能力和工作水平得到提升。

【司法队伍建设管理】 围绕“三个加强”着力提升队伍履职能力，带动全县司法行政工作提质增效。一是加强主题教育，提升队伍综合素质。扎实开展“两学一做”学习教育和学习中共十九大精神等活动，坚持不懈地学习党的路线方针政策及习近平总书记系列重要讲话精神；积极开展主题党日及文体活动；深入推进“三联三转三攻坚”主题教育实践活动，全局23名干部结对帮扶龙潭坪居委会建档立卡贫困户83户，全年共开展走访人均6次以上，帮助帮扶对象落实各项优惠政策和惠农补贴。二是加强作风建设，提升队伍实战能力。建立队伍建设长效管理机制，修订完善各项规章制度，推动工作规范化、精细化。扎

张家界市司法局组织开展“情暖桑植　关爱孩子”助学活动

实开展警示教育活动，以案明法，让廉政教育入脑入心。强化作风巡察，狠抓日常工作监督。落实“一岗双责”，逐级签订《党风廉政建设责任书》，严肃责任追究，增强干部的廉洁自律意识。三是加强业务培训，提升队伍专业水平。全年先后组织开展各类业务培训 12 次，提升了干部依法办事的能力、化解矛盾的能力和做群众工作的能力。

（张　媛）

经济综合管理

经济综合管理

县发展改革局

党组书记、局长：黄　清

党组成员、副局长：宋智深

党组成员、副局长：王玉意

党组成员、县优化办主任：陈元林

【概　况】 桑植县发展和改革局是县人民政府工作部门，负责拟定并组织实施国民经济和社会发展战略、中长期规划和年度计划，统筹协调相关总体规划、区域规划、主体功能区规划与专项规划、编制和执行价格改革规划，拟定并组织实施价格措施、物价监管、承担重要商品总量平衡和宏观调控，编制重要农产品、工业品和原材料进出口总量平衡计划并监督执行，研究提出县重点建设项目计划、研究分析经济社会与资源、环境协调发展的重大问题，研究提出能源消费总量控制目标的建议，牵头拟定能源消费总量控制工作方案并组织实施、项目审批、固定资产投资、重大项目建设等职能工作。

2017 年，桑植县发展和改革局在县委、县政府的正确领导下，紧紧围绕省、市发改委的工作部署和年初制订的工作目标，坚持以全面建成小康社会为目标，以突出发展为先导，以项目建设为龙头，以优质服务为宗旨，开拓创新、真抓实干，各项工作都取得卓有成效的进展。

【桑植县主要经济指标完成情况】 2017 年，全县实现地区生产总值 909230 万元，同比增长 8.5%，增速同比加快 0.3 个百分点，其中第一产业增加值 105460 万元，增长 3.9%；第二产业增加值 181188 万元，增长 5.5%；第三产业增加值 622582 万元，增长 10.2%。人均生产总值为 23341 元，同比增加 2219 元。经济结构继续得到优化。三次产业构成由上年的 12.4 : 20.4 : 67.2 调整为 11.6 : 19.9 : 68.5。全县建成小康社会总实现程度为 86.2%，同比增加 1.1 个百分点。全年实现工业增加值 14.75 亿元，同比增长 6.2%。规模以上工业企业经济效益基本稳定。全年固定资产投资 48.67 亿元，比上年增长 1.7%。其中，城镇投资 43.44 亿元，同比增加 3.6%；房地产开发投资 5.23 亿元，同比减少 12.2%。全县实现社会消费品零售总额 35.7 亿元，比上年增长 10.7%；实际使用外资 489 万美元，同比减少 60.2%；实际使用内资 10.89 亿元，同比增长 18.1%。全县接待国内外游客 515.58 万人次，实现旅游收入 26.35 亿元，同比分别增长 15.9% 和 20.2%。全县实现财政总收入 6.05 亿元，同比增长 12.3%；一般公共预算支出 33.32 亿元，增长 7.8%。年末全县各项存款余额 119.29 亿元，比年初增加 11.67 亿元；其中个人存款 79.25 亿元，比年初增加 9.64 亿元；人均储蓄存款为 20345 元。各项贷款余额

63.28亿元，比年初增加11.11亿元；其中个人消费贷款余额21.04亿元，比年初增加6.13亿元。全年城镇居民人均可支配收入15653元、同比增长10.9%；全年农村居民人均可支配收入7210元，同比增长15.1%。

【谋划项目申报与推进项目建设】 县发展和改革局紧紧围绕国家投资导向和上级部门有关精神，结合桑植县实际情况，配合县直各部门积极与上对接，早谋划、早准备，做好大量的项目前期工作，及时充分地做好项目申报工作，狠抓项目批复，截至2017年12月31日，桑植县“十三五”规划项目共入库64个，立项62个，开工45个（其中2017年入库31个，立项29个，开工18个）全面完成了年初目标任务。争取各类资金3.77亿元（其中中央预算内投资计划项目22个，资金1.7亿元。）同时努力推进重点工程项目建设。2017年，全县共安排重点项目61个，项目概算投资总规模376亿元，其中前期争取项目9个，计划开工项目52个，已开工28个，开工率53.8%；未开工24个，占46.2%，项目含基础设施类项目22个、产业类项目11个、民生类项目28个。计划投资68亿元，已完成投资34.7亿元，占年计划投资的50.6%。同时深化“项目建设推进年”活动，开展“重点项目施工环境专项整治行动”，并且出台相应实施意见，建立健全要素跟着项目走机制，为项目有序推进创造了有利条件。

【实施生态功能区产业准入负面清单】 实施桑植县重点生态功能区产业准入负面清单，完善负面清单监管机制。一是成立以分管副县长任组长、发改、财政、环保、经信、交通、国土、规划、农业等部门为成员的重点生态功能区产业准入负面清单实施领导小组，领导小组下设办公室，县发改局长兼任办公室主任，加强组织领导；二是将责任分解落实到相关成员单位，明确单位主体责任，将负面清单落实情况纳入年终绩效考核；三是扎实推进，确保负面清单工作执行到位。对于限制类和禁止类产业项目，一律不予引进不立项审批。2017年7月，负面清单实施以来，依法关停影响生态环保的小企业小作坊，关停非煤矿山21家，淘汰小散乱污企业37多家，对14座水电站作出限期退出的决定。对涉及大鲵自然保护区的小水电项目采取关停、取缔、限期退出及实施生态修复等处理及治理措施。

【节能减排完成省定目标任务】 省定节能完成目标为：万元GDP能耗控制在0.6吨标煤以下，县GDP能耗稳定在0.583吨标煤/万元以下，省定节能任务较好地完成。2017年总量控制目标，化学需氧量排放总量控制在3805吨以内，氨氮排放总量控制在459吨以内，与二氧化硫排放总量控制在10626吨以内，氮氧化物排放总量控制在3629吨以内，挥发性有机物排放总量控制在4257吨以内，5项指标均完成年度考核目标。

【深化机构市场要素价格机制改革】 1.积极推进行业商业协会商会与行政机关脱钩改革。严格按相关文件和是时间截点要求，全面完成10个主管单位26家协会脱钩任务。2.推进资源要素市场配置改革。落实省政府配置资源方式相关体制机制。成立桑植县公平竞争审查联席会议制度，出台相关文件，并对住建、交通、财政、环保等单位2016年到2017年8月以前的文件进行审查。3.推进价格体制改革。开展景区价格改革，深化商品价格市场化改革，公布桑植县2017年版政府定价的涉企行政审批前置服务收费目录清单和涉企经营服务收费目录清单，完成桑植县阶梯水价改革和医疗服务价格改革。放开交通运输行业竞争性环节价格。4.项目推进体制机制改革。继续实行县级领导联系项目制度，落实《重大项目落实不力问责办法》，下发《关于加强重点工程项目建设工作的意见》，明确倒逼问责机制。5.切实推行行政审批制度改革全力推行行政审批“三到位三集中”改革，制定《桑植县推行县本级行政审批“三集中三到位”改革工作实施方案》。各相关单位以机构改革“三定”方案为契机，整合内部股室，设立行政审批股。全县有34个具有行政审批职能及承担公共服务事项的县直和垂管部门参与改革。“三集中三到位”改革，简化办事环节，提高行政效率，优化政务服务环境，迈开服务型政府建设新步伐。

【整改规范涉企检查收费行为】 1.进一步规范涉企检查收费行为。严格执行涉企备案制、“企业宁静日”制和满意卡反馈制，进一步规范涉企检查。县优化办下发《关于报送2017年度涉企检查工作计划的通知》（桑优化办〔2017〕1号）。2017年全县共16个执法单位有涉企检查计划，涉及130多项检查内容，并向社会公开举报电话。严格落实行政事业性收费、行政许可前置收费、涉企服务性收费等目录清单，持续开展涉企收费专项检查，重点检查行政机关和公用事业单位执行价费政策的情况。2.切实抓好企业负担重问题整改工作。严格执行《湖南省涉企行政事业性收费降标方案》和《湖南省涉企经营服务性收费降标方案》。进一步降低涉企行政事业性收费和涉企经营服务性收费。县优化办下发《关于开展企业负担重问题整改工作的通知》，明确整改内容、责任分工、整改时间和整改要求。截至2017年11月底，全县小型微利企业所得税共享受优惠137户次，减免所得税87.75万元，政策享受面100%。2017年预缴申报小型微利企业1748户次，其中盈利企业102户次，享受优惠政策102户次，政策受惠面100%，减免税额63.84万元，户均减免0.63万元；国税管辖纳税人享受小微企业增值税优惠22712户次，减免税额1145.28万元。认真贯彻落实国发〔2016〕48号文件精神，累计为企业减负643.3万元养老保险费。切实减轻企业负担，降低实体经济成本，为企业发展营造宽松的政策环境。

【扎实落实民生工程项目】 1.切实抓好易地扶贫搬迁工作。桑植县核定的“十三五”易地扶贫搬迁工作2017年任务为6000人（集中安置项目26个589户2110人，分散安置1043户3890人）。完成1632户6000人搬迁任务，入住率100%。2.完善价格调控机制。完成农村客运价格调控工作，启动城区公共价格调整调研；严控商品房价格备案工作，本着“房子是住的，不是炒的”的理念，严格报备把关，制止一起商品房虚高标价，为购房户每平方米减轻经济负担520元，共节约资金2766.55万元；积极申报省、市价格调节基金扶持推进菜篮子工程项目5个，申报资金达90万元。3.落实民生工程项目。全县进行农网改造升级，总投资1647万元，其中中央预算内投资329.4万元，新建改造10千伏线路60.478公里；新建改造配变113台，总容量26.36兆伏安；新建改造低压线路112.477公里。全县20个乡镇33个贫困村实施2017年村级光伏扶贫工程项目，总投资1584万元，已争取到省财政预算内基本建设资金330万元。项目建成后，预计电站运营期内平均年上网电量为200万千瓦小时，33个贫困村均可实现村集体收入4万元以上。天平山污水垃圾处理项目总投资3100万元，已经争取到中央预算内投资460万元，新建日处理500吨污水处理厂1座，铺设污水配套管网7.5公里；建设垃圾收转运设施，日处理垃圾20吨；开展桑植县酉水、澧水流域环境整治工作，已经获得中央预算内投资2700万元。主要包括对酉水、澧水流域两乡三镇两岸环境进行综合治理，酉水河沿岸排污口封堵整治，酉水、澧水两岸雨污分流管网敷设，逐步完善整治范围内垃圾收集处理体系的建设。

【规范桑植县公共资源交易】 桑植县的工程建设项目招投标、土地使用权与矿业权交易、国有产权交易、政府采购以及其他规定的公共资源交易项目全部进入市公共资源交易中心平台交易，极大地促进桑植县公共资源交易活动规范有序。全县共完成市级公共资源交易138笔，交易总额6.706亿元。其中，工程建设交易36笔，交易额3.87亿元；土地使用与矿业权出（转）让交易9笔，交易额1.68亿元；政府采购交易33笔，交易额1.14亿元；国有产权交易60笔，交易额0.016亿元。

（钟　婕）

国土资源管理

县国土资源局

党组书记、局长：范武斌

党组成员、副局长：肖文华

党组成员：黄生龙

党组成员：佘　武

党组成员、总规划师：熊红卫

【概　况】 桑植县国土资源局主要职责是管好一方地（土地资源管理）、一块宝（地质矿产资源管理）、一张图（测绘地理信息管理）和一登记（不动产统一登记管理）。核定人员编制161名，内设9个股（室）、11个直属事业单位、23个乡镇国土资源所。

2017年，桑植县国土资源系统紧紧围绕中心、服务大局，按照县委、县政府的工作部署，卧薪尝胆，砥砺前行，在用地保障、土地供应、占补平衡、增减挂钩及耕地保护等方面都取得了新的突破，为推进全县经济发展提供了坚实的国土资源保障。县国土资源局获全市维护矿产资源开发秩序责任目标管理先进单位、获全县“三联三转三攻坚”主题活动先进单位、脱贫攻坚工作行业扶贫先进单位、社会管理综合治理先进单位、信访工作先进单位、招商引资服务工作先进单位、安全生产工作先进单位、部门服务奖、政协提案办理先进单位、优秀门户网站。县国土资源局退休党支部获全市国土资源系统“先进党支部”。覃遵祥被评为全省永久基本农田划定工作先进个人；范武斌、向延宗、伍平被张家界市国土资源局表彰；彭毅、郭鹏程被评为张家界市国土资源系统优秀共产党员；刘凤群被评为张家界市国土资源系统优秀党务工作者；王翔、肖立新被评为张家界市国土资源系统国土资源管理先进个人；向延宗、肖大海、龚小江被评为张家界市国土资源系统优秀国土资源所所长。

【用地保障更加彰显】 2017年，组卷报批项目建设用地41个，批准面积55.6公顷，其中占用水田20.87公顷。办理村民建房手续1263户。征地补偿面积34公顷，迁坟207座、拆迁房屋67栋，兑现补偿金额5291万元。办理土地出让手续89宗10公顷，划拨18宗12.14公顷，入库土地价款2.06亿元。完成21宗土地收储，拨入前期开发资金4290万元。完成测绘1143宗（幅），施测土地面积164公顷，扎实开展“问题地图”清理。完成桑植县耕地后备资源调查，调处土地纠纷、明确土地权属7起。

【耕地保护更加完善】 2017年，出台《关于印发〈桑植县乡镇耕地保有量及基本农田保护面积指标数的通知〉》《桑植县人民政府领导班子及成员耕地保护责任分工》《关于进一步加强耕地占补平衡的实施意见》规范性文件，完成2006—2020年土地利用总体规划调整完善和全县永久基本农田划定工作任务。争取财政涉农统筹资金1500万元，开工建设耕地占补平衡项目8个244.74公顷，可新增水田指标43.2公顷、旱地指标114.27公顷。完成10个乡镇灾毁耕地和2015年湖南省投资第一批灾毁耕地复垦项目。出台《关于进一步加强农村建房用地管理的通知》，规范农村建房秩序。赴新邵县、龙山县、永顺县考察学习增减挂钩工作，出台《桑植县2016—2020年城乡建设用地增减挂钩项目实施工作方案》《桑植县增减挂钩项目实施细则（试行）》规范性文件，与长沙县建立增减挂钩节余指标流转合作关系，实现首笔流转金额8450.2万元。

【矿政管理更加优化】 受理采矿权申请登记15宗，解决2起采矿权争议。清理矿山采矿权与各级自然保护区重叠或部分重叠15家。完成《桑植县第三轮矿业权规划（2016—2020年）》编制工作。组织采矿权信息公示，完成采矿权信息登录公示65家。回复国家环保督察交办件6件。对过期采矿权清理，启动2015年1月1日前过期矿山约谈处理工作。清理持证矿山数据库，完成数据核对。开展矿业权清理、矿山超深越界检测等专项行动。

【执法监察更加强劲】 2017年，查处并结案土地违法案件305件、矿产违法案件13起。移交桑植县法院凉水口镇黄某占用基本农田非法建筑案，强制拆除非法建筑110平方米，并恢复原种植条件。完成征地拆迁百日大会战对象党校外预制板厂地块倒房腾地任务。强制拆除长潭坪违法占地修建的训练场。深入开展控违拆违、打非治违、征地拆迁“清零行动”等专项工作。2016年度卫片执法检查图斑285举证、查处到位，国家土地督察武汉局土地例行督查反馈56个问题全面销号，连续8年实现“零约谈、零问责”。

【依法行政更加鲜明】 2017年收到行政复议申请3件，参与行政诉讼案件42件、民事诉讼2件、应诉案件开庭审理34件，组织听证3次。受理省市县信访件17件，办结14件，办结率82%；本级受理群众来信来访242件，集体访2批22人次，回复处理237件，回复率97.9%。开展规范性文件清理和合法性审查工作，清理规范性文件9份，废止2份。审查合同8份、信访件答复15件、行政处罚151件。在芙蓉桥、竹叶坪、龙潭坪等地开展“4·22”世界地球日和“6·25”全国土地日主题宣传活动。

【基础工作更加多元】 2017年，完成澧源镇高家坪社区滑坡治理等8个中小型治理、八大公山镇徐家桥等16个应急治理和2017年地质灾害搬迁避让项目建设。施工建设麦地坪乡王家湾应急治理项目、刘家坪双元坪村中小型治理项目。完成32个批次打捆项目、21个易地搬迁集中安置点、33个整村脱贫村光伏发电项目的用地预审。组织选址勘界农村综合服务平台152个、易地搬迁集中安置点52个。颁发不动产权证1513本，不动产登记证明2561张，不动产抵押登记贷款5.62亿元，协税7882万元，在全市率先颁发林权首证。2017年8月，顺利通过不动产登记成果质量检查。按照行政审批“三集中三到位”改革要求，建立便民利民的行政审批机制，打通服务群众“最后一公里”，受理业务3232件，办结3197件，办结率99%。

【队伍建设更加壮大】 2017年，加强党风廉政建设，开展“告别赈酒陋习，树立文明新风”“治陋习、树新风”“破除政务服务‘中梗阻’”等专项整治行动，开展“互联网＋监督”工作。配合桑植县委开展巡察工作，配合张家界市局开展落实党风廉政建设“两个责任”专项督查。开展“清理国家公职人员违规参与涉矿等经营性活动”专项整治工作。推行绩效考核改革，制定内部2017年绩效考核方案，年底绩效奖金按工作绩效考核划分档次发放，彻底打破年度绩效奖金“平均主义”和“吃大锅饭”的现象，构建风清气正、干事创业的工作环境。

（廖海波）

统计管理

县统计局

局长：刘红星　钟　华

党组书记：刘红星

副局长：黄花云　罗天祥

总统计师：黄花云　杨玉娇

【概　况】 桑植县统计局是县人民政府主管统计

和国民经济核算工作的职能部门，是社会经济信息的主体部门和国民经济核算的中心，是统计行政执法机构和重要的咨询机构。2017 年 4 月 9 日县发展和改革局对外使用县统计局名称开展统计工作（桑编发〔2017〕8 号），2017 年 11 月 24 日再独立设置桑植县统计局（桑编发〔2017〕15 号）。统计局下设统计调查队（副科级事业单位）。现有干部职工 10 人。

县统计局承担全县人口普查、农业普查、经济普查等大型的普查任务，组织领导和综合协调全县统计和国民经济核算工作；制定和管理全县性的统计工作规章、统计现代化规划、统计调查计划、统计标准、统计报表体系和指标体系；搜集、整理、提供和管理全县性的基本统计资料，发布统计公报，对国民经济、社会发展和科技进步进行统计分析、统计预测和统计监督，建立并不断完善宏观预警系统；建立健全和管理全县统计信息自动化系统和全县统计数据库体系；组织指导全县统计科研、统计教育、统计专业和职务资格评审、统计干部培训。

2017 年，县统计局紧紧围绕县委、县政府的中心工作，以提高统计数据质量为核心，以为地方党政领导决策服务为宗旨，以争创一流工作成绩为目标，团结拼搏、求实创新，在统计服务、统计法制建设、统计信息自动化建设等方面取得了显著成绩，充分发挥了统计的信息，咨询、监督的整体功能，为各级领导决策提供了科学依据，为全县的经济发展和社会进步做出了积极贡献。

【国民经济核算统计】 桑植县国民经济核算统计主要对全县国民经济社会运行情况进行监测、预测和综合分析研究，提出宏观调控咨询建议；对全县经济、科技、社会的长远目标和宏观方略进行调查研究、分析论证、汇总整理，编辑发布全县的经济、科技、社会综合性统计资料公报；对桑植国内生产总值投入产出、资金流量、国际收支、资产负债和资源环境核算、编制经济循环账户；提供国民经济核算资料及有关综合平衡状况的分析研究报告。2017 年全县实现生产总值 90.92 亿元，同比增长 8.5%，三次产业构成为 11.6 : 19.9 : 68.5。

【农林牧渔业统计】 全县农林牧渔业统计包括整个农村的基本情况和生产统计。主要有农村基层组织和乡村建设情况统计、农村劳动力资源和实有劳动力统计、耕地面积变动情况统计、农业机械化情况统计、农村电气化和农业化学情况统计、农业水利化情况统计、农作物播种面积和产量统计、茶叶和水果情况统计、林业生产情况、牧业生产情况、渔业生产情况、农村自然灾害情况统计、农业总产值和增加值统计、贫困县农村经济开发情况统计等。2017 年，全县农业牧渔业总产值和增加值分别为 17.54 亿元和 10.74 亿元，同比分别增长 4% 和 3.9%。

【工业统计】 工业统计职能是组织实施全县工业、能源、企业统计调查制度，搜集、整理和提供有关调查统计数据。工业统计分为规模以上工业统计、规模以下工业企业抽样调查统计。规模以上统计包括工业企业生产、销售产值统计、工业企业财务状况统计、工业产销总值及主要产品产量统计、工业企业主要经济指标统计、主要工业产品销售量与库存量统计、工业企业能源购进、消费及库存统计、重点耗能工业企业能源购进、消费及库存统计、高新技术产业综合统计、重点工业企业科技活动统计，规模以下工业企业抽样调查。2017 年工业增加值 14.75 亿元，同比增长 6.2%。

【商业统计】 商业统计的职能是组织实施批发零售商贸业、餐饮业以及商品市场运行状况的统计制度。搜集整理和提供有关统计数据，对有关统计数据进行检查、评估，进行统计分析。全县商业统计主要包括社会商业商品购、销、存总额和数量统计、社会商品零售总额统计、社会消费品分类零售总额和主要消费品零售量统计，对全县限额以下批发零售贸易业、餐饮业采取抽样调查来进行推算。2017年，全县社会消费品零售总额为35.7亿元，比上年增长10.7%。

【固定资产投资统计】 组织实施全县固定资产投资、建筑业、房地产的统计调查，搜集、整理、提供有关调查统计数据。对有关统计数据质量进行检查、评估和统计分析。全县固定资产统计主要包括500万元以上的投资项目完成情况及其按行业分类的相关情况统计和当年新增生产能力统计、建筑企业房屋建筑工程生产情况、企业生产情况和财务情况统计、房地产开发情况统计、房地产开发单位或企业基本情况统计、房地产开发外资来源情况统计。全县固定资产投资2017年完成48.67亿元，比上年增长1.7%。

【劳动工资统计】 全县劳动工资统计主要包括全民所有制单位和城镇集体所有制单位的全部职工人数与工资、固定职工和合同制职工增加来源和减少去向变动情况、工资总额构成情况统计、全民所有制和城镇集体所有制工业企业、建筑业全部职工人数和工资统计、城乡劳动力资源与分配平衡统计、"四上"企业从业人员和个体劳动人数与工资统计。劳动工资统计的主要统计指标为从业人员、离岗人员，从业人员劳动报酬、离岗人员生活费、年均人数。每年对城镇劳动力资源进行了调查，调查的主要统计指标为人口、收入、文化程度、工作单位及行业情况。2017年，全县从业人员月平均劳动报酬5183元，在岗职工月平均工资5412元。

【城乡社会经济抽样调查】 组织实施城乡住户、收入及支出、农产量、社会经济基本情况等调查。住户调查包括调查点的基本情况、调查户的家庭基本情况、种植养殖情况、全家总收入总支出、居民人均可支配收入及粮食收支情况。2017年，全县有14个城乡住户调查网点、140户调查户；其中，农村点9个90户调查户，城镇点5个50户。2017年顺利实现了大样本轮换，据调查，2017年全县全年城乡居民人均可支配收入为10164元，同比增长13.5%，其中城镇、农村分别为15653元、7210元，同比分别增长10.9%、15.1%。

（向绪友）

审计管理

县审计局

党组书记、局长：向贤良

党组成员、副局长：熊恩广　覃遵望

党组成员、总审计师：何菊华

【概　况】 桑植县审计局是政府组成部门，属正科级单位，内设办公室、综合计划股（加挂法制行政审批股牌子）、审计技术股、财政审计股、行政事业审计股、农业资源与环保外资审计股、经济责任审计股7个股室，核定行政编制12名、工勤编制1名；辖建设项目审计中心1个事业单位，核定全额事业编9名。2017年底，共有在职干部职工22人。

2017年，在县委、县政府和市审计局的正确领导下，县审计局深入贯彻落实中共十九大精神，坚持"依法审计，服务大局，围绕中心，突出重点，求真务实"的审计工作方针，紧紧围绕县委、县政府工作中心，努力创新审计方式方法，着力提高审计质量，为县域经济又好又快发展、全面推进建设快乐幸福美丽新桑植做出积极贡献。全年计划审计项目59个。其中，预算执行审计5个，领导干部经济责任审计8个，财务收支审计3个，专项资金审计2个，建设项目审计41个，基本实现公共资金、国有资金、国有资源和领导干部经济责任审计全覆盖。年末，全部项目基本结束现场审计，出具审计报告50份。已完成的审计项目查出问题金额28279.66万元，其中违规金额7037.39万元，管理不规范金额21242.27万元，核减工程造价7651.79万元，移送建设局等主管部门问题线索15条。

【预算执行审计】 对县财政局、县教育局、县委办、县人大机关、县政协机关等5个单位2016年预算执行及其他财政收支情况进行审计，共查出问题资金27853.76万元，其中违规资金6901.71万元，管理不规范资金20952.05万元。县本级及财政部门主要存在收入未纳入预算管理、预算收入未及时解缴入库、无预算安排支出、改变项目计划、超范围列支项目资金等问题。相关部门存在违规使用发票、预算编报不真实不完整、违规采购等问题。针对以上问题，审计组提出相应的审计建议，各被审单位高度重视并及时进行整改，县人大常委会每年都听取“财政预算执行审计”工作的情况汇报，同时还将各被审单位的审计整改工作一并纳入汇报。通过这一系列的措施，使桑植县的财政预算管理工作逐步趋于规范和完善，财政管理水平上新台阶。

【经济责任审计】 2017年，进一步加大经济责任审计力度。一是选配经验丰富优秀业务骨干担任县经济责任领导小组办公室专职副主任，并从基层选调2名专业对口的审计人员，配强充实力量。二是统一经济责任审计文书格式，进一步规范经责审计流程。三是紧密结合县委政府中心工作，加大经责审计力度。全年共实施经济责任审计项目8个，出具审计报告2份，共查处问题资金425.90万元，其中违规资金135.68万元，管理不规范资金290.22万元。主要查出违规采购、未记入固定资产账、大额现金支付、违规使用发票或以其他凭证代替发票、往来账款长期未清理、会计核算欠规范、会计核算不实、应缴未缴税费等问题。根据查出的问题进行汇总分析，有针对性地提出审计建议，将有关问题向财政等主管部门进行移送，并编发审计要情报送县长，县长批示转至相关部门办理。通过审计，促进相关单位内部管理制度的健全，进一步推进全县党风廉政建设。

【专项审计】 通过对县环境保护局环境保护专项资金、桑植县2016年度烟叶生产基础设施项目资金进行审计，揭示出专项资金在归集、管理和使用中存在的问题，并针对性地提出审计意见和建议，促进被审计单位进一步完善制度，规范管理，防范风险，提高专项资金的使用效益，较好地发挥审计的免疫系统功能。同时，也为领导机关提供决策依据。

【投资审计】 继续以“揭露问题、规范管理、提高绩效、维护安全”为工作总体思路和总体目标，采用工程管理专项审计调查、投资审计与经济责任审计相结合等方式，注重从行业管理、完善制度入手，发现问题，分析问题，解决问题，促进提高建设管理水平。已完成项目20个，送审总金额32524.47万元，审计审定金额26782.60万元，核减造价5741.87万元，综合核减率17%。

【县政府交办项目】 根据审计署统一组织安排，完成市本级及永定区2016年度城镇保障性安居工程跟踪审计。积极抽调业务骨干配合市审计局开展重大政策落实跟踪审计、扶贫专项资金审计等审计项目，抽调4人参加市委、县委巡察工作。

【审计队伍建设】 深入开展精神文明创建活动。以创建省级文明标兵单位为目标，积极参与创建省级文明县城各项活动。扎实推进社会主义核心价值观实践活动，深入践行审计核心价值观，广泛开展关爱社会、关爱他人、关爱自然等学雷锋志愿服务活动，积极引导社会正能量。切实践行“两学一做”，进一步改进审计机关作风。坚持文明审计，充分听取有关主管部门和审计对象的意见，客观公正地作出审计结论，维护审计对象的合法权益；加强部门单位相互间的沟通协调，营造良好的审计外部环境；坚持从严管理，严格审计机关内部管理，加强内部监督制约，严格各项审计经费开支，在监督其他单位的同时敢于接受外部监督；坚持廉洁从审，严格执行审计“八不准”规定和审计工作纪律。

【助力精准扶贫】 局党组高度重视扶贫工作，把精准扶贫工作作为一项政治任务来抓，多次召开专题会议进行安排部署。配齐配强驻村第一书记和驻村帮扶队员，组织开展驻村帮扶工作。明确将“三联三转三攻坚”主题活动与精准扶贫工作相结合，驻村帮扶与结对帮扶相结合，全体干部职工联系该村126户建档立卡贫困户，集中力量开展结对帮扶。针对精准识别不准的情况，组织结对干部对全村建档立卡户进行全面摸排，为精准脱贫夯实基础。按照“五个一批”内容，科学制订驻村帮扶和结对帮扶工作计划，明确养蜂、养鸡、油茶、烟叶等产业发展项目，做到“一户一产业”，以产业带动群众脱贫。2017年，共新建道路3.5公里、整修道路7.5公里，硬化道路7.5公里；建成阳光房8套；新建村部及配套设施400平方米，联系贫困村以来，共完成投资700余万元，重点解决基础设施困难和部分贫困家庭住房困难问题，为其长远发展打下了坚实的基础。

（喻淑红）

食品药品工商质量监督管理

县食工质局

党组书记、局长：刘前进

党组副书记、副局长：李仕军

党组成员、副局长：王治仁　高圣初

党组成员、总工程师：朱芳孟

【概　况】 桑植县食品药品工商质量监督管理局于2015年12月由原桑植县食品药品监管局、工商行政管理局、质量技术监督局三大主要市场监管部门合并组成，属县政府工作部门，正科级单位，机关办公楼位于澧源镇文明路。设置内设机构12个，直属机构3个，事业单位3个，挂靠社团组织2个，派驻机构10个。全局共核定全额财政行政事业编制171个，有在职干部职工150人，退休人员70人，局领导班子5人。监管全县23个乡镇，299个村（居）委会的各类市场主体13715户，集贸市场26个。

2017年，桑植县食品药品工商质量监督管理局坚持以“提升大质量、助推大产业、服务大市场”为工作指南，打击违法经营行为，规范市场秩序，服务市场主体，确保市场安全，保障消费安全，积极创建国家食品安全示范城市，助力地方经济发展。

【商事制度改革全面推进】 2017年，新增市场主体2681户，全县市场主体总量达13715户，增长率25.61%，超额完成15%的年度目标，其中新增农民专业合作社248家，超额完成政府工作报告明确的35家目标任务，新增家庭农场144家，提前完成政府工作报告明确的新增100家以上的目标。完成内资企业年报88.56%，农民专业合作社年报86.51%，个体工商户年报95.77%，超额完成年报目标任务。列入经营异常名录企业207条，农民专业合作社94条。办理移出进入异常经营名录企业58条，农民专业合作社49条。全年完成“个转企”120家，“小升规”17家，分别完成目标任务的133%和243%。

【无证无照查处效果明显】 组织开展无照经营烟花爆竹、非煤矿山无照经营、危废品处理行业无

县食品药品工商质量监督管理局干部广泛开展消费维权宣传活动

证无照经营、出版物零售行业无证无照经营、农村食品行业无照无证经营、中小学校园及其周边无证无照经营等专项行动。在专项整治行动中，共检查各类市场主体6533户，排查出无照经营101户，引导规范办理注册登记52户。给相关职能部门抄告《后置审批告知书》535份。办理无照经营案件已结案的17件，罚没款2.67万元。无证无照经营比例低于5%，亮证照率超过95%。全县范围内未发生一起因无证无照经营造成的重大安全事故、重大环境污染事故或造成一定社会影响的群体性事件。

【食安城市创建深入实施】 1.三级监管体系建立。食品、食用农产品三级监管体系形成。乡（镇）成立（调整）乡（镇）食品安全委员会。在每个村（居委会）配备了1名食品安全协管员。10个基层市场监督管理所全部升格为副科级。2.县政府出台《桑植县全面推进张家界市国家食品安全城市创建工作实施方案》，对创建工作进行部署安排。3.制定500批次食品监督抽检任务，与第三方检验检测机构合作，已超额完成508批次抽检，合格率达98%，对检验不合格的批次依法进行立案查处。4.全县133所学校（含幼儿园）和大型餐饮单位基本做到“明厨亮灶”，35家餐饮单位推行“明厨亮灶”，全县共完成180余家。实现持证餐饮单位量化分级率、信息公示率达95%以上。5.明确国家食品安全示范城市创建的“四个示范”目标任务，分别是示范乡镇（利福塔镇和瑞塔铺镇），示范市场（利福塔镇农贸市场），示范景区（洪家关旅游区），示范街道（帅乡路和文明西路），并向市食安委申报。6.开展“护苗”行动、“源头治理”、涉旅食品安全专项治理、农村食品安全保障、执法“亮剑”等整治行动。出台《桑植县农村集体聚餐食品安全管理办法》。联合公安机关查办涉刑食品违法案件3件，刑拘3人。

【食品安全监管扎实有力】 开展食品经营风险分级管理和食品安全系列整治行动。开展“护苗”行动、“源头治理”、“小餐饮”整规、豆制品市场整治、涉旅食品安全专项治理、农村食品安全保障、执法“亮剑”、“护老行动”等系列整治行动。共检查食品经营单位7362家次，查处食品药品违法案件9起，罚没金额6.38万元，另查办3起食品涉刑案件，均已移送公安机关。全县食品安全状况良好，重大食品安全事故“零事故”，三级以上警卫和重大活动实现食品安全“零事故”，节假日期间实现食品药品安全“零纠纷”“零投诉”。

【药品安全监管有序开展】 结合零售药店专项整治行动，对全县76家零售药店进行“非药品冒充药品”集中整治，共查出标注药品通用名的非药品4个品种，产品包装、标签和说明书标示有涉嫌药品适应症内容的非药品10种次，违规药店6家，均已立案查处。

【特种设备安全监管常抓不懈】 出台《关于特种设备安全监管责任“三落实”实施方案》，将监管责任进行层层分解落实，确定相应的责任人。城区各行政单位、医院、酒店以及住宅小区的电梯设备开展定期检验行动，检查设备的定期检验、维护保养、作业人员持证上岗、管理制度落实、附件设备等安全状况。与县特种设备重点监控使用单位签订《桑植县特种设备使用单位安全管理承诺书》27份。全县在用特种设备使用单位91家，特种设备有锅炉22台，压力容器194台，

食品药品工商质量监督管理局干部现场开展药品安全监管

食品药品工商质量监督管理局干部现场开展特种设备监管

压力管道19.27公里，在用电梯194台，报停10台，起重机械72台，厂车2台。

【质量安全抽检覆盖全域】 全年共抽检食品药品500批次；抽检工业产品124批次；检定计量器具共计1694余台件，服务企业单位共计229余家，其中燃油加机81台件、压力表510块、衡器518台件、血压计172台件；完成定量包装商品净含量检验共计29批次；配合省计量院和市所对桑植县辖区内CT、磁共振、呼吸机、麻醉机、医用三源等大型医疗设备进行周期检定。

【消费者权益保护双管齐下】 首先，加强宣传。以“诚信经营，幸福桑植”为主题，开展纪念“3·15”国际消费者权益日活动。在民歌广场设立咨询台，为群众讲解识假辨假和维权知识，接受群众咨询200余人次，发放各类宣传资料2000余份。各大商家在现场设置展台，开展医院义诊、企业产品展示等内容丰富的活动。活动最后，将近年来查扣的共计3吨多假冒伪劣产品在指定地点进行集中填埋销毁。其次，积极维权。积极开展消费者投诉咨询受理工作，全年受理消费者投诉57起，其中12345政府热线转办件8起（均及时处理），12315热线投诉22起（调解成功21起），12331食品药品投诉举报19起。共为消费者挽回经济损失3.35万元。

（钟小艳）

安全生产监督管理

县安监局

党组书记、局长：韦克修

党组成员、副局长：向飞虎　向佐辉　刘卫东

党组成员、纪检组长：刘卫东

党组成员、总工程师：程学超　甄国强

【概　况】 桑植县安全生产监督管理局系桑植县人民政府组成部门，内设办公室、安全生产综合监管股（事故调查股）、法制行政审批股、矿山监管一股、矿山监管二股、危险化学品安全监管股（烟花爆竹安全监管股）、工贸行业安全监管股（职业健康安全监管股）等7个职能股室，核定行政编制13名、工勤编制1名；下属桑植县安全生产执法大队（事业编制12名）、桑植县煤炭开发基金征收办公室（自收自支编制5名）2个事业单位。实有在编在职人员28人。主要负责全县安全生产综合监管、安全生产许可证核发和全县煤矿、非煤矿山、危险化学品、烟花爆竹、工贸行业、职业健康等安全监管及安全生产行政执法工作。指导协调、监督检查县政府有关部门和乡镇人民政府的安全生产工作，组织指导协调和监督全县安全生产行政执法工作。

2017年，县安监局坚持安全发展理念，坚守安全生产“红线”和问题导向，强化引领带动，保持安全生产形势总体稳定的态势，在工作中，勤部署、重安排、按时通报、及时调度，强化领导带头机制，狠抓制度建设，明确安全生产监管责任，完善层级责任体系，将安全生产触角延伸到298个村居委会，层层签订责任状，落实管理考核，严格督查督办，严肃追责问责，全年，桑植县共发生生产安全事故7起，死亡7人；其中，工矿商贸事故4起、死亡4人；道路交通事故3起、死亡3人。事故总起数同比下降72%、死亡

人数下降41.67%。被评为张家界市和湖南省安全生产工作先进单位。

【贯彻落实国家和省《关于推进安全生产领域改革发展的意见》】 根据国家和省《关于推进安全生产领域改革发展的意见》，制定《桑植县关于推进安全生产领域改革发展的实施意见》《桑植县安全生产巡察办法》《桑植县安全隐患“一单四制”工作制度》等系列文件。把《关于推进安全生产领域改革发展的意见》贯彻落实情况纳入对各乡镇各有关部门安全生产工作考核的重要内容，列入绩效考核、社会管理综合治理、文明创建、小康建设等各类考核的重点内容，并建立工作交流和定期通报制度，实行严格考核。结合自身实际，制定出台贯彻落实的具体实施办法或实施细则。采取以会代训、专家辅导、集中学习等方式，举办党校培训班3期，生产经营单位负责人和安全生产管理人员培训班20期，系统学习、深刻领会意见出台的重大意义、重要内容和精神内涵，提高思想认识，提高贯彻落实的主动性和自觉性。加强八大行业企业安全监管，顺利完成安全监管职能移交划转。完善工业园区安全监管机制，成立县工业园安全监管机构。将职业健康安全监管执法列入全县安全生产行政执法计划，建立安全生产与职业健康一体化监管执法机制。推进安全生产应急救援管理机制改革，逐步健全县安全生产应急管理工作机制，建立了县级安全生产应急管理专家库。

【落实企业安全生产主体责任】 规范企业作业现场安全操作，制定应急预案，30家高危企业成立应急管理机构，完成应急预案编制、评审，全县开展安全应急演练85次。落实企业安全教育培训，320名企业主要负责人和安全生产管理人员、800名高危企业从业人员经考核合格持证上岗。促进企业安全投入，制订安全生产费用提取和使用计划，2017年全县56家高危企业提取安全生产费用2100万元。促进企业安全责任全员化，130家生产经营单位成立安全生产、职业卫生和应急管理工作机构，矿山企业全部配备技术人员。落实企业主要负责人安全生产述职，促进企业事故风险防控常态化。强化联合执法，严查无证无照经营行为，取缔关闭矿山13家、烟花爆竹零售点8家、危险化学品3家、燃气2家、非法旅游漂流7家、河道采砂23家、其他行业领域非法生产经营单位19家。

【防范遏制安全事故】 坚持“严监管，重执法；严培训，重提升；严检查，重治理；严整治，重实效；严督查，重落实”原则。贯彻执行安全生产“一岗双责”“三个必须”，采取“四不两直”方式，开展乡镇和部门履责督查20次，下发督办函20份，约谈乡镇3个、县直单位5个，警示约谈企业3家。举办各类安全生产培训班75期，培训各行业领域从业人员5500人次、特种作业人员240人次、监管人员560人。坚持“一季度一重点”，组织开展安全生产大排查大整治大管控集中行动，实施安全生产“夏季攻势”行动，开展建筑施工、消防、冶金工贸、粉尘防爆、有限空间作业等各领域安全生产专项治理行动。开展交通整治百日攻坚、两客一危专项整治和“6+1”平安交通专项行动，对5家客运企业立案处罚。立案查处违法生产作业非煤矿山32家，其他各类生产经营单位（个人）150981家（人），拘留425人，抓捕涉嫌犯罪人员38人，纠正各类违规违章140210起。查处涉危运输违法案件18起，立案查处18起，没收并销毁非法烟花爆竹近5000件，查处非法运输烟花爆竹案件4起，处罚当事人4人，没收烟花爆竹制品750件。开展联合执法行动50次、“四必查”执法行动62次、各部门执法行动2979次，检查生产经营单位5737家，排查治理各类事故隐患3300余处，交办事故隐患10批次112处。强制拆除非法生产经营设备器材400余件，依法断电40家，扣押非法充装气瓶208只，报废非法运输车辆20台，拆解船舶

21艘。严格安全生产事故调查程序，立案调查3起生产安全事故，处罚3家事故责任单位，处理8名事故责任人。

【全面提升“三基”工作水平】 立足基层创建、基础建设和基本工作，健全机制体制，提升保障能力。一是消除隐患。先后投资3000余万元，建成双门岛大桥，省市交办多年的双门岛路段落石重大事故隐患得以根除；投资1.2亿元对23个乡镇816公里道路安保、标志标线、信号设置等方面的安全隐患进行彻底治理；推行“养老贷”多方争取资金，关闭负债2.3亿元的2家国有煤矿，根除煤矿安全隐患；投资300万元消除挂牌多年的澧源大市场火灾事故隐患。二是改善条件。县委、县政府将原人事局办公楼调剂给县安监局作为办公用房，解决多年来靠租赁办公用房问题。三是示范创建。制定《桑植县安全生产示范创建办法》，积极发动乡镇、企业开展示范创建，申报五道水镇参加省市安全生产示范创建，组织锐杭建材公司等3家企业开展标准化创建，以开展示范创建为抓手，努力形成各级各部门话安全、重安全、守安全的浓厚氛围。四是管控源头。对12家矿山企业、3家危险化学品企业进行安全设施“三同时”审查，100余名职业卫生管理人员和主要负责人培训合格持证上岗，完成35家工矿商贸企业职业卫生现状评价，对8家企业开展职业卫生“三同时”审查，组织1000余人参加职业健康体检，35家企业完成职业危害申报，15家矿山企业配置生产粉尘捕尘装置。五是抵抗风险。全县370家生产经营单位参加安全生产责任保险，保单达成率、保费额位居全市前列。矿山企业工伤保险全面推行，45家开工矿山企业全部参保。六是狠抓宣传。加强安全生产宣传和警示教育，认真开展“安全生产万里行”、“平安校园”创建、“平安农机”、“职业病防治法宣传周”等活动，全年发放各类安全宣传资料10万份。在“安全生产月”活动中，被评为全市安全生产宣传创新工作先进单位。

（谷祥武）

农 业

农业农村工作

县农业农村工作局

党委书记、局长：周业欢

副局长：王建群　彭　勇　徐小龙

纪检组长：李银成

总农艺师：李德智

工会主席：向佐华

【概　况】 桑植县农业农村工作局是县政府组成部门，内设办公室、法制行政审批股、发展股、新农村建设股、农业产业办公室、农产品质量安全监督管理股、农村可再生能源股、财务股、人事股9个股室。辖植保局、种子管理站、农业机械化管理局等14个全额预算二级机构，桑植县优质农产品开发服务中心等8个自收自支二级机构，桑植县农垦公司和国营湖南省桑植县汨湖农场2个企业。定编人数196人，2017年末实有193人，其中行政11人，全额事业83人，自收自支99人。其主要职责：贯彻执行种植业、畜牧业、渔业、农业机械化、农产品加工、农垦、农村能源等农业各产业发展的方针政策；负责农业、农村工作的协调和综合工作；指导粮食等主要农产品生产，落实粮食等主要农产品生产发展相关政策措施；承担提升农产品质量安全水平的责任，组织农产品质量安全的监督管理；组织协调农业生产资料市场体系建设，依法开展农作物种子等的许可及监督管理；负责农作物重大病虫害防治，指导动植物防疫和检疫体系建设；承担农业防灾减灾的责任等。

2017年，县农业农村工作局按照全县“旅游融合、产业扶贫、绿色发展”的总体思路，认真抓好农业农村工作，有力促进了全县农业发展和农村经济增长。经湖南省农业委员会考核评为全省粮食生产先进县；成功创建出口食品（牛羊肉）农产品质量安全示范县；荣获湖南茶叶“十强生态产茶县”。高山怡韵茶业有限公司生产的“尖峰神叶”青钱柳茶在2017中国中部（湖南）农业博览会荣获“产品金奖”。

【粮油生产稳定发展】 全县粮食播种面积67万亩，比上年增加0.31万亩，增长0.46%；总产18.4438万吨，比上年增加0.0676万吨，增长0.37%。油料播种面积14.62万亩，比上年增加1.44万亩，增长10.93%；总产1.5217万吨，比上年增加0.1552万吨，增长11.36%。耕地地力保护补贴完成面积25.31万亩，受益农户97950户，共计补贴资金2658万元，全部通过“一卡通”发放到位。新发展生态高档优质稻3万亩，优质小杂粮1.1万亩，订单生产超甜玉米0.3万亩，加工型红薯2万亩。

【农业产业逐步壮大】 全县新增蔬菜种植面积0.7万亩，总面积达到8万亩，发展大棚蔬菜500亩；

茶叶种植面积达到5.8万亩，基本形成八大公山镇大宗白茶产业园、人潮溪镇名优白茶产业带、洪家关乡休闲茶园片“一园一带一片”产业格局，创建一个桑植白茶特色农业省级示范园，全县共有茶叶初加工厂12座，年产茶叶1000余吨，成功推介“桑植白茶”品牌；新建中药材基地0.5万亩，草本中药材种植面积达1.8万亩，年产中药材2.6万吨；大鲵养殖发展到100万尾，持大鲵驯养繁殖许可证企业60家，持经营利用许可证企业17家，大鲵产品加工企业6家；蜜蜂养殖存箱蜂群达到6.55万箱，新增3万箱，养殖50箱以上大户达到100余户。

【实验示范成效显著】 在凉水口镇、沙塔坪乡建设千亩再生稻示范片，获得较高的产量和效益，头季+再生季亩产最高达到1000公斤。在沙塔坪乡示范籼粳杂交稻栽培技术，百亩平均亩产650公斤。在瑞塔铺镇、桥自弯镇建立湖南省中稻区域实验15亩、水稻新品种示范60亩、国家西南组玉米生产实验5亩、玉米新品种示范50亩，集中展示水稻品种22个，玉米品种19个。确定泰优390、盛农3号等主推品种。

【新型经营主体稳定增长】 全县拥有50家市级龙头企业（含省级龙头企业7家），专业合作社422家，家庭农场316家，建成村级电商服务站48家。新增耕地流转面积12972.93亩，增长率10%，总流转规模达142402.08亩。

【农产品质量安全有保障】 在全市率先获得湖南省质量技术监督局颁发的“计量认证证书”和湖南省农委颁发的“农产品质量安全检测机构考核合格证书”双认证资格，建立“四个最严”农产品质量安全治理体系，全县农产品质量安全事故零发生。在全县开展蔬菜、水果抽样检测2409批次，合格率99.4%。在农业部2次监测抽样，省检测中心2次监测抽样，市农委4次监测抽样中，检测结果均为合格。畜产品“瘦肉精”、兽药残留、水产品“孔雀石绿”等违禁药品抽样检测合格率均保持100%，屠宰检疫率100%。落实化肥、农药零增长行动，推广测土配方施肥65万亩、秸秆还田16.5万亩、商品有机肥11万亩，推广绿肥种植9.3万亩。推广太阳能杀虫灯80盏，蚜茧蜂生物防治10350亩。

【农业科技培训上台阶】 举办蔬菜种植技术培训29期，培训2272人，发放资料5000余份。举办养蜂技术培训46期，培训4729人。举办粮油培训班50期，培训产业示范农户2800人次，发放技术资料1.2万余份。举办种子法培训班，培训种子经营人员67人。举办各类农机操作培训2期，培训各类农机人员50人次。培训农村致富带头人250人，创业培训450人，技能培训7150人。开办新型职业农民培训班10期，培训500人，颁发新型职业农民资格证书167人。

【品牌建设档次上升】 突出桑植蜂蜜、桑植白茶、桑植大鲵等品牌建设。“桑植蜂蜜”地理商标已在国家工商总局按程序申报。“桑植贡米”产于洪家关花园村一带，久负盛名，采用优质品种、生态种植方法，积极恢复生产。参加张家界春天茶会，推介“桑植白茶”品牌，提升品牌知名度和影响力。成功注册“郁澧香米”“欣贝佳”“为民生”“五里腊味”“湘姑果味”等商标。张家界西莲茶业有限责任公司于3月16日获得“桑植白茶”“西莲云雾（绿茶）”“西莲红（红茶）”三个绿色食品认证，认证面积930亩。高山怡韵茶业有限公司生产的“尖峰神叶”青钱柳茶在2017中国中部（湖南）农业博览会荣获“产品金奖”。9月，桑植荣获湖南“十强生态产茶县”。

【全面改革稳定推进】 农村土地承包经营权确权登记颁证工作，3月底完成全部农户的调查摸底，外业调查已完成293个村3998个组，占总任务的98%，调查耕地68万块，合同面积32万亩；内业编辑完成216个村2897个组，占总任务的71%，实测耕地38.54万亩。一轮公示完成

116个村1543个组，占总任务的39%；二轮公示完成25个村。完成桑植县国营汨湖农垦场63户危房改造任务。生产经营类事业单位改革已制定方案，纳入日程。

【新农村建设见成果】 开展农村环境综合整治，农村垃圾集中处理率达88%，全县乡镇环境得到根本转变。安装太阳能热水器500台，省柴节煤炉灶1000台，安装太阳能路灯660盏。新建800立方米大型压氧消化装置及200立方米沼气柜及其配套工程。在12个美丽乡村建设示范点积极推进高效农业、水利设施、亮化工程、园林绿化等建设，洪家关白族乡泉峪村顺利通过省级美丽乡村省级考核验收。

【农业机械化管理成绩突出】 全年共落实农机购置国家补贴资金97万元，受益农户535户，补贴各种大小农机具651台。围绕稻油全程机械化开展农机推广，先后到陈家河镇、桥自弯镇、凉水口镇建立3个稻油全程机械化示范基地，面积500亩。组织大田淤泥硬盘育秧、机插秧、油菜机收现场演示会3次，培训操作手300余人。发展机插秧、油菜直播面积4200余亩，发展农机深耕、深松作业面积4.2万亩。组织农机生产厂家先后到五道水镇、八大公山镇、廖家村镇、人潮溪镇开展技术指导，共推广田园管理机18台，茶叶修剪机15台，采茶机23台，各种茶叶加工机械40台（套）。争取农机服务能力建设项目资金，在凉水口镇建设稻油全程机械化示范基地3个。加强农机培训管理，共举办各类农机操作培训2期，共培训各类农机人员50人次，对全县27家农机维修、销售网点进行整顿，对经营资质、进货台账、销售台账、维修台账、经销机具的三证进行检查，有效地净化了农机经营市场。强化农机安全监理，打击“黑车非驾”，纠正违章98起，共排查安全隐患102起，治理95起；年检拖拉机184台，新车上户47台，换证64人，考核发拖拉机驾驶证23人，落实农机互助保险232台，受保机主232户，全年无较大以上农机事故发生。

【精准扶贫成效明显】 1. 驻村帮扶得力。派驻2个驻村工作队，驻村龙潭坪镇李家湾村和三合街村，完成各项帮扶任务。2. 结队帮扶到位。安排结对干部95人，结队建档立卡户473户1473人。3. 产业扶贫卓有成效，初步形成养蜂、茶叶、蔬菜、大鲵、中药材五大主导产业加特色产业，带动贫困对象脱贫增收的农业产业布局，共带动建档立卡户24812户76865人。4. 光伏扶贫发电项目进展顺利。项目涉及20个乡镇33个贫困村，完成建设并网发电，每个村增加集体经济收入近5万元。

附：

张家界高山怡韵茶业有限公司简介

张家界高山怡韵茶业有限公司，成立于2015年7月，注册资金8000万元，是一家从事青钱柳研发、种植、生产加工、销售于一体的民营科技企业，是市级农业产业化龙头企业。青钱柳，又名“摇钱树”，是一种高大落叶乔木，生长在海拔500米—2500米的阔叶林中，叶革质，单数羽状复叶。富含多糖、皂苷、黄酮、三帖等活性物质，具有降三高、抗氧化、抗衰老、抗肿瘤、抗病毒、增强免疫力、抗疲劳、保护修复胰岛细胞、解酒等功效，被誉为植物界的“大熊猫”，医学界的第三棵树。多年来，公司始终秉承持“生态、有机、绿色、健康”的产品理念，致力于开发青钱柳茶饮品，从源头把关，无农药化肥残留，无重金属等有毒有害物质污染，严把质量关，将最健康的产品提供给客户。公司经营的主要产品“尖峰神叶”系列青钱柳茶饮品，在2017中国中部（湖南）农业博览会荣获“产品金奖”。

（印显爱）

林 业

县林业局

党组书记、局长：周怀球

党组成员、副局长：王远初　向贤弟

吴友信

党组成员、总工程师：王彦波

党组成员、森林公安局局长：钟自权

【概　况】 桑植县林业局是县人民政府主管全县林业行政事务的工作部门，承担贯彻国家林业方针、政策和法律、法规；拟定全县森林生态环境建设、森林资源保护和国土绿化政策；制订全县林业建设年度计划和中长期规划，服务于全县绿化工作；管理并监督使用全县林业资金；开展森林资源清查，指导全县的森林防火工作；从事林业科技、教育和宣传以及林业队伍建设等工作。内设办公室、人事教育股、林政法规股、造林股、计划财务股5个股室，下辖县森林保护站、县林地管理站、县林木种苗站、县林业有害生物防治检疫站、县林业基金管理站、县绿化委员会办公室、县野生动植物保护站、县营林站、县林业科技推广站、县森林资源流转交易中心、森林资源评估中心、县林权档案管理中心、县生态公益林管理站、县林业调查规划设计队、县林产品质量安全监督管理站、县森林公安局（正科级）、县退耕还林办公室（副科级）、县四门岩国有林场（副科级）、湖南峰峦溪国家森林公园管理局（正科级）、县鸡公垭采育场、县林业开发服务中心、县西界国有林场、县两河口苗圃、县天星山林业管理站等24个事业单位和23个乡镇林业工作站。局机关及所属事业单位共有干部职工283人，其中在职264人，离退休161人。在职林业工程技术人员44人，其中中级职称31人，高级职称6人，初级7人。

2017年，全县紧紧围绕县委、县政府“旅游融合、产业扶贫、绿色发展”总体思路，全力打造“生态、效益、平安”三个林业，林业工作取得长足发展。林地面积390.64万亩，活立木总蓄积量1116.36万立方米，森林覆盖率72.06%。共完成人工造林6.2万亩，封山育林10万亩。获得全国绿化模范县称号和国家森林城市称号。

【严格林业执法】 重点开展“春雷2018”“绿盾2018”专项行动，从严从重从快打击涉林违法犯罪行为，联合湖南八大公山国家级自然保护区管理处对八大公山自然保护区内违规人工设施进行整治。与市场监管部门开展联合执法3次，对非法售卖野生动物及制品进行查处。2017年，共审核办理各类林业行政案件94起，立林业刑事案件32起。采取多种措施防治松褐天牛0.82万亩、马尾松毛虫6万亩、樟蚕0.12万亩。成立23支义务防火队，共计1950余人，累计发放森林防火宣传单2万多份，在重点区域悬挂宣传横幅40余条，并组织30台宣传车进行防火知识宣传。

【聚力落实脱贫攻坚】 认真落实国家“生态补偿脱贫一批”相关政策，通过实施退耕还林、生态公益林、天然商品林保护、商品林禁伐等惠农项目，补贴农户12万户，建档立卡2.2万户，直接补贴给建档立卡户1028.85万元。认真落实建档立卡贫困人口生态护林员项目，2017年选聘337名生态护林员，每人每年补助1万元，按照属地管理和就近的原则，落实到全县23个乡镇299个村，管护面积137.29万亩，人均管护面积0.4万亩，占全县林地面积的35%。通过该项工作，可直接带动337户1011人脱贫。整合投资675万元对贫困村进行帮扶，定期开展结对帮扶工作，结合实际制定帮扶措施，确保所联系贫困户实现“两不愁、三保障”。

【大力发展林业经济】 桑植县有省级林下经济示范基地2个，省级林下经济龙头企业6家，大型林下经济合作社7家及林下经济发展大户22家，完成林下种植3.3万亩，林下经济产值12.2亿元。

通过整合资源、培育特色、形成，八大公山国家山地公园、贺龙森林公园、峰峦溪、四门岩林场、西界林场等生态旅游目的地。鼓励发展乡村客栈、农家乐和森林旅游项目，通过发展观光林业引导农民走上"不砍树也能增收致富"的绿色发展道路。

【落实天然商品林停伐补助项目】 桑植县共有天然林138.41万亩，2017年实施天然商品林保护工程项目面积81.38万亩，资金兑现标准11元/亩，资金894.4万元，其中个人发放887.8万元，集体发放6.6万元。

【扎实开展森林禁伐减伐三年行动】 桑植县森林禁伐减伐三年行动从2016年开始实施，根据（湘林资〔2015〕25号）文件和《湖南省森林禁伐减三年行动实施方案》的精神，确定桑植县森林禁伐伐区内商品林面积为19.1万亩，任务涉及19个乡镇。补贴周期为2016—2018年，补贴标准每年11.00元/亩，全县有128854.30公顷国家（省）级生态公益林和12721.90公顷商品林，共141576.20公顷森林实施禁伐，补贴林农1118972.80元，14976农户受益。

（莫银屏）

水　利

县水利局

党组书记、局长：谷国生

党组成员、副局长：李孝平　向国生　罗清梅

党组成员、纪检组长：刘经稳

党组成员、总工程师：廖怀如

【概　况】 桑植县水利局是县人民政府主管水行政的工作部门。内设5个行政股室和14个事业单位，辖2个直属单位。局机关在职员工64人，其中党员35人，具有专业技术职称的占在职干部职工总人数的86%。

2017年，在县委、县政府的正确领导下，县水利局党组团结带领广大干部职工，围绕县委、县政府"旅游融合、产业扶贫、绿色发展"的总体思路，坚持"兴水利、除水害"行业宗旨，建设实施一大批水利工程，确保防洪安全、粮食安全、饮水安全、水生态安全，凸显出较大的生态效益、经济效益和社会效益。2017年，获代表建议办理工作先进单位，全省农田水利基本建设先进单位。

【水利建设】 1.农村安全饮水工程。总投资8560万元，兴建贫困村饮水安全巩固提升工程65处，其中改扩建水厂26处（含县城自来水1处），联村水厂供水工程2处，单村巩固提升供水工程20处，分散供水工程17处（以乡镇打捆编制），项目共涉及23个乡镇60个贫困村，巩固提升饮水安全总人口7.67万人，其中建档立卡贫困人口2.51万人。年末，农村自来水总人口30.55万人，农村自来水普及率75.3%。2.病险水库除险加固工程。包括青年水库等13座病险水库除险加固，工程涉及澧源镇、瑞塔铺、空壳树、走马坪、廖家村、凉水口、沙塔坪、八大公山等8个乡镇13个村，总投资2560.65万元，其中水利扶贫金2000万元。3."五小"水利工程建设。总投资779.65万元，其中县财政奖补资金300万元（含2016年的225万元），项目覆盖澧源镇洋公潭、八大公山镇朝南坪、河口乡新民、龙潭坪镇三合街、人潮溪镇廖城、上河溪乡黄金塔、马合口白族乡水田坪等20个村，已完成投资584万元，截至2017年底，完成工程形象进度75%。4.水土保持重点工程建设。项目区位于洪家关白族乡与芙蓉桥白族乡，为玉泉河生态清洁小流域治理工程。综合治理水土流失面积1657公顷，项目概算总投资580万元，已完成投资550万元，2017年底完成该工程形象进度95%。石漠化治理工程方面，2016年石漠化综合治理工程小型水利水保配

套工程位于竹叶坪乡柳浪坪村、瑞塔铺镇定家峪村、东旺坪村，项目总投资139.93万元，工程已完工。5.中小河流治理项目。包括澧水中源陈家河河段和河口河段治理工程，涉及河口乡、陈家河镇9个行政村，主要建设内容：综合治理河道共17.73公里，新建各类护岸12.2公里，工程已完工，完成投资2670万元。6.牛洞口水库及城乡供水一体化项目。已完成项目的所有前期工作，牛洞口水库工程建设指挥部成立，项目的技术设计工作完成。城乡供水一体化项目已完成可研报告的编制工作。7.农村水电增效扩容改造项目。改造项目为银滩水电站，近三年平均年发电量443万千瓦小时，改造后总装机容量2500千瓦，年发电量829万千瓦小时。概算总投资797.76万元，中央补助资金250万元，省级财政资金62.5万元，项目单位自筹485.26万元，已完成工程形象进度95%。8.城市防洪闭合圈风光带建设。杨公潭至新火电厂河段河道治理工程已完成形象进度50%；酉水风光带项目即桑植县城市防洪堤及附属工程项目（老观潭段，新一中段）已完成招投标工作并进行开工前准备工作。9.2017年度“民办公助”高效节水灌溉项目。建设高效节水灌溉面积1500亩。涉及刘家坪乡、河口乡、洪家关乡、马合口乡共4个乡镇4个项目主体，总面积1500亩，已开工建设并完成2018年规划方案的编制工作。

【防汛抗旱】 2017年，桑植县经历6次强降雨过程和7月中下旬持续的旱情。强降雨过程共造成全县23个乡镇6.98万人不同程度受灾，紧急转移人口2802人，抢修水毁设施200余处，使全县人民群众生命财产安全及水库水电站、在建涉水工程安全度汛；7月中下旬持续的高温少雨天气，造成空壳树、桥自弯、上洞街、走马坪、竹叶坪、官地坪、澧源镇、洪家关、芙蓉桥、瑞塔铺等10个乡镇17450人不同程度受灾。在县委、县政府的领导下，积极组织、指导当地群众积极开展抗旱救灾，旱情得到有效缓解。完善预案编制体系，制定全县防汛抗旱应急预案、县城区防洪应急预案、23个乡镇防汛抗旱应急预案、335个地质灾害易发区山洪灾害防御预案、山洪地质灾害和流域治理方案等，初步形成“横向到边、纵向到底”的防汛预案体系。完善预警监测体系，及时维护并完善县级预警监测平台、乡镇平台、防汛会商视频系统、县乡镇视频会议系统、无线预警广播、雨水情监测站等，为雨水情预警信息及时、准确地传递提供技术支撑和数据保证。

【水政水资源管理】 加大水法律法规宣传和行政许可力度，强化水行政许可监督，积极落实最严格的水资源管理制度。全年共立案查处水事违法案件16件，办理行政许可申请22件，依法征收水资源费81.5万元，依法组织河道巡查400余次，制止违法行为63起，下达《责令停止水事违法行为通知书》131份，《责令限期改正违法行为通知书》118份，收缴罚款27万元。

【河长制工作】 确定县、乡、村三级河长体系，成立河长制工作委员会，制定并完善《关于全面推行河长制的实施方案》《关于印发桑植县河长制相关工作制度的通知》等相关制度，设立河长公示牌。加快编制纳入河长制范围的117条河流“一河一策”方案。通过开展河湖划界、河湖管理、河道保洁、护河专项行动等，基本完成年度河长制工作。

【中央环保督察反馈问题整改】 河道采砂整治。通过开展“零点行动”“清船行动”等，关停河道砂石加工厂39家，查处违法采砂案件5起，拆除河道采砂船12只，有效遏制河道非法采砂行为。涉保护区水电站整改。对桑植县贺龙水利水库水电站、八斗溪泵站等11座保留的水电站，下泄生态基流，落实生态补偿措施；对九肖河、三河口等15座限期退出的水电站，下泄生态基流，落实生态补偿措施，并确定退出时间；对芭茅溪、花兰、高墩滩、谷家坪、白马泉等5座须立即关闭的水电站，拆除工作基本完成。

【乡镇供水企业管理】 推行乡镇农村集镇供水进行统收统支、统一管理，使全县乡镇供水企业规范化健康发展，加强国有资产的管理，使其保值增值，发挥较大的社会经济效益，促进水利事业的发展。加强农村供水水质管理，县水质检测中心可开展29个项目42项指标的水质检测。

【脱贫攻坚工作】 推进基础设施建设。重点从基层组织、基础设施、基本产业、基本公共服务、基本生活保障、精准扶贫脱贫等方面开展驻村帮扶工作，桥自弯镇青龙村、白果村两村安全饮水、公路建设项目，已向县直主管部门进行申报，两村国家电网改造完成，已对青龙村10多处水毁公路进行整修，白果村通过县水利局石漠化资金投入解决灌溉水渠2公里，泉河组等225亩农田得到灌溉。推进基层组织建设，督促抓好干部职工结对帮扶工作，转变干部作风，让干部更加贴近群众、更接地气，确保实现帮扶村贫困户如期完成脱贫摘帽任务。

（王丽雪）

畜牧水产

县畜牧兽医水产局

党组书记、局长：胡常恩

副书记、副局长：皮永祥

党组成员、副局长：向佐海

【概　况】 桑植县畜牧兽医水产局属全额拨款行政事业单位，有干部职工48人，其中公务员7人。有专业技术人员25人，其中高级5人、中级20人，具有国家执业兽医资格4人。主要承担全县畜牧水产科技推广，重大动物疫病防控、畜禽水产品质量安全及畜禽水产种质资源保护等工作。下设南滩牧场、动物卫生监督所、动物疫病预防控制中心、畜牧与草地监理工作站、畜禽水产品质量安全管理股（饲料办）、渔政管理站、水产渔业工作站等下属单位。

2017年，桑植县畜牧兽医水产局始终坚持以习近平新时代中国特色社会主义思想为指导，紧紧围绕县委、县政府提出的“旅游融合、产业扶贫、绿色发展”的发展战略，坚持“党建引领、工会聚力、产业突破”的工作思路，突出工作亮点，大力发展畜牧产业，全县畜牧水产业跃上了新台阶，为县域经济发展和农民增收做出了较大贡献。

【畜牧水产产业大力推进】 继续发展大鲵产业。桑植大鲵产业涉及澧水三源、溇水、酉水几大水系的19个乡镇，87个村，140个村（居）民小组，大鲵存池122.7万尾。全县持大鲵驯养繁殖许可证企业60家（其中，专业合作组织36家，大鲵养殖公司24家），持经营利用许可证企业17家，大鲵产品加工企业6家，产品有娃娃鱼米、娃娃鱼面、蛋白粉、肉罐、化妆品、氨基酸片、鲵油包合片和大鲵分割肉等。养蜂产业稳步推进。桑植县有蜜蜂养殖企业和大户280家（公司10个、蜜蜂养殖专业合作社联合社1个、合作社86个、种蜂场3个、协会2家、家庭农场10个、大户198户），2017年，发展蜜蜂1.5万箱，全县共有胡蜂1万窝，蜜蜂8万箱，获国家工商总局颁发的“桑植蜂蜜”地理标志证明商标。湘西黑猪等熟食猪传统养殖得到迅速发展。走马坪乡向家坪村、官地坪镇梯市村、陈家河镇张家村等湘西黑猪养殖初具规模，谷罗山立体种养综合产业示范片逐渐形成。

【养殖业污染治理工作到位】 开展涉大鲵保护区“四网”退养工作。出台《桑植县涉大鲵保护区网箱、拦河养殖退养及抬网、定制张网非法捕捞整治工作方案》，并同移民局、海事处、环保局、水利局等部门一道分别到人潮溪、洪家关、竹叶坪、官地坪等乡镇，与当地乡镇人民政府共同召开网箱、拦河养殖户、抬网及豪网等业主召开退养及整治动员会，面对面的宣讲《整治工作方案》及有关政策。送达《涉大鲵保护区违法违规设施限期整改通知》100 多份。与养殖户签订《桑植县网箱拦河养殖设施退养拆除协议》。全县 4 个乡镇 6 个村 20 个户，网箱退养面积 176337 平方米，拦河养殖网片面积 186080 平方米，江垭库区新增网箱养殖面积 29656 平方米。实行“五大行动”大地增绿战。在五道水、河口、陈家河、上洞街、廖家村等乡镇完成 380 多万尾省级下达的鱼苗放流任务；全县 28 个水电站共人工放流大鲵亲本 40 尾、后本 208 尾、幼鲵 2940 尾、鱼苗 771000 尾、人工鱼巢 1590 平方米、牌子 97 块。完成涉大鲵保护区电站的生态修复任务。完成 2017 年中央环保督察整改工作 2 件，省环保督察组群众举报件 4 件。

【非洲猪瘟防控工作扎实】 及时传达国家、省、市有关非洲猪瘟防控工作精神，发放非洲猪瘟防控挂图 120 份、现场排查手册 46 份，普及非洲猪瘟知识。组织召开非洲猪瘟防控工作专题会议，做好应急物资储备，采购动物捕杀器 3 台、消毒剂 32 件、防护服 800 套等。制定排查痕迹化管理台账，加大排查和督查力度。对 23 个乡镇养殖大户、活畜交易市场等场所进行排查的情况、生猪养殖场和生猪屠宰企业调入调出生猪情况、有屠宰场的乡镇驻场检疫工作情况开展督导检查，确保防控工作落实到位。加强生猪及其产品调运管理工作。在龙潭坪镇、五道水镇、官地坪镇和澧源镇辖区内 2 个高速进出口站等省际边界乡镇及高速进出口站设立“桑植县非洲猪瘟防控工作临时检疫消毒点”5 个，在 A 级屠宰场设立“桑植县非洲猪瘟防控工作临时监督检查点”，强化生猪屠宰检疫和消毒等工作。

【化解历史问题妥善有效】 南滩牧场管理关系得到理顺。配齐南滩牧场领导班子，提高牧场造血功能，调出 7 名自收自支人员，工资包袱资金压力大大减小，牧场工作实现平稳过渡。平稳妥善辞退聘请十多年的 8 名临用人员。化解一些历史遗留问题及欠账。

（向绍武）

气 象

县气象局

党支部书记、局长：田吉阶

副局长兼纪检员：周立清

气象台台长：陈 曦

【概 况】 桑植县气象局属正科级科技型、基础性公益事业单位，实行以部门管理为主地方政府管理为辅的双重领导，双重计划财务体制。共有在职干部职工 11 人，其中在编人员 7 人，外聘 4 人。有退休干部 5 人。下设综合办公室、气象台、观测站和气象科技服务中心。主要承担天气预报预警服务、地面气象观测、农业气象观测、为农气象服务和人工影响天气的管理与作业实施、雷电灾害防御与管理、气候资源开发与利用等。是县安委会成员单位、规划委员会成员单位、应急减灾委员会成员单位。

2017 年，县气象局在上级气象主管部门和县委、县政府的正确领导下，牢固树立“无微不至、无所不在”的服务理念，坚持“公共气象、资源气象、安全气象”的发展理念，始终围绕“决策服务让领导满意、公益服务让社会满意、专业服务让用户群众满意”的目标，以公益服务为窗口，以防灾减灾为重点，将为农气象服务逐步向基层延伸，覆盖“最后一公里”。班子成员精诚团结，心往一处想，劲往一处使，创新发展思路，破解发展瓶颈，坚定发展信心，按照既定方针较好地完成了年度各项工作任务。

全县总体气候状况：年平均气温偏高，降水量比历年平均偏少，日照较历年平均偏多。

1. 气温：2017 年年平均气温 16.9℃，比历年偏高 0.5℃；年极端最高气温 38.9℃，极端最低气温 -1.3℃。春季平均气温 16.4℃，比历年偏高 0.5℃；夏季平均气温 26.5℃，比历年偏高 0.5℃；秋季平均气温 17.2℃，与历年持平；冬季平均气温 7.5℃，比历年偏高 1.5℃，属暖冬。2. 降水：2017 年降水总量 1362.3 毫米，比历年平均偏少 55.9 毫米，距平百分率为 -4%；汛期暴雨日数 4 天（6 月出现 3 天），降水量为 1076.2 毫米，占全年降水总量的 79.0%；全年阴雨日数 163 天，日最大降水量 78.6 毫米，出现在 9 月 10 日。3. 日照：2017 年年日照时数 1217.1 小时，比历年平均偏多 90.8 小时。全年以 4、5、7、8 月的日照时数较多，均在 100 小时以上（其中 7 月突破 200 小时），占全年日照时数的 56%。

全县气象灾害情况，先后遭受 3 次洪灾、1 次大风冰雹、1 次重度高温热害共 5 次自然灾害地侵袭。1. 暴雨：6 月 5 日桑植县普降大到暴雨，58610 人受灾，受灾面积 1616.9 公顷，倒塌房屋 144 间，直接经济损失 3138 万元；12 日桑植县普降大到暴雨，25734 人受灾，受灾面积 1271.7 公顷，倒塌房屋 56 间，直接经济损失 1352 万元。7 月 8—9 日桑植县普降大到暴雨，21841 人受灾，受灾面积 705.4 公顷，倒塌房屋 52 间，直接经济损失 1959 万元。2. 冰雹大风：7 月 19—20 日桑植县发生冰雹和大风灾害，10284 人受灾，直接经济损失 518 万元；3. 干旱：7 月下旬持续高温少雨，全县出现不同程度旱情，受灾人口 4100 人，农作物受灾面积 150 公顷，直接经济损失 80 万元。

【汛期气象服务】 在认真做好一般天气预报服务工作的同时，突出重点，加强对灾害性天气的预测预报，积极为全县防灾减灾提供科学依据。全年共制作发布专题预报期，重大气象信息专报 12 期，春运气象服务专报 3 期，针对春播期和汛期专门制作发布《桑植县 2017 年春播期、汛期气候趋势预测》《桑植县 2017 年春播育秧期（3—4 月）气候趋势》；一体化业务平台使用全面启动，一年来，运行基本正常；与文体广新局合作，开通全县“村村响”大喇叭气象预报预警信息逐日发布。这些气象服务产品均取得很好的社会效果，预测预报、实况监测准确及时。

【地面气象观测和农业气象】 新型自动站运行较稳定，天气现象观测仪安装按时完成，保证业务正常观测。全年错情率为 0，顺利完成省级关于标准化台站建设的检查。积极开展农业气象观测工作，全年农业气象观测错情率为 0。全年每旬都制作发布专业气象旬报，提供及时准确的气象信息和农事建议，为农民朋友趋利避害、增产增收做出了一定的贡献。随着气象现代化和综合观测系统的迅速发展，桑植县 43 个区域自动气象站，2 个自动土壤水分站为气象观测、气象预报服务和防灾减灾工作中发挥其至关重要的作用。重新修订《桑植县人工防雹增雨炮站管理办法》，2017 年，实施人工影响天气作业 17 次，其中防雹 3 次，增雨 14 次，固定炮点作业 12 次，移动炮点作业 5 次，共发射炮弹 225 发、火箭弹 9 发，有效缓解桑植县旱情，防灾减灾效果十分突出，各种作业信息上报及时。积极推进农村气象灾害防御和气象信息服务体系建设，进一步加强乡镇气象信息服务站的建设、农村气象信息员队伍建设，将全县重点部门、大型种养殖户、气象信息员等纳入决策气象服务短信平台，无偿为其提供重要天气预报、天气实况等信息；通过电视、手机短信、QQ 群、微信群、党政网、手机报、电子显示屏、“村村响”广播、省公共气象服务平台、农经网等媒介，将农用天气预报、农业气象灾害预警等信息及时传递给重点服务对象；结合精准扶贫，建成 5 个农田小气候站，切实为精准扶贫工作给予技术支持。

【气象人才培养】 严格执行市局人才发展计划，2017 年，县气象局有 1 获大气科学本科学历，在编职工共有5人为大气科学本科学历。有2人发表技术论文3篇，其中2人参加湖南省气象学会学术论文交流，1篇论文获得三等奖。连续三年有3人申报湖南省气象局短平快科研课题，1人申报高工并通过预审后参加答辩，2人申报中级工程师职称评定。

【行使社会管理职能】 扎实有效地开展各项防雷工作，将防雷减灾工作纳入安全生产监督管理工作范围，对全县相关企事业单位进行安全检测，年终进入安全生产年度综合目标管理考核。扎实开展防雷安全专项检查。对全县易燃易爆场所、卫生系统、金融系统、人员密集场所进行防雷装置安全检测达120余家，并全部形成书面检测报告书，对存在安全隐患的2家单位下达整改意见书，并要求其限期整改复测。加大防灾减灾科普宣传力度，结合利用"3·23气象日""5·12防灾减灾日""安全生产月"等活动，采用多种形式，广泛开展防雷减灾法律法规和雷电防护、灾情处置常识、隐患排查治理的宣传。

【气象观测站项目建设】 观测站值班公寓项目于5月开工，8月建设基本完成。突发事件预警信息发布系统建设项目下达项目立项和调整值班公寓建设，将突发事件预警信息发布系统场所项目建设融入值班公寓建设，并批复项目资金50万元。

【党风廉政建设和文明创建】 准确把握党风廉政建设和反腐败斗争面临的新形势和新任务，充分认识反腐败斗争的长期性、复杂性、艰巨性，坚持反腐倡廉常抓不懈，坚持拒腐防变警钟长鸣，把反腐倡廉建设贯穿于全局管理、业务、服务，融合在思想建设、组织建设、作风建设、制度建设各个方面，不断把党风廉政建设和反腐败斗争引向深入。教育党员干部不忘初心，做对党忠诚的表率，不辱使命，做敢于担当的表率，守住底线，做遵纪守规的表率。始终把文明创建工作摆上重要议事日程，充分调动工会、团支部的积极性，广泛开展形式多样的文体活动，寓教于乐。制定专门的工作方案，将气象文化和廉政文化建设有机结合，形成集气象人精神、气象科普宣传、气象灾害防御、单位内务规范管理、文明创建及廉政文化建设格言警句展示于一体的气象文化氛围。年内，工会、团支部、志愿者服务队先后开展和参加"3·23"气象宣传日活动、安全生产月宣传活动、"重阳"老干部座谈、完善志愿者服务团体、组织第一届桑植县气象局趣味运动会等系列文体活动。并成立关心下一代工作委员会，更好地关心、引导干部职工子女健康成长。

【精准扶贫】 2017年，县气象局4名党员与桥自弯镇松柏村20户贫困户开展结对帮扶，先后走访贫困户5次，到户宣传国家政策，帮助贫困户发展产业，共发放给贫困户脱贫激励资金2.5万元，19户贫困户签订脱贫协议。

（周立清　丁　声）

水　文

县水文局

局长：刘　勇

副局长：肖细华

【概　况】 桑植县水文局是由张家界市水文局和桑植县人民政府双重管理的正科级公益性事业单位，主管全县水文水资源工作。有在职职工8人，其中本科以上学历3人，工程师以上职称3人，高技工3人，技术员1人，内设办公室、业务室、水情室。辖桑植、凉水口、淋溪河、陈家河、莫家塔、刘家坪、汪家坪、街上、洪家关、东旺坪、上洞街、澧源等12个水文（位）站和38个自动监测雨量站及33个山洪地质灾害监测站。其中，水质监测断面11处、蒸发和墒情站各1处。

【主要职能】 负责全县水文勘测、水文预报、水文分析与计算、水文水资源调查评价的归口管理，统一管理水文资料的收集、汇总、审定；负责全县境内水文水资源监测站网的布局与规划、建设和调整工作；承担全县水文水资源监测、调查、分析计算与评价；负责全县实时水文信息的收集、处理与分析，发布水情预报，参与防洪调度；协助水行政主管部门管理和保护水资源，在水资源的开发利用和保护中，负责对水量、水质的监测、分析和评价，水域排污总量的监控，水土流失监测。

【水文工作】 2017年，桑植县水文局在实现“大水文”的战略上，加快发展步伐。该局根据人员现状结合职工的工作能力，进行明确分工、目标管理，保证每一个项目、每一个岗位都组织到位、落实到人。辖区内三个测站职责明晰，凉水口站设有水位、雨量、流量和蒸发，为探求流量特征值的空间分布规律、区域水资源开发利用、水工程建设和防汛抗旱提供依据；桑植站设有水位、雨量、流量和水质，是澧水上游的总控制站，为水资源管理、水库调度运用和防洪安全服务；淋溪河站设有水位、雨量、流量，是江垭重点水库的入库站，为江垭水库调度、利用及工程管理、防洪安全服务。凉水口、淋溪河水文站已实行巡测，采取无人值守。

桑植县水文局根据水文发展的相关要求，努力争取地方政府对水文事业的支持，政府也逐年加大对水文的支持力度，给全县水文工作的开展创造了良好条件，取得良好的效果，确保全县水文工作的顺利开展。积极开展水文宣传活动，进行行业宣传和自身宣传，形成全社会理解水文、宣传水文、关心水文、支持水文的良好氛围，水文工作地位得以提升，水文工作得到相关部门和社会各界的大力支持，工作成绩得到各级领导的充分肯定；积极主动参与属地防洪减灾与水资源管理的各项工作，处处争取主动，找准切入点，每一次洪水发生之时，县水文局都能及时将汛情向县领导、防汛部门汇报、通报相关汛息，为领导科学决策，防洪减灾，起到关键性作用。桑植水文全体职工积极参与争先创优活动，不断提高自身素质，增强工作责任心，在各方面严格要求，积极向上，立足岗位，争创优秀，坚持“舍小家为大家”，团结一心、无私奉献，长期工作、战斗在偏远的测站，通过艰苦努力，保质保量地完成各项测验任务。经水文测验，2017年，桑植站年最高水位253.87米，相应流量3530立方米/秒。

2017年，县水文局获全市水文系统优秀单位，在县绩效考核中被评估为一档单位；刘勇荣获省水文系统和市直工委2017年度优秀共产党员称号，赵万成被评为省水文系统先进个人。

（刘　勇）

农村经营服务

县农经站

站长：曾任务

副站长：姚文学　毛旭兰

【概　况】 桑植县农村经营服务站，副科级全额事业单位，隶属农业和农村工作局。有参公管理人员8人，事业编制人员2人，其中本科学历5人，大专学历4人，中专学历1人。乡镇农经机构与劳动保障站合并为经管与劳动保障站，配备编制127人，整个农经工作交乡镇人民政府统一管理。

【深化农村土地制度改革】 1.按照中央和省委、省政府的部署，全面推进农村承包地确权登记颁证工作。该项工作涉及全县23个乡镇、298个村（居）、4070个村民小组、11.5万户、46.72万人。需要确权颁证耕地面积47.22万亩，3月底完成全部农户的调查摸底，5月上旬各技术公司开始制图指界、外业调查。外业调查已完成267个村、3679个组、65万块地、45万亩耕地，完成总任务的90%；内业编辑完成185个村，2459个组，实测耕地32.4万亩，完成总任务的60%；一轮公示完成48个村，620个组。全县共有技术员96名，其中外业指界40人，内业编辑56人。2.大力推进农村土地流转。进一步加大对乡镇农村土地流转工作的指导服务，充分发挥县农村土地流转服务平台的作用，认真搞好土地流转信息收集汇总上报，充分发挥其示范带动作用，引导全县农村土地规模化流转。2017年，全年新增农村土地流转面积1.29万亩，累计流转14.27万亩。1—9月，全县新增土地流转面积1.68万亩，总面积达到15.96万亩，占全县耕地面积的29.15%。3.认真开展农村土地纠纷调解仲裁。加强土地承包经营纠纷调解仲裁体系建设，建立健全县级仲裁场所和基层调解体系。完善农村土地承包经营权纠纷调解仲裁体系。2017年，共发生187起农村土地承包纠纷，调处180起，其中乡村调解180起，全县土地仲裁委员会调解5起，仲裁2起。

【增强集体经济发展活力】 1.加强农村集体"三资"管理。加大对并村工作中的集体资产和财务管理指导，搞好清产核资，加强农村集体经济组织审计。全年共清查和审计298个村（居）2013年1月至2016年10月的村级财务，形成298份审计报告，全县共审计资金总额46371万元，涉及被审计的村（居）干部人数1192人，审计出违纪违规金额20.88万元，其中不合理开支12万元，其他违纪金额8.88万元，退赔违纪金额8.88万元，受处分人数2人。2.大力推进村级集体经济发展。探索村集体经济发展的有效形式，联合各部门对村集体经济发展进行调研，高质量地完成发展村集体经济调研报告。争取加大财政扶持力度，积极争取省级集体经济奖励、奖励资金、整合资金5200万元，向村级集体经济发展较好的重点村予以倾斜。已有村集体经济收入的村163个，占总村数的55%，经营收入584万元，其中年收入达10万元以上的村有3个。

【培育新型农业经营主体】 围绕烟叶、油茶、蔬菜、畜牧、茶叶等重点产业，水果、粮食、中药材等基础产业，大力宣传发展农民专业合作社和家庭农场。加大合作社管理人员培训力度，组织推荐合作社理事长唐鹏台湾培训学习。全县已培育发展家庭农场316家，其中新增110家。新发展成立农民合作社48家，累计422家，入社成员0.98万户，带动非成员农户0.35万户。

【维护农民合法权益】 加强惠农政策落实监督。全面落实惠农补贴信息备案制，推行惠农补贴"一卡通"制度，将经常性、固定性补贴项目全部纳入"一卡通"平台发放，减少发放环节和降低发放成本。抓好对重点补贴项目、重点发放环节、重点发放对象的监管。通过"一卡通"发放惠农资金1.58亿元，惠农资金到位率达100%。审批村民"一事一议"财政奖补项目40个，奖补资金400万元。验收财政奖补项目23个，实施项目资金200万元，无侵占、挪用现象。深入开展专项治理。对2015年和2016年年度的财政专项资金进行彻底清理，对本系统的违纪问题线索进行深入排查，建立台账。全县共查出村级组织存在有不合理开支金额20.88万元，共退赔违纪金额4.55万元，受处分人数2人。完善农民负担监测体系。选定陈家河镇、芙蓉桥乡各3个村共30户农户作为农民负担与权益维护的监测户，按照农业农村部的要求，发放规范的记账本，指导农户对负担与权益内容记账，规范对农民的负担与权益进行监测。

（吴玉琴）

烟草管理

县烟草局

党组书记、局长（经理）：贾　冰

党组成员、副局长：陈泽华

党组成员、纪检组长：向佐成

党组成员、副经理：姚开科　李　斌

【概　况】桑植县烟草专卖局隶属于张家界市烟草专卖局（公司）的县级烟草商业企业，具有烟草专卖行政执法和“两烟”经营的双重职能，下设 8 个部（室），3 个烟草经营管理站，14 个烟叶生产收购点，现有正式员工 104 人，离退休人员 36 人。

2017 年，桑植县烟草专卖局（分公司）在市局（公司）和县委县政府的正确领导下，紧扣“稳中求进”工作总基调，牢固树立新发展理念，突出抓好“稳产销、提结构、降库存、增税利”重点工作，坚定信心，攻坚克难，真抓实干，各项工作取得新进展，企业经济运行质量良好，为地方经济建设做出了应有的贡献。全年收购烟叶 290 万公斤，销售卷烟 1.39 万大箱，实现销售收入 5.26 亿元，实现税利 1.77 亿元，为桑植县创利税大户之一。

【党建工作全面推进】严格落实党建工作责任制，坚持领导干部讲党课制度，选准配齐党支部班子，坚持“三会一课”制度，开放党员示范窗口、党员示范岗位，积极推进党建 + 扶贫的工作融合。桑植县烟草专卖局（分公司）党组被评为 2017 年度优秀党组，全年组织党员到芭茅溪、洪家关等红色教育基地开展主题党日活动 6 次，组织全体党员干部学习中共十九大报告和新党章 4 次，全局 33 名党员干部与竹叶坪村 87 户贫困户结对，促扶贫村顺利脱贫。

【烟叶生产控量提质】认真落实“控总量、守红线、促增收”的要求，以市场需求为导向，与湖南中烟、县烟办加强沟通协作，推进整县烟叶标准化生产，烟叶生产根基不断扎牢。2017 年，全县收购烟叶 2884956.5 公斤，实现烟农总收入 8135.04 万元，户均收入 72699.21 元，蚜茧蜂防治蚜虫推广率达 100%，烟叶成熟度及烘烤质量较往年显著提高。自然灾害频发，桑植烟草公司未雨绸缪，积极作为，为烟农购买保险 1119 户，核定受灾烟农 597 户，赔付 119.84 万元，最大程度的减轻烟农的损失。

【专卖工作加大监管】牢固树立“打源头、破大案、严管理、净市场”的思路理念，聚焦多方力量，广泛开展“春雷 7 号”“3・15 行动”“打击物流寄递环节涉烟”“百日行动”等大规模清整卷烟市场行动，始终保持卷烟打假打私高压态势。共取缔无证户 39 户、违法违规卖烟大户 8 户，查获涉烟违法案件 92 起、各类违法卷烟 89.756 万支。在上半年收网的“3・26”销售假烟国标网络案中，捣毁假烟窝点 2 个，刑拘 5 人，批捕 3 人，现场查获未销售的芙蓉王（硬）291 条，案值达 110 万余元。

【卷烟营销难中有为】2017 年，卷烟销售严峻形势，桑植县烟草专卖局（分公司）结合市场实际情况，用心做好服务、培训和市场规范工作，卷烟销售总体符合预期。全县分别以 8 个片区建成 8 个自律互助小组，参与客户数达 150 人；积极开展事件营销，开展促销活动 12 场、客户培训活动 4 场，参会户数达 220 户；以“钉钉打卡”制度统一规划客户经理拜访路线，对各自片区展开自查，对经营档位与经营能力严重不符的 2 户进行减供 50% 一次处理、对店址不符客户 40 户报送专卖进行注销处理、对疑似代订 12 户做暂停供货一次处理。

【基础管理务实有方】精益管理到位，持续开展降本增效活动，举办“探索交流、改进提升”劳动竞赛，共产生探索交流课题 9 个。人才队伍状态喜人，积极组织内外部培训、职业技能鉴定和中国烟草网络学院学习，参训人数达 200 多人次，在 2017 年省、市、县委组织的各类竞赛中，有 1 人获桑植县“党纪印我心”演讲比赛第三名，4 人获全市系统“八个更加懂得”青年博文诵读比赛团体二等奖和个人三等奖。做实做细安全生产工作，全面落实安全责任，层层签订安全生产目标责任书，以“安全生产月”“119 宣传消防周”为契机，组织观看消防安全教育科教片 2 次，开展安全宣传教育活动3次，开展安全检查8次，发现和整改安全隐患28起，全年无安全生产责任事故。继续完善基础设施建设，全县烟叶基础设施建设计划总投资2515.5万元，共落实烟基项目1324宗，实现行业配套补贴资金2283.7万元。

（李 欢）

【烟叶生产管理】 扶贫办下设的烟办担负县人民政府烟叶生产管理之责。2017年，烟草产业队伍不断开拓创新，深挖发展潜力，加强桑植特色优质山地烟叶开发；坚持“品牌导向、优化技术、提升品质、彰显特色”的基本思路，突出“精益生产、层级管理”的理念，以“培育中棵烟、提高成熟度”为目标，重点抓好“育苗、理想株型与群体结构、上户预检、专业化采烤及精分”四项工作，进一步改善烟叶可用性、提升烟叶质量，取得较好的成果。全县收购烟叶2884956.5公斤，完成计划任务的80.32%，全县收购均价1274.5元/担，实现烟农总收入8000余万元，户均收入72600元，实现税收1600余万元，中上等烟比例达100%，B3F及以下中等烟比例9.03%，严格控制在13%红线内，实现了总量调控和质量控制目标。

（宋秋月）

附：部分农产品及制品

桑植剁辣椒

桑植县地处武陵山脉，属中亚内陆季风气候区，浅丘地貌，四季分明，气候温和，极利于辣椒生长。桑植辣椒种植历史悠久，全县各地均有种植，尤以桑植朝天椒等品种独具特色。有诗云：青枝绿叶果儿长，辛辣甘甜万人尝。红装虽艳性刚直，亭亭玉立斗艳阳。就是描述的桑植朝天椒。

桑植朝天椒怕涝、耐旱，适宜于高山种植，亩产900公斤左右，果实呈细尖形，成熟后呈红色，味香皮厚，富含油质，主要分布在河口、岩屋口、陈家河、上河溪等乡镇。每年三月育苗，五六月移栽，七八月结果，秋末采收。

桑植剁辣椒采用桑植朝天椒精心腌制而成，其味辣而鲜咸，口感好，陶罐封装精致，耐储藏，是调味、食用佳品。远销广州、武汉、长沙等地。

桑植茶油

山茶油又名茶油、茶籽油，民间俗称“益寿油”。桑植油茶有着独特的地理环境和人文因素，历史源远流长。公元前三世纪的《山海经》绪书记载：员木，南方油食也。这“员木”即为油茶，秦时称甘醪膏汤，汉末称膏汤枳壳茶，唐代始称油茶，沿用至今。桑植大部分地区都有种植，全县仅油茶基地面积达10万亩。

桑植茶油是以当地种植的油茶籽为原料，用传统物理工艺榨取的油产品，是真正的纯天然绿色食用油，具有营养丰富、色泽亮黄、品质纯净、气味清香、药食兼用等特点，享誉县内外。

（陈智慧）

工　业

工业生产与管理

县经信和科技局

党组书记、局长：庄义恒

党组成员、副局长：剪永清

党组成员、副局长：鲁光艳

党组成员、总工程师：唐登峰

【概　况】 2017年1—10月，桑植县实现规上工业产值17.94亿元，同比下降8.3%（剔除电力公司基数影响，同比上升3.7）；实现规上工业增加值6.13亿元，同比增长5.7%，增幅同比下降0.9个百分点，低于全市平均水平0.4个百分点，其中10月当月实现规上产值1.95亿元，同比下降1.4%。累计完成工业固定资产投资12.67亿元，同比下降14.7%，完成年度任务22.43亿元的56.5%。累计实现工业企业实缴税金6278.72万元，同比下降1.41%。工业累计用电量1.50亿千瓦时，同比下降15.71%。

2017年各项经济指标预计数：全年规模工业总产值21.4亿元，同比下降6.5%（剔除电力公司基数影响，增长5.2%）；规模工业增加值7.32亿元，同比增长6.2%；全年“小升规”企业6家，实现过亿企业3家；工业固定资产投资15亿元，同比下降23%。

2017年，桑植县工业经济增长放缓，运行质量欠佳，各项指标离上级要求有较大差距，有以下原因：1. 部分企业停产或半停产。停产或半停产企业致使全县工业经济保持在较低水平运行（桑梓因缺煤，停产7个月时间；港越、龙鑫和桑瑞铁矿分别因资金及安全问题，一直没生产）。2. 园区企业的拉动作用减弱。由于园区布局不合理，承载力不强，没有新的企业入园，大多都是拉桑植县已成熟的企业，致使增速，产值没有变化。3. 企业入规难度增大。年目标4家企业入规，年初摸排有6家拟申报，但申报因条件和标准提高，致使工作进展缓慢，前三季度只入规3家（仁成食品、启文粽叶、恒丰农业）。4. 招商项目落地难。受环评、电力消纳、生态红线、资金、规划等影响，招商项目落地难。南滩风电项目一年多时间还没有取得环评批复；大湘西中药材加工、交易中心项目前期手续未完成，直接影响招商成果，影响工业的转型升级步伐。5. 企业体制改革等因素影响多。一是国网电力桑植公司基数（2016年不向统计局上报数据）没有从平台上减去；二是因中央环保督查，部分原材料生产企业相继停厂半月之久，直接影响生产进度及产量；三是国家统计局抽检，部分半停产企业停报数据。6. 企业自主创新能力薄弱。由于企业创新能力不强、核心技术仍受制于人，已成为影响整体竞争力的极大障碍。规模以上企业开展科技活动的仅约占20%，研究开发支出占企业销售收入的比重不足2%，只有极少数企业拥有自主知识产权。新产品开发力度小，产品附加值少，产业结构调整、升级换代缓慢。

【工业运行监测】 2017年桑植县工业经济发展主要指标如下：规模企业数39家，规模工业增加值7.34亿元，同比增长6.3%；工业固定资产投资15.5亿元，下降20.6%；高新技术增加值1.88亿元，同比增长27%；工业企业实缴税金8755万元，同比下降9.5%。

【服务企业发展】 1.以“三联三转三攻坚”主题活动为载体，机关干部深入企业走访，为桑梓公司、华新水泥、康华公司等企业解决实际问题，推进南滩风能发电等重要项目攻坚、企业养老筹资模式等重大改革攻坚。2.指导帮助企业申报项目。认真研究项目，超前谋划，指导企业创造条件申报和包装项目，与上级主管部门对接，解决项目申报、实施、验收过程中的问题。2017年累计申报项目11个，获专项资金支持598万元。3.着力培养企业“入规”。2017年，培育高山怡韵、鑫山泉水、若谷能源、仁成食品等新入规企业13家，全县规模工业企业达到39家。4.落实“135行动计划”奖补措施。在小微企业入规、规模企业技改、培育过亿企业过程中，累计发放奖励资金150余万元。

【全力招商引资】 把工业招商作为推进工业发展的重要抓手，重点利用风资源、水资源、光资源等开展产业项目招商。一是与龙源湖南风电公司、中车株洲电力等签订南滩、汨湖、天星山、卧云界等风电项目前期开发合作框架协议，并已开展测风、备案、初步选址等工作。6个项目总装机容量85万千瓦，总投资81.5亿元。二是同安徽阳光电源公司签订南滩光伏发电开发框架协议，总装机20万千瓦，总投资22亿元。三是做好国内500强企业在桑植县设立生产基地的前期配合工作。在康华公司万吨冷链物流冷库建设项目如期完成的前提下，引进思念公司到县投资，农夫山泉公司已在桑植县五个水源点取样合格，为在桑植建厂作必要工作。

【狠抓重点项目】 2016年申报和实施省科技成果转移转化示范县建设项目。该项目以发展大鲵驯养和深加工为主导，项目进展顺利，第一年度任务完成情况已通过省科技厅验收。龙源风能发电厂建设项目。该项目总投资23亿元，装机25万千瓦，前期工作已基本完成，计划2018年动工建设。项目建成后，每年可增加税收4000万元。

【做实新型工业】 扎实推进企业转型升级。从绿色食品、生物医药、旅游特色工艺品、新型能源等领域进行产业布局，注重培养高新技术企业，2017年，有2家企业被评为湖南省高新技术企业。落实政策支持。对华新水泥的余热发电、桑梓公司的脱硫技术改造、锦隆环保回收利用桑梓公司的粉煤灰等项目，给予项目补贴，同时按照“135”行动计划的有关规定落实奖励资金。建立和完善两型工业准入、落后产能退出机制，实施供给侧结构性改革。先后拆除新一元和天子水泥的生产线。通过努力，桑植县新型工业化已具雏形。

建材工业

【概　况】 2017年，桑植县有华新水泥、万达沥青、天子实业、锦隆环保、广宇建材等5家规模以上建材工业企业，累计销售收入24577万元。

【企业发展】 加大对企业实施清洁生产项目支持，组织资金近100万元，支持张家界锦隆环保有限公司、华新水泥（桑植）公司进行技术改造，基本实现清洁生产。淘汰落后产能，关停天子水泥公司。

食品工业

【概　况】 2017年，桑植县有九天食品、大湘西魔芋、西莲茶业、燚煌食品、澧水南源、永强农业、裕丰米业等13家规模以上食品工业企业，累计销售收入 15756 万元。

【主要工作】 年内，支持食品工业企业开展技术创新，实施魔芋赋味食品研究与开发项目、莲藕新品种引进筛选及安全高效生产技术研究与示范等，提高特色农产品的附加值和质量安全水平。

（县经科局）

煤炭工业

【概　况】 煤炭工业原属煤炭工业局专管，因机构改革，该局撤销，至 2017 年其职能均并入桑植县安全生产监督管理局，而且，煤炭工业格局有较大改变。

【发展措施】 2012 年，全县共有煤矿 17 家 22 对矿井，年产能 132 万吨。按照国家节能减排和淘汰落后产能政策，2012 年至 2016 年共关退 16 对矿井、去产能 98 万吨，保留 6 对矿井、年产能 34 万吨。2017 年，桑植县撒禾坪煤业有限公司撒禾坪煤矿、桑植县怡然煤炭开发有限公司芦塘湾煤矿、张家界市新街煤矿道湾井、张家界鑫宇矿业开发有限公司檀木溪煤矿 4 对矿井处于停产状态，计划 2018 年全部关闭、去产能 22 万吨。以应急储备而保留的桑植县煤业开发有限公司益民煤矿和桑植县高峰煤业有限公司团结煤矿 2 对矿井年产能 12 万吨，在进行环节改造。

（谷祥武）

电能供应

国网桑植县供电公司

总经理、党委副书记：胡亚军
党委书记、副总经理：王远波　谷雄文
副总经理：伍孝勇　吴　丹
纪委书记、工会主席：尚春霞

【概　况】 经县委、县政府决策，2015 年底桑植县电力公司国有产权整体划转至国网湖南省电力公司；2016 年 2 月公司名称变更为国网湖南省电力公司桑植县供电分公司，2017 年 10 月变更为国网湖南省电力有限公司桑植县供电分公司（简称国网桑植县供电公司）。公司设有综合管理部、党群工作部、人力资源部、发展建设部、财务资产部、安全监察质量部（保卫部）等 6 个职能部室，运维检修部［检修（建设）工区］、营销部（客户服务中心）等 2 个实施机构，以及 10 个乡镇供电所、1 个运检所和 1 个集体企业——创远桑植景融分公司。

2017 年，公司按照县委、县政府“旅游融合、产业扶贫、绿色发展”的工作思路，认真落实上级各项决策部署，围绕安全稳定、供电服务、电网发展等重点，扎实有序推进各项工作，积极服务于县域经济社会发展和全面小康社会建设。公司共完成售电量 33833 万千瓦时，完成年计划 34200 万千瓦时的 98.92%，较上年同期 33956 万千瓦时减少 0.36%；累计台区线损率 6.01%，较年计划 6.49% 低 0.48 个百分点；全年上缴税金 2292 万余元。

【安全生产】 2017 年，通过强化各级人员安全履职，严格安全生产秩序管控，强化安全监督考核，强化安全稽查和考核，安全生产管理水平有效提高。年内稽查计划检修及抢修作业现场 1796 个，下发安全通报 62 期，处罚违章人员 55 人次，

2017 年 6 月 22 日，国网桑植县供电公司开展 10 千伏排龙线综合治理工作

处罚金额16.86万元。扎实开展隐患排查治理，2017年累计排查隐患107项，其中一般事故隐患90项，整改完成90项，整改完成率100%；安全事件17项，整改完成17项。加大安全投入，全年投入41万余元，其中安全工器具投入24万元、电力设施保护及安全用电宣传投入17万元。2017年12月31日，公司实现连续安全运行3025天。

【配网运维】 2017年，公司根据上年频繁跳闸线路筛选出11条，年初制订整改计划，主要对老旧设备（导线、电杆、绝缘子等）、线路通道（通道内房屋、树竹、对地距离不足）等进行综合治理；结合线路运行状况，运检所共开展7条线路（汨竹线、汨叶线、排龙线、排谷线、梅刘线、梅马线和新河线）的集中检修工作；强化设备质量监督管理，认真落实公司《配网设备入网六项硬性规定要求》，严把设备入网关，提升了配网运维水平和供电质量。加强供电保障工作，圆满完成了春节、高考、中共十九大等重要节假日和政治经济活动保电任务。

【营销服务】 2017年，强化业扩报装管理，缩短业扩报装流程，完善业扩报装资料管理，认真开展业扩报装专项整治，业扩报装不断规范。加强电价政策落实，所有用电均按省网目录电价执行，降低企业用能成本，减轻城乡居民的用电负担。积极拓展用电市场，借力县里开展环境整治行动，深入企业、社区、学校发放电能替代相关资料，倡导开发新能源消费模式，“以电代煤”电能替代新增容量1500千伏安。加强星级供电所和供电营业厅建设，洪家关供电所被省电力公司命名为“四星级供电所”，官地坪、瑞塔铺供电所被张家界供电公司命名为“三星级供电所”，洪家关、瑞塔铺供电营业厅被张家界供电公司命名为“三星级供电营业厅”，洪家关供电所创建“全能型”供电所成效明显。扎实开展“客户经理进万家，智能用电进万家”供电服务大走访活动，供电服务水平有效提升，洪家关、五道水、

2017年8月16日，国网桑植县供电公司开展“客户经理进万家、智能用电进万家”活动，面对面向客户问需供电服务

廖家村供电所实现全年“零投诉”。坚持“你用电，我用心”服务理念，完善重要景区服务机制，主动对接西线旅游项目，助力桑植旅游发展；大力推进差异化服务，积极服务桑植高速公路、高速铁路建设，致力于推动县域经济社会发展。

【电网改造】 2017年，公司续建完成2016年农网改造工程（改造72个未改村、10个完善村、7个县城台区、1个社区配电工程、6条10千伏线路），改造10千伏线路6条44公里，改造变台228台，改造低压线路630公里，改造户表10354户。2017年迎峰度夏10个单项建成投运，第一、二批项目15个中心村、15个贫困村改造等网改工程按计划推进，第三批15个贫困村改造开工建设；光伏扶贫项目电力引入工程建设有序。

【“三个建设”深入推进】 强化“两个责任”落实，“四好”班子创建持续深化，落实中心组学习

2017年6月27日，国网桑植县供电公司工作人员到走马坪乡桂竹垭村，对该村光伏发电项目有关上网设备进行检查

制度，领导干部队伍理论水平不断提高；严格执行议事规则及程序，凡“三重一大”事项都经党委会或总经理办公会集体讨论决定，有效防范决策风险；“两学一做”学习教育常态化制度化有效落实。把深入学习宣传和全面贯彻中共十九大精神作为公司当前和今后一个时期的首要政治任务，用习近平新时代中国特色社会主义思想指导实践。党风廉政建设稳步推进，每周一利用生产例会机会，坚持讲好廉洁小讲堂，保持党风廉政建设警钟长鸣。加快企业文化进程，加强员工对“五统一”优秀企业文化的认同。深入推进队伍建设，按“差异化”培训要求开展年度培训，队伍素质不断提高。

（谷飞翔）

工业园区建设

县工业园管委会

主任：陈晓燕

副主任：彭　勇　谷锦涛　熊　波　陈剑波

【概　况】 2009年6月25日，根据中共张家界市委机构编制委员会《关于设立桑植县工业园管理委员会的批复》（张编办发〔2009〕24号）文件，设立桑植县工业园管理委员会，为桑植县人民政府直属正科级事业单位。2012年11月园区成功申报为省级工业集中区。管委会内设4个机构，办公室、规划建设（工程技术）部、产业发展部、财务部，核定全额拨款事业编制10名。另有县财政派驻机构1个。管委会下辖平台公司1个，即县工业园开发建设有限公司，主要负责园区规划建设管理，园区内基础设施及配套服务设施建设，园区项目招商引资，为企业入驻园区提供一站式服务。园区总控制面积为20平方公里，核心区规划控制面积7.15平方公里，省政府批复的规划面积为3平方公里。园区确定了以“一轴三区五组团”的空间结构布局和绿色发展的总体发展定位。（一轴三区五组团：以产业大道为轴心，布局A、B、C三个产业聚集区，打造A区的能源建材园，B区的绿色产业园、生物医药园、赤溪示范园，C区的高铁开发新区）园区分A、B、C三区，分布于澧源镇、利福塔、瑞塔铺三镇。园区区位交通优势明显，距张家界火车站、荷花机场仅54公里，已完工的张桑高速连接线和即将完工的黔张常铁路贯穿整个园区。已实现30分钟抵达张家界荷花国际机场，未来2小时直达长株潭经济圈，3小时贯通成渝、武汉经济圈，眺望珠三角、东盟博览会、东南亚经济圈，一个立体化交通网络正在形成，随着交通条件的不断改善，园区迈入发展建设的快车道。

2017年2月20日，县委书记刘卫兵（右一）到工业园区调研

【经济运行】 园区现有入园企业38家，其中规模企业17家，截至2017年底，园区规上企业产值达13.32亿元，较同期13.31亿元上升0.1%；规上工业企业增加值为4.63亿元，占全县规模工业增加值的63.1%；规上工业企业上缴税金3845.97万元；园区固定资产投资完成7.34亿元，超任务完成41.15%。

【重点项目】 2017年，园区已建成二期标准厂房1.2万平方米，日处理能力2000吨园区集中污水厂，3.1万平方米三四期标准厂房已完成场地平整工程，高铁产业新区项目正在进行概念性规划编制等前期工作。

【招商引资】 2017年，正式签约入园企业8家，总投资达2.27亿元，其中投资额达5000万元的2家企业已落户投产，另6家企业正在进行设备安装。

【融资工作】 园区二期标准厂房项目贷款2000万元的融资计划，已获县农商行审批通过，贷款已到位；园区三期标准厂房建设项目贷款1.5亿元的融资计划，现已获华融湘江银行审批通过，在办理放款手续。

【园区机制体制改革】 园区改革有序推进。2017年，《桑植县开发建设有限公司法人结构治理方案》已提请县政府常务会议原则通过，县委组织部门已将公司董事长和总经理配备到位。以全县行政审批“三集中三到位”改革为契机，在县政务大厅开设园区窗口，派驻专人为入驻企业提供各项行政审批全程代理工作。《桑植县加快发展绿色综合产业园的实施意见》已提请县政府常务会议和县委常委会议审议通过，于12月8日印发。

【安全生产工作】 园区安全生产扎实开展。在中央环保督察期间，配合县安监、环保等部门针对园区企业进行联合督查，并提出整改意见，委派专人督促企业及施工单位及时整改到位。在工业园区举办园区企业消防安全知识讲座及消防演练，进一步增强企业消防安全意识，落实企业安全生产主体责任。根据县防汛指挥部的要求，制定《工业园防汛工作方案》及时发放至园区企业，园区企业制定相应的防汛预案，备好防汛物资，确保安全度汛。并配合县安监局、经科局对企业防汛和安全生产工作进行现场督查。2017年，园区企业无一例安全责任事故发生。

【精准扶贫工作】 驻村帮扶。投资80万元，铺设自来水管25公里，解决莲花垭村安全饮水人数1030人；硬化道路1.9公里，另5.9公里已列入县交通部门计划；开通4G网络，光纤入户97户；投入8万元，完善村部办公设施及阳光院生活设施；村级卫生室及会议室正在施工建设；结对帮扶。投入12万元购置种蜂100桶，成立莲花垭村养蜂专业合作社。结合莲花垭村山地资源优势，发展苗木种植业，建成苗木种植基地30多亩。25户建档立卡贫困户，有17户现场签字确认脱贫。

（李陈君）

2017年11月，张家界市委书记虢正贵（左二）到园区调研

新建的桑植县工业园污水处理厂

交通·通信

交通综合管理

县交通运输局

局长：林　辉

副局长：张　猛　向爱华　李吉邵

纪检组长：郭孝润

总工程师：唐建民

工会主席：张菊花

【概　况】 桑植县运输局是县人民政府组成部门，属于正科级行政事业单位。内设七个股室：综合办公室、人事教育股、计划基建股、农村公路建设办公室、运输管理股、法制股、财务股，核定行政编制13名，工勤编制1名。主要职责：贯彻执行国家和省有关公路、水路交通行业发展规划，制定并督促实施固定资产投资、运输等中、长期规划和年度计划，负责全县公路、水路交通及交通工业的行业管理和组织实施重点交通工程建设；负责交通规费征收与管理；负责全县地方公路、航道、港、站及其设施建设和交通建设项目的立项、审查及上报；负责道路的养护管理和交通运输行业的管理；承办县人民政府交办其他事项。局直属县公路局、县交通运输管理所、县海事处、县交通建设质量安全监督管理所、保通投资有限责任公司五个正、副科级事业企业单位。

2017年，县交通运输局在县委、县政府正确领导和上级主管部门支持下，以习近平新时代特色社会主义思想为指导，认真贯彻落实中共十八大、十九大精神，加强社会主义核心价值观学习与践行，按照“旅游融合、产业扶贫、绿色发展”整体思路，牢牢抓住加快西部地区交通大发展契机，不断探索交通发展新思路，以项目建设为抓手，全局上下团结，凝心聚力，着力打造“景观、致富、满意”三种交通，助力老区发展，突出抓好交通建设的管理和养护，积极开展城乡环境综合治理，努力提高交通现代化服务水平，交通建设取得显著成绩。

【努力打造三个交通】 打造景观交通。以不破坏景观和生态环境的完整为出发点，从实际上出发，合理规划，合理布局。在开发贺龙故居和刘家坪红二方面军长征出发地旧址红色旅游精品线路的前提下，加快建设刘洪公路，提质扩宽改造利九公路；在实施全域旅游的总体目标下，积极规划建设瑞中、天汨、官瑞二期、人竹、竹黄公路，打通与张家界核心景区连接线，实现人在景中，路在山水间的景观建设。桑植县打造的景观交通达到“旅速游慢、旅短游长”和“旅中有游，游旅结合”的效果。打造致富交通。围绕产业扶贫，全力构建湘鄂渝黔边界交通枢纽，重点实施“三环四横五纵”工程。完成张家界至桑植高速公路建设，积极申报桑植至龙山高速公路建设，谋划巴张高速公路进入规划网；加快扩宽改造桑植至湖北走马、桑植至湖北铁路、桑植至湖北茅坝省际出口重要通道；全力配合黔张常铁路建设。同时，以“一改两联三通”的发展思路建设农村公路，全面改造县到乡镇公路；拉通和改善乡与乡（镇）之间的网络联通线；大力实施通乡油路、通村水泥路和通村公路建设，改善到乡、到村、到组甚至到农户的交通状况。通过对交通的优先发展，基本形成服务桑植产业的“县际主干全畅通、县内网络全覆盖、区域交通全方位”的立体交通网络。打造满意交通。全县公路总里程达到5837公里，农村公路总里程达到5212公里，占公路总里程的89.3%，其中县道384.3公里，乡道723.7公里，专用道56公里，村道1162.3公里，未纳入统计的村组道2886.1公里；已硬化的农村公路共有2113公里，占农村公路的40.5%，全县23个乡镇场全部通水泥路，乡镇通畅率达到100%；全县299个建制村通公路，建制村通达率达到100%。全县开通农村客运班线66条，建设农村客运站28个、农村客运招呼站402个，开通率100%；农村客运班线覆盖286个建制村，覆盖率达到95.6%。

【重点项目快速推进】 官瑞公路一期完成投资45200万元，总体进度90.4%；东外环路完成投资4100万元，完成率达89%；利九公路完成投资7082万元，完成率达88.5%；桑慈公路、天汩公路、长潭坪大桥、官瑞公路二期、产业大道、人竹公路、石溪公路、澧洪公路、通用机场在开展前期工作，争取2018年项目落地开工建设。

【农村公路建设成绩突出】 2017年，开工建设32个项目，完成路基75公里，完成路面60公里。实施窄路加宽工程项目14个，完成路基45公里，完成路面29.2公里，完成当年考核任务的3.7%。建设县乡道“边界路、断头路”，完成省计划18.9公里，占任务的63.1%；实施农村公路旅游、资源、产业路项目建设（省计划51.6公里），完成12公里。重要县乡道改造工程加快建设，投资15229万元完成石溪景观公路16.2公里，剖腹溪至蹇家坡10.8公里。加快推进贫困村建设项目，计划建设431公里（含2017年退出贫困村建设任务为195公里），开工15个项目16公里，其他已完成合同签订及施工准备工作。

【行业管理更加规范】 认真组织开展道路运输秩序的整治工作，严厉打击非法营运车辆。通过电视宣传、发放资料采取教育、处罚、停业整顿、终止线路运行等措施，严厉打击违法违章经营行为，尤其针对张桑线私家车非法营运、打架斗殴扰乱客运秩序等行为，联合公安、交警、安检等部门进行依法查处；对主干线、偏远山区、城乡接合部，联合市运管局进行拉网式专项整治；全县道路运输市场现已状况良好。加大对客运站源头管理，定期或不定期对客运站收费行为和客运车辆的性能进行检查监督，及时纠正违章行为，维护正常运转秩序。加强对维修厂家的监督管理，及时查处无证经营、超范围经营等行为，保证维修质量，促进维修市场健康发展。继续深入开展渡口渡船专项整治工作，促进水上运输健康有序。有效遏制境内车辆超限超载行为发生，确保道路安全畅通，达到行业管理规范化、法治化。

【降低实体经济企业成本】 集中公路局和道路运输管所制定农村班线价格和相关管理费用详细方案，上报县政府审批，降低税费负担。严格执行《交通运输部办公厅、国家发展和改革委员会办公厅、工业和信息化部办公厅、公安部办公厅、国家质量监督检验检疫总局办公厅关于印发〈车辆运输车治理工作方案〉的通知》要求，实施对未到整改期的单排装载车辆运输车，不得以车辆超长、非法改装等理由禁止驶入高速公路或者进行处罚等制度，以降低制度性交易成本。规范物流车辆超限超载、违法运输等处罚标准和执法行为，细化、量化执法标准，减少执法中的自由裁量权，实施规范物流车辆超限超载、违法运输等新的处罚标准和执法，包含有细化量化执法标准、减少执法中的自由裁量权内容，规定禁止乱收费、乱罚款和以罚代管等行为，以降低物流成本。

【安全监管持续加强】 认真落实省、市、县有关安全生产的会议精神和安排部署，在交通运输系统深入开展安全隐患清零排查治理专项行动，积极开展“安全生产宣传月”活动，重点对客运企业、车站码头、危货企业、公路、桥梁、航运船舶、在建工程等进行安全隐患大排查大整顿。大力开展“平安公路创建”活动，进一步加强对源头企业的远程监控，在巩固路面稽查的基础上，不断提高科技治超手段，严厉打击非法超限超载车辆。进一步优化全县交通运输发展环境。

【廉政交通建设更上台阶】 坚持从实际出发，注重实效，采取学习和预防、宣传和警示、正面和反面教育相结合的原则，推进党风廉政建设。一是悬挂了警示格言，营造了“预防职务犯罪”的宣传氛围。二是参加警示教育培训。2017 年，组织全体干部职工进行“预防职务犯罪工作”专题培训，聆听专家“以案释法”的知识讲座。三是组织观看警示教育片。多次组织观看《迷失》《蜕变与悔悟》《一个土皇帝的覆灭》等系列警示教育片，认真分析腐败产生的根源，从中受到警醒和启示，从而使全局干部职工得到震慑。

【精准扶贫推进有力】 成立两个驻村工作组（每组 2 人），常驻沙塔坪乡大木塘、唐家庄两村做帮扶工作，从安全饮水改造、农网改造、村级道路改善、住房保障、教育保障、医疗保障、社会兜底保障、发展基础产业、改善公共服务平台、加强基层组织建设 10 个方面具体开展工作。全局每个干部职工都有一个或几个结对帮扶户，一年中多次入户帮扶。综合研判致贫原因，有针对性地制定帮扶措施，集中宣传县政府对贫困户的帮扶政策，鼓励贫困户创业。计划大木塘村 2018 年退出，唐家庄村（深度贫困村）2019 年退出。

（冯　成）

【张桑高速公路通车】 张桑高速公路是湖南省规划的龙山经张家界、安化、新化至新宁高速公路中的一段，是湖南省“六纵九横三环”高速公路网的重要组成部分，属 G5515 张家界至南充国家高速公路中的一段，主线全长 46.950 公里，连接线 18.275 公里。线路起于桑植县洪家关乡南岔附近，经桑植北、瑞塔铺、桥头、教字垭、尹家溪，终于张家界市西的蒋家庄，接已通车的张（家界）花（垣）高速公路。全线共设置桥梁 36 座，隧道 6 座，其中特大桥梁 1 座，特长隧道 1 座；此外还设置 4 处互通立交、3 处匝道收费站和 1 处服务区（张桑高速上唯一的服务区——张家界永定服务区）。计划总投资 43.8 亿元。

自 2014 年 8 月 18 日湖南省交通运输厅、张家界市人民政府召开张桑高速公路项目推进会以后，张桑高速公路建设全面进入开工前施工准备阶段，征地拆迁工作推进顺利，施工用地基本具备，项目建设资金已满足开工需要，质量安全监督申请已同意受理，施工许可已批准，具备开工条件。11 月 18 日，张桑高速公路总监殷颖签发《开工令》，并由张桑高速公路总监办宣布：自即日起，张桑高速公路全线正式开工。

经过广大建设者 3 年多的艰苦努力，2017 年 12 月 31 日上午 9 时 08 分，张桑高速正式通车试运营，改变了桑植无高速公路的历史。张桑高速与张花、长张两条高速联网，桑植可全程高速直达长沙，车程从以前的 6 小时左右缩至 4 小时左右；桑植至张家界车程由之前的一个半小时缩至半小时左右；形成了张家界中心城区到境内各区县 30 分钟左右的旅游交通圈。张桑高速的通车，加速了湖南与贵州、重庆、湖北三地的高速路网对接，对构建湘西北地区南北向高速通道，改善湘西北地区交通运输条件，满足人们的交通需求，加快扶贫攻坚进程和少数民族地区经济社会发展具有十分重要的意义。

［县委党史研究室（地方志办公室）］

道路交通运输管理

县运管所

所长：李胜保

副所长：陈　健　陈纯刚　阙道锡　方廷召

【概　况】 桑植县道路运输管理所是由县交通运输局管理的副科级事业单位，主管全县道路运输行业的安全监管、道路运输企业、汽车维修业、驾驶员培训及站场经营等工作。核定全额拨款事业编制34名，现有在职干部职工33人，内设有办公室、客货运输股、机动车维修股、安全生产股（挂站场股牌子）、统计信息股、机动车驾培员培训股、稽查大队（挂法制股牌子）、城市公共客运办公室8个股室。其主要职责是承担具体组织实施道路运输经营以及道路运输相关企业、城市公共客运等相关法律法规、规章和政策；负责全县道路客货运输经营及其相关的汽车维修、驾驶员培训、客（货）运站经营的市场准入和市场监管；负责全县道路运输行业安全生产监督管理、质量信誉考核、信息化建设与管理工作；拟定道路运输相关业务和城市公共客运的发展规划和计划；承担道路运输行业从业人员资格的有关具体事务性工作；负责完成运输计划，做好战备和抢险、救灾的运输保障工作；承办县交通运输局交办的其他事项。全县共有许可的道路客货运输企业12家、维修厂家102家，驾校3所，一个三级汽车客运站，客运车辆340台，货运车辆680台。

2017年，在县委、县政府的正确领导下，在上级主管部门的帮助指导下，县交管所深入贯彻落实中共十八大会议精神，紧紧围绕全市2017年度道路运输管理工作部署和要求，进一步持续务实运管基础工作，促使行业管理稳中求进，不断转变工作机制和加强行业文明建设，努力提升道路运输行政执法能力和公共服务水平。

【道路运输市场安全监管有力】 按照“一岗双责”要求，制订下发年度道路运输安全监管工作计划、方案，责任清单，所成立安全监管工作督察组，实行班子成员安全监管包干到20个运输企业，分时段、分季度、分重点时期重点时段进行综合督查、圆满完成了“元旦”“春运”“十一”及“两会”等重大节假日道路运输安全生产监管工作。一年来没有发生一起道路运输安全责任事故。扎实开展道路运输行业安全“隐患清零”、危险货物“四必查”、“安全生产月”、“两客一危”车辆驾驶员违法违规行为及汽车客运站安全管理专项整治“百日行动”。其间，隐患清零工作对照省、市级交办桑植县的161项隐患清单，进行认真排查甄别，甄别出121项错误信息，完成40项隐患整改，完成率达100%，“隐患清零”工作在全市率先完成。

【严厉打击“非法营运”】 1. 积极协调安监、公安交警、城管等部门，在全县范围开展“打非治违”专项行动。有力震慑非法营运经营者的嚣张气焰，道路运输市场环境得到改善，道路运输市场及行业的规范有序，旅客生命财产安全有保障。2017年，共查获各类非法营运车辆1255辆，其中查获桑张线“黑车”15台；非法陪练车8台；无证经营车辆18台；摩托车非法载客188辆；查处拒绝载客、甩客“的士”38辆。强超、强靠公交车18辆，违章货车965辆，排查安全隐患9处，下发限期整改通知书18份；行政处罚106万元。非法营运现象基本得到遏制，客运市场秩序好转。2. 积极开展六城同创、创建省级文明县城、城区学校周边秩序整治，全县道路运输市场安全有序。

【加强客货站场建设】 客运班线通达23个乡镇（场），覆盖229个行政建制村，通车覆盖率达到

95.3%。修建官地坪三级农村客运站1个，已完成主体工程；农村客运招呼站计划37个，根据官瑞线需要实际建成57个招呼站，超额完成任务。督促驾校完善管理制度，加强学员培训及教学管理，提升整体服务水平。同时，对驾校开展安全生产隐患清零整治行动。

（王红艳）

交通建设质量安全监督管理

县交通质安监督管理所

支部书记、所长：向星元

副所长：钟新武　向延霞

纪检委员：李　敏

【概　况】 桑植县交通建设质量安全监督管理所（简称县交通质安所）是隶属县交通运输局管理的正科级全额拨款事业单位，定编14人，实有干部职工13人。设综合办公室、质量监督股、安全监督股、监理检测股。其主要职责：贯彻执行有关交通建设质量、安全生产的法律法规，拟定本县农村公路、水运工程建设质量和安全生产监督管理规定、办法和实施细则，并监督执行。负责全县农村公路（含水运）工程监理、检测市场、施工监督管理。负责全县农村公路、水运工程建设项目交竣工验收质量鉴定工作。组织工程质量、安全生产检查，依法查处违法违规行为。

2017年，县交通质安所落实一岗双责、党政同责原则，以质量安全监督检查为工作重点，强化交通工程建设行业管理和宏观指导，加强质监队伍和制度建设，提高执法能力和执法水平，全面落实交通建设工程从业单位质量安全义务清单，建立交通建设质量安全责任终身追究制度，坚持问题导向，加强安全监督管理，严格执行安全管理“八不准”和“五严禁”。对施工单位按照《桑植县交通工程施工、监理企业信用评价的管理规定（使用）》优次录取，进一步认定26个施工队伍，夯实施工单位优劣，确保交通工程优质建设。同时，对混凝土搅拌站和桥梁施工工地实施重点视频监控，有效地、重点地对全县交通工程建设实行监督，很好地履行了交通工程质量安全监督职能，树立了交通工程质监工作良好的社会形象。

【夯实工作基础】 为保证交通建设工程质量安全监督管理工作的顺利开展，加强质监人员各项制度管理，采取了一系列行之有效的措施。一是加强学习宣传。为适应农村公路质量安全监督管理工作的需要，组织质监人员认真学习相关法律、法规，多次参加市处、省局交通工程质量安全监督技能培训。同时，加强宣传报道，《湖南日报》2017年12月2日采纳1篇，题目为“当好‘护航’交通建设质量安全‘卫士’”。二是严格制度管理。为确保单位管理逐步走向正规，修订《奖励制度》《问责制度》《廉政建设制度》，制定《质量安全监督制度》《教育培训制度》，更加细致地对单位职工工作进行分工。通过一系列的规章制度，从工作、生活、纪律等方面对职工作出更明确、更严格的要求，加强监督、检查力度，用制度规范职工的工作和生活，从而保障各项工作的顺利开展。三是强化党建党务建设。认真贯彻执行党的路线、方针、政策，强化党建党务建设，

县交通质安所领导带头学习有关本职工作方面的法律法规知识

发挥党员先锋模范作用。以总书记讲话为学习重点，推进学习型支部建设；以学习教育活动为重点，深化服务型支部建设；以制度规范为抓手，加强支部组织建设；以作风效能为核心，加强机关廉政建设；立足支部本职工作，认真完成各项任务。同时，组织党员干部多次前往沙塔坪乡唐家庄村、汪家垭村、袁家桥村进行精准扶贫帮扶工作活动，采取得力的措施，帮助帮扶对象真正脱贫致富。谷曼被评为全县“优秀党务工作者”。为交通系统党务工作者表率。

【强化质量安全监督】 依照桑植县交通工程质监工作事权的划分和职责，在上级业务部门市质安处和行政主管部门县交通运输局党委的指导下，按照事前重程序，抓报建管理；事中重监督，抓质量安全管理；事后重检测、抓质量安全指标管理的原则，认真了履行交通工程质量安全监管职责。一是对全县交通建设工程项目，严格从其设计、招投标、施工合同和质量保证体系程序入手，进行全程监督。全面落实交通建设工程从业单位质量安全义务清单，建立交通建设质量安全责任终身追究制度，坚持问题导向，加强安全监督管理，落实安全生产一岗双责、党政同责制度，严格执行安全管理“八不准”和“五严禁”。2017 年，共进行质量安全监督新报建工程项目 85 个，续建工程项目 7 个，共计 92 个。全县没有发生重大质量和安全事故。二是加强现场监管，视频监控，对全县通村公路进行质量专项现场督查，夯实提升试验检测设施，完善规范试验检测程序，确保工程质量认定的真实性，完整性，综合性。2017 年，对 80 个农村公路项目的进行质量和安全监督，检查通畅、通达工程 329 公里，桥梁工程 7 座，码头工程 5 个；抽查路基基层、面层的平整度、宽度、厚度达 800 多个点，水泥混凝土抗压、抗折试验 100 组。三是提升完善施工队伍，确保优质安全施工。按照《桑植县交通工程施工、监理企业信用评价的管理规定（使用）》规定，重新对交通施工队伍质监安全方面进行培训、考试，择优录取。新认定 26 个施工队伍，确保交通工程优质安全建设。四是严格行政执法标准。多次集中干部职工学习相关交通建设工程质量安全监督行政执法的法律、法规，提高队伍执法素质。全体执法人员下乡实行亮证执法，文明执法、规范执法，进一步强化对施工单位的交通工程质量安全警示震慑作用。

【全面提升发展】 加强和周边区县交通质安单位相互沟通，取长补短。同时，到市交通质安处、省交通质安局学习经验，并多次赴市、省里进行跟班学习，使全所在质监、安监、财务、制度等方面都取得很好提升，为桑植县交通工程质监事业取得好成绩。

（谷　曼）

公路管理

县公路局

党组书记、局长：谷祥纲

党组成员、副局长：李　原　彭朝晖

【概　况】 桑植县公路管理局负责所辖公路管理与养护、治理车辆超载超限、维护路产路权的正科级全额事业单位，机关内设办公室、计划统计股、基建股（工程）、安全生产股、财务股、人事教育股等六个股室；下设桑植县公路养护站、桑植县超限超载车辆检测站、桑植县路政大队三个二级机构。全局有在职职工 189 人，退休职工 132 人，专业技术人员 29 人（中级 18 人、初级 11 人）；有技术工人 147 人（技师 25 人、高级工 77 人、中级工 29 人、初级工 16 人）。其主要职责：具体组织实施所辖公路建设、养护计划及大中修工程项目年度计划；承担公路路况调查、公路统计和信息工作；负责督促农村公路发展规划和年度计划的实施；承担所辖公路大中修工程中有关质量和安全生产监督管理的具体工作，承担公路养护资金使用过程中的监督管理工作；承担查处公路违法行为、保护路产路权、维护公路建设和养护施工秩序工作；承担公路应急突发事件处置中的有关具体工作。

2017年，县公路局在县委、县政府的正确领导下，紧紧围绕上级主管部门的工作部署和年初制订的工作目标，以公路建养为工作主线，充分发挥潜能，提升管理效能，提高政治站位，推动各项工作的全面提升，工作有序开展，取得较好成绩。

【公路养护】 紧紧围绕“创新、发展、规范、勤俭”工作主题，超额完成省局年初下达的路况目标。2017年，养护累计完成投入资金约1026.26万元。其中，2017年度水毁投入减少约190万元；养护机械设备减少投入180万元。公路养护实际直接投入比上年增加38.3%，增加资金投入284.36万元。干线雨季好路率80.02%，超出省局下达目标的2.02个百分点；年末好路率为82.08%，超出省局下达目标的2.78个百分点；农村公路路面PQI中等以上比例达到93.7%，省道路面PQI85.3、县道路面PQI85、乡道路面PQI80.5、村道路面PQI84；县乡村道常养率分别是100%、84%、73%。日常保养累计投入资金70.74万元，重点清挖堵塞水沟105630米，清理水沟690.86公里，整修路容2775.26公里；清扫路面7560公里；累计投资约137.64万元，利用新型材料完成G353线、S306线沥青路面贴裂缝16000米，朱贺公路路面板底灌注19971.27平方米，S246线整段清灌缝14公里，示范乡镇乡村道路面清灌缝84875米；累计投资约340.10万元实施小修工程，完成沥青路面挖补6260平方米，桑石线路面换板2100立方米，路面整修1273.13立方米；完成了桑慈、桑洪、空走、庙梅公路路面双层表处22820平方米；沿线护栏设施整修1924米；投入资金26.53万元实施填平保畅，雨季完成了S305线桑慈公路K117—K124路段路面整修32000平方米，桑石线路面整修1273.13立方米；投入资金约30万元完成了S305线朱贺公路行道树补植2824株；累计投入资金约40万元，每月对所管辖的400多座桥梁进行经常性检查和日常养护，并完成小埠头大桥、潭口大桥截水沟等局部问题的修复；同时完成了干线公路所有大桥的桥梁信息责任牌和限载标志牌的设立；对隧道内的消防、照明、机电设施进行了维修保养，隧道内进行了常态化清洗，保证了洞内的干净舒适。累计投入资金381.25万元实施水毁应急抢险，公路沿线水毁抢修20多次，清理塌方累计约32187立方米，浆砌挡土墙4618.5立方米，水毁桥梁重建一座；新建涵洞13道169延米，整修涵洞4道，水沟整修2513米。

【路政管理】 紧紧围绕年初制定的工作计划目标，坚持“依法行政，热情服务”的宗旨，共立案调查违法案件8起，办理行政许可案件3起，制止违法涉路施工行为13起，消除违法占用公路堆物方料行为450处，当场制止并责令清理在公路用地内乱倒渣土、垃圾行为140余起，违法案件查处率100%，结案率100%。积极宣传公路法律法规。借助桑植县门户网站、政务微信等互联网平台广泛开展专题宣传报道，并利用农历赶集日，在瑞塔铺、陈家河、利福塔等乡镇人群密集区域发放路政法律法规宣传资料。对S228线、S230线、S305线、X027线公路沿线非公路标志、标牌进行专项整治。在S305线开展清理拆除临时厂棚的专项整治行动。有效规范公路沿线随意乱建乱搭的建房户，保护了路产路权，确保交通安全畅通。

【公路路网改造工程】 实施公路危桥改造工程，完成总投资180万元，S305白户峪桥已完成，S007林家桥正在实施中；公路安防工程根据县政府要求，已移交县交通局负责建设；实施公路路面大修工程，S305线（桑龙公路）路面大修8.07

公里已全部完成；S228线（张桑公路）路面大修3.821公里，已完成2.9公里，完成总工程量的76%。

【官瑞公路建设】 截至2017年底，官瑞公路已累计完成投资42995.91万元。其中工程建安完成投资27215.91万元（计量17771.7万元），完成投资9256.91万元。

【公路治超】 为增强治超执法力量，从路政执法队伍中抽出10名精干人员转发为交通辅警，明确职责，严格落实"一超四究""一单四制"制度，治超工作开展有序。截至2017年底，乌儿岭超限检测站共出动治超执法人员5760人次，检查涉嫌超限超载车辆2181台次，查处超限超载车辆52台次，切割非法改拼装车辆67台次，卸载超限货物787.94吨，处理案件52台次，查处率100%。县公路局通过积极推动部门联合执法，加强源头综合治理，加快科技治超建设，初步建立安全、有序的交通运输环境，有效遏制非法超限超载行为。

（向剑波）

水路交通管理

县地方海事处

党支部书记、主任：张天鹏

【概　况】 桑植县地方海事处是主管全县水路交通行业的副科级事业单位，承担辖区水上交通安全监管、船舶检验、水路运输和渡口管理、航道维护与管理及水路交通行政执法等职责。处单位内设有三个只能股室和一个监控中心即办公室、海事监督股、航务管理股、视频监控中心。核定全额拨款事业编制12名。其主要职责是贯彻实施国家有关水上交通安全监督管理、船舶法定检验、水路运输管理、航道管理、港口管理的有关法律、法规、规章和政策。负责拟订水路交通行业发展规划和年度计划，承担水上交通行业的统筹、协调、监督、服务等具体工作。承担水上交通安全监督管理的有关具体工作。负责权限内船舶和船员各种证书、证件、牌照的审验、签发中的有关具体事务性工作。负责水上交通事故调查处理的有关具体工作。负责船舶设计图纸及技术资料的审查工作。承担船舶、船用产品法定检验中的有关具体工作。承担水路运输市场监管中的有关具体事务性工作，负责水路运输纠纷处置中的有关具体工作。承担水路交通基础设施管理和航道维护中的有关具体工作，会同有关部门做好辖区内水资源的综合利用工作。负责指导港口经营秩序、安全生产、环境保护和港口建设等工作，负责港口安全行为查处的有关具体工作。承办县交通运输局交办的其他事项。

【水域情况】 辖区内有澧水和溇水两条水系，澧水航道42.4公里，溇水航道58.6公里，其中国家七级航道101公里，有贺龙水电站库区、八斗溪水电站库区、渔潭水电站库区、江垭水电站库区，全县通航水域共有101公里，辖区内漂流公司2家，水路运输公司1家，共有渡口32个，船舶56艘，其中渡船34艘，客船22艘，汽渡1组，旅游船舶5艘，交通船舶1艘，高速船舶1艘，快艇1艘，巡逻艇1艘，分布全县15个乡镇。

【水上交通安全】 2017年，县海事处坚持安全第一，预防为主，综合治理的方针，紧紧抓住"元旦""春运""两会"等重要时段水上安全监管的特点，认真做好"防风""防雾""防碰撞"等季节性安全防范工作，依靠政府，标本兼治，突出水上安全监督管理工作，坚持开展专项整治活动，取得了一定的成效。通过不断加强党风建设和精神文明建设，抓好班子建设、队伍建设、党风廉政行风建设，全县水上交通工作较好发展，在落实责任、依法行政、监管能力、队伍建设等方面取得很大进展，较好地完成了全年各项工作任务。1.水上交通安全形势保持稳定。2017年，全县水上辖区未发生一起水上交通事故，水上安全形势持续稳定。2. 辖区水域航行秩序得到改善。通过开展大排查、大整治、大管控专项行动，深入开展乡镇渡船、渡口安全整治、辖区船舶航行秩序进一步改善，船舶违章率明显下降。2017 年，共出动执法车辆 186 台次、海巡艇 29 艘次，派出执法人员 590 人次，检查各类船舶 719 艘次，检查渡口、码头 282 个次，纠正违章 167 起，责令违章船员作出公开检讨 1 次，免费赠送救生衣 120 件，救生圈 30 个，救生浮具 420 个，船用灭火器 63 只，发送安全宣传单 500 余份，悬挂横幅 3 条，张贴标语 6 张，安全隐患整改率达 100%。3. 船检质量新体系得以顺利实施，进一步加强船舶法定检验质量管理力度，使得船舶检验工作更加阳光，有序，透明，船检质量得到进一步提升，服务能力、工作效率和综合管理水平不断得到提高。4. 船员数据采集工作取得成效。随着中华人民共和国海事局新版船员管理系统正式运行，所有船员业务均须先采集船员身份信息并录入指纹，为下步船员的高效管理奠定了坚实的基础。5. 船舶防污管理工作取得实效。制定下发《水运污染治理百日行动方案》，通过开展防治船舶污染水域环境专项整治行动，严厉打击各种违法违规行为，辖区水域更为清洁。6. 行政权力事项得到清理，2017 年，保持无“三乱”行为，无违纪现象的发生，无错案和行政复议案件的发生。7. 水路运输市场得到规范，将桑植县澧水和溇水通航水域内的 22 艘客运船舶整合到桑植县溇澧水路运输有限公司，实行公司化管理的模式。8. 油补发放程序规范。完成了 54 艘渡船 2016 年油补发放，1154 客位发放燃油补贴资金 723721.86 元，从公示到发放，均严格按照程序操作，未出现错漏现象，深得船员满意和好评。9. 全面完成 21 艘老旧渡船的拆解工作。10. 完成金藏河、南斗溪、朱家河、中心、大碗口、洋公潭、小埠头、鸡公嘴、大溪等 9 道渡口改造及维修任务。11. 继续深入开展“两学一做”活动，作风建设及其他工作取得丰硕成果，廉政行风及海事业务综合评价等其他工作得到不断提高。12. 精准扶贫成绩显著。2017 年，结对贫困户退出 14 户，比例占 50%。

（张春秀）

邮　政

县邮政分公司

总经理：金　鑫

副总经理：彭玉萍　宁立平　钟　辉

【概　况】 桑植县邮政分公司位于澧源镇文明路 22 号，县分公司机关设综合办公室和市场营销部 2 个管理部室，4 个业务中心部门挂靠市场营销部，1 个县城中心营业所、下辖 13 个农村支局所。全县共有邮路 4 条，邮路总长度 965 公里。设有邮件投递段道 27 条，其中县城投递段道 5 条，投递路线长度 46 公里，农村投递段道 22 条，投递路线长度 1280 公里，邮政服务面积 3465 平方公里，服务人口 43 万余人。

2017 年，桑植县邮政分公司转变发展方式，强化企业管理，改善服务水平，加强团队建设，促进内外和谐，实现企业良性运营。生产经营形成金融类、邮务类、速递物流类三大业务板块，开发数据库商函、对账单、DM 广告、快递包裹、电子汇兑、电子商务、邮政礼仪、代收代发、代理保险、个性化邮品等新型业务，构建邮政多元化发展格局，满足社会多层次的用邮需求，机要通信保持质量全红，社会满意度显著提高。

【生产经营发展迅速】 “金融强邮”金融业务强势推进。2017—2018 年开门红竞赛活动中，金融总资产共计完成 2.16 亿元。2017 年，代理金融收入完成 1712.69 万元，代理保费规模 3840 万元。“寄递立邮”快递包裹合力推进。2017

年，桑植包裹业务持续快速增长，全县完成快包量20.82万件，实现业务收入152.7万元。其中，快包实现业务收入124.28万元，普包实现业务收入2.49万元，特快实现业务收入12.76万元。“9·19”“双十一”“双十二”电商节，渠道、快包强强联手，实行专业联动，开展多场活动并与当地优质企业和优秀电商共同合作，开发50种不同的土特产，通过邮乐网平台进行销售、累计销售20000件包裹。“传媒兴邮”传统业务逆势奋进。充分利用桑植“红色文化”资源，以大力发展西线旅游开发为契机，“以游兴邮”为指导思想，举办高端集邮产品鉴赏会，现场实现销售额54万元；成功开发《桑植信息大全》2000册，蹇家坡村志300册，累计实现销售额53万元，使集邮函件业务步入良性发展的态势；开展“书香桑植全民阅读”活动，得到桑植市民的良好评价。

【和谐企业建设加快】 1.开展一系列宣传教育培训活动。坚持不懈地推进反腐倡廉工作，大力倡导“八个方面”的良好风气。认真落实党风廉政建设责任制，开展各类教育活动。在全局范围大力推行技能大比武，极大地激发全员学业务、学技能的热情，形成“学业务、强素质”的良好氛围；围绕职业技术鉴定、岗位练兵，创新培训模式，全年培训从业人员50余人次，员工履岗能力得到明显增强。2.提炼出桑植邮政企业文化理念。深入实施“精诚团结、红色兴邮、绿色发展”方案，积极探索可持续发展的企业文化，进一步确立“精诚协作、全力以赴、顽强拼搏、再创佳绩”的企业精神、“用户是亲人”的服务理念，以及“执行无折扣”的企业作风，初步形成适应桑植邮政实际，具有鲜明特色的企业文化，充分体现桑植邮政人“知难不言难、迎难不畏难”的锐气，“脚踏实地，百折不挠”的韧性和“敬业、勤勉、务实、高效”的工作作风。3.开展精神文明创建工作。县分公司工会认真维护员工合法权益，坚持司务公开，推进民主管理。积极开展技术比武、劳动竞赛、合理化建议、慰问困难职工以及丰富多彩的文体活动。

（邵　钰）

电　信

中国电信桑植分公司

经理：彭齐琼

副经理：钟　平　刘清林

【概　况】 中国电信桑植分公司下辖3个部室、7个前端分部、2个前端中心、3个维护班组及13个农村支局。全县建有天翼手机城1个，合作营业厅5家，专营店62个，社会卖场1家。现有在册员工61人。

2017年，全年累计完成收入5884万元，超产95万元，同比增长22.88%。其中，核心平台收入累计同比增幅达29.38%；移动过网份额达到25.31%，较2016年末提升4.09%。全年移动净增15521户，累计完成净增预算147.82%；宽带净增6826户，累计完成净增预算150.15%；ITV净增10040户，累计完成净增预算102.45%。完成桑植电力公司行业应用“物联网卡”超表1000户。完成人民银行、国税局2个移动集团用户，用户达115户。桑植分公司各项业绩考核指标得分109.92分，名列全市区县公司第一名。

【通信网络建设】 新建LTE1.8G4G基站21个，实现城区、乡镇深覆盖；农村4G覆盖率达到98%。完成瑞塔铺至汩湖、瑞塔铺至官地坪、瑞塔铺至西莲的主干光缆新建及沿途杆路整治工作，实现内外半县数据、传输成环。为保证全县网络安全畅通打下了坚实的基础，完成汩湖等4个机房整治及搬迁工作。全面承接“公安天网”接入光缆建设项目，截至2017年底，城区已开通190个点，各乡镇已开通340个点。为贯彻落实国家信息化扶贫战略，全年新建FTTH光网端口8262个，期末FTTH端口达到80124个，新建光网小区6个，县城光网小区覆盖率已达99%，全县279个行政村（含居委会）光网通达率达95.4%。

（谷辉军）

移动通信

张家界移动通信桑植县分公司

总经理：邹艾龙

副经理：许　洪

经理助理：王家维

【概　况】 张家界移动通信桑植分公司隶属张家界移动通信分公司。现有员工63人，其中正式员工50人，合同工13人。公司内设综合部、网络部、市场部、大客户中心、客户服务中心，主要从事桑植境内移动通信网络的建设、经营移动通信业务、IP电话业务等。

2017年，桑植分公司在县委、县政府的正确领导下以及市公司的关心支持下，在全体员工的共同努力下，认真贯彻中共十九大及习近平总书记系列讲话精神，紧紧围绕公司的总体目标任务，积极践行国企责任，着力加强党组织建设、转变工作作风、改善网络质量、发展4G业务，克服重重困难，完成年度各项工作任务。

【移动通信业务发展】 1.以市场为主导，全面促销确保市场占有率。2015—2017年，移动公司先后组织两节促销、五一促销、3·15促销等各种规模的促销活动400多次，确保移动市场占有率达到85%以上，较2015年初上升2个百分点。2.以提高服务水平和质量为重点，全力稳定集团用户和个人大客户。在提高服务质量上下功夫，组织开展“阳光行动竞赛”活动，规范服务流程，开展“满意在你心中”活动，为广大客户提供优质服务。大客户中心每月按记录对ABC类集团走访到位。随时了解客户需求，走访联络员和单位领导，向他们征求意见，从而提高集团客户的感知度，更好的稳定集团客户。对个人大客户，公司以人性化、亲情化的服务方式，进行一对一的服务，并指定专人对大客户及中高端客户进行监控，掌握消费异常情况，将消费情况及时向消费者告知。公司的经济效益不断提高，2017年，在全市完成情况排名中排名第一，被省公司授予全省20强单位称号。

【移动通信网络建设】 紧紧围绕公司市场业务发展的需要，在网络建设和维护上狠下功夫，网络质量特别是农村网络质量各方面指标都得到大幅度提升。2017年的雪灾，使桑植的网络通信工作受到创伤。在全县各行各业都在进行抗灾救灾的紧要关头，桑植分公司也及时组织员工，加班加点，积极进行灾后网络重建和维修，确保了县内抗灾救灾过程中通信工作的畅通无阻，取得抗灾保通信的全面胜利，网络工作实现又好又快的发展，网络工作水平全面提升。

【移动通信企业文化建设】 积极通过工会，业务竞赛等活动，进一步树立企业的形象，增强员工爱岗敬业和无私奉献的精神，2017年参加张家界市移动公司员工运动会，取得了第一名的好成绩。进一步完善了桑植分公司有关纪律、经营指标考核、班组建设考核、安全、物资进出库、卫生等十多项制度，实行制度管人，并在制度落实过程中严格执行，彰显制度权威性及预警性。积极组织参加义务植树活动、员工登山活动、“八一”慰问活动等等，积极慰问好、帮扶好贫困职工，关心在职员工及退休职工工作上及工作以外的生活，各项活动的成功开展，员工的归属感增强，公司的凝聚力和向心力提高。

（王晨妍）

联通通信

桑植联通分公司

总经理：彭　瑾

【概　况】中国联通桑植分公司隶属中国联合网络通信有限公司张家界市分公司。主要经营移网通信业务、宽带网络经营服务业务、电子渠道业务及移动通信增质业务。桑植分公司下设市场营销部、宽固营销部、存量经营部、商企中心、大客中心、综合财务部及建设运维部七个部门和三个自有营业厅，68家社会营业网点，分公司共有在册员工20人。

2017年，桑植县分公司秉承年初市公司市场线“亮剑2017”的奋斗纲要，紧密结合桑植的实际情况，充分调动全体员工的积极性，坚持以客户为中心的工作理念，以优质服务为核心，以提高市场占有率为目标，量化分解指标，夯实部门责任，强化工作措施，贯彻党风廉政建设与员工满意度提升工程，稳步推进各项工作，有效促进分公司各项业务工作的快速、平稳发展。2017年，全网开账收入累计2987万元，同比提升4.2%。

【市场营销部工作】移网渠道建设方面，城区网格新建4家渠道，有效一级渠道数达到28家；内半县网格引入3家，有效一级渠道数达到25家，完成5家沃店改造装修工作，改造后店面形象得到极大的提升；外半县网格有效一级渠道15家。移网业务发展方面，包村项目发展用户近3000户。终端合约跟机卖场终端合约率占70.1%。重点指标方面，充分利用冰激凌渠道对赌政策，对辖区内核心渠道签订对赌协议，激励渠道共计发展冰激凌用户约800户；自9月开始王卡销售，截至12月订单激活1087户，续费79.83%。

【宽固营销部工作】渠道方面。桑植分公司总共管辖36个乡镇在2015年5月仅9家合作商。经过努力，截至2017年12月，分公司经过淘汰换血、重新招募，渠道规模达到25家，渠道基础及资源覆盖情况有所改善。建设方面。新建28个村组，后续策略因以“建成一个深耕一个”为原则，用服务撬动用户，用质量维系用户。

【存量经营部工作】桑植分公司存量收入累计完成1905万元，存量收入保有率85.68%；存量用户保有率74%。一季度“三开市场”新增用户续费方面，在一季度“三开市场”营销竞赛中，新增用户二次续费率达40.3%，完成市公司续费率目标。流量经营方面，一季度基础流量包订购任务1160户，累计完成1306户，完成率112.6%，全市排名第三；流量包收入目标43667元，完成66279元，完成率151.8%，全市排名第二。红五月存量用户存费送费方面，参与活动用户3018户，参与用户占全市比20%，占比提升值4.7%，活动参与用户数及占比提升值均排名全市第一。四季度流量包抢盘方面，桑植分公司11月流量包订购月度累计订购804户，完成率172.5%，排名全市第一。

【商企中心工作】业务发展方面。移网发展2044户，移网出账用户3587户。固网发展404户，固网出账用户425户，同比提升50%以上。在7月冰激凌套餐竞赛活动中荣获部门排名第一名，部门获奖励2000元。8—11月全市商企激励竞赛中，冰激凌及钉钉套餐每月均以100%以上超额完成任务目标，月度排名均在第一、二位。队伍管理方面，从2016年9个直销人员到2017年11月，达到专职18人、兼职1人。入职期间共进行达20次以上业务知识大规模培训，并要求每月一次的直销人员业务知识考试纳入工资考核，较好的提升了直销人员的业务知识和营销能力，同时也较好的完成公司月度计划任务和节点促销的落地执行。并能保证96%以上每日晨会签到率。100%完成队伍组建计划，人员有效率达90%，排名全市前一名。

【大客中心工作】 2017年4月桑植大客中心正式成立，团队人数3人，重点以承接市大客的行业业务为主。创新业务方面，通过团队的共同努力及不懈坚持，累计完成ICT收入100余万元。

【建设运维部工作】 移网板块方面，桑植分公司县域内新建文明路地下商城2/4G室分基站、老关潭安置点4G拉远站、山水逸景园3/4G拉远站、中铁澧水南源3G拉远站、龙潭坪桥头2/4G拉远基站、李家湾元场2/4G拉远基站、瑞塔铺镇本部3/4G拉远基站、官地坪镇头大堡3/4G基站、桑植县官地坪镇哨所3/4G基站、桑植县廖家村镇丰岩村3G基站，以及瑞塔铺鸟儿岭、瑞塔铺小溪沟、瑞塔铺杨家乐村、官地坪白竹溪村、龙潭坪赶坪村、上洞街街上、细砂坪街上、细砂坪周家垭等基站的3G基站升级为4G，桑植分公司区域内手机信号覆盖率提升，同时，在分公司领导的指导下，以及网格队长的配合下，完成桑植辖区内2018年的移网重镇覆盖计划明细表。在2017年，建维中心配合市运维部传输中心，完成了桑植本干（中药材交易市场处）割接、山水逸景园汇聚机房第二路由的建设、使之机房汇聚设备都能做到线路成环双路由地双保护。线路传输大修改迁方面：配合县政府完成了官地坪至瑞塔铺的二级公路（官瑞公路）、城郊创业路改造区域内的杆线迁移以及沙塔坪乡、上河溪乡、刘家坪乡、梭子丘乡的集镇本部修路光缆大修改迁的工作。固网板块方面，新建项目酒店宽带完成了天子山宾馆宽带建设装维、豪莱斯酒店等酒店宽带建设装维工作；政企专线完成了明东网络传媒DIA专线、思源学校DIA专线建设等多家单位企业专线施工建设；重保维护完成桑植县域内银行的电路专线、烟草视频专网电路专线等多家单位维护巡检工作；优化升级建维中心配合市运维部，将桑植城区重要OLT上行调整至山水逸景园汇聚机房里的新OTN波分设备上，网络质量改善，用户网络感知提高，为联通实现千兆宽带做好了相应的准备。

【党风廉政建设】 全年坚持把党风建设和反腐倡廉工作融入日常工作，在做好市场经营发展的同时，兼顾反腐倡廉常抓不懈，针对重要业务、核心人员，重点盯防业务发展中廉政风险点，严防死守，保障生产经营过程中不出现违纪违规现象。定期与员工开展思想交流，定期组织学习对内交往九条纪律、对外交往十个不准，通过查找问题、整改落实、总结分析、提前防范四步法，将反腐倡廉融入日常工作，实现风险管控。不断强化制度建设及监督，聚焦制度建设，通过会议、文件、政策不断对各基层单元及市公司部门强化各类业务发展的红线意识，防范问题出现；聚焦制约监督力度，各中心及网格分管业务相互监督，明确职务禁区。

（李　励）

商贸·旅游

商务管理与粮食购销

县商务和粮食局

党组书记、局长：刘宏斌

党组成员：向恩宁

党组成员、副局长：尚　征

副局长：钟佩文

县投资促进事务局

局长：杨群英

县市场服务中心

主任：邹敬玉

【概　况】 桑植县商务和粮食局主要履行全县招商引资（内资、外资），粮食行业发展、调控、储备，商贸流通业发展，市场体系建设，电子商务等职责。内设机构（10个）：办公室（挂人事财务股牌子）、投资管理股、粮食行业发展股、市场运行和消费促进股、市场秩序股（挂法制行政审批股牌子）、市场体系建设股、粮食调控和储备股、流通业发展股（挂商贸服务管理股牌子）、对外贸易和经济合作股、电子商务股。核定行政编制13名。直属单位（4个）：桑植县投资促进事务局（副科级），桑植县市场服务中心（副科级），桑植县商务粮食综合行政执法大队（股级），桑植县粮食购销有限公司（国企）。

桑植县商务和粮食局作为“电子商务进农村”和电商扶贫工作的主管部门，2017年度桑植县在全省110个有电商扶贫任务的市县区考核中荣获第三名。

【招商引资成效显著】 2017年，桑植县对外发布招商项目74个，发放招商项目资料1500余份，大力宣传推介桑植。共接待国内外到桑植意向投资客商共183批662人次，对接洽谈意向项目31个，其中500强企业15家，涉及旅游、商业综合体、风能发电等各领域。积极参加重大招商活动4场次。4月，参加“港洽周”活动，成功签约项目3个，签约资金26.5亿元。全完成招商签约项目11个，签约资金104.9亿元，分别是桑植白茶产业与加工项目（1.00亿元）、桑植县文化旅游产业融合发展项目（2.00亿元）、中国供销·武陵山三农国际电商物流园项目（5.50亿元）、桑植南滩光伏发电项目（20.00亿元）、湖南光电科技园项目（1.00亿元）、桑植县卧云界风能发电项目（9.00亿元）、桑植县西界及相关乡镇风能发电项目（20.00亿元）、桑植县湘西密码现代农业产业园项目（2.00亿元）、桑植县樱花旅游小镇项目（30.00亿元）、桑植县油气综合利用项目（12.10亿元）、合作办学项目（2.30亿元）。已落地项目3个，分别是新型能源材料加工项目、白石农业产业化项目、中药材交易市场土地收储项目。

【电子商务工作成就斐然】 2017年，出台《桑植县“电子商务进农村示范县”创建工作实施方案》《桑植县2017年电商扶贫培训方案》《桑植县2017年村级电子商务服务站（点）建设方案》。桑植县财政局、桑植县商务和粮食局联合行文，出台《桑植县关于申报2017年度电子商务进农村奖补项目方案》。2016年开展电子商务工作以来，共完成新建、改造农村电子商务服务站（点）75个；全县共建成1个县级公共服务中心；与京东平台对接，建成“京东桑植扶贫馆”和“桑植特色馆”；2017年全县电子商务共培训1200人次，新增注册电商企业50余家，新开网店1000多家，实现网络交易额1.8亿元，其中茶叶、蜜蜂、腊肉等农产品销售近亿元；引导24家电商企业和农村电商服务片区站在“产业扶贫、牵头百村”活动中和17个乡镇的75个贫困村签约92份协议，累计为全县建档立卡贫困户销售农产品2000多万元，带动建档立卡贫困户人均增收1000元；以奖补形式推动全县农土特产品企业主体20余家参加全省全国性展销博览会13场次，在这些展会节中有5种产品获得金奖。

【市场体系建设工作进一步提升】 农贸市场建设是一项民生工程，全县共有23个农贸市场，通过省、市为民办实事新建和改扩建农贸市场有官地坪、洪家关、利福塔等15个农贸市场。中药材交易中心项目是桑植县一项重点招商引资项目，已完成居民安置点“三通一平”和安置点道路建设基础设施建设，在实施完善项目区基础设施建设及配套项目。中国供销三农电商物流园项目：完成征地126亩、分户测量178个板块、发放土地补偿款305万元。

【粮食安全生产稳步推进】 县储备粮库是全省骨干粮库网络建设库点，承担着省、市、县三级地方储备粮的储备任务，担负着全县48万人的粮食安全重任。2017年，市定考核任务共需储备粮食11000吨。已经完成省储粮食轮换3652吨、市储粮轮换2000吨。

【口岸建设初见成效】 为充分利用张家界机场口岸优势，努力建成区域进出口基地，通过培育优质农产品基地建设，扩大进出口贸易，壮大开放型经济，让世界知晓。2017年9月9日“桑植县出口食品农产品（牛羊肉）质量安全示范区建设”按照国家级生态原产地产品保护示范区创建工作方案已于现场评定，商粮局作为农业农村局配合单位已提供创建资料15项。

【外贸外经平稳发展】 积极培育外贸外经企业。围绕“促、保、上、调”。即“促一批企业上水平；保一批企业渡难关；上一批企业增后劲；调一批企业优结构”四个方面开展工作。根据国际市场变化和国内财税体制改革，不断适应新形势，明确新目标，在逆势下多方突围。2017年实现外贸自营出口1567万美元万美元（其中，仁成食品公司1136万美元，猋煌公司421万美元，康华粽叶公司5万美元，永强农业6万美元）。完成外派劳务营业额356.45万美元，外派劳务246人，有效地拓展了城乡居民的就业空间，为致富一方民众，发挥了积极作用。

【内贸及消费促进工作成效明显】 2017年，完成社会消费品零售总额35.7亿元，增幅10.7%。全县限上监测样本企业样本点共23家，限下监测企业样本点共42家。大力发展会展经济，多次参加会展活动。2017年，到桑植县民歌广场组织开展农产品及日用品博览会2次；组织湘西密码等7家企业参加“湘飘天下”深圳展示会1次；组织马桑树农产品等4家电子商务企业参加湖南第六届电子商务大会1次；组织仁成、猋煌等外贸企业参加“广交会”“港洽周”“亚欧博览会”活动各1次。其中，6月份参加“湘飘天下”深圳展示会期间，湘西密码等7家企业现场签订销售订单资金达200余万元，通过发展桑植县会展经济，有效拓展了桑植县新的消费热点。加强对全县加油站点、商场、超市等重点商贸领域的监管，开展成品油专项整治活动2次。积极督促统计样本企业及时上报监测数据，有效应对市场异常波动。完善城市生活必需品供应应急预案等措施，在南方暴雨期间，起动了生活必需品日报工作，保证了重要商品物资的市场供应，保证市场供应稳定。

附：

1. 桑植县投资促进事务局 桑植县投资促进事务局为副科级事业单位，内设机构（3个）：办公室、招商项目股、投资促进股。核定全额拨款事业编制8名。主要职责：负责组织制定并实施招商引资规划和政策措施以及招商引资年度目标任务；具体组织实施各类投资促进活动，为境内外投资企业提供投资咨询和政策信息等服务；承担外来投资重大项目调度、跟踪和服务的具体事务性工作；具体组织实施县级重大活动签约项目履约的事务性工作；组织制定并实施承接产业转移和区域经济合作发展的规划和政策措施；负责编制全县开展横向经济协作、内联引资工作计划，组织全县的内联引资洽谈会和以开拓市场为主要内容的展销活动；承担承接产业转移项目服务、管理的具体事务性工作；承办县商务和粮食局交办的其他事项。

2. 桑植县市场服务中心 桑植县市场服务中心为副科级自收自支独立法人事业单位，内设机构（3个）：办公室、业务股、安全保卫股。核定自收自支事业编制14名。主要职责：负责经营管理县城、乡镇市场资产；负责市场内的物业管理，承办商粮局授权范围的市场规划、市场开发和市场维修；负责市场内治安、消防、卫生等日常服务；提供交易场所和服务设施，开展代储、代运、信息咨询和其他服务；收取市场设施租赁费、交易手续提成费和其他符合有关规定的有偿服务费；完成主管部门交办的其他工作任务。

3. 桑植县商务粮食综合行政执法大队 桑植县商务粮食综合行政执法大队为财政全额拨款独立法人（股级）事业单位，核定全额拨款事业编制4名。主要职责：贯彻执行国家、省、市有关商务粮食行政执法方面的法律、法规和方针政策；负责全县商务粮食违法、违规案件查处；负责行使对成品油市场、拍卖、典当、美容美发、废旧汽车拆解、二手车流通、对外贸易等法律法规和部门规章赋予商务粮食领域的执法工作；打击商业垄断、商业欺诈以及不正当竞争，维护正常的商贸经营秩序，保护消费者的合法权益。

4. 桑植县粮食购销有限公司 桑植县粮食购销有限公司集粮油收购、销售、储存、加工为一体的国有控股粮食购销企业，是由原澧源镇粮食总站、陈家河粮食总站、瑞塔铺粮食总站改制后组成的国有粮食控股企业，隶属于桑植县商务和粮食局。地处贺龙元帅的故乡桑植县澧源镇和平中路，总占地面积108.5亩、总仓容2.35万吨（麦容），下辖李家台粮库、瑞塔铺粮库、粮源宾馆和军粮供应店，在册员工33人。

（向碧辉）

供销合作商业

县供销联社

党组书记、理事会主任：尚生彬

监事会主任：陈思敏

党组成员、理事会副主任：陈福明

【概　况】 桑植县供销合作社联合社（简称：供销联社）是县人民政府直属正科级参公管理的事业单位。内设理事会、监事会、办公室、合作指导股、经贸发展股、监督审计股、财务资产股。2013年共核定有编制7名，有参照公务员管理的工作人员6名，退休人员17名（含提前退休人员）。

2017年，桑植供销联社在县委、县政府的正确领导和市供销社的精心指导下，紧紧围绕县委、县政府中心工作，认真贯彻落实《中共中央国务院关于深化供销合作社综合改革的决定》，坚持为“三农”服务的办社宗旨，提升为农服务功能，坚持稳中求进的工作基调，推进供销社和谐发展，取得一定成效。

【逐渐解决遗留问题】 1. 关于供销社下岗职工养老金问题。县委、县政府主要领导经过多次调研商讨，于2016年10月26日召开县政府第60次常务会，出台《桑植县采用政府购买服务贷款解决国企改革遗留社会保障问题的实施方案》，采用政府购买服务项目贷款解决国企业改革遗留社会保障问题，将县供销联社列入第一批解决的单位，2017年进入实质性操作程序。2. 关于供销联社办公场所问题。2017年9月16日，县委常委、常务副县长蔡昌顺主持召开桑植县国有资产管理领导小组第三次会议，会上研究同意将原人大办公楼部分办公区域交由供销联社办公使用。经过简单装修，于同年11月正式入驻办公。

【稳步推进综合改革】 根据市委、市政府《关于深化供销合作社综合改革实施意见》，成立桑植县供销合作社综合改革领导小组。2017年6月15日，召开桑植县深化供销合作社综合改革推进会，县委副书记熊卫国出席会议，副县长陈海涛主持会议，县供销联社等有关部门负责人参加会议。桑植县《关于深化供销合作社综合改革的实施意见》《深化供销合作社综合改革实施方案》在会上讨论通过，并于6月底正式印发。2017年先后组织到常德市澧县、安乡和张家界市慈利县考察学习。结合外地的做法，桑植供销联社在全县逐步开展土地托管服务业务，在官地坪的平头界村开展土地托管服务，为当地农民300多亩多年种烟地进行改良种植和配管服务。在芙蓉桥乡银屋村的村部建立较好的便民综合服务小超市。在马合口乡的梭子丘村也正在建立集留守儿童、老年人集中娱乐、便民超市等于一体的综合服务中心。成立了三个涉农服务平台（桑植巧推进农业社会化服务有限公司、桑植新三湘现代农业综合服务公司、桑植富民商贸有限公司），供销惠民综合服务平台初见成效，农业社会化服务也已起步。

【扎实开展党风廉政建设】 1. 理清工作思路，明确任务目标。制订年度工作计划，落实“一岗双责”责任制任务分解，并结合实际，明确分工，层层签订责任制，坚持每季度研究一次党风廉政建设工作，解决相关困难和问题。2. 加强学习教育，推进作风建设。制订年度学习教育计划，将学习教育常态化、日常化。将“两准则、四条例”学习列入党组中心组学习的重要内容，结合“两学一做”学习教育活动，认真组织联社机关干部开展集中学习，组织干部开展学习教育12次，利用党支部“三会一课”讲党规党纪党课4次，组织观看《代价》《蜕变的大树》等教育片，并根据影片内容结合当前反腐败工作进行深入讨论。3. 加强日常监督，促进廉洁从政。切实抓好“春节”“五一”“国庆”等重大节日期间的巡查监督和日常上班、工作及落实工作任务完成情况的督查，开展巡查、督查12次，开展精准扶贫结对帮扶情况督查2次。严格领导干部在用车、用餐和出差按规定标准履行手续和报批，不搞特殊化。继续做好《关于领导干部报告个人重大事项的规定》的督促、检查情况。4. 积极开展活动，促进作风转变。开展服务群众“五个心”和接待群众“五个一”活动，积极主动为下岗职工办理档案查询、退休手续等工作，做到接待热情，服务周到，相关手续流程一站到位。

【精准落实结对扶贫】 1. 落实职责，强化保障措施。按照县委、县政府统一安排部署，县社7名干部结对帮扶走马坪乡向家坪村的35户贫困户。为保障结对帮扶工作取得实效，供销联社成立以党组书记、理事会主任为组长的领导小组，明确一名主任科员专抓此项工作，并在联社经费十分困难的情况下，安排一定工作经费，用于解决实际困难和问题，为结对帮扶工作顺利开展提供人力、财力保障，为符合条件的两户精准扶贫户送去共2000元的贫困母亲救助金。2. 调查摸底，制订帮扶计划。结对帮扶队员根据各自结对贫困户的实际情况，从家庭情况、人员收入、致脱原因、个人意愿、当地实际等方面进行全方位的调查摸底，并充分征求当地政府及村支两委意见，结合家庭实情和“一达到、两不愁、三保障”的目标为结对帮扶家庭制定帮扶措施，为贫困户脱贫奠定了基础。3. 落实措施，确保脱贫摘帽。根据制定的各项帮扶措施，多次召开专题会议，研究讨论帮扶措施如何落实的具体相关事宜，各结对帮扶干部多次深入农户，核实帮扶措施的是否具有可操作性和落实过程中存在的问题。

（陈思敏）

食盐购销

县盐务管理局（湖南盐业股份有限公司桑植县分公司）

局长（经理）：李兴旭

【概　况】 桑植县盐务局（盐业公司）负责全县食盐购销、国家食盐储备等相关工作，确保全县食盐安全。2017年，根据国家相关文件规定，在省市盐务局和县委、县政府的正确领导下，坚持倡导社会主义核心价值观，进一步解放思想，创新管理模式，依法治盐，守法诚信经营，努力开展食盐储备、安全生产、盐业改革、开源节流等工作。全年累积购进各类盐1800吨，销售各类盐1500吨，完成上级公司下达销售任务的117%。

【积极响应国家盐改政策】 2016年5月，国务院印发《盐业体制改革方案》，对推进盐业体制改革做出总体部署。据该方案，县盐务局在省市局及县委、县政府的正确领导和大力支持下，认真解读宣传涉盐改革相关法律法规。2017年1月，国家开始食盐专营改革，故2017年是盐务局和盐业公司“一套人马两块牌子”合署办公的最后一年，之后盐业管理的职能职责，将移交至食品药品监督管理局。县盐务局积极配合响应此制度，与县政府相关领导、部门及食工质局领导，多次协调商讨全县盐务管理职能职责的移交方案，切实做好衔接相关准备，清楚明白地移交相关工作，为全县盐业的健康发展做出应有的贡献。

【加强食盐安全检查　坚决杜绝不合格食盐】 严格按照国家相关规定向全县用盐户供应健康的食盐，不开无证盐、人情盐、无计划盐，并严格按食盐价格供应食盐，积极和盐矿衔接，为全县顺利推进盐改做出应有贡献。在盐价只有专营时期价格的1/3都不足的情况下，县盐务局减价不减服务质量。5月，县盐务局对全县各类用盐户尤其是全县中小学校、幼儿园、较大农贸市场、超市、便民店进行地毯式的食盐安全检查，确保全县食盐安全，保障广大消费者食盐安全。

【落实食盐储备　整改仓库完善储备制度】 2016年开始，国家对食盐实行国家食盐储备制度，桑植县盐业公司是国家食盐储备制度的协作单位，为确保食盐储备安全有序地开展，重建了标准合格的食盐仓库，对储备盐库完成了离墙50厘米，上有遮尘布，下有10厘米托垫的标准化改造。实行半年一轮库，完成储备盐专人专库，建立储备盐管理制度以及相关配套的措施，对仓库办公室经营车辆进行安全排查，教育全体人员必须提高安全意识，把事故处理在萌芽状态，得到省相关部门的表彰。

（李冰洁）

石油购销

中石化桑植石油分公司

经理：聂凤成

副经理：张　伟

【概　况】中国石化销售有限公司湖南桑植石油分公司（简称桑植县石油分公司），系桑植县成品油销售的主渠道，担负着全县成品油保障供应的职责。近年来，随着经济高速发展，县公司积极发展新网点，强化管理，提升服务水平，有力地保证全县的油品供应，促进桑植县的经济发展。

2017年，桑植县石油公司在省市公司及县委、县政府的正确领导下，紧紧围绕年初省市公司工作会议精神和市石油分公司下达的目标任务，狠抓落实，在经营、安全、网点建设、稳定等方面取得较好成绩，实现企业和谐稳定健康发展，2017年，成品油零售量达2.9万吨；加油站非油业务也取得新突破，营业额突破800万元，安全实现事故为零，保持连续24年无事故。

【经济目标全面完成】 2017年，不仅超额完成下达的各项任务目标，而且零售量突破2.9万吨。主要措施：一是狠抓服务。主要通过抓员工的服务培训，抓员工的奖惩，建立神秘客户暗访等办法促使员工提升服务质量。二是狠抓客户。细分目标市场，针对不同市场采取不同营销措施。三是狠抓油品数质量，确保每一滴油都是承诺，让用户加得放心满意。四是定期拜访客户，重视客户的建议，每年评选大客户20户，并召开座谈会，听取想法和建议，改进服务。

【内部管理上新台阶】 2017年，县公司推行作业现场标准化建设（俗称7S），狠抓制度的落实，在管理方面取得不俗的成绩，在省市公司历次检查中均获得好评。一是抓加油站定置化管理，改善加油站形象。二是抓员工培训，提高员工技能和素质。三是抓制度落实和标准化操作，严格操作规程，提高员工工作标准和质量。四是强化质量管理，减低油品损耗，提高经营质量。五是狠抓费用管理，降低营运成本，提高效益。

【安全管理常抓不懈】 公司一贯高度重视安全工作，把安全工作当作头等大事来抓，实现连续24年无任何大小事故。一是重视安全培训，提高员工安全意识。公司领导及加油站管理层均参加省安全部门的培训，并持证上岗。公司除派人参加安监、消防部门的培训外，在加大新进员工培训外，每年还对加油站基层员工办2期培训班，强化员工的安全意识，提高安全技能。二是狠抓安全制度的落实，严抓检查和监督。对省市公司在安全方面下发的制度和文件认真组织员工学习，并做好相关记录。对制度的落实及重点部位的检查，形成加油站每天进行常规检查，公司定期组织月度检查，省市公司组织季度、半年检查的有效机制，确保及时发现安全隐患，使事故苗头消灭在萌芽状态。三是狠抓隐患的整改。

【非油工作突飞猛进】 非油业务是中石化为增强企业竞争力，提高企业效益，部署的一项重大战略决策。经过几年的发展，加大投入，加油站易捷便利店发展到9家，经营商品品种达800多种，营业额近800万元，为加油车辆用户提供方便，并成为公司新的效益增长点，是加油站工作的新亮点。

【工作环境不断改善】 通过近年对加油站持续进行小食堂、小浴室、小医药箱、小活动室、小板报等“五小”建设，并利用加油站空闲地进行“菜园子”工程，加大基层员工伙食补贴，基层员工工作环境大为改善，员工归宿感大为增强，极大地调动了员工的工作热情，员工队伍日趋稳定。

（张　伟）

旅游管理

县旅外局

党组书记、局长：彭国锋

党组成员、副局长：刘经相（副书记）

党组成员、纪检组长：谢启龙　皮海玉

副局长：钟　军

【概　况】桑植县旅游和外事侨务局成立于2015年11月，因机构改革，将原县旅游局和县外事侨务办公室整合，为县人民政府工作部门。主要职责是统筹协调旅游业发展，拟定旅游业发展中长期规划、旅游产业发展战略，组织旅游资源的普查、规划、开发和相关保护工作，监测旅游经济运行，规范旅游市场秩序、监督管理服务质量、维护旅游消费者和经营者合法权益的责任，审核因公出国、赴港澳的有关事宜，依法保护归侨、侨眷、华侨、华人的合法权益，指导旅游教育、培训等工作。设办公室（挂法制行政审批股牌子）、产业发展股、行业管理股、外事侨务股4个内设机构。全局有干部职工12人，领导班子成员4人。

2017年，桑植县主动融入全市“对标提质、旅游强市”和“三星拱月、月照三星”战略布局，大力实施“旅游融合、产业扶贫、绿色发展”战略，加快推进全域旅游创建，旅游接待人次、旅游收入均保持高速增长。1—12月，全县共接待游客538万人次，同比增长21%；过夜游客149.54万人，同比增长26.77%；实现旅游总收入27亿元，同比增长23%。

【旅游综合改革初见成效】高规格重新组建旅游工作委员会，设置西线旅游开发工作办公室，推进全域旅游和旅游精准扶贫；推动旅游产业改革，加强与市经投公司关于旅游资源和旅游产业共享共建的合作；拟定《桑植县全域旅游发展规划（2016—2030年）》《关于加快全域旅游的实施意见》《桑植县全域旅游基础设施和公共服务体系四年（2017—2020年）建设规划》《县旅游精准扶贫行动计划》；继续推进旅游体制机制改革，建立健全旅游执法机构，桑植县公安旅游警察大队、人民法院旅游速裁法庭、市场和质量监督管理局旅游分局三个副科级行政机构，标志着桑植县旅游综合执法的力度进一步加大，旅游市场监管和服务水平进一步提升，将对全县旅游产业转型升级产生重大推动作用。

【重点旅游项目建设有序推进】紧跟县委、县政府全域旅游创建决策部署，重点推进“景区建设为核心，风情小镇为支撑，乡村旅游为补充”的层级体系建设，重点打造“红色旅游＋民俗文化＋自然生态”的复合多元品牌。一是九天峰恋景区提质改造顺利推进。九天洞改造、九天生态广场、九峰寨客栈群、苦竹寨码头等项目均已竣工，2018年6月9日，九天峰恋景区正式开门纳客；占地370亩的红军体验园项目建设顺利推进。二是风情小镇建设务实有为。刘家坪旅游风情镇围绕“以红带绿，以绿促红，红绿见彩”的三大主题元素，建设正有序铺开。红二方面军长征出发地纪念馆已完成建筑主体，馆内正在布展，有望8月1日开馆。长征纪念园、五星级游客接待中心、贺龙骑马铜像广场全面施工建设。梭子丘白族小镇已完成一期工程，融白族客栈体验、白族文化展示、白族风情体验、白族美食品尝于一体的白族老街全面开放。走马坪乡樱花小镇项目完成招商签约，已流转土地2000亩，樱花和美国红枫开始种植。2017年，县旅外局共向上争取项目资金2780万元，助推旅游小镇相关项目的建设。三是乡村旅游开发有序启动。由长沙康庄农业开发的刘家坪犀牛村田园综合体项目，突出“医药康养、特色民俗、体验参与”的主题，目前已完成部分特色客栈改造和主题餐厅建设，露天音乐草场，地标花海，汽车旅馆、养生馆、农夫集市等项目在建设中。利福塔镇白龙村已和老道湾公司达成开发协议，村级游客中心、土家木屋群落修复等几个主要项目已经动工。柳杨溪度假村全面完成升级改造，接待游客突破4万人次。全县共自发新建农家乐、客栈、乡野民宿38家，有力承接了乡村旅游服务接待功能。

【旅游精准扶贫扎实开展】1.开展乡村旅游扶贫工程。空壳树乡陈家坪村与张家界魅力旅投公司洽谈合作事宜，着手组建文化旅游公司，已完成田园综合体概念性规划初稿，正在开展签约和农耕仪式方案，开展种植生态水稻100亩、莲藕20亩。走马坪乡白石溪村正与张家界景界旅游公司洽谈，澧源镇西界村已完成村级旅游发展规划，马合口乡梭子丘村，着手成立村旅游服务公司和产业管理公司，启动茶马古道整修，利福塔镇白龙村，正在开展其他招商对接、张家界老道湾公司对接。2. 扎实开展驻村帮扶工作。先后为洪家关乡洪家关村投资200多万元，帮助该村加大水电路等基础设施建设、改善村级办公条件、发展扶持产业，推进脱贫攻坚工程。3. 积极申报全国乡村旅游富民工程重点村项目建设和第二批湖湘风情文化旅游小镇。

【旅游宣传促销成效显著】 1. 狠抓旅游项目招商。会同商务局一起重点策划包装18个旅游项目对外招商，吸引一大批国有企业、上市公司、民营企业前来考察，已经完成签约4个项目，达成框架性协议项目2个。正在洽谈的有湘旅投集团溇水景区开发项目、香港铜锣湾集团城市旅游综合体项目、市经投集团茅岩河公司总部和高星级酒店项目、湖南雄森集团利福塔旅游小镇项目。2. 着重突出"轰动效应"，重点抓营销。2017年，配合湖南卫视完成原创文化探秘节目《七十二层奇楼》拍摄，宣传西线旅游及苦竹寨的人文风景。洪家关刘家坪红色旅游、八大公山科考旅游、民俗旅游以及3条户外线路被《行走张家界》《中国旅游报》《户外天堂张家界》等媒体杂志向全国进行推介。开展桑植旅游宣传片拍摄，举行"猎豹重走红军路，红色记忆伴我行"活动，积极承办"直播洪家关、民歌天下传"主题活动。组织开展省市摄影家协会、作家协会、音乐家协会采风活动。组织参与全省旅游产品博览和旅游专场推进会。第三届张家界桑植民歌节期间，组织全市旅行商、媒体110人开展西线旅游实地踩线，召开"张家界西线 · 桑植旅游线路推介会"，重点推介红二方面军长征出发地—元帅故里—九天洞—苦竹河漂流精品线路，反响很大。3. 关键抓好全域旅游形象。为精准提炼和有力叫响桑植县旅游宣传形象主题口号，统一推介桑植，让人记住桑植，县旅外局向省内外进行宣传口号和形象Logo的征集，共收集到2000多条。

【旅游市场监管运行有序】 1. 扎实推进"1+3+N"综合执法体系建设。充分发挥旅游警察、旅游工商、旅游法庭、旅游质监等专门执法机构的作用，全面强化旅游市场监管。2017年，发生旅游经营、旅游投诉纠纷12起，处置12起；未发生游客伤亡事件、敲诈欺骗案件，旅游安全做到零事故。2. 扎实推进"平安满意在张家界"专项活动，节假日期间配合县平安满意办组织各专项工作组对旅游整体环境进行综合整治，旅游市场安全平稳运行。

（唐美华）

八大公山国家级自然保护区保护管理

湖南八大公山国家级自然保护区管理处

党组书记、主任：蔡双林

党组成员、副主任：金　彪　胡立池　向贤楚

【概　况】 湖南八大公山国家级自然保护区位于湖南省桑植县的北部边陲，总面积2万公顷。辖天平山、杉木界、斗蓬山三大林区，属于森林生态类型自然保护区，1982年建立省级保护区，1986年晋升为国家级自然保护区，是我国首批、湖南第一个"国家级自然保护区"。自然资源丰富，现已记录陆生脊椎动物373种，鱼类36种，鸟类226种，昆虫1179种，种子植物2160种，蕨类植物338种，真菌318种。其中，国家一级保护植物4种（珙桐、红豆杉、南方红豆杉、钟萼木）；一级保护动物5种（金雕、白颈长尾雉、林麝、云豹、金钱豹），二级保护动物50种（具有代表性的是黑熊、穿山甲）；生物多样性凸显

资源种类丰富、起源古老、珍贵稀有、利用潜力巨大等优势和特点，被国内外专家学者誉为“天然博物馆”“物种基因库”“天然氧吧”；生态地位也十分重要，是湖南澧水和湖北清江水系发源地，被纳入中国“人与生物圈”（MAB）、生物多样性优先保护生态系统名录，是全球意义的17个生物多样性关键地区之一，被世界自然基金会列为全球200个重要生态地区之一；同时还是中科院、中南林业科技大学、武汉植物园、芬兰赫尔辛基大学等院校、科研机构的科研教学基地和全省的生态科普教育基地。

湖南八大公山国家级自然保护区管理处为副处级事业单位，现设1室（办公室）、7科（财务科、资源保护科、森林消防科人事科、社区共管科、科技科、事业发展科）、1队（森林警察大队）、5站（天平山管理站、杉木界管理站、斗蓬山管理站、楠木坪检查站、森林病虫害防治检疫站），1所（科研所）、1场（斗蓬山国有林场）。现有在职人员49人，护林员31人。

2017年，湖南八大公山国家级自然保护区管理处在省林业厅、市林业局和县委、县政府的领导和支持下，紧紧围绕县委、县政府“旅游融合、产业扶贫、绿色发展”的工作思路，牢固树立“保护立区、科技兴区、提质升级、持续发展”的工作理念，攻坚克难，奋力拼搏，保护区各项工作有条不紊推进，在2017年被张家界市森林防火指挥部评为“优胜单位”，桑植县绩效考核一档单位（连续5年被评为一档单位）。

【党建工作】 全区共有57名党员，分别设立机关、天平山、杉木界、斗蓬山、退休老干部等5个党支部。2017年，坚持以习近平新时代中国特色社会主义思想武装头脑，突出抓好了中共十九大精神的学习贯彻，深入推进“两学一做”学习教育常态化制度化，党员干部“四个意识”“四个自信”显著增强。党的建设不断深化，在全区推进述职述党建、党建培训和基层党组织标准化建设，从严治党的主体责任、监督责任得到层层落实。2017年6月30日和7月28日，分别开展了缅怀革命先烈瞻仰贺龙元帅故居和“爱党、敬党、爱岗敬业”支部主题党日活动。

【精准扶贫】 在真抓实干上着力，确保精准扶贫工作有成效。一是抓班子，带队伍。扶贫工作组深入扶贫建整村召开村支两委干部座谈会，开展批评与自我批评，统一思想，提高村支两委的战斗力。二是抓建设，强基础。提供资金支持，组织资金244万元，整修通组公路8.2公里、修通通组公路2.6公里、完成6个组的农网改造、完成了扶贫搬迁集中安置点人畜饮水工程。三是抓产业，促增收。组织资金11万元，种植（中药材、猕猴桃、魔芋）和养殖（土鸡、蜜蜂）业快速发展，成立1个蜜蜂养殖协会，发展6个科技示范户。四是抓服务，惠民生。保护区结对帮扶工作人员顺利完成175户建档立卡贫困户的政策宣讲、情况摸底、精准识别、制定措施和走访慰问等帮扶工作任务，农民脱贫致富能力显著增强。

【资源保护】 认真落实习近平总书记“共抓大保护、不搞大开发”的讲话精神。一是抓整治，强保护。根据中央部署和要求，保护区开展违规人工设施和遥感监测活动环境整治工作，自查自纠和整改各类人工设施16处，下达停工通知书5份，顺利通过中央和省环保督察组及“2017绿盾”行动现场督查检查。二是抓宣传，出成效。完成固定宣传牌12块，维修2块，宣传横幅35条，签订责任状1050份，分别发放森林防火水杯、便民卡和宣传单1150个、800张和3600余份，张贴《禁火通告》635张，“村村响”广播宣传140余次，集镇展板宣传4次；恢复、维修林区道路149公里、防火隔离带10公里、防火通道34公里，巡山312次，消除火灾隐患19起，开展保护区成立以来规模最大的森林防火知识培训活动，深受群众好评，防火成绩显著，创31年无火灾的优异成绩。三是抓保护，促安全。加强野外巡护，严防林区违法犯罪行为，制作埋设警示牌12块，清除电网300多米，夹子3个，查处捕鱼案件1起，处罚2人，教育5人；开展病虫害防治工作，对林区松材线虫、马尾松毛虫和松褐天牛等病虫害进行检测预防，全区无一起森林病虫害发生，基本实现“五无一控制”目标，自然资源更加安全。

【科学研究】 科研水平切实提升。一是突出日常监测。近几年对区内的特有种、关键种、珍稀物种及保护威胁因子进行定期的巡护监测，成功拍摄到国家一级保护动物白颈长尾雉，国家二级动物黑熊等珍稀野生动物活动图片资料。通过生态本底图的运用和GPS、导航记录仪等工具的使用，基本建立保护区生物多样性监测体系；二是科研阵地基本建立。天平山视频监控中心和科普宣教中心已装修和布展完成，科普长廊手持终端（扫一扫）系统和二微码已由长沙尚文科技公司编制生成并投入使用。武汉植物园25公顷大样地监测已初显成效，八管处参与编著的《湖南八大公山森林动态样地——树种及其分布格局》出版发行。三是扩大合作交流。中南林业科技大学、华中师范大学等高等院校的科研教学基地及已初步建立，全省环境教育基地已授牌成立，极小种群保护和两栖类、蝶类、雉类、猕猴和黑熊等特有物种的保护与研究工作稳步推进，陪同科研考察21人次，开展了“珙桐王”救治活动，科学研究能力显著提升。

【项目建设】 保护区项目申报、实施等各项工作有序推进。一是项目申报成效显著。天平山污水处理、派出所营房建设和能力建设等项目申报成功，分别投资460万元、68万元和30万元，已完成相关实施手续办理。同时，力争保护区基础设施建设、生物多样性保护示范和森林防火规划等项目得到上级主管部门批复。二是项目实施效果明显。已投入资金1100多万元和50万元，完成科研监测和能力建设项目的组织实施工作，特别是科研监测项目中的视频监控系统的建设，处于全省领先水平，为更好开展资源保护和科研监测工作提供了保障。

（吴　芳　向　伸）

风景名胜区管理

县风景名胜区管理局

党组书记、局长：邹启林　向延超

党组成员、副局长：向智明　向　党

党组成员、纪检组长：陈俊海

【概　况】 桑植县风景名胜区管理局于2013年7月经张编办〔2013〕45号文件批准正式成立。由原桑植县九天洞赤溪河风景名胜区管理处和桑植县澧水风景名胜区管理处合并组建，为全额拨款的正科级事业单位，归口县建设局管理，有办公室（人教财务股）、管理开发股、综合执法股（执法监察大队）三个内设机构，核定全额拨款事业编制8名，现实有在职人员10人。主要职责是：为风景名胜区建设管理提供保障、组织编制风景名胜区的总体规划和详细规划、严格保护和合理开发景区景观资源、依法履行景区建设审核上报手续并查处景区违法建设行为、负责景区门票管理并出售门票、收取风景名胜资源有偿使用费。县风景名胜区管理局辖九天洞赤溪河风景名胜区和澧水风景名胜区两大省级风景名胜区。

九天洞赤溪河风景名胜区。总面积14.8平方公里。是1991年3月由湖南省人民政府批准成立的省级风景名胜区。由“亚洲第一洞”——九天洞、十里高峡平湖画廊——赤溪河、“千年古镇”——苦竹寨、石英砂岩峰林地质奇观——峰峦溪四大风景区组成。该风景名胜区集山、水、洞、自然生态和民族民俗风情、探险科考、休闲度假、红色文化于一体，是张家界西线旅游的重要组成部分。

澧水风景名胜区。是2002年12月由湖南省人民政府批准成立的省级风景名胜区。包括澧水漂流景区、溇水高峡平湖景区、黄狮河——中里景区、南滩草原景区四个景区，用地面积194.7平方公里，按用地规模属于大型风景区。景区以山为骨骼，以水为血液，山水交融，孕育溇水流域的幽湖、峡谷、奇山、秀水、溶洞、瀑布、草原、古迹、古木和危崖等独具特色的自然风光。奇山秀水是其主体旅游资源，具有山得水而活，水有山而媚的特点，是武陵源国家级风景名胜区不可缺少的补充和延续。

【景区规划稳步实施】 风景名胜区自成立以后，由于多种原因，两个风景名胜区的总体规划一直没有编制完成。县风景名胜区管理局成立以来，即着手两风景名胜区的总规编制工作。2017年1月完成省直相关部门部的联席审查会议；10月完成省直相关部门联席审查会议中提出的各种修改意见的答复；11月完成两个风景名胜区总体规划编制成果编制工作；整个规划编制按照因地制宜，科学定位，合理布局，彰显特色的原则，高标准、高规格、高起点、高质量、高档次的规划设计方案进行，12月上报省政府待批。同时，九天洞赤溪河风景名胜区《九天洞、峰峦溪、苦竹寨景区重点地段详细规划》也已上报省住建厅待批。

【招商引资取得突破进展】 继续加大溇水风景名胜区招商引资力度，以大招商、促大发展，明确招商目的与对象，多渠道全方位搜索信息，广泛宣传、推介溇水风景名胜区各个景区景点，力争早日招商引资成功，为推动景区旅游事业的发展打下坚实基础。全年通过和商粮局合作，已有省旅投、经武集团、大水集团等多家商家到溇水景区实地考察，有望招商成功。

【《景区条例》宣传深入民心】 制定《桑植县风景名胜区管理局景区条例宣传实施方案》，2017年累计向景区群众发放《风景名胜区条例》《湖南省风景名胜区条例》法规宣传摘选等宣传材料700份，进一步扩大了法制宣传教育的覆盖面；同时，组织景区所涉乡镇、从业单位开展了《风景名胜区条例》集中培训及消防知识专项培训，还督促景区企业积极开展安全生产知识宣传工作。全年在九天洞、溇水两个景区开展条例宣传四次，使条例精神家喻户晓，深入人心。

【景区执法效果明显】 制定《桑植县风景名胜区管理局景区执法巡查实施方案》，对九天洞赤溪河风景名胜区实行一周两次的巡查制度，确保该景区升级改造顺利完成。由于溇水风景名胜区地域广，辖两乡两镇，景区保护工作难度大，实行一月一巡查制度。顶住压力，强化责任，严格保护，铁面执法，较好地制止了违法违规建设行为，有效地保护了风景名胜区资源环境。2017年，两景区共计制止违法违规建设行为6起，全部整改到位。

【景区管理规范有序】 1.始终把资源保护摆在景区工作的首位，正确处理好局部利益和全局利益，眼前利益和长远利益关系，加大资源保护力度，防止和杜绝种种急功近利的破坏性开发的发生。2.始终把景区安全生产放在首位，无论是黄金周和重大的节假日等旅游高峰期，还是平常的经营过程中，始终高度重视安全生产。为确保游客安全，对景区的游览道路、护栏杆、供水供电设施、旅游景区公路沿线等安全措施，经常进行认真仔细的排查，将这项工作制度化、常态化。并建立景区建设安全生产机制，始终为九天洞全面升级改造提供安全保障，确保一方平安。3.景区建设项目审核上报程序规范，对景区每一个项目都严格按法定程序审核上报核准。

（张绮君）

贺龙纪念馆

贺龙纪念馆

馆长：幸电安

副馆长：李如东　何海霞

【概　况】贺龙纪念馆是2012年经省编办同意成立的副处级全额事业单位，内设办公室（财务室）、宣传教育部、旅游发展部、安全保卫部、园林卫生部，辖红二方面军长征出发地纪念馆，现有干部职工45人。其主要职责是收藏展览革命文物，做好革命传统教育；贺龙纪念馆、红二方面军长征出发地纪念馆免费开放后的各项日常工作；宣传教育和科学研究、调查征集相关文物；进行革命传统和爱国主义教育等；落实贺龙故居，红二、六军团长征出发地司令部旧址（龙堰峪）的管理和保护工作。

2017年贺龙纪念馆在县委、县政府及上级主管部门的正确领导下，坚持“人才立馆，藏品立馆，业务立馆，学术立馆”的办馆方针，各项工作得到有效推进，服务质量不断提升，赢得各级领导及全国各地游客的一致好评。

【打造高素质讲解队伍】为提高服务质量，对讲解员进行星级评定，实行星级管理，提高讲解水平与技巧，提升旅游服务软环境。邀请礼仪专家主讲礼仪知识、讲解技巧，派出讲解员参加各地场馆及单位主办的培训班，交流学习。开展知识更新培训与研讨会，相互点评，互帮互学，提高解说技能，促进接待水平的不断提高。贺龙纪念馆有1人被评聘为副研究馆员，2人被评定为馆员，8人评被定为助理馆员，2名讲解员入选“张家界青年旅游英才”，1名讲解员参加省委宣传部组织的湖南省十大魅力场馆比赛并进入决赛，2名讲解员参加省文物局举办的文物讲解比赛。加强工作人员优质服务教育，全年共组织学习12次。

【不断推进内部管理】始终将内部管理放在首位。一是不断建立健全各项规章制度，制定好工作要点、部门职责、绩效管理办法，完善免费开放政策，规范管理，包括免费开放管理制度、讲解员服务规定、投诉处理制度、展厅文物保护安全管理制度等，确保管理工作制度化、规范化、专业化。二是提供优质服务，大力推行“接待观众要热心、对待观众要诚心、导览观众要耐心、观众有难要关心、接受意见要虚心”的“五心”服务承诺，赢得赞誉。三是规范宣传教育、陈列保管、公众服务、安全保卫、景区管理等工作。

【继续抓好基础工作】1. 园林卫生工作持之以恒。2017年投入约20万元向社会购买景区园林服务，与相关责任人签订合同、落实责任。清洁工人按照各自责任区域的划分，保洁到位；及时做好设施设备的管养维护，邀请园林专家对花坛规划，制作人文景观2处；购买花卉种子肥料等，对苗木花草施药防虫、修剪；全年大范围开展防虫4次，施肥4次，树木刷白防虫1次，改造贺龙故居前树木花草1次，做到馆区鲜花盛开、树木茂盛。2. 安全保卫工作常抓不懈。对贺龙故居、贺龙桥、红二六军团司令部等重点文物实行24小时安全保卫及消防工作；做好贺龙纪念馆展厅和文物库房的重点保护；做好纪念馆内声光电等公共设施的安全维护及文博楼和游客服务中心及游客的安全保护工作。定期在景区内实施安全巡查和消防设施器材的安全维护检查，确保各项重大接待活动及十九大特护期的安全保卫工作。增强安保力量，新增2名专业保安人员；安装门禁系统，提升安全技防能力。购买40套灭火器，并对重要部位的灭火器进行更换和添置；加强从“人防、技防、物防”三点着手加大对安全隐患的排查整治，从而加强单位的安全性，确保全年无一起安全事故发生。

【稳步推进旅游发展】积极参与旅游市场营销工作，以桑植民歌带动旅游发展，大力宣传洪家关红色旅游区。组织工作人员到湖南省境内其他红色旅游景区参观学习，交流经验。2017年，洪家关旅游区接待游客人数及旅游总收入同比增长15%。全年鲜花销售131298元，其中付费78818元，作为纪念馆接待未付款52480元，鲜花成本费26391元，鲜花提成费12420.86元，共收入4

万元。纪念品销售额为14714元。大力开展招商引资，通过对洪家关旅游区美丽乡村大棚餐厅、老年活动中心、农家客栈及贺龙湖的对外承包，共收入管理费用20万元，门票及广告费用2万元。积极开发新旅游商品，宣传场馆的同时满足游客的需求。

【争创红色教育基地牌子】 纪念馆在荣获爱国主义教育基地、全国重点文物保护单位、国防教育基地、国家AAAA级旅游景区、文化遗产保护利用五好园区、湖南省先进基层党组织等一系列殊荣后，经过积极的申报和比赛，接受上级部门的考核后，再一次被湖南省委宣传部授予“湖南省十佳魅力场馆”的称号，纪念馆自身社会影响力提升。多部门相继提交了推荐贺龙纪念馆为党员教育培训示范基地、党员干部党性教育基地等相关材料，为下一步红色教育基地的发展打下了良好基础。

【加大社会宣传教育】 作为爱国教育基地、党性教育基地，贺龙纪念馆充分利用“五四”“5·18国际博物馆日”“七一”等纪念日和“元旦”“三八”“五一”“清明”“国庆”等节假日，为党、团员和学生开展党性教育。接待参观和党性教育的群众达100多万人次；组织落实讲解任务1093批次；完成省长许达哲、省委常委宣传部部长蔡振宏，湘鄂川黔革命老区联系会议等重大接待工作。多次开展“红色教育进校园”活动，为学生讲解桑植红色革命史和贺龙生平事迹。为省内外多家单位开展“支部主题党日”活动100余次，为全国各地、各单位的党员开展了丰富多彩的党性教育。同时，继续加强舆论宣传，拓宽社会影响。以“5·18国际博物馆日”为契机，通过悬挂横幅、延长开馆时间、讲座、发放宣传册等形式庆祝的纪念活动。宣传纪念馆的职能，宣扬烈士的奉献精神，激活爱国主义教育的热情。精心制作场馆宣传片3次，分别参加各类评选活动及多渠道宣传播放，以达到广泛宣传的目的。

【突出重点提升业务水平】 1.优化窗口服务。结合全市服务全域旅游创“三优”活动，以“亮岗位、亮身份”为要求，成功接待各级各部门领导、全国各地游客，特别是在清明节、五一、端午节、中秋、国庆期间，全体工作人员认真准备、热情接待，圆满完成历次旺季接待工作，做到有序、文明、优质。2.做好文物征集。先后深入北京红二方面军后代家中、长征沿途等地征集文物560余件，复制文物20余件，定期对展厅文物进行保护，组织革命后代召开座谈会，征集当地红军后代文物11件。3.组织业务研讨。先后2次组织全国各地重要场馆及相关单位召开研讨会，赢得形式设计公司及与会单位的一致好评。在《中国文物报》刊发论文2篇，在《博物馆文学》刊发论文4篇。

（李　梅）

纪念贺龙诞辰120周年座谈会

建设·环保

住房和城乡建设

县住建局

党组书记、局长：张贤文
副书记、副局长：胡　亚
党组成员、副局长：尹　杰　向左辉
党组成员、总工程师：罗兴国
党组成员、纪检组长：袁家奎

【概　况】 桑植县住房和城乡建设局肩负着全县城乡建设、工程建设、风景名胜区管理、建筑业管理、勘察设计咨询业、建设工程招投标、劳务输出管理等职责；肩负着推进新型城镇化、改善城乡人居环境的使命；肩负着城市供水、供气、污水处理等公用事业和公用设施的建设、运营安全和应急管理。局机关内设办公室、法制行政审批股、建筑管理股（建筑节能与科技股）、城乡建设管理股、勘察设计股、人教与计划财务股等6个股室，核行政编制10名。下辖房地产管理局、风景名胜区管理局、建设工程安全监督管理站、自来水公司、建设工程招标投标办公室、城建档案馆、燃气管理办公室、建筑市场执法监察大队、市政工程建设中心、劳务基地管理处、建筑设计院、建安公司12个企事业单位。

桑植县住房和城乡建设局紧紧围绕县委、县政府的工作思路，以完成同步建成小康社会和推进新型城镇化建设为主攻方向，加快城乡统筹步伐，把城市基础设施提质升级作为推动重点项目建设的助推器，不断提升城市功能，城市面貌大为改观，城市品位日益提升。实施文明东路延伸工程、育才路、鸟儿岭路、长征东路、思源路、老观潭滨河路、文明西路改造、人防工程及创业路等重点工程建设，启动西水风光产业带建设，实施永生廊桥等项目，拓宽城区空间。完成第四期配套管网建设，污水处理厂正常营运，污水处理率达85.12%，解决了桑植酉水和澧水的污染问题。城市供水保障力度不断加大，覆盖城区面积10平方公里，城区供水覆盖率95%，水质检测水平显著提高，有效保障供水安全。全县燃气市场进一步规范，天然气管道总里程达54.5公里，用户达到9094户，普及率达85.8%；瓶装燃气向乡镇发展，陈家河站、瑞塔埔站已正式运营，芙蓉桥站正在建设，即将投入运营，乡镇燃气的规划、建设已辐射全县所有乡镇，方便了千家万户。建筑业不断做大做强，先后有两家本土建筑企业资质升为二级。建筑市场秩序进一步规范，全面完成省、市建设部门和县政府下达的安全生产目标考核任务，全县建筑施工安全生产保持总体平稳态势。新型城镇化建设稳步推进，实施了特色乡镇建设战略，开展示范镇建设、美丽乡村建设，以点带面，促进乡镇建设大发展；实施“阳光院工程”，特困农民危房改造得到保障，城乡一体化进程不断加快。

【建筑市场执法】 共办理施工许可证26个，较上年同期上升22.72%；全县总建筑面积21.06万平方米、工程造价2.9067亿元。创建市标准化示范工地5个，市平安工地3个。大力开展“打非治违”专项整治，共检查项目21个，约谈相关责任主体单位的项目14个，下发停工通知14份，查封项目1个，立案查处2起，处罚金额15.143966万元，下达不良行为记录告知书4份。组织开展城区渣土扬尘综合整治，组织各类专项联合执法4次，出动联合检查人员46人次，查扣违规渣土运输车辆2台，对建筑工地下达停工整改通知书2份。落实封闭围挡330米；建造过水槽（沉沙池）4个；配备高压冲洗设备4台；覆盖渣土约15000平方米。

【重点项目建设】 对5个乡镇9个入河排污口情况进行实地勘察并制定整改施工方案，编制项目预算清单。开展创业路、乡镇污水处理厂征地拆迁工作。完成全县22个乡镇37个污水处理厂和县城区污水处理厂二期扩建选址和地形图测量工作，瑞塔铺、洪家关污水处理厂已完成三通一平，在进行基础施工。八斗溪水库饮用水源保护区截污管网工程已完成主管2500米，支管1500米，完成投资约800万元。

【实施农村双改】 对农村建房新增违法建设实行手机短信日通报，月讲评。农村新增违法建设共40起，乡镇组织拆除5起，符合用地及规划审批条件的责令整改27起，责令拆除8起。受理建房申请841户，经审核，832户符合建房条件，建筑总面积92877平方米。经过摸底核实桑植县农村危房存量为3259户，其中C级危房874户D级危房1861户；无房户524户。成立2017年“阳光院”项目专项整改工作小组。对2017年修建的“阳光院”进行核查整改。确保入住对象“住得进去，安得下来”。

【特色乡镇建设】 洪家关白族乡和刘家坪白族乡继续巩固旅游风情镇建设。贺龙故居周边环境治理进一步完善；污水处理厂在建设中；红二、六军团指挥部旧址修缮、贺龙骑马铜像、总指挥部停车场建设、红二方面军长征出发地纪念馆改扩建项目和长征纪念园重点项目的建设等多个项目都已完成土地征收、流转，在按程序组织施工建设；对红军街新建房屋进行风貌改造达22户。

【燃气市场管理】 共下达5份责令停止违法行为通知书。违法行为涵盖无证经营3起、损毁燃气设施1起、无证安装1起。桑植民生天然气有限公司已步入正轨，累计增长用户491户，全县总用户达到10564户，月销售气量约22万立方米，累计完成营业收入1300万元（2017年10月起将天然气单价每立方下调0.5元），确保城区天然气正常供应。

【招投标工作】 受理房屋建筑及市政基础设施工程项目招标投标备案12个，招标控制价10192.54万元，中标价9612.23万元，代理机构比选1个，中标价8.5万元，应招标工程招标率100%，应公开招标工程公开招标率为100%。

【城建档案管理】 建设工程档案管理“三书”制度执行到位。对21个在建工程项目进行跟踪指导，签订“建设工程档案报送责任书”和“建设工程档案终身责任人登记表”21份。完成8个建设工程项目档案预验收，“工程竣工档案预验收意见书”办理率100%；录入整理归档1300卷，接收移交工程档案650卷，查阅利用档案80余卷。

（钟　侦）

建设规划管理

县规划局

党组书记、局长：刘国成

副局长：李志武　张爱新

纪检组长：廖晓萍

【概　况】桑植县规划管理局为县住房和城乡建设局管理的正科级事业单位。主要职责：依法宣传、贯彻、执行城乡规划及其法律法规，是全县城乡规划工作的行政主管部门，承担着城乡规划的编制、审批、规划监察执法等工作。内设办公室、法制行政审批股、村镇规划股、县规划监察大队。核定局机关全额拨款事业编制25名，其中局长1名，副局长2名，纪检组长1名；股室负责人4名。有在编人员23名，退休人员3名，公益性岗位20名，有中级职称以上8名，本科以上学历19名。

为将桑植县建设成为“经济发展、功能完善、设施配套、社会和谐、生态良好、文化浓郁”的宜居、宜业、宜游的山水人文旅游城市，不懈努力着。县规划管理紧紧围绕县委、县政府的战略目标，坚持以科学发展观为统领，高起点定位谋划城市，充分发挥规划宏观调控和龙头先导作用，不断创新管理机制，严格规范审批程序，全力推进城乡统筹和区域协调发展，城乡规划工作呈现诸多亮点。

【科学编制规划　完善规划体系】县规划局加强对城乡规划的统筹布局，按照“立足当前，着眼未来，科学规划，合理布局”的原则，围绕打造国内知名的山水人文旅游城市的发展目标，修编完成城市总体规划《桑植县城乡总体规划（2009—2030）》，对桑植县的空间布局、发展规模、发展目标、发展方向等进行深入分析和研究，为城市的未来发展和综合实力提升提供总领性的蓝图和依据。在总规引领下，先后完成老城区、产业园、新城区、瑞塔铺和利福塔五个组团的城市控制性详规编制，城市规划区内建设用地范围内控规覆盖率达到100%，同时完成了城市综合交通、给水、排水、燃气及城市风貌等专项规划编制，确保规划审批有规可依、有章可循。加快乡镇规划编制，至2015年底完成除县城澧源镇以外的所有乡镇的镇（乡）域村镇布局规划和镇（乡）规划的编制工作，并启动村庄规划的编制工作。随着新一轮城市总体规划的批准实施，城市控制性详细规划、城市专项规划及村镇规划的不断完善，从根本上扭转桑植县规划编制工作滞后的局面，层次明晰、互相协调的规划体系正在逐步形成，城乡规划的引领作用显著增强。

【提升规划水平　促进城市发展】为使城乡规划工作始终处于城市建设和发展的前沿，保证为桑植县健康发展提供蓝图，切实加强规划编制超前性、系统性和可操作性研究，初步构建“以城乡发展战略为导向，城市总体规划为核心，近期建设规划为依据，控制性详细规划为覆盖，重要地段规划设计为重点”的完整规划体系，逐步实现城乡规划全覆盖。在具体规划编制过程中，坚持把科学、和谐、绿色的规划理念贯穿全过程，努力在三个方面下功夫。一是提升规划设计水平，完善城市功能，推进旧城改造。在拓展新区，扩大城市规模，拉开县城骨架的同时完善城市功能，提升城市品位和形象，严格执行城市总规和控规，落实城区建房管理办法相关规定，始终坚持“规划一张图、审批一支笔”，充分发挥规划委员会、专家委员会的综合调控和决策作用，树立规划的权威性。二是塑造城市特色。打造特色鲜明、民俗风情浓郁的新桑植。在城市建设中突出文化和民俗两大特色，强化“坡屋顶、小青瓦、木构架、七字挑、吊脚楼、马头墙、灰白墙、花格窗”等本民族特色建筑元素符号的使用，营造富有本土地方特色和湘西建筑地域性特征的城镇建筑景观。引导农村住宅建设向经济实用、安全舒适、特色鲜明的方向转变。三是体现以人为本。坚持城市规划以大多数市民的公共利益为出发点，十分注重运用规划手段体现群众要求，维护群众利益，突出加强公共设施规划建设，合理安排基础设施、教育、文化、医疗等设施布局，让群众享受到规划的成果。

【严格规范审批程序　行政许可严格高效】县规

划局按照规范权力运行制度要求，梳理相关工作流程，严格规划审批。一是进一步落实规委会审议制度，发挥规委会在重大规划决策上的重要作用。二是严格执行《中华人民共和国城乡规划法》《湖南省实施〈城乡规划法〉办法》《桑植县村（居民）建房管理办法（试行）》。本着“对外简化手续、缩短审批时限，对内严格流程、规范操作”的原则，完善调整管理流程与技术规程，把好“一书三证”发放关。公建项目：至2017年12月底，共审批核发公建项目的“一书三证”87件，其中核发选址意见书5件，拟用地面积282948.95平方米；核发建设用地规划许可证13件，审批项目用地面积114357.61平方米；核发建设工程规划许可证36件，审批项目建筑面积359483.67平方米；办理规划设计方案批复12件；办理规划设计要点通知书27件；规划选址意见52件。私建项目：①共办理建设工程规划许可129件，总建筑面积为67080平方米，规划区内5个乡镇建设用地范围外签署规划意见714件，完成私房建设地形图测绘168户；②完成私建项目实地定点放线114件。三是严格审查项目修规，落实规划调控引领作用，提高规划审批决策水平，组织编制、项目规划方案审批，至2017年底，共审批广宇建材公司综合楼、金科世家、阳光花园、御水半岛、栖凤谷佳苑等共10个项目的规划方案，促进项目的规划管理，推进项目的规划建设。完成光荣院老年养护楼、御林官邸、山水怡景苑、玉家台汽车东站、瑞塔铺加气站等项目的竣工测绘，塑造一批彰显特色、独具魅力的城市亮点，提升城市综合承载能力和城市品位。四是严格审查规划变更，对涉及调整容积率等规划变更的项目，严格履行申请、论证、公示公开、政府审批、补缴土地出让金等程序。五是实施“阳光操作”，进一步规范规划公示、听证、告知和政务公开制度，认真抓好规划制定、修改、规划许可、批后监管等各阶段规划公示工作。六是强化规划执行、严格实施“五项检查”，执行放验线、规划公示竣工规划核实等制度，加强建设项目的批后监管。全面落实和完善违法建设查处责任制，坚决遏制新的违法建设的产生，做到拆早拆小拆了；坚决拆除严重影响规划的历史违法建设，维护规划的权威性和严肃性。同时实行“堵”“疏”结合，切实解决市民住房的现实要求，做到文明执法、和谐有序。

【强化规划批后监管　控违治违在行动】 控违、治违工作落到实处，城市治违工作和谐有序。明确工作目标：坚决遏制新的违法建设发生，发现一起，拆除一起。确保实现新增违法建设“零增长、全拆除、不反弹”落实制度，强化责任。严格落实城区治违工作“十个一律”责任追究。坚持讲评，强化督查。对在规定的期限未拆除到位达到治违工作问责情形的，启动问责程序，追查责任。强化批后监管，做好控违拆违工作。进一步加大违章、违法建筑的查处力度，严肃查处违法用地和违章建设。加强规划管理，巩固、扩大拆违控违成果，主动加强与有关部门的协调配合，积极参与违法建设认定、处理工作，进一步完善行政链条、强化行政合力。同时加快存量违法建筑分类处理进度，控违拆违力度加强，2017年，下达违法建设整改通知8处，拆除通知14处，停工通知9处；参与县治办每月治违检查，巡查发现新增违建及时上报县治违办10起；配合县治违办和其他乡镇拆除违法建筑8起，拆除面积共365平方米；按时完成“清零”任务，拆除历史性违法建筑6处，建筑面积345.92平方米；截至2017年11月底，城区新增违法建设85处，拆除83处，拆除面积5323平方米，拆除率100%。城区新增违法建设呈逐年减少的趋势。2017年存量违法建设，一季度拆除4户，建筑面积763平方米；二季度拆除7户，建筑面积1417平方米；三季度拆除11户，建筑面积1154平方米；四季度拆除10户，面积1140平方米。合计

32户，建筑面积4474平方米，完成率为111.8%。城乡空间环境显著改善，治违工作成效显著。

【大力宣传法律法规　营造规划学习氛围】 利用多种途径加大对城乡规划法、湖南省实施办法、城市总规、详规、专项规划、城区建房管理办法等法律法规、政策的宣传力度。为进一步普及规划法律法规知识，增强全社会的城乡规划意识，组织宣传车巡回宣传100余次，发放宣传手册3000份、宣传单10000份，悬挂横幅标语累计500条，设立规划展示牌，制作滚动播出电视专题报道，利用规划信息网、规划简报和新闻媒体等渠道及时公开建设项目的办理信息，提高规划审批的透明度。让市民解规划、参与规划，使规划更加符合民意。加强对《中华人民共和国城乡规划法》《湖南省实施〈中华人民共和国城乡规划法〉办法》《桑植县村（居民）建房管理办法（试行）》的学习宣传培训工作，深入到全区各乡镇、社区、企业宣传，举办学习规划方面的法律法规培训班，邀请规划专家进行授课，提高规划管理、规划设计水平，不断增强全社会的规划意识。通过规划宣传，增强广大市民的规划意识，营造支持城市发展的良好氛围。

【转变工作观念　增强服务意识】 县规划局始终坚持以制度创新为核心，树立寓管理于服务之中的理念，积极创建规划管理快捷高效、便民亲民的新模式。转变工作观念，增强服务意识，优化服务流程，提升行政效能，积极主动地为全县项目建设提供优质快捷服务。大力推行政务公开、增强服务意识，转变机关作风，坚持政治学习和业务学习相结合，多次组织干部职工学习，全面提高干部职工素质，树立规划部门的良好形象。2017年，继续开展“服务到一线，送证到农户”主题实践活动，规划区建设用地范围内符合建房的居民建房户实行现场审批、现场办公、送证上门，缩短办证时限，切实解决办证难和办证慢的问题。制定一系列的惠民政策，其中凡是农村集体土地建房，规划局义务进行地形图的测量，免收工程测量费1280元/户，免费提供民族风格外立面设计图纸，切实减轻农民负担，真正让群众享受到便捷、贴心、周到、实惠的直通车服务。自主题活动开展以来，累计送证上门46户，免收测图费90户，共计115200元。规划许可程序进一步规范，办结时限进一步缩短，办事效率高，服务质量优，公众满意度提升。

【增强党性修养　狠抓自身建设】 2017年，规划局从加强制度建设、党风廉政建设、思想政治建设入手，打造了一支规范高效、务实进取、勤奋学习廉洁守纪型高素质团队。抓“五型机关”建设。以抓好学习型机关、智囊型机关、效能型机关、服务型机关、廉洁型机关等“五型机关”建设为突破口，抓党风廉政建设，坚持“三严三实”深化“两学一做”坚定不移推进全面从严治党，抓好中心组理论学习，多次召开党员民主生活会，组织党员干部集体观看警示教育系列专题片，听党课，积极开展党建知识竞赛活动、“支部主题党日”等活动，建立、健全各项规章制度，认真执行党风廉政建设责任制，坚持一手抓城市建设，一手抓廉政建设，切实把反腐倡廉各项任务落到实处。

【深入开展主题活动　全面建设规划队伍】 1.全局积极参与“两学一做”“三联三转三攻坚”等群众路线教育主题实践活动。牢记全心全意为人民服务的宗旨，认真落实深入基层、深入群众，树立和实践群众观念和群众路线，把为人民谋利益作为自己的最高行为准则，帮助解决困难群众遇到的实际问题，实实在在地为基层群众办一些实事、谋一些好事。2.抓项目审批“一站式”服务。进一步转变职能，严格落实“一个大厅窗口受理，一站式服务”，明确项目审批制、核准制、备案制的适用范围，简化审批程序，不断提高办事效率，对政策依据、办事流程、服务规范、办事结果等做到全程公开，自觉接受社会监督。力求项目提速、服务提质、工作提效，树立良好的政府机关形象。三是重视规划人才的培养，加强业务技能培训，千方百计引进人才。加强政治理论和业务知识学习，提高干部队伍的整体素质，创建学习型党组织、学习型机关，提高规划队伍的政治素养和业务水平。加强政治理论和业务知识学习，提高干部队伍的整体素质，努力加强自身建设，积极创建和谐机关，全面提升规划队伍整体素质和服务水平。

（张爱新　黄丽娟）

房地产管理

县房管局

党组书记、局长：张林森

副书记、副局长：胡　亚

党组成员、副局长：郁有平　王真勇

【概　况】 桑植县房地产管理局为县人民政府房地产主管部门，正科级事业单位，归口县住建局，在职工作人员42名，主要承担房地产开发市场、物业服务市场、房地产中介市场、房地产交易市场和住房保障、房屋征收职能。2017年12月，房地产交易市场管理职能整体划转至县国土资源局。

【房地产工作】 2017年，桑植县共先后启动和完成永生廊桥、文明路地下商城、桑植故事（二期）、紫御山水之御林官邸（三、四期）、紫荆苑等房地产开发项目，商品房总开发面积26.31万平方米，销售商品房2652套（间），销售额10.91亿元，同比上涨138.12%，完成房地产税收（契税）5964万元，同比上涨113.21%。房地产市场呈现良好的发展态势，有力推动了县域经济的发展。

【城镇棚户区改造工作】 2017年，桑植县共启动和完成和平路周边棚户区（一、二期）、文昌街周边棚户区（一期）、梅家山及北门桥交通枢纽、人字湾周边棚户区等城镇棚户区改造项目，累计投资5.54亿元，征收房屋1120户123200平方米，和平路周边棚户区项目一、二期已列入县政府招商引资项目库。城镇棚户区改造项目的全面启动和实施，有力推动城市发展，城市建设进程加快，城市人居环境改善。

【住房保障工作】 截至2017年底，桑植县累计投资5.366亿元（含中央、省、市财政补贴资金）新建保障性住房5042套27.61万平方米，其中公租房3498套19.89万平方米，廉租房1544套7.72万平方米；累计发放房屋租赁补贴资金3018.5万元。保障性住房的建成和房屋租赁补贴的发放，先后解决8500户住房困难家庭的住房问题，圆满完成省市下达的住房保障工作任务。

【物业管理工作】 截至2017年底，桑植县物业服务面积88.30万平方米，其中2017年新增物业服务面积28.30万平方米，新建商品房住宅小区物业服务覆盖率达100%；累计归集住宅维修资金3000多万元，其中2017年归集住宅维修资金852.04万元；累计使用住宅维修资金120万元。

【精准扶贫工作】 2017年，县房管局承担上河溪乡黄金塔和云雾山两个村的精准扶贫工作，累计投入资金400万元，修建村级道路和安全饮水工程，完成村里农网通电线路改造和黄金塔村161服务平台建设，安排11名结对帮扶工作人员结对帮扶55户，脱贫5户，大力发展产业项目，实现两个村集体经济收入均达5万元以上。

（陈志清）

建设工程安全监督管理

县安监站

党支部书记、站长：谷蕙明

【概　况】 2017年在建工程50个，其中2016年转接工程15个，新开工工程35个。在建工程总面积1058043平方米，造价141495万元，其中市政道路工程1个，长1315米，造价4781万元。2017年竣工工程30个，面积199877平方米，造价31429.12万元，竣工验收一次性合格率达100%。创建4个省标准化示范工地，创建9个市标准化示范工地，创建5个市平安工地。下发整改通知书95份，停工通知书8份，下发不良行为告知书2份，下发湖南省建筑施工安全生产考评结果告知书2份。无质量投诉事故，质量安全整体受控。

【开展季度性质量安全大检查】 每季度在经常性检查的基础上实行大检查，通过认真开展在建工程季度性安全隐患大检查，施工企业主体责任和安全红线意识有所加强，安全管理水平有所提升，安全考评工作能够有效开展，能及时发现和消除安全隐患。有效遏制建筑施工安全生产事故的发生。

【开展渣土扬尘专项整治】 按照省、市、县政府文件要求，开展渣土扬尘专项治理工作，专项治理针对全县所有在建工地及商砼企业。根据环境保护五要素，对施工现场的保洁人员、冲洗设施设备、围挡设置、道路硬化、现场弃土、材料堆码、车辆运输、渣土运输等，对商砼企业的砂石材料的储存料仓四周（含进料口）、骨料传输带、露天临时堆放材料、混凝土搅拌设备、粉抖筒仓收尘设施、搅拌站车辆冲洗设备设置、设备对进出车辆进行冲洗、搅拌站内道路、作业区地面硬化，非硬化地绿化、生产运输车防止滴、洒、漏、冒措施进行全面整治。专项整治实行监督员责任制，谁管的工地谁就负责该工地扬尘治理工作。通过专项整治，成效明显，全县建筑领域内环境全面改观。

【开展质量安全提升行动专项整治】 根据湖南省住房和城乡建设厅关于印发《湖南省工程质量安全提升行动实施方案的通知》（湘住建〔2017〕7号）文件要求，积极开展工程质量安全提升行动。通过此行动，工程质量安全管理制度进一步完善，工程质量安全主体责任落实，工程质量安全监督管理加强，工程质量安全管理水平提高。

【落实“一单四制”工作】 根据张质安〔2017〕7号及桑安办〔2017〕21号文件关于建筑工程重大隐患治理“一单四制”制度及实施细则的通知，组织监督员进行学习，并成立“一单四制”工作领导小组，建立工作机制，开展“一单四制”工作，通报2起“一单四制”隐患清单的责任单位，即：红二方面军出发地纪念馆工程安全隐患和桑植县金科世家住宅小区项目安全隐患。

【开展住宅工程质量安全通病专项整治】 开展质量安全通病专项整治活动，重点整治内容：建设工程责任主体行为及住宅工程质量常见问题专项治理；质量检查验收制度；裂缝、渗漏控制措施；设计单位裂缝、渗漏设计优化等。通过加强领导、有序推进，突出重点、狠抓落实，加强监督、落实整改，规范建筑市场管理，消除质量安全隐患，为全县建设工程质量稳定发展打下了良好基础。

【落实在建工程责任主体年活动】 通过该活动，部分施工企业从过去的安全生产主体责任意识不强，重经营，轻管理，安全生产基础薄弱，投入严重不足，安全教育流于形势，施工现场安全防护标准不高，现场管理混乱等企业安全责任行乱象行为有所转变。企业质量安全主体责任层层分解层层落实。

【开展预防高处坠落及建筑工程质量检测专项整治】 根据湖南省住房和城乡建设厅《关于印发〈建筑工程预防高处坠落事故专项整治工作方案〉的通知》及湖南省住房和城乡建设厅《关于开展全省建设工程质量检测专项整治活动的通知》要求，开展预防高处坠落和建设工程质量检测工作，通过此两项工作的开展，无建筑施工高处坠落安全生产事故发生，质量投诉事故为零。

【推进安全考评工作】 在建工程安全管理永远在路上，自2016年4月1日湖南省住房和城乡建设厅关于印发《湖南省建筑施工安全生产标准化考评实施细则》的通知实施以来，施工企业安全管理水平有所提升，能自主完成每月的安全生产自评工作，发现安全隐患及时排除，全县安全管理整体水平上升。

【监督员实施规范化考核】 为强化队伍正规化建设，以工作实绩提升为核心、以定量考核为手段，在考核的理念创新、内容创新和方式方法创新上下功夫，按照年初工作布置，对一线监督员每月实施规范化监督考核，按项目综合考核评分，并对考核中发现的问题及时点评，以期在再下一步的工作中有所改进。实施重奖重罚，以此不断激励引导一线监督员认真履职，敬业实干，推动监督工作的开展。

（姜　勇）

城市综合管理

县城管执法局

党组书记、局长：朱晓春

党组成员、副局长：钟为学　陈华林

【概　况】 桑植县城市管理行政执法局成立于2015年12月，为桑植县人民政府组成部门，前身为桑植县城市管理局（正科级事业单位）。内设办公室、法制行政审批股、市容管理督查股、人事计财装备股等4个职能股室，核定行政编制6名。下属城市管理行政执法大队（参公副科级）、环境卫生管理所（副科级）、市政工程管理站、城市园林绿化管理办公室、路灯管理所、垃圾处理监督管理所和城市管理应急大队7个事业单位。

主要负责县城区市容市貌、环境卫生、市政路灯、园林绿化、垃圾处理等城市管理及行政执法工作。承担原县工商行政管理局行使的对室外商贩无照经营行为的行政处罚权，对在城区违规设置户外广告、户外乱贴乱画广告行为的行政处罚权，对残缺、破损广告和已过规定设置期限未拆除广告行为的行政处罚权；县公安局行使的对在城区违规燃放烟花爆竹行为的行政处罚权，对在城区无证售犬、无证养犬、违法携犬外出等行为的行政处罚权；协助公安交警部门行使对侵占城市道路行为的行政处罚权。

【作风建设持续加强】 开展“强、转、树”行动。2017年，以整顿思想、整顿队伍、整顿作风、整顿纪律为突破口，在城市管理执法队伍中启动“强基础、转作风、树形象”行动，主要解决理想信念、职业道德、服务意识、敬业精神、秉公执法、纪律作风等方面的问题，促进城管执法工作和队伍建设的规范化、制度化、长效化。开展作风教育整顿活动。召开全局反腐败和作风教育大会，全面安排部署教育整顿活动，进一步整顿作风纪律。及时查处个别干部职工违纪情况，组织观看《永远在路上》等电教片。并由局监察室牵头，每月组织人员对机关股室、下属单位的日常勤务、学习教育、财务开支、行政执法人员执法情况等进行明察暗访和专项督查。

【创建工作有序推进】 2017年，作为创建省级文明县城工作的主力军，积极主动作为。一是认真做好前期工作。结合桑植县实际，拟定《桑植县城区清洁行动实施方案》和《桑植县占道经营整治行动实施方案》，制定《创建工作问责办法》，制作宣传标识牌280块。二是及时搞好统筹协调。积极组织占道经营整治行动，从相关职能部门抽调15名工作人员，迅速开展城区占道经营整治宣传工作，设置宣传标语，制作宣传录音资料，发布整治公告，重点对帅乡路进行了整治。三是统筹谋划创建工作。把创建任务细化分解到局属各单位和股室，明确具体责任领导和责任人，实行台账销号制度。召开全局创建省级文明县城工作动员大会，对创建工作进行安排部署，明确工作任务、工作要求。四是积极推进项目建设。加快了帅乡路风貌改造、小街小巷改造、城市停车场建设和城市亮化工程。帅乡路风貌改造项目已完成施工设计，小街小巷改造项目已基本完工，城市亮化和停车场项目规划设计。

【“两学一做”不断深入】 召开“两学一做”学习教育常态化制度化推进会议，专题安排部署专题教育活动。以学党章党规、学系列讲话为主要内容，列出重点篇目精读深悟。确定了学习研讨专题，党组书记、局长朱晓春带头上党课。组织全局各党支部30余人赴贺龙纪念馆开展重温入党誓词活动，进行党性教育。不断提升基层党建工作科学化水平。认真落实《关于认真做好2017年整顿软弱涣散基层党组织工作的通知》，精准摸排软弱涣散基层党组织，确定党组书记及成员的党建联系点。针对2017年基层党建工作问题清单，制定整改方案。在系统内组织开展以“争先创优”主题实践活动，引导各基层党支部和党员围绕创建省级文明县城、“6+1”环境治理、“六城同创”等主题开展工作。抓好制度建设。把学习教育纳入基层党建年度综合考评体系，作为基层党组织书记年度述职和年度评议党员的一项重要内容。严格执行“三会一课”、党员活动日（支部主题党日）、党费收缴、谈心谈话、民主生活会和组织生活会、“双述双评”制度和党员年度考核制度，推行发展党员工作全程纪实和党支部工作纪实制度。

【“五化”建设稳步提升】 2017年，城市管理工作始终把群众关心的问题、社会关注的焦点、城管工作的难点当作工作重点，以创建省级文明县城和森林城市为契机，狠抓城市“硬化、净化、绿化、亮化、序化”建设，提升城市管理形象。一是实施硬化工程，完善市政设施。继续实施“改造百巷，方便百姓”小街小巷改造工程，硬化改造小街小巷20条。加大城区破损车行道、人行道、雨水口、街缘石、井圈井盖的监管和维修力度，设置和修复人行道隔离设施，规范临街道口的规划管理，确保交通通畅，改善市民出行条件。二是实施净化工程，清洁城市环境。加大环卫基础设施建设力度，提高环卫清扫机械化程度。继续实行“水中捞、地面洗、空中抹”的立体化保洁模式，持续开展主次干道、小街小巷大冲洗；加大清扫保洁、垃圾清运和河面垃圾打捞工作力度，确保垃圾无害化处理率达100%。2017年，共出动冲洗车辆3万多台次，累计冲洗面积2.6亿多平方米，垃圾处理场集中处理的垃圾量为24116吨，渗滤液量为5902吨。三是实施绿化工程，增添城市绿色。开展中心城区损绿、毁绿及占用绿地及设施行为整治行动。实施帅乡路沿线三段荒坡绿化治理工程，本着既美化，又护坡的原则，在荒坡边紧挨石山部分以栽种四季常绿的爬山虎为主，辅以乔木、灌木、绿篱、花卉搭配种植，形成一道美丽的风景线。把八斗溪自来水厂取水口路边地段打造成一个漂亮的小公园，保障自来水厂取水口的环境。对该地段进行土地平整、铺设土方，种植了高杆红叶石楠、桂花树、紫叶李、紫荆花等乔木87株，灌木球400个，绿篱500平方米，草皮3000平方米。四是实施亮化工程，打造美丽夜景。实施城市亮化工程，完善城区小街小巷夜间照明设施，开展沿街立面和城区夜景亮化，对城市道路、重点部位、沿街建筑、桥梁、公园、绿化带实施亮化改造。加大对城区主次干道路灯的线路改造和巷道路灯的维护力度，保证路灯设备的正常运行，确保路灯亮灯率达98%。积极申报城市路灯节能改造项目，推行路灯绿色环保工作。五是实施序化工程，确保规范有序。开展市容市貌集中整治行动。中心城区全面禁止气球、拱门、帐篷等临街摆放，整治了占道经营、路口经营、沿街贩卖和占道堆物等行为，引导坐商归店、游商进市，拆除沿街违章摊棚、纠正店外经营、规范夜市摊点。2017年，共整改不规范户外广告和店招2000余处，拆除跨街条幅456条，整治城区各种大型户外广告和店招5处，清理乱贴乱画300余处。

（钟广博）

城市建设维护

县市政工程管理站

党支部书记：站长：向　猛

副站长：陈功明　孙　健　涂化全

【概　况】 桑植县市政工程管理站是城市管理和综合执法局主管的全额股级事业单位，有干部职工18人，其中在职在岗12人，公益性岗位3人，退休人员3人，主要负责城区车行道、人行道、下水道、桥梁的建设和维护，办理各种占道、坡道审批，依法查处各种违犯道路法则案件。

【抓好市政巡查维护】 建立中心城区市政设施巡查管理制度，全面巡查全城所有路段的市政设施。完成全城街沿石破损、则平石破损维修约380米；清理污水井18口、雨水口163处、下水道790米。增加排污管道约240米。及时维修损坏的污水井盖18套、雨水口34套，维修破损车行道220平方米，人行道320平方米、安装水泥护栏48个。及时清理雨后渣石及建筑垃圾420车。对北门桥护栏、桥面进行巡查，加固8平方米。同时加强对破坏公共设施（人行道、护栏、车行道、下水道、桥梁、污水管网）等查处力度，查处私自占道85起，破道277起（其中自来水厂68处、天网198处），并督促其办理相关手续。

【实施维修改造项目】 城区增设排污管道623.2米、雨水口35套，改造垮塌函沟115米。启动梅尼超市等小街小巷改造工程。完成2017年小街小巷改造工程改造10条小街小巷，总投资680万元。

【加强城市防汛工作】 按照“安全第一、常备不懈、以防为主、全力抢险”的工作总目标，落实防汛工作责任制，编制和完善《城市道路防洪应急预案》。组织对城区所有污水井、雨水口进行全面清淤，对排水管网进行疏通，保证排水通畅。经汛期检验，中心城区未发生城市洪涝积水现象。

（庹湘望）

环境卫生管理

县环卫所

所长：陈　勇

党支部书记：谷祥武

副所长：刘小平　姜　健　王银春

【概　况】 桑植县环境卫生管理所是县城市管理和综合执法局主管全额拨款副科级事业单位，现有干部职工295人，其中正式职工24人，公益性岗位136人，退休人员29人，临时工106人，主要负责城区47万平方米的路面清扫保洁、120个垃圾点垃圾清运转运、12座压缩站压缩处理生活垃圾、主次干道清洗、压尘及城区生活垃圾处理费的征收工作。

【提升市容环境质量】 县环卫所以创建省级文明县城为契机，以巩固省级卫生县城为抓手，以精细化作业为重点，不断完善管理机制，努力实现环境卫生管理工作新提制。1. 清扫保洁。城区主次干道及人行道清扫保洁面积为47万平方米，辖46个责任路段，安排清扫保洁人员103名，实行“区域到组、路段到人”的管理模式，建立“先洒水冲洗、后机扫普扫、再全天保洁”的保洁方式。对公交站台、果皮桶、灯杆等设施一天一擦洗，擦洗率97%；开展城区环境卫生专项整治工作；加强对小街小巷清扫保洁小康指标的督查考评。2. 垃圾清运。有垃圾清运转运车辆11台

（其中转运车 2 台，钩臂车 9 台），配备专用垃圾收集箱 174 个，划分为 7 大区域，分别清运至城区 12 个压缩站，再经压缩处理后转运至垃圾填埋场。同时，清运人员负责垃圾收集点巡回保洁，做到日产日清。全年累计清运垃圾 4.7 万吨。3. 冲洗压尘。每天组织专业冲洗队伍 150 多人次，出动 4 台洒水车、3 台扫路车、3 台人行道清洗车，采取歇人不歇车、黑白颠倒作业模式，对城区 52 万平方米主次干道及人行道进行大冲洗，达到"冲亮脚、洗清水、见本色"的目标。一年来，共出动冲洗车辆 3 万台次，累计冲洗面积 2.6 亿平方米。四是水上环境卫生工作：水上环境卫生已政府购买服务，进行市场化改革。该所按照承包合同严把质量考核和监管，积极做好与各部门的协调，为市场化公司各项工作的开展提供保障。每天对澧水河、郁水河城区段 43 万平方米水面漂浮垃圾进行打捞清理，对 4 万平方米河坝护坡加大保洁力度，为市民休闲、观景营造优美洁净的环境。五是垃圾处理费征收工作：针对收费对象不同，成立了单位、居民、商业网点、夜市及零星摊点等收费小组，采取划分区域、任务到组、责任到人的管理模式，做到有计划，有安排，出现难题，及时处理。

【突出设施设备升级】 2017 年，投资 200 多万元进行设备采购。一是新建职中、名歌广场、紫御山水三座垃圾压缩站，城区压缩站布局更合理，城区东部大范围无垃圾压缩站问题解决，垃圾处理运距缩短，市民生产生活方便。二是更新梅尼超市压缩站压缩设备以及启动自动除臭除蝇项目，在党校压缩站安装微电脑控制全自动高压微雾降温加湿除尘灭蝇除臭设备，社会反响好，并计划逐步推广。采购 30 个 3 立方米垃圾收集箱，增设 9 处垃圾收集点，随着随水代征工作的开展，垃圾集中收集网点将向城区周边辐射，逐步实现"村收集、县清运、集中填埋"的垃圾处理模式。三是加大设备维护力度，及时保养及时维修，防止带病作业，确保安全生产。

【提升环卫队伍形象】 职工的教育常态化。利用多种形式和渠道开展职工政治理论和业务知识教育培训，努力打造一支高素质的环卫专业队伍；定期对驾驶员、设备设施管理维修人员进行职业技能培训和职业道德教育，加强作风建设，增强服务意识，着力提升环卫职工的综合素质。建立健全各项规章制度，以人为本，不断深化和完善各项规章制度，做到用制度管人，用制度办事，努力探索环卫发展新机制。切实关心职工生活，在政策允许范围内，逐步提高干部职工的待遇；积极组织开展各种问题活动，丰富业余生活，着力改善职工工作和生活环境，对困难和大病职工进行帮扶。

（朱银珍）

自来水供应

县自来水公司

党支部书记、经理：王　翔

常务副经理：彭长祖

副书记：郭丽君

副经理：张明雄　刘绿水　杨书敬　汪开庆

【概　况】 桑植县自来水公司位于澧源镇梅山路，属自收自支的公益性事业单位，肩负着保障桑植县城区 8 万居民的生产生活用水的重要职责。公司成立于 1980 年 8 月，1982 年 3 月正式投产，注册资金 298 万元，固定资产 1800 万元，占地面积 19028.13 平方米，拥有水厂 2 座，日供水生产能力近期 2 万立方米，远期 3 万立方米，年供水 500 万立方米，售水 310 万立方米，回收率 62%，总收入 1700 万元（含管道安装），城区供水管网总长度 68.9 公里。2017 年，公司有在册干部职工 99 人，各类专业技术人员 7 人（其中中级职称 6 人）。

2017年，桑植县自来水公司贯彻落实中共十九大精神，继续按照“产业扶贫、工业兴县、绿色发展”的总体思路，紧紧围绕城市建设发展，立足城市供水，以保障城区安全优质供水为核心，以提高经济效益为目标，从强化管理入手，大力营造服务环境，变压力为动力、变困难为机遇，抓项目、谋发展，积极推进城区供水工作不断向前发展。为满足桑植县城人民日益增长的供水服务需求，公司不断整合供水服务，优化客户服务部门，加强各项规章制度，全面对接客户供水需求，不断升级收费系统，积极开拓营业网点，对外公开抢修时效，以完善的供水服务体系和良好的窗口服务形象，践行着“全心全意为民供水”的企业精神。全县自来水用户20800户，供水普及率为98%，水质综合合格率为100%，符合国家饮用水标准。

【抓安全保供水】 自来水公司把安全供水作为一项重点工作常抓不懈。2017年夏季是自来水公司供水形势最严峻的一年，因水厂遭遇频繁停电使生产用电得不到保障、持续40℃左右的高温天气导致供水能力不足等原因，对城区安全供水造成不同程度的影响。为保障人民群众生产、生活用水，公司紧急部署应对措施，通过科学调度供水、加强便民服务力度、监控管网水压、加大节约用水宣传力度等方法，精简供水矛盾，克服面临的实际困难，使城区供水恢复正常。2017年，公司继续将安全生产工作纳入日常工作核心，从生产运行、水质管理、管网维护等方面实行精细化管理，加强水质安全监控，从抓源水水质、出厂水与管网水质入手，及时掌握水质信息，按月上报及在政府网站上公开水质分析报告，特别注重在夏季用水高峰期对水厂沉淀反应池的清洗，提升水处理效果，出厂水的余氯、浑浊度、大肠杆菌、细菌总数等均达标，符合国家饮用水标准；加强城区供、支管网的查漏与维修，通过领导带队夜查、工作人员分片分区日常巡查的方式，对管网漏损发现一处维修一处，全年共出动巡查300余次，抢修DN50以上管道漏点71处、DN50以下管道200余处；加强安全监管力度，在县城举办重大活动或节假日前，提前做好维修材料的储备和应急装备，启动供水应急预案，落实值班责任人，明确职责，确保突发事件的及时处理。经过公司全体干部职工的协同努力，多年来无一例供水安全故事的发生。

【抓管理促发展】 制度创新。公司为激励员工完成经济任务增收指标，将生产经营指标任务细化到各部门，打破吃大锅饭的平均主义，执行绩效奖金制度，实行分级管理，首问负责制。从产销率、抄表收费回收率、供水安装业务、管线巡查与维护、水表计量五个方面抓落实，完善《外线部门考核制度》《城市供用水协议》《自来水公司目标任务考核管理制度》《自来水公司考勤管理制度》等一系列的管理措施。制度实施以来，各项工作健康有序开展，回收率较上年提高2个百分点，安装收入创收770余万元，水表检测站2017年为县城用水户服务检验水表3000余块。作风加强。公司深入贯彻中央八项规定，在公司范围内整顿工作作风，要求全体干部职工保持高度自觉性，以“务实、求真、诚信”的态度各司其职、各负其责。通过各部门的齐抓共管，公司上下呈现一派积极向上的工作氛围，以严明的工作作风推动当年经济指标的如期完成，实现经济效益又好又快发展。凝聚力增强。首先是加强领导班子队伍建设。企业的健康发展与正确的领导密不可分，公司注重领导班子的素质培养，在干部队伍中推广“学习风、文化风”，提倡团队精神、凝聚力量，遵循重大事项“一事一议”的原则，使各项工作分工明确、责任清晰，公司经营管理水平不断提升，领导作用发挥至极。其次是加大职工教育培训力度。着重在技术岗位上多为职工提供学习平台，通过“走出去、请进来”的办法在生产工艺、管道安装、维修方面培养技术人才，推进工作更好开展，一年来组织生产一线人员学习培训3次，输送专业人员继续教育培训6人次。转变工作方式。改掉坐在办公室开会听取汇报“纸上谈兵”的做法，通过班子成员多调研基层，与一线人员及中层骨干常沟通交流的工作方式，并遵循民主集中制原则，遇重大事项与大额经济支出召开专题会议共同决策，促使干群力量最大限度发挥。五是加强厂务公开宣传力度。在厂区显要位置设立宣传窗及张贴“厂兴我荣、厂耻我衰”的警示标语，广泛宣传时事动态，工作业绩与成果，积极引导广大干部干部职工把思想和行动统一到公司发展建设上来，弘扬正能量，发挥示范作用及重大教育意义。

【抓基础建设提高供水能力】 随着社会发展、城市建设进程的加快，实际供水能力已无法满足全县居民用水需求。2017年底，在县委、县政府的安排部署下，县自来水公司启动二水厂扩建改造工程，总投资1000万元，该工程和其附属工程水质检测大楼项目将于2018年6月1日完成投产运行，自来水生产规模达到3.5万立方米/日，水质检测能力达到42项，完成与国家标准的对接，大幅提升县城供水保障力度，安全优质的自来水供应可覆盖周边乡镇。人们能够真正地喝上放心水、优质水。同时，依法依规，履行治违工作职责，参与开展治违控违活动，依法对违法建设户实施停水200余户，公司参与治违的工作人员被评为县治违控违先进个人。

【实行阶梯水价和垃圾处理费随水代征】 为节约水资源，充分发挥价格机制的调节作用，根据国家及湖南省等相关文件精神，通过价格听证，经县人民政府同意，实行阶梯水价；并根据省发改委、住建厅、财政厅《关于印发〈湖南省城镇生活垃圾收费管理办法〉的通知》等文件精神，实施垃圾处理费随水代征。全县阶梯水价和垃圾处理费随水代征工作顺利开展。

【组织群团工作全面发展】 2017年，公司支部积极组织开展党的群众路线教育实践活动。紧紧围绕保持和发展党的先进性和纯洁性，以为民务实清廉为主要内容，按照“照镜子、正衣冠、洗洗澡、治治病”的总要求，紧跟上级组织的工作部署，成立公司活动领导小组，制定工作方案，认真组织开展学习教育、听取意见阶段、批评与自我批评、立行立改等各项环节，开展集中学习取得实质性的效果。公司工会发挥职能作用，开展职工文化体育活动1次，组织公司133名职工（含退休职工）进行身体健康检查1次，并认真贯彻执行国家的人口计生工作法律法规，计育工作的检查验收继续加大计划生育宣传政策，做好流动人口计划生育服务管理工作。社会管理工作，立足构建和谐公司，切实抓好关系千家万户的用水安全的安全保卫工作。2017年，公司电子监控全覆盖，并通过社会管理工作验收及市重点单位的安全大检查，真正实现“安全供水、和谐发展”公司发展目标。

（尚　军）

天然气供应

桑植民生天然气有限公司

总经理：辜莲刚

【概　况】 桑植县城市管道天然气供应，在县政府、原裕轮公司破产清算组的领导下，于2017年8月31日财产协议转让签约，其特许经营权成功易主给重庆民生能源，迎来了天然气储备、供应与发展的新纪元。

民生能源集团始建于1996年，是集工民用天然气、能源化工、塑胶管道、石化物流、城市公交、旅游地产、会议会展、星级酒店为一体的跨区域大型民营企业集团，拥有全国最大、功能最全的民营工民用燃气输配网络。民生集团在桑植县注资4500万元，成立桑植民生天然气有限公司，配齐内部机构，现有职工 32 人。

【安全生产】 接管经营后对原公司在生产技术方面存在的问题进行梳理，以重点开展全面安全隐患整改为先导，精准切入，落实安全生产责任主体，做到“一必须五到位”。清除储气站场区杂草，并剪修整齐；粉刷办公房、设备房墙体；对储气罐及附属设备、管道进行全面防腐；添置抢险工程车、电熔对接机、焊机、加臭机、流量计、2000 立方米 / 小时汽化器等大件设备，更换站区所有的安全阀和压力表；整改供气管网 8088.9 米，完善标识标牌。

【供气服务】 公司始终秉承“富民强司”的发展理念和“服务社会，造福于民”的企业宗旨，收购原公司经营后，按照集团董事长薛方全指示，对用户天然气销售单价每立方米降价 0.5 元。经（桑发改投资〔2018〕27 号）批准立项投资 7000 万元，对桑植城区范围内天然气管道及附属设施进行改扩建，实现管道燃气供应全覆盖。已拥有天然气主支线管网约 45 公里，用户 11255 户，其中商业用户 134 户，民用 11121 户，服务小区 105 个，汽化人口 4.5 万人。现储气能力 12.5 万立方米，日均供气量 0.8 万立方米，年供气量达 300 万立方米。新增用户 1430 户，年收入 1600 万元。

（李清云）

城管行政执法

县城管行政执法大队

书记：瞿绍选

大队长：瞿绍选

副大队长：彭勇军　梅　斌

钟建华　刘　勇

工会主席：梅　斌

【概　况】 1991 年 4 月，成立桑植县城市管理监察大队，实施城市管理相对集中行政处罚权工作；2011 年 3 月，为副科级单位；2016 年 9 月，根据《桑植县机构编制委员会关于印发〈桑植县城市管理行政执法局所属事业单位机构编制方案〉的通知》，更名为桑植县城市管理行政执法大队。为桑植县城市管理行政执法局管理的副科级事业单位。负责行使城市市容环境卫生管理、市政公用设施管理、城市园林绿化管理等方面法律、法规、规章规定的行政处罚权；负责行使工商行政管理方面法律、法规、规章规定的部分行政处罚权，包括对在市场以外道路、广场上无证（照）经营行为，在非指定时间和地点经营、卖艺、出售迷信品，在公共场所强买强卖、非法兜售物品、算命、占卦等行为实施处罚；负责行使公安交通、治安管理方面法律、法规、规章规定的部分行政处罚权，包括对违规燃放烟花爆竹、违规养犬等行为实施处罚，协助交警部门对机动车违规在人行道和城市公共场所乱停乱靠的行为实施处罚。

县城管行政执法大队始终以“内强素质，外树形象，转变作风，服务城市”的理念，坚持依法执法、文明执法、规范执法为工作指针。坚持以习近平新时代中国特色社会主义思想为指导，以中共十九大精神为行动指南，按照县委、县政府“旅游融合、产业扶贫、绿色发展”工作思路和“721”工作法，将服务、管理与执法有机结合，开拓创新，奋力拼搏，不断取得新的成绩。

在取得成绩的同时也存在着一些不足。一是城区停车场地严重不足。二是城区蔬菜交易市场容量严重不足。形成何家坪、气象局人行道、尚家坪人行道、邮政局巷道、文昌街、北二街、南门峪、朱家台人行道、高家坪 9 个马路市场。三是城区无夜市经营场地，形成多个马路夜市经营点。

【政治工作引领城管执法】 1. 支部班子建设。牢牢抓住班子自身建设这个根本，从思想、组织、作风、领导能力和廉政建设着手，打造想干事、能干事、干成事、做好事的班子。对涉及城市管理工作和队伍建设的重大问题，通过支委会进行充分讨论，并广泛征求全体干部职工的意见和建议，营造和谐创业氛围。坚持议大事抓大事，自觉维护团结，支部班子的核心作用更加明显，展现出了新的活力。2. 思想政治建设。充分发挥党员中层骨干队伍思想政治教育示范作用，把政治工作放在首位。坚持用习近平新时代中国特色社会主义思想武装广大干部职工的头脑，大力培育当代青年和社会主义核心价值观，教育引导干部职工在政治上、思想上、行动上自觉与中共中央保持高度一致，永远做党和人民的城市卫士。深入学习贯彻中共十九大精神，扎实开展“不忘初心、牢记使命”主题教育活动，不断丰富学习载体，增强教育实效。积极开展“主题党日”活动，组织全体党员、干部职工参加无偿献血等公益活动。3. 党风廉政建设。严格落实党风廉政管理制度，规范执法权力运行，不断转变工作作风，单位风气持续好转。认真组织开展廉洁执法规章制度学习，纠正当前工作中存在的“庸、懒、散”问题，增强干部职工执法为民意识，做到“依法、文明、规范”执法。

【扎实开展城市管理服务与执法】 1. 市容市貌管理。全年共组织参与集中整治 37 次，劝导教育违规行为 12400 余人次，流动商摊 2478 起，整治夜市 124 起，乱停乱靠车辆 421 台，共计罚没收入 8.61 万元。一是开展了春节前集中整治行动和节后恢复秩序大整治。整治行动中，针对汽车西站、朱家台、南门峪、北二街、何家坪占道经营现象，进行了集中整治。二是全力保障 2017 年元宵节游行大拜年、猜灯谜、群众文艺会演活动。开展张家界桑植民歌节保障工作及前期整治工作。三是开展对城区烧烤油烟污染的治理力度和管理力度，规范南门峪、北二街、原贺龙铜像夜市集中经营摊点，依法取缔临街违规夜市摊点。四是保障全县高考、学考工作，开展城区学校周边及环境综合整治工作。五是开展了城区占道经营暨交通秩序专项整治行动，以帅乡路占道经营整治行动为契机，加强对城区占道经营行为集中整治，进一步规范车辆乱停乱放秩序。六是持续推进“六城同创”、环境“6+1”、永生廊桥周边环境综合整治工作，建立城市管理长效管理机制，使城区违章占道行为明显减少、交通秩序明显好转、市容市貌明显改观、城区市容环境明显提升，达到市容秩序常态化、长效化管理目标。2. 户外广告设置管理。重点加大对文明路的户外广告整治力度，推进以户外大型广告、店招为主要内容的规范管理，文明路“户外广告管理示范街”创建取得初步成果。共整改不规范户外广告和店招 2000 余起，拆除跨街条幅 679 条，整治城区各类大型户外广告和店招 107 处，拆除面积 12078 平方米，清理乱贴乱画 380 余起。3. 渣土管理。一是开展县城区及周边渣土扬尘综合整治专项行动，对城区渣土车、运料车等建筑运输车辆管理，有效遏制沿途抛洒滴漏等现象，确保市容干净整洁。根据《城市建筑垃圾管理规定》等法律法规，对城区范围内从事建筑垃圾运输的工地及车辆实行规范化管理。二是开展城区弃土场地选址工作，按照就近合理、避免扰民的原则，对城区周边弃土场进行实地查看比对，并及时上报主管部门。三是规范城区渣土运输申报制度。按照第一次登记警告并进行法律法规的宣传教育，第二次进行处罚的方针，及时纠正各类违章行为 1200 余次，下达责令改正通知 38 次，查处运输车辆未覆盖 26 起，共计罚没 4.16 万元，办理渣土运输许可 167 起。4. 禁止城区燃放烟花爆竹行为和养犬管理。按照县人民政府《关于禁止燃放烟花爆竹的通告》精神，加强与有关部门和单位的配合开展好禁燃工作，城区燃放烟花爆竹的行为得到明显改善。一年来共查处燃放烟花爆竹行为 6 起。下达《关于开展城区违规养犬专项整治的通知》12份，及时规劝养犬业主规范养犬。

【队伍建设和综合工作开展有序】 一年来，充分发挥城管工作维护社会秩序稳定和促进地方经济发展的推动作用，城管执法工作群众满意度明显提高。一是积极开展单位环境卫生治理工作，制定工作方案，单位内部各办公室之间开展环境卫生评比。二是开展“违规赈酒”专项整治活动，按照县纪委、县城管执法局的工作布置，规范了婚丧嫁娶按程序报批制度，落实“两个责任”。三是全面推进开展“两学一做”学习教育常态化制度化和执法队伍“强基础、转作风、树形象”专项行动，完成支部全年的党课专题教育，强化党员先锋模范作用。四是开展单位内部管理制度检查，对个别人员进行处理，加强教育管理。加强办公室的管理和财务管理制度的落实。五是开展安全生产大排查活动，尤其是对户外大型广告和车辆安全隐患进行大排查和检修。六是加强防汛工作的落实，成立防汛应急分队。准备应急物资。七是完成民兵应急连年度训练任务，提高单位应急队伍非作战军事行动能力。八是积极开展综治、计划生育等方面工作的全面落实。

（钟　实）

住房公积金管理

县住房公积金管理部

主任：胡兴平

副主任：韦　尧

【住房公积金归集】 管理部着力以归集扩面大力宣传力度，鼓励非公企业，个体工商户建立公积金制度。对已经建立的单位，完善公积金制度。督促缴存单位缴存额度最低不低于月平均工资的5%。月缴存不低于200元，确实落实到职工。着重抓好提质增资，做大做好归集任务。新增开户单位33个，其中非公企业21个。新增人数439人，非公企业单位385人。截至10月底，共归集1389万元，完成全年任务的100%，支取8730万元，支取率为62%。归集余额3.6亿元。

【住房公积金支取】 2017年，管理部以文明服务为导向，按照零差错办理、零风险运作、零投诉服务工作目标，让职工在服务大厅“一站式”完成账户查询、政策咨询、让提取更快捷。严格按照相关文件以及市中心所规定的支取章程。简化支取手续、缩短审批时间，将原单一的每周审批一次调整为根据职工的特殊要求进行及时办理。窗口有支取流程及支取所需的相应资料。对政策一次性告知，方便职工不走冤枉路。支取额度根据相应政策及时调整，细化公积金提取范围，同意缴交房租、物业费、契税、房屋维修基金、重大疾病，遭受重大、特大灾害造成家庭严重困难的准许支取。对于租房支取原则上每年不超过1.2万元，缴交契税、房屋维修基金、物业费、提取额度不超过发票额度。归还商业银行购建房贷款的提取，简化报送资料，仅须提供个人征信报告或者房产不动产抵押合同和一年的还款流水单。

【住房公积金贷款】 为盘活用好住房公积金信贷资金。一是积极给符合条件的职工发放贷款，尽可能地解决职工购建房资金的困难问题。通过发放资料清单，一次性告知职工所有贷款准备资料。简化审批时间，由以前的一个月集中审批，调整到职工个人和开发商按揭楼盘申报贷款的资料只要齐全，可当天审批。节约职工在申报贷款过程中等待的时间。为保证贷款资料的真实性和有效性，每一个购房合同都是通过房管网签查询。切实维护职工的合法权益。贷款的面签，每一笔贷款必须由借款人以及担保人和抵押人携带本人身份证当面面签的形式。确保职工身份的真实性，同时对不良贷款依法进行清收，对于逾期贷款每月由工作人员电话通知其还款，派发逾期催缴通知书，每月统计逾期名单，对连续逾期2月以上职工，打电话通知按时还款，针对“老赖账户”依法起诉。加大贷款力度的同时也注重贷款资金的安全，在贷款前严查资料，贷款后及时处理逾期贷款，及时做到贷前调查贷后跟踪，确保每一笔贷款正常运行。按张房金管函〔2017〕4号文件，鼓励开展二手房公积金按揭贷款业务。夫妻双方缴交住房公积金情况下，对已办理住房公积金贷款的干部职工，重新购房、建房的，可继续申请住房公积金贷款。贷款额度按职工贷款账户余额和本次贷款额合计不超过50万元计算，执行二次贷款利率，并以未贷款方申请贷款。积极为非公企业建制职工提供贷款服务，继续做好商转公贷款工作。将最惠民的政策和优质的服务致力于每一位职工。截至10月底，发放贷款325户，共计9732.6万元。收回贷款本金3317万元，贷款余额3.19亿元，个贷率86.7%，收回贷款利息857万元。逾期率控制在0.03%。实现增值收益1267.59万元。

（钟高文）

环境保护

县环保局

党组书记、局长：熊社教

党组成员、副局长：李昌成　熊岳云

党组成员、总工程师：杨　英

【以环保督察为契机全面强化监管执法】 通过开展环保督察工作，中央环保督察交办和整改问题得到落实。中央环保督察是中共中央国务院对地方环境保护工作的一次全面“体检”。桑植县共收到中央第六环保督察组交办信访件11件，省长信箱交办信访件1件，中央环保督察湖南反馈意见整改问题8个，省领导督查交办问题1个。在县领导的高度重视下，举全县之力投入环保督察。中央环保督察组和省长信箱交办信访件已全部办结。在9个交办的整改问题中，已完成8个，正在整改的1个，主要是涉及饮用水源保护区的环境隐患问题整改（蔡家峪污水管网建设），上级要求在2018年6月底完成。采取了以下保障措施。一是加大监管力度，督促部门履责。联合县检察院、县委督查室、政府督查室，以饮用水源保护、中央环保督察交办问题整改等工作，对县住建局、水利局、澧源镇等单位进行环保督察，并提请县领导对整改不力的9个部门主要负责人进行集中约谈，有力推进部门工作，中央环保督察组进驻湖南以后，全县未因办理交办件不力而追责1人。二是着力环保督察，加强监察执法。县环保局共现场检查企事业单位和个体工商户100余家，调处污染纠纷和投诉120余起，先后出动执法人员1000多人次，立案处罚28件，结案18件，解缴入库罚款28万元，暂未执行到位10件。责令企业停产整治2家，行政拘留3人。

【以三大防治为重点切实改善环境质量】 2017年底，县城区空气质量达标天数320天、有效监测天数365天（两站平均），空气优良率87.67%，与上年同期（83.88%）相比上升3.79%；环境空气质量综合指数（PM10、PM2.5、二氧化硫、氮氧化物、一氧化碳、臭氧等六参数的均值），与2016年同期相比（综合指数4.40）下降0.64。八斗溪、淋溪河、苦竹河3个国控监测断面水质常年稳定在Ⅱ类以上，地表水和饮用水源水质达标率为100%。土壤环境质量基本安全。主要采取以下措施予以保障。一是全面实施大气污染防治。开展建筑工地和道路运输扬尘污染治理。巡查建筑工地17个，联合执法4次，排查并整改隐患7处，落实封闭围挡330米，建造过水槽（沉沙池）4个，配备高压冲洗设备4台。纠正各类扬尘污染违章行为120次，查处运输车辆未覆盖41起，严重污染路面违法行为11起，移交治超办、交警队14起。开展砖瓦行业整治专项行动和采石场大气污染治理。责令整改企业8家，完成整改5家，立案处罚6家，停产整治2家，罚款22万元。加强城区燃煤、餐饮油烟治理。调处餐饮污染纠纷22起，整改22家，立案处罚1家，罚款5000元，安装油烟净化器23台，完成燃煤锅炉改造6台。加大黄标车淘汰力度。淘汰黄标车318台，完成全年目标任务。全面实施工业污染源达标排放计划。加强对桑梓电厂、华新水泥污染治理设施的运行监管。通过现场检查、监督性监测和在线监管平台，桑梓电厂和华新水泥的烟气实现稳定达标排放。二是全面加强水污染防治。开展退出矿山水污染治理。投资750万元的分水岭煤矿仗古山矿井、团结煤矿矿井涌水污染治理工程稳步开展，污水处理设施全部完工并投入运行。分水岭煤矿小溪矿井、新街煤矿南岔平硐井的废水治理可行性报告已编制完成。开展饮用水水源地环境保护执法专项行动。取缔保护区内洗车场3家，设置饮用水源保护区禁止洗车的宣传牌。修复完善保护区内公路护栏，拆除饮用水源保护区内违法建筑1栋，对取水口设施进行修缮，清除水面漂浮垃圾，安装铁丝围栏110米，保护区周围环境明显改善。加快县工业集中区污水处理设施建设进度。工业园污水处理设施建设是省考项目，市、县领导高度重视，多次亲临督查督办。项目主体工程已完成。开展规模畜禽养殖污染治理。联合畜牧局开展规模畜禽养殖污染整治。完成中央督察组交办的澧源镇仙鹅村邓家坪组7个养殖户生猪退养，县环保局举一反三，对全县的生猪养殖场下发限期整改通知19份，立案处罚5家，行政拘留3人。三是有序推进农村环境综合整治和土壤污染治理。全面实施全县农村环境综合整治。争取2400万元，完成20处易地安置点、阳光院的42个集中式生活污水处理设施建设，配备各类垃圾处理设施并全部发放到位。其他农村生活污水治理方面的土建工程及12个乡镇焚烧炉的建设正在有序开展。争取800万元，实施上河溪乡历史遗留矿山风险管控项目。已经完成招投标，在进行施工图纸设计。

【以规划编制为引领切实服务绿色发展】 1.开展生态保护红线划定。从2016年5月—2017年9月完成划定工作。全县红线面积1576.22平方公里，占国土面积的45.44%。坚持应划尽划、应留尽留的原则，充分考虑县域经济发展要求，积极向省争取，历经“六上六下”，六个光伏和风能发电项目、道路交通和全域旅游等重大民生项目的发展空间得以保留，服务绿色发展理念得到较好体现。2.实施生态文明城市规划修编。生态文明建设达标城市规划修编是指导生态文明建设示范县创建的基础，已完成规划修编招投标工作，正在组织规划的修编。3.开展集中式饮用水水源保护区划分。根据《桑植县千人以上集中式饮用水水源保护区划分工作方案》要求，县城八斗溪饮用水源保护区的划分方案已批复。3个千吨万人饮用水源保护区的划分方案已评审。23个千人以上饮用水源保护区划分方案正在组织评审中。4.全力做好国家重点生态功能区县域生态环境质量考核。国家重点生态功能区县域生态环境质量考核结果与生态转移支付资金挂钩，变好则加、变差则减，当年的考核结果作为下一年度资金拨付的依据。自2009年成为第一批重点县并获得补偿资金以来，截至2017年，依次获得补偿资金3488万元、4560万元、6342万元、7497万元、7938万元、9192万元、9192万元、9518万元、10051万元。尤其是2016年，在县委、县政府的高度重视和各部门的大力配合下，县域生态环境质量考核工作取得历史性突破，是全国十个奖励县之一。

【以普及法规为推手全面强化环保意识】 大力开展环保宣传。利用“6·5”环境日活动，让环保法律法规知识进机关、进社区、进课堂、进企业、进乡村。共发放宣传册5万份，张贴挂图240套，制作宣传栏100个；利用电视、网络等媒体，广泛宣传环保法律法规知识，在各级新闻媒体、报纸、杂志、网站上发表信息200余篇，其中6篇被国家采用。积极配合各级人大环保执法大检查。着力开展《中华人民共和国大气污染防治法》《中华人民共和国水污染防治法》等法律法规执法检查活动。集中学习贯彻国务院出台的《大气污染防治计划》《水污染防治计划》《土壤污染防治计划》等法规政策；全面宣传贯彻《张家界市扬尘污染防治条例》。不断完善环保规章制度。为明确各部门环保工作职责，桑植县出台“一规定”和“一办法”，即《桑植县贯彻落实〈湖南省环境保护工作责任规定（试行）〉实施细则》《桑植县环境问题（事件）责任追究办法（试行）》；为加强渣土扬尘、城区燃煤锅炉、餐饮油烟治理，先后出台《道路环境治理实施方案》《县城区及周边渣土扬尘综合整治专项行动实施方案》《施工现场渣土扬尘综合环境治理标准》《关于划定高污染燃料禁燃区的通告》。发布《桑植县人民政府关于加强县城区及周边渣土扬尘综合整治的通告》；主动办理人大代表议案、建议、批评和意见。近两年共办理3件市县人大代表提出的议案、建议、批评和意见。见面率、办结率、满意率均达100%。

（向有为）

财政 · 税务

财政综合管理

县财政局

党组书记、局长：郭金洲

党组成员：彭锡君

党组成员、副局长：向万强

党组成员、副局长：郭安民

党组成员、总会计师：朱德新

党组成员、副局长：彭　炜

【概　况】 桑植县财政局现有干部职工 112 人，其中在职职工 89 人，退休人员 23 人。在职人员中大专以上文化程度 88 人，占在职职工人数的 99%。辖 5 个二级机构、24 个业务股室；5 个机关党支部，中共党员 96 人。

2017 年，桑植县完成一般公共预算收入 6.05 亿元，增长 12.3%。其中，地方收入 3.43 亿元，增长 3.4%；上划中央增值税、消费税、企业所得税、个人所得税共计 2.11 亿元，增长 30.2%；上划省级增值税、营业税、企业所得税、个人所得税、资源税、城镇土地使用税共计 5130 万元，增长 13.4%；完成一般公共预算支出 33.32 亿元，增长 7.8%。地方财政收入占生产总值比重 3.8%。

【坚持精征细管　财政实力实现新突破】 1. 抓财源强后劲。落实中小企业发展优惠政策，为企业退税 2439 万元，中小企业发展活力有效释放。建立创业担保贷款贴息机制，发放创业担保贷款 2810 万元，扶持企业发展。通过政府购买服务，为企业融资贷款 19.1 亿元，通过普惠金融，发放群众新增贷款 14.94 亿元，支持大众创业、万众创新。落实重点项目建设资金 3.46 亿元，支持重点工程建设。2. 抓征管重实效。积极应对经济下行和“营改增”减收双重压力，推进国地税合作深度融合机制，提高税收征管效率，通过涉税稽查查补税收 235 万元。建立乡镇协税护税机制，确保乡镇经济发展成果充分体现到税收增长上来。完善非税收入征管电子化管理，加大土地出让、国有资产处置等收入征管力度，确保非税收入及时足额入库。3. 抓债券增活力。在自有资金短缺的情况下，努力向省财政争取地方政府债券资金 3.15 亿元。其中，置换债券 6387 万元，争取新增债券 2.51 亿元，切实增强财政保障能力和经济发展活力。

【坚持保障重点　助力经济呈现新活力】 1. 支持重点工程建设。筹措资金 2.64 亿元，重点支持官瑞公路、利九公路、东外环路等重大项目建设；筹措资金 2220 万元，支持红二方面军长征出发地纪念馆、红军体验园等基础设施建设；安排资金 4050 万元，支持洪家关、刘家坪风情镇基础设施建设及举办各项旅游推介活动，全域旅游发展提质增速。2. 支持投融资项目建设。投入资金 6294 万元，带动国开行、农发行 19.1 亿元贷款用于棚户区改造、易地扶贫搬迁、农村综合服务平台建设，落实易地扶贫搬迁1665户6000人，新（改扩）建农村综合服务平台153个，群众生存和发展环境进一步改善。3. 支持供给侧结构性改革。全面落实“营改增”等减税降费优惠政策，减轻企业负担。安排专项资金1041万元，支持关闭中小企业、小矿山，加快淘汰落后产能；安排旅游发展资金600万元，专项用于旅游产业发展；安排商务发展资金1500万元，支持电子商务进农村。

【坚持精准扶贫　脱贫攻坚取得新成效】 1. 加大贫困对象扶持力度。整合资金1.51亿元用于保障贫困户两不愁、三保障和转移就业。安排资金3700万元用于阳光助学，安排资金3540万元用于贫困户住房保障，安排资金4300万元用于贫困户医疗救助，安排资金975万元用于政策兜底，安排资金938万元用于贫困人口参保，安排资金1602万元用于贫困户转移就业。2. 提升壮大农业产业化。整合资金1.39亿元用于产业扶贫，加速发展农业产业化。安排年度脱贫人口产业奖补资金4433万元；安排资金8036万元用于村集体经济、扶贫产业发展；安排资金712万元高标准农田建设及土地开发；资金700万元用于扶贫“特惠保”。3. 加大基础设施建设投入。整合财政资金1.99亿元用于改善农村基础设施和公共服务项目。安排资金1.46亿元用于村级道路等基础设施建设；安排资金105万元用于乡镇农贸市场建设；投入农村基础设施及综合服务平台贷款资本金5229万元。

【坚持惠及民生　保障水平得到新提升】 1. 保障教育事业优先发展。安排教育支出4.92亿元，其中安排2000万元用于新建思源实验学校等城区教育基础设施重点项目建设；安排7264万元用于农村中小学校舍维修、标准化建设；安排2510万元用于农村义务教育学生营养餐项目；安排1.14亿元兑现农村教师绩效补贴、乡镇教师补贴和艰苦边远地区山区教师津贴等政策。2. 推进公共卫生体系建设。投入资金1.64亿元，支持城乡居民基本医疗保险；投入资金1254万元，支持村级卫生室建设，推动医疗卫生体制改革；投入资金1870万元，用于推进基本公共卫生服务均等化；投入资金4300万元，用于因病致贫建档立卡贫困户医疗救助。3. 支持社会保障体系建设。投入资金2347万元，用于城市最低生活保障金；投入资金6352万元，用于农村最低生活保障、农村五保供养；投入资金200万元，用于自然灾害救助；投入资金3233万元，支持抚恤事业和退役士兵安置补偿；投入资金3076万元，用于就业补助；投入资金8247万元，用于城乡居民基本养老保险基金补助，投入资金1.62亿元用于机关企事业单位养老保险基金补助。4. 促进公共文化事业发展。加大文化体育投入，推进文化体育建设。安排资金415万元，推进落实“村村响”工程，全面落实“三馆一站”免费开放政策；安排资金1034万元，用于农村文化体育专项活动，支持群众文化、全民健身、农村放映等事业发展。5. 落实财政惠农补贴政策。发放惠农补贴资金41项，涉及补贴对象47.3万户次，累计发放补贴2.35亿元，较上年增加2501万元，增长12%。

【坚持科学理财　财政改革迈出新步伐】 1. 深化预算体制改革，90个部门预、决算和“三公”经费预、决算全面公开，“三公”经费支出连续实现五年负增长。2. 深化财税体制改革。出台《支持乡镇全面推进小康社会建设财税征收管理奖励办法》，进一步完善财税乡镇分成体制，合力推进县乡共同发展。乡镇国库集中支付管理全面铺开。全面推进国地税征管方式深度合作机制。出台《财税综合信息平台建设工作实施方案》，完成财税信息综合治税平台建设。落实建筑行业“营改增”试点调研，完成环境保护税征管数据移交。深入推进非税收入票据电子化管理，非税收入征管效益得到新提高。3. 深化国企国资改革。积极稳妥推进国有企业改制，完成国有企业改制8家，安置职工652人；建立完善现代企业制度，推进规范董事会建设，调整优化国有资源配置和国有经济布局，制定国有企业负责人薪酬管理办法和评价考核机制，完善企业法人治理结构。4.强化资金绩效管理。建立预算执行动态监控体系，构建财政“大绩效”机制，实现预算绩效管理常态化。盘活财政结转结余存量资金3.21亿元，财政资金使用效益大幅提高。积极开展财政预算绩效评价，完成90个预算单位2016年度财政支出绩效评价。加强政府采购监管，完成政府采购金额3.83亿元，实际采购支出3.61亿元，节支率达5.9%。加大财政投资评审力度，完成预结算评审项目403个，送审金额12.81亿元，审减金额1.63亿元，审减率12.7%。5.狠抓财政监督检查。深入推进“互联网+监督”资金监管新模式，将民生资金监管向基层延伸，涉及全县187项民生类资金发放信息实行网上公开，构建保障民生廉洁防护。扎实有效推进行政事业单位内部控制制度建设。全面开展涉农扶贫资金安全大检查、大督查，收回整合趴窝资金4367万元。全面实行乡镇扶贫资金专账管理，夯实乡镇扶贫资金专账核算功能。

【坚持党管一切　努力推进全面从严治党】 深入开展党的群众路线教育实践、“三严三实”专题教育和“两学一做”学习教育，进一步提升党员干部的党性修养和道德修为。认真落实中央“八项规定”、省委“九条规定”、市委“十项措施”和县委“问责办法”要求，深入开展“纠四风、治陋习”“雁过拔毛”式专项整治，推动干部作风持续好转。加强基层党组织建设，夯实党建工作基础。全面落实党风廉政建设“两个责任”，支持派驻纪检组运用“四种形态”监督执纪问责。

（谷晓平）

国家税收征管

县国税局

党组书记、局长：郑　毅

党组成员、副局长：曾凡友　胡绍明
刘绪政　朱德贵

纪检组长：吴　梅

【概　况】 桑植县国家税务局（简称：国税局）属中央垂管单位，隶属张家界市国家税务局，主要职能：聚集财政收入，整顿和规范经济秩序，坚持依法治税，促进纳税人公平竞争，为经济建设服务。

2017年底，全局共有干部职工97人，其中党员53人，占总人数约54.6%；大专以上学历95人，占总人数的97.9%。内设12个机关科室，1个稽查局，1个分局，1个事业单位。管辖5402户正常纳税户，其中单位纳税人1521户，个体纳税人3881户，负责增值税、消费税、所得税、车辆购置税诸税种的征收管理。

【税收收入再创佳绩】 2017年，在既要面对政策性、结构性减税压力，又要面对桑植县推行乡镇财税体制改革的不确定性诸多不利因素，县国税局始终把“四个坚决”要求贯彻到组织税收全过程，坚决依法治税，坚决不收“过头税”，坚决落实减免税，坚决打击偷骗税，促进收入质量持续提升；全年，共组织各项税收收入35349万元，完成县政府多次调整收入计划的101%，超额完成收入预期目标，为县域经济发展提供可靠的财力支撑。

【征管质效稳步提高】 县国税局积极深化征管体制改革，以实名办税为契机，强化基础信息管理的同时，提升征管主观努力程度，将强征管、优服务有机地结合起来，取得了较好的成绩。积极探索推进“互联网+政务服务”，探索纳税人办税新途径，2017年，注册开通电子税务局1030户，完成实名认证3609户，剔除未达起征点户，占比190.72%，互联网与税收工作深度融合。一方面，切实减轻纳税人办税负担，给纳税人带来更加方便、快捷、高效的办税体验。另一方面，税务登记、外管证等税收征管基础信息互推互通，为税收风险防控，创造了条件。全年，共开展纳税评估11户，稽查8户，共计入库税款208万元。

【优惠政策全面落实】 县国税局始终将落实小微企业优惠政策，助力小微企业健康快速发展作为自己的重要职责。2017年，对符合条件的327户小微企业全面享受所得税优惠政策，政策受惠面达100%；增值税方面，落实小微企业增值税优惠政策共减免税款901万元；落实车购税优惠政策，对发动机排量小于1.6升的乘用车减按7.5%征收车购税，共减免1654车次，减免税款369万元；加快出口退税进度，全年，办理出口退税1564万元，免抵调库192万元，有效地促进了外向型经济的发展。

【纳税服务持续优化】 2017年，国、地税共建办税服务厅和一窗一人一机办税机制进一步完善，大厅窗口前台的深度合作，带来了税收管理后台更深、更广的合作交流，进一步推动服务深度融合、执法适度整合和信息高度聚合；通过开展“问需求优服务促改革”大走访活动、举办“纳税服务日”活动、开办纳税人学校、规范涉税中介，落实“黑名单”制度及信用激励和奖惩措施、全面实行实名办税、大力推行电子办税等系列举措，进一步提升纳税人获得感，创造了融洽的征纳关系。

【队伍建设常抓不懈】 县国税局高度重视党建工作，业务建设与思想建设共抓，在提升干部职工税收业务素质的同时，通过“三严三实”专题教育，“两学一做”学习教育、“三员身份意识”等党建和专项教育活动，强化思想政治教育，提升政治纪律意识，努力造就一支政治坚定、业务娴熟、作风优良、服务优质、充满活力、乐于奉献的国税干部队伍。2017年，县国税局在全县绩效管理工作中被评为年度一档单位；被县委、县政府评为2017年度全县财政收支“百日会战”先进单位；被湖南省国家税务局确定为“2017—2019年湖南省国税系统法治基地”。

（张　琴）

地方税收征管

县地税局

党组书记、局长：毛朝阳

副局长：向明穆　黎圣东　谷晓玲

工会主席：蔡　明

【概　况】 桑植县地方税务局（简称县地税局），全局现有干部职工99人，其中离退休干部19人。内设7个职能科室、1个直属事业机构（信息中心），辖2个直属行政机构（稽查局和办税服务中心）、5个派出机构（澧源税务分局、工业园税务分局、瑞塔铺税务分局、官地坪税务分局、陈家河税务分局）。负责征收企业所得税、个人所得税、资源税、印花税、城市维护建设税、房产税、城镇土地使用税、耕地占用税、契税、土地增值税、车船使用税、烟叶税12个税种。有教育费附加、地方教育费附加、残疾人就业保障金、基本养老保险费、工会经费、水利建设基金6个费金。

【组织收入稳中向好】 面对经济下行压力大、“营改增”政策性减收等多重不利因素的叠加影响，全局上下众志成城挖潜堵漏促增收，实现收入平稳较快增长。2017年，县地税局累计征收各项收入18362万元，剔除营业税基数后，总收入同比增长3135万元，增幅25.18%。地方政府计划口径（税收）收入累计入库15575万元，完成县分计划的100.48%（总计划数15500万元），剔除营业税基数税收同比增长23.35%；预算费金收入累计入库1993万元，较上年增长39.82%；其他费金收入累计入库794万元，较上年增长41.94%，其中耕地占用税、房产税、车船税、土地增值税增长较快。同时，严肃组织收入纪律，加强收入质量监控，严格督查督办和问责追究，较好地保障了收入质量。

【税收征管亮点纷呈】 积极稳妥推进征管转型，县地税局上下统一思想，理清思路，确立“依法征税、信息管税、综合治税、合作办税、信用控税”的五位一体发展理念，强化地税征管重心的调整和转移，在机构、人员编制总量不变的前提下，加强机构职能的整合，推行按乡镇设置税务分局，全县调整设立税务征收分局5个；风险管理全面强化，全年共接收上级推送风险任务260户，任务准期完成率100%，共追缴税费15.42万元；完成124户企业所得税汇算清缴工作，汇算清缴面达100%。年所得12万元以上个人自行申报人数253人，较上年增加163人，补税1.13万元。个人所得税入库3388万元，同比增长720万元，增长26.98%；土地增值税入库2461万元，同比增长176.36%；发挥稽查震慑作用，全年共检查选案单位8户、发票专项检查8户，共追补税费150多万元，税收罚款6万多元；坚持费金同征同管，共征收入库各项费金2000万元；强化党政管税、部门协税工作力度，国税、地税合作有序开展，贯彻执行县政府出台的《支持乡镇全面推进小康社会建设财税征收管理奖励办法（试行）》，充分调动乡镇培植财源和协税护税工作力度，国土、房管、工商等部门协税护税制度化，国地税合作有序开展，相互代征税款达1600万元。强化“一人一窗”和“进一家门、办两家事”征税模式，全年办税厅征收国地税税款达5.7亿元，加强信息交换共享，联合采集和交换信息，联合数据清理，联合核定个体税收，实现“以票管税”向“合作管税”“信息管税”转变。

【税收服务提质增效】 全面深化“放管服”改革，组织开展“问需求、优服务、促改革”活动，便民办税春风行动成效显著。办好纳税人学校，举办纳税人培训实体学堂4期，培训人员500余人次。与国税局联合举行以“深化税收改革、助力企业发展”为主题的第二十六个全国税收宣传月活动，宣传税收优惠政策和税制改革举措，为纳税人答疑解惑。与此同时，认真落实税收优惠政策，全年依法减免各项地方税费43.32万元，小微企业税收优惠政策受益面达100%。推进纳税诚信体系建设，全年共评出A级纳税人4户，B级纳税人85户，C级纳税人59户，D级纳税人75户，为全县“两代表一委员”和其他各类先进典型严把“纳税信用关”。

【工作效能不断提升】 坚持党建和业务工作两手抓、两促进，通过专家引领学、领导联点推动学、组织竞赛促进学、党建述职督导学、树立典型引路学等方式，加强党章党规和系列讲话学习。绩效管理继续加强，突出两个责任、风险防控、平安稳定等考核重点，深化“周会、月报、季查、年评”机制，工作业绩评估、岗位强度系数、360度测评、干部管理与绩效奖金挂钩的“四位一体”的个人绩效考评模式初步建成。“大练兵、大比武”活动成效显著，举办教育培训班6期，累计1300人次，先后组织80多人次参加省、市举办的各类培训班，干部队伍政治素养和业务素质不断提升，有3人荣获全市地税系统第六届“优秀办税服务员”称号，2人参加全市地税系统“喜迎十九大，爱税爱国家”主题演讲比赛，分获二等奖、三等奖。

【作风建设取得新成果】 强化廉政风险防控，严肃党内政治生活，着力开展两个专项整治，防止“四风”反弹，加大接待费支出、会议费支出、工资津补贴奖金支出的督查力度，公务接待费同比下降36%。制定下发《党风廉政建设责任制考核办法》，认真组织填写廉政档案。开展涉金融、涉矿和涉小水电工作清理，层层签订《党风廉政建设目标责任书》。切实抓好机关院落、内部食堂、综治维稳、办文办会、政务公开、税收宣传等的规范化管理，确保单位运转高效、规范有序。加大明察暗访工作力度和问题整改，2017年，全局没有发生一起干部受到党纪政纪处分的案件。

（胡　弦）

金　融

中国人民银行桑植县支行

人行桑植县支行

行长：杜　平

副行长：康毅峰　谷　阳

纪检组长：陈军哲

【概　况】 中国人民银行桑植县支行2017年内设人事秘书股、会计国库股、货币信贷与统计股，有在职员工19人。主要职能是贯彻执行货币政策，防范化解金融风险，维护辖内金融稳定，经理国库，提供金融服务，配合当地政府开展社会信用体系建设，促进辖内经济、金融稳健发展。

2017年，支行认真贯彻中央经济工作会议、全国金融工作会议及上级行工作会议精神，围绕中支“四提四创”工作目标，增强“四个观念”，落实“四项措施”，紧密结合县域经济金融实际，着力维护辖区金融稳定，进一步提升金融服务水平，加强队伍建设和内部管理，努力提高工作绩效，各项工作取得新的进展。支行获县政府绩效考核优秀等次第一名。1篇信息被《金融时报》采用。在长沙中支退休干部扑克牌双升级比赛和市中支举办的“社会主义有点潮”演讲比赛中，支行干部分获二等奖和一等奖。多篇文章在武汉分行“研读报告、畅谈履职”征文活动、湖南省人行系统“央行情　文学梦”——喜迎十九大优秀征文活动、长沙中支“党办工作大讨论”主题征文活动、张家界中支“问答支行”会计文化征文活动中获奖。全市国库培训会议在桑植县举行；全市“金融精准扶贫示范区创建”在桑植县启动；“金融精准扶贫”宣传文艺节目在全市巡回演出。

【贯彻执行货币政策】 1. 加强“窗口指导”。完成对金融机构2016年信贷投放考核，合理确定信贷投放奖励资金的分配。召开辖内金融机构负责人联席会议，安排部署全县金融工作。截至2017年12月，全县金融机构各项存款余额119.29亿元，比年初增加11.67亿元，增长10.84%；各项贷款余额63.28亿元，比年初增加11.11亿元，增长21.3%。2. 开展金融精准扶贫。新增扶贫再贷款1.6亿元。新增扶贫小额贷款1.1亿元，完成省定任务的101.6%，支持建档立卡贫困户脱贫致富。继续开展扶贫再贷款示范点创建工作。在两个原示范点的基础上，新增九天食品有限公司、桑植县康茜大鲵生物科技发展公司两个示范点。启动全市金融精准扶贫示范区的创建。完善金融扶贫服务站的基础设施，有效发挥金融扶贫服务站的作用。开展“三站”融合试点工作，全年共完成“三站”融合39个。开展“金融精准扶贫宣传推进月”文艺巡回演出，进一步宣传扶贫政策，推介金融产品和服务，抓深抓实金融精准扶贫工作。配合上级行开展金融精准扶贫督查。3. 探索开展农村“两权”抵押贷款试点。召开试点推进会议，将5747万元贷款目标任务分解下达到各家金融机构。督促发放农村房屋抵押贷款2047万元，帮助农户发展生产，促进农村经济发展。4.继续推动信贷创新。推动开办“续力贷”4笔，金额1790万元。推动开办“养老贷”，发放“养老贷”4笔，金额18.24万元，解决企业下岗职工养老资金不足。推动发放创业担保贷款845万元，余额2015万元，帮助下岗职工再就业、大学生就业。为符合“道德贷”条件的18人发放贷款230万元，助力“道德”升值。5.加强社会信用体系建设。与县职中共同完成诚信教育基地建设启动仪式。落实《湖南省建档立卡贫困户信用评价指引》，完成五道水镇汪家坪居委会建档立卡贫困户的信用评价；完成征信自动查询机的安装。6.加强金融管理。组织完成对辖内金融机构综合评价工作，2家被评为A档，4家被评为B档，1家被评为C档。开展对县农业银行综合执法检查和对县邮储银行人民币个人银行结算账户专项检查，有效履行基层央行监管职责。完成对各家金融机构消费者权益保护工作的情况通报。准确及时完成地方法人银行机构存款保险费收缴。

【强化金融基础服务】 1.积极做好每月国债发行准备工作和实地督查，全年共销售国债510.82万元。2.认真落实“3·15”消费者权益保护日、“6·14”征信工作宣传日、“金融知识普及月”等宣传活动，组织辖内金融机构在县城繁华地段及有关乡镇集市开展金融业务知识集中宣传。3.开展集中收付代理行资格年审。成立年审工作小组，通过非现场审查和现场检查等方式，对辖内商业银行代理的国库集中收付业务开展了年审，认定代理财政国库集中收付业务资格。4.组织农业银行、邮政储蓄银行和农商银行三家涉农银行机构二级志愿者约40人开展金惠工程二级志愿者培训，市人民银行金惠工程工作人员到场指导并授课。5.抓金融工会联合会活动凝聚合力。组织辖内金融系统青年员工赴柳泱溪户外拓展基地开展“五四”联谊活动。

【强化内部控制管理】 一是狠抓制度清理。废止、失效制度13项，修改制度15项，保留制度6项，新建制度10项，完成汇编成册工作，形成学制度、用制度的良好氛围。二是严格执行有关管理规定。1.加强公务车辆管理，对公务用车情况进行定期和不定期清查，落实节假日公车封存制度，对出车审批情况进行不定期检查。2.推行领导家庭重大事项报告制度，规范干部职工操办家事庆典的有关事项。3.严格控制公务开支，严格执行中央和上级行关于厉行勤俭节约反对铺张浪费的规定，严格控制行政经费支出。4.严格落实公务接待有关规定，严禁公款大吃大喝行为，严禁以各种名义用公款互相宴请。5.严禁公款旅游行为，严禁借开会、调研、考察、检查、培训等名义变相旅游。禁止违反规定配置高档办公用品。三是抓好教育培训。派员参加上级行组织的各类培训班学习近20次；会计国库部门自发组织“我讲我岗”学习活动，通过自学和培训相结合的方式，使全体会计核算人员的业务素质得到进一步提升；做好青年员工三年一度的总结评估和重新规划工作，1人被中支评为优秀青年员工，为青年员工指定辅导师，提升青年员工履职能力。四是争创文明单位。派员参加中支举办的文明创建管理系统培训，按要求完成文明单位系统录入工作。拟定新的文明单位创建规划，积极配合中支创建总行级文明单位活动。五是改善办公环境。改造支行办公大楼的门禁系统和拉闸门，对监控设备进行升级改造，完成职工宿舍落水管等公共基础设施改造，进一步提升灯光球场效果，优化办公楼绿化工程，使支行外在形象和内部环境焕然一新。六是落实办理房屋产权证。经过多方协调，部门工作人员辛勤努力，付出大量时间、精力、财力，成功办理20多年未获得的办公楼房屋产权证。

【深化基层党建工作】 一是全面落实党风廉政建

设责任制。1. 完善以党组书记为组长的支行党风廉政建设工作领导小组，及时调整充实党风廉政建设领导机构，定期组织召开专题会议，分析研究党风廉政建设各项工作。2. 层层签订党风廉政建设和案件防范责任状，明确注意要点、具体要求和相关责任；及时召开工作会议传达上级行会议精神，全面安排部署党风廉政建设工作。3. 健全机制，形成了党组统一领导、主要领导亲自抓，各分管工作的领导配合抓，工作人员具体抓的工作格局，确保党风廉政建设工作正常开展。4. 规范权力运行，认真开展廉政风险防控工作。重点完善职权运行体制机制，增强制度的约束力，规范职能股室工作流程，强化重点岗位和关键环节的责任主体意识，使各项职权阳光操作、规范运行。打造支行廉政文化长廊。结合当地“红色”（革命老区）、“绿色”（生态环境优美）、“彩色”（多民族共存）的“三色”特点，打造以“红廉”为主题的廉政文化文化长廊，该项工作得到《金融时报》推介。二是注重意识形态工作。成立支行意识形态工作领导小组，实行意识形态工作党组主要领导负责制，党组书记履行好第一责任人职责，小组成员落实好“一岗双责”。提高党组和领导干部对意识形态工作极端重要性的认识，提高意识形态工作主动性、敏锐性，担负起政治责任和领导责任。切实把握好正确的政治方向，不断巩固壮大主流思想舆论，弘扬主旋律，传播正能量。三是巩固“两学一做”学习教育成果。召开专题组织生活会，开展民主评议党员工作，列出问题整改清单，明确整改事项和具体措施，党员做出整改承诺。在民主评议党员大会上，严格按照个人自评、党员互评、民主测评的程序进行，最后经过组织评定，5 人为“优秀”，其余党员为合格。四是强化中共十八届六中全会及十九大精神学习。联合县农业发展银行举办中心组联组学习，学习对象扩大至两支行中层干部，近 20 人参加了此次学习活动，邀请桑植县委党校副校长刘纯规副教授进行授课。组织支行全体员工参加中共十八届六中全会精神远程培训，开展在线学习“2017 年政府工作报告解读”专题并参与答题活动。认真贯彻十九大精神，完成十九大精神知识测试，取得人平 100 分的好成绩。五是配合中支党委巡察组完成回访工作。经现场核查，巡察组认为支行基本落实整改要求，得到巡察组的充分肯定。六是狠抓党支部标准化建设工作。1. 加强党员后备力量培养。选送 1 名党员积极分子参加培训，两名员工提交入党申请书。2. 设立党员学习室和活动室。9 月完成党员学习室建设，年底前完成党员活动室建设。3. 积极组织党员参观学习。9 月 9 日，为提高党员素质，加强党性教育，组织支行党员到“全国爱国主义教育基地”，中国老一辈伟大的无产阶级革命家、教育家林伯渠的故居参观学习。

【抓好退休干部管理】 组织退休人员到贺龙纪念馆等红色教育基地开展传统教育活动，学习革命先辈的革命精神，进一步坚定退休干部的理想信念，增强“四个意识”，牢记党员身份。退休人员组队参加中支举办的扑克牌双升级比赛，获得第三名。围绕“畅谈十八大以来的变化、展望十九大胜利召开”主题，参加中支组织的征文比赛。在武汉分行举办的离退休干部“喜迎十九大”演讲比赛中，支行选手获三等奖。

（向松青）

中国建设银行股份有限公司
桑植县支行

建行桑植县支行

行长：彭宁刚

副行长：周业栋　刘光华　刘延胜

营运主管：伍孝煜

【概　况】 中国建设银行桑植支行成立于1976年，有正式职工21人，离退休人员6人。

2017年，中国建设银行桑植支行在市分行和县委县政府的正确领导下，围绕“着力服务地方经济、着力打造精品网点、着力树立品牌形象、着力提升全员素质”，突显金融机构职能，攻坚克难，真抓实干，以“系统先进、同业第一”为目标，坚持“服务市民，奉献社会”的根本宗旨，为地方经济发展做出了贡献。

【党的组织建设和党风廉政建设不断深化】 阵地建设进一步完善。将会议室进行改造，将党建活动室和会议室合并，有专门的党建工作场地。活动开展更加丰富。不仅仅局限于行内“两学一做”的落实，还组织支行的“重走长征路”、与桑植县社保局赴韶山缅怀毛主席、与个金部和黔张常项目部前往贺龙元帅故乡等一系列党建活动，进一步提高员工政治思想素质。党员模范带头作用进一步发挥，重点产品牵头、营销、管理，整体营销业绩更加突出，团队力量更加凝聚，家园氛围更加和谐。2017年，获张家界市分行2016—2017年度先进基层党组织和2016年先进党支部。

【精神文明建设和企业文化建设不断加强】 2017年积极组织参加文明单位和平安单位创建，获得县级文明单位称号并取得省级文明单位创建资格。同时，获得市级平安企业称号，是当地金融机构中唯一一家。同时，在行内争创星级网点和女职工文明示范岗，8月成为总行授予的四星级网点，6月获张家界市分行2016年女职工文明示范岗。

【业务发展取得进一步突破】 2017年各项业务均有所突破，一般性存款时点余额排名四行第一，新增四大行份额比为62.71%，新增占比位于当地四行第一；机构业务优势进一步巩固。财政资金、社保资金、住房资金市场份额进一步提升；贷款营销实现重大突破。2017年营销发放各类贷款比年初净增21109万元，四大行新增份额位于第二。2017年，荣获县委、县政府颁发的支持工业企业奖。

【内控合规和风险管理工作进一步规范】 中国建设银行桑植支行始终牢记“一岗双责”，班子成员职责明确，全行员工大力配合，支行全年没有发生一起案件和事故，实现自1976年成立以后连续41年安全营运无事故。3月荣获张家界市分行2016年度案件防控及“双基”管理先进集体。2017年，中国建设银行桑植支行的资产质量也得到进一步提升。到12月底，全行按五级分类不良贷款余额为321万元，其中个人不良贷款126万元，对公不良贷款195万元（桑瑞铁矿，无实质性风险，已向市行申报），全行不良率仅0.535%（扣除对公不良后为0.166%），严格控制在市行规定范围以内。

【转型创新业务蓬勃发展】 充分联合县域资源，联合电商平台、金融扶贫服务站、金湘通助农点，实现三站融合，进一步稳固桑植支行的农村市场。

（张杰程）

中国工商银行股份有限公司桑植县支行

工行桑植县支行

行长：向　红

副行长：杨　辉　张细刚

【概　况】 2017年末，中国工商银行股份有限公司桑植支行共有工岗员工18名，其中在编人员15人，外聘3人，本科及以上学历10人，助理以上技术职称10人。

2017年，桑植支行在上级行的亲切关怀和正确领导下，在人民银行和银监局的严格监督下，全面彻省、市行长会议精神，紧紧围绕县委、县政府提出的发展战略和工作目标，坚持科学发展观，实施精品银行战略，坚持“求真务实”，以市场不导向，以客户为中心，努力扩大市场份额；坚持依法合规经营，防范风险，各项工作快速发展，品牌形象深入人心。始终坚持以传统业务为依托，以新型业务为突破，稳步发展，加快经营转型，通过美化服务环境，提升服务水平、创新服务方式和精细化管理，全面提升盈利能力和综述合竞争力，加强内控案防管理，确保高效、安全无事故经营。截至2017年12月末，各项存款余额8.03亿元，比年初净增8700万元，人均增长483万元；各项贷款余额4.39亿元，比年初减少2200万元。

【扩大存款规模优化贷款结构】 密切与企业和职能部门的联系，积极争取上级行的指导和配合，随时关注市场变化，把握市场信息，做到专人专户、责任到人，一组一市场、做大做透彻。面对宏观经济紧缩的大局，做好存量贷款的盘查，向人们普及个人和企业信用报告的相关知识，为全县发展营造良好的经融生态；并积极受理客户的贷款需求，保守分析客户资产状况和发展潜力，审慎发放贷款并定期进行检查，支持县域经济发展。

【开拓新型市场加快经营转型】 银行业的发展日渐趋于同质化，银行业的竞争越来越明显的表现为创新能力的竞争，谁能获得新型市场更多的份额，谁就能获得更大的利润空间，从而实现持续经营的目标。桑植工商银行坚持以传统业务为立足点和切入点，积极宣传包括：信用卡、网上银行、理财产品、结算套餐等新产品，努力做到全方位产品的捆绑营销和上下游客户的业务归集，为客户提供立体化、深层次、一站式的综合金融服务，将支行的发展与客户满意度、忠诚度的提升紧密结合，推动经营转型的顺利完成。

【坚持以人为本　促进和谐发展】 桑植工商银行经常开展警示教育，及时学习最新的内控案防文件，深刻领会精神，摒弃盲目乐观和侥幸心理以及懒散懈怠情绪，坚持警钟长鸣，对案件防范工作始终保持高压态势，将案防工作抓深、抓细、抓实；定期组织员工观看历史来具有典型意义的金融案例，使全体员工从中吸取教训，引以为戒，增强员工的风险防范意识和自我保护意识，从思想源头上抓好员工的内控案防教育，加强检查、整改与查处。定期开展自查、抽查、专项检查，做到有方案、有情况、有通报、有查处，对照《业务操作指南》《员工行为处罚办法》《责任人规定》，查找工作中的不足和隐患，认真落实整改；定期在全行上党课，组织党员教育，注重培养入党积极分子，鼓励支持青年团员开展健康活动，加强团的组织建设，充分发挥党、团先锋作用。同时，严抓岗位练兵，加强基本业务操作技能的学习，定期组织员工进行翻打传票、点钞等比武，对优胜者进行奖励，对落后进行惩罚，在全行掀起“比、学、赶、帮、超”的热潮，提高了业务办理的速度，让客户做到零等待，维持工商银行“三铁”的形象；关爱员工，丰富员工业余生活，定期组织员工进行乒乓球赛、篮球赛、登山赛，引导员工开心工作、快乐生活。通过多措并举，努力培养出一个思想先进、纪律严明、业务本领过硬，且具有高度凝聚力和执行力的团队，促进支行的和谐发展。

（张细刚）

中国银行桑植县支行

中行桑植县支行

行长：王兴绪

副行长：关家祥　张胜男

【概　况】 中国银行桑植支行位于桑植县科赛广

场，2013年9月26日宣告成立。有在职员工10人，其中共产党员4人，占比40%；35岁以下青年员工8人，占比80%。

2017年12月末，支行各项存款余额26798万元，较年初增加9153万元，四大行市场份额占比5.74%，较上年上升了1.29个百分点；各项贷款余额3300万元，较年初增加2015万元，四大行市场份额占比1.41%，较上年增长0.73个百分点，不良贷款余额为0万元，资产质量优良；全年分别实现各项收入和拨备后利润710万元、448万元，较上年分别增加162万元、122万元，增长幅度分别为29.56%、37.42%。

2014年，被省分行评定为“中小企业优秀网点”。2016年，被张家界市银行业协会评定为“文明优质服务明星网点”。2017年，被湖南省银行业协会评定为“三星级服务网点”。

【支持特色产业发展】 累计支持8户涉农中小企业，发放涉农贷款9325万元，产业涵盖新能源、粽叶、大鲵、魔芋和湘西黄牛肉等当地特色农产品加工业。

【发挥特色产品优势】 成为桑植县唯一一家取得对公结售汇业务资格的金融机构，累计办理对公结售汇1500万元；创新特色产品，通过出口商业发票贴现为当地企业累计融资超过900万美元。

【支持民生产业升级改造】 累计为桑植县人民医院投放贷款2630万元，支持旧院改造和新院扩建，关注民生产业。

【加强同业合作】 与国家开发银行开展深度合作，累计代理国开行拆迁资金7860万元，为280户拆迁户提供优质便捷金融服务。

【普及金融服务设施】 在桑植县高家坪社区小田冲片区村建立1个金融扶贫服务站，并完成金融扶贫服务站、助农取款服务站和农村电商服务站三站融合，致力于改善农村金融条件。

（冯芳兰）

桑植农村商业银行股份有限公司

县农商行

党委书记、董事长：李文阔

党委副书记、行长：高红玲

纪委书记、监事长：王凤林

党委委员、副行长：朱旭阳　覃振军

行长助理：肖安城

【概　况】 桑植农村商业银行股份有限公司（简称“桑植农商银行”）由原桑植县农村信用合作联社改制而成，于2016年9月20日挂牌开业。该行下辖42个营业网点，在编员工326人，是县域服务网点最多、从业人员最多、服务对象最多、服务范围最广的金融机构。在省联社、张家界办事处的正确领导下，县委、县政府的具体指导下，人民银行、银监部门的有效监管下，以“强基础控风险促转型”为工作主线，实现经营管理和业务发展同步提升，获得2017年度湖南省金融扶贫专项竞赛先进单位、市级巾帼建功先进集体、县行业扶贫先进单位和县级金融机构支持工业企业奖等多项荣誉。

【业务发展稳健推进】 2017年，是桑植农商银行转型发展的关键年，该行坚持支农支小市场定位，通过不断创新业务品种，丰富服务手段，增强服务能力，实现全行业务的稳定快速发展。截至2017年12月末，各项存款47.89亿元，较年初增加6.76亿元；各项贷款27.98亿元，较年初增加2.21亿元，存、贷款余额和增量市场份额继续位居全县金融机构首位，是全县纳税第二大户。

【支农支小成效显著】 为助力全县早日实现“人脱贫、村出列、县摘帽”目标，桑植农商银行紧紧围绕“旅游融合、产业扶贫、绿色发展”的思路，以政策为导向，助力优势产业，精准发力扶贫。全年累计投放“三农”贷款218217万元，同比多放4953万元，年末“三农”贷款余额251337万元。全年累计发放扶贫小额信贷11085万元，余额达2.67亿元，扶持近3万贫困农户走上脱贫之路，充分发挥农村金融主力军作用。同时，设立贫困村金融扶贫服务站84个，贫困村助农取款服务站68个，布放助农金融服务终端、ATM、CRS、POS等自助机具700台，乡镇覆盖率达100%，使农民足不出村就能享受到高效、便捷的金融服务。

2017年7月，农商行扶贫工作队员查看贫困户烟叶生产情况

【服务转型树新形象】 2017年，该行成功上线新一代柜面系统，为客户带来更加便捷、高效、优质的服务。推出福祥福民卡、白金卡、钻石卡等信用卡系列产品，和“免担保、免抵押、低利率”的流量贷、消费贷、致富贷、福居贷及道德贷等“私人定制”系列产品，全方位满足不同客户群体的信贷需求，为服务实体经济发展做出了积极贡献。组织开展“金点子”创新创效大赛、“新春拜年”、“银企联谊”、“三卡首发仪式”、送金融知识系列宣传等活动共24场次，通过电视、报纸等传统媒体与微信新媒体加以宣传，全年重点推送电视新闻12条，更新微信84期，推送微信162条，全年系统内上稿248篇。其中，《共产党员拾金不昧》的新闻被央视采用。

（谷林衍　尚秋雨）

华融湘江银行桑植县支行

行长：林运成

副行长：钟学明

【概　况】 华融湘江银行是经中国银监会批准成立，注册资本金61.61亿元，是一家由财政部发起，由央企中国华融资产管理公司控股，湖南省人民政府参股共同组建的国有股份制商业银行。

在桑植县人民政府的关心与大力支持下，华融湘江银行桑植县支行于2018年1月22日正式开业。截至2018年8月，该行存款余额3亿元，授信总额达7亿元，贷款余额3亿元。该行秉承“立足桑植、依托桑植、服务桑植、支持桑植”的服务宗旨，遵循“听党的话，跟政府走，按市场规律办事”的发展思路，全力支持桑植县经济建设。服务承诺是：办理所有对公及个人银行业务，及时、完整、准确的清算资金；保证充足备付金；保证本行及系统外转账及时，不压票。

华融湘江银行桑植县支行位于桑植县澧源镇文明路仁和置业一楼，地理位置优越，交通便利，持有金融机构许可证（机构编码B1099S343080002），营业执照（统一社会信用代码91430822MA4PAR6X3J）。以总行为依托，资金实力雄厚，资产状况良好，具有较强的风险控制能力和较好的经营业绩；资金结算渠道畅通，能保证资金在本行系统内实时到账，通信网络安全、稳定、可靠；信息系统能够及时、全面、准确地反映所办理的业务信息；内部管理规范，内控制度健全，有详尽的操作规程和保密措施。

【机构设置及人员】 支行建设类型为全功能管理支行，支行内部设综合室、业务营销室、营业室。有工作人员11名，都是本科以上学历，管理岗都有金融从业记录，有良好的合规意识，了解担任职务的职责，熟悉银行的管理框架、熟知银行的内控制度，并能与金融监管机构进行充分的信息沟通，积极配合金融监管机构的工作，具备担任与职务相适应的风险管理能力。为了能成功办理各种银行业务，更好地服务客户，制定详尽的实施方案，对各部门的职责进行明确，并提出严格的工作要求。

【信息系统建设】 一是资金支付系统快捷。支行营业网点加入了人行现代化支付系统，开通了全行系统内对公通存通兑业务，个人业务系统，能够保证资金在本行系统内实时到账；该行现有信息系统建设完善，办公设备精良，配备了技术过硬，责任心强的网络管理人员，能够及时、全面、准确地反映所办理的业务信息。二是网络安全管理。支行的网络是封闭式网络，由总行统一布局，实行外网和内网严格分离。

【风险防范体制机制完善】 不断健全“领导重视、部门联动、条块结合、全员参与”的体制机制，一是严格落实依法合规经营“一岗双责”，一把手切实担负起依法合规经营第一责任人的重要作用。二是大力强化合规经营、按章操作“三道防线”。业务条线是防范操作风险的“第一道防线”，是操作风险的直接承担者和管理者，负有对操作风险进行管理的重要职责，必须负起管理检查职责，抓好制度落实，减少操作风险；风险管理部等操作风险管理职能部门是防范操作风险的第二道防线，切实负起协调、指导、评估、监督各业务部门及后台保障部门的操作风险的管理职责，积极发挥监督和支持保障作用；纪检监察部作为防范操作风险的第三道防线，与相关部门定期进行案例分析，通过前移风险控制关口，从源头上防范、控制、化解风险和案件。三是大力强化防范金融风险的“四道门槛”。通过加强柜员主管、风险部门、纪检监察部门的监督和管理，使其互相配合、有效联动，形成防范操作风险的“梯级管理”。四是推进合规经营工作“三个常态化”。即全员法规教育常态化，领导班子措施研究常态化，领导人员风控能力培养常态化。将风险控制融入日常工作当中，通过对重点部位、重点岗位的事前防范、事中控制、事后检查，切实提高了金融风险防范能力。

【员工队伍素质不断提高】 “知法”才能减少违法，“知规”才能避免违规，为切实提高该行员工风险防范能力，在内控管理中，该行始终坚持以人为本，把提高员工素质作为重中之重，以期通过提高员工的“应知、应会”能力来增强员工对违规操作的免疫力。

（钟学明）

中国人民财产保险

中国人民财产保险桑植支公司

经理：谷剑明

副经理：汪群英　周岐安　谷　阳

【概　况】 人保财险桑植支公司是县内经营财产综合险，责任保险，各类人身意外伤害险，农业保险等业务的专业性保险机构。公司有员工43人。其中，总版合同4人，地版合同22人，劳务派遣及其他17人。内设经理室、综合部、理赔部、业务部、营销部、农险科、电销部、社保部。公司电子办公设备齐全，有理赔查勘用车4台，三农服务车1台。

2017年，人保财险桑植支公司全体员工大力发展保险业务，在强化内务管理，加强优质服务等方面取得显著成绩，获得张家界市分公司党委和总经理室的高度评价，年度测评，桑植支公司评为“A类支公司”。

【财险业务发展速度明显加快】 2017年，公司累计保费收入5707万元，同比增长19.09%，其中车险3172万元，非车险629万元，农业险1155万元，新型农村合作医疗751万元，县内保险市场占有率56%。

【理赔服务工作不断加速】 创新服务形式，加强和改善理赔服务质量，进一步提升理赔服务水平，切实保障保险消费者权益，不断出台理赔服务新举措，2017年先后上线理赔多项新服务：一是拇指理赔。通过“湖南人保财险”微信公众号、“人保财险理赔单证上传”微信小程序、“中国人保”APP，可网上提交索赔资料，全天24小时不受限，理赔方便便捷。二是无纸化理赔。关注绑定“湖南人保财险”微信公众号、“中国人保”APP，两证（身份证、行驶证）免提交，资料免复印，客户免奔波，保险公司可以获取的索赔资料客户免提供。三是故障救援、事故救援。投保车损险的家用车、9座（含）以下非营业客车客户，可享受搭车、换胎、送油免人工费服务，100公里内免费拖车服务，以及免费事故救援，服务过程全程可视，救援速度高效快捷。四是免费直升机救援。满足直升机适航条件，符合救援标准的商业险客户可免费享受价值数万元的直升机救援服务，业内首创，为生命护航。五是酒后代驾，代办年检审，理赔服务全年无休不打烊，工作日中午无休。六是上下班高峰期间，联合交警共同开展主干道路面巡查，发现事故（故障）快处理、快撤离、快理赔（救援），“案未报，人先到”。七是理赔四海通行。实行小案一站处理；异地出险，就地理赔，理赔服务随时随处伴您行；责任明确的车损、人伤小额事故，现场快速一站式处理。八是诉调无忧、快速处理。在交警、法院等单位设立人保调解室，提供事故定责、纠纷调解、诉前调解等服务，事故纠纷处理无缝对接。就是同保闪赔。双方均为湖南人保车险客户，可不报交警，各修各的车，直接赔付。十是互碰自赔。湖南区域内投保交强险客户，损失2000元以下双方有责事故各修各车，承保公司直接赔付。十一是大灾预警、大灾速赔。大灾前夕推送大灾提醒及灾害防范知识，在涉及地域设人、设标指引、警示，协助涉险财产转移。若遇大灾事故，设立理赔绿色通道，快速处理报案、协助施救、修复车辆和快速赔付。十二是医疗垫付。发生涉及人身伤残的事故，可支付交强险抢救费，钻石VIP客户可享受医疗垫付服务（根据各家医院合作进度推进）。十三是人伤事故导航。人伤事故深度参与、联合交警、司法鉴定、法院等单位搭建专业平台、开展责任认定、伤残评定、调解诉讼等一体化服务。

【公司各项管理进一步规范】 规范公司的各项管理，使公司的各项工作有章可循，特别是在考勤卫生保卫，车辆管理，政治和业务学习、财务管理、业务管理等方面制定详细的管理细则，通过精细管理，推进公司各项业务工作良性发展，业务发展速度位居全市前列。

桑植县2017年农业险投保情况表

表3

序号	险种	乡镇（个）	建制村（个）	户数	规模		总保费（元）
					单位	数量	
1	水稻	23	148	34319	亩	124610.7	2242992.6
2	玉米	24	179	36788	亩	150128.3	2702309.4
3	油菜	14	79	14221	亩	65000	585000
4	能繁母猪	22	75	834	头	2750	165000
5	烟叶	13		1144	亩	25800	1806000
6	大鲵			17	尾	200000	2400000
7	育肥猪			22	头	20000	600000

续表 3

序号	险 种	乡镇（个）	建制村（个）	户 数	规 模		总保费（元）
					单位	数量	
8	蜜 蜂			37	桶	33808	15213600
9	水稻巨灾			36849	亩	135000	270000
10	玉米巨灾			38090	亩	156450	312900
11	能繁母猪巨灾			834	头	2750	4125
	合 计						26301927

【政策性农业保险稳定发展】 桑植支公司在农业保险业务发展方面，开办玉米、水稻、油菜、能繁母猪、烟叶、大鲵、育肥猪、蜜蜂 8 个险种。农业保险全覆盖，普及各县各乡镇。

（张作军）

中国人寿保险

中国人寿保险桑植支公司

经理：钟采云

副经理：高柏林

经理助理：彭齐志

【概　况】 中国人寿保险股份有限公司桑植支公司内设经理室、综合部、个险业务部、银保业务部、团体业务部、客户服务中心等部门，辖城区一、二两个分部和瑞塔铺和陈家河两个农村营销服务部。在编员工 21 人，各渠道销售人员 627 人。

【管理及服务】 自 1996 年 5 月以来，中国人寿保险桑植支公司紧紧围绕创建内涵价值高、核心竞争力强、发展后劲足的现代化寿险企业的总体目标，大力弘扬“艰苦创业，敢为人先”的桑植人寿企业精神和“干在实处，走在前面”的桑植新时代精神，坚持以科学发展观和坚定不移地贯彻“五个坚持不动摇”的经营思路，以打造“精品公司、和谐公司、效益公司”的经营思想为指导，积极践行“完善自我，抢占先机”和“主动适应，夯实基础”两个中期发展战略，实现了公司全面建设和发展的突飞猛进。

人寿桑植支公司，坚持“奉献社会，做大做强”的市场定位，积极推行“成己为人，成人达己”的企业文化理念和“调整优化，过好日子”的工作方针，重视推进以提高客户、员工、公司、社会“四个价值”为导向的核心竞争力建设，全面构筑人才、销售、管理、服务、执行五大支撑平台，创利、创费和创品牌的水平逐年上升。2010 年以来，公司连续多年被省、市公司评为“优秀党支部”和“先进公司”。2017 年，与银行、邮政、育才、妇联、民政、计生、医保、扶贫等行业部门继续建立广泛的业务合作关系；开办面向社会团体和个人的分红、养老、健康、意外伤害、子女教育等 5 大类商品系列 150 多个险种；主要业务指标位居全市系统第二位，保费总收入由分设当年的 300 多万元飙升至 2017 年的 9310 万元，区域市场占有率在 45% 以上。2017 年，赔（给）付 687 万元，使客户得到极大的经济帮助，并获得良好的社会效益，树立了公司良好的品牌形象和较高的社会信誉度。

（县人寿保险公司）

泰康人寿保险

泰康人寿保险桑植支公司

经理：王　振

【概　况】 泰康人寿保险股份有限公司系中国人民银行总行批准成立的全国性、股份制人寿保险公司，2017 年，公司有内勤员工 5 人，外勤员工约 700 人，公司规模保费突破 3 亿元，服务客户近 10 万人次，已经成为桑植乃至张家界保险市场较具影响力的寿险公司之一。2004 年设立泰康人寿桑植支公司。

【管理及服务】 泰康人寿桑植支公司倡导“以人为本、亲和诚信”的独特企业文化，树立“创新、奉献、分享、公平”的企业风尚，构建“公开、公正、公平”的用人机制，营造“开放、学习、专业”的主流学习文化，提倡教育是最大的福利，管理是严肃的爱，致力于不断提高员工的专业化水平。奉行“专业化、规范化”的发展战略，坚持“稳健经营、开拓创新”的经营理念。承诺服务是寿险的生命，以诚信、规范、优质的服务赢得客户的信赖，坚持把客户的利益放在第一位，使客户和公司真正成为利益共同体。

泰康人寿业务从每年交几百元保费的客户，到一次趸交上百万元的客户，泰康人寿专业的服务品质、热诚的服务精神从未改变。从保证客户权益 100% 的电话回访到人文关怀的康乃馨医院探视服务，再到一站式的健保通理赔、3G 理赔服务，实现了一次又一次的行业创新，泰康人寿以及时、合理、高效的理赔服务，赢得广大客户的信任。

（李　巍）

教育·科技

教 育

县教育局

党组书记、局长：谷晓华

党组成员、副局长：陈俊凡 钟兴华 刘吉国

党组成员、纪检组组长：陈 刚

党组成员、教育督导室主任：叶道富

【概 况】 桑植县教育局是县政府工作部门，设办公室、教育督导室（挂县人民政府教育督导室牌子）、基础教育股（挂民办教育股牌子）、体育卫生与艺术教育股、职业教育与成人教育股、人事教育股（挂大中专毕业生就业办公室牌子）、计划财务股、审计室、规划建设管理办公室9个内设机构，招生考试委员会办公室、师训站（挂语言文字工作委员会办公室牌子）、教育教学研究室、勤工俭学站、教育工会、维护稳定办公室、电化教育教学仪器站、教育基金会办公室、学生资助管理中心9个事业股室。

2017年，全县共有中小学校225所，其中高中3所，职校2所（含民办文武学校1所），独立初中12所，九年一贯制学校17所，中心小学25所，片完小7所，教学点158个，特校1所。在校学生58928人，其中小学33647人，初中16068人，普高7074人，职高2139人。有公民办幼儿园89所，其中公办园23所，民办园66所，在园幼儿11835人；有学前班85个，入班幼儿1271人。在职教师3560人。

【开展党建及主题活动】 1.加强基层学校党建工作。根据县委组织部统一安排，将原来学校党员由乡镇所在地党委管理调整为教育局统一管理，实行党建工作学校全覆盖。全县共有党组织88个，其中民办教育支部26个，1448名党员。2.深化“两学一做”学习教育。按照县委安排，制定《推进“两学一做”学习教育常态化制度化实施方案》，成立领导小组和工作机构，召开启动会议，组建督察组和指导组。全县教育系统各基层党组织按照局党组的统一安排部署，学习教育扎实有效，做到全覆盖。3.抓好党风廉政、作风建设。出台《桑植县教育局2017年巡察工作方案》对各学校党支部履行党风廉政建设主体责任情况、资金管理使用情况、廉洁从教情况等进行巡察。制定《桑植县教育局作风督查方案》《教育局党组成员值班带队巡查制度》，对各学校、局机关工作人员实行工作作风日常巡查，针对到岗情况、工作态度、工作流程以及办公室卫生等情况进行检查，并及时通报。4.开展专项整治活动。制定印发《桑植县教育系统行业不正之风专项整治工作实施方案》，明确整治目标，突出整治重点，严查违规征订教辅材料、有偿补课、违规招生、惠民政策不落实等问题，召开专项整治

会议，对专项整治工作进行全面的安排部署。建立健全制约监督、规范权力运行的长效机制，做到惩防并举、标本兼治。5. 推进省级文明县城创建工作。成立教育局创建省级文明县城工作领导小组，制定创建工作方案，召开动员大会，按照实施步骤扎实开展创建工作，师生文明素养大大提升。

【抓好全面小康建设】 1. 建立政教双线劝学、保学工作机制。县委、县政府联系和分管教育的领导深入学校了解情况，为学校排忧解难，千方百计帮助家庭经济困难的学生入学读书。2. 建立局党组成员包片、股室包乡镇、机关干部包学校的劝学、保学责任制。局党组成员、机关干部下到各乡镇学校，深入学生家庭劝学，帮助学校解决开学工作中的实际困难和问题。3. 建立督查机制。组织机关干部深入乡镇学校，重点督查控流保学、规范收费、校园安全、教学入轨等方面的工作。明确要求各学校加强对控流保学工作的领导，实行责任捆绑，校长为控流保学第一责任人，班主任、任课教师为直接责任人，层层签订责任状，控流保学情况与教师的工作考评、年终评优评先、绩效工资等挂钩。4. 乡镇学校加强控流保学。学校给乡镇政府汇报学生入学情况，各乡镇加强领导，确实搞好控流保学工作，落实督学责任，减少学生流失，努力提高义务教育阶段巩固率。2017 年秋季，全县小学阶段入学率达 100%，初中阶段入学率达 95.9%。5. 不断普及高中教育。加强高中教育规范化管理，不断提高中教育质量和学校基本办学条件，秋季高中辍学率为 2.03%。加强县职校建设，改善办学条件；支持民办职校建设，下达招生计划，努力实现初中生升学普职均衡分流。6. 民办教育健康发展。开展贯彻落实《民办教育促进法》宣传活动，编印宣传资料 130 册，召开学习研讨会 2 场，培训民办学校负责人 240 余人次。加强金海教育集团在桑植县投资办学引进工作。启动民办学校分类管理改革前期基础工作。7. 规范城区学生招生。修改完善《桑植县城区义务教育阶段学校转学插班学生暂行规定》。秋季开学严格按照小学一年级不超过 50 人、初中起始年级不超过 55 人的班额标准招收新生。严格规范转学程序，确保转学工作公平公正，促进城乡学生合理均衡分流，减轻城区学校压力。依法保障经商务工农名工子女进城就学。

【推进重点工程建设】 2017 年，教育重点项目建设有两大项，一是城区学校提质改造项目，二是农村学校建设项目。城区学校提质改造项目。思源实验学校建设占地 81.88 亩，建筑面积 3.7 万平方米，总投资 1.8 亿元，学位 3000 个，9 月 1 日秋季开学已整体建成投入使用。十一学校教学综合楼建筑面积 10370 平方米，投资金额 1649 万元，已于 2017 年 8 月竣工并交付学校使用。澧源镇二小扩建工程，综合楼建筑面积 3640.98 平方米，食堂建筑面积 2820 平方米，总投资 989.64 万元，在进行装饰装修施工。一中食堂、职中男生客舍正在开展招投标工作。农村学校建设项目。初中工程：建设学生宿舍等项目共计 10 个，建筑面积 11366.92 米，投资金额 1649 万元。其中，细砂坪学校厕所等 7 个工程项目已经竣工交付学校使用；上洞街学校学生宿舍等 3 个项目正在建设之中。薄弱学校改造项目：2016 年未完工的官地坪中学运动场等 6 个薄弱改造项目，新建学生宿舍及维修面积 2561.33 平方米，改造 400 米环形运动场（含足球运动）1 个，200 环形运动场 2 个，投资金额 1574.57 万元，已基本完工；2017 年利福塔小学学生宿舍等 5 个项目，新建学生宿舍及维修面积 7133.58 平方米，计划投资 1420.1 万元。凉水口小学宿舍维修项目已经完成，利福塔小学、空壳树小学、廖家村中学在招标中，预计 12 月中旬全部可以开工建设，五道水学校综合楼正在办理前期手续。为民办实事项目：仓关峪小学等 7 所合格村级小学建设全部完工交付使用，完成建设面积达4970平方米和修建围墙360米，投资金额395.08万元；沙塔坪幼儿园等5所省合格幼儿园建设面积4893.83平方米，计划投资1087.39万元。其中，沙塔坪幼儿园完成主体施工，蹇家坡幼儿园、长潭坪幼儿园完成主体一层施工，河口幼儿园、利福塔幼儿园完成基础施工。预计2018年5月全部可以竣工。教师周转宿舍工程项目：共6个，建筑面积6146.66平方米，计划投资1196.99万元。有苦竹坪小学教师宿舍已经竣工交付使用，凉水口小学、桥自弯学校、利福塔小学、五道水学校周转宿舍已经完成主体三层施工，利福塔中学周转宿舍正在进行基础施工。预计2018年6月底全部可以交付使用。其他维修建设项目：共8个，建设面积16134.63平方米，投资金额862.28万元。其中，马合口学校教师宿舍等6个项目全部竣工，两河口小学、四方溪小学运动场等2个项目在建设中。

【推进教育布局调整】 拟定《城区教育中长期发展规划（草案）》。10月26日，县四大家召开碰头会，专题研究大城区规划布局工作，统一思想，形成共识，要求按照“1+4”（澧源镇、瑞塔铺、刘家坪、洪家关、利福塔）范围整体规划布局城区教育，尽快完善规划完善，提交县政府常务会研究。

【全面推进素质教育】 1. 进一步规范办学行为。严格执行课程标准，按要求开课设节，开齐开足各门课程。规范办学挂历，确保中小学生在校休息时间、睡眠时间，坚持每天锻炼一小时，高中阶段不设重点班、重点校，努力实现区域内教育的均衡发展，狠抓社会实践活动，研究性学习以及实验操作等课程。2. 深入推进课堂教学改革。开展与株洲景弘中学课改“手拉手”，重点加强官地坪中学、利福塔中学、陈家河中学三所课改基地校的课改建设。通过扎实开展“手拉手”结对，课改成效显著，起到了辐射带动全县学校课改工作的作用，形成比学赶超的良好氛围。3. 开展系列文化活动。开展体育、艺术“2+1”项目和举办体育节、科技节、文化艺术节和“六一”儿童节文艺会演等活动。全县组织大型“快乐合唱3+1”县级合唱比赛等文体活动6次，组织中小学生文化素质检测1次。艺体教育成果突出，在全省象棋赛中获团体第一；全市中小学生田径运动会，高中组男、女分别获得团体总分第二名、第三名；11月初在慈利举行的全市中小学科技运动会团体总分全市第二名。4. 加强未成年人思想道德教育。落实学生日常行为规范，组织开展“学雷锋”“清明扫墓、缅怀先烈”“圆梦蒲公英活动”“向国旗敬礼、做一个有道德的好学生”“珍惜粮食、厉行节约、反对浪费”等主题活动；全县1000多中小学生参赛新华杯“潇湘少年榜”写作之星创新作文大赛；全县学校举办“预防违法犯罪”“拒绝毒品珍爱生命”等法制教育讲座约100次。5. 落实大量读写工作。在教学常规督查中重点督查各校大量读写工作开展情况，全年出版内部刊号为湘G刊2017005的《澧水校园文学》6期，开设“青春校园、阳光印痕、温馨港湾、心灵诗韵、园丁站台、绿色阅读、先锋社团、窗外视界、社会广角”等栏目。组织师生投稿3000多篇，刊发近600篇，学生作文水平明显提升。

【加强师资队伍建设】 1. 加大教师补充交流力度。补充教师159名，其中面向社会公开招聘教师80名、安置定向师范毕业生18名、安置直属免费师范生3名、安置少民骨干研究生1名、从外县教育系统考察选调20名、招聘特岗教师35名、招聘“三支一扶”教师2名。同时，加大定向培养农村专任教师的力度，定向培养教师148名，其中省计划48名，县扶贫定向培养计划100名。2. 加强校长教师队伍管理。出台《桑植县校长教师交流轮岗工作方案》，全年校长教师交流242人。积极组织全县教师参加各种活动，8月全市机关职工运动会获总分第一名；“澧水之声”教师合唱团获“洞听黄龙国际音乐周合唱比赛”银奖。3.加大师资培训力度。教师发展中心、师训站、县进修学校协同配合，组织开展全县教师教育信息技术、普通话、新教材使用、新教师上岗、名师培养等培训活动，全面提高教师的业务水平。全年共完成教师培训3968人次，占全县教师总数105%。其中，国培省培（系统内）培训109项，共2177人次；县级及其他培训1791人次。

【扎实开展扶贫攻坚】 1.抓好结对帮扶工作。局机关、进修学校和青少年校外活动中心86名干部，与陈家河镇412户贫困户开展结对帮扶。驻村帮扶陈家河镇岩壁村、张家村，协助当地政府、指导两村完成村支两委换届选举工作。2017年第三季度，为412户送慰问金每户300元，共12.36万元。2017年计划脱贫188户，746人。2.加大集体经济和产业投入。全年为帮扶村产业发展投入资金78.7万元。其中，岩壁村猪场一期扩建工程，新建标准化猪舍2栋400平方米，保育舍1栋200平方米，购置保育床20套，母猪产床20套，购买仔猪200头，母猪40头，公猪1头，总投入130多万元（教育局投入68万元）；张家村购买100箱中蜂，投入6.7万元；岩壁村100亩黄花射干培育管理投入4万元。3.加快基础设施建设。岩壁村新村部作为“161”第一批工程项目立项，完成选址、设计、招标，并开始建设。

【落实国家惠民政策】 主动与扶贫开发、民政、民宗局、团县委、残联等部门对接，做好贫困学生的认定和救助工作。积极和有关爱心组织、爱心人士联系，进一步拓展资助渠道。全年发放各类贫困学生资助款7201.7万元。其中，学前教育资助金3972人次，共196万元；义务教育阶段贫困寄宿生生活补助20658人次，共1144万元；中等职业教育资助款3368人次，共738万元；普通高中资助款5779人次，共828万元；贫困大学新生资助729人，发放资金218.5万元；社会捐资助学2468人，共424万元；“阳光助学”资金3653.2万元（含补发2016年“阳光助学”款1788万元）。发放贷款及就补助共998.1万元。其中，完成生源地信用助学贷款1141人，贷出资金962万元；发放普通高校毕业生基层就业学费补偿74人，补偿资金36.1万元。继续实施农村义务教育学生营养改善计划，加强食堂财务管理，提高学生伙食质量。

【狠抓安全维稳工作】 1.健全管理制度。修订下发《桑植县教育局2017年校园安全工作方案》和考评细则，制定突发事件应急处置办法，与学校签订安全工作责任状。2.严格落实管理。落实报告制度，建立校园安全工作周志月报制度，分工负责，包片管理，责任到人。突出安全教育，按规定开设安全教育课程，组织防溺水、防电信诈骗、远离流动摊点等专题教育讲座。加强隐患排查不留死角，全年共排查、整改校园安全隐患90余处。认真搞好学生乘车交通、校车安全日常监管，开展校车专项整治行动，确保学校交通秩序和校车运营良好。全县无一起重大安全责任事故。3.开展综合治理。出台《桑植县学校及周边环境专项整治行动实施方案》，加强学校及周边环境治理。开展由副县长王茂蓉、任重带队，公安局、交警队、城管局、食工质局、运管局、教育局、澧源镇政府、电视台等部门共40多人参加的综合治理联合执法行动。出动整治80余组次，车辆160余台车次，参与人员达1900余人次。整治查处乱停乱摆车辆60余辆、无证经营饮食店5家、流动摊点8个。4.抓好信访维稳。落实维稳日常工作，对群众反映的问题及时回复。特别是十九大召开期间，局党组成员实行带队值日制度，办公室24小时有人值守，全县学校校长不准出县，对特殊对象做到一对一盯守，有理诉求就地解决。全年妥善处理涉教信访案件60余件，成功调处多起较大涉教矛盾纠纷，按政策落实了代课教师、民办教师的生活困难补贴，没有发生一起非法上访事件。5.禁毒教育成绩突出。配备全套禁毒宣传展板，在全县各学校进行巡回展出，宣传教育普及率达到100%；出台禁毒工作责任追究办法和考核办法，对禁毒工作实行单独考评考核，并将考评结果纳入学校年度绩效考核结果；举行禁毒教育课堂大赛，有力推动了校园禁毒活动的开展。

【圆满完成各类考试】 1. 顺利完成高考。全县国家普通高校报名人数2346名，其中文科1090人，理科1080人，职高对口考生176人。实际参加考试人数1974人，单独招生录取372人。全县文科本科上线率44.48%，理科本科上线率59.45%。其中，桑植一中本一上线209人，同比增加30人；本科自然上线654人，本科上线率达77.58%（不含艺体专业生）。桑植四中本科自然上线190人，上线率达41.6%，创历史新高。贺龙中学本科上线128人，上线率达32.9%，创历史新高。桑植一中考生向瑞永以682分夺得全市理科第一名，全省第28名。2. 做好学业水平组考。认真严密地组织高中学业水平考试，严格按照省《高中学业水平考试统一规范》要求认真组考，并取得较好成绩。全县共有2153人参加学考，其中桑植一中1070人，桑植四中562人，贺龙中学521人。3. 完成全国英语等级考试（PETS）。全县报名人数1920人，实际参加考试人数1908人，合格人数1575人，合格率82%。4. 组织初中毕业会考。全县初三学生4974人集中到县一中考试，经过周密部署、精心组织，实现了安全有序的护考目标。组织完成初二生物、地理会考、初三理化生实验操作考试和初二电脑操作考试。初中毕业学业水平考试，全县九科平均及格率为54.9%，全市综合排名第3名。

【做好教育督导工作】 1. 加强教育督导工作。进一步发挥督学工作站的作用，促进中小学各项工作的落实。坚持每月《督导工作要点》《月督导计划》《督学工作站督导情况记录表》制度，及时汇总、上报督导情况。组织开展春、秋季开学和学校安全、全格学校建设、幼儿园办园水平等专项督导工作。通过专项督导，对上洞街乡兴民幼儿园等13所幼儿园长进行约谈，5所不合格的幼儿园限期整改，并依法取缔岩屋口幼儿园（民办）的办园资格。2. 配合完成上级对桑植县教育督导评估。3月9—10日，迎接省督学和教育督导评估专家对桑植县进行督学责任区挂牌创新区县现场评估，并顺利通过验收。5月份，市教育督导团到桑植县开展教育督导评估，考核2016年教育工作。通报初评意见，肯定桑植教育工作在2016年取得的成绩，指出存在的问题，提出了中肯的意见和建议。3. 统筹做好年度绩效考核工作。制定《2017年省市政府对桑植县党委政府绩效评估责任单位目标任务责任分解》《关于做好张家界市教育局对桑植县2017年区县教育行政工作评估考核办法考核的通知（含任务分解表）》《关于进行2017年桑植县委、县政府绩效考核责任分解的通知（含任务分解表）》，安排、部署和督查绩效考核各项工作的落实情况，找出工作的遗漏点，查漏补缺，督促落实工作任务。

（沈英华）

科　技

县经信和科技局

（此处名录略，详见“经济综合管理”之经信局领导人员名录）

【科技项目和高新技术产业】 1. 积极申报上级科技项目，推进桑植工业企业的技术创新和转化应用，2017年，桑植县成功申报省、市级以上科技项目8项（高效节能生物质燃气烤烟炉的研发、大鲵产业科技服务能力建设、冲天溪农业生态星创天地、生猪良种养殖示范与推广项目、魔芋赋味食品研究与开发项目、莲藕新品种引进筛选及安全高效生产技术研究与示范、道地湘产玉竹规范化种植、初加工及扶贫示范推广）。2. 积极引进和开发新的工艺，加快传统产业的技术改造。3. 加强企业创新体系建设，积极引导企业建立科研开发机构，不断提高企业自主创新能力。4. 加快新产品的研制开发，加快适销对路新产品的开发，重点开发一批高技术含量、高附加值、高市场占有率的高新技术产品。5. 大力发展高新技术企业，对省认定的 2 家（张家界三木能源开发有限公司、张家界金鲵生物工程股份有限公司）高新技术企业，在科技项目、科技政策等方面给予倾斜，使之进一步做大做强，真正成为全县高新技术企业发展的龙头。

【重点项目工作的实施】 桑植县承担的以大鲵产业为主导产业申报科技成果转移转化示范县建设项目已实施近一年，已完成科技成果登记数 1 个，申请专利 4 件，其中发明专利 2 件，授予专利 2 件，主持、参与制定行业或技术标准 1 项，发表论文 2 篇，研发新产品或新技术 2 项，引进推广新产品、新技术 2 项，经认定的技术合同成交数 1 项，经认定的技术合同成交额 1249 万元，新增产学研合作企业 1 家，引进本科及以上学历学业人才 2 人，科技培训两期达 450 人次，新增企业技术中心 1 个。

【科普教育与科普活动】 桑植县按照科技部的要求，在全县开展 2017 年度科普统计工作，全县共有科普专职人员 628 人，科普兼职人员 186 人。全县拥有科学技术博物馆 1 个，展厅总面积达 2000 平方米，年累计参观人数近 5 万人次。非场馆类科普基地 6 个，科普展览区面积 6320 平方米，年累计参观人数近 8580 人次。城市社区科普（技）专用活动室 317 个，农村科普（技）活动场地 95 个，科普宣传专用车 49 辆，科普画廊 48 个。国家级科普（技）教育基地 2 个，省级科普（技）教育基地 6 个，年累计参观人数近 4800 人次。全年科普经费达 627.48 万元。全年发放科普读物和资料 48400 份。全年举办科普（技）讲座 286 次，年累计参加人数 19230 人次。

【科技特派员和三区人才工作】 主要是发挥科技特派员的作用，科技扶贫成效显著。桑植县是国家扶贫开发重点县，除省市所派的专家对桑植县重点产业、企业进行科技扶贫之外，县里另外给 23 个乡镇均安排了 1 名科技人员，并拨付专项经费，支持他们科技创业，带动产业发展。围绕科技扶贫专题，深入推进“三区”人才服务工作落实，已全面完成 2017—2018 年度“三区”科技人才选派工作和培训需求对接工作，通过与各科研院校对接，成功申请到 18 位湖南省“三区”科技人才到桑植县开展技术服务。

【科技知识宣传与普及】 1. 广泛而深入地开展“科技活动周”活动。2017 年科技活动周以“科技强国 · 创新圆梦”为主题，通过组织科普讲座、发放科普资料、举办科普展览、组织医疗卫生进社区、进乡村等各种形式的宣传和推广活动，宣传党和国家科技方针政策，普及科学知识，展示最新科技成果，积极营造尊重科学、尊重人才的浓厚氛围。2. 开展科技人员实用技术咨询和指导活动。活动期间县科技局组织科技人员分别到养殖户、相关农业基地开展田间地头技术指导活动，帮助农户解决种植、养殖生产中的实际困难。3. 赴企业开展科技服务活动。抽调科技管理、知识产权等工作人员组成的项目辅导调研组，深入企业有针对性的了解企业技术创新情况、生产情况、产学研合作、知识产权自主创新和技术引进情况，并进行有效的辅导。4. 把新成果、新技术培训的推广与面向广大农民的技术培训结合起来，使他们尽快掌握科技致富的技术和能力。

【知识产权宣传与保护】 1. 在“4 · 26”国际知识产权日暨知识产权宣传周期间，联合相关部门和学校，在民歌广场开展“4 · 26”世界知识产权日大型宣传教育，发放保护知识产权、专利申请、反盗版等宣传资料 2000 余份。2. 做好专利申请服务工作。经常深入企业，加强与企业发明人的广泛联系，动员和督促他们将自己自主创新的新技术、新产品申请专利，取得自主知识产权，得到产权保护。共申请专利52件，其中发明专利32件，查处知识产权侵权案件30件（完成了省定的绩效考核目标任务），推动了全县科技进步和技术创新，促进了县域经济结构转型升级。

【防震减灾工作】 1.明确专人专抓，安排专用工作经费。2.加强防震减灾应急宣传。以全国第九个“防灾减灾日”为契机，5月12日，县经信和科技局与市地震局、利福塔镇联合在利福塔村居委会联合开展防灾减灾宣传教育活动。活动共发放宣传资料2000余份,《防震避震常识》300本，《地震知识问答》100本，地震小知识光碟200余碟，接防群众100余次。3.开展地震安全示范社区创建工作和农村居民安保工程认定工作，到利福塔镇了解该镇建筑物抗震设防、地震应急疏散场地、防震减灾知识宣传和演练等情况，并指导地震安全示范社区创建和农村居民安保工程工作。4.组织省级科普示范学校十一中学参加6月23日由湖南省地震局主办、岳阳市地震局承办的由岳阳、张家界、益阳、常德、株洲和湘西自治州六市州中小学生参加的防震减灾科普知识抢答赛并获得二等奖。

（县经科局）

文体·广电

文化综合管理

县文体广电新闻出版局

书记：李启明

局长：赵宾儒

副局长：蔡和平　李法龙

党组成员：李德鑫

总工程师：彭　洁

【概　况】 桑植县文体广电新闻出版局成立于2015年12月，由原文化广电新闻出版局与原体育局合并组建而成。为县人民政府工作部门，设有办公室、文化和艺术股、广电事业股、法制行政审批股、群众体育股、竞技与青少年体育股等6个内设机构，辖文化市场综合执法大队、文化馆、图书馆、非物质文化遗产保护中心、王家界广播电视台、体校、电影放映发行管理中心、非物质文化遗产传承中心、文化音像发行管理站9个二级单位。对全县23个乡镇综合文化站进行业务指导。现有干部职工108人，退休干部职工65人。

桑植县文体广电新闻出版局主要负责贯彻执行党和国家有关文化、文物、体育、广播电影电视、新闻出版、版权的法律法规和方针政策，指导、管理全县文学艺术、社会文化事业；组织实施非物质文化遗产保护、传承、普及工作；负责现代公共文化服务体系建设，推行全民健身计划，指导开展群众性体育活动；协调组织、推动新闻出版广播影视精品创作生产，负责著作权管理工作，组织查处著作权侵权盗版案件，负责软件正版化管理，组织指导、协调“扫黄打非”工作等。

2017年，桑植县文体广电新闻出版局严格执行党的政策方针，紧紧围绕全县中心工作，着力推进文体广新事业发展，不断加大公共文化体育基础设施建设、广泛开展群众文体活动、严格规范文化市场管理、狠抓队伍建设，各项工作有声有色。组织实施农村广播电视“户户通”、“村村响”、无线数字覆盖、农家书屋、“送戏下乡”和“送电影下乡”等文化惠民工程；开展“农民体育健身工程”，为全县240多个村（居委会）配送了体育健身器材。

桑植县文体广电新闻出版局十分注重文体活动的开展，有力推进全县文体事业的蓬勃发展。非遗传承保护工作走在全省前列，截至2017年底，有桑植民歌、桑植仗鼓舞、土家族撒叶儿嗬3项列为国家级非物质文化遗产保护名录，省级非遗项目7个，市级项目23个，县级项目76个；拥有国家级非遗传承人1人，省级11人，市级40人，县级71人。

2017年，国家体育总局对2013年至2016年度全国群众体育先进单位和先进个人进行表彰。

桑植县文体广电新闻出版局吴光辉获“2013—2016年度全国群众体育工作先进个人”称号。

【文化惠民工程稳步推进】 1.完成免费文化服务器材设备发放。为进一步完善基层群众文化服务功能，推进文化惠民扶贫进程。全县共为40个村级文化活动室，23个综合文化服务中心示范点配送电脑、音箱以及锣、鼓、长号、二胡等音乐器材，每套设备价值2万元，设备总价值共计126万元。有效缓解贫困村开展文化活动设备匮乏问题，为农村开展文化活动提供保障。设备的投放进一步丰富农民群众文化生活，推动全县公共文化服务体系建设，实现村级公共文化服务基础设施的提档升级。2.组织举办全县综合文化站长和文艺骨干培训。6月6—11日，全县举办为期一周的文化站长和文艺骨干培训会议。通过培训，提高广大文化工作者业务素质。3.“送戏下乡”和“送电影下乡”有序实施。全县提早部署，抢抓机遇，及早实施。全年共完成“送戏下乡”180场，完成率达100%；“送电影下乡”共放映6360场，完成率为100%。4.“户户通”投入使用。2017年顺利完成16944户建设任务，工程建设按照湘政办发〔2016〕43号文件精神，建设资金采取国家、省级、县级出一点、受益农户筹一点的方式筹措。整个工程共计投入建设资金480万元。5.完成农村广播“村村响”工程建设。该项目于2016年初开始着手规划、筹措资金、完成招投标，工程建设于2016年9月开始实施。共计投入资金1100万元，完成全县23个乡镇的设备安装和调试，2017年完成建设任务并投入运行。

【完成“农家书屋”图书补充更新】 为进一步提高农家书屋建设管理使用水平，保证农家书屋书籍常看常新，不断提升农家书屋社会效益，发挥农家书屋惠民利民作用，2017年，对全县532个“农家书屋”图书进行补充更新。该次配套书目分甲、乙两类品种，其中甲类286套，乙类246套。按照上级要求，积极组织实施，各乡镇综合文化站积极配合，做好图书接收、登记和拍照等工作。通过该次补充，“农家书屋”藏书量得到提高，有利于进一步满足广大农村群众的阅读需求。同年，还完成社区公益书店1个。

【举办2017张家界·桑植民歌节】 2017张家界桑植民歌节11月10日在桑植贺龙体育馆举行，省文化厅副厅长肖凌之，市领导刘绍建、陈红日、欧阳斌、周芳等出席开幕式。该次民歌节与以往民歌节相比，参与歌手多，注重突出桑植民歌创新、改编和宣传推介，活动内容丰富，凸显三大特色：一是重点改编推介桑植民歌，邀请著名作曲家孟勇创作，歌唱家张也录制演唱《爱的传奇》，王宏伟录制演唱《新九岭十八岗》，刘赛现场演唱《新冷水泡茶慢慢浓》，郝亮亮现场演唱《新九岭十八岗》。二是首次引进交响乐，由湖南省演艺集团创作演出，将桑植民歌与交响乐进行有机融合，让观众从全新角度体验桑植民歌的无穷魅力。三是大量融入非遗元素，代表桑植丰富多彩民族的民间文化的白族仗鼓舞、桑植花灯等非遗保护项目得以充分展现。民歌节期间同时开展桑植“民歌王”争霸赛、桑植民歌快乐合唱“3+1”、桑植旅游、名优产品推介会等多项活动。

【非遗传承和保护成效明显】 2017年，选送非遗项目“百根冰酒制作技艺”和“土家布鞋制作技艺”参加由省文化厅主办的“走进非遗——2017迎新年传统手工艺博览会”。选送桑植民歌和白族仗鼓舞、百根冰酒制作技艺、化石石雕、土家刺绣、葛根茶饮料制作技艺、木具制作技艺、土家吊脚楼制作技艺非遗项目参加中国首个文化和自然遗产日暨张家界市首届非遗博览会。组织参加浙江非遗博览会、湖北长江非遗大展。举办“BMW中国文化之旅”非遗探访活动。桑植化石石雕、桑植木具制作技艺、桑植打上大人、桑植土家族布鞋制作技艺成功入选第五批市级非遗项目名录，陈永培、谷菊秋、侯宗平被命名为第四批市级非遗代表性项目代表性传承人。联合县政协、总工会、人力资源和社会保障局、电视台出版《从能工巧匠到旅游融合产业园——桑植县寻找最美能工巧匠活动剪影》一书。

【文化传承中心项目启动建设】 文化传承中心主要修建博物馆、规划馆、民歌大剧院、综合楼、地下停车场及其他相关配套设施，以保护、展示、传承、弘扬桑植民俗民族文化为主要目的。截至2017年底，文化传承中心项目已完成立项、项目设计、节能评审、地勘等前期工作。

【体育事业不断健康发展】 1. 制订下发《桑植县全民健身实施计划（2016—2020年）》，为全民健身活动明确了目标和工作任务，制定工作措施和保障措施，使全县全民健身工作走上规范化、制度化。2. 全民健身活动丰富多彩。举办全县“五一”职工篮球赛、全市太极拳推广宣传月活动、“全民健身，与我同行”大型群体活动，很好地展示全民健身，营造良好的全民健身氛围。3. 组队参加湘鄂边老苏区第二十届“贺龙杯”篮球赛。4. 竞技体育有进步。5月，全县有4名运动员代表张家界市参加“我要上全运”湖南省象棋选拔赛。两河口小学不足11岁的王慧敏以低龄越级参加少年女子组比赛（该年龄段为12岁至16岁），获得第三名，王斐斐、冯婷分别获得第四、第五名。5月7日在四川成都举行的2017年全国残疾人射击锦标赛上，残疾人运动员王鑫鑫，勇夺女子SH1级气步枪立射40发，女子SH1级50米运动步枪三姿（卧、立、跪）两项金牌，并以248.5环的气步枪成绩，创全国决赛纪录。刘丽萍在全国十三运会上获得女子柔道58kg组第七名，继2005年后首次在全国综合性运动会上获得奖牌。举办首届桑植自行车骑行挑战赛，共400多人参赛，该活动结合全县红色文化旅游资源，很好地促进了“体育+旅游”融合。

【承办2017年全国女子篮球锦标赛】 2017年7月2—8日，由国家体育总局篮球运动管理中心和中国篮球协会主办、市文体广新局、桑植县人民政府承办的2017年全国女子篮球锦标赛（张家界赛区）在桑植贺龙体育馆举行。该次比赛共有福建、河南、山西、江苏、上海、山东、四川、广东等8支代表队，120多名运动员参加。该赛与CBA、WCBA、NBL联赛同属国家高水平A级赛事。比赛采取单循环赛制进行，共28场比赛。该赛共分两个阶段，该次比赛属于第一阶段比赛，分别在湖北宜昌、湖南桑植同时进行。该赛事为桑植县2017年举办的一次规模最大、规格最高的一次全国性体育赛事。

（吴光辉）

文物管理

县文物局

局长：谭晓菊　全教龙

副局长：刘东权　符兴辉

纪检组长：鲁建军

【概　况】 1981年，成立桑植县文物管理所；1996年，更名为桑植县文物管理局，与贺龙纪念馆合署办公，属正科级事业单位；2011年，单列成立桑植县文物局，属参照公务员管理的正科级事业单位，内设办公室、文物执法股、文物考古调查股3个股室。主要职责是负责全县文物保护单位的管理、文物行政执法、文物考古调查、勘探、发掘，馆藏文物的保护和管理等工作。

【文物保护共识不断深化】 调整成立常务副县长任主任、分管副县长任副主任的县文物保护工作委员会，乡镇成立乡镇长任组长的文物保护工作领导小组，村（社区）成立文物保护工作队、安全保卫组、义务消防队、应急小分队，县长与各乡镇长签订了文物安全管理责任状。新补录红四、五、六、十六师师部旧址，湘鄂川黔四省省委、省革委、省军区、军委分会旧址等为长征文物；层层申报，洪家关、双溪桥等8个村列入省级传统村落名录；刘家坪白族乡、洪家关白族乡洪家关村列入省级经典文化村镇。

【文物保护状况不断改善】 整合资金对罗峪整编旧址进行抢救性加固。将贺龙骑马铜像迁至刘家坪，同步完成装饰与安放工作。完成芭茅溪盐税局旧址文物征集、陈列布展、防雷项目，实行开放。打捆编制湘鄂川黔革命根据地桑植革命旧址群17处文保单位的保护规划、苦竹河民族民俗村落建筑群、王氏祠堂等保护规划项目20个。采取"点线面"结合的宣传方式，完善网上博物馆建设，开展首个"文化和自然遗产日"宣传活动，扩大文物工作影响力。

【文物保护能力不断提升】 坚持定期安全检查制度，为文物保护点统一增配灭火器64台，全县文物工作安全无事故。选派骨干进驻县政务公开工作窗口，受理完成行政许可审批42项，对基本建设项目进行文物调查勘探，总勘探面积达50多万平方米。投入资金12万元，完成6处省级文物保护单位"四有"工作，成功制止文保单位建设控制地带违法建设1处。

【两项帮扶工作聚焦聚力】 单独承担深度贫困村走马坪白族乡安家峪村的驻村帮扶工作，派驻由局党组书记、局长任队长，副局长任第一书记，执法股长任队员的驻村帮扶工作队。安排8名干部协同行政驻村干部与建档立卡户结对，实现结对帮扶全覆盖。精准对焦"两个标准"，完成村庄规划编制，架设路灯70盏，筹借现套资金8万元，开展"除陋习 · 树新风"活动。安家峪村列入市家庭清洁行动示范村居。完成4个专题理论学习，组织村党支部和局机关支部联合开展四次"主题党日"活动。集中整改突出问题8个，突出民生保障，有效落实惠民政策的同时，开办村鞋面加工厂，有26名群众在家门口就业（其中贫困户6名），年底67人稳定脱贫，村贫困发生率降低12.7%。

（刘雅静）

广播电视

县广播电视台

党支部书记、台长：王　辉

副书记、副台长：刘　兵

党支部委员、副台长：陈　桦　吴明波

【概　况】 桑植县广播电视台内设办公室、计划财务部、人事教育部、监察室、事业发展部、技术播控部等6个部室，下设新闻中心、广告中心、工程技术部等3个二级机构，对湖南有线桑植网络公司履行属地管理职责。全台现有从业人员90人，其中正式职工52人（委派到网络公司工作28人），退休19人，新闻中心聘用7人，网络公司聘用10人，省集团派驻2人。2011年文化体制改革，原县广电局行政职能划拨县文广新局，县电视台升格为正科级事业单位，直属县委宣传部管理。

【坚持创新　服务中心能力得到提升】 紧紧围绕县委、县政府中心工作，唱响主旋律，打好主动仗，做到敢于发声，善于发声，巧于发声，牢牢掌握主流媒体话语权，努力办好《桑植新闻》《澧源纪事》《法治桑植》三档常设栏目。全年播出《桑植新闻》260期，播发新闻稿件2278条，日平均用稿达9.7条；播出《澧源纪事》37期,《法治桑植》15期。加强外宣对接，努力推介桑植工作、展示桑植形象，全年，在中央电视台上稿4条，在湖南卫视、湖南经视等省台上稿91条（湖南卫视59条、湖南经视8条、其他省台24条），在张家界广播电视台上稿176条，张家界日报上稿8条。抓好制播能力提升项目落地，投入资金177万元，推进采编播设备更新换代，率先在全市实现电视节目高清数字播出，有效提升县广播电台节目播出质量。

【拓展宣传渠道　加强传统媒体和新媒体融合发展】 积极建设县广播电视台微信公众号"新桑

植"，于2017年1月，完成官方微信公众号"新桑植"的认证工作，2月7日开始日常运营。由于人手少，运营采取由记者兼职的方式进行。截至年底，订阅用户达1.2万人，推送信息235期。

【建管并重　多种措施巩固有线网络】 近年来，随着"三网融合"的不断推进，广电面临其他网络运营商挤压，有线电视基础业务进一步萎缩。针对存在的困难，网络公司采取措施和办法，加强城区有线网络改革，实行网格化管理，推进人员、岗位双向选择，待遇、福利与绩效挂钩。改进服务方式，积极主动深入用户、深入小区，大力开展"广电到社区、服务进万家"活动，加强"桑植广电"品牌建设和营销宣传，推行首问负责、故障限时维修和营业大厅推迟半小时下班等措施。加强政策宣传，争取单位支持，做好"可集体列支广播电视有线数字电视节目费用"推广和后续服务工作。加强网络提质改造，完成主支干线改造12公里，新发展有线数字电视用户478户，宽带用户432户。

【真抓实干　精准扶贫见成效】 沙塔坪乡廖家坡村是县广播电视台驻村帮扶村。2017年，精准扶贫工作取得一定成绩。一是改善基础设施。8.9公里村组道路路基工程基本完成，新建移动信号基站2个，完成9个点18只喇叭广播"村村响"建设，完成危房改造8户。饮水工程在抓紧施工，已完成何家岭取水点建设，1个100立方米、2个50立方米水池已完成基脚，饮水管道也在铺设。妖风坡饮水工程已完成排水管建设。2.抓好产业建设。利用重点产业扶持资金，流转土地200亩，积极支持犇犇公司发展莓茶，建立基地带动贫困户增收的发展机制，2017年底贫困户人均实现保底收益300多元；积极引导村民保护和培管好500亩老茶林。鼓励村民对油茶林进行培管，做大做强油茶产业；投入扶贫资金4.3万元，发展养蜂产业，实现村集体经济收入1.5万元；建立优质稻谷示范片，引导妖风坡片32户发展100亩优质再生稻谷。3.完善公共服务。村综合服务平台建设已完成基脚；投入2万元，配备电脑、音箱、鼓号及围鼓设备，解决贫困村无娱乐设备的问题。4.强化生活保障。切实推进村贫困人口低保兜底、"阳光助学""阳光医疗""阳光安居"行动计划，确保实现"两不愁、三保障"目标。4.抓好党建工作。切实做好换届选举工作，完善综治、计育、村务监督等配套组织，制定完善定期学习、党务公开、村务公开、议事决策等制度。扎实开展"四培四带"和主题党日活动，采取"请进来走出去"，学习新农村建设先进典型和农业技术，走访慰问困难群众和老病困党员，为留守儿童发放2万元的学习用品，配备2万元的办公设备，增强村党总支的凝聚力、战斗力和号召力。驻村工作中，严格落实《桑植县县派驻村帮扶工作队管理办法》，加强队员管理，带头转变作风，特别是涉及贫困户评选、重点项目实施、扶贫资金发放等重要事项，严格按照"四议两公开"和"四自两会三公开"进行决策、落实、公开公示，做到让群众监督、群众满意，确保各项扶贫措施有效落实。

（彭立梅）

文化市场综合执法

县文化市场综合执法局

局长：石劲松

【概　况】 桑植县文化市场综合执法局（由原桑植县文化市场综合执法大队更名）系全额拨款副科级事业单位，参照公务员管理，隶属于桑植县文体广电新闻出版局。内设办公室、法制监督股、市场执法股等一室两股。核定全额拨款事业编制12名，现有工作人员9人，提前退休3人，正式退休3人。

桑植县荣获的“2017年度全省文化市场综合执法工作先进单位”奖牌

2017年，是进一步深化文化市场综合执法改革之年，县文化市场综合执法局以文化市场综合执法改革为动力，内塑素质，不断提升执法能力，外树形象，不断加大文化市场监管工作力度，为全县文化市场秩序稳定和文化产业的发展做出了应有的贡献。2017年，桑植县文化市场综合执法局被湖南省文化厅评为“2017年度全省文化市场综合执法工作先进单位”。

【文化市场综合执法改革】 为进一步深化文化市场综合执法改革，促进文化市场持续健康发展，根据中央、省、市、县关于“进一步深化文化市场综合执法改革”的文件精神，桑植县文化市场综合执法大队更名为“桑植县文化市场综合执法局”，为桑植县文体广电新闻出版局所属事业单位，依法依规对全县文化体育广电新闻出版市场实施综合执法。县文体广电新闻出版局作为行政执法主体，承担法律责任，履行指导、监督职能，但不再直接从事执法活动。建立健全县级文化市场管理领导小组，统一领导全县文化市场管理和综合执法工作，推动文化领域跨部门、跨行业综合执法。领导小组由县委常委、宣传部部长任组长，分管副县长任副组长。县委办、宣传部、政府办、法院、检察院、安监局、财政局、人社局、旅外局、民宗局、经科局、文物局、食工质局、网信办、广播电视台、团县委、文化市场综合执法局等单位分管领导为成员。领导小组下设办公室，办公地点设县文体广电新闻出版局，县文体广电新闻出版局局长任办公室主任，县文化市场综合执法局负责日常工作。县文体广电新闻出版局可根据需要，通过法定程序委托乡镇人民政府行使部分文化市场执法权。文化市场综合执法经费和能力建设经费已列入县财政预算。

【文化市场综合执法工作】 1.抓宣传培训。加大文化执法工作的社会舆论宣传，大力宣传文化市场法律法规和执法案例，提升广大经营户及人民群众对文化综合执法的知晓度和理解度，营造良好的文化执法环境，全年，共发放各种法律法规知识宣传册1000多份，在各媒体播出专题、消息共50多条（期），在张家界日报刊登文化执法信息12条。组织网吧、娱乐场所、印刷出版行业业主培训2期，100人（次），从业人员的依法经营意识得到提高，为精细化管理奠定了良好的基础，逐步形成部门主管、社会共管、行业自律的文化市场监管格局。2.抓专项整治。开展“清源”“净网”“护苗”“固边”“秋风”五个专项行动。组织开展市场整治行动。采取“重点区域反复查、举报案件及时查、非法窝点彻底查”的措施，以查缴全国“扫黄办”明令查禁的200余种图书为重点，对印刷、出版物市场领域进行不间断检查。组织开展以“扫黄打非护助少年儿童健康成长，远离和抵制有害出版物”为主题的“绿书签”系列宣传活动。2017年度，共收缴各类非法盗版出版物316件，未发现违禁出版物、淫秽色情出版物。开展“娱乐场所整治行动”。严厉打击无证经营、违规演出、接纳未成年人、超时经营、利用游戏机进行赌博活动以及使用盗版软件行为，查处含不健康、不合法内容的各类娱乐和演出活动，共发出整改通知书6份。开展“学校周边环境网吧专项整治行动”。2017年9月20—29日，由县文化市场综合执法大队牵头，县教育局、公安局、食工质局、电视台、澧源镇政府组成的校园周边环境网吧专项检查组，对城区各网吧是否违规接纳未成年人上网进行突击检查。先后出动检查人员270人次，检查网吧83家次（反复），出版物市场24家次（反复），出动车辆16多车次，立案查处17户，举报受理4户，停业整顿2户，责令整改35户。2017年，文化市场巡查共出动执法人员1410人次，出动执法车辆70多次，检查经营单位234多家（返复），责令整改35家，立案查处21件，结案21件，结案率100%。全年未发生一例行政复议及赔偿案件，执法工作得到上级领导和广大群众的认可。3.抓节日维稳。为确保元旦、春节、两会期间；学生高考期间；学生暑假期间；十九大会议期间桑植县的文化市场的安全稳定，文化执法大队开展针对当时的各种环境的各项文化市场、新闻出版市场等专项整治行动。通过各项整治行动，促使经营业主依法经营、文明经营意识明显提高，行业自律意识明显增强。全县文化市场全年无一例安全事故。

【开展“扫黄打非”进校园活动】 2017年4月27日，在洪家关白族乡红军小学举行桑植县“扫黄打非·护苗2017”绿书签进校园活动，进一步净化文化市场，给少年儿童创造一个良好的学习环境和成长环境。参加该次活动的有市文体广新局党组成员、副局长屈云海，市扫黄打非领导小组办公室主任、文化市场综合执法局局长侯春艳，市文化市场综合执法局副局长朱申平、县文体广电新闻出版局局长赵宾儒、县教育局和洪家关白族乡政府分管领导、县文化市场综合执法大队全体执法人员、洪家关红军小学全体师生、新华书店相关负责人。该次活动共为学生发放书籍2000册，绿书签5000多张。

（王兆雄）

卫 生

医疗卫生

县卫生和计划生育局

党组书记、局长：江梓清

党组副书记、副局长：沈曙光

党组成员、副局长：孙富章

副局长：向　林

党组成员、纪检组组长：向　斌

党组成员：钟　庆

【概　况】 桑植县卫生和计划生育局位于桑植县澧源镇和平西路。始建于1952年，前身为桑植县人民政府卫生科，1968年由桑植县革命委员会生产指挥组的文教组分管。1969年2月，县革命委员会生产指挥组分设卫生组，次年撤销卫生组设立桑植县革命委员会卫生局，1978年为桑植县卫生局。2015年1月县卫生局和县计生局撤并，重新组建为桑植县卫生和计划生育局。

根据“三定方案”，桑植县卫生和计划生育局行政编制为10名，内设党政办公室、医政医管股、疾病预防控制与监督股、基层卫生与妇幼健康服务股、计划生育基层指导股、宣传与家庭发展股、人事与科技股、审核审批股。所属事业单位均已合并完成，并整合、组建、更名。1.完成县妇幼保健计划生育服务中心合并。2.成立卫生计生综合监督执法局。3.完成乡镇卫生院与乡镇计划生育服务所合并。

桑植县卫生和计划生育局坚持以协调推进医疗保障、医疗服务、公共卫生、药品供应和监管体制综合改革，坚持计划生育基本国策，完善生育政策，推进医疗卫生和计划生育服务在政策法规、资源配置、服务体系、信息化建设、宣传教育、健康促进方面的融合。为全县人民的健康提供有力的保障，为全面提高全县人口素质提供坚实的基础。

2017年，县卫计局以中共十八大、十九大精神为指导，认真学习贯彻国家、省、市卫生计生工作会议精神，紧紧围绕县委、县政府工作重心和工作部署，紧扣保障群众身体健康、提高人口素质为总体工作目标，全县卫生计生工作稳步推进，较好地完成了各项工作任务。

【多措并举　民生实事高效落实】 重点项目县民族中医院中医骨伤科大楼已投入使用、县妇幼保健院整体搬迁项目即将完成、12个乡镇卫生院的业务用房项目和7个乡镇卫生院周转宿舍项目建设任务及农工民主党及省公益信托捐建的21个村级卫生室建设全部竣工；村卫生室设备均配备到位。加强对重性精神病救治救助工程，印发《桑植县2017年重点民生重性精神病患者救助工程实施方案》，2017年完成救治救助525名，完成年度任务数的200%；落实580名严重精神障碍患者救治救助监护奖励对象，并签订有奖监护协议，由卫计、综治、公安、村居对其进行监督。针对“两癌”项目，制定下发《桑植县2017年农村女“两癌”免费检查项目工作技术方案》，2017年对10031人进行宫颈癌检查、10154人进行乳腺癌检查，任务完成率均超过100%。

【精准发力 精准扶贫稳步推进】 精准扶贫工作。围绕“一超过，两不愁，三保障”和“两个确保、两个完善”总目标，以群众为主体，因地制宜制定帮扶措施、发展生产。一是成立驻村帮扶工作组。共派驻工作组2个4人，分别驻沙塔坪村和茶盘口村进行帮扶；二是联户结对帮扶，促进创业增收。县卫计局结对帮扶203户660人，研究帮扶工作8次，加强对建档立卡户实行干部联户结对，并为贫困户宣传扶贫政策，制定产业帮扶措施。2017年，帮扶村建档立卡户人均收入达3208元以上。三是落实建档立卡户基本保障。全面加强建档立卡户的农村合作医疗参合率，保障贫困户参合率达100%；落实贫困户子女1000元的助学补助，确保不因贫困而失学；加大建档立卡户危房改造等住房建设工作，在2017年县住建局批准27户新建房屋中，实际新建房屋18户，危房改造6户。四是落实村集体经济项目。加快光伏电站集体经济项目，促进农户签订土地流转协议，并做好与相关公司签订入股分红的合同，来解村无集体经济收入的问题。五是加快退出村沙塔坪村的项目建设。1. 完成总投资35万元人畜饮水工程；2. 完成三条村组公路建设，长2.46公里，总投资150万元；3. 完成总投资25万元，建筑面积200平方米的沙塔坪村公共服务平台扩建项目建设。六是加快建扶村茶盘口村项目建设。1. 加快茶盘口村公共服务平台改扩建项目，总投资48万元；2. 加快推进安全饮水工程，总投资63万元：解决润宝河、官屋场、白泡滩3个组的饮水问题，解决咱家坡、麻弯、方家弯3个组小水窖饮水问题，解决该村其他6个组的集镇供水问题。七是完成沙塔坪村整村退出贫困的工作任务。按照“一超过、两不愁、三保障”要求，完成建档立卡户年度核实工作；按照“一个确保、两个保障”要求，推进整村退出的各项工作；按整村退出的要求，自查自纠，查漏补缺，完善各种资料整理建档。

行业扶贫工作。结合卫生计生工作职能，以健康扶贫为重点，强化工作力度，为老区、山区人民群众提供可靠的健康保障，积极推进扶贫工作向纵深发展。一是强化宣传培训，全面摸清贫困人口底册。利用电视台、网络等新闻媒体播放新闻，宣传实施扶贫条例等政策，让广大群众及时准确了解健康扶贫等新政策的重大意义；并按照分级负责、分层实施的原则，县、乡（镇）、村三级各部门将《扶贫条例》作为主要培训内容，加强对医务人员、乡村专干的扶贫业务及健康业务知识培训，2017年，共编发扶贫各类健康知识手册8200余册，印发宣传资料2.1万份，张贴横幅标语2300余条。全县卫生计生系统共组织各类扶贫业务、健康业务知识培训50场次、4700人次。同时，进一步做好对象摸底工作。安排乡（镇）、村两级公卫及计生工作人员对因病等因病致贫对象进行全面摸底。并为他们建立了工作台账，做到底子清、情况明、档案全。二是强化健康管理，强化服务服务体系建设。通过全民免费健康体检，为居民进行慢性病筛查，建立专案管理，定期随访，并定期开展健康教育，促进居民健康意识的提高和不良生活方式的改变，逐步树立起自我健康管理的理念。同时，推动医疗服务重心下移和诊疗资源下沉；完善全县乡村三级基本公共卫生服务体系，重点推行基层首诊，规范双向转诊。推进《桑植县分级诊疗试点工作推进方案》，选取试点乡镇作为家庭医生签约服务试点，进一步满足贫困人口就医需求，推动行业健康扶贫。

【科学谋划 健康桑植建设开展有序】 抓顶层设计。提前谋划，积极调研，结合全国卫生与健康大会精神和《"健康中国2030"规划纲要》等文件，起草了中共桑植县委、桑植县人民政府《关于加快推进健康桑植县建设的实施意见》。抓宣传引导。树立大卫生、大健康的观念，倡导健康文明生活方式，利用各卫生计生宣传日，广泛宣传卫生计生政策、科普知识。组织开展"3·24""4·7""4·25""4·26""5·12""5·5""5·19""5·29"等宣传日活动，发放宣传画500张、宣传资料2万份、避孕药具15000只，开展大型义诊活动3次，开展计生慰问活动3次，发放慰问金3万元；完成县委宣传部"时刻桑植"微信订阅任务530人；组织在线学习"2017政府工作报告知多少"43人；"两微一端"基础信息调查摸底基本完成。

【强化保障　医改工作逐步深化】 强化组织保障。医改工作始终坚持以县委、县政府医改领导小组为主导，出台《桑植县深化医药卫生体制综合改革领导小组及办公室工作制度》，按照工作制度管理要求，定期召开医改专题会议，查找和研究医改推进工作中存在的问题，督促落实工作任务。2017年，召开县委、县政府常委会4次，组织专题调研会4次，专门研究医改工作。强化制度保障。根据全县医疗卫生实际情况，对照全市医改重点任务，围绕"三医联动"医改机制，2017年，出台《桑植县2017年深化医药卫生体制综合改革重点任务分解》，全面部署相关工作任务，形成以"医疗"为主,"医保""医药"等多部门协作的工作布局。9月，全县医改工作全体会议讨论通过《桑植县提高城乡居民医疗保障水平促进健康扶贫工作实施方案》《桑植县乡镇医疗机构药品集中采购配送实施方案》，明确全县医改工作重点突破方向，保障全县医改工作推进有章有序。同时，出台《基层医疗服务体系建设若干意见》，实现绩效分配激励机制按劳分配原则，以提升全县基层医务人员工作激情，激励医务人员想干事、愿干事、多干事的工作热情。

【落实国策　计生服务管理扎实有效】 2017年，全县计划生育工作在县委县政府的正确领导下，县卫计局始终坚持一把手亲自抓负总责不变，坚持"一票否决制"为基础，健全机制、协调联动，提高长效节育措施落实率，提升社会抚养征收的准确率，各项工作不断加强。一是建立、完善计划生育综治治理考核工作机制，印发《桑植县人口和计划生育目标管理考评方案》。按照省、市考核工作要求，对全县各综治单位定期进行督查和指导，强化综治单位在计划生育工作中的重要地位。二是完善利益导向工作机制。出台《桑植县整合计划生育利益导向政策的意见》，结合各综治部门，利用部门优势，开展对计划生育家庭的奖励、扶助政策，下发《计划生育特殊家庭关怀扶助工作方案》，做好特殊家庭关怀工作，引导群众树立正确的婚育观念。强力推进"诚信计生机制"的落实，加强流动人口计划生育管理，与厦门市湖里区签订《流动人口区域协作工作协议》。三是推行计划生育政务公开制。加大县、乡（镇）、村对计划生育法律、法规、生育、节育、奖励扶助、处理处罚等工作的透明度，实行村务公开，让群众享有更多的知情权和监督权。2017年，全县期内出生5319人，人口自然增长率4.89‰，符合政策生育率93.68%，政策外多孩率6.09%；出生性别比为113.61；全县共落实节育措施3177例；补录流动人口信息7924条，补报往年出生104人；社会抚养费征收达99.51万元。

【夯实基础　公卫服务能力不断加强】 公共卫生服务有效落实。制定下发《桑植县2017年基本公共卫生服务项目绩效考核方案》，调整部分乡镇专干充实重点乡镇；扎实开展基本公共卫生服务培训，对全县12个重点乡镇进行公卫服务专项督导；规范项目资金管理，按季拨付60%的资金到乡镇，拟将50%的村卫生资金预拨到村。完善老年村医管理，对2016年度申请老年村医困难补助的56名对象进行专项调查，确认34名享受补助对象，全面启动老年村医困难补助申请工作。重大疾病防控与卫生应急及时到位。1.重大传染病防控：传染病报告得到加强；结核病、艾滋病防治工作运行良好；学校、托幼机构传染病防控工作措施基本到位。2.免疫规划：加强生物制品安全的管理；开展春季学校预防接种证查验和麻疹类疫苗查漏补种工作，查验率、补种率达90%以上。3.食品安全风险监测：完成蔬菜样品的采样和检测；开展全县涉旅酒店、宾馆、学校、幼儿园等单位的生活饮用水风险排查。5月8日城区学校腮腺炎暴发，及时启动突发公共卫生事件Ⅳ应急响应，对全县学生应急接种腮腺炎疫苗26450人次。在人禽流感防控方面，加强与畜牧、食药工商等部门协作，由突发公共卫生事件指挥部下发加强禽流感防控工作的紧急通知，完善应急预案，督促各医疗卫生单位落实相关防控措施，全县无人感染禽流感疫情发生。

【加强管理　妇幼健康服务工作提质】 强化危重孕产妇管理，提高管理质量。完善高危孕产妇台账，加强孕产妇危重症评审工作，开办孕妇学校，广泛普及孕产期健康知识。加强儿童保健管理工作，确保各乡镇全面完成每年一次0—6岁儿童70%的血红蛋白检测任务，强化新生儿死亡评审，加强县直各医疗机构免费建立新生儿儿童保健手册及儿童体检工作，全面扩大新生儿疾病筛查病种。深入开展妇幼健康教育。设立健康教育科和孕妇学校，配备专兼职人员和必要的设施设备，建立并完善相关制度。加强以大型宣传活动、书写宣传标语、张贴宣传海报、创办黑板报等形式向群众宣传健康教育知识。通过国家“母婴信使”平台，县电视台等媒体宣传母婴保健相关知识，为孕产妇及儿童家属提供及时的动态保健指导。严格督导，规范产科服务。严格项目督导，2017年，对全县23个建制乡镇进行5次全面督导，确保妇幼项目工作落到实处。同时，采取有效措施，严格控制县域内剖宫产率。每季度对县医疗机构内剖宫产情况进行分析和通报。年县域内整体剖宫产率为50.71%，乡镇剖宫产率为0，社会因素剖宫产下降明显。

【注重品质　医疗服务能力稳步提升】 强化人才队伍建设。主要采取择优选取业务骨干、培养学科带头人、招聘和调剂卫生人才、加大继续医学教育力度等方法着力强化人才队伍素质建设。在“2016—2020农村订单定向医学本科生培养”项目中每年培养定单定向人才15名。同时，完成2017年卫生专业技术人员公开招聘的笔试工作，公开招聘49人充实到卫生计生系统；县民族中医院报请县委、县政府同意，2017—2019年招聘编外工作人员100人，2017年招聘38人。2017年乡村医生本土化培养工作全面开展，已录取47名学员参加本届乡村医生正式培训学习。通过各项工作的开展，为全县基层卫生队伍注入了新鲜血液，增添了新的活力，极大地缓解了全县各级医疗单位的“人才荒”。强化提升医疗质量。建立医疗质量评定与约束体系，出台《桑植县乡镇卫生院医疗质量管理办法》，为落实好相关工作，借助县级医院技术力量，每月对全县乡镇卫生院15%的出院病历和在夹病历进行质量评定，并将乡镇卫生院病历质量评定结果与新农合资金下拨有机结合。2017年，全县乡镇卫生院病历书写合格率达88.5%，优秀率达39.6%，病历书写质量得到显著提高。同时，加大引进高新医疗技术，以提升高端医疗技术服务质量。全县引进了领先于国际医学界水平的心血管介入治疗、肿瘤植入治疗等技术，有效地提升了全县整体医疗服务质量及水平。加快卫生信息化建设。实施互联互通工程，开通与湘雅医院等省“三甲”医院信息互享。全县有15家乡镇卫生院通过与第三方合作，建立B超、心电图远程会诊体系，解决和改善全县长期以来缺少相关专业技术人员配备问题。经过积极努力争取到的省发改委远程诊室建设项目，完成调试并投入使用。该项目可实现省“三甲”医院对2家县级医院、县级医院对23家乡镇卫生院进行网络远程疾病会诊、在线指导疾病诊断和治疗，让老百姓在当地就可以享受专家团队的服务，以满足广大人民群众看病需求。

【依法行政　卫计执法监督不断规范】 健全体系。积极推进执法监督体系建设，制定下发《桑植县卫生计生法治建设“十三五”规划》《桑植县2017年卫生计生法治工作方案》；规范行政审批。截至10月31日，办理卫生行政审批事项334件、其他权力事项12件，共计受理网上办结346件。本年度无监察局或行政效能投诉中心转办、督办的投诉件。严格计生审查。截至考核年度，共受理审查对象2963人次，其中不合格人数19人，均回函说明情况，全年度未出现因政策把握不准而审核有误导致的投诉上访现象。在村（居）两委换届选举工作上，积极掌握省市的政策要求，迅速对乡镇计划生育服务站进行政策的宣传与指导，均未出现因政策把握不准而造成的工作失误现象。强化卫生监督，进一步规范全县医疗卫生服务。全年对城区公共场所经营户295户进行全面监督检查，下发卫生监督意见书294户，督查覆盖率达100%。检查公共场所从业人员1245人，体检培训1245人，持有效健康证1232人，持证率达98.9%；办理公共场所卫生许可证89户，发证率100%。同时，根据《2017年桑植县打击非法行医专项行动实施方案》，出动卫生监督人员108人次，对全县部分坐堂行医、个别无证黑诊所、使用非卫生技术人员的医疗机构、超范围执业、医疗废物处置不当以及游医药贩进行严厉打击；共立案42件，罚款10.82万元，取缔黑诊所1家，没收非法药品医疗器械共4件，价值0.2万元。加强打击“两非”力度，联合公安等部门出动检查执法人员58人次，共检查医疗机构28家（次），并完成3起典型“两非”案件，其中本地案件案2件，涉案相关人员全部处理到位。

【从严管理　党的建设全面加强】 1.党风廉政建设。县卫计局积极组织学习中央、省、市、县党风廉政和作风建设有关文件、政策、法律、法规，观看党史宣传教育及警示教育片及在红色教育基地开展党风廉政教育。认真履行领导干部“一岗双责”责任制，根据责任分工做到责权统一。认真开展好本单位、本系统“雁过拔毛”腐败问题专项整治、纠“四风”、“治陋习”和“五个心、五个一”专项整治工作，不断巩固和深化作风建设的成果。全年县纪委交办线索9件，立案9件（结案9件），全部完成纪委交办的工作任务。2.抓系统党建。制定《桑植县卫计系统“两学一做”常态化制度化学习教育实施方案》，签订《党风廉政工作责任书》，保障组织抓党建各项工作任务的贯彻落实，构建起上下同心、齐抓党建的良好运行机制。精心组织，扎实开展党建活动各项工作。坚持“三会一课”，积极开展支部成员和党员、党员和党员之间的谈心活动，增强党的向心力、凝聚力。严把党员“入口”关，积极稳妥的发展党员来保障质量；全年，发展党员6名，转正党员4名，入党积极分子培训4名。同时，狠抓制度完善，切实提高党建工作水平。

【统筹兼顾　其他工作全面推进】 大力发展中医药事业。积极推进基层中医服务能力建设，提升中医医院标准化、信息化建设水平，全县基层中医服务体系日趋完善，中医药氛围日益浓厚，基层服务能力快速提升。狠抓医疗安全与信访维稳。2017年，全县卫生计生系统共发生医患纠纷24起，通过县医疗纠纷人民调解委员会调解12起，医患双方调解10起，2起通过法院判决，医疗机构共赔偿170.14万元。全局信访办共接待来信来访及转办信访案件9起，均及时办结并书面回复信访人，省、市交办的信访事项到期办结率达100%，全年无赴省、进京信访事件发生。注重建议提案办理。2017年，涉及全县卫生计生行业承办的市人大代表建议4件（分办1件，协办

3件）；市政协提案5件（分办2件，协办3件），均办结，办结满意率为100%。严格控制“三公”经费，各类各项支出执行事前报告制，加强对局直医疗单位财务与项目建设、设备购置的监管，确保资金使用效益。

（孟春霞）

疾病预防控制和皮肤病防治

县疾病预防控制中心

主任：刘国华

副主任：彭　平

县皮肤病性病防治所

（2017年8月并入县疾控中心，为其内设业务科室）

所长：谷晓明

副所长：龚光立

【概　况】 桑植县疾病预防控制中心是由政府举办的全额拨款事业单位，2017年8月皮肤病性病防治所并入县疾控中心，位于澧源镇和平西路22号。承担全县的疾病预防与控制、艾滋病防治、职业病防治、结核病防治、麻风病防治、免疫规划、公共卫生监测、预防性健康检查、健康教育、卫生检测检验、健康教育与健康促进、业务技术培训等工作。是全市首家取得县级乙等疾控中心资质的单位，曾先后荣获全国麻风病防治先进单位、全市艾滋病防治、结核病防治、卫生监测工作先进单位等称号。

桑植县疾病预防控制中心始终遵循“预防为主”的思想理念，积极开展各项业务工作。内设办公室、财务科、后勤科、质管科、信息科等5个职能科室和传染病预防与控制科、免疫规划科、慢病科、健康教育所、艾滋病与性病预防控制科、结麻病预防控制科、职业病防治科、检验科、预防接种门诊、皮肤病性病防治门诊等10个业务科室。共有职工114人，在职职工78人，退休人员36人。高级职称8人，中级职称27人，初级职称24人。拥有原子吸收光谱仪、原子荧光仪、PCR仪、离子色谱仪，能开展水质全分析、金属元素及微量元素的测定、生物分子学测定等项目。

【免疫规划】 1.基础免疫。2017年，完成12次免疫规划运转，累计接种BCG4302人次、IPV4779人次、bOPV15534人次、DPT19992人次、MR5223人次、HepB13721人次，MMR5741人次、A群流脑8875人次、乙脑10375人次、流脑A+C8412人次、甲肝5480人次、DT二联接种5073人次，累计报告接种率分别为99.84%、99.94%、99.89%、99.86%、99.92%、99.87%、99.95%、99.88%、99.88%、99.89%、99.94%。其中，乙肝首针及时接种4158人次，及时接种率为96.45%。2.强化免疫接种。2017年，开展流行性腮腺炎疫苗的应急接种，全县共采购流行性腮腺炎疫苗27450支，为全县26681人免费接种了流行性腮腺炎疫苗，接种率为63%。3.AFP主动监测。完成监测任务2例。

【传染病防治】 2017年，全县共发生甲类传染病0种0例；乙类传染病7种1142例，发病率253.78/10万；丙类传染病5种2102例，发病率467.11/10万。1.突发事件和死因监测：2017年发生突发公共卫生事件2起，已得到妥善处理。2.手足口病防治。2017年累计报告发生手足口病1047例，通过建立健全防治组织机构，进行妥善处置，无集聚病例，无重症病例，无死亡报告。3.肠道传染病防控。积极做好以霍乱为重点的肠道传染病防控工作，坚持“标本兼治、治本为主”的原则，强化应急储备和技术培训工作，通过开展应急拉练提高队伍的应急能力；通过落实全县各乡镇肠道门诊建设、开放工作，按时进行内、外环境检索来加强疫情的监测。汛期严格实行24小时值班监测，强化疫情的监测和处理，严防灾后疾病的发生。4. 人禽流感、不明原因肺炎监测。重点做好各级医疗卫生机构发热门诊建设和开放工作，认真开展不明原因呼吸道发热病例的预检、分诊和筛查。定期对辖区内医疗卫生机构发热门诊进行现场督察，每月有现场督察记录，有效地保证了对不明原因呼吸道发热病人的发现、报告等工作的开展。

【狂犬病防治】 县疾控中心加大狂犬病防治知识的宣传和培训力度，随时保证疫苗供应，督导检查乡镇执行情况，规范狂犬病监测工作。2017年，共报告动物咬伤暴露人群1860人，疫苗全程接种1834人、未全程接种26人，未发生狂犬病疫情。

【艾滋病防治】 配合县人民医院做好艾滋病防治工作。采取加强组织领导，召开成员单位联系会议，明确各小组成员的职责；加强艾滋病宣传教育工作，对乡镇防疫专干进行两期艾滋病防治知识培训；加强现症病人的治疗；做好随访工作，完成率达100%；加强美沙酮药物维持治疗工作；加强自愿咨询检测工作；加强全县高危行为干预；覆盖艾滋病检测点，全县建立25个乡镇及民营医院快速检测点等一系列有效措施，加强艾滋病防治工作。

【结核病防治】 2017年配合定点医院做好肺结核病人的发现工作，对活动性肺结核病人进行长达6—9个月的免费抗结核药物治疗和管理，新涂阳病人密切接触者进行筛查，共筛查家属639人，并对其进行有关结核病防治的健康教育。继续加强结核病防治知识宣传，共发放各类宣传资料12140份，进行“3・24”结核病日进行街头宣传1次。

【麻风病防治】 狠抓麻风病防治知识的健康教育、病例发现、疫情监测等工作，督促指导各乡镇对麻风病人的治疗管理、畸残预防，建立工作机制，提高人民群众对麻风病防治知识的知晓率，确保麻风病防治项目工作顺利开展。全年共走访约299个村（居）委会，2000多个自然村。

【健康教育工作】 围绕各项疾控工作目标，狠抓健康教育和健康促进工作，重点做好全民健康生活方式活动，结合“3・24”世界结防日、“4・25”计划免疫日、“5・15”世界碘缺乏病防治日、“12・1”艾滋病防治日等开展形式多样的健康教育工作，共发放宣传画9000份，健康读本2.5万本，宣传单5800份，出宣传栏8期，咨询共1000余人次。大力开展防病宣传，在中心院内显示屏及预防接种门诊室播放职业病防治、预防接种注意事项、艾滋病防治等传染病防治等知识宣传片，先后印发《手足口病防治知识》《结核病防治知识》等宣传单，对广大人民群众开展疾病防控知识宣传。

【地方病寄生虫病防治】 继续加强碘盐监测。2017年完成200名儿童食用盐样、甲状腺B超现场检测、尿碘检测、100名孕妇盐样检测和尿碘检测。加强输入性疟疾的防治工作和流动人口管理，5个镜检点共完成血检任务290人份，未发现输入性疟疾。加强地方病和寄生虫病防治知识宣传，发放碘缺乏病和疟疾防治知识宣传单3万份。

【全民健康体检】 为进一步规范全县基本公共卫生服务项目管理，2017年全县累计完成居民建档417644份，新建老年人专案4646份，老年人健康体检48357人。

【高血压　糖尿病管理】 2017年，全县累计在管高血压患者21062人，累计在管糖尿病患者3778人。

【尘肺病救助】 桑植县尘肺病农民工医疗救治救助工作于9月份开展，通过乡镇摸排上报266人；实际参与农民工尘肺临床检查体检213人，完成计划指标体检率的60%，实际完成80.08%。

（向辉霞）

妇幼保健和计划生育服务

县妇幼保健计划生育服务中心

党支部书记、院长：徐义进

副院长：赵美荣　彭玉莲　向　平

【概　况】 妇幼保健计划生育服务中心紧紧围绕深化医药卫生体制改革主线和保障妇女儿童健康的工作目标，坚持“以保健为中心，以保障生殖健康为目的，保健与临床相结合，面向群体、面向基层和预防为主”的妇幼卫生工作方针，全面落实上级有关妇幼健康服务工作要求，切实履行妇幼健康公共职能，保障母婴健康，降低孕产妇和婴幼儿死亡率，控制和减少出生缺陷，全面提高出生人口素质。

2017 年，通过全县妇幼保健计划生育工作者的努力，妇幼健康工作成效显著，各项妇幼健康服务项目，均按省级要求的任务指标圆满完成。荣获“张家界市妇幼健康工作先进单位”“桑植县 2017 年度基本公共卫生服务工作先进单位”“2017 年桑植县三八红旗集体”等荣誉。

【妇幼健康服务】 1. 孕产妇保健管理工作指标：全县活产数 5291 人，产妇数 5241 人。孕产妇系统管理 4871 人，管理率为 92.06%。早孕建卡 5000 人，早孕建卡率为 94.5%。全县总剖宫产活产数 2512 人，剖宫产率为 47.48%。未发生孕产妇死亡。2. 儿童保健管理工作指标：5 岁以下儿童死亡 33 例，死亡率为 6.23‰。7 岁儿童保健管理 38998 人，保健管理率 95.14%。3 岁以下儿童系统管理 14100 人，系统管理率 89.55%。0—6 岁儿童血红蛋白检测率为 78.81%。3. 重点民生实事项目指标：全年对 10031 人进行宫颈癌检查、10154 人进行乳腺癌检查，超额完成任务。共确诊乳腺癌 5 例，宫颈癌 8 例，均已经在上级医院得到有效治疗。1—9 月全县免费产筛 2854 人，任务完成率 81.54%，高危人群干预诊断率 73.8%，高危人群妊娠结局随访率达 100%。4. 出生缺陷干预项目指标：婚前医学检查，全年免费婚前医学检查 4412 人，检查率为 85.01%，检出疾病 555 人，疾病检出率为 12.58%，对检出的疾病均进行健康咨询指导；孕前优生健康检查，1—9 月检测 4404 人，目标人群覆盖率为 73.4%，早孕随访率为 93.37%，妊娠结局随访率为 83.6%；叶酸增补全年新增服用人数 5369 人，服用率为 97.15%，其中服用依从人数为 4808 人，依从率为 89.55%；新生儿疾病筛查及听力筛查机构内分娩活产数为 4024 人，其中新筛 3832 人，筛查率为 95.23%，听力筛查 3790 人，筛查率为 94.18%。5. 其他妇幼健康服务项目指标：贫困地区儿童营养改善项目全年平均每月发放营养包 4060 盒，月任务完成率为 83.83%；预防艾滋病、梅毒和乙肝母婴传播项目，孕产妇 HIV、梅毒及乙肝病毒孕期检测率为 97.18%，梅毒感染孕产妇用药率为 75%，梅毒及乙肝感染孕产妇所生婴儿用药率分别为 75%、100%；健康教育，母婴保健核心知识知晓率为 92%，孕期健康教育参与率为 68.3%；出生医学证明，全年共发放新生儿出生医学证明 4169 张，产生废证 9 张，出生医学证明废证率为 0.22%。6. 临床业务工作，全年接待住院 890 人次，门诊 45632 人次。

【基层妇幼保健】 年初相继制定并下发《桑植县 2017 年度妇幼健康服务工作目标管理考核细则》《桑植县危重孕产妇救治与转诊工作方案》《桑植县预防艾滋病、梅毒和乙肝母婴传播工作实施方案（2017 年版）》《桑植县 2017 年度预防艾滋病、梅毒和乙肝母婴传播工作考核方案》《桑植县 2017 年农村适龄妇女“两癌”免费检查项目工作技术实施方案》《桑植县 2017 年儿童营养改善试点项目实施方案》《桑植县 2017 年孕产妇免费产前筛查工作方案》等文件，将工作要求、目标任务层层落实到责任单位和责任人，并多次听取妇幼健康工作情况汇报，采取有力措施，解决实

2017年，县妇幼保健院到上河溪乡小学进行儿童意外伤害预防与处理宣传教育活动，并免费为孩子们进行体检

际工作中存在的问题。

全力保障母婴安全。1.规范孕产妇系统管理，提高管理质量。一是完善高危孕产妇台账，对动态评分在15分以上的高危孕产妇将其纳入到县妇幼保健计划生育服务中心保健科专案管理。对于县级以上医疗机构反馈的高危孕产妇，及时反馈给所在乡镇妇幼专干，危急重症孕产妇及时反馈给各级领导，确保转诊一步到位。全年共管理高危96例。二是加强孕产妇危重症评审工作，以评代培，将孕产妇死亡关口前移。通过评审达到改进和提高的目的。县卫计局对1例“产后大出血”孕产妇危重症的抢救病例进行了详细评审。找出医疗保健服务过程中存在的不足，总结该病例救治过程中的成功经验。三是开办孕妇学校，就促进自然分娩、孕期体重管理等相关保健知识进行培训。全年共举办孕妇学校培训班25期，培训孕产妇545人，使孕产期健康知识得到广泛普及。2.深入开展妇幼健康教育工作。一是县级助产机构均按要求设立健康教育科和孕妇学校，配备专兼职人员和必要的设施设备，建立、完善孕妇学校相关制度。以孕妇学校、父母学校、儿童保健门诊和乡镇卫生院为阵地，大力宣讲《母婴健康素养55条》，普及卫生保健知识，大力宣传母婴保健、出生缺陷综合防控、优生优育、重大公共卫生项目等，切实提高群众的自我保健意识和公共卫生服务主动参与意识。二是书写宣传标语、张贴宣传海报、创办黑板报。桑植县县级各医疗机构和乡镇卫生院均设立宣传窗，以黑板报的形式向群众宣传健康教育知识。三是通过大型宣传活动广泛宣传。全年举办大型健康教育公益活动活动5次，发放宣传资料12种2000余份，受益人群662人。大力宣传孕前优生、出生缺陷综合防控、孕产期保健、儿童保健知识以及儿童营养改善项目、农村妇女乳腺癌免费普查等相关惠民政策。四是通过国家“母婴信使”平台，采取手机短信进行宣传。短信涵盖叶酸增补、产前筛查、新生儿疾病及听力筛查等相关内容，为孕产妇及儿童家属提供及时的动态保健指导。全年共加入母婴信使2188人。五是县卫计局出资在县电视台连续播放母婴保健相关知识数月。主要内容为出生缺陷防控、母乳喂养、预防艾滋病、梅毒和乙肝母婴传播等。3.规范产科服务，改善产科质量。并采取有效措施，严格控制县域内剖宫产率，每季度进行分析和通报，全年县域内整体剖宫产率为50.71%，乡镇剖宫产率为0，社会因素剖宫产下降明显，瘢痕子宫比例依然较大，剖宫产率控制工作任务依然艰巨。

严格项目督导及通报制度。加强项目督导，确保妇幼项目工作落到实处。由卫生和计划生育局牵头、县妇幼保健计划生育服务中心一把手带队，全年对全县23个建制乡镇共进行5次全面督导。其中重点对出生缺陷防控工作、妇幼重大公共卫生项目、孕产妇及0—6岁儿童健康管理、乡镇妇幼专干日常工作开展情况进行督查，并就存在的问题已下发督导通报，提出相应的整改建议。

强化基层培训，稳步提高妇幼卫生工作质量。为落实“湖南省出生缺陷监测”会议精神，保证机构内分娩的每一例缺陷儿能准确上报，对全县所有助产机构相关人员进行相关知识培训。在年初妇幼工作例会暨培训班上，分别就“孕产妇及儿童健康管理服务考核、孕前优生早孕随访和妊娠结局随访、高危孕产妇管理、出生缺陷防控、孕产期健康服务、乳腺癌筛查与防治、宫颈癌筛查与诊治、基层妇幼卫生信息管理、预防艾滋病、梅毒和乙肝母婴传播项目、妇幼健康教育培训、《出生医学证明管理》、贫困地区儿童营养改善试点项目、新生儿疾病筛查、儿童营养性疾病管理技术规范、儿童保健技术规范”等 14 个项目给专干进行全面细致的讲解。2017 年针对妇幼健康服务队伍开展大规模的业务培训，采取层层培训、反复培训、重点培训，培训前问卷、培训后试卷，送出去培训、召拢来培训，全年共开展各种业务技术培训班 9 期，培训达 383 人次。通过培训，全县乡镇妇幼保健技术人员的业务知识和操作技能得到提高，各项妇幼健康服务工作顺利开展得到保证。

2017 年 3 月 27 日，县妇幼保健院在陈家河镇卫生院举办基本公共卫生知识村级专干培训

【重点民生实事项目完成】 为落实省委、省政府重点民生实事项目，保障广大农村妇女身心健康，提高农村妇女乳腺癌和宫颈癌的早诊早治率，降低死亡率，降低出生缺陷，提高出生人口素质，根据《湖南省农村妇女“两癌”免费检查工作方案》和《湖南省 2017 年孕产妇免费产前筛查工作方案》的要求，桑植县人民政府办公室下发《桑植县农村适龄妇女“两癌”免费检查项目实施方案》和《桑植县 2017 年孕产妇免费产前筛查工作方案》，成立以分管副县长为组长，妇联、卫计、人社、财政等部门主要负责人为副组长的“两癌”免费检查工作领导小组。桑植县卫计局下发《桑植县 2017 年农村适龄妇女“两癌”免费检查项目工作技术实施方案》，成立专业技术服务和质量控制工作小组。县、乡、村各级政府、妇联、妇幼机构相关工作人员联动，下乡进村入户，广泛宣传，大力组织发动，确保“两癌”工作的顺利开展。1. 采取多种措施，大力发动宣传。桑植县妇幼保健计划生育服务中心作为项目的实施单位，自筹资金 10 万元，印发宣传海报、折页和读本等宣传品 4 万余份，发放到所有医疗保健机构及项目对象手中。举办大型项目系列宣传活动“预防出生缺陷、提高人口素质”“关心女性健康、科学防治两癌”10 场次。县卫生计生局出资在县电视台长年播放出生缺陷防控相关视频。两癌普查活动开展前，通过县电视台播放新闻方式对全县育龄妇女进行广泛宣传动员。每次项目培训及大型活动均在“红网论坛”“华声在线”“张家界微信手机报”等网络平台进行实时报道，使项目精神家喻户晓。另外，开通手机短信，通过国家“母婴信使”平台，采取手机短信进行出生缺陷相关知识宣传，通过牵拉横幅标语、办黑板报、宣传窗、村村响播放通知等形式进行宣传。2. 强化专业培训，提升服务质量。两个项目通过全面、专项培训和短期进修等模式层层培训。免费产前筛查项目，先后对全县妇幼专干、相关医疗机构工作人员进行培训 2 次。农村妇女“两癌”检查培训全县妇幼专干、检查技术人员三轮，2017 年 4 月 9—19 日，桑植县妇幼保健计划生育服务中心同时派出 3 名相关专业技术人员，参加省卫计委组织的两癌检查项目骨干力量短期培训班。通过层层培训，进一步明确项目工作流程，强化相关医务人员对项目工作的认

识，提升工作人员的操作技能，保证项目质量的稳步提升。3. 严格项目督查、实时推进工作。完善和落实联合督查及情况通报制度，不定期联合相关部门对为民办实事项目进行督查，重点对项目实施进度、实施质量情况进行联合督促检查和情况通报。免费产前筛查项目，由县卫计局牵头对全县相关医疗机构进行两次全面督导，并就存在的问题下发督导通报，提出相应的整改措施。督查采取现场查看资料、个人访谈、集中座谈等方式，对督导中发现的问题进行集中反馈，乡镇参与座谈的有政府分管领导、卫计办主任、卫生院长、妇保专干、个别村保健员及部分相关工作人员，县直医疗机构则有院长、分管院长、医务科长、产科主任及护士长、信息员等相关医务人员。通过座谈分析存在的问题，找出解决问题的有效途径。妇女“两癌”检查项目，妇幼中心分管副院长赵美荣亲自带领由29名妇幼保健院专业技术人员组成的诊查工作专家组，不顾酷暑炎热，下到13个乡镇，进行为期68天的“两癌”普查工作。工作中，专家组严格按照各项工作制度与工作流程，力求为广大普查的妇女同胞提供规范、优质、便捷的医疗服务，对检查出的可疑阳性或阳性病例及时予以转诊或治疗，确定专人进行信息收集、统计及反馈，并将诊断结论及时反馈至领导小组办公室。定期随访项目对象，跟进项目对象治疗。对项目所筛查出的可疑阳性患者，安排专人进行定期随访，动员其及时接受进一步检查和治疗。确保为民办实事项目真正惠及百姓，达到项目实施的初衷。通过各级机构共同努力，桑植县“两癌”普查中，参检妇女建档管理率达100%，可疑病例追访率达100%，确诊病例转诊回访率达100%。“两癌”免费普查工作得到极好的社会评价，切实让农村乳腺癌及宫颈癌的患者得到早诊早治，有效降低死亡率，延长患者的寿命，提高其生存质量，让广大妇女真正受益。

【妇幼保健院临床业务】 为确保广大妇女儿童就诊时能获得更加安全、有效、方便、价廉的医疗服务，在临床业务方面，硬件上以优化诊疗环境为抓手，优化诊室布局，改善病房条件，改善就医环境，提供便民设施，开设无假日门诊，打造温馨便捷的就诊服务环境；软件上始终秉承“母亲安全、儿童优先”的原则，坚持以妇女儿童健康需求为导向，不断优化医疗保健资源，狠抓专技人员业务培训，加强专技人才培养，提高医疗服务专业能力，拓展服务范围，全面提升妇幼健康服务能力与服务质量。2017年，选送5名业务骨干到省市级医院进行为期3—6个月的进修；派出多人次参加省市短期专业培训。妇幼保健计划生育服务中心多次举行医、技专业讲座，开展各种业务学习，强化医务人员的专业理论知识及专业技能。妇幼保健医疗专业服务能力与服务质量提升，取得良好的社会效益。全年，未发生医疗差错事故，未发生医患纠纷。

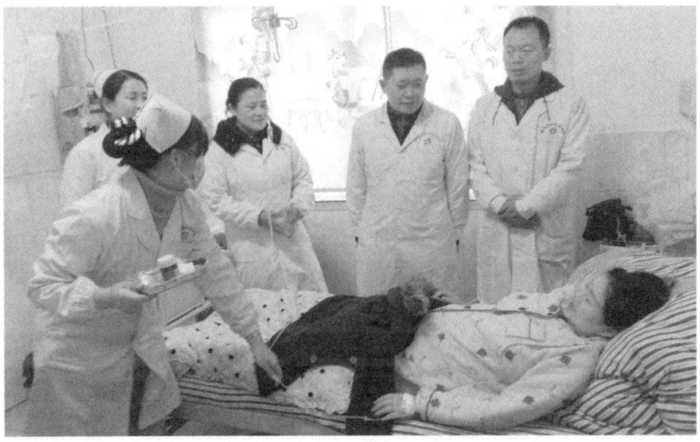

2017年11月20日，妇幼保健院开展临床业务工作，组织医护人员大查房

【妇幼保健基建项目建设】 妇幼保健计划生育服务中心于2015年动工的新业务用房，位于澧源镇汪家坪社区，于2016年底基本完工。2017年，新业务用房的附属设施项目立项，并通过财政评审，项目总投资1450万元，资金来源由妇幼保健计划生育服务中心自筹。项目建设内容为膳食和消毒房900平方米，停车场1800平方米，场区道路2500平方米，地面硬化800平方米，室外污水

处理系统、场区绿化等。另外，为改善桑植县妇女儿童就医条件，增强妇幼健康服务能力，2017年10月，妇幼保健计划生育服务中心总投资1710万元的儿童保健大楼改扩建项目正式立项，项目内容为儿童保健大楼5500平方米，及相关的配套工程。已完成儿童保健大楼土地的划拨、原土地上水电改迁工程、地质勘查、滑坡治理设计方案、建设规划设计工作。

【妇幼保健院的党建工作】 2017年，妇幼保健计划生育服务中心党支部坚持以中共十八大精神为指导，深入落实科学发展观，紧紧围绕卫生工作实际，各项工作顺利开展，党员干部的政治素质、理论水平和业务潜力得到新的提高，为深化医改、推进卫生事业发展提供有力的政治保证，坚持不懈抓好党建基础工作。1. 认真搞好每个月一次的主题党日活动，利用主题党日，进行政治学习、缅怀革命先烈、开展助贫助残义诊等活动，通过这些活动静化党员的心灵，提高党支部的凝聚力。2.“三会一课”制度是党建工作的重要内容，是加强党员党性教育的课堂，是提高党支部战斗堡垒作用的具体措施。妇幼保健计划生育服务中心制定详细的“三会一课”制度，并严格执行“三会一课”制度，着力提升党员干部素质。3. 坚决落实作风建设各项规定，深入推进卫生行风建设。党支部严格落实中央《八项规定》，切实提高服务效能，改善工作作风。加强对重大措施落实状况的监督检查，严明纪律，落实职责，决不允许有令不行、有禁不止。

（张红霞）

桑植县人民医院

县人民医院

党总支书记、院长：谷志优

副院长：覃遵祥　田贵儒

谷成祥　刘华玉

工会主席：陈克绒

院长助理：彭　平

【概　况】 桑植县人民医院是一所集医疗、预防、保健、康复、教学、科研于一体的综合性二级甲等医院，为桑植县急救中心、孕产妇急救中心、胸痛中心、卒中中心，湘雅医院、湘雅二医院、湘雅三医院、湖南省人民医院、湖南省儿童医院、湖南省肿瘤医院、中国人民解放军一六三医院、张家界市人民医院定点指导医院。占地面积145亩，拥有业务用房4.4万平方米，实际开设病床811张；现有在职人员694人，其中正高职称8人，副高职称66人，中级职称138人；设有23个临床科室、6个医技科室和24个行政、职能管理部门，泌尿外科、呼吸内科、儿科、感染科为张家界市级重点专科。经皮肾镜气压弹道碎石等腔镜手术在全市处于领先水平。拥有1.5T核磁共振、128层螺旋CT、DR、高端彩超、钬激光、DSA（数字减影血管造影）、直线加速器等先进进口医疗设备；远程网上会诊系统、电子病历系统及PACS、HIS、LIS系统打造医院信息化、现代化诊疗服务格局。

桑植县人民医院始终坚持“以人为本，科技兴院”的办院方针，遵循“大医尚德，敬业为民”的院训，坚持“医精药真，以人为中心”的使命，践行“患者至上，诚心关爱”的价值观，坚持为民办实事，彰显公立医院的公益性，赢得社会各界的广泛赞誉。2017年荣获“全国五一劳动奖状”“全国职工职业道德建设标兵单位”“桑植县先进基层党组织”等荣誉称号。

【深化改革促转型】 按照县委、县政府统一部署，县人民医院于2015年5月1日起全面启动县级公立医院综合改革工作，药品实行零差率，调整部分服务价格，彰显公益社会责任。同时，在医联体建设、分级诊疗、药品保障供应、薪酬制度等方面积极探索，为深化医药卫生体制改革积累经验。紧密结合公立医院改革，以病人为中心、以问题为导向，以质量与安全为核心，以人民群众满意为出发点和落脚点，加强行业作风建设，按照国家、省市卫生主管部门要求，实施进一步改善医疗服务行动计划，为人民群众提供安全、有效、方便、价廉的基本医疗服务。2017年，医院门急诊诊疗服务175850人次，出院27985人次，手术7495台，抢救病人884人次。病床使用率达129.7%。药占比由32.24%降到27.26%。

【多措并举强学科】 鼓励和支持科室申报省市级重点学科，不断加强泌尿外科、呼吸内科、儿科、感染科四个市级重点专科建设，扶持肿瘤科、精神科、康复医学科、儿童保健四个特色专科建设，加强介入中心、胸痛中心、卒中中心ICU及新生儿监护中心建设。另外，对内科、外科再次进行精细分科。2017年底，桑植县人民医院临床科室已精细分科到23个（其中包括19个病室），初步形成辐射周边区县的区域性医疗服务中心；被认定为湖南省首批助理全科医师培训基地，同时是张家界市首家被认定的培训基地；积极推进医联体建设，分别与湘雅医院、省人民医院、省儿童医院、省肿瘤医院、省胸科医院、市人民医院和23家乡镇卫生院签订医疗专科联盟协议，并与湘雅医院、湘雅附属三院实行远程诊疗系统对接。

【精益求精强管理】 全面落实各项制度，做到制度管人，提高行政执行力。加强管理人员培训。派送6名副科级以上领导干部参加北京大学医院管理班培训，全体中高层管理人员参加北京“燕园医院管理远程直播课堂”的管理培训70课时，进一步提升中高层干部的管理能力。强化预算管理和收支管理。加强成本核算与控制，强化全院职工的节约意识和成本意识，增收节支，建设节约型医院。

【健康扶贫得实惠】 2017年12月1日，桑植县人民医院实行“先诊疗后付费”和“一站式结算”惠民措施，不仅优化医院的就医服务流程，还有效的解决医疗救助对象办理救助手续复杂、费用结算烦琐问题，获得群众及省、市卫计委和县卫计局的好评。先诊疗后付费119人，一站式结算2957人，总费用2220.45万元，共报销454.67万元，报销比例达88%。2017年，城镇职工医保结算2046人次，总费用1463万元，补偿比例28%；城镇居民医保结算2090人次，总费用1061万元，补偿比例60.4%；新农合医保结算18910人次，补偿比例63%。

【救援公益显担当】 加强突发性事件的应急管理，2017年，组织抢救重大车祸事件6起，救治重伤患者达50余人。同时，承担日常应急医疗保障40起。着力开展卫生强基工程，惠民便民服务深入开展。对各乡镇卫生院实行对口帮扶支援，义务承担各乡镇卫生院的医疗技术培训，定期组织医疗专家团队到基层巡回义诊，多次组织开展慈善捐款捐物、无偿献血等公益性活动。开展义诊咨询2000多人次，健康教育宣传2万多人次，使老百姓不出家门就能享受到县级医院优质医疗资源，彰显公立医院的公益性质；2017年4月15日“健康中国基层行·桑植站”慈善活动在桑植县人民医院启动，共筹集善款366.09万元，救助五官科手术病人582人、肿瘤科患者300人。

【文化建设上台阶】 为推进桑植县人民医院文明单位创建工作，提高全院干部职工的思想道德水平，促进医院各项工作全面和谐发展，提升单位文明形象和干部职工文明程度，积极开展县级文明单位创建活动，践行社会主义核心价值观，荣获县级文明单位称号。同时，组织开展“三八妇女节”登山比赛、“5·12”国际护士节文艺晚会、职工羽毛球和乒乓球比赛等各项有益的文体活动共6次。

【转变作风送温暖】 扎实推进精准扶贫工作。2017年，医院30名党员干部，结对帮扶桥自弯镇牛洞口村和官地坪镇三源村、中坪村、杜家坪居委会，共132个农户，为他们送医送药送温暖。党员干部下村入户共10余次，为联系农户共送去慰问金7.70万元、解决住院自付费用和健康体检费用共3.13万元。为帮助帮扶村扩充村集体经济，筹资20万元发展蜜蜂养殖业，斥资50万元用于解决新村部建设用地及“三通一平”，征地4.5亩。

【从严治党促发展】 全面加强政治思想建设，以学习贯彻中共十九大精神为契机，深入开展“四个意识”“四个自信”教育，着力用习近平新时代中国特色社会主义思想武装头脑，领导班子的凝聚力、党员队伍的战斗力、干部职工的向心力不断增强。狠抓党风廉政和医德医风建设，将党风廉政和医德医风建设工作纳入医院工作总体布局，明确工作重点和责任分工，加强内控机制建设和强化“两个责任”，推进逐级负责，层层落实。全面履行基层党建责任，积极创建党建示范点，扎实推进“两学一做”学习教育常态化制度化，严格执行“三会一课”制度，深入开展“凝心聚力、后发赶超”解放思想大讨论和“不忘初心、牢记使命”专题学习讨论，党员领导干部带头讲党课，以党支部为单位组织开展爱心助学、健康扶贫、红色教育等“支部主题党日”活动。

（陈海英）

桑植县民族中医院

县民族中医院

院长：罗选斌

副院长：彭贤望　李如猛　张植军

【概　况】 桑植县民族中医院是中医特色突出的一所集中西医疗、教学、科研、预防保健、救护于一体的二级甲等中医医院，近年来，医院通过实施快速发展战略和持续发展战略，医疗服务和质量水平不断提升，经济和业务增长迅速，综合实力在湖南省县级中医医院中居于前列。属省爱婴医院、湖南省人民医院定点指导医院、湘雅三医院医疗协作单位、“国家肝病中心”临床指导医院；在张家界市及周边区县呈现独特的中医区位优势。

医院占地面积42000平方米，设门诊、住院、医技、药剂制剂、行政后勤五大区，拥有固定资产1.2亿元。门诊部设内、外、妇、儿、放射、B超、心电、检验等20个临床医技科室，住院部开设床位600张，设内一科、内二科、内三科、内五科、儿科、新生儿科、外一科、外二科、骨伤一科、骨伤二科、妇产科、重症医学科（ICU）、手术麻醉科、急诊科、肛肠科、眼耳鼻喉科、口腔科、针灸科、康复医学科、肿瘤科、门诊部、体检科（治未病科）等22个临床科室。医院拥有一支技术精、医德好的专业团队，现有专业技术人员438人，其中高级职称55人，中级职称117人。具有现代气息的13层综合住院大楼，2014年12月26日开工建设，2017年10月18日竣工投入使用，建筑面积2.4万平方米，设有规范的层流手术室、重症监护室、新生儿监护室、血液透析室、内镜中心。拥有中央空调、中心供氧、中心呼叫、闭路电视、无线上网等现代化设施。并为就诊患者疗养、康复创造了更加舒适的环境。

为方便群众就医，提高诊断符合率，投资3000万元，在全县率先引进64排螺旋CT、西门子1.5T超导磁共振仪、彩色B超、电子胃肠镜、DR拍片机、中C型臂、生化分析仪等大中型医疗器械，为诊治疑难病症提供了科技平台，使就诊病人及时得到检查、治疗。投资200万元建立挂号、电子处方、电子病历、出院结算、费用查询、辅助检查结果共享等信息化系统，大大地提高工作效率和收费透明度。全面实施国家基本药物制度，规范国家基本药物的采购、配送和使用，全部使用中标药品，实行招标药品全覆盖。

坚持实行“零”利润销售，最大限度地让利于患者。医院坚持注重规范执行，追求成效卓越的质量理念，以重点学科建设为主线，加快学科建设速度，精心培育了一批高水平、有特色、享有一定知名度的重点学科和特色专科，诊疗技术水准已达到张家界市先进水平，医院现拥有骨伤科、针灸科2个省级重点学科和心病肾病科、外科2个市级重点学科，医院常规开展心脑血管造影、心介入支架安装、心脏瓣膜置换、脑动脉瘤介入栓塞治疗、膝关节置换、肝叶切除术、颅内血肿清除术及皮瓣移植术、外周血管介入治疗等手术及胸腔镜、腹腔镜、结肠镜等十余种腔镜、微创手术，原来需到市级医院，甚至到长沙三级医院救治，而今在县民族中医院就可解除病痛。

县民族中医院是全县最具中医药特色的县级医院，秉承“生命之托，重于泰山”的医院使命，“仁爱、精诚、进取”的医院院训，“严、细、实、高”的医院作风，“以人为本、科学发展”的医院理念，不断强化医院内涵建设，致力打造名医、名科、名院建设，落实“坚持弘扬祖国医学；坚持以病人为中心；坚持把发展作为第一要务；坚定不移的推进改革”的宗旨，认真开展“以病人为中心、以发挥中医药特色优势为主题”的中医医院管理年活动，紧紧围绕加快医院发展这个中心，通过全院职工的共同努力，各项工作任务圆满完成。

2017年，完成业务总收入1.08亿元，与上年同比增长11.5%，完成门诊129340人次，完成出院20720人次，病床使用率达85.6%，治愈率42%，好转率53%，死亡率0.2%。医疗质量指标有较大提高。农村中医药适宜技术推广应用项目获省市专家好评。无重大医疗过失行为和医疗事故。

【实施科学化规范化人性化管理】 以完善管理制度、创新管理模式为突破口，深化管理制度改革，实施科学化、规范化、人性化管理。进一步落实绩效管理，根据2017年度全院工作综合目标任务，按绩效考核单元进行细化、分解，明确经济效益和社会效益的具体目标。制定《桑植县民族中医院2017年度绩效管理方案》和《桑植县民族中医院综合目标管理办法》，强调坚持以社会公益性为主的发展方向；对全年科教、医疗业务、重点专科建设、人才队伍建设、新农合、药械采供、院内感染、党风廉政建设、矛盾纠纷排查等工作进行安排部署。完善便民服务措施。在门诊大厅设立布局平面图、科室分布示意图、楼层科室标识系统、医师简介、办理出入院手续流程、新农合医保核报及医保政策宣传、常用医疗服务收费标准、中西药品价格等服务信息；购买了新候诊椅、饮水处等，加强导医服务，对新入院病人有护士专送到病区；配备轮椅、推车、担架等为病人提供免费使用，对入院病人发放入院须知，进行健康教育和生活指导，使病人尽快适应住院环境，利于疾病的治疗和康复。改进服务流程。为了方便病人，每天正常上班时间，把挂号移到门诊大厅入口处，方便病人挂号，并设有专人为病人填写门病历的个人基本资料，引导病人就诊；各种医技检查如检验、心电、普通影像、超声常规检查项目随到随做，及时提供诊断报告；为解决群众看病难问题，开展全天候门诊服务，保障双休日和节假日病人就诊。同时，将医院发展成果更多地惠及广大职工，采取多劳多得、优劳优酬的分配制度，工作待遇向临床一线、医技等创收科室和技术含量高、医疗风险大、工作量大的工作岗位及医技卫生人员倾斜，职工工资收入明显增长。

【加强质量管理　规范诊疗行为】 加强基础医疗质量管理。严格遵守卫生管理法律法规和诊疗护理规范，做到依法执业、行为规范；健全院科二级质控体系，制定医疗护理质量方案和考核标准，完善医疗质控检查追踪、反馈督查、分析评价、指导考核、关键环节、重点部门、重要岗位质量管理制度；定期召开医疗质量与医疗安全专题会议，加强医疗安全教育，实施环节质量与终末质量管理，落实10个医疗质量与医疗安全核心制度；严格按照卫生部制定的《病历书写基本规范》《中医病历书写基本规范》《电子病历基本规范（试行）》要求，进一步规范病历书写行为，加强病历内涵建设，提高病历质量，医务科和质控科联合每月进行病历环节及终末病历质量质量检查各1次，2017年共检查3000份运行病历和1.8万份出院病历，在检查过程对存在质量问题的病历的责任医师进行处罚，有效地保证了运行病历的质量，并将出院问题病历退回给病历书写者返修完善，保证终末病历的质量，使全院病历的甲级率保持在99.3%以上。探索单病种管理，强化医疗质量管理责任，促进医疗和质量持续改进。开展抗菌药物临床应用专项整治活动。认真贯彻落实《卫生部办公厅关于做好全国抗菌药物临床应用专项整治活动的通知》和国家基本药物制度、《中国国家处方集》，按照医院制定的基本用药目录，组织专项培训与评估，按照卫生部和省、市抗菌药物专项整治工作要求，规范药物的采购、配备和使用；建立健全临床用药监督指导和评价制度，开展药物安全性监测、药物不良反应监测和抗菌药物临床应用监测，加强处方管理，落实处方点评，提高处方质量，保障合理用药。加强医疗行为管理。严格执行《处方管理办法》《抗菌药物应用指导原则》，建立健全医院药品使用动态监测和超常预警制度、抗菌药物分级管理制度；实行处方评价制度，对医生不当处方进行公示点评；健全同级医疗机构间医疗影像检查、临床检验结果互认制度，减少重复检查。认真贯彻落实卫生部《关于加强医疗机构价格管理控制医药费用增长的通知》和省卫生厅《关于进一步开展医疗机构控制医药费用增长工作的意见》，按照省、市核定指标，结合医院实际，把合理检查、合理用药、因病施治列入质控管理内容，严格控制增长。2017年，药品收入占业务收入的32%。门诊人均费用152元，与上年同比负增长-1.2%；住院人均费用4230元，与上年略有下降。控制在周边同级医院较低水平，为解决群众“看病贵”问题作出积极努力。加强人才培养，为医院做好人才储备。2017年度医院采取请进来、走出去的形式，一是通过聘请湘雅医院、湘雅三医院的专家教授到医院进行学术讲座，专业培训和手术指导的方法提高专业技术水平或管理水平，2017年度共计邀请省级专科手术指导8次；二是正规学习、短期培训、在职学习等，提高专业技术水平。2017年共安排了6个月以上进修人员21人。3个月以内进修19人。安排参加短期培训、学术会议交流37人次。举行一期岗前培训班。为使新员工尽快了解医院相知情况和制度，以便适应新岗位顺利开展工作，对2016年以来新入院员工进行岗前培训，培训内容包括医院概况、医院管理、规划和目标、医院文化、职业道德、行风建设、医院感染控制、防范医疗纠纷与事故等相关知识和内容。

【加强内涵建设　提高医疗水平】 2017年，医院坚持以病人为中心，突出中医特色，制定一套较为完整的医疗质量管理体系和考评体系，将中医药治疗率和中药使用率纳入科室目标责任制考评内容。根据信息科统计，门诊患者中医药参与治疗率达80%以上，住院病人中医药参与治疗率达65%以上，非药物性治疗已在各病区全面展开，门诊处方中，中药（饮片、中成药）处方所占比例达到67%。中药饮片、中成药等销售额较上年同期增加40%。加强专业人员的业务知识学习，提高医疗质量，确保医疗安全。按照年初的计划和安排，医院坚持每月组织医务人员进行医学专业基础理论的学习。坚持落实“西学中”计划，全年共组织中药学、方剂学、针灸拔罐推拿方法、阴阳五行中医基础学、中医诊断学等以中医药内容为主的17次知识学习；全院卫技人员全面开展中医药基础知识的学习，并进行多次的理论考试，全面提高中医诊疗水平。医院狠抓医疗核心制度的落实，进一步完善住院期间谈话告知制度，认真落实三级查房、会诊以及晚间查房制度；加强药品管理和院感的监测工作，医院在药事委员会和处方评价委员会的监管下，及时、准确为临床提供安全有效的药品服务。在院感监测方面，针对消毒隔离不到位的问题，积极整改，经过一系列的严格管理，未发现一例感染事件。医疗质量和医疗安全得到保障。认真落实“三名”战略，加强中医人才的培养和重点中医专科建设。全院通过省中医药管理局对中医院骨伤科湖南省特色中医专科的验收，并授予了牌匾。加强针灸科管理，加大对针灸科的设备投入，为针灸科增加2名专业技术人员，为该科申报国家重点专科做好铺垫。根据骨伤科业务需要，2017年提拔该科业务技术过硬的陈作文为副主任。完善重点专科建设与学科发展建设的专项基金管理，做到专款专用。2017年，骨伤科使用优势病种治疗患者219人次，优势病种中医治疗率：股骨粗隆间骨折95.3%、锁骨骨折92.5%、胫腓骨骨折95.5%。

【开展“优质护理服务示范工程”创建活动】 贯彻落实《中医医院中医护理工作指南》要求，根据卫生部《关于推进优质护理服务的工作方案》和《湖南省优质护理服务工作方案（2012年）》的要求，拟定《优质护理服务示范工程》的实施方案，以夯实基础护理、突出中医护理特色工作为重点，积极发展中医特色护理，每个科室开展了至少2项中医护理操作技术，突出中医药特色的康复和健康指导，并将该项服务延伸到家庭中。完成护理满意度调查4次，参与满意度调查及回访病人数达4000余人次。认真开展创建“优质护理服务示范工程”活动。在医院“优质护理服务示范工程”活动领导小组的领导下，召开各种形式的会议，层层宣传发动，把思想认识高度统一到优质护理服务工作上来。根据医院和科室护理侧重点不同的实际，制订出比较翔实的护理工作计划，每月不定时对全院护理质量进行检查，内容包括基础护理、危重病人护理、消毒隔离、急救物品、病区管理、文件书写、护理技术操作、护理服务规范、护理安全等，并及时将检查结果反馈科室，要求护士长及时整改。坚持每季度召开护理质量安全分析会，对全院护理质量存在的问题进行汇总，寻找原因，提出整改措施，不断完善和调整护理质量管理方法。每季度组织护士长对全院护理工作进行大检查一次，相互监督，相互学习，共同促进。要求护士长做到每日三查房，并按规范和实际情况详细记录，及时督查护理质量落实情况。护理人员工作责任感明显增强，护理工作满意率不断提高。经测评，患者对护理人员服务态度的满意率在98%以上。以在职培训为途径，护理队伍的综合素质得到显著提高。按照年初制订的三级培训计划，全年，组织护理人员护理理论考试，对成绩优异的进行奖励，对不及格者进行经济处罚。每个月要求科室至少完成两个基本操作培训（一个中医操作，一个西医操作），2017年，共完成11项西医操作和13项中医操作培训和考核，合格率达100%。共选派20余名护理骨干、护士长外出学习、进修、培训。每月对全院护理人员进行各种形式的护理业务学习，共计35课时，其中中医知识15课时。

【完善中医药服务网络建设】 做好常见病、多发病中医药适宜技术推广应用项目工作，由县卫计局牵头，中医院利用中医药适宜技术诊治患者达800余人次，收到良好地社会效益。继续深化与河口乡卫生院对口支医活动，签订对口支援协议，建立双向受益的新型协作关系，下派帮扶中医药专技人员3人次，“三进”专家8人次，推广使用中医药适宜技术5项，免费接收基层进修人员1人，对下派帮扶中医药专技人员每人奖励

2000元。中医药具有独特的预防疾病和保健养生功能，“未病先防、有病早治、既病防变、愈后防复”，就是“上医治未病”的体现。该院不断在“治未病”方面进行了积极探索，以治未病科、针灸科等为平台，积极为群众开展“治未病”健康讲座，提供“针灸推拿、火罐、中药足疗”等等保健服务，促进广大群众将“治未病”理念和知识转化为增进和维护健康的自主行为。同时按照上级精神，建立健全中医健康档案。

【切实加强党组织建设】 院党总支按照县委及县卫计局党建工作部署和要求，团结带领全院广大党员和干部职工，深入贯彻习近平总书记系列重要讲话，以推进“两学一做”学习教育常态化制度化为契机，以基层党组织标准化建设为抓手，全面加强党的思想、组织、作风和制度建设，党建工作呈现良好发展态势。坚持每月的党员干部学习制度，按照年度学习计划安排，结合实际认真落实。强化党员干部个人自学，要求将政治学习和业务及管理工作认真结合，积极撰写心得体会，促进思想和工作理念创新。强化制度提能力，健全了党支部责任目标考核、党员发展、党员评议、三会一课等各项工作学习制度。严格党员教育管理，积极组织开展党日纪念、主题教育等各项组织建设活动，组织开展党员党性分析和民主评议党员活动。制定《深入开展创先争优活动方案》，结合医院中心工作实际，努力通过争创活动实现。2017年批准1人转为中共正式党员，吸收中共预备党员1名。深入开展“创先争优”活动，将“创先争优”、创建“三好一满意”医院活动和医院实际工作相结合，进一步加强活动领导，完善考核方案，量化细化考评细则，严格考评程序，强化公示监督机制和加大奖励激励力度，崇尚高尚医德，维护患者切身利益，使群众满意度再创新高。

【认真抓好纪检监察工作】 紧紧围绕缓解群众看病贵、看病难的问题，不断建立健全各项规章制度，实施源头管理，建立反腐倡廉的长效机制。制定《2017年民主评议行风活动实施方案》《2017年纠风工作实施意见》《关于2017年院务公开工作实施意见》等，建立党风廉政建设责任制、纠风工作责任制、治理商业贿赂责任制以及《院务公开目录及责任分工》，进一步明确医院党政领导班子成员、中层干部的责任，实行“谁主管、谁负责”以及责任追究，确保各项工作落到实处。

【扎实开展精准扶贫】 制定《桑植县民族中医院精准扶贫工作方案》，确定对挂点村（桥自弯镇龙潭村）产业、教育、基础设施建设等共性及贫困户发展产业等方式脱贫的个性帮扶措施，把精准扶贫工作摆在工作的突出位置，落实“三个到位”，既政策宣传到位，组织干部多次上门走访，并形成扶贫宣传工作常态化，帮扶干部深入贫困户家中、田间地头，通过宣传栏、发放新编政策手册、悬挂横幅等方式，宣传中央、省、市有关精准扶贫政策及县里出台的精准扶贫政策文件体系内容，让贫困户对扶贫政策知晓率达100%；帮扶精准扶贫信贷到位，确保所有有劳动能力、贷款意愿和有一定还款能力的贫困户都能得到政府贴息小额信用贷款，共协助5户贫困户贷款金额达23万元，为贫困户发展莓茶、中药材种植等产业因资金不足提供平台；帮扶保障房建设工作到位，引导生存环境恶劣、不具备发展条件的贫困户实现易地搬迁、没有建设能力的五保户、纯低保户安排住房。突出“三个帮扶”。根据年初制定的精准扶贫工作方案，结合挂点村实际情况，对挂点村、部分贫困户进行了资金帮扶。帮扶挂点村产业、教育、道路等基础设施建设，安排6户贫困户建房。协助村里组建党员活动室、文化阅览室、扶贫工作室、党员义工志愿者活动室；协助村里抓党组织和村委的建设。组织党员集中学习党章及有关法律法规6次。对部分困难、患重病党员贫困户进行走访慰问。帮扶部分贫困户发展产业渡过经济难关，因地制宜引导贫困户发展莓茶、中药材种植、油茶、蔬菜、养鱼、养猪等种养殖产业。

（陈建民）

卫生计生综合监督

县卫计监督执法局

局长：王泽光

副局长：向永东　王　艺

【概　况】 桑植县卫生计生综合监督执法局是参照公务员管理的正科级事业单位。根据《中共桑植县委桑植县人民政府关于印发〈桑植县人民政府职能转变和机构改革方案的实施意见〉的通知》和《湖南省卫生和计划生育委员会湖南省机构编制委员会办公室关于优化整合妇幼保健和计划生育服务资源及卫生计生综合监督执法资源的实施意见》的通知。原桑植县卫生监督所更名为桑植县卫生计生综合监督执法局。内设办公室、场所卫生监督股、执业卫生监督股，稽查股，核定参照公务员编制11名。原县计划生育流动人口管理站调整为县卫生计生综合监督执法局管理的股级事业单位，核定全额事业编制8名。依照卫生计生法律法规和卫生计生行政主管部门的委托、授权，承担公共场所、生活饮用水、医疗执业、放射诊疗等卫生行政许可受理审核发证工作。负责公共场所卫生、生活饮用水卫生、学校卫生、放射卫生、医疗执业日常监督和卫生法律法规的宣传培训工作。依法查处违反卫生计生法律法规的违法行为，参与处置突发公共卫生事件；负责指导全县抓好流动人口计划生育管理和服务工作，督导搞好流动人口信息化管理工作，组织查处流动人口违规案件，做好计划生育社会抚养费征收及违法违纪案件的督查督办。

2017年，桑植县卫生计生综合监督执法局以“切实履行卫生计生监督执法职能，依法严厉打击各种危害人民群众身体健康和生命安全的违法行为”为目标，进一步转变职能，规范卫生计生行政执法行为，着力提高卫生计生监督执法水准；围绕社会和群众关心的问题，深入开展医疗服务、公共卫生、计划生育等领域卫生计生监督工作，加大执法力度，切实维护计划生育基本国策和人民群众的健康权益。在公共场所卫生监督、执业卫生监督、打击非法行医、打击“非法进行胎儿性别鉴定，非法终止妊娠”等方面取得实效。

【卫生行政许可受理和办理】 认真贯彻执行《中华人民共和国行政许可法》，规范卫生行政许可程序，严格按照受理、初审、复审、决定、告知与送达等程序，实行一个窗口按法定工作日提前办结。2017年，共受理各类卫生行政许可事项395项，办结395项，办结率达100%。所办事项均做到程序合法、资料完整、证照制作发放及时。

【公共场所卫生监督及乡镇卫生监督协管】 2017年，坚持整治与规范并重原则，采取“错时监督”和“回头巡查”等措施，对城区295户公共场所经营户进行全面监督检查，下发卫生监督意见书295份，督查覆盖率达100%；检查公共场所从业人员1245人，体检培训1245人，持有效健康证1232人，持证率达98.9%；年内，国家双随机确定桑植县公共场所抽查商场10家，市重点抽查公共场所25家，35家被抽检单位，符合相关卫生标准的34家，合格率97.14%。按照年初上级部署和工作要求，组织乡镇卫生监督协管员培训50余人次，对23个中心乡镇卫生院卫生监督协管督查102户次，并完成23个中心乡镇卫生院年终考核。

【学校及饮用水卫生监督】 2017年，全县共有中小学校56所，其中高中3所，中学23所，小学30所，在校学生54689人，监督覆盖率达100%；

对芙蓉桥等10所学校进行学校卫生综合评价；完成天星山小学、澧源镇第二小学等13所学校国家双随机抽检。加强自备水、二次供水监督检查，全县有制水、供水企业24个，其中城市供水企业1个，乡镇中心供水站23个。有供、管水人员89人，取得有效健康体检合格的持证人员89人，持证率100%，下发卫生监督意见书24份。

【医疗执业及传染病防治卫生监督】 2017年，对县直管医疗机构和乡镇卫生院以及村卫生室进行依法执业监督检查，共检查各级医疗机构109家，出动卫生监督员275人次，执法车辆63台次，下发卫生监督意见书95份；为科学应对传染病疫情，出动卫生监督员80余人次，执法车辆36台次，下达卫生监督意见书53份。检查43家次的发热门诊、门诊日志、传染病登记、疫情报告、首诊医生负责及医院的消毒隔离情况，特别对县人民医院预检分诊、隔离治疗病房等情况进行检查，督促被检单位严格落实防控措施，有效防控传染病的爆发流行。

【开展专项整治行动】 2017年，以整治医疗市场秩序为契机。制定专项整治工作方案。将非法行医、无证行医、药店坐堂行医、非法接生、非营利性医疗机构对外承包科室、使用非卫生技术人员从事卫生工作、牙医、游医药贩作为打击的重点。开展全面清理和整治。根据《2017年桑植县打击非法行医专项行动实施方案》，出动卫生监督人员108人次，对全县坐堂行医、无证黑诊所、使用非卫生技术人员的医疗机构、超范围执业、医疗废物处置不当以及游医药贩进行了严厉打击。共立案42件，罚款10.82万元，取缔黑诊所1家，没收非法药品医疗器械共4件，价值0.2万元。使医疗服务市场违法人员受到极大震慑，全县医疗服务市场秩序进一步规范。

【计划生育卫生监督】 2017年，对全县23个乡镇依法征收的社会抚养费进行不定期专项检查，确保所收社会抚养费全部上缴国库。全年违法生育立案407人，其中一孩违法生育立案71人，二孩违法生育立案12人，多孩违法生育234人，申请法院强制执行案件4起，合计征收社会抚养费140.14万元。进一步加强打击“两非”力度，联合公安等部门出动检查执法人员58人次，检查医疗机构28家（次），办理典型“两非”案件3起，其中本地案件2起，涉案人员全部处理到位。

（符　玲）

乡镇概况

澧源镇

党委书记：王玉成

党委副书记、镇长：陈　彬

党委副书记：杨　慧

党委委员：王晓丽（纪委书记）

彭小波（武装政法）

彭　振（宣传统战）

曾　光（组织委员）

王星明（挂职）

谷成考（挂职）

党委委员、副镇长：唐运宏

副镇长：钟　文　熊小勇

【概　况】 澧源镇位于桑植县境南部，因位临澧水之源而得名，镇政府坐落于文明路社区居委会，澧源镇东临瑞塔铺镇，南界永定区，西与利福塔镇接壤，北与洪家关、刘家坪白族乡相连，是桑植县的政治、经济、文化、金融中心。全镇总面积98平方公里，城区面积7.6平方公里。共有20个村（社区），230个村（居）民小组。户籍人口72545人，常住人口12万人，其中农业户口6784户21290人。

澧源镇地处澧水之滨，梅山之畔，山川秀丽，历史厚重，境内有桑植起义旧址、中共桑植县委旧址、农民协会旧址、烈士公园、永生亭、观音洞、梅家山森林公园，有兴建于乾隆三十九年（1774）的六方七级高13米的宝塔等旅游景点，都体现着深刻的文化内涵和厚重历史背景。

2017年，在县委、县政府和镇党委的领导下，围绕县委"实施赶超行动，同步建成小康"的总体思路，精心部署，统筹安排，不断改进工作方法和创新工作思路，主动适应经济发展新常态，克服多重困难和挑战，着力推进各项政府工作，为全面建成小康社会奠定了坚实基础。城镇居民人均可支配收入24028元，农村居民人均纯收入5187元。

全镇有建档立卡贫困户1133户3479人，贫困村5个（兴旺塔村2016年退出、洋公潭村2017年整村退出）。2014—2017年脱贫672户2389人，2017年末，实有贫困人口461户1270人（2018年预脱贫186户558人，2019年预脱贫275户712人），贫困发生率为6.464%。

【脱贫攻坚持续发力】 精准识别。积极探索扶贫工作新思路，在精准识别过程中，坚持"十步"工作法，确保政策透明、程序规范、识别精准、措施到位，受到贫困群众的一致认可。精准扶贫工作开展以来，澧源镇以"房、粮、劳力强弱、有无读书郎"四项标准选定预脱贫对象，顺利完成2017年脱贫任务。产业脱贫。围绕"户有收益、村有收入"目标，积极探索产业扶贫利益连接模式。主要是依托西界丰富的蜜源植物和独特的气候条件，发展养蜂、蜜桃种植等产业；依托县城区位优势发展旅游休闲体验农业；贫困户以小额贴息贷款入股村集体的资产性投资分红等三种产业发展模式。同时，“阳光助学”“阳光医疗”“就业培训”“易地搬迁”“危房改造”等脱贫攻坚项目均稳步推进。督查督导。制定澧源镇精准扶贫工作考评细则和澧源镇干部职工巡查督查通报制度，由镇督查室专门督查重要会议、重要工作落实情况，对弄虚作假、违规操作、不履行帮扶责任的，在全镇范围内通报问责，涉及上级单位的，将情况报告给相关主管单位，为落实精准扶贫提供坚实的制度保障。

【城市建设持续加强】 征地拆迁方面。始终坚持“以人为本、和谐拆迁、依法拆迁”的原则，征收主体进一步明确，征收价格进一步统一，征收程序进一步规范，征地拆迁工作效率明显提高。全年，共完成征地近350亩，拆迁房屋65栋，迁坟20座。城市建管方面。自开展控违拆违工作以来，共新增违法建设23起，其中镇负责拆除23起，拆除面积达878.68平方米，整改销号率达100%。全镇受理建房户501户，资格认定467户，共办结建房手续363户，极大地满足了群众改善居住环境的需求，有效地减少了违法建设的发生。环境整治方面。年投入180多万元完善城乡环境基础设施，镇文明办定期对各村（社区）卫生情况进行检查，并通过购买社会化服务的方式，加强各社区小街小巷的保洁工作。有7个社区和5个村已纳入社会化服务范围，卫生状况明显好转。

【民生保障持续夯实】 计划生育工作有序推进。2017年，出生人数855人，其中政策内出生830人，符合政策生育率为97%。政策外多孩人数为16人，政策外多孩生育率为1.87%。应落实长效节育措施541人，已落实例数为476例，落实长效节育措施率为87.98%。共完成社会扶养费征收任务数163450.6万元，申报城镇独生子女数奖励扶助人数为146人，农村奖励扶助人数为43人。社会救助工作力度加大。全镇享受农村低保215户、395人，城镇低保898户，1734人；共有五保73人，集中供养19人，分散供养54人，全年共发放供养金11.211万元。为70岁老人及百岁老人全年发放敬老费9.9万元。开展城乡困难救助，1—10月救助116人，发放救助金41.664万元。1—11月临时救助困难人口68人，发放救助金4万元。做好残疾儿童集中筛查及农村留守儿童、留守妇女、留守老人摸底筛查工作，为残疾人服务，为118位残疾人申请了重度护理补贴。社会保障能力不断增强。2017年完成城镇新增就业任务2629人，其中下岗失业人员新增就业804人，就业困难人员新增就业512人。充分发挥村级劳动保障联络员作用，落实农村新增劳动力转移就业任务，将新增转移就业人员电子台账信息建到村（社区），完成农村劳动力新增转移就业244人，完成年度任务240人的101.67%。完成技能培训205人，超年度任务100人的205%。为下岗失业人员办理灵活就业社会养老保险补贴协议审核397人。

【社会大局持续稳定】 安全生产工作。认真落实镇村（社区）道路交通安全监管、防汛抗旱、食品安全，非煤矿山、煤矿、工厂等安全生产责任，加大安全生产检查力度，特别是在节假日期间，加大对道路交通和安全生产隐患的排查力度，有效预防重特大安全事故的发生。综治信访工作。2017年，共受理信访案件76件，其中网络信访质疑问答42件，积案28件，群访件6件，已出具答复意见书13件，矛盾纠纷985起，调解985起，调解成功965起，调解成功率97.9%。为加强村级调解队伍的建设，提高村（社区）综治专干的工作效率，组织村（社区）综治专干集中学习矛盾纠纷调解的工作方式方法及档案整理等相关内容。平安创建工作。2017年，澧源镇着力打造“平安澧源”，以党员为“点”、镇村（社区）两级机构为“线”、社区综治网格为“面”，织成一张平安创建“网”，促使平安创建的触角全面延伸，群众参与率、知晓率、满意率均创历史新高。2017年的“平安家庭”评选活动，把“平安家庭”的评选权、裁判权交给百姓，在全镇3万多个家庭中评选出51户“平安家庭”，弘扬社会正能量，促进社会和谐稳定。

【党建工作突出加强】 按照中央、省、市、县委要求，从日常工作入手，聚精会神抓好党建基础性工作。一是把抓党建聚力在强队伍上。20个村（社区）圆满完成“两委”换届工作。实现历史性的换届选举零上访。在换届工作中，坚持建立和落实选人导向的正面清单和负面清单，以此确保选出的干部能够被组织认可，让群众满意。二是把抓党建给力在建机制上。积极探索新方法、新机制，充分发挥绩效考核杠杆作用，调动干部职工积极性和创造性。制定《关于推进全镇“两学一做”学习教育常态化制度化的实施方案》《干部职工绩效管理百分制考核办法》《干部驻村（社区）工作考核办法》《村（社区）党组织星级考核方案》等制度，实现以制度管人、以制度管事及以制度护廉的目的。三是把抓党建发力在严作风上。深入推进党风廉政建设。制订《澧源镇党风廉政建设工作计划》《领导班子成员党风廉政建设责任制任务分解》，成立党风廉政建设工作领导小组、党务公开工作领导小组、督查工作领导小组等领导机构，认真组织党员干部学习《中国共产党党员廉洁自律准则》和《中国共产党纪律处分条例》。同时，积极开展“雁过拔毛”式腐败和“纠四风、治陋习”专项整治自查工作。2017年，镇纪委立案9件，办结7件，移交审理2件，其中受到党内警告处分7人，党内严重警告2人。通过执纪审查，党委、政府的公信力进一步提高，全镇干部职工的规矩意识、纪律意识、底线意识、服务意识大大增强。营造了风清气正、崇严尚实的良好工作氛围。

（王立恒）

瑞塔铺镇

党委书记：屈海波
镇长：石　春
副书记：谷　昕
人大主席：方丕世
政协组长：王　静
纪委书记：段年开
组织委员：向尚桂
武装部长：汪　华
副镇长：谷锦涛　卓尚茂　陈洲强

【概　况】 瑞塔铺镇位于桑植县城东部，距县城10公里，是中国工农红军第六军团司令部所在地和长征出发地。东与空壳树乡接壤，南与永定区、武陵源区交界，西与澧源镇相邻，北与芙蓉桥、刘家坪白族乡毗邻。是张（家界）桑（植）、桑（植）慈（利）、桑（植）官（地坪）等干线公路交汇地。全镇总面积108平方公里，耕地面积822.53公顷，其中水田660.27公顷，旱地162.27公顷。辖11个行政村，4个居委会，222个村（居）民小组。全镇总户数8374户，总人口28805人，农民人均纯收入8132元。有土家族、白族为主的多个少数民族，其中土家族14420人，占50%；白族12962人，占45%。集镇常住人口15000人。

瑞塔铺镇是桑植的工业重镇、资源富镇、文化名镇。境内有丰富的煤、铁、铜、硅、红砂岩、大理石等矿产资源，是县工业园A区所在地。瑞塔铺镇文化底蕴深厚，是桑植县白族聚居地之一，是文化部授牌的“中国民间艺术之乡”，是国务院授牌的“中国花灯之乡”，是湖南省第三轮示范镇建设乡镇。

【推行“五化五制”着力突出党建引领】 推行“五个一”，确保党建工作常态化。坚持以问题为导向，实行一月一例会、一月一主题、一季一督查、一季一推进、一年一述职。全镇各级党组织召开党建工作例会128场次，开展以“党建促脱贫”“宜居东城”等为主题的活动6场次，发出督查通报4期，推广典型做法5个，整改问题6个。围绕四个建设，确保党建工作规范化。通过规范组织队伍建设、议事流程建设、活动场所建设、台账资料建设，实现党建工作规范化。严肃换届纪律，抓实村支“两委”换届，选齐配强村支“两委”班子选举“两委”班子成员108人，配备村主干68人，党员认可，群众公认。设立文化广场3处，建设党群服务站15个，下派机关党建指导员15人，编写“党委班子、驻村干部、党建办联系基层党建”工作手册，实施痕迹化管理。实行三级管理，实现党建管理网格化。根据党员分布情况，按照“党小组、村党支部（总支）、镇党委”三级管理模式，将全镇710名党员划分为53个网格，对党员进行网格化管理，建立源头受理、动态管理的基层党建服务管理新模式。以网络为单位，牵头组织清扫街道、治安巡逻、政策宣讲等活动70余次，解决矛盾纠纷15起，为民全程代理服务事项256件。开展“党建促脱贫”活动，确保党建工作品牌化。以党员干部为先锋、以产业项目为带动，以“两学一做”为载体，建立党建脱贫示范基地2个，全镇涌现29名致富能手和脱贫先锋。实施“五项制度”，确保党建工作项目化。推行例会制，每月定期召开镇村两级党建工作例会；推行清单制，分级建立党委书记、党委成员、第一书记、支部书记等4类责任主体抓党建的责任清单；实施督查制，采取季度督查、随机抽查和不定期督查相结合的方式，经常性开展督查活动；创新考核机制，在基础目标考核的基础上，注重突出平时考核和亮点考核。实施追责制。把考核结果和跟踪问责相结合，对每季度党建考核中排名后两位支部的支部书记进行约谈，镇党委约谈支部书记6名。

【围绕改善民生　着力抓实脱贫攻坚】 按照“三年精准扶贫规划”要求，全面实现“两不愁，三保障”的总体目标，根据镇脱贫攻坚指挥交办任务，各工作推进组完成任务的模式，大力推动各项工作有序开展。完成脱贫人口1678人，脱贫率达78%，着重对贫困户实施产业扶贫，进一步改善生产、生活基础设施条件。一是健全工作机制。成立脱贫攻坚指挥部，下设综合协调、督查问责、“两项”帮扶、产业带动和就业培训、扶贫基础设施建设、易地搬迁建设项目、公共保障、安居保障、政策兜底、基层组织建设、脱贫攻坚组织指导11个脱贫攻坚行动推进组。实施脱贫攻坚挂图作战，全镇及15个村（居）通过在镇政府所在地和村部的显要位置，开辟挂图作战专用宣传栏16个，明确贫困户人口数量、致贫原因、主要帮扶措施、脱贫时间和各级帮扶责任人脱贫攻坚责任。二是进行四类对象的摸排整改。出台《瑞塔铺镇脱贫攻坚突出问题集中整改方案》《瑞塔铺镇脱贫攻坚突出问题集中整改办法》，经过集中整改突出问题，全镇有建档立卡贫困人口2041户6738人，比整改前减少90户增加贫困人口30人。三是大力发展产业。根据县级要求，大力保障扶贫小额贷款的发放。审批发放金融扶贫小额贷款130笔450.5万元，涉及15个村155个贫困户。四是进行易地扶贫搬迁。完成安置易地搬迁户共计77户，264人。其中，易地搬迁扶贫集中安置46户153人，分散安置31户111人，地质灾害同步搬迁25户64人。五是开展就业培训。全镇培训210人次，包括100人的面点师技能培训、60人的创业技术培训、50人的花卉苗木培训。2017年转移就业农村剩余劳动力3870人，其中贫困劳动力1051人。六是推进公共保障。全镇危房改造完成验收158户，其中48户特困家庭住房和110户其他危房改造。严格按照“阳光医疗”相关文件落实医疗救助政策。及时组织申报雨露计划69人，实施申报阳光助学1166人。

严格按照精准扶贫社会保障兜底对象识别认定的“五个条件”和“六个程序”，纳入112户贫困户296人，应兜尽兜。

【坚持因地制宜　着力推进产业带动】 按照“抓产业、谋发展，抓产业、促脱贫，抓产业、全面奔小康”的总体思路，为企业出谋划策，攻坚克难。将产业发展与精准扶贫全面对接，促进、带动群众致富。一是加大招商引资。先后接待500强企业两家到镇域洪沙溪进行实地考察，意向性提出修建高端旅游休闲民俗山庄；康茜公司对高峰实地考察后提出建成生态休闲观光产业体验园的计划。二是发展养殖产业。源满农业发展有限公司豪猪养殖基地，有养殖栏舍5120平方米，存栏豪猪2800头，年出栏商品豪猪1200余头；新发展瑞市岗溪峪养殖基地，建禽畜养殖场465平方米，养鸡3500羽；新建潮水河、青龙溪养蜂基地，带动全镇发展养蜂1450桶。三是发展种植业。新建王家坡村湘西北冬稻试验田基地，栽种湘西北冬稻68亩，其中包含40多个冬稻区域试验品种，积极创建国家级再生稻区域示范点。新发展罗家边核桃产业基地，引进种苗5000株，种植核桃212亩；扶持杨家洛金土地生态休闲农场建成大棚6230平方米，种植花卉苗木121亩；新建芦溪村黑木耳生产基地，购买菌株料10万袋，固定分红增收2万元；新建东旺坪蔬菜水果基地，种植西瓜130亩，蔬菜208亩；新建甘溪村泉溪洛红薯精粉加工基地，年产量12吨；潮水河村四季果园的基础设施在建设。四是加快基础设施建设。全镇新修公路600米，道路硬化拓宽5.5公里；启动潮水河村和罗家边居委会的电网改造升级工程。五是融合产业转型升级。大力挖掘文化资源、红色资源、乡村生态资源，宣传红六军团司令部旧址和杨家洛葡萄采摘体验园，实现产业、文化、旅游、生态和社会功能的叠加，做大做强旅游产业。

【聚力扩容提质　着力加快城镇建设】 以打造“秀美集镇、品质集镇、幸福集镇”为核心，迅速推动城镇经济在此发展，加快城镇一体化建设。一是加强集镇建设。农贸市场200个摊位的投入使用，既方便摆摊居民，又给集镇秩序规范提供助力；启动小城镇建设二期工程，经一路延伸至瑞塔铺中心完小；启动中心完小提质升级工程，预征地50亩；启动镇文化广场建设工程。二是加强农村环境综合整治。在15个村居设立综治、安全、卫士、控违“四职合一”专干，专人专岗，做到全镇农村环境综合治理有专人负责，有力促进全镇环境的改善；加大对新的违法建设的管控，实现违法建设零增长。

【坚持项目攻坚　着力推进重点工程】 始终坚持以市场为导向，以优势资源为依托，以环境友好，资源节约为标准，抓好项目库建设；以服务为核心，以政策为依据，以发展为根本，抓好项目落地。一是抓重点项目。东外环后续工程已经完成，官瑞公路（瑞塔铺段）路面铺装完成，张桑高速瑞塔铺段项目和黔张常高铁项目（瑞塔铺段）进展顺利；瑞中公路、定大公路、桑慈公路启动前期规划工作；红六军团司令部旧址修缮安置项目已于9月底正式开始修缮；161平台建设项目，6个村开始新建，7个村进行改扩建。二是抓产业发展项目。青龙溪村光伏发电项目，占地2亩，总投资38万元，已完成场地平整。

瑞塔铺镇新建成的民族风情街一角

【加强社会管理　着力打造和谐东城】 以不断优化效能，提高办事效率，创建集镇居民自管，政府部门督导的“集镇共管”新局面、新模式。一是加强综治信访维稳工作，坚持打、防、治、建并举的方针，深入开展综治维稳工作。严格按照有关法律法规，强化、细化镇村两级责任，借助社会网格化管理，协助摸底排查，调处纠纷，将矛盾纠纷消除在基层，全年处理纠纷110起，化解信访积案57件。二是加强安全生产监管，筑牢安全防线。严格落实“党政同责、一岗双责、齐抓共管”规定，11名党政班子成员按照《瑞塔铺镇党政领导班子安全生产包干负责制》各负其责。严格落实宣贯权、检查权、报告权、有限处置权，对镇域200多家大小企业，不定期组织安监、国土、公安、交警、市管、林业开展联合执法行动，全年下达《现场处理措施决定书》3份，向市安委会、县政府及相关单位报送重大安全隐患报告6份。全镇安全生产形势逐年好转。三是各项基础工作全面推进。坚持教育优先，加大教育投入和“控流保学”力度，不断提升教学质量；严格计划生育执法，着力解决社会抚养费征收、流动人口计划生育管理等难点问题；实施“文化三进”战略，加强文化基础设施建设，完成全镇15个村（居）的村村响工程，不断丰富群众文化生活，确保上下政令畅通；实施民生保障工程，提高农村新农保的参保率和新农合的参合率，对低保实行全面审核。

【全面从严治党　着力建设高效廉洁政府】 多措并举，着力推进依法行政建设，扎实打造乡镇法治政府。一是坚定依法行政思想信念，坚持透明执法，加强执法监督，发挥领导模范作用，打造素质执法队伍。二是两项专项治理行动迅速开展，着力解决“四风”方面的突出问题，转变工作作风，密切干群关系，建立“互联网+监督”平台，增强工作透明度，接受人民群众监督；三是全面落实“一岗双责”和党风廉政建设主体责任制，从源头上预防和治理腐败。四是健全完善效能督查督办制度，成立镇督查办，保证政令畅通，督促工作落实。五是严格镇村财务管理，缩减“三公经费”支出，按照内控制度加强对镇村财务管理，做到村账清明。六是加强镇村干部廉政教育，建立和完善廉洁自律等若干制度，实行党务、政务、财务、村务公开，广泛接受党员和群众监督，纯洁干部队伍。

（郑　涛）

空壳树乡

党委书记：杨　任

副书记、乡长：胡全明

副书记：刘玉荣

党委委员、人大主席：周　娟

党委委员：谷祥飞（武装部长）

党委委员：尚恒涛

纪委书记：李　勇

副乡长：杨新文　罗选义

【概　况】 空壳树乡位于桑植县东部，乡政府距县城16公里。东与走马坪白族乡相邻，西与瑞塔铺镇毗邻，北与芙蓉桥、马合口白族乡接壤，南与武陵源区中湖乡交界。全乡总面积68.63平方公里，耕地面积9097亩，其中水田6688亩，旱地2409亩。下辖9个村，138个村民小组，总户数5438户，总人口15785人。有汉族、土家族、苗族、白族等多个民族居民居住，其中土家族占80%。

空壳树乡交通十分便利，桑慈公路干线贯穿全境，空走公路穿乡而过。全乡已实现村村通公路、电话和有线电视。水利设施完善，境内有6个小Ⅱ型水库，骨干山塘众多，工农业用水有保障。文教卫事业发展迅速，村村响广播覆盖全乡9个村；中小学3所，在校学生1200多人；医疗卫生单位1个，医护人员18人。境内有汤溪峪温泉，日出水量1450吨，常年水温41℃—42℃，富含锶等30余种矿物质和微量元素。盛产烟叶、油茶、蔬菜、药材等各种作物。矿产资源丰富，有团结煤矿、石家湾采石场。特色养殖以娃娃鱼、野猪为主。特色农产品有腊肉、野猪肉、香肠等。

【产业建设蓬勃发展】 乡党委、乡政府始终坚持以经济发展为中心，结合空壳树乡实际，紧紧围绕农业增效、农民增收这个中心，以优化产业结构为重点，打造“一线二界三点”（一线：以桑慈公路为中枢线，充分利用土地资源及区位优势，打造以珍稀苗木、蔬菜、特种养殖、娃娃鱼为主的沿线产业带。二界：以符家洛、北山界两山界为脉，打造以烟叶、蔬菜为主的产业经济带。三点：一是以虎形为中心的园区辐射增长点。二是以空军村为中心的文化、商贸、物流增长点。三是以汤溪峪为中心的温泉旅游休闲增长点）发展新格局。2017年，全乡有各类专业合作社24家，养殖大户20户。发展烟叶553亩，产烟55000公斤，实现税收11万元，发展蔬菜1500亩，养殖娃娃鱼7万尾，野猪及黑猪800头，箭猪200只，蜜蜂1500箱。举办养蜂、养鸡、蔬菜种植、电工培训等订单式技能培训，共培训群众200余人次，建档立卡贫困户160人次。实施金融扶贫，为92户发放扶贫贷款429万元。

空壳树乡烟叶基地

【基础设施不断完善】 加快基础设施建设，补齐短板，推进全乡基础设施提质增效，完成3座小Ⅱ型水库加固工程，完成2个村农网改造，硬化整修道路10公里，村组级公路通达率达100%，完成空走线的改造升级工程、空军村通组公路5.7公里硬化及0.9公里产业路建设、八斗桥公路桥的维修加固工程，投资120万元新建便民服务中心、政府食堂，投资8万元整修司法所，投资280万元修建中学学生公寓，优化完善网络信息设施等。改善办公、办学、群众生产生活条件，提升乡村人居环境质量。

【民生事业健康发展】 2017年，共出生人口186人、政策内出生166人，符合政策生育率89.2%。落实长效节育手术99例，综合长效节育措施落实率86.6%。手术完成34例、完成率125.9%。上报新增奖扶对象25人，完成185个奖扶对象的年审工作。规范发放低保、五保和各种救济救助资金。落实危房改造106户，资金204.5万元，投资139.7万元完成阳光院修建31套，解决31户贫困户的住房难问题。“雨露助学计划”资助贫困学生15人，发放“阳光助学”资金68.4万元。协调竹园经济促进会等社会力量开展捐资助学、帮扶帮困活动，共同关爱农村留守儿童成长。积极开展“欢乐潇湘”活动，组队参加“华融湘江银行杯”原创广场舞大赛，取得桑植县历年参赛最好成绩；率先在全县完成农村广播“村村响”“户户通”工程，文化站活动中心、村农家书屋、村民活动中心向公众开放等，民生保障制度不断完善健全，群众文体生活更加丰富，社会民生事业呈现良好发展新局面。

【队伍建设不断加强】 1.以组织建设为中心，努力提高党的执政能力。持续开展“两学一做”学习教育，把习近平新时代中国特色社会主义思想和中共十九大精神作为党委中心组学习的重要内容，加强思想教育学习。2.加强组织阵地建设。顺利完成村支两委、群团换届选举工作，结构明显改善，班子战斗力增强。3. 履行党风廉政建设主体责任。乡党委、政府始终坚持把严纪律挺在前面，严格落实“一岗双责”，切实履行党风廉洁建设主体责任。全年，接转办违纪信访15件，回复15件，立案5件，完成5件，共受到党纪处分5人。开展“雁过拔毛”专项整治工作，修订2017年干部职工考勤、作风制度规定，遏制机关干部的不正之风和腐败问题，机关干部作风明显好转，行政效能和政府执行力得到全面提升。

（向俊盼）

竹叶坪乡

党委书记：杨重平
乡长：向　臻
副书记：彭恩泽
人大主席：王锐军
党委委员：熊德明　朱亚琴　刘　彬
　　　　　覃　标　李云俊杰
副乡长：郑晓妮　阳习流

【概　况】 竹叶坪乡被称为“桑植东大门”，地处两县一区交汇处，东与慈利县交界，南与武陵源区毗邻，西接走马坪乡，北连人潮溪镇。全乡总面积141平方公里，辖9个行政村，121个村民小组，总人口11195人。

2017年，全乡实现生产总值9800万元，农业总产值3280万元，农民人均纯收入8739元，实现财政总收入127万元。

【致力脱贫攻坚　夯实底层基础】 全年实现298户950名贫困人口脱贫，易地扶贫搬迁实现主体完工47户157人，入住58户203人，危房改造完成验收18户40人。整改整户删除233户476人，其中四类对象41户98人，整户纳入91户244人。全年开展养蜂、养猪、面点技能培训3次，选派20人到省参加贫困村创业致富带头人培训、县级电商及足疗师等技能培训，参训贫困户达270人次。全年发放小额信贷41户130.8万元，发展专业合作社达11家，“合作社＋能人＋电商＋贫困户”的模式共吸收贫困户264户，带动49户种植蓝莓249亩，带动13户贫困户种植三木药材300亩，带动9户贫困户种植烟叶141亩；通过“企业＋大户＋建档立卡户”带动12户贫困户种植甜玉米167亩，有效提高贫困户人均纯收入。发放脱贫帮扶资金157.64万元，低保保障金58.3万元，“阳光助学”补助544人55.5万元，“雨露计划”助学金32名3.2万元，共10名贫困大学新生获得“泛海助学行动”资助共5万元，2人成为县公费定向培养农村小学教师，有效保障了困难家庭学生的义务教育。

【狠抓项目投资　完善基础设施】 全乡全年完成乡政府40套公租房建设；9个村的村级综合服务平台改扩建工程全面开工，基本完成主体建设；茶垭、浸峪、鸡公垭等3个村21户36人的阳光院建设项目已启动，柳杨溪村阳光院完成验收，为8户22人提供了住房保障。全年完成柳浪坪村100米河堤及小桥、陈子界片区千米灌溉水渠建设，惠及136户479人；南湖村安装路灯30盏，村民夜间出行安全保障；浸峪、鸡公垭等村施行窄路加宽项目，已完成25公里路边清坎等工作；完成全乡农网改造项目，保证群众安全用电。全乡全年投入到基础设施建设的资金达2100万元，所有项目均能如期保质完成。

【推进产业转型　实现多元经济】 全乡全年稳定种烟面积607亩，产量75000公斤；蜜蜂养殖总规模达2256箱；发展牛羊规模养殖户10余户，年出栏牛羊550头（只）；发展生猪养殖大户6户，年出栏生猪450余头；稳定养鹅大户1户，养殖规模达到4000余羽；发展养鸡大户1户，养殖规模达到1000余羽；中药材产业渐成规模，发展药农955户，专业合作社5家，种植面积达5200亩；种植蓝莓356亩，油菜、草籽等蜜源植物 1150 亩，甜玉米 356 亩。鼓励龙头企业持续发挥带动作用，由亿元工业企业焱煌粮油食品有限公司带动牛羊养殖行业发展；柳杨溪度假村仅国庆期间便接待游客 1072 人次，实现创收 17 万元；张家界源丰成农业开发有限公司策划的黄林寨度假村项目已完成前期策划，流转山林土地 6000 余亩；中坪村二佬腊香食品加工厂厂房建成。

【改善民本民生　优化生活环境】 全乡控流保学保持全县前列，全年 102 名学生初升高，56 名被普高录取，其中 31 名达到县一中录取分数线；农村适龄儿童就学率达 100%；农村养老保险共 4279 人参保，参保率达 87%；农村新型合作医疗收缴率达 96%。计划生育方面，全年共开展流动人口关怀关爱活动 2 次，宣传相关政策及生殖保健服务 2352 人次；开展流动人口清理 2 次，录入流动人口 1705 人；共落实长效节育措施 67 例，孕前优生健康检查 109 对，出生共计 108 人，符合政策生育率 94.44%。安全生产方面，排查实现常态化，共开展安全检查 30 次，涵盖厂矿企业、食品安全、烟花爆竹经营、道路（水上）交通安全等多个领域，排查安全隐患共计 42 处，及时整改 37 处，真正做到全方位、无死角；安全知识培训季度化，共开展培训 4 次 220 人，开展安全大演练 2 次 500 人次；安全宣传全覆盖，印发各类安全生产文件 1400 余份，悬挂横幅、张贴安全生产标语条幅 61 条，多途径宣传安全生产的法律、法规以及安全防护知识，提高群众安全意识，全年安全事故发生率较低。矛盾纠纷排查调处方面，按照“村每周排查一次，全乡每半月排查一次”的要求，扎实开展矛盾纠纷排查工作，健全完善信访积案化解制度，按照“三到位一处理”的要求，妥善处理重点信访积案，平稳度过“两会”、“一带一路”高峰论坛、十九大等信访维稳重要特护期；通过坚持依法治乡，狠抓普法宣传教育，创新信访机制，积极化解和排查矛盾纠纷，全乡实现无重大恶性案件，无宗族械斗，无重大治安灾害事故，无重大安全事故。环境综合治理方面，共安置垃圾桶 220 个，修建垃圾焚烧池 1 个，组织环保队伍 1 支 14 人，农村生活垃圾集中收集处理率达 90% 以上，及时清运率达 100%；开展集镇亮化行动，成立集镇环境保护工作队，拆除违法遮阳篷 64 家 73 个，在集镇主街道划定临时停车线，确保集镇街道环境综合整治常态化、成果长效化。

【加强自身建设　打造效率政府】 圆满完成 9 个村村支两委换届选举工作，配齐配优两委班子，提升基层队伍核心战斗力。认真抓好“两学一做”学习教育，贯彻学习各项会议精神。深入抓好“161”综合服务平台建设，着力进行村级便民服务网点建设优化；率先进行公务用车专项改革；积极推进农村医疗保险改革；全面推行农村“135”治理模式；发展新党员 7 人，党建经费增长 25%；落实党风廉政建设主体责任，精心开展纠“四风”、治陋习和“雁过拔毛”式腐败问题专项整治行动，严肃查处重点部位、重点环节的腐败问题，各类违纪案件立案 5 件。

（彭恩泽　陈蕾霜）

走马坪白族乡

党委书记：周雪庆

乡长：陈　俊

党委副书记：肖万里

人大主席：刘文斌

党委委员：李　双（纪委书记）

申　岩（政协联络组长）

向贵煌（组织委员）

阎明清（武装部长）

向求岸（副乡长）

副乡长：彭玉银　周怀君

【概　况】 走马坪白族乡位于桑植县东部，东与桑植县竹叶坪乡接壤，北与人潮溪镇、马合口乡相邻，西临空壳树乡，南与武陵源区天子山镇相连，乡政府驻地距县城32公里。全乡总面积132.6平方公里，属亚热带季风气候区，年均气温18℃—19℃，地域地质属泥盆系，地质构造为褶皱扭动性斜裂式，境内植被茂密，森林覆盖面积136500亩，耕地面积11337亩，其中水田6469亩，旱地4868亩。全乡辖前村坪、碾子堡、走马坪、滚水峪、天合、龙洞坪、桂竹垭、广文台、安家峪、叶家桥、护国、向家坪、白石溪、汨湖14个行政村，185个村民小组，5430户，1.92万人，其中农业人口1.7万人，少数民族1.74万人。全乡17个党支部，共有党员589名。

2017年，走马坪白族乡认真贯彻落实市委、市政府和县委、县政府的决策部署，紧紧围绕坚决打赢脱贫攻坚战，与全市同步建成小康的工作目标，团结带领全乡人民，攻坚克难，扎实苦干，各项工作稳步推进。

在取得成绩同时，依然存在许多困难和不足。一是自然灾害频繁，因地处自然灾害多发地区，极易发生洪涝、山体滑坡等自然灾害，导致全乡道路、水利设施损毁严重，村级道路建设滞后，全乡有20公里村道没有拉通，1629户5760人安全饮水问题未解决。二是发展后劲不足，乡级财政十分困难，对经济发展投入不足。三是全乡贫困人口基数较大，尚有964户2863名贫困人口没有脱贫，脱贫攻坚任务艰巨。

【聚准“五个一批”打赢脱贫攻坚战】 1. 精准识别到位。经过突出问题集中整改，全乡实有建档立卡户1567户5049人，其中低保贫困户309户621人，兜底户79户202人。2. 落实结对帮扶工作。全乡1567户，乡政府干部帮扶241户，村组党员干部帮扶653户，建整帮扶单位共帮扶673户。真正做到“四个全覆盖”，并要求每名帮扶责任人要到“六个一”即开展一次入户调查，张贴精准扶贫表示牌，制订一个帮扶计划、落实一套帮扶措施、建立一套帮扶台账、形成一套帮扶成效统计信息。3. 扎实推进“两不愁、三保障”。实施“阳光助学”工程，为全乡1077名学生提供助学保障。易地搬迁主体完工44户138人，危房改造完成145户，修建阳光院3个。4. 探索村集体经济发展。以产业带动脱贫，做大做强扶贫产业基地，发展现代村级集体经济带动贫困户脱贫致富，共打造产业基地6个。

【聚拢综合要素　发展全域旅游】 走马坪白族乡高度重视旅游村寨和旅游项目的建设，紧抓旅游发展契机，采取可行措施，切实推动民族传统文化传承和发展。一是顶层设计，高位推进。继年初，邀请张家界市规划设计院对全乡旅游发展进行总体规划，针对天子河风情村寨及跑马场项目进行详细规划。同时，围绕天子河风情村寨建设，突出生态文化、民族文化两大亮点，重点打造白族文化品牌，努力发展文化旅游业、休闲度假业、民族展演业、工艺文化业等产业。二是实施项目，带动战略。编制张家界汨湖湿地公园、村寨保护工程、集镇穿衣戴帽等项目规划，对“天子河”流域实施水毁工程，对河道环境进一步治理。积极争取天汨公路早日开工，该项目已列入县“十三五”规划，红枫小镇已签署框架协议。

【聚力经济发展　引领产业升级】 1. 以基本产业建设为依托，发展水平稳步提升。2017年，有烟农户60户，种植烟叶800亩；发展养殖乌鸡、土鸡大户达15户，产值300万元。2. 以特色产业建设为突破，发展后劲持续增强。形成油茶、中药材、苗木、特色养殖业等主导产业，农业适度规模经营年增长率为50%。油茶产业，采取公司、大户承包、村引导户管理等多种经营模式，培管油茶2000亩。特色养殖业，引进野猪、山羊、蜜蜂等特色养殖，全乡发展蜜蜂1200箱。依托金凰药材种植专业合作社，带动46多户贫困建档立卡户种植木瓜、虎杖、七叶一枝花等药材1200亩。3. 以基础设施建设为主体，发展成果普惠于民。2016—2017年，累积拓宽改造村道路19公里，硬化水泥路8公里，全乡71%的组通水泥路（还有护国村后峪组，碾子堡村苦竹溪和碾子湾组，叶家桥村姚家湾组，安家峪村万家峪组未通公路）。全乡农网改造完成，100%的自然村实现安全用电。完成向家坪、天合、龙洞坪、走马坪村、前村坪等人畜饮水工程，铺设供水管道35.8公里。新修和修复灌渠19公里，维修加固选明台、小湾、吴家湾等山塘5个，农田灌溉和防汛抗旱条件较大改善。

竹叶坪乡规模养殖的山羊

【聚心构建和谐　打造幸福走马坪】 1.优先发展社会事业。坚持把教育摆在优先发展的战略地位，加强各学校基础设施建设，启动文化广场建设项目，组建村级文化队，定期举行广场舞、民族舞、桑植民歌等比赛活动，大力发展群众文化活动，传承白族文化。新建走马坪片区公共卫生服务大楼，并结合“161”平台建设完善各村级卫生室设施。2.狠抓信访维稳。重点抓好安全生产、信访接待、治安管理、纠纷排查、道路交通、禁毒及反邪教活动等工作，无大的安全隐患，无大的安全责任和道路交通事故，全乡安全生产形势稳定。3.扎实开展土地确权工作。按照“政府统一领导、部门分工协作、地方分级负责、各方共同参与”的原则，统筹安排，精心组织，全乡16000多亩现场作业完成。

【聚牢党心民心　夯实基础建设】 1.抓好村支两委换届工作。严格按照县委、县政府的部署要求，精心组织谋划，依法规范操作，于6月2日顺利完成村支两委换届工作。没有因换届引起一起县级以上信访事件，完全实现组织意图。2.严格落实“三会一课”等各项学习制度，加强党员干部教育培训，提高党员干部政治思想觉悟。定期开展“主题党日”活动，增强党组织的凝聚力和战斗力。3.扎实开展“两学一做”学习教育活动，进一步提高思想认识，筑牢思想政治基础。

（向俊儒）

人潮溪镇

党委书记：陈　斌

镇长：吴友信

副书记：胡平国

人大主席：向　科

纪委书记：陈　湘

组织部长：唐妙玲

宣传统战：覃　棱

武装政法：王晨曦

副镇长：钟海涛　叶　芳　陈克锋

【概　况】 人潮溪镇位于桑植县东北部，距县城72公里，桑石公路穿境而过，东南与慈利县三合镇毗邻；南与竹叶坪乡、慈利县赵家岗乡交界；西与走马坪白族乡、官地坪镇接壤；北与常德市石门县和湖北省鹤峰县毗连。总面积317.2平方公里，辖17个建制村，196个村民小组，5850户，总人口17100人，主要民族有土家族、白族、黎族、苗族、汉族等。属于江垭库区移民镇，移民人口约占总人口19%。地形以山地为主，海拔从200米至1571米，耕地面积19953亩。

人潮溪，山清水秀，景色宜人，生态宜居。属省级生态乡镇，境内植被原始，物种多样，尤其榉木、金弹子、黄杨、竹叶楠、红豆杉、水杉、珙桐、银杏、黄杨木、迎客松等珍稀树种分布广泛；有国家级保护的珍稀动物多种，如穿山甲、猕猴、果子狸等。溇水绕乡缓流，水域面积达680公顷，玉女峡、棓子溪、夹河湾、五里溪、一线天、落响潭、中里石林、万人洞、抱儿岩、南滩草场、南滩水库、白砥城遗址、邓土司署衙官屋场等多处风景名胜，令人流连忘返。

人潮溪，人杰地灵，文化悠久，物产丰富。《冷水泡茶慢慢浓》《太阳出来照白岩》《螃蟹歌》等名曲都发源于此，走出以向佐绒为代表的一批桑植民歌传承人。具有400年历史的特色民间艺术《嫋草锣鼓》发展有2名传承人。境内居民仍保留着“请神”“送神”等原始遗风和哭嫁、过赶年的民俗习惯。

人潮溪，恒以立业，多业并举，绿色发展。境内烟叶、茶叶、畜牧水产、苗木、高山蔬菜、风能、水能、草场等资源丰富，其中“桑植萝卜”经农业部认证为国家地理标志保护产品，获得国家农业部绿色认证和地标认证，产品远销长沙、广州、深圳、香港等地，深受客商好评；烟叶1.1万亩、产烟130万公斤，为全市第一烟叶镇；水面养殖规模、效益凸显，银鱼、大鲵、黄金甲、中华鲟等名贵鱼种相继落户。

近年来，山上栽烟，山腰植茶，山下育苗，水中养鱼，水面休闲，“短中长”相结合，立体生态开发，烟叶、茶叶、蔬菜、养殖四大产业齐头并进，形成良性可持续的生态循环发展模式。坚持“基础提质，产业增效，环境改善，队伍优化”的服务理念，一心一意抓建设，聚精会神谋发展，为实现“农业兴、农民富、农村美”的小康建设目标和谐奋进。

2017年，人潮溪镇成绩显著，但也存在一定不足，主要表现：1. 基础设施建设不够足。特别是交通条件仍显落后，从人潮溪集镇到桑植县城需2个小时，到南滩草场需要1.5小时以上，严重制约农业、旅游产业发展。2. 经济综合实力不够强。虽然经过合并，全镇经济总量上升，但人均水平低，财政收支压力大。3. 经济发展环境不够优。突出表现在部分群体与广大群众，集镇与农村发展不相称，人民的精神生活与经济发展不相称，信访维稳的任务十分艰巨。4. 城镇建设管理不够好。城镇建设与管理相对滞后，基础设施仍无法满足需要，抵御自然灾害能力不强。

【村支两委换届顺利完成】 2017年3月至7月，人潮溪镇完成村支两委换届选举，共产生新一届基层党组织班子成员101名，女性委员25人，占24.75.4%。通过换届选举，新一届基层党组织班子的文化程度、年龄结构、女性委员职数均有较大改善，政治坚定、工作务实，具有较强综合素质的年轻党员进入各村党支部领导班子，班子的整体素质和战斗力提高，村党支部在村民自治中的核心领导地位进一步巩固和加强。

【脱贫攻坚工作扎实开展】 1. 大力发展旅游业，打造“环溇水河观光旅游带”。在分水岭—石门埡一线，溇水河、溪沟沿河“两岸”，以罗柳茶园为主的罗柳—西莲东线旅游观光点、以中里大峡谷为主的风儿界—中里中线旅游观光点、以白石南滩百亩花海为主的北线旅游观光点以及辖区内的果园、菜园、茶园的这“一线两岸三园多点”范围内大力推广紫云英花海种植项目，已落实3160亩，遍布全镇17个村，由专门的技术人员指导种植培训，由帮扶企业统一收购，每年预计可增收200多万元。2. 引导群众积极参与“一村一品”特色产业项目，通过小额扶贫贷款，以奖代补支持群众自主创业，实现户户有产业、人人有技术，全面落实精准脱贫的帮扶政策。对贫困户种植、养殖等项目实行“真金白银”的奖励补助，全年共打卡发放173.3万元，支持小额信贷发放385万元。3. 全力推进住房保障。一是危房改造方面，2017年完成农村危房改造565户，大大改善农村住房困难群众的居住条件和生活环境。二是易地搬迁方面，安置103户310人的朱家铺易地扶贫搬迁集中安置点“三通一平”及附属工程建设完成，房屋全部建设；25 个适度规模安置点已进入招投标环节。

【产业规模集约发展】 1. 产业结构质量持续优化。烟叶、茶叶、蔬菜、养殖四大产业齐头并进。全乡种植烟叶 1 万亩、产烟 75.5 万公斤，实现产值 2600 万元，受益贫困户 298 户 595 人；茶叶 12000 亩、产量 10 万公斤，产值 3500 万元，受益贫困户 3926 人；水产养殖产量 60 万公斤，产值 1200 万元，畜牧养殖产值 2700 万元，受益贫困户 51 人；高山蔬菜种植 0.6 万亩，产值 1200 万元，受益贫困户 370 人。2. 产业发展增效显著。一是茶叶产业争取到省重点产业项目支持 785.2 余万元，3926 名贫困人口采用委托帮扶的模式，人均每年增收 400 元。二是通过蜂蜜产业将所有贫困人口的增收实现第二次全覆盖，即通过村社合一的办法，将直接帮扶资金与后盾单位支持资金及镇政府争取投入资金进行有机整合，全镇新增种植蜜源植物紫云英 3160 亩，油菜 1560 亩。三是整合高山果园、高山茶园、三木药材、畜牧养殖、水产养殖、乡村旅游、高山雪莲、魔芋等其他产业，达到村村有扶贫产业，户户有增收项目，将所有贫困人口脱贫增收实现第三次产业脱贫帮扶全覆盖。通过以上产业实现贫困人口多渠道增收，在确保 2019 年全镇脱贫的同时，带动其他农户共同增收，为同步全面建成小康奠定坚实基础。

人潮溪镇 2017 年茶叶分红发放仪式

【全面小康建设稳步推进】 1. 经济建设快速增长。土地流转新增流转面积 1251.47 亩，农业适度规模经营增长率已达到 10.00%；新成立 4 家农业专业合作社，年增长率达 12.90%；年度贫困人口下降幅度为 39%，年度贫困发生率为 10.63%，城镇化率方面，常住人口为 11696 人，其中城镇常住人口 4349 人，城镇化率达到 37.18%；乡镇总体规划 2014 年已完成规划编制和批复，覆盖率已达 100%。2. 人民生活水平全面提高。农村居民人均可支配收入 8305 元，同比上年增长 10%，全镇农村人口 17100 人，自来水普及人口为 12850 人，实现农村自来水普及比率 75.1%；行政村客运班线只有 2 个村没有直达客运，通达率达 88.24%。3. 文化教育事业蓬勃发展。全镇综合教育质量提升显著。2017 年人潮溪学校初中综合教学质量名列全县第一，白石学校名列全县第三，西莲学校名列全县第五。4. 卫生计育工作全面铺开。2017 年，全镇基本医疗保险覆盖率为 96.04%，医疗网点覆盖率达 112%。参加新农合人数 15304 人，参合率 97%。出生人口符合政策生育率为 95%，孕前优生健康检查完成率达 100%，5 岁以下儿童死亡率 0‰。5. 社会保障工作公正覆盖。2017 年全镇享受农村低保 355 户 660 人，低保金支出 120 万元；新型农村养老保险实现参保 7925 人，参保率 89.2%，年均收缴 79 万余元。发放困难救助金 4 万元。6. 生态建设日新月异。开展城乡大环境整治“百日行动”，督查整治脏点 400 余处，实施城乡河道治理 1 条，治理畜禽养殖污染户 1 家，集镇污水处理率达 80.54%；农村垃圾集中处理率达 82.4%；年度造林绿化任务完成率达 100%。7. 民主法治建设稳步提升。全镇农村村委会依法自治达标率为 100%；社会安全指数为 100%，刑事犯罪人数 3 人，无一起交通、火灾、生产安全、群体性食品安全事故。8. 社会大局和谐稳定。通过创建“平安”人潮溪，全面落实网格化管理，积极开展禁毒和反邪教工作，排查重点矛盾纠纷

28起，开展食品药品安全检查7次，开展安全生产“安全生产月”、大排查大整改“百日会战”等专项行动9次，杜绝“三无”车辆、船只非法运营，共排查安全隐患23起，发出整改通知书3份，全年未发生一起安全责任事故。

【重点项目成绩斐然】 1. 大力发展清洁能源。引进龙源电力集团股份有限公司，完成南滩草场风能发电项目设计、环评等前期工作，即将进入实质性施工建设阶段；光伏发电产业正在进行大力招商。2. 全力完善基础设施。公租房、公租房配套设施工程、集镇街道提质改造项目全部进入招投标环节；人潮溪标准化烟站主体已完工，完成8个阳光院工程，另有2个正在加快建设；“161”平台建设稳步推进；石溪景观公路提质改造、官瑞公路二期等重点项目开工在即。3. 努力开展招商引资。溇水风景区开发与湖南大水投资控股有限公司达成战略合作意向；吉首一两金茶叶公司到人潮溪镇进行古茶园保护与开发，开辟茶旅融合新天地，推动乡村旅游事业发展。

（覃　棱　彭丽娜）

官地坪镇

党委书记：张　锐

副书记、镇长：吴秀明

副书记：向　党

党委委员：王　健（人大主席）

党委委员：刘上瑜（宣传统战、政协联络组长）

向平波（纪委书记）

邱德帅（组织委员）

郁传忠（政法武装）

罗立功（副镇长）

副镇长：程国平　邓　萍

【概　况】 官地坪镇位于桑植县东北部，距县城48公里，东与湖北铁炉交界，西与马合口白族乡毗连，北与人潮溪镇相邻，是湘鄂边贸经济交易中心。全镇总面积211.83平方公里，辖16个村，1个居委会，6210户，24111人。

官地坪镇是桑植县优势产业聚集区，烟叶生产、畜牧养殖为支柱产业，分别位居市、县第一；桂花、魔芋、娃娃鱼等新型产业齐头并进，行业特色明显。全镇交通便利，是官瑞二级公路终点站。官地坪镇旅游资源丰富，梯市河、夹河湾、罗洞书院等风景名胜，人们慕名而至。

【产业发展稳中求进】 2017年，全镇种植烟叶6000亩，产烟63.5万公斤，实现产值1900万元。养殖蜜蜂5000余箱，产蜂蜜1.25万公斤，产值250万元。大力发展莓茶产业，成立美南中药材种植合作社，自产自销，梯市村种植莓茶260亩，年销售莓茶750公斤，收益30万元。招商引资，开发梯市河、夹河湾等旅游资源。

官地坪镇会马洛高山烟叶及标准化烤房

【基础设施日臻完善】 1. 管网改造工程。对官地坪集镇、富平村、铜矿村等地实施管网改造，新建水窖43个，铺设饮水管道13公里，完成水流村的网改任务，一定程度地解决了居民饮水困难问题。2. 农村公路建设。共投入228万元，完成富平村10.8公里，中坪村1.5公里窄路加宽建设；争取资金120万元完成铜矿至黄山峪7.3公里的毛路建设。3. 成功申报、有序推进官地坪镇客运汽车站、污水处理项目、省际边界口子镇专项发展项目、金叶路提质改造建设项目、农村公路建设等10余个项目，有力推进了城镇一体化进程。

【脱贫攻坚做有实绩】 2017年，完成脱贫人口401户1319人，贫困村富平村顺利退出。共解决864人的住房保障问题，其中危房改造159户527人，易地扶贫搬迁98户337人。全年共对3867名贫困人口落实帮扶资金290万元。192户贫困户发放小额贴息贷款655万元。举办劳动技能培训2期、养蜂培训8期、烟叶生产培训2期、电商培训3期，共培训建档立卡贫困户达1100人。

【环境治理卓有成效】 成立镇环境治理领导小组，全面实行农村环境卫生治理网格化管理和集镇环境秩序常态化管理，全年共新增垃圾桶130个，配备12立方米的垃圾压缩车1台，实现集镇车辆归位、坐商归店、行商入市，农村一日一检查、一月一评比、一季一奖励机制常态化。

（向师帅）

马合口白族乡

党委书记：李久胜

副书记：王苍波

纪委书记：谷　丽

党委委员：丁　琼　钟　诚

武装部长：刘耀辉

人大主席：邹　勇

乡长：钟　敏

副乡长：黄明攀　向雪娟

【概　况】 马合口白族乡地处桑植县东北部，武陵山脉北段，东邻官地坪镇、走马坪白族乡，西、北与芙蓉桥白族乡接壤，南抵空壳树乡，官瑞公路穿乡而过。乡政府驻地梭子丘村距县城28公里。乡域总面积119.18平方公里，全乡总耕地面积15137亩，其中水田面积7241亩，旱地面积7896亩。辖9个行政村，155个村民小组，总户数4967户，总人口15572人，其中白族13723人，占总人口88%，境内为典型喀斯特岩溶地貌，多山峦、溶洞，地势复杂。林业资源保护较好，植被以松、杉等常绿针叶林及其他常绿和落叶阔叶林乔木为主，林内松脂油、菌类等产品丰富。全乡经济以农业经济发展为主，主要种植稻谷、玉米、红薯、莓茶。

马合口白族乡生态文化旅游资源丰富，境内有双泉水库、五龙湖水库、自生桥、芦阳梯田、将军洞、茶马古道、茶场天池等自然景观，野生动植物种类繁多，山地旅游资源丰富。白族文化生态保存较为完整，具有广阔的白族民俗文化旅游发展前景。

2017年，按照“文化名乡、产业富乡、绿色发展、全面小康”的总体发展思路、发展定位、发展目标和发展要求，全乡经济社会发展良好。绩效考核为全县一类单位，被评为全面小康社会推进工作先进单位、社会管理综合治理先进单位、先进基层党组织、全市“十大平安”系列创建示范单位，无邪教创建获省、市表彰单位，计生工作获全县先进单位。

【基础设施不断完善】 结合官瑞公路改造，以及市委组织部和市经投集团公司、县委组织部、县检察院驻村帮扶等契机，马合口白族乡大力推进集镇建设，投入资金3000余万元，基本完成梭子丘村集乡街道改造，麦地坪、梭子丘、马合口等三个集镇村白族文化活动中心建设；启动马合口村集镇改造、政府公租房、“161”平台建设、梭子丘“六区六化”改造。共争取资金1000余万元，完成农田水利、水毁道路等基础设施整修，完成政府办公楼改造、马合口敬老院、麦地坪卫生院、马合口中心幼儿园、刘家寺村活动中心等建设任务，新修烟叶、茶叶等产业道路9.5公里。基础设施的不断完善，有力拓展了马合口白族乡集镇发展空间。

【产业发展初显成效】 按照“烟叶一个片、茶叶一座山、蜂蜜一条界、莲藕连三峪、苗木几架岭、养殖遍全乡”的产业发展思路，把发展农业产业作为精准脱贫的动力机、全面小康的助推器。9个村均确定自己的集体产业，青峰溪村的180亩莓茶、马合口村的300亩红薯、梭子丘村的200亩莲藕、双泉村600亩野茶开发等，都已基本完成或开始基地建设。鼓励培育企业和大户，新增土地流转500亩，新发展合作社2家，50亩以上特色种植大户8户。截至年底，已稳定烟叶种植1000余亩，野茶开发650亩，蜜蜂养殖1000余箱，莲藕300余亩，苗木800余亩，100头（500只）以上养殖大户5户，乡域小型企业6家，农民专业合作社10家。

【旅游开发势头良好】 马合口白族乡进一步解放思想，转变观念，主动对接、积极融合全市旅游业发展大舞台，立足本乡资源优势，结合市委组织部驻村帮扶的契机，实施文化旅游扶贫战略，将梭子丘村作为“湖南白族第一风情小镇”打造目标，制定“六区六化”战略规划（“六区”是指一期梭子丘白族风情老街旅游综合体发展区，二期五龙湖休闲度假垂钓区，三期将军洞野外素质拓展体验区，四期荷花湿地公园摄影写生观光区，五期房车营地自驾度假建设区，六期山地中药材、贡米、花卉苗木、特种养殖产业园区。“六化”是指逐步推行形象整洁化、建设规划化、街道生态化、店铺产业化、房屋民族化、风格风情化），筹措资金1000余万元，完成街道路面、地下管网、杆线入地、人行道与白族民居改造、安康小区、文化广场、文化墙、路灯、亮化等项目建设，并带动社会民间投入资本600多万元，建成梭子丘白族大酒店、梭子丘白族主题客栈、老街白族旅社、五龙湖旅游度假山庄、梭子丘夜市、蝴蝶泉铁板烧、梭子丘白族旅游餐厅、白族茶馆、老街纯米酒坊、家家红大型超市、梭子丘餐馆、白族刺绣等商业载体，打造极具白族魅力、白族风情、白族底蕴的“梭子丘白族风情老街”，是城市居民乡村观光、休闲、度假、娱乐和购物理想之所。

【文化事业蓬勃发展】 马合口白族乡是全县白族人口最早迁入地，境内有白族宗祠、钟氏祠堂迁一大院等文物保护单位，境内居民至今保留着跳仗鼓舞、唱傩愿戏、赶庙会等白族传统习俗，是湖南白族“仗鼓舞”“游神”“九子鞭”“板凳龙”的主要传承地。国家非物质文化传承人钟必武致力于白族仗鼓舞的教学传承。2017年，梭子丘村村妇联主席、计育专干谷月春获“全国优秀农家书屋管理员”称号。马合口白族乡组团参加“欢乐潇湘·民歌桑植”、欢乐闹元宵、县八运会，“欢乐地虎凳”荣获全省一等奖；实现了白族歌舞进校园；成功举办梭子丘村迎新春家庭文艺展演、刘家寺村春节联欢会、麦地坪村、青峰溪村庙会等白族特色的文化活动；争取村村通160多套，宽带信息服务覆盖9个村，群众文体生活更加丰富。

【梭子丘白族风情老街开街】 梭子丘村以市委组织部驻村帮扶为契机，依靠自身资源优势，实施文化旅游扶贫战略，建成了一条极具白族魅力、白族风情、白族底蕴，形象整洁化、建设规划化、街道生态化、店铺产业化、房屋民族化、风格风情化的“梭子丘白族风情老街”如期建成。

2017年7月1日，马合口白族乡在此举行庆祝建党96周年暨梭子丘白族风情老街开街、白族

马合口白族乡梭子丘白族风情老街开街剪彩

马合口白族乡梭子丘白族风情老街开街文艺表演

马合口白族乡梭子丘白族风情老街开街长龙宴

大型演出《马合口故事》开演仪式，宣告梭子丘白族风情老街开街。市委常委、组织部部长艾可知和县委书记刘卫兵出席活动，共同为梭子丘白族风情老街揭牌。市县领导王光明、熊卫国、蔡昌顺、陈瑞、王云、陈海涛、王茂蓉、钟照寰参加活动。开街后接待党建考察、扶贫考察、文艺采风、大中小型旅游团队等游客1.6万人，成为扶贫工作的新亮点，拓宽了群众脱贫致富路。

（庹树琴）

芙蓉桥白族乡

党委书记：夏成明

乡长：朱利国

副书记：郭星阳

人大主席：覃爱兵

纪委书记：周宗善

武装部长（政法委书记）：唐非凡　刘文武

组织委员：朱曦

副乡长：钟易军　屈晓芹

【概　况】 芙蓉桥白族乡位于桑植县东北部，距张家界市区62公里，离桑植县城19公里。全乡国土总面积205.55平方公里，辖13个行政村，216个村民小组，总人口1.93万人，其中白族占85%以上。辖芙蓉桥、金藏、淋溪河三个片区。其中芙蓉桥71.2平方公里，金藏41.8平方公里，淋溪河92.5平方公里。境内山清水秀，人杰地灵，资源丰富，是张家界国家地质公园的重要组成部分，出土了“世界恐龙之父”无牙芙蓉龙的化石。素有“大鲵之乡”之称，是娃娃鱼的理想栖息繁衍之地，属国家级大鲵核心保护区。乡内白族风情浓郁，是湖南省白族中心乡镇、桑植白族区域文化中心，被列为桑植县白族文化生态保护区和国家级非物遗产仗鼓舞保护区。

芙蓉桥白族乡经济以农业为主，随着国土整治、农开项目的实施，农田灌溉功能提升，生产条件极大改善。芙蓉桥白族乡狠抓落实，敢于担当，为全力打造“民俗生态文化名乡，旅游休闲宜居新乡”而努力奋斗。在扶贫政策和西线旅游政策的支持下，芙蓉桥白族乡油茶、养蜂、黄桃产业得到蓬勃发展。

2017年，芙蓉桥白族乡按照县委、县政府各项工作安排和相关要求，以党建工作的开展为抓手，创新工作模式，制定“星星闪耀芙蓉”大型党建促进全面工作活动方案，重点开展农开项目、官瑞公路建设、建整扶贫等工作，创新工作模式，建立村干部绩效考核机制，致力打造平安、清洁、快乐、党群关系融洽的美丽和谐乡镇。努力构建干部清正、政府清廉、政治清明的新风尚，切实改善生产生活环境，促进农民增收，努力实现全乡经济、社会事业的全面发展。

通过土地流转、大户带动、发展专业合作社等方式，打造蜂蜜、大鲵、黄桃、烟叶、黑猪五大支柱产业，新增农业大户5户，年末，全乡农民人均可支配收入达8305元。贫困人口脱贫完成县下达的任务目标。

【基础设施后劲增强】 2017年，芙蓉桥白族乡党委、政府在基础设施建设上切实抓住、抓牢一切外来资源和发展机遇，投入大量人力物力财力改善群众的生产生活条件，为持续发展增强后劲，争取资金不断完善全乡的基础设施。淋溪源、上坪、夹河坪三村的村级平台建设10月完成；易地搬迁在积极进行；福建坡、高阳、芙蓉桥、银屋、合群、淋溪河、下坪、大庄坪等8个村实施垃圾连片治理；淋溪源、夹河坪（四围、大洞溪）、淋溪河（棕树峪）、上坪等4个村的电网改造项目落实。

芙蓉桥白族民族风情街

【教育医疗极大改进】 1. 扩大基本医疗保险覆盖率，成立新农合收缴工作领导小组，实行责任落实的工作机制，确保农保收缴完成；2. 完善医疗服务体系，提升公共卫生服务水平。加强对村级卫生室的管理，强化执业医生的业务培训，方便群众就近就医、安全就医。5月，对0—8岁儿童及65岁以上老人健康免费体检。3. 重视学校教育。健全“控辍保学”工作长效机制，认真摸底调查，加强贫困学生的帮扶教师及干部联系，推进九年义务教育均衡发展，积极开展扶贫助学，不让一个孩子因贫困而失学。

【农业产业发展稳定】 全乡粮食种植面积达10394亩，其中水稻5372亩，玉米5022亩，农民良种补贴13万元，农业发展得以加强。充分发挥地区资源优势，在大庄坪、高阳、庹家岗、福建坡、芙蓉桥等5个村种植油茶1080亩。在金藏片区烟叶年种植1380亩。在大庄坪村发展黄桃水果产业400亩。全乡228户个体户、78个运输户，从业人员达834人。在稳定传统种植业的基础上，紧抓特色产业不放松，不断挖掘新兴产业，农民增收效果显著。大力实施“523行动计划”，发展大鲵特色养殖产业，采取“公司+基地+合作社+农户”模式，支持张家界金鲵公司发展，并依托该公司的技术优势，在鼓励大户发展的同时，积极引导散户参与娃娃鱼人工驯养，以推进娃娃鱼产业化建设，全乡有62户从事娃娃鱼养殖，娃娃鱼养殖存池1.2万尾。

【全力以赴促脱贫攻坚】 2017年，全乡有贫困村8个，建档立卡贫困户1912户、5829人，任务艰巨。因此，市县后盾单位鼎力支持，乡党委、政府积极指导，引导村支两委制定扶贫“网格化”管理模式，层层压实扶贫责任，切实加大精准扶贫力度。通过后盾单位的帮扶，文化、党务等工作明显加强，村民凝聚力极大增强，配强农村干部班子，改善水电路建设，发展壮大产业，提升公共服务，后发赶超，摆脱贫穷落后面貌。同时，稳步实施贫困人口脱贫工作，结合产业扶贫，确保贫困农户逐年降低。在精准扶贫突出问题集中整改期间，乡党委、政府班子成员联村，深入开展整改工作，入户调查做好低保五保评审、易地搬迁及危房改造安排，保障让最底层、最需要的群众受益，住有所居、老有所养。

【村支两委换届工作顺利完成】 2017年，芙蓉桥白族乡将村支两委换届选举作为进一步加强和改进农村基层组织建设，提高村级班子整体素质，健全和完善村党组织领导和村民自治制度，全面推进社会主义新农村建设，构建农村和谐社会的重要契机，高度重视。组织工作人员深入农村基层一线，严格遵循选举程序，通过召开座谈会、个别访谈等形式，广泛征求基层干部、党员和群众对本次村“两委”换届选举工作的意见和建议，特别是对换届选举工作中面临的新情况、新问题进行深入调研，取得一定成效，全乡13个村顺利完成村支两委的换届工作。

【全力以赴进行农村环境治理】 芙蓉桥白族乡为加强环境综合治理，打造宜居宜业的白族特色乡镇，加大环境治理力度，保障资金、人员、设备，致力建成集镇清洁、河道干净、村容美丽的生态乡村。一是宣传引导，激发群众参与美化家园的积极性，自觉形成讲文明、讲卫生的良好风气，打造清洁卫生环境。二是科学处理污水、填埋垃圾，实行垃圾集中存放，统一清运处理，实现无害化处理。三是鼓励先进，对乡直单位、各村卫生实行定期考核和不定期督查，充分调动开展环境治理工作的积极性。

（甄　琪）

刘家坪白族乡

党委书记：龚召君
乡长：钟吉锋
副书记：钟吉锋　庹和盛
纪委书记：刘晓军
党委委员：钟秀丽　熊朝云
武装部长：熊朝云
副乡长：郑世顺　熊　星

【概　况】 刘家坪白族乡位于桑植县东南部，距县城8公里，东邻芙蓉桥乡，南连瑞塔铺镇，西抵澧源镇，北接洪家关乡，总面积38.2平方公里，耕地8596亩，其中水田6556亩，旱地2040亩。辖6个村，114个村民小组，总人口11297人。属省级“安全生产示范乡镇”“省级生态乡镇”。

2017年，全乡村村组组通公路，农村100%实现安全饮水，集镇化率达38.34%，社会安全指数达100%，村委会依法自治达标率达100%。农村人均可支配收入达7945元。

刘家坪白族乡村级服务平台建设

【社会事业有条不紊推进】 2017年，规范发放低保、五保和医疗救济救助共计109万元；全面完成贫困残疾人录入工作；全乡农村低保540户861人，城市低保20户26人，特困供养人员73人，其中集中供养人员25人。人口出生163人，政策内9人，符合政策生育率94.48%，共落实节育手术99例。

【产业发展提交新答卷】 1.引进光伏产业，光伏扶贫项目位于新阳村油炸峪组，是省军区驻村帮扶工作队争取的全县第一个光伏扶贫项目，该项目总装机容量100千瓦。年创村集体经济收入10万元。2.发展基础产业，成立禾佳生态有限公司，并以禾佳生态有限公司为基地，紧紧围绕农业增效、农民增收这个中心，以优化产业结构为重点，把发展特色产业作为脱贫攻坚的重要措施，打造农村农业经济发展新格局。成立海慧专业合作社、财源技术养殖专业合作社等专业合作社8家，发展养殖大户7户，发展蔬菜523亩，养殖豪猪60头，蜜蜂260箱。同时，还实现了农村剩余劳动力，特别是建档立卡贫困户劳动力能就近务工，增加经济收入。

【"三联三转三攻坚"取得新成效】 对照县委、县政府下达的"5大类13小类22个指标"目标任务，严格责任，狠抓落实，取得较大成效。一是抓产业优化升级。新增土地流转500亩，发展农民专业合作社1个，农民专业合作社增长率为10%。发展蔬菜523亩。二是助力脱贫攻坚。成立刘家坪白族乡脱贫攻坚指挥部，以及6个建制村脱贫攻坚领导小组，实行挂图作战，明确时间表、路线图。完成建档立卡户系统数据录入、系统核准。2017年11月18日起至11月27日，在全乡范围内开展精准识别整改工作，共计清理出不符合条件的及"四类对象"共计414户796人，并通过正规程序新补增707人并在12月2日前完成核准及录入工作，确保了建档立卡户的数据真实准确。完成阳光院修建一栋共10套安置7户24人，易地连体搬迁11户，危房改造投入150万，完成改造154户，"雨露助学计划"资助贫困学生3人。

【党风廉政建设常抓不懈】 1. 扎实开展"两学一做"学习教育四个专题，认真学习习近平总书记系列重要讲话精神，坚持理论武装头脑，指导实践工作。2. 加强组织阵地建设。顺利完成乡党委、人大、政府换届，班子战斗力增强。3. 履行党风廉政建设主体责任。乡纪委接县纪委转办违纪信访5件，已回复3件，立案2件，完成3件。4. 狠抓违规赈酒。年初，乡纪委与全乡党员和党员领导干部签订了《违规赈酒责任状》，全年没有发生党员和党员领导干部违规赈酒。5. 开展"雁过拔毛"和"纠'四风'、治陋习"专项整治工作，重点遏制机关干部的不正之风和腐败问题。

（周业萍）

洪家关白族乡

党委书记：胡　辉

乡长：钟科学

副书记：王贞尧

人大主席：樊卫真

党委委员：程传章（副乡长）

谷　盼（组织）

李成杰（宣传统战、政协联工委主任）

张业红（纪委书记）

袁二明（武装部长）

副乡长：尚本祥　李仁权

【概　况】 洪家关白族乡地处桑植县城北部，东与芙蓉桥、刘家坪白族乡交界，南与澧源镇毗连，西与利福塔、陈家河镇接壤，北与桥自弯镇相邻。洪家关白族乡是贺龙元帅的故乡，是全国30条红色旅游精品线路之一，是全国100个红色旅游经典景点之一，是"全国民族体育先进乡"，张家界市第一批特色旅游风情镇，省级环境优美乡镇。

洪家关白族乡坚持"创新、协调、绿色、开放、共享"的发展理念，以奋发有为的精神面貌，凝心聚力，务实创新，在全县实现率先整乡脱贫、率先建成小康社会，稳步打造美丽帅乡、项目帅乡、文化帅乡、生态帅乡、平安帅乡。

2015年12月区划调整，打鼓泉乡并入洪家关白族乡，成立洪家关白族乡，总面积147平方公里，耕地面积22618亩，以种植水稻、玉米、豆类为主。辖23个村民委员会，318个村民小组，共3.44万人，有白族、土家族、苗族、汉族等民族，其中白族占总人口的70%。

2017年，积极响应市委、市政府号召，找准坐标、找到对标，助力于张家界市在建设以"锦绣潇湘"为品牌的全域旅游基地中更好地发挥龙头作用，围绕县委"旅游融合、产业扶贫、绿色发展"的总体思路，在乡党委、乡政府的正确领导下，全乡干部群众齐心协力、迎难而上，以实现“率先整乡脱贫、率先建成小康”为目标，在强抓党风廉政、助推脱贫攻坚、加强综合治理、增进百姓福祉，改善生态环境等方面取得了卓有成效的进展。近两年来，乡党委、乡政府班子围绕把洪家关打造成为桑植县的红色旅游胜地，围绕“优环境、强基础、兴产业、促发展”的工作思路，结合该乡实际，抓住“美丽乡村”发展的契机，以“红色旅游”为主导，以“特色产业”为主线，以“项目带动”为重点，以“优化旅游环境”为突破口，以“两个率先”为目标，迎难而上，奋勇拼搏，务实苦干，进一步统一思想，转变工作作风，大力抓好农村经济发展，团结带领全镇人民，紧紧抓住重大项目建设机遇，着力推进全面小康建设步伐。进一步加快农村基础设施建设步伐，推进基层组织政治建设，全乡呈现出经济发展、社会稳定、各项事业全面进步的良好局面，在全面建设小康社会的道路上迈出了坚实的一步。

洪家关旅游区开园仪式

【高度重视　狠抓党的建设】 2017年党员组织建具体从三方面开展工作。一是完善党员队伍管理机制，创新党员队伍管理模式。党建工作坚持“书记抓、抓书记”的原则，建立健全基层组织建设的考核机制，增强基层党组织的核心作用。完善“四培四带”评价体系，壮大优化党员干部队伍；在加强党员队伍科学管理上，为每名党员建立考核档案，实行党员积分管理；建立流动党员台账，强化流动党员管理。全乡建立党员工作档案575份，其中建立流动党员工作档案125份。在创新党员队伍管理模式上，成立乡级讲师团，由班子成员、各村优秀党员、驻村干部搭配组成，制订全年讲课计划，定期下村讲党课。在全乡范围内推进“两学一做”学习教育常态化、制度化。解决了一部分党员党性意识弱化、宗旨观念淡薄、组织纪律涣散等问题。引导党员干部自觉坚定理想信念，增强政治意识、大局意识、核心意识和看齐意识。打造党建示范点，新抓“党建 + 旅游”模式。二是加强教育引导，积极开展党员活动日等多种形式的活动，凝聚人心，提升党员荣誉感，充分发挥党员的先锋模范带头作用。在抓好自身建设的同时，着力强化干部队伍素质、工作作风。抓干部素质，通过开展业务培训，提高业务素质、强化服务观念、促使“五心五个一”常态化，共组织开展党员活动日11次，通过红星云，红星网等网络平台学习党建知识的党员达到100%。抓工作作风，全乡共举办座谈会5次、专家讲座2次、观看警示教育片6次开展党风廉政教育，每周不定期进行作风督查，形成高压环境。加强宣传，弘扬党内正能量，辐射非党员干部队伍。全乡通过微信公众号网络媒体电视终端，组织学习十九大系列精神，推送党员建设工作报道共计12篇，优秀党员光荣事迹报道达10余例，大大提升党员在群众心中的地位，影响着其他的非党干部群众，积极参与建设美丽洪家关。

【多措并举　助推精准扶贫】 本着实干兴邦，产业扶贫的思想路线，在贯彻实施精准扶贫相关政策的基础上，多措并举探索旅游扶贫，技术扶贫，精神扶贫助推精准扶贫上新台阶。一是全面贯彻落实扶贫政策、持续推进阳光工程全覆盖、狠抓落实结对帮扶。2017年，全乡政策兜底保障对象1646人，贫困学生助学1400名，为38名贫困人口办理医疗救助，补贴75290元；实施农村危房改造253户；帮助228个贫困农户得到小额信贷扶持超额完成金融扶贫任务870万元。精心组建16个驻村帮扶工作队，选派第一书记，投入2400余万元，用于基础设施建设工程、基本产业发展工程、基本公共服务工程、基本生活保障工程和基层组织建设工程。全乡共有575名党员、干部参加结对帮扶工作，联系贫困户2650户。党委坚持每月召开一次结对帮扶工作推进会，组织落实进村入户帮扶工作的开展。二是大力发展龙头产业，打造优势产品，加快旅游扶贫，增强自身发展新动力。有乡域企业2家、农民专业合作社26家，实现土地流转3230亩。其中，张家界万宝山茶业有限公司与269名建档立卡户村民签订1800多亩土地流转合同，创立“洪家关”县级茶叶示范园项目，覆盖5个村1000余名贫困群众，每年固定分红收益。同时，充分利用各村优势打造优势产品。花园村种植高山有机稻100亩，按照每斤20元的市场价格供应给游客，产值倍增。共种植稻米260亩，95%实现商品化，产值达60万元，人均增收500元，生态稻米供不应求。龙头村利用连片土地，成立水果种植合作社，流转土地160亩，先后种植有机草莓、红心火龙果、葡萄等，仅草莓一项就收益达8万元，带动建档立卡贫困户14户，非建档立卡户14户在家门口实现就业，实现贫困群众持续增收。三是积极组织技术培训指导，转变贫困人口思想观念，提高贫困人口就业率。以缺乏技术的贫困户劳动力为培训对象，分别在乡政府、洪家关村、龙头村举办农村实用技术培训班3期，共计153人参加培训。组织贫困户“两后生”人员参加养殖、种植技能培训班的培训5次。确保贫困家庭劳动力至少掌握1门致富技术，实现依靠实用技术脱贫，有劳动能力的贫困人口就业率达到99.5%。

【确保稳定　加强综合治理】 2017年，成立由维稳、司法、信访、民政、派出所、法庭、国土、经管等部门为组成综治综合中心联动工作队，调解民间纠纷，解决突出问题。全乡共排查调处纠纷462起，调解成功455起；调解疑难重大矛盾纠纷45起；调解协议纠纷涉及金额104.35万元。处理信访案件13件，防止民转刑4件，防群体性事件2件，在乡党委、乡政府的统筹下，司法、国土、公安等部门联合成功调处重大矛盾纠纷8起。妥善解决了土地征收征用、房屋拆迁、环境保护等方面问题，依法打击各类违法犯罪活动，有效维护社会和谐稳定。切实加强安全生产、防汛抗旱，确保群众生产生命安全。从领导重视，责任落实。到周密部署、摸底兜实，再到创新方式，落实责任。全乡安全生产工作成绩突出，无安全事故发生。乡安监站不定期进行安全检查，对违规载客的现象进行不定期的路检路查，举办驾驶员安全培训班，开展“安全生产月”活动，进行道路交通违法行为专项整治行动等活动，全乡群众安全意识明显增强。认真落实防汛抗灾工作，成立防汛抗灾工作领导小组，制定防汛应急预案，通过村民大会、村务公开栏、横幅等形式的宣传，提高群众的灾害防范意识及应急处理措施，实行汛期领导干部职工手机24小时开机和乡政府24小时值班工作制。

洪家关美丽乡村鸟瞰

【关注民生　增进百姓福祉】 1. 完善饮水交通等基础设施建设。2017年，全乡农村自来水普及率达84.2%，为解决部分高山村落居民安全饮水问题，由分管副乡长亲自组队联系专家实际勘察10余次。完成双门岛浮桥搭建并安排干部长期值守确保群众安全通行；疏通打鼓泉片区村道、组道2.7公里；启动打鼓泉片区“窄路加宽”建设工程；全乡客运班线通达率91.30%。2. 完善教育医疗基础设施。落实阳光助学，联合社会人士帮助贫困学生，修缮贺龙中学体育场，2017年，高中入学率达86.9%。新增村级医疗网点3个，医疗网点覆盖率达95.65%，新农保任务完成率达100%。3. 转变计生服务观念，提高人口素质。“全面二孩”政策稳步实施，全年共出生人口378人，政策生育率为92.5%，人口自然增长率控制在正常范围内，各项指标均控制在目标值内。通过妇幼保健知识宣传引导，群众生育观念发生转变，人口素质得到进一步提高。积极组织开展“贫困母亲”“失独家庭”联合救助行动3起，深入推进健康扶贫新政策，计生政策有效回馈社会。在2017年度全县各项考核中排名第一。

【强化管理　改善生态环境】 2017年，根据国家、省、市、县环保部门要求，在全乡范围内开展生态文明创建，成立环境治理领导小组，搞好环境卫生，植树造林，强化污水治理。一是加强卫生整治。通过增加环卫资金投入、加重绩效考核比重、加强环卫工作督导，进一步加大对各村环境卫生整治力度，要求公路沿线各村、集镇村以景区环境要求为标准，其余各村按乡城建办要求，提高认识、下大力气做好环境卫生工作。维护使用好垃圾压缩站、焚烧炉、大型清扫车、冲洗车等卫生设施，聘请99名卫生保洁员，各村全天候保洁，农村垃圾集中处理率达95.7%，对违规、污染环境的产业、设施下达整改通知书，乡城建办实施督促、整改，环境卫生整治工作取得实质性的进展。二是加快植树造林，推进污水处理。年度造林绿化任务完成100%。计划投资48万元，建设污水处理厂，强化污水治理。

（洪家关白族乡）

桥自弯镇

党委书记：姚　磊

镇长：刘芙蓉

副书记：刘江奎

人大主席：胡义云

党委委员：谷精选（纪委书记）

向迎春（组织委员）

张　婵（宣传统战）

罗　斌（武装政法）

副镇长：颜家敖　彭子龙　张秀玲

【概　况】 桥自弯镇地处桑植县西南部，距县城20公里，东界芙蓉桥白族乡，南临洪家关白族乡，西接凉水口镇，北邻龙潭坪镇。东西两侧群峰逶迤高耸，中间一狭长平坦之地，澧水从镇境两边一路蜿蜒穿流而过。相传在很久以前桥自弯境内有一株天生弯曲的古柳树，横跨在干涸的溪沟上，形成一座天然的木桥，供行人过往，故名桥自弯。

2016年区划调整谷罗山乡并入桥自弯，更名为桥自弯镇，总面积116.8平方公里，有水田8194亩，旱地3859亩，林地131745亩，森林覆盖率83.2%。辖14个行政村，184个村民小组，4995户，总人口19236人。全镇以土家族为主，白族、苗族等少数民族聚居。物产资源丰富，境内矿藏10余种。属中亚内陆季风气候，冬暖夏凉，四季分明，盛产水果、蔬菜、中药材。黑山鸡、八月瓜、霉茶等特色产品赫赫有名。是开国中将廖汉生将军的故里，贺龙元帅率部罗峪整编旧址就在镇境，是红色旅游地之一，是经典桑植民歌“马桑树儿搭灯台”的原创地。

2017年，镇党委、镇政府紧紧围绕“脱贫攻坚、全面建成小康社会总体目标”的战略架构，立足镇情，扎实稳进地开展工作，各项工作取得新进展，新突破，新成绩。

【农业经济稳中有增】 加快产业结构调整和产业发展转型，充分利用区位资源优势，抢抓机遇，争取项目、投入资金，带动桥自弯镇经济发展，实现富民强镇目标。1. 以三和村为中心着力发展八月瓜产业；2. 以李家垭村为中心发展中药材产业，辐射三和、柏杨、王家村等村；3. 以龙潭为中心茶叶产业，辐射学堂堡村；4. 以长坪鸭儿池为中心发展黑山鸡养殖业，辐射其他各村，扶持养殖大户。继续引导发展山羊养殖和石蛙、猪等特色养殖业。5. 以松柏村为中心发展养蜂产业，辐射带动各村；6. 以长坪村为中心，大力发展蔬菜产业。7. 以潘家山片区为中心，打造休闲旅游业。2017 年，全镇八月瓜 1000 亩，同比上年增长 500%；莓茶 40 亩，同比上年增长 40%；养蜂 500 多箱，同比上年增长 196%；优质稻 60 亩，同比上年增长 60%；中药材 200 亩，同比上年增长 38%；黑山鸡养殖 1000 羽，同比上年增长 500%；发展蔬菜 200 亩，同比上年增长 58%。

【精准扶贫有序推进】 切实做好突出问题集中整改工作，第一时间召开全体政府干部和各村指挥部成员参加的脱贫攻坚突出问题集中整改动员大会，重点做好“三个精准识别”：一是建档立卡对象识别。本着高标准、严要求的原则对全镇建档立卡贫困户严格把关、慎重筛选，做到应纳尽纳，应清尽清。共清除“四类对象”及识别不准户 447 户 1268 人，新纳入符合条件的贫困对象 95 户 297 人。二是易地扶贫搬迁对象识别。将易地扶贫搬迁对象识别整改与建档立卡对象识别同步进行，对不符合搬迁条件的搬迁对象进行删减，同时将交通不便、无安全饮水保障及地质灾害易发等搬迁区域的贫困户应纳尽纳。三是低保和兜底对象识别。按照上级部署，开展农村低保和社会保障兜底脱贫对象全面精准认定工作。彻底清理农村低保中的不按标施保、“拆户保”、“人情保”等问题，将符合条件的农村低保对象全部纳入建档立卡贫困户，将符合条件的建档立卡贫困户全部纳入农村低保，实现精准认定，精准救助。全镇重新认定低保 206 户 547 人。

【社会事业全面发展】 1. 加强农村公路建设。千方百计筹措资金，抓住国家窄路加宽项目建设的机遇，积极向上争取项目支持和优惠政策，并将项目投入资金、扶持资金、政策奖励及财政、交通、水利等部门的专项资金集中捆绑使用，本着优先贫困村，先易后难、先近后远、先集中后分散，谁有积极性支持谁的原则，发挥村组作用，充分提高人民群众的参与度。2017 年底，全镇村级公路 100% 以上通水泥路，村组公路 90% 以上通水泥路，形成“网络全镇、四通八达、出行便利、货畅其流”的农村交通环境。2. 加强农村水利建设。重点建设饮水困难村组的安全饮水工程、产业村的水利灌溉工程及地质灾害区的防护工程，启动白果村芷舫溪和牛洞口两个水库建设项目。3. 加强农村电网改造。2017 年 100% 以上的村实现电网改造，实现城镇同网同价，满足发展特别是产业建设发展的需要。

廖汉生红军学校（桥自弯镇）

【党的建设不断加强】 1. 完成村支两委换届选举。在县委、县政府的正确领导下，按照全县的统一安排部署，坚持党的领导，严格依法办事，充分发扬民主，通过积极组织筹备，细化选举方案，严把选举程序，并与“四培四带”相结合，注重把农村致富能手、农村优秀青年和退伍军人中的优秀分子选拔进入村班子，切实优化村班子结构。通过选举，共选出村支部书记12名，党总支书记2名，村支部副书记10名，村主任14名。在规定的时间内全面、圆满地完成选举工作任务，实现了村级领导班子配齐配强的基本目标。2. 充分利用阵地筑堡垒，加强基层组织建设。为充分发挥党支部的堡垒作用，镇党委对各支部的“三会一课”“四议两公开”“两学一做”学习教育活动落实情况进行不定期督查指导；对远程教育设备和村级组织活动场所的建管用及流动党员的联系教育管理进行跟踪服务；建立“三级”微信群，公布交流党建、扶贫等工作信息；尤其是在村集体经济的发展增收上，主要采取资源、资产入股和项目、资金入股及服务、管理入股等形式，造血功能逐步显现。3. 党风廉政建设体制机制进一步健全。一是组织学习，传达精神。及时学习传达中央、省、市、县有关党风廉政建设和反腐败工作的精神和要求。年初，召开专门会议，认真学习传达贯彻会议精神，要求全体干部把思想认识统一到上级文件精神及工作部署要求上来。二是制定方案，明确责任。镇党委制定并印发《桥自弯镇2017年党风廉政建设责任制分解方案》，明确各党委班子成员及干部责任，与14个村支部签订《落实党风廉政建设主体责任状》，并出台《桥自弯镇党风廉政建设考核细则》，对村支部进行年度考核。三是履职尽责，同步推进。把党风廉政建设和反腐败工作列入议事日程，常议常抓，做到与各项中心工作同安排、同部署、同检查、同考核。

【积极融入全域旅游格局】 积极融入西线旅游，将旅游精准扶贫与全面小康有机结合，积极培育王家村、李家垭、桥自弯、牛洞口、谷罗山等优势明显的镇村旅游，大力发展红色旅游，发挥区域优势，完善廖汉生故居后续建设，争取进入贺龙故居、红二方面军出发地和贺龙刀劈芭茅溪盐局旧址红色旅游圈。重点推出潘家山片区休闲旅游，加大招商引资力度，借助以旅游推动产业发展，主动融入西线旅游经济圈。

（甄　霞）

凉水口镇

党委书记：钟德华

镇长：何国永

副书记：王　川

人大主席：王湘军

武装部长：尚道坦

纪委书记：钟政宏

组织委员：李俊霖

副镇长：黄春林

【概　况】 凉水口镇位于桑植县中部，距县城33公里，澧水北源流经此地，桑鹤公路穿境而过，与陈家河、龙潭坪、沙塔坪、桥自湾毗邻，是原凉水口区公所所在地，也是澧水北源区域中心镇，凉水口镇辖10个村，1个居委会，114个村民小组，共4869户，1.54万人，总面积81.35平方公里。

凉水口镇林业、矿产、水等自然资源丰富；煤、硅矿品质高具有广泛的开采价值；水资源丰富，宜进行小水电站开发。集镇通信、电力、交通、医疗卫生、教育等基础设施完善，基本服务功能完备，群众生活较为便利。境内聚居有土家族、白族、苗族、回族、高山族5个少数民族，民俗风情浓郁，民风淳朴。傩戏、花灯戏、狮子灯等民间文化广为流传，文化底蕴深厚。

2017年，在全县精准扶贫考核中，成绩突出，综合排名第五位。在全面建成小康工作考核中，获全市“小康十快乡镇”的荣誉称号。

【稳步增收强产业】 凉水口镇有效利用优质农田及水利灌溉条件大力发展生态水稻种植和娃娃鱼、台湾鳗鳅、基围虾等特种养殖业。积极对外推行产品“众筹”，有效实现产品与市场无缝对接，达到了贫困户增收、村集体经济增效的双赢局面。2017年，推广优质水稻近3000亩，其中试点220亩对外众筹，每亩认购价格3000元，约合每斤大米10元。开展稻田养鱼、养鸭综合种养试点。采取“合作联社+合作社/农业公司+产业基地或项目+农户”的生产组织模式，在村级村社合一专业合作社的基础上，成立全镇性的合作联社，统一品牌，统一营销，组织协调全镇生态农业产业发展。注重发挥好各村级合作社及相关农业服务公司积极性，按各自组织优势及技术专长合理分工，周密协作。各村和农业服务公司共同为产业基地或项目建设服务，鼓励大户承包经营，支持农户自主生产，引导贫困户有序参与。村集体在有效组织农户为其提供生产经营菜单式服务的同时，也取得可观的村集体经济收益。

【集镇建设促开发】 1.推进赶沟片区开发建设。结合易地扶贫搬迁、农村161平台建设和镇卫生院改扩建等项目，凉水口镇与桑植县诚安建筑有限公司合作启动凉水口大桥以上派出所以下近50亩土地的整体开发项目。2.实施桑鹤公路凉水口集镇路段改道项目。全长500米，自派出所延伸至林站接通桑鹤公路，设计路面宽度18米，车行道宽11米，人行道宽3.5米，包括路面、雨污水、照明及绿化等。该道路的建成，极大缓解交通压力，促进集镇发展。

【精准扶贫见成效】 2017年，凉水口镇以精准扶贫和全面建成小康社会工作为主线，开展大量卓有成效的工作。通过产业扶贫、易地扶贫搬迁等五个一批为抓手，实行贫困户结对帮扶全覆盖，全年共脱贫132户533人。1.精准识别，全面把握脱贫攻坚基本情况。凉水口镇按照工作要求，开展多次问题整改，重点做好“三个精准识别”：一是建档立卡对象精准识别。本着高标准、严要求的原则对全镇建档立卡贫困户严格把关、慎重筛选，做到应纳尽纳，应清尽清。在11月底开展的动态调整中，共计清除“四类对象”21户，清理把父母推向社会的拆户分户现象12户，对父母子女同为贫困户的进行合并。二是易地扶贫搬迁对象精准识别。凉水口镇将易地扶贫搬迁对象识别整改与建档立卡对象识别同步进行，对条件较好不应纳入搬迁区域的搬迁对象进行删减，同时将四山两界交通不便、无安全饮水保障及地质灾害易发等搬迁区域的贫困户应纳尽纳。标识搬迁贫困户283户1076人。三是低保和兜底保障对象精准识别。凉水口镇按照上级统一部署，已完成农村低保和社会保障兜底脱贫对象全面精准认定工作。彻底清理农村低保中的不按标施保、“拆户保”、“人情保”等问题，将符合条件的农村低保对象全部纳入建档立卡贫困户，并将符合条件的建档立卡贫困户全部纳入农村低保，实现精准认定，精准救助。凉水口镇新认定低保群众242户437人，社会保障兜底43户125人，占总人口的比重大约为3.6%，较之前的7%有大幅下降。2.用足政策，有效解决贫困群众住房难问题。根据家庭贫穷无力建房、无合适宅基地无地建房、交通不便无条件建房，又没有安全住房等情况，按照政策实行易地扶贫搬迁、危房改造和阳光院建设。2017年，建成易地扶贫搬迁集中安置点4处，安置贫困人口76户282人，同步搬迁24户82人，实施危房改造147户。

【笃定信念抓党建】 出台党建工作计划和任务清单，研究制定村级集体经济三年发展规划。推进“两学一做”，党委书记坚持带头学习、带头讲党课，指导党建工作20多次，解决全局性问题3件。深入实施农村“135”治理模式，坚持“四议两公开”工作法。各支部组织开展主题党日活动近百余次。在全县率先试点完成“互联网+监督”平台建设。2017年，共发展党员8人，培养积极分子31人。对村计生专干和村文书进行选聘考试，共推荐11名计生专干和8名文书预备人选，全部通过选举顺利当选。对全镇11个村（居）书记中调整5人，大胆启用2名普通党员任村支部书记。换届后村书记平均年龄较上届年轻9岁。加强党员干部教育管理，选送3名干部参加县委党校主体班学习，组织村支部书记和驻村第一书记赴十八洞村考察参观。结合党委中心组专题学习，外请人员授课4次。

【强化服务建平台】 采取“后盾单位支持、镇统筹、村自筹”的办法对5个改扩建项目按新建标准建设。四个村级综合服务平台与易地扶贫搬迁集中安置点整合建设，最大程度发挥服务群众能力。对镇政府综合服务平台易址提标建设，同步实施居委会平台建设和卫生院扩建，带动集镇赶沟片区50亩土地开发，带动社会资本投入近3000万元。建好李家庄村党建示范点，完善硬件，优化班子，支持村集体经济做大做强，以点带面推动全镇基层党建工作上水平。引导扶持村集体经济发展，新增集体经济收入村3个。深入开展“四培四带”活动，让80%的党员掌握1—2门实用技术。党员带头创办致富项目10个，培养的31名积极分子中，有15人是致富带头人。组建罗峪生态水稻种植专业合作联社党支部，把支部建在产业上，利用“众筹”模式推动2000亩生态水稻产业起步发展。

【全盘兼顾抓落实】“三农”普查工作。动员发动全体政府干部与农村党员干部入户全面细致摸底，确保数据统计真实，工作开展扎实。土地确权工作。积极与技术公司对接，广泛宣传，鼓励群众亲自指界，确保无矛盾纠纷产生。环境保护工作。以打造旅游小镇为目标大力开展生态环境保护工作，依法关停境内非法采沙场，并对全镇养殖大户责令进行整改。安全生产工作。开展安全生产大排查活动，对安全隐患反复摸排，确保全面无安全责任事故发生。社会综治工作。组建联防队，加强日常巡逻，守护社会治安秩序；加强矛盾纠纷调解和信访案件办理，做到小事不出村、大事不出镇。地质灾害防御。加强日常巡查，健全巡查台账，做好防御演练，及时向上级报备隐患点情况。森林防火工作。选聘12名建档立卡贫困人口为凉水口镇护林员，加强日常巡查，确保全年无森林火灾发生。防汛抗旱工作。配备齐全应急队伍人员和设备，高标准严要求开展防汛抗旱应急演练，加强日常防守并建立台账。计划生育工作。通过公开聘选，加强村级卫计专干队伍，加强数据管理，积极动员卫计队伍下村宣传。农村环境整治。加大资金投入，向各村（居）拨付专项资金以鼓励全镇卫生干净整洁，并多次组织卫生评比。

（彭琳媛）

沙塔坪乡

党委书记：熊东建

党委副书记、乡长：胡　芳

党委副书记：葛选然

党委委员：赵英杰（人大主席）

覃　帅（纪委书记）

向地洋（组织委员）

周文明（宣传统战）

胡为贵（副乡长）

向绍瑞（政法武装）

副乡长：向　斌　韦　曦

【概　况】 沙塔坪乡位于桑植县西北部，距县城45公里。全乡辖有10个行政村，166个村民小组，5511户，16282人。境内有汉族、土家族、苗族、回族、壮族、高山族等民族，以土家族为主，约占总人口的90%，城镇化率为35%。

沙塔坪地形四周高，中间低。东西最长约19公里，南北最宽约13.2公里，总面积约132.5平方公里。境内多丘陵洼地，气候差异较大。海拔最高九龙山1310米，最低大湾口360米，全乡固定耕地面积 11737 亩，其中水田 7678 亩，旱地 4059 亩。

沙塔坪乡交通便利，区位优势明显，桑龙公路、桑鹤公路横贯全境，澧水可通航。辖 10 个行政村，村村通公路，农村客运网络体系建立健全。

沙塔坪乡地域辽阔，物产丰富，野生资源丰富，是野生茶叶、野生绞股蓝、野生青钱柳、野生葛根的故乡，境内海拔最高的九龙山被誉为野生资源的宝库，森林茶品从这里源源不断地走出大山。

沙塔坪乡按照"旅游融合、产业扶贫、绿色发展"的生态发展之路，全力打造沙塔坪乡"生态康养福地"，进行生态种植及养殖、莓茶、铁皮石斛、蜂蜜、油茶等"一村一品"的特色逐渐成形。

沙塔坪乡油茶基地

【开创精准扶贫新局面】 2017 年，全乡按照精准扶贫规划要求，着力实施脱贫攻坚，全面实现"一超过、两不愁、三保障"的总体目标，完成脱贫人口 499 人，脱贫率 12.9%。沙塔坪村、廖家坡村贫困村摘帽。一是抓工作保障机制。利用脱贫攻坚指挥部，实施全乡 10 个村脱贫攻坚挂图作战。完善精准扶贫档案管理基础性资料，开展精准扶贫专项督查，夯实精准扶贫工作责任。二是抓集中整改。对四类对象进行为期两个月的识别清理，共清除 242 户 718 人。新增贫困人口 80 户 275 人，整户纳入贫困人口 141 人。对数据信息更新不及时的共删除贫困人口 94 人。三是突出安居保障。完成易地扶贫搬迁户 20 户，共 73 人。完成危房改造 48 户。四是突出兜底扶贫统筹，整合教育基金、"雨露计划"等实施教育扶贫。全年申报阳光助学 676 人，申报雨露计划 67 人，整合低保兜底、就业培训、医疗救助等政策手段。完成兜底 41 户 76 人，就业培训 200 人次，转移贫困劳动力 149 人。

【突出党建引领新力量】 1. 深学笃用，抓实"两学一做"。以党委中心组为单位共学习 6 次，以党支部为单位，共上党课 64 场次，累计 1462 人次参与学习。各支部围绕"八个记得"开展"主题党日"活动 98 次。2. 严肃纪律，完成"两委"换届。选齐配强村支"两委"班子成员 67 人，配备村主干 56 人，党员认可，群众公认。3. 苦干实干，抓党建促脱贫。以党员干部为先锋、以产业项目为带动，以"两学一做"为载体，全乡涌现 16 名致富能手和脱贫先锋。4. 攻坚克难，推动基础提质。完成 14 个基层党组织和 679 名党员信息采集及核对工作；充分利用红星网、红星云等平台加强对党员日常教育管理；全年吸收预备党员 8 名；建立本级党建示范点 2 个；完成唐家庄村软弱涣散党组织转化任务。

【焕发产业建设新活力】 特色种植业取得新突破。采取"合作社 + 农户"的模式，新增 4 个合作社，养殖户 102 户、养殖蜂蜜 1680 箱；种植药材 160 亩。在县农业局的技术支持下，在分水岭村建成粳稻示范片 208 亩。通过招商引资，湖南犇犇生物科技有限公司在六耳口村新建设莓茶基地 200 亩，7 月中旬建成 1 个加工厂并已投入生产。传统养殖业不断发展。积极引导传统分散式养殖向规模化养殖发展。全乡现有养殖专业合作社 1 个，养殖小区 2 个，新增养殖大户 3 户，特种养殖（蛇、漆娄蜂）户1户。全乡年营业收入50万元以上大户新增3户。集中连片50亩以上特色农业大户新增5户，农业适度规模经营增加305亩。产业建设促脱贫成效明显。通过对接支持，对全乡1669名贫困户进行产业帮扶全覆盖。发展种植绞股蓝、莓茶、蜜蜂养殖等产业，共投入70万元，带动543户1982人脱贫。并通过村社合一的办法，大力发展特色农业，所有贫困人口的增收实现第二次全覆盖。

【打造重点项目建设新面貌】 全乡始终坚持以市场为导向，以服务为核心，以发展为根本，抓好重点项目建设。一是完成集镇街道提质升级工程。街道全长约1.3公里，总投资约818万元，建立门前三包责任制。组织专门力量集中清理和强力整治乱搭乱建、乱摆乱放、乱停乱靠、占道经营等乱象，使集镇的环境焕然一新。二是稳步推进农村综合服务平台建设。包含乡级服务平台1个、村级服务平台10个，项目建设正在稳步推进。三是抓好招商引资。先后与张家界市犇犇有限责任公司、张家界爱尚园有限责任公司进行莓茶及绞股蓝产业发展合作。

【营造作风建设新气象】 强化督促检查，推进作风建设。督促检查各级各部门落实惩治和预防腐败工作任务及落实党风廉政建设责任，经常进行监督检查。开展工作推进督查3次，进行扶贫工作专项督查1次，作风建设督查9次，对部门落实党风廉政建设责任制情况督查1次。严肃查处违反作风建设规定的行为，及时通报曝光典型案例，形成持续强大震慑。抓好窗口建设，落实为民服务。切实抓好集农机、农技、民政、综治、计育、林业和水利等部门的便民服务中心窗口建设，工作人员严格落实“五心五个一”的工作要求，做到“以微笑迎人，以文明待人，以热情送人”，实实在在为民办事，赢得群众好评。落实两项专项整治工作。着力解决“四风”方面的突出问题，转变工作作风，密切干群关系，建立“互联网＋监督”平台，增强工作透明度，接受人民群众监督。严格乡村财务管理。缩减“三公经费”支出，按照内控制度加强对乡村财务管理，完成对各村的财务审计，做到村账清明，并及时按要求上传至“互联网＋监督”平台，接受广大人民群众的监督。

【加速社会事业新增长】 1. 夯实计生服务。全乡全年出生人口158人，计划内出生143人，计划生育率为90.5%，性别比为100∶105，人口死亡109人，自然增长人数为49。实施孕前优生检测87例，免费发放叶酸片100余盒。共清查违法生育案件5例，征收社会抚养费4.24万元。2. 完善社会保障。2017年，全乡新农合应参合人数12417人，已完成12037人缴费，参合率达96.94%，完成参合任务。新增农村劳动力转移就业229人，中式面点技术培训100人。同时，完成农村养老保险待遇发放生存认证。完成新参保人员信息采集3456人，农村贫困劳动力就业人员信息采集793人，就业扶持小额贴息贷款1人，共10万元。3. 抓实信访维稳。进一步建立和完善信访接待制信访工作联络制信访岗位责任追究制、矛盾纠纷排查制等信访工作制，对重点案件、重点人员采取“三盯一”拔除非法上访的苗头，维护社会稳定大局。4. 抓实安全生产。健全领导机制和制约机制，一级抓一级，一级对一级负责。对萤石矿山、2所网吧、中心完小、中学、5所村小及幼儿园、1个加油站，13个烟花爆竹经营店、载客车辆等进行安全检查并签订安全生产责任状，确保安全生产责任目标逐级得到落实。制定《沙塔坪道路交通安全社会化管理工作方案》，实行领导包片、责任到人等工作责任制，形成政府领导、部门协作、齐抓共管、综合治理的局面，无重大事故发生。5. 整治城乡环境。继续深入开展城乡环境整治行动，成立集镇管理大队，出台《沙塔坪集镇综合管理办法》，聘用3名集镇保洁员和25名村级保洁员，负责乡域范围内的垃圾清扫和管理。配备垃圾清运车、垃圾桶，确保集镇、公路沿线、河道等重点区域的清洁。加强宣传和督促，组织群众清理街巷庭院，搞好环境综合整治，农村人居环境改善。积极引导农户种植油茶等促进生态环境改善的经济植物，为乡村发展奠定基础。

（刘力嘉）

龙潭坪镇

党委书记：唐　洁

副书记、镇长：谷成凡

副书记：马吉生

党委委员：黄道波（人大主席）

党委委员：彭必纲（政法武装、政协联络组长）

张正（纪委书记）

万正红（副镇长）

唐运平（组织委员）

王　阐（宣传统战）

副镇长：王亚力　钟　炜

【概　况】 龙潭坪镇地处湘鄂边界，距县城71公里，俗有“桑植北大门”之称，东北面与湖北鹤峰县走马镇接壤，南与沙塔坪乡、桥自弯镇毗邻，西与五道水镇、八大公山自然保护区交界。总面积256.1平方公里，辖15个行政村，1个居委会，215个村（居）民小组，5442户2.14万人，龙潭坪镇山川秀丽，风光优美，物产丰富，有以烟叶、茶油、蔬菜、粽叶、药材、蜂蜜、畜牧为主的六大优势产业基地，是一块红色土地，老一辈无产阶级革命家贺龙、任弼时等在这里开辟根据地，并建立中华苏维埃（桑植、鹤峰、慈利、石门、咸丰、长阳）六县联合政府，旧址被列为市级重点文物保护单位。

全镇各项工作取得一定成绩，但同时存在一些不足。一是镇域经济底子薄弱，基础较差，财政收入来源单一；二是发展士气不足，基层基础不牢，群众工作还不够实在，群众满意度不高；三是基础设施建设薄弱，还存在一些地区的出行交通不便，群众生产生活不便；四是社会管理综合治理痕迹化管理有待进一步加强。

人们在龙潭坪烈士陵园革命烈士纪念碑前，缅怀革命先烈

【基础产业稳定发展】 烟叶产业健康发展。镇党委、镇政府在稳定广大烟农生产积极性的基础上，努力提高烟叶质量，推动烟叶生产持续健康发展。2017年，全镇发展烤烟5100亩，产烟60万公斤，产值1800万元。养殖规模不断扩大。2017年，发展养殖大户11户，其中发展养蜂大户4户，发展水产养殖大户2户，全镇养殖大户达40户。全年发展生猪5620头，牛442头，羊8923只，禽45182羽，蜂6800桶，农民收入增加。特色产业科学发展。全镇玉米种植面积8900亩；粽叶资源1.5万亩，产值9000万元；优质茶园4400亩，产值1000余万元；蔬菜产业12300亩，产值2350万元；油茶产业6000亩，产值7020万元；蜂蜜、五倍子和中药材产业都得到迅速发展。全镇已形成以烟叶、蔬菜为主，多种产业齐头并进的良好局面。

【大力推动精准扶贫】 1.完善组织机构。成立龙潭坪镇脱贫攻坚指挥部和16个村（居）脱贫攻坚指挥部。全镇多次召开精准脱贫工作推进会议，明确责任、规范标准，完善落实帮扶计划，规范脱贫确认程序，帮扶结对单位6个，帮扶责任人336人，其中处级干部4人，县直单位104人，镇、村两级党员干部228人，保证每名贫困户都有帮扶责任人。2.找准路子，多措并举推动脱贫工作。通过产业带头贫困户增收脱贫是全镇脱贫攻坚的主战场。产业覆盖贫困户范围逐步增加。主要通过发展养蜂、土地流转分红，经济合作社内务工等方式带动贫困户脱贫。通过阳光助学解决贫困户就学难的问题，享受阳光助学的学生754人，通过雨露计划帮扶学生40人，贫困学生共获得各项帮扶资金65.4万元，全镇没有因贫困而辍学的学生。通过阳光医疗，解决贫困户看病难的问题。全镇贫困户参加新农村新型合作医疗达100%，享受阳光医疗大病救助22人，补助资金89363元，基本保障了贫困户看病住院的问题。全镇共有建档立卡户1422户4910人。其中，2014年，脱贫173户634人；2015年，脱贫239户890人；2016年，脱贫168户634人；2017年，200户720人。全镇有红军村、斋公坪村等9个贫困村，红军村通过驻村帮扶已退出。

【小康工作持续推进】 2017年，全镇已完成镇镇总体规划，覆盖16个村（居），覆盖率达100%；镇机关事业单位养老保险和失业保险参保率100%，新型养老保险已完成任务8430人，参保率达91%，城镇职工医疗、生育、工伤保险参保率为100%；16个村（居）有14个村建立了村级卫生室，医疗网点覆盖率为87.5%；龙潭坪居委会、四方溪村、苦竹坪村三个集镇村均实现垃圾集中处理，集中处理率达100%；全镇面上营林任务数1250亩，封山育林2600亩；16个行政村客运班线已通达15个行政村，通达率达93.75%。

【党的建设不断加强】 狠抓基层党组织换届工作。全镇高度重视此次基层党组织换届选举工作，严格换届选举程序，严肃换届纪律和风气。换届选举共产生新一届党组织班子成员66名，其中委员41名，平均年龄为47.6岁；女性委员11名，占26.8%；40周岁以下委员9名，占21.9%；大专以上文化程度委员4名，占9.7%；中专及高中文化程度委员17名，占41.5%。新一届村党支部书记45周岁以下8名，占50%；高中以上文化程度9名，占56.3%，其中大专以上文化程度3名，占18.8%。通过换届选举，新一届党组织班子的文化程度、年龄结构、女性委员职数均有较大的改善，政治坚定、工作务实，具有较强综合素质的年青党员进入了各村党支部领导班子，提高了班子的整体素质和战斗力，进一步巩固和加强了村党支部在村民自治中的核心领导地位。加强对班子成员的教育培训。一是坚持观念创新、形式创新和内容创新，通过党委中心组集中学习不断提高班子成员的工作能力和综合素质。健全并严格执行党内民主生活会制度，依据《中国共产党党章》《中国共产党廉洁自律准则》及上级组织的要求，以改进作风、提高素质、增强活力为目标，坚持定期召开民主生活会，认真开展批评和自我批评，有效地实施党内监督，改进作风，增强团结，保证党的路线、方针、政策和决议有效贯彻执行的重要途径。二是规范健全科学决策机制。全面落实集体领导和个人分工负责相结合的制度，实行“集体领导、民主集中、个别酝酿、会议决定”的科学决策制度，转变作风提高为民服务本领。坚持和完善联村包户制度，每个班子成员除做好分管工作外，还要做好信访接待、矛盾化解及结对帮扶等工作。党员干部素质能力不断提高。以加强党的执政能力建设为主线，以“两学一做”党性教育为中心，以开展“党的群众路线”“三联三转三攻坚”“四培四带”“四走四问四解”等活动为载体，不断强化基层组织建设和党员队伍建设，党组织的战斗力和凝聚力不断增强。不断加强党风廉政建设。结合“两学一做”学习教育，让党员干部深刻剖析在贯彻群众路线中存在的问题，摆正与人民群众的关系，做合格党员。

【项目建设稳步实施】 2017年，修建7个村新村部；建设总造价 48 万元的光伏发电项目；修建蓄水池、小水窖的，铺设饮水管道；总里程达 46.5 公里的村级公路新修、加宽、硬化。

【社会管理综合治理工作稳步推进】 全镇始终坚持以创建“平安龙潭坪”为核心，扎实开展综治维稳、环境保护、安全生产工作，致力于提升群众的幸福指数。一是积极开展矛盾纠纷排查调处工作，建立以村居、部门和人民调解组织为依托的群防群治防线，健全以司法所为主，派出所、法庭为辅的化解疏导防线；巩固以镇综治办为中心，各职能部门配合的控制处置防线，把矛盾纠纷化解在源头、化解在基层、化解在萌芽状态，做到小事不出村、大事不出镇。建立矛盾纠纷排查台账，做到底数清、情况明，重大矛盾纠纷及时调处和上报，有效防止了矛盾进一步激化。1—9 月，全镇综治部门组织协调化解各类矛盾纠纷 20 多起。二是严格落实安全生产责任。根据县委、县政府的要求，全镇结合实际分别与 16 个村（居）委会、1 个加油站、6 个砂石场、多家私营企业及个体工商户签订了相关方面的安全生产责任书，加强对安全责任的量化考核，全面提升安全生产管理体系。加强道路交通管理，不定期开展道路巡查工作，对“三无”车辆、农用车载客现象予以坚决打击，有效降低交通事故的发生概率。三是大力加强环境保护措施。投入资金 28 万元用于环境治理工作，并在三个集镇投放垃圾桶 200 个。集镇基本达到卫生整洁，车行道、人行道、公共设施整洁干净、无成堆垃圾、无人畜粪便、无杂物残渣。

（向　涛）

五道水镇

党委书记：蒋木书

镇长：王贞付

副书记：唐西初

人大主席：陈珍平

纪委书记：向　冰

组织委员：熊　鹰

政协联络组长：郭正锐

副镇长：刘成祥　谷　梅

【概　况】 2016 年 3 月，由原属分设五道水镇和芭茅溪乡合并为今五道水镇，该镇地处湖南桑植西北部，距桑植县城 74 公里，与湖北鹤峰、宣恩县毗邻，行政区域总面积 289.5 平方公里，辖 8 个村（居）民委员会，123 个村（居）民小组，总人口 1.27 万人，其中土家族、苗族、白族等少数民族占 93%。

五道水是澧水的发源地，地处南方原始森林八大公山缓冲地带，全域森林覆盖面积逾 91%，素有“森林王国”“天然氧吧”“桑植后花园”等美称，是乡村休闲体验旅游的绝佳之地。

2017 年，在县委、县政府的正确领导下，五道水镇党委、镇政府按照“两叶富镇、旅游兴镇、民歌活镇、生态靓镇”的总体思路，坚持以经济建设为中心，以发展为第一要务，以“创新、协调、绿色、开放、共享”五大发展理念为指导，实现全镇经济社会稳步发展。全镇生产总值突破 7000 万元，同比增长 8%；农业生产总值 3272 万元，农民人均纯收入达 8305 元；各项存款 1.6 亿元，贷款余额 0.34 亿元，不良贷款控制在 100 万元以内。

澧水源

【项目带动初见成效】 1. 夯实“家底”，实现传统产业新突破。巩固发展高家坪资源合作产业化发展模式和花鱼泉“生态循环经济”模式成果，茶叶村兴元生态养殖合作社投资600万元，流转土地79亩，种植牧草，养殖肉牛250余头，创新“种养结合”生态循环模式；联合湖南张家界市大鲵国家级自然保护区管理处聚力打造国内一流“水生生物保护区示范区”，建设“全国大鲵种子资源基因库”和“全国大鲵科研中心”；在市大鲵发展保护协会的指导下，积极创建“大鲵第一镇”。2. 聚焦重点发力，谋求旅游产业大发展。紧抓县委、县政府“旅游融合”的契机，依托自然资源、人文资源、红色资源等优势，探索“旅游+”发展模式，着力推进旅游风情镇建设，特色客栈、农家乐等乡村旅游初具规模。

五道水镇盛产的优质粽叶

【精准扶贫有序推进】 1. 坚持问题导向，确保对象识别精准。按照省、市、县的要求，积极开展突出问题集中整改和动态调整工作。在集中整改中共甄别清理“四类对象”139户441人，识别纳入70户235人，家庭成员增加314人，减少89人；11—12月，动态调整共清退10户17人，识别纳入1户4人，家庭成员增加77人，减少216人，因住房、兜底等原因返贫15户49人。全镇未脱贫人口338户1132人。2. 按“户脱贫、村退出”的目标，狠抓各项任务指标。实施基础扶贫，完成窄路加宽26.55公里，新修公路4.26公里，整修公路17公里；集中供水34处，分散供水148处。实施产业扶贫，发展养蜂698户3928桶，粽叶面积48300亩，茶叶面积6350亩，种植珍贵树种256户560亩，种植“三木”药材1491户14670亩，大鲵池35万尾，有各类专业合作社20个，发放扶贫贷款298.2万元，带动贫困户500余户1750人精准脱贫。实施阳光安居保障，集中安置贫困家庭48户181人，分散安置16户65人，危旧房改造168户。实施阳光助学保障，推进“分层资助、三个覆盖”的助学保学模式，发放助学金48.3万元；推进“因地制宜、因材施教”的技能培训模式，培训贫困人口600余人。实施阳光医疗保障，发放桑植县健康扶贫宣传册3000余册，落实“三个一批”，大病集中救治7人，慢病签约服务管理1400户4725人，重病兜底保障22户65人。2017年，全镇贫困人口脱贫185户645人，桑植坪村、五道水居委会顺利脱贫。

【社会事业全面发展】 1. 完善社会保障体系。积极开展老年人、贫困学生、重度精神病患者、重度残疾人等弱势群体的扶持和困难群众大病救助工程，临时救助208人，发放救济款8万元，为87名老年人、180名残疾人发放补贴7.3万元；低保动态调整增加77户120人，清除497户951人，续保206户411人；完成合作医疗保险收缴11094人，基本医疗保险覆盖率达105.87%；新增转移就业152人。2. 紧抓安全不放松。全镇工矿企业开展安全生产法规培训3次、“两主两员”1期、应急处突模拟演练1次，制作安全生产宣传牌86块，发放宣传册2000余份；按照县委、县政府的安排部署，结合实际，制定安全生产月活动方案，扎实开展安全生产月活动，8月，获全市安全生产活动月活动创新奖，同时，落实企业安全生产主体责任。全年检查各类生产经营单位106家，责令整改62次，整改率达100%，关停非法采石场5家，挖沙场2家，与陈家河交警中队联合执法4次，处罚违法行为80余次；投入资金24.5万元，对五道水集镇的地质灾害隐患点进行治理。成功创建省级安全示范乡镇。3.加强民主法治建设。不断加强村（居）依法自治及群众工作室建设，提升社会安全指数；建立健全“三调联动”机制，稳步推进社会治理网格化管理工作；主抓综治民调，深入村（居）开展“大问安、大排查、大调处”工作，全年调解各种纠纷68起，调解成功率达95%，接待来信来访200余人次，解答法律咨询170余人次；围绕“减少存量、控制增量、提升质量”的总目标，加强非访治理和信访积案化解，积极应对网络舆情，全年完成息访罢诉1件，实现零非访；深入开展“平安创建”工作，按照日常巡查与集中整治相结合的工作思路，重点做好道路交通、小水电站、消防安全、危爆物品等四个方面的安全管理；推进食品药品、农产品“放心工程”，全面加强质量技术监管。4.落实抗洪救灾工作。7月8日，五道水镇爆发山洪，党委立即启动紧急防汛预案，召开紧急会议，启动村级紧急防汛预案，加强沿河及地质灾害隐患点的巡查，发现灾情，及时上报。在持续大暴雨的情况下，及时组织党员干部对受灾严重的茶叶、桑植坪等村村民进行安全转移，安排专人以击锣鼓的形式沿河提醒广大群众“暴雨天气，注意人身安全”。该次洪灾无人员伤亡。5.科教文卫事业健康发展。增加教育投入，不断完善镇学校基础设施建设，加大扶贫助学工作力度，确保适龄儿童入学并完成9年义务教育；加强文化建设，成功举办五道水镇运动会、芭茅溪老年协会九九重阳艺术节等文体活动，积极参加“欢乐潇湘”广场舞比赛；开展科技、文化、卫生“三下乡”活动；成立镇食品药品安全委员会，配合上级相关部门开展打击非法专项整治行动，净化药品、食品市场；健全完善人口计生工作新机制，开展婚育新风进万家活动，落实计生奖扶政策，完成节育手术82例，优生健康检查

五道水镇芭茅溪民歌手实景演唱桑植民歌

53对，出生人数139人（政策内出生136人，政策外出生3人）；顺利完成村（居）8名新任计划生育专干业务培训，努力提升业务能力和综合素质，为开展计划生育工作打好坚实基础。2017年，被授予市计划生育红旗单位。6.各项工作同步推进。抓好水利工程建设，协助县水利局解决五道水居委会448户1662人、桑植坪村501户1996人、连家湾村326户1203人的安全饮水问题，全面推行“河长制”，顺利拆除芭茅溪水电站；积极推动增减挂钩、占补平衡工作，完成五道水居委会场上组、彭家塔组和茶叶村地质灾害隐患点治理工作，实施岔角溪旱改水项目50亩；完成土地确权指界构图工作；禁毒、森林防火、重大动物疫病得到有效防控，农业保险种类和覆盖面逐步扩展，各项强农惠农政策陆续落实。

【党的建设持续深化】 履行工作责任。认真贯彻“三重一大”事项党委集体决策制度，制订《2017年党建工作计划》，研究村“两委”换届、农村综合服务平台等工作；落实班子联村（居）、党建联系点，履行“一岗双责”制度。强化工作部署。顺利完成村“两委”换届，对新一届村“两委”班子进行集中谈话和廉政教育培训；积极开展“两学一做”学习教育常态化制度工作，学习中共十九大等精神，结合“三会一课”，开展“支部主题党日”活动；推动农村综合服务平

台建设；按照“控制总量、优化结构、提高质量、发挥作用”的总体要求，发展5名预备党员，按期转正党员5名，取消预备党员资格2名；贯彻落实县委关于基层党建会议精神。抓党建促脱贫。建立“党组织+”模式，成立合作社党支部1个、公司党支部1个，加强党组织促脱贫；采取“公司+贫困户”扶贫模式，支持康华实业芭茅溪分公司发展鲜粽叶加工，带动贫困户300户，户年均收入4万元；推行“党员致富户+贫困户”帮带，连家湾村西庄家庭农场党员致富帮带，流转山林700余亩，养殖湘西品改黄牛，将仔牛免费提供给8户贫困户养殖，保底价收购，户年均增收1.2万元；结合“四培四带”，扶持带头人，五道水居委会钟勇军带头创办高山怡韵公司，无偿提供青钱柳苗木13万株，有机肥200吨，吸纳村133个农户以土地、劳力入股，收益后，公司和农户按照青钱柳鲜叶回收价格3∶7的比例分红，村集体每年分红4万元，增收脱贫致富。

（唐　鑫）

八大公山镇

党委书记：彭南京

镇长：鲁光艳

副书记：涂建军

人大主席：谷旭东

党委委员：向建华（纪检书记）

王　波（组织委员）

熊荣军（副镇长）

张运义（武装部长）

田昌和（宣传统战）

副镇长：黄乐先　彭发平

【概　况】 八大公山镇，于2016年由原塞家坡乡的10个村、细砂坪乡、八大公山乡合并而成。地处桑植西北边陲，距县城78公里。东与沙塔坪乡毗邻，南与接河口乡、陈家河镇交界，西与龙山县大安乡接壤，北与湖北宣恩县龙潭乡、五道水镇相邻，全镇总面积321.15平方公里。辖16个建制村，共204个村民小组，人口1.86万人。是一个土家族、苗族、回族、白族等少数民族聚居的高寒山区。

八大公山镇山峦重叠，沟壑纵横，平均海拔1050米，境内群山耸立，连绵起伏，走向不一。气候条件良好，属山原型亚热带气候，是湖南省四大暴雨中心之一。全镇有耕地1.89万亩，森林19.3万亩，林木蓄积量106.3万立方米，森林覆盖率达86%。全年降雨量2105.4毫米，雨日176天，全年四季分明，气温偏低，年平均温度10℃，夏季凉爽，紧紧相连的斗蓬山风景区山泉淙淙，原始森林遮云蔽日，是理想的避暑旅游胜地。

八大公山镇盛产药材，素有“基因药库”之称，有药用植物1000余种，尤以被称为“四大药王”的白三七、扣子七、乌金七、金盘七分布较多，七叶一枝花、四两麻、天麻等药则俯拾皆是，构成“基因药库”的精华，至于黄柏、杜

八大公山受保护的珍稀古树

仲、厚朴等药材屡见不鲜。该地更是野生动物的天然乐园。已查证的脊椎动物143种，有国家重点保护的珍稀濒危动物17种，如金钱豹、云豹、猕猴、毛冠鹿、苏门羚、水鹿、水鲵、红腹角雉等。

【决战脱贫攻坚　扎实完成扶贫任务】 镇党委、镇政府始终以脱贫攻坚作为统揽，"对表对标"扎实开展脱贫攻坚各项工作。一是以集中整改为契机，确保对象识别精准。按照省市县的相关要求，严格落实精准识别工作，积极开展"突出问题集中整改"和动态调整工作。共清理出不符合条件的对象1444人（其中"四类对象"187人，识别不准富裕户1140人，死亡婚嫁服刑等117人），纳入符合条件的对象1081人（纳入五类人员和困难户604人，分户拆户477人），净减少363人。通过11月"动态调整"自然增加26人，自然减少81人，单个补录36人，整户新增107人，净增长81人，返贫30人。全镇实有建档立卡贫困人口1403户4751人。二是以两项帮扶为载体，确保因户施策精准。为夯实驻村帮扶和结对帮扶"两项责任"，全镇按照市、县相关要求，结合驻村帮扶工作队，下派市、县、镇、村干部职工共337名与1403个贫困户结对，实现帮扶工作的"四个全覆盖"。干部结对期间，入户走访1000多人次，了解情况、跟踪服务、填写台账，积极宣传各项扶贫政策，因户施策4436条帮扶措施，为全镇脱贫工作注入强劲动力。以脱贫质量为目标，确保对象退出精准。为防止虚假脱贫和数字脱贫，全镇严格按照脱贫标准和程序，村级民主评议上报590个脱贫人口，通过入户验收，回退不符合脱贫条件47人。剩余144户543个脱贫人口顺利通过县级复核及市级评估。全镇共安排直接帮扶资金44.30万元脱贫144户543人，使用帮扶资金86.45万元，对2014年、2015年、2016年412户1586个已脱贫人口进行巩固。三是以政策落实为责任，狠抓各项扶贫指标。为各项政策落实到户，按照"一办十组"网络体系，狠抓各项扶贫工作落实落地。其中累计发放金融贴息贷款546万元，超额完成省定任务505万元，彻底解决161户631人脱贫路上的"资金瓶颈"问题，实现全镇连续两年贷款额和放款率第1名；采取集中搬迁和适度集中搬迁方式覆盖251户914个搬迁人口，完成八大公山、蹇家坡村集中安置点和14个适度集中安置点手续并开工建设，洗泡河安置点进入招标程序、细砂坪安置点项目进入设计评审环节；完成800名建档立卡户子女阳光助学补助，没有出现1人因贫失学；完成贫困户"中式面点"劳动技能培训100人，电商培训179人，养蜂技术培训400人，参加致富带头人创业技术培训15人；完成贫困户注册852户、爱心人士注册845人、发布需求676个、对接成功261个的社会扶贫网上线工作。四是立足产业发展，拓宽全镇贫困群众增收渠道。巩固主导产业。发挥主导产业增收优势，积极引导农户茶园培育和管理，巩固茶叶面积12000亩，其中建档立卡户377户1147人发展2178.4亩，产值2000多万元，年人均增收千元以上；发展烟叶3500亩，产烟38万公斤实现产值1000万元，利税80万元，人均增收600多元。探索特色产业。按照县委产业扶贫政策，结合全镇海拔气候土壤的优势，积极探索符合全镇实情的特色产业，尤其是发展劳动密集型产业，扩大社会、生态和经济效益，致力解决农村空壳村现象。2017年，种

八大公山镇农户养殖的野蜜蜂

植青钱柳1000亩，建立莓茶基地2000亩，新增养蜜蜂800桶（共达到5000桶），新植玉竹、玄参800亩。

【大力招商引资　助推镇域产业发展】 1. 精心策划招商项目。围绕全镇产业发展、农民增收，突出劳动力密集、具有较强的社会效益、经济效益的产业，精心策划包装八大公山村茶叶加工厂项目、细砂坪村莓茶产业加工厂项目、蹇家坡村李家界深山休闲旅游项目、洗泡河村2000亩中药材（玉竹）基地项目，落地1000亩茶叶基地项目、2000亩莓茶基地项目。2. 维护招商环境。关心投资企业生产生活，问寒问暖投资企业存在的问题，高度重视企业投资环境，及时解决企业发展进度的阻碍，着力营造尊商重商亲商的浓厚氛围，重点防范招商变“重伤”，最后成“养伤”的局面。

【卯足工作干劲　努力改善基础设施】 镇党委、镇政府为全面建成小康社会，率领干部群众，艰苦奋斗，加大投入，完善水电路基础设施网络体系，夯实发展基础。全镇完成路面硬化3公里，在建27公里；路面改造升级11公里；整修村级公路25公里。落实安全饮水工程项目资金457.98万元，惠及集镇中心及斗篷山、徐家桥、蹇家坡、筲箕池4个整体脱贫村1372户4393人；投入资金259.40万元，修缮加固小（2）型水库2处，惠及4个村，有效灌溉1200亩农田；落实水利工程维修资金3.5万元，解决6户贫困户、9户非贫困户共85人饮水安全。完成马龙山、斗篷山村的农网改造，至此，全镇农网改造升级全面完成。

八大公山镇烟叶生产基地

【关注民本民生　落实社会保障措施】 重点关注弱势群体，全镇低保户1—2季度1057户1919人（整改前），发放资金137.82万元，3—4季度353户887人（整改后），发放资金63.59万元；城市低保15户21人，发放资金22.26万元；兜底户66户175人，发放资金53.13万元；分散特困供养116户121人，发放资金142.98万元，敬老院集中特困供养59人；优抚对象全年发放70.26万元；残疾人护理补贴26人，补贴资金7.82万元。共发放民政补贴524.38万元。确保群众住房安全保障，共投入资金761.50万元，完成208户、741人的危房改造，其中阳光院9个，68户184人，分散包建19户46人，新建和维护加固121户511人。

【强化社会管理　各项事业同步发展】 实现九年义务教育全覆盖，全镇无一学生辍学。高中入学率达84.98%，高考考入大学本科2人，初升高蹇家坡中学学生王磊考试成绩名列全县第一名，考取委培师范生6名，全镇在校学生1176名。完成三个片区卫生院合并，全年为老人体检2860例，家庭签约服务5060人，无一例儿童、孕妇死亡，两癌检查2006人，发放健康扶贫手册2000份。全年出生人口218人，政策内生育210人，符合政策生育率96%，落实节育措施137例，落实率达95%，社会抚养费征收6.52万元，征收率达60%，覆盖率达80%，综合信息上报及时率达99%，农村部分奖励扶助对象267人，其中特扶6人，共发放资金近30万元。全力构建和谐乡镇。全年共发放民调宣传资料1000余份，调查问卷4200份，利用村村响播放民调宣传广播32次，民调宣传车入村宣传30次，电话调查3274人次，民调工作做到“3个100%”“6个到位”民调成绩由2016年度的市县排名倒数，上升至2017年度的上半年全市第2、全县第1，下半年全县第9名；调处矛盾纠纷92起，成功化解90起，上报以奖代补84起；网上信访代理案件24件，处理完结24件，办理网上信访4件，网上办结4件；成功化解颜顺梅多年积案1件。综治排名从2016年度全县21名上升至2017年度全县12名。2017年，全镇共竖立安全生产警示牌32块，悬挂横幅20条，发放安全生产手册500份；开展道路交通安全专项整治4次，查处非法载客车辆31辆次，扣留报废车辆3台，道路隐患排查40处，整改到位37处，另有3处正在整改中；检查烟花爆竹经营门店11家，落实整改8家，另3家限期整改到位；定期对两家非煤矿山进行检查，关闭非法采石场1家，取缔非法采矿点1处；检查消防责任单位17家，已全部按要求落实消防责任制；检查建筑施工点46处，下达整改通知15份，并复查督促整改到位。

（钟立平）

河口乡

党委书记：王文忠

人大主席：张兴波

副书记：幸电波　邓海青

乡长：幸电波

副乡长：陈　兵　沈刚斋　胡利剑

黄云徽　彭灵红　熊　啸

【概　况】 河口乡位于桑植县西北部，东南和陈家河镇接壤，西南与上河溪乡交界，西邻龙山县乌鸦乡，北与八大公山镇毗邻，乡政府驻河口村牌路组，距县城49公里。全乡总面积138平方公里，其中林地144201亩，耕地10855亩。辖12个行政村，149个村民小组，3774户，12769人，有土家族、苗族、蒙古族、白族、汉族等民族，系少数民族聚居地。

2017年，河口乡按照“交通活乡、项目强乡、产业兴乡、生态立乡”的总体思路，围绕“基层党建、精准扶贫、全面小康”三大中心工作，依托“三联三转三攻坚”的载体，重点落实扶贫领域工程实施、项目推进以及惠民政策，主动适应新形势，积极应对新挑战，投资环境日趋完善。加大基础设施建设力度，已建成河口集镇河边休闲公园，全乡村村通公路、村村通电话和电视。通过实施农网改造工程，安全用电条件极大改善。科教文卫事业发展迅速，有卫生院1所、村级卫生室12个，中、小学8所，在校师生1000余人。信息化建设发展迅速，已实现村村通宽带。

【基础设施建设扎实推进】 1. 农村公路建设。借助“精准扶贫”契机，拓宽资金筹备来源，紧紧抓住国家通乡、通村公路项目建设的机遇，积极向上争取项目支持和优惠政策，形成“网络全乡、四通八达、出行便利、货畅其流”的农村交通环境。2017年，窄路加宽项目，路基改造已接近尾声，准备进行路基验收。2. 农村水利建设。重点建设饮水困难村组的安全饮水工程、产业村的水利灌溉工程及地质灾害区的防护工程，新建的集镇水厂解决了3000多人的安全饮水问题，2017年，西坪—新民联村供水项目，引水主管线已完成施工，水厂消毒过滤设备正在施工，可解决西坪、新民两村共589户1943人的饮水问题。3. 农村电网改造。按照2020年100%的村完成电网改造，实现城乡同网同价，满足发展特别是产业建设发展的需要的目标，正在稳步推进，已完成农网改造工程10个自然村。4. 加强城乡同治环境建设。完善整治制度，加大城乡同治资金投入和宣传力度，挨家挨户发放签收《河口乡集镇环境整治告知书》，投资20万元，购买垃圾清理车，聘请专职人员清扫集镇、河道卫生；成立城乡同治巡逻队，加强巡逻整治力度，彻底改善集镇生活环境，爱护环境卫生的文明之风形成。

【产业建设稳步前进】 河口乡党委、乡政府紧紧围绕“四跟四走”产业发展思路，坚持市场导向，明确发展模式，培育产业作为脱贫攻坚的根本出路。一是一村一基地。针对全乡12个村不同的产业基础和资源情况，因地制宜、因村施策，紧紧围绕“一村一品”“多村一品”战略思路，发展特色产业，壮大村集体经济。全乡村村有产业计划，集体经济初具规模。1. 光伏发电项目。新民、两岔、懂市3个村光伏发电项目已建成，每村实现村集体经济年收入达2万元以上。2. 油茶产业。富溪和太平2个村重点发展油茶产业，太平村与张家界硕果油茶种植专业合作社进行合作，发展油茶6879亩，实行售后分红利模式；富溪村计划开荒野生油茶600亩，经营主体与农户签订产品收购协议，建立油茶加工厂建成后产权归村级所有，实行承包责任制。3. 茶叶产业。塘坊村茶叶基地500亩，村集体经济收入2万元；懂市、河口、以咱、科溪4个村正在发展白茶产业。4. 木瓜、粽叶产业。新民村于2017年已发展木瓜600亩；西坪村发展野生粽叶产业8000亩，可解决建档立卡贫困户200余人就业；投资50万元修建粽叶冻库、20万元新建粽叶基地。5. 中药材产业。栗洞村、沙洲村发展中药材产业，种植黄柏，杜仲等药材1200余亩。6. 烟叶产业。

二是一户一产业。河口乡党委、乡政府结合“一村一基地”发展契机，加强宣传规划，带动约300个贫困户发展茶叶、烟叶、蔬菜、青钱柳、油茶、木瓜等种植产业，同时利用田边地角、房前屋后，结合庭院绿化、环境治理，达到95%的贫困户发展常规玉米种植等产业，因村施策、分户实施，以奖补为主，发展家庭果木蔬菜产业及庭院经济。三是一家一就业。全乡贫困户劳务转移就业、自主创业就业约1600人，在“一村一基地”“一户一产业”发展基础上，以村集体经济、农村专业合作社为平台，带动贫困人口约1500人就近就业，确保有劳动力的贫困户至少有一人就业，实现“一人就业，一户脱贫”。四是一人一技能。为进一步丰富全乡产业发展内容，实现多产业并存惠民，组织烟叶生产技术培训2期，白茶加工技术培训2期，蜜蜂养殖技术培训3期，参训贫困人口总计430人次。

河口乡烟叶生产基地

【社会事业全面发展】 1. 完善社会保障体系。农村医疗卫生工作不断加强，新型农村合作医疗全面铺开，全乡农村合作医疗保险参保率达96%以上，切实解决了群众“看病难”问题。2. 办好人民满意教育。围绕实施教育强乡，全面推进素质教育，重点加强基础教育和农村教育，认真落实农村贫困家庭学生“两免一补”政策，解决贫困家庭子女就学难的问题。学生入学率、巩固率均达100%。3. 稳步开展扶贫攻坚工作，通过贫困户小额信贷、危房改造、雨露计划等帮扶项目，逐年降低贫困人口总数。为实现精准扶贫、精准脱贫，全面开展建档立卡贫困户的清理、补录、信息完善、动态调整等信息动态管理。2017年，懂市、两岔两个贫困村退出，整合后盾单位资源，借助精准扶贫的东风，非建扶村由乡政府重点组织实施帮扶，全体政府干部职工以及乡直各单位全部结对贫困户，根据建档立卡贫困户实际，以“四个一”工程为导向，因户施策，确定帮扶类别，努力完成减贫任务，确保脱贫攻坚工作稳步推进。

（刘湘硕）

上河溪乡

党委书记：向延吾

副书记、乡长：张太平

副书记：向魏魏

党委委员：黄生余（人大主席）

党委委员：王　辉（纪委书记）

党委委员（组织委员）：胡　会　宋　莉（2017 年 10 月，宋莉任，胡会离任）

党委委员：覃经猛（政法书记、武装部部长）

副乡长：刘　君　朱妍霖　李宗华

（2017 年 7 月，朱妍霖、李宗华任，刘君离任）

【概　况】 上河溪乡地处桑植县的西大门，距县城 56 公里。南临永顺县，西连龙山县，距县城 56 公里，是三县七乡交汇之地，处于桑植县通往鄂西、川东的交通要道，自古以来商贾云集。桑龙干线横贯全乡 4 个村，交通通信便利。全乡总面积 133 平方公里，耕地 10109 亩，辖 9 个行政村，128 个村民小组，3561 户，14182 人，是以苗族、土家族、白族、汉族等多民族杂居的乡镇。境内群山连绵，山清水秀，耕地、草地、森林和矿产等资源丰富。煤炭蕴藏量逾百万吨，重晶石 30 多万吨。野生中药材品种丰富，曾获得湖南省中药材科普考察队的充分赞誉，称上河溪乡为重要的中药材基因宝库。

2017 年，紧紧围绕“以小康建设为目标、以脱贫攻坚为重点、以‘三联三转’为抓手、以服务群众为宗旨”的总体思路，立足乡情，抓实县委、县政府安排的各项工作，以产业建设为突破口，调整产业结构，加大精准扶贫工作力度，经济社会发展呈现稳中有进、进中向好态势，人民生活水平进一步提高，2017 年农民人均纯收入 3450 元。

【脱贫攻坚成效明显】 1. 脱贫任务完成。2017 年，全乡脱贫 336 户、1113 人，已全部完成脱贫认证，共发放产业扶贫资金 185.94 万元。2. 进一步开展精准识别和结对帮扶。整改之后共有贫困户 1332 户 4513 人，低保户 182 户 376 人（其中 169 户 362 人属于建档立卡贫困户，13 户 14 人属于“卡外”低保），县乡村三级共计 273 人参与结对帮扶工作。3. 全力推进贫困村整村脱贫工作。2017 年，东风坪村和狮子山村完成整村脱贫退出。4. 加大易地搬迁工作力度。2017 年易地搬迁分散安置 90 户，352 人，已全部动工，其中 39 户已入住。完成 2016 年易地搬迁分散安置 11 户补助资金打卡发放。5. 教育扶贫落到实处。2017 年打卡发放阳光助学金 89.2 万元，雨露计划资金 10.75 万元，大学新生资助金 16 万元，发放金融扶贫贷款 362 万元。

【项目建设扎实推进】 2017 年，已开工建设涉及基础设施、民生、文化等方面的多个重点项目，其中车站整修等项目已完成；农村综合综合服务平台建设不断推进，6 个新建项目 3 个改扩建项目已全部动工，总投资达 600 多万元，村级组织服务能力大幅提升；东风坪、狮子山两个整村脱贫村大力推进基础设施建设，两村 7 个公路建设项目，共计 13.75 公里的道路除地界张家坪路段以外已全部动工，同时两村给水项目也已动工，将为两村村民生产生活提供极大的便利，为实现

上河溪乡熊家坪村百合产业基地

两村整村脱贫提供了基础设施保障。竹比公路加宽项目已完成，硬化项目正在招标准备实施，将惠及4个村群众。熊家坪环境整治项目正在实施，同步进行水渠建设工程项目。

【农村产业不断发展】 全乡共发展集中连片50亩以上特色农业大户7户，年营业收入50万元以上大户7户。共种植油茶3000多亩，百合（特色药材）900多亩，青钱柳600多亩，黄柏、楠木、红豆杉等稀有物种45000余株。养殖牛800头，羊3500只、生猪1600头、鸡9000羽，中蜂4029箱、胡蜂（特色产业）800余窝。已成立1个猕猴桃种植专业合作社、2个油茶种植专业合作社、1个黑山羊养殖专业合作社、8个蜜蜂养殖合作社，下半年新成立青钱柳种植专业合作社以及源青畜牧养殖专业合作社。各村加大土地流转相关政策的宣传力度，积极引导农民实施土地流转，促进土地规模化经营。结合“四培四带”活动，已举办养蜂职业技术培训、中式面点培训等各类培训6次，组织技术推介7次、现场观摩、实地交流，共计培训892人次。

【社会事业协调发展】 安全生产。强化“党政同责、一岗双责、齐抓共管”的安全监管责任，突出责任落实、源头治理、监管执法、宣教培训、基础提升五个工作重点，全面落实安全生产责任制度，加大事故隐患治理力度，确保无重大安全事故发生。信访维稳。落实信访维稳工作制度，2017年，完成积案化解4件。同时，搞好乡村矛盾纠纷调处，全乡没有发生重大群体性事件和群体越级上访事件。计划生育。大力开展优生优育检查，共安排组织检查130对。推行“全面二孩”政策，严把计划生育审核关，符合政策生育率达到92.7%。2017年符合城镇独生子女、农村奖励扶助政策对象确认、退出及上报工作，准确率、及时率达100%。环境治理。持续开展环境整治“6+1”行动，成立集镇管理大队，出台《上河溪乡集镇综合管理办法》，聘用保洁员，配备垃圾清运车、洒水车、垃圾桶，确保集镇、公路沿线、河道等重点区域的清洁，规范垃圾焚烧炉管理使用，做好垃圾处理，在环境卫生重点村开展环境卫生评比活动，对环境卫生好的家庭进行奖励，鼓励群众自觉保护环境卫生，农村人居环境显著的改善。社会保障。2017年，危房改造已实施156户，338人，发放低保金119.7万元，落实社会救济800多人，投入近20万元，重度残疾人护理补助投入11.8万元。完成新农保收缴6352人，6.88万元。稳步推进小康建设，指标实现程度进一步提升。

【组织建设保障有力】 1. 加强工作力量。2017年7月21日，召开人代会，选举朱妍霖、李宗华两名副乡长，配强了班子，加强了力量。严格按照程序进行了村支两委换届选举，为基层工作开展提供了坚强组织保障。2. 开展学习培训。组织村书记参加县级培训1次，对新任村支两委成员开展业务培训2次，开展习总书记系列讲话、十九大精神等学习活动，进一步提升村干部能力素质。3. 开展“两学一做”。为每个支部明确1名指导员，完成专题党课培训，认真开展“支部主题党日”活动，坚持每月27—29日开展学习培训、走访老党员、环境卫生清洁、教育基地参观学习等多种形式的活动。4. 强化党员干部管理。建立干部目标管理和绩效考核、“双述双评”等制度，坚持将“纠四风”和“雁过拔毛式腐败”两个专项整治贯穿于各个领域和各个环节，干部作风明显改善。加强流动党员联系，建立流动党员台账，定期联系并传达相关会议精神及最新党务信息。

（刘雅静）

陈家河镇

党委书记：李忠宪

镇长：陈进虎

副书记：王光辉

党委委员：田其汉（副镇长）
蒋文斌（宣传统战）
佘高才（纪委书记）
朱倍立（武装部部长）
刘文婷（组织委员）
副镇长：谷臣胜　向芳云

【概　况】 陈家河镇位于桑植县西北部，东邻凉水口镇，南邻洪家关乡，西连上河溪乡和永顺万民岗乡，北邻八大公山镇，距县城26公里。澧水穿境而过。2015年11月，行政区划调整，将原陈家河镇、岩屋口乡、两河口乡成建制合并设立陈家河镇，并将原蹇家坡乡的王家塔、李家村、赵家塔村划归新设立的陈家河镇管辖。总面积222平方公里，辖19个行政村，2个居委会，总人口36700人。

陈家河镇历史悠久，文化底蕴深厚。陈家河、蔡家坪、毛塔一带是“陈家河大捷”遗址，建有陈家河大捷陵园和纪念碑。境内有土家族、苗族、白族、蒙古族等少数民族，民风淳朴，群众文化内容丰富，有汉戏、傩戏、阳戏、花灯戏等民间戏曲。

陈家河交通便利，区位优势明显。桑龙、桑鹤公路贯穿全境，是桑植内半县的一个区域性中心集镇。境内村村通公路，农村客运网络体系建立健全，建有一座占地面积6亩、建筑面积1200平方米的新农村客运站，开通了7条农村公交线路，覆盖21个行政村（居）。

陈家河镇是张家界市小城镇建设重点镇之一，现已初具规模。镇区规划面积2.29平方公里，由四桥八街为基本框架，分为机关区、居民区、商贸区、文教卫区等区域，功能区分明确，布局合理。镇区水、电、路、通信、路灯等基础设施较为完善，建有大型综合农贸市场1个，有摊位280个，门店150个。是湘、鄂、渝三省边界的物资集散地，镇区集镇人口8000余人。

陈家河镇蔡家坪猕猴桃产业基地猕猴桃喜获丰收

陈家河镇资源丰富，美丽富饶。澧水中源流经12个行政村（居），境内岳虎滩水电站装机容量1000千瓦，年发电量400万千瓦小时。夹石河、仓关峪、龙潭沟、厂湾等村和黄木潭居委会煤炭资源丰富，具有极大的开采价值。

陈家河镇的主要农作物有水稻、玉米、红薯、马铃薯、花生、油菜等，主导产业有以椪柑为主的干水果、畜牧养殖、劳务输出和商贸服务业、两河口苗圃基地、蔡家坪猕猴桃基地、大屋坝茶叶产业基地，这些主导产业已经成为群众稳定增收的渠道，群众生活水平和质量逐年提高。

【坚持脱贫统揽精准施策】 实施基础扶贫，完成重要镇村道改造、窄路加宽共17公里，农网改造5个村，农村综合服务平台建设3个，4个村贫困人口实现饮水安全，贫困村基础设施得到全面改善。实施产业扶贫，全镇有茶叶面积3400亩，蜜蜂3500桶，中药材2000亩，猕猴桃650亩，霉茶300亩，养殖黑猪700头，豪猪120头，稻田养虾230亩，大鲵存池23000尾种植优质水稻300亩；发放扶贫小额信贷910.52万元。实施阳光安居保障，完成易地扶贫搬迁176户681人，危旧房改造249户。实施阳光助学保障，推进“分层资助、三个覆盖”的助学保学模式，发放助学金298.20万元；推进“因地制宜、因材施教”的技能培训模式，培训贫困人口90人，新增农村贫困劳动力转移就业633人。实施阳光医疗保障，实行“城乡医保一卡通、医疗结算一站式”和“先诊疗后付费”，全镇新农合任务数31097人，完成29107人，享受大病救助84人，享受二次救助53人。实施兜底保障，核定社会保障兜底对象112户297人，低保267户673人。大吾坝村整体退出，2003人稳定脱贫。

【坚持项目带动投资拉动】 重点工程顺利推进。完成黄木潭大桥建设；加快岩屋口大桥建设；甘溪至仓关峪公路加宽改造正在进行；两河口至白竹科村道正在进行整修；龙潭沟、厂湾村的通畅道路正在整修硬化；朱家沟大桥、龙协坪大桥正在组织招投标。城市功能继续完善。完善集镇发展总体规划调整，强力推进控违拆违，集镇乱搭乱建拆除行动顺利完成；完成造林任务3000亩；督查整治脏点125处，集镇村垃圾集中处理率达85%以上；严格执行河长制，实施河道治理8条，全面取缔河道彩砂行为。

【坚持改善民生创新治理】 积极推行网格化管理，提升社会治理水平，扎实开展禁毒、禁赌等社会专项治理，2017年国庆、十九大等特护期间进京赴省上访零登记，民调工作取得显著进步；严格落实安全生产责任制，压实党政同责、企业主责，建立健全隐患排查整治一单四制，加强安全生产监管，杜绝重特大事故发生，保障人民群众生命财产安全。全年未发生一起安全责任事故，安全生产形势持续稳定，被评为全市安全生产工作优秀乡镇；以新型农村合作医疗为切入点，提高医疗服务水平，加快村级卫生室建设，切实解决群众看病就医难问题；“村村响”“户户通”建成使用；圆满完成村（居）换届选举工作；财政、民政、气象、水文、残疾人等各项事业不断发展，无党派人士、共青团、妇联、科协等做出了新的贡献。

【坚持依法行政提升效能】 严格执行政府议事规则，坚持科学民主决策，主动接受人大依法监督、政协民主监督和社会公众监督。深入推进“两学一做”学习教育常态化制度化，严格执行中央“八项规定”和国务院“约法三章”，落实党风廉政建设主体责任，提升行政效能和政府执行力。

（陈家河镇）

廖家村镇

党委书记：陈　国

副书记、镇长：向贤弟

副书记：王金娟

党委委员：秦卫东（宣传统战、人大主席）

熊小勇（政法武装、政协联络组长）

钟以祥（纪委书记）

瞿　稳（组织委员）

副镇长：庹连英　王　莉

【概　况】 廖家村镇位于桑植县西南部，系澧水南源，东与洪家关白族乡交界，南与上洞街乡相邻，西与永顺县万民乡接壤，北与陈家河镇毗连。镇政府距县城35公里，全镇总面积58平方公里，耕地面积7944.71亩（其中水田6074.65亩，旱地1870.06亩）。全镇辖6个行政村，2个居委会，94个村民小组，3653户，总人口11694人，以土家族、苗族为主。

2017年，廖家村镇在县委、县政府的正确领导下，在上级各部门的精心指导下，全面贯彻落实中共十八大及十八届五中、六中全会精神，坚持“创新、协调、绿色、开放、共享”的发展思路，紧紧围绕打造“美丽、生态、和谐、小康”

新廖家村镇的战略目标，坚持以党的建设为统揽，以经济发展为主线，以服务民生为重点，以保持稳定为前提，大力实施“12345”工程，即：坚持一个统揽（党的建设），围绕两条主线（脱贫攻坚、全面小康），实施三大工程（民生工程、项目建设、农业产业），打好四场硬仗（易地搬迁、招商引资、安全生产、环境卫生），狠抓五项重点（美丽乡村、旅游开发、计划生育、集体经济、信访维稳），全面加快社会事业发展进程，使廖家村镇成为产业结构合理，个私经济兴旺，商贸旅游为一体，生态环境优美，人民生活实现小康的桑永边陲休闲小镇。2017 年，实现两个贫困村整村退出，960 人脱贫。丰富群众精神文化生活，在县“欢乐潇湘 · 原创广场舞大赛”中，廖家村镇镇群众代表队荣获第二名，并作为县代表队参与市级比赛。

廖家村镇农田水利设施

【**基础设施建设**】 1. 交通建设。完成二户田村 7 公里村道硬化，苗寨至猫子溪 6 公里窄路加宽，苗寨至妖气洞村 7.5 公里窄路加宽。2. 集镇建设。在全镇范围内开展城乡清洁行动，安排经费由专人负责集镇垃圾清扫和清运，对集镇街道污水进行全面处理。集镇农贸市场运转良好，苗寨居委会集体经济每年达 10 万以上。3. 水利建设。投入 200 万元，对英雄湖水库进行除险加固，管理和利用好已建的防洪护堤工程；在团结村新建水池 7 座，铺设管道 42 公里；二户田村新建蓄水池 4 座，铺设管道 18 公里；新修水源 6 处；解决 2 个贫困村农户安全饮水问题。4. 农村综合服务平台建设。新建镇综合服务平台 1 个，村级综合服务平台 3 个，扩建村级综合服务平台 3 个。新建团结、二户田、莫家塔、冲天溪 4 个村级卫生室。投资新修医生公转房 12 套。5. 文化体育建设。建设廖家村镇群众文化广场 1 个，完善村（居）农家书屋 9 个，农村“三通”行政村 8 个，实现“村村响”广播覆盖率 100%。

【**基本产业建设**】 1. 花卉苗木产业。以咱家村、老庄坡花卉苗木种植基地为重点，形成“花卉苗木产业带”。2. 中药材种植产业。以冲天溪村为示范，种植中药材 500 亩，辐射带动周边四个村 194 户 630 人发展中药材。3. 新建光伏发电项目。在二户田村新建一个光伏发电站（60 千瓦时）；促进村集体经济发展，助力贫困村整村退出。4. 规模发展蜜蜂产业。全镇 118 户 832 人从事养蜂产业，养殖蜜蜂 2420 箱。5. 突出发展养殖与特色农业。2017 年新增土地流转面积 200 亩，发展 10 个养殖大户和 12 个土地流转 50 亩以上的特色农业大户，龙头企业、专业合作组织、家庭农场等各类经营主体达 7 家。

廖家村镇栽培的优质水稻

【**基本公共服务保障体系建设**】 1. 教育工作。继续巩固教育成果，全面落实各项教育惠民政策，强化教育教学管理，加强教师队伍建设，科学运用激励机制，提高教育教学质量。2. 实施易地搬迁、危房改造。保障农户住房安全，实施易地扶贫搬迁集中安置 25 户 87 人、分散安置 13 户 46 人。实施贫困户危房改造 137 户 526 人。3. 做好扶贫开发和低保扶助两项制度衔接，实现 411 个重度贫困家庭 716 人实行农村低保兜底保障“全覆盖”，其中社会保障兜底 22 户 65 人。4. 金融扶贫。对有劳动力、有发展愿望的贫困户，在养殖、种植上给予帮扶。帮助他们解决资金短缺问题，共发放小额贷款 106 户 286 万元。

【社会事业发展建设】 1. 精神文明建设。坚持舆论宣传为先导，全镇共建永久性宣传栏 8 个，刷写永久性标语 6 条，印发宣传资料 3000 余份。通过深入开展创建“文明村镇”“文明家庭”“文明校园”等五大创建活动和“讲文明、树新风”等活动，干部群众精神面貌发生深刻变化，全镇形成昂扬奋进、团结和谐的良好氛围。2. 党建工作。镇党委坚持“围绕经济抓党建，抓好党建促发展”的工作思路，与时俱进，创新载体，以加强干部队伍建设和基层组织建设为重点，切实提高党建工作的实效性，努力发挥好党组织的战斗堡垒作用，为经济和社会发展提供坚实的组织保障。共召开党建专题会议 12 次，班子成员学习会 32 次。积极认真开展民主生活会和组织生活会，及时进行批评与自我批评，共收集到意见及建议 8 条，极大地增强了党组织的凝聚力和战斗力。3. 计划生育及卫生工作。定期召开村级计生专干培训会议，严格执行计生相关法律法规，深入开展计生宣传和服务。举行《“5 · 29”计生协会活动》及《“7 · 11”世界人口日宣传活动》。2017 年全镇新生儿出生 144 人，符合政策生育率 91.66%，落实手术 101 例，办理生育服务证 82 本，落实农村奖励扶助对象 73 人及特别扶助对象 15 人，救助老年村计划生育专干贫困生活补助 15 人。4. 劳动和社会保障。全镇纳入五保供养 59 人，享受农村最低生活保障人数达 304 人，落实大病医疗救助 14 人。全镇参加新型合作医疗 9641 人，参合率 97.89%。城镇居民医疗保险参保 96 人，完成任务 101%。农村养老保险参保 4327 人，参保率 94.6%。阳光助学、雨露计划、耕地地力保护补贴、退耕地经济林延长期补助等多项补贴，各项惠农支农政策全面落实。

（瞿　稳　张琳玲）

上洞街乡

党委书记：刘远忠

副书记、乡长：康　家

副书记：王　琴

党委委员：向武斌（宣传统战、人大主席）

王月清（政法武装、政协联络组长）

王卫红（纪委书记）

肖雄威（组织委员）

副乡长：李冬莲　钟　兵

【概　况】 上洞街乡位于桑植县西南边陲，距县城 36 公里，与桑植县利福塔镇、廖家村镇及永顺县砂坝镇、毛坝乡、盐井、万民岗乡接壤。全乡共辖上洞街、双溪、麻洛、院子、二户坪、二户溪、卧云界 7 个建制村，乡域总面积 53 平方公里，90 个村民小组，2538 户，10573 人。以土家族、苗族、汉族为主，人口密度为每平方公里 202 人。

上洞街乡历史悠久，文化底蕴深厚，自然环境优雅，物产极为丰富，乡域特色非常浓郁。

2017 年，上洞街乡党委、乡政府紧紧围绕“旅游融合、产业扶贫、绿色发展”的发展理念，积极创新工作机制，脚踏实地的开展各项工作，取得应有的成绩。

【组织建设不断加强】 重党建，廉政建设不松懈。一是按照上级的换届要求，精心组织村支两委换届，在换届过程中严明换届纪律，整个换届工作风清气正，全乡村支两委换届得以圆满完成。二是严格落实党员组织生活制度，定期开展“三会一课”，坚持从严治党。三是全面深入开展“两学一做”学习教育制度化、常态化，进一步深化党员干部“讲党性、重品行、做表率”的思想认识。积极开展党支部主题党日活动，加强对党员的教育管理，提升党组织凝聚力。

【基础产业稳步发展】 2017年，以贫困村为重点，大力发展全乡基础产业，经济稳步发展。较具规模的主导产业有生姜、野生油茶、核桃、莓茶和黄桃等，覆盖全乡贫困人口2048人，占建档立卡人口的83.7%。还有一家经营主体与390名贫困人口建立了持续稳定的利益联结机制。二户坪村以生姜种植为主导，与张家界梅尼公司签订协议，生姜种植达500亩；卧云界村重点发展油茶产业，已垦复油茶350亩，与湖南湘纯农业科技公司签订意向协议，对野生油茶籽进行回收；二户溪村依托电商平台着力打造黄桃和野生霉茶种植基地；院子村依托省农科院提供的技术，发展美国山核桃150亩，并以建站管护大鲵为核心发展集体经济。

【基础设施得到改善】 2017年，村级服务平台建设有6个村已全部完工，正在进行内务布置、公共服务设施建设；二户坪村的大地坪断头路，利福塔三岔湾村至矿洞山的公路，已完成路基整修；卧云界村分散供水项目已完成，二户坪集中供水安装完成165户，五里坡水厂工程已经竣工，全乡8000余人的饮水困难问题得到解决。

【社会秩序和谐稳定】 1.开展安全生产大排查、大整治、反邪教、禁毒、禁赌、矛盾纠纷信访问题攻坚、道路安全大检查等专项行动，制作固定安全生产宣传标语和安全警示标示80条（幅），大力宣传，提高全民安全意识；与1个非煤矿山（桑植二户坪采石场）、2个网吧、乡学校、1所民办幼儿园、1个加油站，5个烟花爆竹经营店签

上洞街乡大鲵（娃娃鱼）养殖

订了安全生产责任状，安全生产责任目标得到落实，社会安全指数得到提高。2.全面深入开展扫黑除恶专项斗争。时刻保持严打高压态势，积极宣传，群策群力，扫黑除恶专项斗争稳步推进。3.全面开展道路交通安全、消防安全大检查，积极开展平安校园行、平安创建活动，组织义务巡逻队加强巡逻，社会治安环境良好、稳定。4.深入开展信访维稳工作，积极化解矛盾纠纷，提升群众满意度。5.全面深入开展打击非法集资，引导群众树立正确的投资观，维护稳定的金融秩序。6.全面深入开展禁毒工作。走访相关人员，宣传禁毒知识，帮助康复对象重返社会。7.实行网格化管理，提高联防意识，加强部门合作，创造良好社会治安环境，为经济社会发展提供有力保障。

【精准扶贫有序推进】 1.开展结对帮扶。为做好贫困户信息核实修改和结对帮扶工作，就精准扶贫政策、手册规范填写以及走访要求等内容，组织开展了6次数据核对工作业务培训，培训结对帮扶干部209人。真正做到用心用情开展结对帮扶。2.推进产业扶贫“四个一”项目。按照上级文件精神，乡党委、乡政府高度重视，成立以乡党委书记为组长的领导小组，召开专题会议3次，制定《上洞街乡“四个一”扶贫工程产业项目实施方案》。“一村一基地”。部分贫困村已有生姜、野生油茶、核桃、霉茶和黄桃等主导产业“一户一产业”。全乡2265名贫困户正在按照户均拥有“1亩庭院经济园”的家庭产业发展，占建档立卡

总户数的92.5%，平均每户年增收1000元以上。“一家一就业”。全乡贫困人口外出务工728人；从贫困人口中选聘护林员14人、河道巡查员7人、卫生保洁员14人。“一人一技能”。按照“培训一人、创业一人、带动一片”的培训目标，实行分类分级培训。2017年完成实用技能培训102人，产业培训580人。

【社会事业全面发展】 文化教育事业：高度重视校园安全及周边环境的整治工作，加强对上洞街学校校舍安全的监督检查，举办联谊活动，为学生营造良好的教育教学环境。医疗事业：积极开展卫生防疫工作，继续加大村组卫生室建设和乡卫生院建设。配合开展医疗卫生制度改革，大力宣传新型农村合作医疗。改善医疗条件，设立卧云界、二户溪、麻洛、双溪四个村巡回医疗点，全乡医疗网点遍及7个村，覆盖率达到100%，医疗条件改善。生态环境保护：乡成立垃圾治理工作领导小组，投入资金20余万元，用于农村垃圾治理，定期对各村进行卫生环境检查、评比、考核。人口生计工作：继续推行“村民自治”制度。认真落实农业人口独生子女优惠政策及失独家庭帮扶政策。

（王弘毅）

利福塔镇

党委书记：廖　华

副书记、镇长：王文科

副书记：李江平

党委委员：杨建波（人大主席）

王岩武（政协联络组长、副镇长）

廖秀军（纪委书记）

唐非凡（政法武装）

周　芸（宣传统战）

伍　鑫（组织）

副镇长：尹建国　熊　鑫

【概　况】 利福塔镇地处桑植县城西，东与永定区青安坪乡毗连，南与湘西自治州永顺县沙坝镇接壤，西与上洞街乡洪家关白族乡交界，北与澧源镇相邻。距离县城11公里，是桑植县的西大门。全镇辖区总面积84平方公里，拥有耕地12317亩，其中水田8394亩，旱地3923亩，林地73148亩；辖赤溪、青龙、杨仕坪、官庄、金家台、凤栖、莲花垭、郭家台、利福塔居委会、舒家坪、白龙、岩板、三岔溪14个村（居）委会，185个村（居）民小组，共7581户，总人口21745人。共18个党支部，有党员684名。

桑永公路横贯全境，黔张常铁路正在修建，地处利福塔镇的桑植火车站即将建成，交通资源得天独厚；这里是桑植县产业发展的集聚区，省级工业集中区桑植县绿色综合产业园B区和C区正加速发展，具有独特的产业优势；有九天洞、苦竹寨、峰峦溪等张家界西线旅游景点，旅游发展潜力巨大。

利福塔镇是高速铁路、高速公路全面建设，交通区位条件显著提升的优势凸显期，也是该镇产业结构优化和重大项目建设速度不断加快的蓄势起跑期，更是积极发展的黄金时期。按照县委、县政府提出的“旅游融合、产业扶贫、绿色发展”总体思路和“城市东扩、产业西进、带状发展、组团布局”发展理念，逐步实现把利福塔打造成为桑植县的高铁产业新区、旅游休闲基地和物流商贸基地（一区两基地）这一总体目标。

2017年，镇党委、镇政府团结带领全镇人民，按照“党群共建、项目带动、产镇融合、统筹发展”的工作思路，围绕加快全面建成小康社会，着力推进全镇“一区两基地”建设，全镇经济稳步发展，社会大局稳定，发展势头良好。一是基层党建为主线，大力推行“135”基层治理体系，用好党委、支部、党小组三本党建工作手册，通过坚持“月例会”制度，规范系统的把党建与常规工作同部署、同推进、同落实。二是以

利福塔镇易地搬迁统规统建项目

县长赵云海（中）走访慰问利福塔镇贫困学生

重点项目为推手。全身心服务黔张常铁路桑植火车站、张桑高速公路西互通连接线等重点项目建设，征地拆迁实行“三心工作法”，基本做到“5+2”“白＋黑”，确保项目下地落脚，打造该镇独特的区位优势。三是以精准扶贫为抓手。用活异地扶贫搬迁政策，针对全镇建档立卡贫困户的易地扶贫搬迁统规统建项目已完成入住。该项目按照“楼上光伏发电、楼中住房搬迁、楼下市场门面”的思路，采用装配式建筑模式建设。四是以西线旅游为龙头。扎实配合相关部门，以苦竹河村为依托的九天峰恋旅游区已进入试营业阶段，为带动当地经济发展，促进农村增收致富，起到促进作用。同时，充分利用其省级乡村旅游重点村和全市旅游扶贫示范村的资源优势，促进景区建设换挡提速，大力突出“特色”二字。

利福塔镇先后成功创建为全省民族团结示范镇、全省旅游名镇、全省小城镇建设特色镇、全省特色旅游小镇；获得全市全面小康建设十佳乡镇、全市安全生产示范镇、全市计划生育工作先进单位、全市综治工作先进单位等荣誉。

【产业发展初具规模】 2017年，该镇率先在苦竹河村和莲花埡村建立2个养蜂合作社，培植蜜源植物油菜1000亩，紫云英300亩，黄柏300亩，发展箱蜂650箱，带动212户贫困户增加收入。全镇涌现出养蜂大户梁拥军、胡硕孟，魔芋种植大户谷成芳，苗木栽植大户舒承贵，养猪大户李菊花等，组织开展刺绣产业培训，组织贫困户种植商品红薯50亩，莓茶80亩，全镇葛根种植1000余亩，魔芋种植300余亩。

官庄村优质水稻种植基地

【项目建设稳步推进】 2017年，黔张常铁路桑植高铁站前广场完成征地拆迁面积204亩，迁坟128座，拆迁房屋4栋。九天峰恋景区征地项目共征地107亩。张桑高速公路连接线改水项目全面贯通，涉及面积398亩，贯通水系11条。解决黔张常铁路遗留问题10余起，调解矛盾纠纷100余起，九峰寨安置点场地平整、道路硬化、给排水、电力隐患排查等工作完成。

【基础设施逐步完善】 集镇建设：2017年，新建的192个摊位的农贸市场已投入使用，其交通便利，与停车场、公共厕所、活动广场相邻，极大程度地满足了群众物质文化生活的需要，基础设施相对完善。集镇管理：加大资金投入，健全管理队伍，定期集中开展集镇交通秩序百日整治行动，广泛宣传，提升人们素质，落实保障措施。

【社会事业协调发展】 2017年，坚持打、防、治、建并举的方针，深入开展综治维稳工作，共处理纠纷共计112起，成功化解信访积案4件，开展安全生产大检查14次，排查安全隐患18处。坚持教育优先，加强“控辍保学”力度，不断提升教学质量。加大计划生育执法力度，着力解决社会抚养费征收、流动人口计划生育管理等难点问题；举办利福塔镇第一届元宵晚会，满足了人民群众的文化生活需要。完成14个村（居）村村响工程，不断丰富群众文化生活，确保上下政令畅通；实施民生保障工程，提高农村新农保的参保率和新农合的参合率；不断加大农村劳动力就业，新增农村贫困劳动力转移就业307人，新增城镇就业54人。

【党组织建设平稳推进】 2017年，利福塔镇紧紧围绕学习贯彻中共十九大精神，抓实基层党建工作，以党建带动其他各项工作稳步推进。组织开展党员冬春训。培训内容涵盖技术培训、政策解读、思想教育等各方面，实现了全覆盖。开展入党积极分子培训，培养入党积极分子18名。抓实农村综合服务平台建设。新建的4个农村综合服务平台已经全面完工，11个改扩建农村综合服务平台已经基本完成。“党员群众讲习所”顺利开讲，14个村（居）已全部完成挂牌。

（邓碧丹）

人　物

县（处）级领导干部简介

刘卫兵

刘卫兵　男，土家族，研究生文化，中共党员，1970年3月出生，湖南慈利县人，中共桑植县委书记。

1988年9月—1990年7月在常德供销学校工业会计专业学习；1990年7月—1991年7月在慈利县检察院工作；1991年7月—1995年1月在慈利县委机要科工作（其间：1992年9月—1994年7月参加湖南省商学院大专学习）；1995年1月—1996年2月在慈利县委办工作；1996年2月—1999年12月任共青团慈利县委书记；1997年12月兼任慈利县人大常委（其间：1996年9月—1998年10月参加中共中央党校函授学院经济管理专业学习函授本科毕业）；1999年12月—2001年3月任慈利县岩泊渡镇党委书记兼慈利县人大常委；2001年3月—2005年3月任慈利县人民政府副县长、党组成员（其间：2002年3月—2003年3月到湖南省国土资源厅挂职任矿管处副处长）；2005年3月—2005年9月任慈利县人民政府副县长、党组成员、县委办主任；2005年9月—2006年6月任慈利县委常委、县委办主任；2006年6月—2007年9月任慈利县委常委、县政府副县长、县人民政府党组副书记（其间：2003年9月—2006年7月参加中共中央党校经济管理专业学习在职研究生毕业）；2007年9月—2013年4月任桑植县委副书记、县人民政府党组书记、县长；2013年4月任中共桑植县委书记。

赵云海

赵云海　男，土家族，1974年9月出生，湖南永定区人，1996年11月加入中国共产党，1994年7月参加工作，中央党校函授学院经济管理专业毕业，在职本科学历。

1991年9月—1994年6月在湘西民族财会学校财政专业学习；1994年7月—1995年1月在永定区国土局工作；1995年1月—2001年2月在张家界市国土局工作（其间：1997年9月—1999年12月参加中央党校函授学院经济管理专业本科班学习，1998年12月—2000年12月在桑植县利福塔镇挂职，任镇长助理，1999年3月当选副镇长）；2001年2月—2001年11月任永定国土分局副局长；2001年11月—2007年12月在永定区国土资源局工作，2001年11任党组副书记、局长，2006年10月任党组书记、局长（其间：2003年9月—2006年10月兼任区街道规划国土监管工作协调办副主任）；2007年12月—2009年4月任永定区人民政府党组成员、副区长（其间：2008年4月—2009年4月在浙江省温州市苍南县挂职任县长助理）；2009年4月—2011年6月任永定区委常委，2009年6月任区委办主任；2011年6月—2013年4月任永定区委常委、区政府党组副书记、副区长；2013年4月—2013年6月任桑植县委副书记、县人民政府党组书记、代县长；2013年6月任桑植县委副书记、县人民政府县长。

熊卫国

熊卫国　男，土家族，1969年12月出生，湖南桑植县人，1992年7月参加工作，1996年2月入党，本科学历。

1988年9—1992年7月在吉首大学中文系汉语言文学专业学习；1992年7月—1994年5月在湖南白沙矿务局子弟学校任教；1994年5月—1998年10月在慈利县委组织部工作，1997年4任副科级组织员；1998年1月—2001年12月任张家界市委组织部副科级干部，2001年12月—2002年6月任张家界市委组织部主任科员，2002年6月—2004年12月任张家界市委组织部办公室副主任，2004年12月—2012年2月任张家界市委组织部组织指导科科长，2012年2月—2014年10月任张家界市委基层党建工作领导小组办公室主任（高配副处级）；2014年10月—2016年8月任武陵源区委常委、组织部部长、统战部部长；2016年8月任桑植县委副书记、县委党校校长。

杨绍武

杨绍武　男，土家族，1969年10月出生，湖南桑植人，1989年7月参加工作，1992年6月入党，研究生学历。

1987年9月—1989年7月在湘潭师范学院政教系政治思想教育专业学习；1989年7月—1993年5月在桑植县委党校工作；1993年5月—1996年4月在武陵源区工委党校工作（其间：1993年8月—1995年12月参加中央党校函授学院本科班经济管理专业学习）；1996年4月—1996年9月在武陵源区工委组织部工作；1996年9月—1997年10月在武陵源区工委党校工作，1996年12月任副校长；1997年10月—2008年4月在张家界市委宣传部工作，1997年12月任理论科副科长，2002年1月任理论科科长，2006年1月任宣传科（企业宣传科）科长；2008年4月—2010年1月任张家界市委宣传部副调研员、企业宣传科科长（其间：2006年9月—2009年7月参加中共湖南省委党校在职研究生班经济管理专业学习）；2010年1月—2012年2月任张家界市文明办主任；2012年2月—2012年3月任武陵源区委常委；2012年3月—2016年8月任武陵源区委常委、宣传部部长；2016年8月任桑植县委常委、宣传部部长。

张小庆

张小庆　女，土家族，1978年7月出生，湖南慈利县人，1999年7月参加工作，2003年7月入党，本科学历。

1996年9月—1999

年7月在怀化师专中文系汉语言文学专业学习（其间：1996年12月—1999年6月参加湖南师范大学自考本科班汉语言文学专业学习）；1999年7月—2002年5月在慈利县零阳镇城西中学任教；2002年5月—2007年7月在慈利团县委工作，2002年10月任团县委副书记，2004年6月任团县委书记；2007年7月—2008年9月在共青团张家界市委工作；2008年9月—2015年6月任张家界市妇联副主席、党组成员；2015年6月—2016年8月任永定区人民政府副区长、党组成员；2016年8月任桑植县委常委、纪委书记。

陈 瑞

陈 瑞 男，土家族，1983年7月出生，湖南衡山人，2004年11月入党，2006年7月参加工作，本科学历。

2002年9月—2006年7月在南华大学建筑工程与资源环境学院建筑环境与设备工程专业学习；2006年7月—2009年12月在武陵源区中湖乡工作，2007年12月当选中湖乡联合工会主席；2009年12月—2011年12月在张家界市委组织部副科级干部；2011年12月—2012年9月任张家界市委组织部主任科员、调研室副主任；2012年9月—2014年4月任共青团张家界市委副书记、党组成员（其间：2012年10月—2013年10月挂职任慈利县零阳镇党委副书记）；2014年4月—2016年8月任永定区副处级干部、新桥镇党委书记；2016年8月任桑植县委常委、组织部部长。

刘 铠

刘铠 男，汉族，1974年5月出生，1996年6月参加工作，中共党员，大学文化（湖南广播

电视大学金融学专业），湖南岳阳人。先后任桑植县人民政府副县长（挂职两年），中国邮政储蓄银行张家界分行党委委员、副行长。

1996年6月—1998年9月在岳阳市邮电局工作，任空调动力中心、分拣中心技术员、储汇业务营业员。1998年9月—2000年7月在湖南大学财经学院金融专业大专学习。2000年7月—2001年4月在岳阳市邮政局工作，任人事教育科办事员、储汇业务营业员。2001年4月—2001年12月在张家界市邮政局储汇分局工作，营业员。2001年12月—2003年1月在张家界市邮政局工作，任市场经营部综合管理员。2003年1月至2003年3月在张家界市邮政局电子邮政分局工作，副局长（主持工作）。2003年3月—2008年3月在张家界市邮政局工作，任储汇分局副局长；2008年3月—2008年5月在中国邮政储蓄银行张家界市分行工作，任综合业务部副总经理。2008年5月—2011年1月在中国邮政储蓄银行张家界市分行工作，任信贷业务部总经理。2011年1月—2016年12月在中国邮政储蓄银行张家界市分行工作，任党委委员、副行长。2016年12月—2017年2月在桑植县人民政府工作，任桑植县委常委（挂职两年），县人民政府副县长（挂职两年）候选人。2017年2月至今在桑植县人民政府工作，任副县长。

唐湘桥

唐湘桥 男，汉族，湖南保靖人，1965年2月出生，1984年12月参加工作，1990年6月加入中国共产党，大学文化。

1984年12月—1987年2月先后到慈利县原环城乡、环溪派出所工作；1987年2月—1988年9月在慈利县公安局工作；1988年9月—1990年7月在湖南省政法管理干部学院法律专业脱产学习；1990年7月—1990年12月在慈利县公安局工作。1990年12月—1995年2月在大庸（张家界）市公安局工作。1995年2月—2000年7月任张家界市公安局法制科副科长（其间：1996年4月—1999年6月参加湘潭大学自考本科班法律专业学习），2000年7月—2002年5月任张家界市公安局刑侦支队副支队长，2002年5月—2005年12月任张家界市公安局经侦支队政委，2005年12月—2008年8月为张家界市公安局正科级干部，2008年8月—2014年4月任张家界市公安局国内安全保卫支队政委（高配副处级）；2014年4月任桑植县人民政府副县长、县公安局局长。

谷忠涛

谷忠涛 男，白族，1975年10月出生，湖南桑植人，1996年7月加入中国共产党，1996年9月参加工作，湖南省委党校法学理论专业毕业，在职研究生学历。

1992年9月—1996年7月在零陵商业学校餐旅管理专业学习；1996年9月—2000年3月在竹叶坪乡工作（其间：1994年1月—1997年6月参加湖南师范大学公共关系专业学习自考专科毕业）；2000年3月—2001年2月任廖家村镇副镇长；2001年2月—2001年10月任淋溪河白族乡党委副书记，2001年4当选副乡长；2001年10月—2006年2月任淋溪河白族乡党委副书记，2001年12月当选乡长，2004年7月任党委书记，免去乡长职务（其间2001年8月—2003年12月参加中共中央党校函授学院行政管理专业学习函授本科毕业）；2006年2月—2007年10月任龙潭坪镇党委书记，2006年5月当选镇长；2007年10月—2011年4月任陈家河镇党委书记，2007年11月当选人大主席（其间：2005年9月—2008年7月参加中共湖南省委党校法学理论专业学习在职研究生毕业）；2011年4月—2015年5月任桑植县人民政府党组成员、政府办党委书记、主任；2015年5月任桑植县人民政府党组成员、副县长。

彭曙光

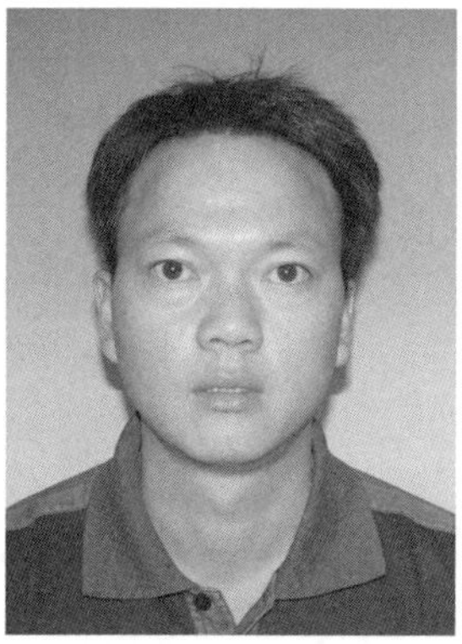

彭曙光 男，汉族，1975年4月出生，湖南桑植人，1999年5月加入中国共产党，1992年12月参加工作，湖南省委党校经济学（经济管理）毕业，在职研究生学历。

1992年12月—1996年8月北京军区第28集团军坦克7师28团战士、班长；1996年9月—1999年7月蚌埠坦克学院军事学专业学员；1999年8月—2000年5月任北京卫戍区警卫三师装甲团坦克六连排长，2000年5月—2000年10月任北京卫戍区警卫三师装甲团政治处干部股干事，2000年10月—2001年8月任北京卫戍区警卫三师装甲团政治处保卫股干事，2001年8月—2004年4月任北京卫戍区警卫三师装甲团政治处宣传股干事，2004年4月—2006年10月任北京卫戍区警卫三师装甲团坦克三连政治指导员（其间：2003年1月—2006年12月军队自考法律专业本科学习）；2006年10月—2007年12月湖南省财政厅人事教育处科员：2007年12月—2010年5月任湖南省财政厅人事教育处副主任科员［其间：2008年9月—2011年12月在职攻读湖南省委党校经济学（经济管理）专业研究生］，2010年5月—2016年6月任湖南省财政厅人事教育处主任科员；2016年6月—2016年7月任湖南省利用国外贷款管理办公室副调研员；2016年7月任桑植县人民政府党组成员，2016年8月任副县长（挂职两年）。

王茂蓉

王茂蓉 女，白族，1970年1月出生，湖南桑植人，1992年8月加入中国共产党，1990年7月参加工作，湖南省委党校经济管理专业毕业，在职研究生学历。

1986年9月—1990年7月在湖南省机械工业学校机械制造专业学习；1990年7月—1991年1月在桑植县印刷厂工作；1991年1月—1992年8月任五里桥乡团干；1992年8月—1993年8月任澧源镇团干；1993年8月—1995年7月在中共湖南省委党校经济管理专业学习；1995年7月—1995年11月任澧源镇团委书记，1995年11月—1997年4月任澧源镇人大副主席；1997年4月—2000年1月任共青团桑植县委副书记（其间：1996年8月—1998年12月参加中共中央党校函授学院经济管理专业学习函授本科毕业）；2000年1月—2003年1月任共青团桑植县委书记，2002年10月当选中共桑植县委委员；2003年1月—2006年8月任中共桑植县委宣传部副部长；2006年8月—2012年10月任桑植县物价局党组书记，2006年9月任局长（其间：2005年9月—2008年7月参加中共湖南省委党校法学理论专业学习在职研究生毕业）；2012年10月任桑植县人民政府党组成员、县纪律检查委员会副书记、监察局局长，2016年8月免去县纪律检查委员会副书记职务，2016年10月免去县监察局局长职务，2016年12月当选桑植县人民政府副县长。

陈荣昌

陈荣昌 男，土家族，1974年6月出生，湖

南桑植人，1994年12月加入中国共产党，1995年7月参加工作，中共湖南省委党校经济学（经济管理）专业毕业，在职研究生学历。

1992年9月—1995年7月在云南民族学院民族文化与旅游管理专业学习；1995年7月—1996年6月在官地坪镇工作；1996年6月—2000年1月任中共桑植县委组织部调研室主任，办公室主任；2000年1月—2004年4月任中共桑植县直机关工委纪委书记（其间：1999年8—2001年12月参加中共中央党校函授学院行政管理专业学习函授本科毕业）；2004年4月—2004年7月任桑植县党员电化教育中心主任；2004年7月—2014年6月任桑植县旅游局党组副书记、副局长，2004年12月任党组书记，2005年1月任局长［其间：2006年9月—2009年7月参加中共湖南省委党校经济学（经济管理）专业学习在职研究生毕业；2008年9月—2008年12月在云南省丽江市旅游局挂职锻炼，任局长助理］；2014年6月—2016年8月任桑植县委办公室副主任（排第一）；

2016年8月任桑植县人民政府党组成员，2016年12月当选为桑植县人民政府副县长。

钟照寰

钟照寰 男，白族，1973年7月出生，湖南

桑植人，1997年7月加入中国共产党，1995年8月参加工作，湖南省委党校公共管理专业毕业，在职研究生学历。

1992年9月—1995年8月在湘西自治州农校畜牧兽医师资专业学习；1995年8月—1998年10月在竹叶坪乡工作；1998年10月—2004年7月任淋溪河白族乡党委委员、武装部部长，2003年1月任纪委书记（其间：1997年7月—2002年12月参加湘潭大学行政管理专业自考专科毕业；2002年9月—2004年7月参加江南大学常德网络科技学院法学专业学习本科毕业）；2004年7月—2011年2月任淋溪河白族乡党委副书记，2004年11当选乡长，2006年2月任党委书记、乡长，2007年11月当选人大主席；2011年2月—2012年8月任芙蓉桥白族乡党委书记、人大主席（其间：2008年9月—2011年6月参加中共湖南省委党校公共管理专业学习在职研究生毕业）；2012年8月—2016年1月任官地坪镇党委书记；2016年1月—2016年4月任官地坪镇党工委书记；2016年4月—2016年8月任官地坪镇党委书记；2016年8月任桑植县人民政府党组成员，2016年12月当选为桑植县人民政府副县长。

丁艳伟

丁艳伟 男，回族，1980年10月出生，2003年7月参加工作，中共党员，硕士研究生学历（西北民族大学中国民族信息技术研究院中国少数民族语言文学专业），河南南阳人。先后任张家界市桑植县副县长，西北民族大学数学与计算机科学学院党委副书记。

1999年9月—2003年6月在西北民族大学计算机科学与信息工程学院计算机科学与技术专业本科学习；2003年7月—2007年5月在西北民族大学研究生处工作，2007年5月—2008年12月在西北民族大学研究生处工作，任办公室副主任，2008年12月—2012年1月在西北民族大学研究生处工作，任招生就业工作科副科长（2006年9月—2009年6月西北民族大学中国民族信息技术研究院在职硕士研究生学习）。2012年1月—2015年1月在西北民族大学工作，任教务处考务科科长；2015年1月—2017年6月在西北民族大学数学与计算机科学学院工作，任党委副书记。2017年6月在桑植县人民政府工作，任副县长（挂职两年）

任 重

任 重 男，汉族，1976年4月出生，1997年9月参加工作，中共党员，本科文化（中共中央党校函授学院经济管理专业），湖南长沙人。任湖南图书馆副馆长（管理岗位六级职员），桑植县人民政府副县长（挂职两年）。

1994年9月—1997年7月在湖南广播电视大学计算机专业学习；1997年7月—1998年5月任天心区科技局信息中心技术员；1998年5月至2004年8月在天心区计划统计物价局工作（其间：2000年8月—2002年12月取得中央党校函授学院经济管理专业本科学历）；2004年8月任湖南省文化市场稽查总队科员，2006年7月任副主任科员，2009年7月任主任科员；2015年1月任湖南省文化厅文化市场处主任科员，2016年2月任艺术处主任科员；2016年10月—2017年8月任湖南图书馆副馆长（管理岗位六级职员）。2017年8月任桑植县人民政府副县长（挂职两年）

（王成均　刘慧明）

龚武兵

龚武兵 1979年6月出生，中共党员，大学本科，湖南安化人。1997年9月入学入伍于郑州高炮学院；2001年7月—2017年9月在原广州军区41集团军某部任排长、参谋、股长、营长、参谋长等职；2017年9月—12月在南部战区陆军某集团军任旅侦察科科长；2017年12月任桑植县人民武装部部长。

肖卫君

肖卫君 1975年10月出生，中共党员，大学本科，湖南双峰人。1994年9月入学入伍于郑州高炮学院；1998年7月—2010年3月在原广州军区42集团军某部任排长、干事、政治指导员、股长、政治处副主任、政治教导员、政治处主任等职；2015年1月—2016年10月任张家界市武陵源区人民武装部政治委员；2016年10月任桑植县人民武装部政治委员。

钟小辉

钟小辉 1978年11月出生，中共党员，大学本科，湖南桑植人。1996年9月入学于湖南师范大学，2000年7月入伍于原工程兵舟桥第八十四团某部并担任排长、政治指导员等职；2007年1月历任张家界市永定区人民武装部政工科正连职干事、政工科副营职干事、政工科代理科长、政工科科长等职；2012年3月任张家界市武陵源区人民武装部政工科科长；2013年6月任张家界军分区政治部正营职干事；2013年12月任张家界市永定区人民武装部政工科正营职干事；2015年2月任桑植县人民武装部副部长兼军事科科长，2017年6月任桑植县人民武装部副部长。

（钟小辉）

蔡双林

蔡双林 男，土家族，1964年8月出生，湖南桑植人，1984年8月参加工作，中共党员，大学文化。

1984年8月—1989年11月在上河溪乡先后担任计育专干、司法所专干；1989年11月—1992年3月任上洞街乡乡长，党委副书记；1992年3月—1994年11月任九天洞旅游开发经济开发区委员、副主任；1994年11月—1995年5月任走马坪白族乡党委书记；1995年5月—1995年8月任洪家关白族乡工委副书记；1995年8月—1998年3月任凉水口镇党委书记；1998年3月—2004年3月任县扶贫办党组成员、副书记；2004年3月—2005年8月任乡镇企业局局长；2005年8月—2013年3月任商务局党委书记、局长；2013年3月—2016年8月任县委组织部常务副部长；2016年8月任湖南八大公山国家级自然保护区管理处党组书记、主任。

（吴　芳）

获国家及省部级表彰的先进个人

贺晓英

贺晓英 女，1961年7月出生，土家族，中共党员，高中文化，1986年担任洪家关光荣院护理员，现任洪家关光荣院院长。

贺晓英自从1986年当上洪家关光荣院服理员以来，便与光荣院的老人们结下了不解之缘，真正感受了平凡的伟大，奉献的崇高。她吃住在光荣院，劳动在光荣院，每天早上6时起床，晚上10时睡觉，一天工作14个小时以上，每天做着烧火、喂猪、送饭喂饭、种菜的累人事。

1993年她加入了中国共产党。在光荣院，先后照顾了123位革命老人，并为84位活到80岁以上的革命老人养老送终，他们是老红军、老赤卫队员、老八路、老战士和烈士的亲属，贺晓英视他（她）们为亲人，天天为亲人做饭、洗衣、挑水、劈柴、搞卫生，时时刻刻为亲人洗脸、梳头、剪指甲。她把光荣院当作家，为了这个大家庭，为让老人们吃好、住好、玩好、休息好，安度晚年，她每年种地8亩，养肥猪七八头，使老人们时时能吃上新鲜蔬菜，伙食不断改善。近30个春节，都是在光荣院里和老人们一起度过。

一分耕耘，一分收获。因其踏踏实实的工作和显著的工作成绩，她先后20次被评为全国、省、市、县先进个人。1993年被湖南省民政厅评为“全省先进工作者”，1994年被评为张家界市“十大杰出青年”、桑植县“民族团结进步先进个人”，1995年荣立“三等功”，2008年被评为桑植县“民政系统先进个人”，2010年被评为“湖南省关爱优抚对象活动先进个人”“全国孝亲敬老之星”，2012年被评为张家界市“创先争优优秀共产党员”，2014年被张家界市民政局评为“优秀基层民政干部”。2015年4月，荣获“湖南省劳动模范”称号；同年，被张家界市评为第三届道德模范；被湖南省民政厅评为最美民政人、湖南十大孝行人物。

彭发斌

彭发斌 男，土家族，1971年2月出生，中共党员，大学文化，现任中共桑植县委常委、县委办公室主任。

1995年1月，彭发斌到县政府办工作，1997年任县政府督查室主任，2004年4月任县政府办副主任。2000年，桑植县实施国家退耕还林项目。为确保质量，他受县领导委托，牵头组织相关部门督查。15天时间，督查8个乡镇，发现问题，全面督促整改，8年里，全县33万亩退耕还林项目科学实施。2007年，桑植县退耕还林工作被国家评为全国10个先进县之一。2004年腊月二十三日，空壳树乡告急，200多名群众把乡政府围得水泄不通，要求解决“水荒”问题。受县政府领导委托，他立即带领水利局负责人奔赴现场。相关部门经了解认定，这种事管不了，彭发斌认为：群众事情无小事，既是代表政府来，就要代表政府解决，决不能让群众对政府失去信心。通过反复查看、座谈、协商，采取春节前分片分时供水，春节后实施蓄水配套工程，化解了矛盾，解决了群众的难事、急事。

2005年，在五道水镇面临困难较多的情况下，县领导决定派彭发斌去担任镇党委书记、人大主席。亲戚、朋友为他担心，劝他不要去。他们说别人是在乡镇把工作干好了，提升到县政府办当副主任，而你，副主任干得好好的，还要到那样差的地方去，岂不是从米桶里跳到糠桶里？彭发斌却说："我从一个农民的儿子成长为一个共产党员，党的需要就是我的选择，吃亏也要服从组织的安排。"10 月 28 日，赴五道水镇上任。第一次见面会上，群众就把镇里欠账的"白纸条"扔到主席台上，矛盾和困难像大山一样压在他的肩上，连呼吸一口气似乎都那么沉重。夜晚，从乡下回到住房，打开门，拉亮灯，床上全是群众扔的石头和碎玻璃片！干群关系竟然如此，那一夜，他彻夜未眠。于是他用一个月时间，走遍全镇 12 个村，65 个组，1400 户，6107 人，行程 600 多公里。通过民情大调查，弄清全镇群众对供电质量及体制、土地征用、企业改制、下岗职工安置、矿难事件、村委会换届选举等 35 个问题、86 条建议。经两年的艰辛，带领党委政府一班人，将矛盾问题一一有效化解。2005 年 12 月，五道水镇团堡居委会朱传云家失火，4 间房屋及全部家产烧光。彭发斌组织干部群众捐大米 1000 多公斤、现金 3000 元，亲自背着大米送到朱传云手上。不到半年时间，帮他建起了新房。在苦竹坝，彭发斌看见衣衫褴褛、80 多岁的老婆婆，当即从身上掏出 200 元送给老人家。彭发斌在五道水到任的第 4 天，茶叶村原党支部书记不幸去世了，他带领班子成员去看望，从口袋里掏出 500 元慰问家属，两年多时间，他从家里取出 13000 元送给了困难的群众。五道水山大人稀，有的地方 10 里 8 里才有一户人家。遇到困难，身体好的人都很难对付，更何况是孤寡老人。他找县民政局、县国土局，克服重重困难，调剂 10 亩土地，修建镇敬老院，配备电视、沙发、席梦思床等设施。风雪中，他把深山中的 30 位老人接到敬老院，给他们安排了一个幸福的家。他还利用绿色生态资源和民族团结活动激活五道水镇，2006 年 11 月 15 日，湖南桑植、湖北鹤峰两县缔结为姊妹县，两省边界 8 个乡镇结为姊妹乡镇。中央、省、市相关部门的领导和 5000 名干部群众在此举办湘鄂边界民族团结联谊活动。

2007 年 5 月，县委决定调彭发斌任官地坪镇党委书记、人大主席。官地坪是全省小城镇建设重点镇、全省小康建设示范村、全省新农村建设示范村。彭发斌认为共产党员干工作，不是用时间计算效果，而是用忠诚实现党的目标。到一地干好一地，走一步发展一步，倾心一块福裕一方。同时深知基层基础条件越被认为好的，就越是起步最早的，在快速发展的时代里，如不紧扣时代脉搏，那将是最差的。用 7 天时间调查以后，全面推进基础产业、基础设施、基础工作的新思路。稳定烟叶产量 7500 万公斤，改造土地碱化老烟地 1000 亩，走"猪—沼—果"生态循环发展之路，发展 1000 亩木瓜，养猪 24000 头；募集资金 4.98 万元，修通高标准的产业路路基 1 条，廉价定制垃圾桶 95 个，建垃圾中转站 1 个，新装集镇街道路灯 80 盏。官地坪车尔溪水库闸门因拉线断裂而关闭，需停水一个月维修，全镇 7 个村 1 万多人的饮水来源中断。彭发斌心急如焚，他奔赴县城，向县水利局告急，县水利局帮助联系湖北的专业潜水员，当夜赶到官地坪抢修，使问题尽快得到解决。

彭发斌自 1990 年参加工作至 2008 年，6 个年度获县政府嘉奖，3 次获市、县记功奖励，16 次获市县部门奖励。2006 年被评为张家界市优秀共产党员；2015 年 12 月获"湖南省劳动模范"称号。

陶国平

陶国平　男，土家族，1965 年 7 月出生，中共党员，大专文化，马合口白族乡干部。湖南省"人民满意的公仆"、劳动模范。

1996 年 4 月，陶国平申请回家乡陈子界村任支部书记，当时，这里人均粮食只有 200 多公斤，人均纯收入 300 元，不通电、不通路。乡亲们都为他惋惜，说他"从米坛坛跳到了糠槽里"。然而，陶国平的行动，也激起了乡亲们的希望。

陶国平知道，要带领陈子界村脱贫致富奔小康，必须要有一个团结战斗的班子。经调查，他发现共产党员邓金刚和刘晓阳在群众中威信较高，工作能力较强，便把邓金刚请出来，作村主任人选，又决定将刘晓阳任命为村文书。但那时，刘晓阳已在天子山风景区当轿夫多年，年收入2万多元，舍得回来吗？陶国平几次到刘晓阳家里找，因其一直在天子山未见。有一天，陶国平对晓阳的妻子徐春竹说："晓阳是共产党员，如果他只顾自己发财，那就是无情无义了，你去天子山把他叫回来。"第三天，刘晓阳就风风火火回到陈子界，和陶国平一起建起党团活动室，制定村规民约，办起农民夜校，恢复"三会一课"制度，培养4名积极分子。村支部的凝聚力、战斗力不断增强。

1996年12月底，村支两委决定开发山地1000亩。但组织挖坑打穴时，村民信心不足："1000亩荒山要打6万多个坑，要几万元的苗木款，有钱吗？坑会不会白打？"在这种情况下，陶国平从自己做起，并要求党员率先垂范，先搞出样板来。当年冬天，陶国平一家新开发山地30亩，种烟10亩。村主任邓金刚配合办起示范点，邓金刚在妻子被毒蛇咬伤倒床几个月的情况下，也搞出了样板，党员带头作用，打了第一个漂亮仗。但是，他从百姓那种怀疑、顾虑的心里得知：陈子界穷，内因还是穷在人的素质上。于是，陶国平在村里设立"奖学金制度"，为成绩优异的学生发放奖学金450元，开办农民夜校，做到每个星期上一次公开课，教育村民，解放村民的思想，开阔村民的眼界。陈子界年仅17岁的陶国锋，由于父亲残疾，家境贫困，读书少，致富无门路，平时缺吃少穿，对生活悲观失望，情绪十分消沉。陶国平就多次找他促膝谈心，帮助他进农民夜校学习，解决他生活上的困难，并积极帮他贷款1000元，开发山地面积22亩，种烟10亩，年底收入突破1万元，陶国锋由一名"落脚鸭"一跃成为积极分子。

随着农民夜校作用的逐步发挥，沉寂的青山呈现出欣欣向荣的新气象。"山界是我家，建设靠大家"。陈子界人民被唤醒了！一股建设陈子界、发展陈子界的热潮在这块土地上掀起。改造高低压线路，按照规定要一个月完工，陈子界村仅两个星期就拿下全部工程；公路工程难度大，技术人员说至少要3年才能修通，但陈子界村仅用6个月时间就把公路修通；春节只有10多天了，县里到位资金8000元，腊月二十八，陈子界村家家户户就接通了有线电视。从落实资金购置材料到接通全村有线电视仅用了6天时间。

贫穷落后的陈子界村，在一年多时间内发生了巨大变化：群众种烤烟400亩，总收入达18万元，新造良田100多亩，增产稻谷4.8万公斤，全村粮食人均由240公斤增加到480公斤，人均纯收入由306元增加到870元，电视由7部增加到60部，家用打米机由没有增加到30多部等等。数字是枯燥的，但数字的背后是陶国平"俯首甘为孺子牛"的一件件感人肺腑的事迹。1997年12月10日，陈子界公路工程进入关键时刻，专职点炮人员请假，别的村民没有放炮经验，陶国平不顾乡亲的劝阻亲自放炮。在100米路段的公路上，共有47个炮眼，他点燃第20个炮眼后，被一块石头绊倒，眼角被撞得血肉模糊，他迅速爬起来后，又不顾伤痛，点完剩下的27个炮眼。村里修公路时，有两个方案可选：一是从陶国平家门口过，另一个是从对面山上过：两种方案的造价、受益面都差不多。在决定方案的前一天，陶国平主持的村务会议研究决定，公路从陶国平家对面山上修。

陶国平刚到陈子界时，村里欠有6000多元的债务，他个人拿出2400元的办公经费垫付。竹叶坪乡举行全民运动会，陈子界村40名运动员在陶国平家吃住了一个星期。在陶国平和村支部带领下，陈子界脱贫致富步伐加快，村里创办了村级企业“竹木加工厂”和“称心棉被厂”；全村1000亩梨子树长势良好。

2015年12月，陶国平获“湖南省劳动模范”称号。

田正波

田正波 男，1978年10月出生，1996年参加工作，桑植县电力公司五道水供电所职工。他参加工作以来，从事过变电跢行、线路维护、配电检修工作。他爱岗敬业，勤勤恳恳，任劳任怨；线路维护、变配电检修工作中技能过硬；热情服务客户，客户有什么用电困难他总是积极主动想尽一切办法帮助解决。他团结同志，乐于助人。

2008年1月底至2月初，一场罕见的特大雨雪冰冻灾害肆虐桑植大地。全县35千伏线路倒杆5根、断线13处22.1公里，10千伏线路倒杆435根、断线441处67.12公里，低压线路倒杆910根，断线725处169.50公里，损坏变压器26台，导致全县222个村断电。

灾情发生后，田正波毅然参加了全县防冻抗灾保电工作应急抢险队伍，日夜坚守在桑植的重灾区之一的五道水供电所辖区细砂坪一带。平均海拔近1000米，积雪达1尺多深，导线被冰冻得有成年人的胳膊粗，灾情程度可想而知。在这样恶劣的施工环境中，他和抢险队员们一起团结拼搏，顽强战斗。为了保证高寒山区村民的正常用电，经过日夜奋战，抢修10千伏电杆50余根、线路5公里，低压电杆120余根、线路10余公里，保证了12个村近万人的生产生活用电。

在这次抢险救灾战斗中，他在上杆作业时，不幸发生了，电杆因长达10多天的冰冻，从接近地面端突然断裂，田正波从10米的高空和电杆一同倒下，顿时造成腰椎严重受损，全身多处软组织挫伤。为此，灾民们十分痛心和惋惜，都愿这位“光明的守护者”早日康复。因业绩突出，他被评为“全省抗冰救灾模范”，并荣获第十届“湖南五四青年奖章标兵”。2015年12月，荣获“湖南省劳动模范”称号。

钟照寰

钟照寰 男，白族，1973年2月出生，中共党员，研究生文化，现任桑植县人民政府副县长。

他从事基层工作20多年，先后在3个乡镇连续9年担任党委书记。他始终牢记党的宗旨，勤奋工作，一心为民；自觉恪守“三严三实”，置“严”于心，落“实”于行。

作为一名乡镇一把手，拥有相当的权力，权为谁所用，利为谁所谋，这是钟照寰经常扪心自问的话题。在官地坪镇工作两年多来，工程项目接连不断，许多人也曾打过钟照寰的主意，然而在诱惑面前他纹丝不动，充分表现了一名共产党员、领导干部的高风亮节。有人也曾经拎着包去拜访过他，要求给予方便，但均遭到拒绝，没有一丝商量余地。镇海燕鞋厂是一家私营企业，拟落户在镇原鞭炮厂，由于土地权属问题与当地群众发生争议，为留住企业，钟照囊亲自到县相关部门核实土地权属，并多次做当地群众工作，使得该企业最终落地。私企老板要给钟照赛好处费，被他断然拒绝。这名老板事后感慨万千：想不到在钟书记这儿投资政府支持这么大，在这里办厂不用花一分冤枉钱，这样的干部难得碰着。

钟照寰常讲，一个共产党员就是一面旗帜，乡镇干部职务虽然低微，但在群众面前却代表着党和政府的形象。作为乡镇领导干部，他明白

“公生明，廉生威”的道理。多年来，他始终做到严格自律，带头贯彻落实党风廉政建设和廉洁自律的各项规定，坚决破除“四风”陋习，特别是在官地坪，他有效抵制利用节假日送礼的不良风气；他严格按规定程序办事，坚持做到不接受吃请，拒收他人所送礼品礼金。

对待工作，他从来都是“实”字当头，以身作则，身体力行。2012年组织安排他担任官地坪镇党委书记。报到后做的第一件事就是深入基层，认真调研。他利用一个星期时间，跑遍19个村（居），100多个村民小组，召开五次座谈会，牢牢掌握了第一手资料，并结合实际提出“产业强镇、城建靓镇、文化名镇、党建活镇”的工作思路。同时，根据该镇烟叶产业发展和农村基础设施相对完善的实际情况，确立以推广新型产业模式和新农村建设模式、构建桑植现代农业示范区和城镇一体化试验区的战略目标。官地坪是一个烟叶大镇，烟叶是当地群众增收、财政增长的支柱产业，群众种植烟叶历史悠久，经验较为成熟。官地坪镇的会马洛村2012年之前由于地理环境恶劣，发展迟缓，是全镇最贫穷的村。钟照寰先后8次深入到该村实地调研，分别与4个村民小组的群众开展座谈。他鼓励群众发展烟业，经过他的努力，会马洛被列入“高寒山区的扶贫开发项目”实施单位，当年投入资金50万元，修通5公里的村道。为鼓励发展烟叶，他千方百计向上级争取到烟叶烤房建设项目，但群众仍在观望，怎么办？村支两委干部带头种烟150亩，烤烟销售后，收入多的超过5万元，少的也有1万多元，村民看到了希望。2013年，烟叶种植户发展到28户，村民自主开垦荒地500亩，种植面积达到800亩，当年全村人均纯收入超过1.5万元。会马洛从原来的落后村变成小康村。湖坪村属盆地地形，当地有谚语“下雨两天变成河，干得两天没水喝”。由于无处泄洪，中间的800亩良田年年颗粒无收，群众已不做指望。钟照寰看到眼里记在心里，带领专家实地查看，得出唯一的办法是在最低处凿一条排涝隧道，需要资金600万元，依靠本级财政显然不现实，他下定决心要解决这个千百年来的大难题。于是，积极争取张家界市纪委的支持，先后三次召开现场协调会，资金最终得以落实。该项目2014年开工建设，2015年5月竣工。

他经常告诫干部要讲老实话、做老实人、干老实事，要关心群众、体贴群众。要求干部做到的他首先做到。青佛山村的赵振国患股骨头坏死，已丧失劳动能力，家里为其治病已是家徒四壁，生活异常困苦。钟照寰无意中了解到情况，亲自上门走访，并从自身微薄的工资中给他送去了1000元慰问金。当卧病在床的赵振国得知来看望他的是镇里的党委书记，激动得泪流满面，他说“没想到钟书记还能来看望老百姓，我以为自己只有等死了，感谢有这么好的书记。”钟照寰当即还与镇民政所和卫生院联系，赵振国的医疗费由镇民政先支付3000元，当天赵振国住进了医院。

一分耕耘一分收获。钟照寰的工作实绩得到了上级的认可和群众的称赞，近年来，他2次荣记二等功，1次记三等功，还先后被评为张家界市“优秀共产党员”“优秀党务工作者”。2016年7月他被评为湖南省优秀党委书记。

（县总工会等）

吴光辉

吴光辉 男，土家族，在桑植县文体广电新闻出版局工作。自2006年2月以来，一直从事群众体育工作，在工作岗位上作出了突出成绩。一是积极组建、组织成立篮球、乒乓球、羽毛球等10个体育协会和5个社会健身组织，搭建了良好的全民健身活动平台，有效构建了全民健身体系。二是成功创立群体品牌。湘鄂边老苏区“‘贺龙杯’篮球赛”由桑植县发起，至2002年共举办12届，后因各种原因中断10年，为恢复该赛事，吴光辉认真履行理事长单位职责，协调组织召开各成员单位联席会，拟写章程，会议纪要，成功将这项赛事打造成为湘鄂两省边界区县的一项传统赛事品牌。同时将篮球项目申报为全省“一县一品”品牌。三是扎实推进“农民体育健身工程”。为摸清桑植县基层体育设施情况，深入全县23个乡镇260多个村（居）委会开展前期现场调研，到村率达到87%。为全县配送篮球架240付，乒乓球桌500片，健身路径50多条，有效改善了农村体育健身设施条件。四是亲力亲为，带头示范。积极参加广场舞、气排球、游泳、社区体育干部等社会体育指导员学习、培训，努力提高自身业务水平。五是积极组织开展“全民健身日”活动。主动把全民健身与每年8月8日“全民健身日”进行对接，定期组织开展“健身周”或“健身日”活动，并提出“协会承办，资金支持”的活动构想。2017年，吴光辉被国家体育总局评为“2013—2016度全国群众体育工作先进个人”。

（县文体广新局）

向飞虎

向飞虎　男，白族，1968年8月出生，中共党员，现任桑植县安全生产监督管理局副局长。

向飞虎深爱“安监”职业，为提高安全生产监管水平，他努力学习业务，是工作的行家里手，是忠实的国家节能减排和淘汰落后产能政策执行者。2006年以来，他组织关闭煤矿30家。先后接待职工来信来访2800余人次、来电3000余人次、去上级劝访15次450余人、召开大小改制会议50余次。尤其是在分水岭煤矿、新街煤矿面临近2.3亿元资金缺口、涉及2000余名六类人员安置的巨大困难下，平稳实现改制过渡，并顺利通过企业改制方案，全县煤矿关闭退出工作在《湖南安全与防灾》多家媒体报道，湖南嘉禾等县市相继到桑植取经学习。

10多年来，他牵头组织调查各类生产安全事故20起，办理安全生产行政处罚案件60多件，对一些“钉子户”和顽固监管对象，在执法过程中不惧威胁、拒绝求情说情者，对送上门的礼品，更是断然回绝。他严于律己、坚持原则、秉公执法的模范行为，有力维护了法律的尊严，树立了一名安监干部和安监部门的良好形象。作为分管领导，始终坚定自己的操守，不为名所惑，不为利所诱，把安全监管工作职责和任务看得很重，把个人名利看得很轻，硬是凭着一股“犟劲”掌握一个个安全生产违法事实并办成铁案。始终坚持以安监工作为己任，坚持“一线工作法”，不辞辛劳深入基层和企业，深入第一现场发现问题，研究问题，整改问题，为企业安全发展保驾护航，先后深入企业检查2000家次，组织消除20多处特别重大事故隐患，整治各类安全生产违规违章行为4000余起，牵头关闭非法生产经营单位40家（处），为安监事业的发展做出了应有的贡献。得到领导和群众的高度赞扬。2018年1月被国家安全生产监督管理总局、国家煤矿安全监察局授予全国安全生产监管监察先进个人。

（谷祥武）

谷月春

谷月春　女，白族，马合口白族乡梭子丘村妇联主席、计育专干、农家书屋管理员。

谷月春热爱农家书屋管理员工作，认真细致做好书籍分类、借阅管理、读者档案管理、活

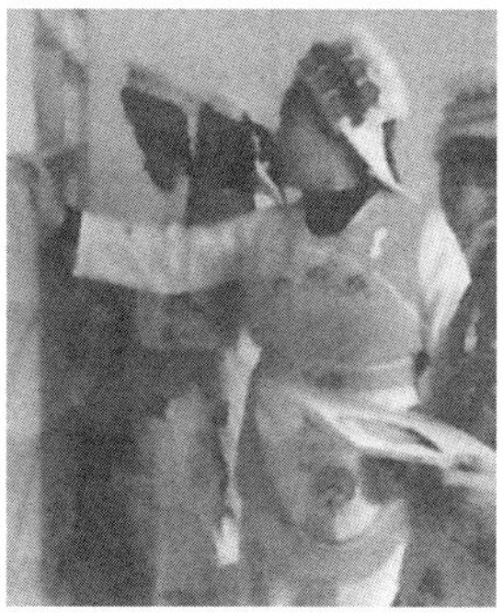

动开展等工作。为满足留守儿童周末借阅图书需求，牺牲周末休息时间，保证书屋的正常开放。及时了解残疾人及老年人借书需求，主动上门为其送达借阅书籍，用心服务于广大村民。在书屋管理工作中，她积极作为，让书屋发挥文化服务作用。针对学生读者群体，联系有知识、有爱心的青年教师，主持开展读书分享会，让学生们在书屋不仅能借到书，还能通过读书分享会增广见识、加强交流、锻炼能力。组织广大妇女，学习教育类、技术类书籍，以读书会为平台开展交流活动，增强广大妇女的家庭教育意识和提高她们的文化科学水平。她将贫困户家庭作为重点服务对象，响应驻村帮扶工作队文化扶贫的号召。主动联系并组织贫困户子女开展阅读活动，在工作中关爱贫困户学生。通过送书、送报刊入户，宣传党和国家政策，传播科学知识。鼓励贫困户子女靠知识改变命运，号召贫困户重技术、学知识，提高群众脱贫致富的信心。向社会发出为贫困村捐献爱心书籍的需求，联系本村在外工作的爱心人士，关注本村农家书屋的发展，搭建爱心捐献平台。

通过热心服务广大群众，在农家书屋管理工作开展的同时，联系广大村民家庭，在工作中收集民意，听取民声。从文化服务工作的角度去影响群众，潜移默化地让群众形成讲道理、讲政策的良好习俗。大力促进村支两委各项工作的开展，受到广大群众的良好评价，充分之时此地新时期基层工作人员为民服务的良好形象。2017 年，谷月春荣获“全国优秀农家书屋管理员”称号。

（庹树琴）

杨 迪

杨迪 男，中共党员，1972 年 12 月生，于 1996 年毕业于怀化师范高等专科学校汉语言文学专业，1996 年 8 月参加工作，2013 年 3 月任桑植县政务公开中心主任。

自担任政务中心主任以来，面对当时特殊的形势，始终遵循“合法规范、便民利民、公开透明、廉洁高效”的服务宗旨，突出政务公开和政务服务工作重点，以服务县域经济建设为中心，扎实开展行政审批“三集中三到位”改革工作（“三集中”即县级行政机关的审批事项向一个股室集中，行政审批股室向县人民政府政务服务大厅集中，审批事项向网上办理集中；“三到位”即事项进驻到位，审批授权到位，电子监察到位），出色完成各项工作任务，有效促进了桑植县政务环境的优化。同时加强乡镇便民服务中心建设的业务指导，确保各乡镇便民服务中心设施规范、制度规范、服务规范，畅通政务服务的“最后一公里”。2013 年与 2017 年，县政务中心获《社会管理综合治理先进单位》。2018 年，杨迪被评为“全省 2013—2017 年政务公开工作先进个人”。

（彭 娟）

李彩凤

李彩凤 女，桑植县移民开发局财务股股长。她积极完成日常财务工作、年度工作经费预算、决策工作按时网上公开、按时发放移民直补到户、直补人口动态管理等工作任务，做好 2015 年、2016 年度内部审计，按时完成移民综合信息系统资金管理系统工作、驻村扶贫各项材料上报下传，指导建扶村扶贫资料整理，做好单位的互联网 + 监督信息录入工作，由于工作兢兢业业，被评为 2017 年度全省移民工作先进个人。

（钟 亚）

统计资料选编

2017 年桑植县基本情况表

表 4

项　　目	单　　位	数　　量
1. 全县年末总户数	万户	16.66
2. 全县年末总人口	人	46.76
（1）按性别：男	人	24.4
女	人	22.36
（2）按城乡：城镇人口	人	16.71
农村人口	人	22.25
3. 全县少数民族人口	人	43.44
4. 全年出生人口	人	
出生率	‰	11.2
5. 全年死亡人口	人	
死亡率	‰	
6. 年内自然增长人口	人	
人口自然增长率	‰	4.89
7. 年末常住人口	万人	38.96
8. 年末城镇化率	%	42.89
9. 年末耕地面积	千公顷	31.47

2017 年桑植县经济总量表

表 5

项　　目	单　　位	数　　量
桑植县地区生产总值	亿元	90.92
第一产业	亿元	10.55
第二产业	亿元	18.12
第三产业	亿元	62.26
人均地区生产总值	元 / 人	23341

2017 年桑植县农林牧渔业生产总量表

表 6

项　目	单　位	数　量
1. 农林牧渔业总产值	亿元	17.54
农业	亿元	10.28
林业	亿元	1.75
畜牧业	亿元	4.36
渔业	亿元	0.82
农业服务业	亿元	0.33
2. 农林牧渔业增加值	亿元	10.74
3. 农业机械总动力	万千瓦	20.27
农业机械总量	万台	3.65
农机产业总收入	亿元	1.17
4. 农业主要产品产量		
粮食	万吨	14.63
油菜	万吨	2.08
蔬菜	万吨	28.35
水果	万吨	3.35
生猪出栏	万头	20.59

2017 年桑植县工业、交通、邮电业生产总量表

表 7

项　目	单　位	数　量
1. 工业增加值	亿元	14.75
2. 建筑业增加值	亿元	3.39
3. 交通货运量	万吨	308
货物周转量	亿吨公里	6.61
4. 交通客运量	万人	663
客运周转量	亿人公里	3.1
5. 邮电通讯业务总量	亿元	1.7
固定电话用户	万户	1.23
移动电话用户	万户	31.54
互联网用户	万户	5.15

2017 年桑植县商贸、旅游业生产总量表

表 8

项　目	单　位	数　量
社会消费品零售总额	亿元	35.7
按行业分：批发业	亿元	11.73
零售业	亿元	10.4
住宿业	亿元	6.92

续表 8

项　目	单　位	数　量
餐饮业	亿元	6.65
全年出口总额	万美元	1567
实际使用外资	万美元	489
实际使用内资	亿元	10.89
接待国内外游客	万人次	515.58
实现旅游收入	亿元	26.35
拥有各类市场	个	26

2017 年桑植县财政、金融、保险情况表

表 9

项　目	单　位	数　量
1. 实现财政总收入	亿元	6.05
其中：地方财政收入	亿元	3.43
税收收入	亿元	5.09
一般公共预算支出	亿元	33.32
2. 各项存款余额	亿元	119.29
其中：个人存款	亿元	79.29
人均储蓄存款	元	20345
各项贷款余额	亿元	63.28
其中：个人消费贷款余额	亿元	21.04
3. 保险费收入	亿元	1.72
实现原保险赔付支出	亿元	0.29

2017 年桑植县科技教育、文化体育卫生情况表

表 10

项　目	单　位	数　量
1. 城乡居民人均	人	5120
2. 各类学校	所	225
中小学校招生	人	13903
毕业	人	13001
年末在校学生总数	人	58928
3. 文化馆站各类文化机构	个	27
4. 各级各类医疗机构	个	390
卫生技术人员	人	2701
床位总数	张	2
城乡居民医疗参保人数	万人	38.3

2017 年桑植县人民生活、社会保障情况表

表 11

项 目	单 位	数 量
1. 城乡居民人均可支配收入	元	10164
消费性支出	元	9165
家庭恩格尔系数	%	30.6
年末人均住房面积	平方米	71.1
2. 城镇居民人均可支配收入	元	15653
消费性支出	元	12678
年末人均住房面积	平方米	61.7
3. 农村居民人均可支配收入	元	7210
消费性支出	元	7150
年末人均住房面积	平方米	76.5
年末贫困人口	万人	3.99
4. 新增城镇就业	人	2630
新增农村劳动力转移就业	人	4696
城镇居民养老保险参保	万人	38.3
城乡低保对象	万人	1.94
其中：城市低保	万人	0.45
农村低保	万人	1.49
城乡居民养老保险参保	万人	27.25
全年累计发放残疾人补贴	万人次	10.7
其中：重度残疾人	万人次	5.5
困难残疾人	万人次	5.2
发放资金	万元	582
5. 完成农网改造的村	个	30
6. 解决农村贫困人口安全饮水	万人	2.5

文献辑录

文献资料辑录

论红二方面军对长征的历史贡献

中共张家界市委党史研究室　杨慈安　符长元　向凤毛　赵　琳　张海峰

1934年10月至1936年10月，中国工农红军第一、第二、第四方面军在极端艰险的条件下，"冲破国民党军队的围追堵截，克服雪山草地的险阻，经受饥寒伤病的折磨，战胜党内分裂的危机，终于胜利完成跨越十几个省、总行程达数万里的长征"，"实现红军的战略大转移"，奏响了"一曲响彻云霄、震撼神州的革命英雄主义的凯歌"。红二方面军历经艰险，充分发挥"启先声、承策应、担后卫"的作用，出色完成红军长征探路、策应和后卫任务，为红军长征和中国革命事业做出了不可磨灭的贡献。

近年来，学术界从不同角度出发，对红二方面军的光辉历程和湘鄂川黔革命根据地的创建与发展进行了深入研究，但对红二方面军为长征做出的历史贡献则缺乏全面系统的阐述。本文吸收学术界已有研究成果，依据相关档案及文献资料，试图对红二方面军为红军长征做出的历史贡献进行系统的分析和研究。

一、从实际出发，坚持两军团统一行动，形成新的战略力量

1. 红六军团奉命突围西征，为中央机关和红一方面军战略转移探路开道

因取得第五次反"围剿"胜利的希望不大，中共中央和中革军委被迫进行战略转移的准备，于1934年7月23日发布《关于红六军团向湖南中部转移给红六军团及湘赣军区的训令》，要求"六军团离开现在的湘赣苏区转移到湖南中部去发展广大游击战争，及创立新的苏区"，指示红六军团由江西遂川的黄坳、上下七及其附近地域突围，第一步到达湘南桂东地区，发展游击战争，扩大游击区域；第二步到达新田、祁阳、零陵地区，发展游击战争，创立新根据地；第三步横渡湘江，向新化、溆浦之间的山地发展，向北与贺龙领导的红二军团联络。同时还决定，湘赣省委书记任弼时作为中央代表随军行动，并以任弼时为主席、萧克和王震为委员组成军政委员会，作为红六军团西征行动的最高领导机关。中央训令指出，"江西及四川存在着巩固的苏维埃区域，而湖南将成为两者将来发展联系的枢纽"，要在湖南"建立苏维埃政权与新的大片苏区，确立与二军团的可靠的联系，以造成江西、四川两苏区联结的前提"，要以积极的行动，"给湘敌以

致命的威胁，迫使他不得不进行作战上及战略上的重新部署”。训令中对红六军团实施战略转移的目的并未全部透露，实际上，中共中央和中革军委的意图不仅是要红六军团到湘中创建新的根据地和联络红二军团，更重要的是要红六军团作为中央机关和红一方面军的先遣队进行探路开道，在湘中地区开辟一块新的根据地，以便中央机关和红一方面军实行战略转移时有一个立足之地。

在任弼时、萧克、王震等率领下，红六军团9700余人于1934年8月7日从江西省遂川县横石等地出发，开始突围西征，突破国民党军数道封锁线，冲出包围圈。红六军团胜利突围的消息，使国民党一夕数惊。蒋介石不停发出电令，命广东军阀陈济棠和广西军阀李宗仁、白崇禧派兵分别在湘粤、湘桂边境堵截；令湖南军阀何键急派刘建绪出任第四路军前敌总指挥，驻衡阳指挥两个师一个旅的兵力，在各地保安部队配合下尽力拦阻、追击红军。同时，命令各地大搞坚壁清野，强迫群众迁移集中，严密控制粮食、船只，封锁桥梁，妄图围歼红六军团于郴县、桂东、汝城之间。

红六军团根据敌情变化，趁敌围堵部署和湘江布防未完成之时，采取灵活机动的战术，忽东忽西，大踏步迂回，使敌人难以琢磨。何键曾哀叹：红军行踪飘忽，“我十五、六师跟踪追逐数千里”，“从未遇其主力”，“敌情不明、军队疲于奔命”，并大骂地方部属“毫无准确之报告”“殊堪痛恨”。

红六军团从突围西征到10月24日与红二军团在黔东木黄会师，历时78天，跨越敌占区5000多里，克服重重艰难险阻，胜利完成兵团性战略转移任务。这次西征，扩大了红军的政治影响，探明了沿途国民党军兵力部署的虚实，查明了道路、民情，实现了牵制敌人兵力、减轻敌人对中央苏区压力的目的，起到了为中央机关和红一方面军长征侦察、开路的先遣队作用。

2. 从实际出发，坚持红二、六军团集中统一行动

红六军团和红二军团会师后，是集中兵力统一行动，向湘西北寻求新的发展，还是各自为政，红六军团按中革军委的指示单独去湘西建立新的根据地，是摆在任弼时、贺龙等面前的一个新问题。

两军会师前，中革军委曾于10月22日电令红六军团：“应向印（江）、松（桃）间前进，会合我十七师之一部。在该地应与二军团确取联络，并在松桃、乾城、凤凰地域建立苏区，发展游击战争。”中央的意图是要“红六军团尽快进入湘西，为中央红军的到达和创建新根据地做好准备。”任弼时、贺龙等研究后认为：第一，红二军团所在的黔东特区还不是巩固的根据地，山高林密，人烟稀少，部队活动非常困难；第二，红六军团由于长途远征，减员很大，疲惫不堪，红二军团因“左”倾路线的错误领导弄得人心惶惶，士气低落，两军团现有兵力合计仅7000多人，其中伤病员500余人，若不集中行动，容易被敌人各个击破；第三，松桃、乾城、凤凰地域是苗族和土家族等少数民族聚居地区，民族隔阂极深，又是湘西军阀“陈渠珍的老窝子”，红六军团孤军深入，情况不熟，一时难以立足。10月25日致电中革军委，建议“以目前敌情及二、六军团力量，两个军团应集中行动”。10月27日又致电中革军委：“我二、六军团明日向龙潭前进，到酉阳、龙山、永顺、保靖、永绥间”，并说明不直接向乾城、凤凰地区行动的原因。

10月28日，红二、六军团行军途中接到中革军委26日发出的复电，来电批评说：“二、六军团合成一个单位及一起行动是绝对错误的。二、六军团仍应单独的依中央及军委指示的活动地域发展，各直受中央及军委直接指挥。”两军团领导审慎研究后，于10月28日当天联名致电

中革军委，再次陈述利弊，建议“二、六军团暂时集中行动，以便消灭敌一、二支队，开展新的更有利于两军团将来分开行动的局面。目前分开，敌必取各个击破之策；以一个军团力量对敌一个支队之〔无〕必胜把握，集中是可以打胜敌任何一个支队的，且两军在军事政治上十分迫切要求互相帮助”。

不料，中革军委10月29日再次复电批评：“二、六两军团绝对不应合并”，但最后又说：“湘敌将移其大部抗击我西方军〔指中央红军〕，二、六军团之环境可〔如〕有改善，应利用此时机求得向湖南大发展。”这时，红二、六军团领导了解到，中央机关和红一方面军刚退出中央根据地进行长征，敌人调集40万大军前堵后追。在此严峻形势下，任弼时、贺龙、关向应等从实际出发，果断提出两军集中行动，直插湘西，向敌侧后的永顺、桑植、龙山等地发动进攻。

3. 战略重组，形成一支强大的战略突击力量

红六军团和红二军团的会师，为解决两军建设中各自存在的迫切问题，创造了必要条件。两军会师后，红二军团指战员想尽一切办法保障红六军团休息好，给他们筹粮、送肉、送盐等。红六军团则帮助红二军团加强党团建设和政治工作，克服部队中“肃反”恐惧情绪，将富有政治工作经验的红六军团政治部和红二军团政治部合并为红二军团政治部，并把保卫局完整地调给红二军团；选派一些干部给红二军团师、团一级政治机关，逐步健全各级政治机关和各种政治工作制度，“陆续启用了被错误处理撤职的干部，恢复了被错误开除出党的党员的党籍，加强了党支部的建设”。同时，部队进行整编，在政治上确定以中共中央政治局委员、中央代表任弼时为首的党的领导，在军事上形成以任弼时、贺龙、关向应为主的领导核心。

通过战略重组，使来自两个战略区的红军，结成一个团结战斗的整体，形成一支强大的战略突击力量，“这不仅是红二、六军团历史上的重大事件，而且是两军团进入新的历史时期具有深远意义的转折点”，为配合中央机关和红一方面军长征、进一步开辟和发展湘鄂川黔革命根据地发挥了重大作用。“木黄会师后，两军团的战略突击作用凸现，红二、六军团在创造、巩固和发展新苏区的同时，按照中央指示，实施钳制和吸引敌人的战略任务”，“两军团挺进湘西之后的一切重大行动，始终受命于中央战略大转移全局决策，并发挥了关键性作用”，“形成了独当一面的战略格局”，“使红二、六军团的整个命运自此与中央息息相关、紧密相连”，“从而打乱了敌军作战前线与后方的划分，使中央红军及时进行战略转换，形成中央红军与红二、六军团两个主要战场协力剿敌的战略格局。”

二、发动湘西攻势，策应中央机关和红一方面军战略转移

1. 作出发动湘西攻势的战略决策

红二、六军团会师时，中央机关和红一方面军第五次反“围剿”已经失败。1934年10月21日，中央机关和红一方面军冲破敌人第一道碉堡封锁线，撤离中央苏区，基本上是沿着红六军团走过的路线，开始向西实行战略转移。两军团领导人分析，红二、六军团应积极行动，密切配合和策应与优势敌军作战的中央机关和红一方面军。

关于今后的行动方针，两军团领导认为：第一，黔东苏区人少粮缺，地理情况不利于大兵团作战，不宜久留。第二，乾城、凤凰“是陈渠珍的老窝子，活动很困难”，而且又是一个苗族、土家族居多的多民族杂居地区，苗、汉两族间的隔阂很深，难以立足。第三，永顺、桑植、龙山、大庸一带的湘西澧水上游区域属湘鄂川黔边界地区，经济虽然落后，但过去是贺龙所部的活动地区，有深厚的群众基础，共产党的影响比较大，有利于红军的发展，最适宜建革命根据地。

第四，湘西虽有国民党、“神兵”、土匪等，但各派势力复杂，矛盾很深，有利于红军分化瓦解，从而各个击破，实施战略进攻。第五，只有向湘西进军，才能牵制、调动湘鄂两省敌人，策应中央机关和红一方面军转移，才有利于在运动中消灭敌人，恢复和发展革命根据地，不断发展壮大自己，打开新的局面。

在对湘鄂川黔边的地势、民情、经济条件及敌情认真分析研究并向中革军委反复建议之后，红二、六军团最终确定两军团集中一起向湘西进军的行动方针。1934 年 10 月 28 日，红二、六军团从四川酉阳（今重庆市）南腰界出发，向湘西北挺进。11 月 7 日，红二、六军团占领永顺县城，著名的湘西攻势就此展开。

2. 十万坪大捷扭转红二、六军团会师以来的困难局面

红二、六军团进入湘西北地区后，湘鄂两省国民党军急调重兵围堵，陈渠珍奉何键命令，纠集 3 个旅、1 万余兵力向永顺地区反扑。11 月 13 日，红二、六军团接到中革军委电示：“现我西方军已进入宜、郴之线，湘敌全部被调来抗击我西方军，二、六军团应乘此时机，深入湖南西北去扩大行动地域。”同日，中革军委来电同意红二、六军团向湘西北发展的战略方向。

两军团领导分析敌我情况后认为，湖南何键的部队正被中央机关和红一方面军吸引在湘南，湖北徐源泉部大部分散在鄂西施南和洞庭湖滨的津市、澧州一带，当面敌人陈渠珍部在数量上虽占一定优势，但内部派系复杂、指挥不统一、战斗力不强，且深为群众痛恨，决定采取诱敌深入、聚而歼之的作战方针，主动撤离永顺城，诱敌于永顺城北十万坪地区。1934 年 11 月 16 日. 红二、六军团在任弼时、贺龙、萧克等统一指挥下，设伏十万坪，歼敌周燮卿、龚仁杰两个旅的大部，俘敌旅参谋长以下 2000 余人，缴枪 2200 余支。接着，回师重新占领永顺县城，并于 11 月 24 日乘胜占领大庸和桑植两座县城。

十万坪大捷是红二、六军团发动湘西攻势的开局大捷，也是红二军团离开湘鄂西根据地和红六军团西征以来扭转困难局面的一个重要转折点。此役不仅对中央机关和红一方面军的战略转移起到极大的策应作用，而且极大震慑了国民党“剿匪军”，为以后东出，继续发展湘西攻势创造了更有利的条件，也证明了两军团集中兵力统一行动向湘西北发展决策的正确性，为形成和发展湘鄂川黔革命根据地创造了有利条件。11 月 16 日，中共中央书记处来电批准两军仍保存二、六军团名义，均直受军委领导，“但在两军团共同行动时则由贺、任统一指挥之”。在湘西攻势胜利的事实面前，红二、六军团和中革军委在战略行动方向和两军统一行动方面的争论宣告结束。

湘西攻势发动前，国民党并未对红二、六军团足够重视，认为“贺、肖（萧）两匪总计有枪不过四千余支，力量不大，湘西方面原有军队及团队（指地方武装）为数甚多，足够应付，不致有何影响”，“查贺、肖两匪，实力不大. 完全是一种乘虚进扰，借以接应股匪西窜”，称红二、六军团“已成弩末”“不难消灭”。何键的主要兵力仍在湘南堵截中央机关和红一方面军。

十万坪大捷及红二、六军团乘胜收复永顺，并相继占领大庸、桑植两县，给蒋介石添了心腹之患，使湘鄂统治者十分震惊。国民党揣测中央机关和红一方面军的意图：“入黔以后，嗾使贺、肖（萧）两匪极力扰犯湘西，牵制我军西向，并乘我军跟追不及窜踞黔西，从容整理修养”，“经营新巢穴以与贺、肖、徐匪形成犄角”。而蒋介石“最害怕的是红军在湖南重建根据地，怕中央红军与贺龙所部红军会合，将来在湘鄂川黔建成一片苏区”。11 月 17 日，蒋介石调整“围剿”部署，拟定湘水以西地区剿匪计划大纲，提出“防西窜之匪一部或其残部，如窜过湘漓水以西，应以不使该匪能长驱人黔，会合川匪及蔓延湘西，

与贺肖（萧）合股之目的”的会剿方针。红二、六军团引起国民党的重视，吸引其分兵“围剿”，减轻了对中央机关和红一方面军的压力。

3. 坚持“把敌人多背点过来”的战略思想，打乱蒋介石“围剿”中央机关和红一方面军的部署

11月25日，中革军委电令红二、六军团：“我西方军已过潇水，正向全州上游急进中，你们应该利用最近几次胜利及湘西北敌情空虚，坚决深入到湖南中部及西部行动，并积极协助我西方军。首先你们应前出到湘敌交通经济命脉之沅水地域。主力应力求占领沅陵。向常德桃源方向应派出得力的游击队积极活动”。“为巩固新的苏区，留下二军团一部分及随六军团行动的党的干部来完成这一任务。二军团主力及六军团全部应集结一起，以便突击遭遇的正规部队”。按照这一电令，任弼时、王震、张子意率红六军团两个团及红二军团一个团留在初创的湘鄂川黔革命根据地开展工作，贺龙则率红二军团主力和红六军团的一个团继续开展湘西攻势。12月初，袭沅陵未克，转向常德、桃源进攻。

此时，中革军委不同意红二、六军团主力东出常德、桃源，于12月14日电令红二、六军团：我二、六军团以发展湘西北苏区并配合西方军行动之目的，“主力仍应向沅江上游行动，以便相当调动或钳制黔阳、芷江、洪江的敌人。如辰州附近不便渡河，可改于保靖附近南渡至泸溪、乾城、凤凰地域活动。对桃源方向只需派一支队去行动．以钳制与迷惑湘中之敌”。正在向桃源县北面浯溪河运动的红二、六军团主力接到电报后，认真分析形势，贺龙说：“我看还是接着打吧！军委离得远，对这里的情况没有我们清楚。打了胜仗挨点子批评也合算。我看，怎么对斗争有利，怎么能把敌人多背点过来，就怎么做！”在“把敌人多背点过来”思想的指导下，红二、六军团主力按计划继续东进，进击桃源、常德地区之敌，先后取得浯溪河战斗的胜利，占领桃源县城，围攻常德并一度打到常德的小西门。

红二、六军团攻占桃源、围攻常德后，何键害怕红军攻下常德，南渡沅江，进取益阳、安化，逼近长沙。12月18日，何键一日数电向蒋介石告急：“共军围攻常德甚急，势难固守，请飞兵救援”，又向徐源泉求援：“迅令在澧之部队，向临澧、鳌山夹击”，急令在湘南同中央机关和红一方面军作战的湘军主力回援常、桃，命令“陈渠珍部迅出大庸”。

远在湘南截击中央机关和红一方面军的湘军主力李觉第19师、章亮基第16师、陶广第26师兼程北调。川军郭汝栋率第26师从赣西驰援常德。蒋介石任命陈诚为“湘鄂川黔四省边区剿匪总司令”，统一指挥四省国民党军队，向红二、六军团发起围攻。这样，贵州则成为敌人的薄弱环节，真正长追中央机关和红一方面军的只有国民党薛岳率领的中央军。

红二、六军团挥师东进，积极行动，“把敌人多背点过来”，是对中央机关和红一方面军战略转移行动的有力策应，不仅歼灭了大量敌军，而且迫使国民党追击部队北调，牵动了一大批追堵中央机关和红一方面军的敌军，打乱了蒋介石在湘黔地区追堵截击中央机关和红一方面军的部署，大大减轻了中央机关和红一方面军的压力。

4. 湘西攻势的成功发动有力配合了中央机关和红一方面军的行动

湘江战役后，中央机关和红一方面军由长征出发时的8.6万余人锐减至3万余人。这时，国民党当局判断红军将沿湘桂边境北上湘西同红二、六军团会合，担心“万一使匪能盘湘西与贵州，而达到窜川的企图，以打通国际路线，则甘肃、新疆一定都会入苏俄之手，那么，党国前途真不堪设想矣。所以说赤匪打通国际路线成功之时，就是中华民国灭亡之日”，“于是又在城步、新宁、通道、绥宁、靖县、武岗、芷江、黔

阳、洪江地区构筑碉堡线，集结重兵，企图把中央红军一网打尽”。在中央机关和红一方面军生死攸关的危急关头，红二、六军团不避违背中革军委12月14日指示之嫌，乘虚进击常德、桃源之敌，更及时、更有力地达到了中革军委提出的“发展湘西北苏区并配合西方军之目的”。12月20日，中革军委肯定了红二、六军团主力东出常德、桃源的行动，电令“二、六军团目前应留在常德、桃源及其西北地域积极活动，并派出两个别动队分向益阳、辰州两方向活动，以迟滞湘军向我前进。如郭敌先经常德或桃源向我出击，则我二、六军团应消灭其单个部队。当湘敌十九师主力及十六、六十二两师已到达常德、桃源附近时，我二、六军团应重向永顺西进，以后则向黔境行动，以便钳制在芷江、铜仁之薛敌部及在印江、思南之黔军”。按照中革军委的电令，红二、六军团主力在常、桃地区活动10天，12月26日占领慈利县城。

12月27日，中革军委电令：“（一）二、六军团不应在慈利久停，应乘敌人分进合攻之先，转向永顺行动，在慈利只应留下游击部队以吸引敌人。（二）对辰州方面仍应派出游击队以迟滞敌进，并（以）便于二、六军团主力在永顺、大庸、沅陵地域寻求翼侧机动。”遵照中革军委这一电令要求，红二、六军团于12月30日西返大庸、永顺休整，并寻求有利战机打击敌人。

湘西攻势调动了国民党围堵中央机关和红一方面军近1/3的主要兵力，共击溃、歼灭国民党军近20个团，为中央机关和红一方面军减轻了压力的同时，恢复和开辟了约2.5万平方公里的红色区域，控制了永顺、大庸、桑植3县的大部，龙山、保靖、桃源、慈利、常德各县的一部，并占有永顺、大庸、桑植等县城，奠定了湘鄂川黔边苏区的基础。

红二、六军团坚决执行党的进攻路线，特别是进攻辰州、包围常德，有力配合了中央机关和红一方面军的行动。一是迫使蒋介石暴露对中央机关和红一方面军张网以待的兵力部署，摸清了湘西北敌情，促使中央机关和红一方面军作出通道转兵的正确决策。二是实践证明博古、李德在军事指挥上的错误，为遵义会议彻底纠正博古、李德的错误路线，确立毛泽东在中共中央和红军中的领导地位提供了实证。三是给湖南敌人及进攻中央机关和红一方面军敌人的总后方以很大威胁，实现调动湘军主力和“钳制在芷江、铜仁之薛敌部及在印江、思南之黔军”的目的，策应了通道会议、黎平会议、猴场会议、遵义会议的顺利召开及四渡赤水。

三、不断推动南方苏维埃运动迅猛发展给国民党造成更大威胁

发动湘西攻势的同时，任弼时、贺龙等红二、六军团领导即着手以原湘鄂西苏区之永顺、桑植、大庸（今张家界市永定区）、龙山、来凤、鹤峰、古丈、慈利等地为基础，建立新的湘鄂川黔革命根据地。1934年11月26日，根据中共中央书记处电示，中共湘鄂川黔临时省委发出第一号通告，宣布在大庸成立中共湘鄂川黔省委，作为党的最高领导机关，任弼时任书记，贺龙、关向应、夏曦、萧克、王震、张子意、刘士杰、周玉珠为省委委员。红二、六军团在中共湘鄂川黔省委领导下，在湘鄂川黔边区积极发动群众，打土豪，分田地，建党，建政，建立群众武装，扩大红军，筹粮筹款，剿灭土匪，为根据地建设打下了基础。经过近一年的英勇作战和艰苦奋斗，到1935年9月，湘鄂川黔革命根据地开辟了较大范围的中心区域和游击区域，东至洞庭湖西岸，西至酉阳县境，西北到咸丰、恩施，南至沅陵县边，北到鹤峰太平镇，包括湘西北10余县和黔东特区、鄂川边区，总人口达200万人。湘鄂川黔革命根据地是中国革命处于极端困难的形势下在长江南岸创建的一块大的红色根据地，是“长江南岸——中国南部苏维埃运动发展中最重要的柱石”，是“配合协助中央主力红军（野战军和四方面军合称）击败国民党军阀，进而直接同帝国主义进行战争的一个最重要的力量”，“在中国苏维埃运动的发展中有其重要历史意义”。

1. 成功吸引国民党的重兵“围剿”，减轻中央机关和红一方面军的压力

“二、六军团及湘鄂边苏区位置长江中部，接近武汉、长沙，它的存在发展对一、四方面军的配合作用与对敌威胁均颇大，故蒋介石决心以大力进攻。”蒋介石采纳何键“欲靖川黔，先靖湘西；欲除朱毛，先除萧贺”的建议，一方面不惜重兵围堵中央机关和红一方面军，另一方面则调动各路军队对湘鄂川黔革命根据地进行疯狂“围剿”。蒋介石甚至还从重庆赶赴贵阳亲自坐镇指挥。1935 年 4 月，中央机关和红一方面军四渡赤水、南渡乌江后，毛泽东认为只要将滇军调出，中央机关和红一方面军就能摆脱蒋介石的围追堵截，跳出包围圈继续北进。毛泽东看透了蒋介石心理，正好可以利用湘鄂川黔革命根据地迷惑蒋介石，便上演了一出“兵临贵阳逼昆明”的神剧，摆脱几十万国民党军队的围追堵截，将尾追之敌全部抛在金沙江以南，挫败了蒋介石“围歼”中央机关和红一方面军于川黔滇边境地区的图谋。

2. 坚持用遵义会议精神指导作战行动，为取得反“围剿”胜利奠定了坚实基础

红二、六军团的主动作为，在有力策应中央机关和红一方面军战略转移的同时，也招来数十倍于己的敌军“围剿”。反“围剿”斗争中，红二、六军团虽然总体上依据遵义会议精神指导作战行动，但对转移到敌人翼侧后方隐蔽集结，以疲劳敌人、消耗敌人、迷惑敌人，使敌人发生过失和弱点，使我们在决战中取得胜利的指示，还缺乏深刻的了解，先后在溪口、后坪等战斗中失利，陷入日益被动的境地，湘鄂川黔革命根据地被压缩在以塔卧、龙家寨为中心的狭小地区，不利于作战，只得向北进行转移。

4 月 12 日，红二、六军团从塔卧、龙家寨向北转移的途中，获悉敌 172 旅（三个团兵力）窜入陈家河拟对红二、六军团进行堵截。任弼时、贺龙等认为该敌系孤军深入、援兵较远、有利于分割围歼，贺龙建议：“我们要走，也要打了这仗再走。”接着，红二、六军团兵分三路，于 4 月 14 日在陈家河附近全歼该敌，次日又在桃子溪地区全歼南逃之敌第 58 师师部和 174 旅，乘胜收复桑植城和塔卧以北的大块根据地，从而粉碎了敌人的第一次“围剿”。

国民党军骇于红二、六军团凌厉的攻势，纷纷后撤，转入防御。红二、六军团因形势好转，决定放弃北渡长江的计划，仍在原地区坚持斗争。4 月下旬，红二、六军团主力东进，攻占江垭，派一部分兵力前进至慈利城北，造成进攻津市、北渡长江之势，以调动敌军。

从 1935 年 5 月开始，红二、六军团开始第二次反“围剿”作战。这次“围剿”，敌人兵力约有 80 个团。任弼时、贺龙等按照遵义会议确定的作战方针，根据湘、鄂两省敌军存在矛盾的情况，重新考虑作战行动的方向和对象，制定对湘敌取守势、对鄂敌取攻势的方针，先后取得忠堡、板栗园等战斗的重大胜利，占领石门、澧州、津市、临澧等城市，直接威胁常德及长江沿岸部分县、市，使湘、鄂两省敌军被迫转入防御，蒋介石纠集重兵对湘鄂川黔革命根据地的“围剿”宣告失败。

湘鄂川黔革命根据地反“围剿”斗争历时半年左右，红二、六军团先后作战 30 余次，前后与红二、六军团直接作战之敌有 86 个团，共歼灭国民党 2 个整师、1 个师部和 1 个旅，敌伤亡兵力达 1 万人以上，生俘敌 8000 余人，缴枪 8000 余支，缴轻重机枪 100 多挺，各种大炮 20 多门，新建慈桑、宣恩、龙山 3 个县的革命政权，牵制了湘、鄂两省的大量敌军，彻底粉碎了国民党

“先行肃清湘西，早日会合友军，扫荡朱毛残部”的企图，有力地策应了中央机关和红一方面军摆脱国民党军队的围追堵截。

四、确定北上抗日的方针，团结红四方面军共同北上，促成三大主力红军胜利会师

1. 成功突围后确定北上抗日方针

湘鄂川黔革命根据地的发展壮大直接威胁到国民党在江南的统治。从1935年9月开始，蒋介石乘红一方面军北抵陕甘、红四方面军在长征途中之机，调集130个团，对湘鄂川黔革命根据地和红二、六军团进行新的大规模“围剿”，企图把红二、六军团逐步压缩并聚歼于龙山、永顺、桑植之间的狭小地区。中共湘鄂川黔省委和军委分会研究分析形势和敌情后，“决定突出封锁线，向湘黔之石阡、江口、镇远、黄平方向转移”。

1935年11月19日，红二、六军团从桑植刘家坪出发开始长征，于2月初进入黔西，及时成立川滇黔省委和各级政权，建立新的革命根据地。红二、六军团在黔西地区的发展，让蒋介石惊恐万状。他迅速把正在四川对红四方面军作战的万耀煌纵队调到贵州，并从南京飞抵贵阳亲自布置对红二、六军团的又一轮“围剿”。

1936年2月27日，中共川滇黔省委和军委分会共同研究认为，在黔西、大定、毕节地区虽然取得很大成就，但“未能给敌以致命打击，东面敌占黔西、大定，三路靠拢，逼近毕节城（地形上毕城不保），周围约一百二十团敌人，包围线内之活动范围狭小，而短期内地方工作基础薄弱，给养条件困难”，决定自动退出毕节城，放弃在这一地区建立根据地的计划，进入乌蒙山区，准备将敌人向西调动，造成敌人的疲惫和错觉，然后再突然摆脱敌人，折向东南去安顺地区。

当天，红二、六军团退出毕节，进入乌蒙山区进行回旋作战。此时，蒋介石派其亲信顾祝同坐镇贵阳督战，指挥中央军和湘、黔、川、滇、桂各路人马加紧围追，妄图将红二、六军团消灭在乌蒙山、金沙江之间。面对严重敌情，红二、六军团采用“盘旋打圈子”的战术，与敌人来回周旋近1个月，转战1000余里，克服无数艰难险阻，终于在3月下旬进抵滇东宣威东北的来宾铺、徐屯一带和盘县、亦资孔地区，跳出包围圈，将敌人拖得疲惫不堪、晕头转向，胜利完成回旋作战任务。毛泽东曾评价说：“二、六军团在乌蒙山打转转，不要说敌人，连我们也被你们转昏了头。硬是转出来了嘛！”

红二、六军团进行机动灵活的乌蒙山回旋战和来宾铺战斗后，又造成迎面敌人数量大为减少、反动统治比较薄弱、地形和政治经济条件利于部队活动等较为有利的形势，“拟在滇黔边活动，并创立根据地”。这时，朱德、张国焘来电：“如趁此时过金沙江尚有可能”，“我们建议在你们渡河技术有把握条件下及旧历三月水涨前设法渡金沙江”，“与我们会合大举北进”，“如果你们决定后我们即布置接应你们”，“如你军并不十分疲劳，有把握进行运动战时，则在滇黔边行动亦好”。这份电报并没有明确指出红二、六军团是北渡金沙江与红四方面军会合，还是留在滇黔川边活动。事关红二、六军团今后的战略行动和中国革命的大局，任弼时、贺龙等又于3月29日致电朱德、张国焘，“请求军委决定我们行动”。朱德、张国焘3月30日复电：“最好你军在第三渡河点或最后路线北进与我们会合一同北进。亦可先以到达滇西为目的。”川滇黔省委和军委分会在盘县多次开会研究，认为朱德、张国焘“复电虽未肯定决定，但其意是以北渡为妥，故最后决定北渡金沙江与主力会合”。后来的实践证明，红二、六军团渡江北上，符合中央和中革军委的战略意图，顺应了当时抗日救亡运动的新形势。

北上抗日的方针决定后，红二、六军团于3月31日离开盘县，分两路纵队向西急进，开始抢渡普渡河。4月8日，军委分会在柯渡召开会议，决定放弃在元谋以北渡江计划，改为在丽江地区渡过金沙江，并佯攻昆明后向丽江石鼓行进。随后，巧妙穿过滇军间隙，掉头南下直奔昆明，进占富民城和昆明近郊，摆出要攻昆明城的阵势，使顾祝同、龙云仓皇失措、惊恐不安。龙云一面调军官学校的学生来守城，一面急电主力从普渡河回救昆明，而红二、六军团则在富民、赤鹫渡过普渡河，冲出敌人包围，继续日行百里，势如破竹，横扫滇西，连克10多座县城，沉重打击沿途的国民党反动统治，顺利渡过金沙江。得到红二、六军团胜利渡过金沙江的捷报，朱德、张国焘于4月30日发来贺电："金沙既渡，会合有期，捷报传来，全军欢跃，谨向横扫湘黔滇万里转战的红二、六军团致以热烈的祝贺和革命的敬礼！"

2. 红二方面军的成军及与张国焘分裂主义的坚决斗争

1936年6月3日，红二、六军团摆脱国民党军队的"追剿"，在理化以南的甲洼与红军总司令部派来迎接的红32军会合。7月2日，在甘孜举行庆祝两大主力红军会师的盛大联欢会。7月5日，中革军委颁布关于组织红二方面军及干部任职的命令："决以二军、六军、卅（三十）二军组织二方面军，并任令贺龙为总指挥兼二军军长，任弼时为政委兼二军政委，肖（萧）克为付（副）总指挥，关响（向）应为付（副）政委，陈伯军（钧）为六军军长，王震为政委。"至此，蒋介石"'追剿'消灭二、六军团计划乃全归失败"。

红二、六军团和红四方面军在甘孜地区会师后不久，朱德、刘伯承就向红二、六军团的领导传达了张国焘的反党行径和党中央同张国焘斗争的情况以及在斗争中应遵循的方针，要求红二、六军团做好团结工作，想办法与红四方面军一起会合中央。红二、六军团领导这才得知，朱德、张国焘要红二、六军团渡江北上的动机截然不同，朱德的意思是"二方面军过江，我们气壮了，北上就有把握了"；张国焘则妄图拉拢和控制红二、六军团，壮大自己的实力，以继续与中央对抗。当红二、六军团先后到达甘孜地区时，张国焘便立即对红二、六军团进行分化拉拢，如向红二、六军团派"工作组"煽动对党中央不满，散发反对党中央、批判"毛（泽东）、周（恩来）、张（闻天）、博（古）"的文件，宣扬他的右倾分裂路线等。

中革军委关于组织红二方面军及干部任职命令的及时颁布，让任弼时、贺龙等二、六军团的领导有了底气，更让他们对张国焘分裂主义的行径看得更加清楚。因此，以任弼时、贺龙为首的红二、六军团领导对张国焘的阴谋活动进行了坚决的抵制和斗争。任弼时要求对张国焘指示发来的文件一律不准下发。贺龙看了张国焘派人送来的《干部必读》小册子后，也严肃地说："张国焘分裂中央是错误的，这个材料不能发"，还立即电话通知红二、六军团各部队"把接到的小册子统统收起来"。在甘孜举行庆祝红二、四方面军会师的盛大联欢会上，张国焘正准备讲话时，贺龙悄悄对他说："国焘啊，只讲团结，莫讲分裂，不然，小心老子打你的黑枪！"张国焘就没敢讲不利于团结的话。朱德后来说："张国焘对弼时、贺龙都有些害怕呢！一起北上会合中央，贺老总是有大功的"。毛泽东曾多次说过："贺龙同志是红二方面军的旗帜"。由于贺龙这面旗帜的凝聚作用，使张国焘分化拉拢红二、六军团的企图无法实现。张国焘想把红六军团拉过去，王震对张国焘说："我们这个部队是井冈山的，是毛主席领导成长的，不能反毛"。张国焘向任弼时提出召开红二、四方面军联席会议，企图以多压少，迫使红二、六军团就范，任弼时当即以"谁来作报告，如果有不同意见，结论怎么做"为由拒绝了他。张国焘又想换掉红二、六军团师以上的四个政治委员，也未能得逞。经过朱德、刘伯承、任弼时、贺龙、关向应等的斗争，终于迫使张国焘同意北上，与中央会合。

北上途中，张国焘仍然反复无常，使积极拥护党中央路线的同志感到难以容忍。1936年9月19日，任弼时、贺龙、刘伯承、关向应联名致电中央，建议由朱德、张国焘、周恩来、王稼祥组成军委主席团，集中指挥三个方面军作战。中央当即回电："统一指挥十分必要，我们完全同意任、贺、刘、关四同志之意见，以六人组织军事主席团，指挥三个方面军"，实现了三大主力红军在军事上的集中统一指挥。

3. 团结红四方面军共同北上

两军会师前，红四方面军总部曾专门对部队进行动员和布置，要求各部队大力开展迎接红二、六军团的组织准备工作。徐向前在动员会上说："红军是一家人，我们和中央红军与二方面军的关系，好比老四与老大、老二之间兄弟关系。上次我们和老大的关系没有搞好，要接受教训。'兄弟阋于墙，外御其侮'。吵架归吵架，团结归团结，不能分家。现在老二就要上来，再搞不好关系，是说不过去的。每个部队都有自己的长处、短处，方针是互相学习，取长补短，加强团结，一致对敌。"会后，各部队广泛进行迎接会师的政治动员和各项准备工作，热烈展开赶制慰问品的活动，在地方群众中也普遍进行欢迎红二、六军团的宣传教育。

红二、六军团为迎接与红四方面军的会师，也对部队进行团结友爱、遵守纪律的教育。要求会师后主动搞好团结，不利于红军团结的话不说，不利于红军团结的事不做，大力宣传中央的路线方针、中央机关和红一方面军在陕甘的胜利及三大主力红军西北会师的美好前途，并号召指战员努力向红四方面军学习，从而为两军会师做好思想准备。

会师后随红四方面军行动的任弼时亲自去做张国焘、陈昌浩、徐向前、傅钟、李卓然等人的工作，与红四方面军其他领导干部广泛进行交流，了解思想情况，努力增强团结；建议中共中央在红一、二、四方面军靠拢时召开一次中央会议，交流思想，统一认识，加强党在策略路线基础上的团结一致，得到中共中央和红四方面军领导的一致赞同。经过一系列积极工作，"现在二、四方面军阶级友爱的关系极好，在目前政治形势和党的策略路线决议基础上是团结一致的"，为促进红二、四方面军共同北上与中央会合奠定了重要基础。

1936年8月9日，任弼时在救济寺发出给贺龙、关向应、萧克、甘泗淇的信："我这次随朱（德）、张（国焘）行动，力求了解过去一、四方面军会合时的党内争论问题，并努力促进我党的完全团结一致"，"我想二方面军在促成一、二、四方面军大会合上是负有重大责任的，必要时将来可以二方面军指战员名义发一告一、四方面军同志书"，"目前即应在二方面军中进行大会合的政治动员和一切必要的准备工作"。任弼时的这封信得到红二方面军领导的一致赞同，并提出："我们完全同意你对过去党内斗争取（所）采取的立场，我们坚决站在这一个立场上为党的统一而斗争。"由此可见，任弼时等红二方面军领导为团结红四方面军共同北上，促进党和红军的团结一致，做出了可贵的贡献。1975年9月1日，邓小平在关于话剧《万水千山》的谈话中指出："红二方面军写得不够。张国焘搞分裂以后，红二方面军推动红四方面军北上起了很大作用"，"红二方军是坚决拥护毛主席北上路线的"，"红二方面军推动红四方面军北上的作用要加重。"

4. 担任后卫并力促三大主力红军胜利会师

1936年7月1日，中央发出庆祝红二、四方面军胜利会师的电文："我们以无限的热忱庆祝你们的胜利的会合，欢迎你们继续英勇的进军，北出陕甘与一方面军配合以至会合。"按照中央电文要求，7月2日至10日，红四方面军分左、中、右三个纵队分别从甘孜、炉霍、绥靖向甘南进发。继红四方面军之后，红二方面军也组成两个梯队，作为后卫，于7月11日由甘孜的东谷出发，在红四方面军左纵队之后跟进。

为迅速实现三个方面军的会合，中革军委于1936年9月14日下达集中三个方面军主力，以打击蒋介石嫡系胡宗南部为主要目的的静（宁）会（宁）战役计划，消灭胡宗南部，实现红一、二、四方面军会合，发展西北新局面。但此时张国焘又对北进方针动摇，拒不执行战役计划，9月21日命令红四方面军撤离通渭等地，掉头西进，使整个战役计划没有得到贯彻执行。张国焘一走，红一方面军也向东撤，使全部敌军一齐压向红二方面军，红二方面军陷入腹背受敌的危险境地。在这种极为不利的情况下，红二方面军奋勇苦战，夺路前进，在红一、四方面军甘肃会宁会合之后，于10月22日在甘肃将台堡（今属宁夏西吉）同红一方面军会合，实现了三大主力红军胜利会师。至此，红二方面军胜利完成历时1年左右，转战湘、黔、滇、康、川、甘、青、陕八省，行程两万余里，大小战斗110多次的伟大长征。红二方面军从桑植出发时1.8万人，到达甘肃将台堡时仍有1.1万人。1936年11月，毛泽东在陕西保安会见红二、四方面军部分领导同志时，高兴地说："出贵州、过乌江，我们一方面军付出了大代价，二、六军团讨了巧，就没有吃亏。你们一万人，走过来还是一万人，没有蚀本，是个了不起的奇迹，是一个大经验，要总结，要大家学。"

历时两年的红军长征是中国革命最困难的历史时期。红二方面军在任弼时、贺龙等的正确领导下，在红军长征中"启先声、承策应、担后卫"，恢复和发展湘鄂川黔革命根据地，有力策应中央机关和红一方面军的战略转移，保全和壮大红军队伍，胜利完成由湘鄂川黔边到陕北的伟大长征，力促三大主力红军会师，为红军长征和中国革命事业做出了突出贡献，将永远为历史铭记。

（此文刊载于《中共党史研究》2016年第10期总第220期）

1987年，习仲勋来到桑植

中共桑植县委党史研究室　钟　锐

桑植是贺龙元帅的家乡。1987年12月4日至19日，中共十三大闭幕不久，习仲勋到湖南考察工作。经过张家界时，习仲勋参观了黄狮寨、金鞭溪、索溪峪、黄龙洞等景区。随后，习仲勋突然改变行程，于12月13日到达桑植。是什么让沉稳内敛、73岁高龄的习仲勋突然改变行程呢？我想，这是因为他与贺龙元帅曾经一起并肩战斗、出生入死过；从炮火纷飞的革命战争年代，到如火如荼的和平建设时期，两人建立了肝胆相照、生死与共的战友情谊。

习仲勋和贺龙第一次见面，是在1937年7月。当时，在关中苏区的泾阳县云阳镇，时任关中特委书记的习仲勋第一次见到了贺龙。在这之前，习仲勋不止百次地听说过贺龙的大名。贺龙两把菜刀闹革命的事迹如同传奇一样，一直吸引着习仲勋的注意。看到贺龙含笑站在自己面前，习仲勋又激动又高兴。而贺龙，对20出头的习仲勋的精明干练，印象也十分深刻。两人顿时一见如故，十分投机。1942年6月，贺龙奉命回延安担任陕甘宁晋绥联防军司令员，兼任西北局常委。7月，习仲勋调任中共西北中央局西北党校校长，后又任中共绥德地委书记兼绥德警备区司令部政治委员。这一时期，他和贺龙交往的机会更多了。两人都给对方留下很深的、很好的印象。

1947年7月，中共中央在陕北靖边县小河村举行扩大会议（史称小河会议），决定将晋绥军区并入陕甘宁晋绥联防军，由贺龙任司令员，习仲勋任政治委员。西北野战兵团定名为西北人民解放军野战军，彭德怀任司令员兼政治委员，习仲勋兼副政治委员。彭德怀在前线负责打仗，由贺龙、习仲勋统管后方支前。于是，贺龙先后将手下的3个野战纵队交给彭德怀指挥，习仲勋也撤离战场，回到后方工作。随后，习仲勋与贺龙一同前往陕北绥德，统筹后方工作，共负西北野战军后勤保障的重任。在此后两年多的共事岁月中，两人经常是同吃一锅饭，同睡一个铺，甚至同盖一床破棉被。当时生活艰苦，有什么好吃的东西，两人总不忘给对方留一份。两人之间的战友情谊更深了。1949年2月，陕甘宁晋绥联防军区改为西北军区，贺龙任司令员，习仲勋任政治委员。12月，贺龙率解放军第十八兵团及第七军等部进军四川，结束了和习仲勋的共事岁月。新中国成立之后的1959年，习仲勋任国务院副总理兼秘书长，负责国务院常务工作。在周恩来的直接领导下，他经常和贺龙一起参加重要的国务活动和外交活动。在首都机场迎送外宾以及中央领导人出访及回国时，经常有习仲勋和贺龙在一起的身影。其他重要国事活动以及体育大赛时，也有不少习仲勋和贺龙在一起的镜头……

习仲勋来到桑植时，正值隆冬，寒气逼人。他只稍事休息，就去了洪家关。在贺龙故居的塑像前，他与夫人、儿子一齐脱帽向元帅塑像鞠躬，以表达对贺龙的深切缅怀和深深敬意。尽管当时已经夜幕降临，雨雪霏霏，习仲勋仍仔细参观了贺龙故居的火坑、卧室和灶房。在贺龙生平事迹展览馆，习仲勋认真地观看每一张图片、每一件实物，认真地倾听每一句解说、每一个故事。当他看到陈列室一张照片不够清晰时，当即表示要给陈列馆充实比较理想的内容；当看到贺龙生平介绍中写着“含冤去世”几个字时，习仲勋不由得把心中的无限悲痛化作了一声长叹。在贺龙纪念馆参观结束时，习仲勋仍意犹未尽，满怀深情地说：“很受教育。”并挥笔题词：“资兼文武、勋功伟绩、高风亮节、一身正气”，用16个苍劲俊逸的大字，充分表达了对战友的真挚情怀。当习仲勋了解到每年有全国各地的10多万人前来参观时，欣慰地对县乡负责同志说：“一定要组织青少年来这里参观，让我们的后代了解历史。”随后，他还语重心长地说：“湘西出了很多名人，有贺龙、沈从文、黄永玉，只要抓好了青年一代的培养教育，他们当中定会出现有作为的作家、画家、记者、学者、工程师、企业家。”这情真意切的话语，既是对领导者的要求，也是对当地各族青年的殷切期望。

短暂的参观结束了。习仲勋坐车返回。在汽车启动的时候，他把头伸出车窗，久久地回望着洪家关。

也许是这次桑植之行给习仲勋留下了深刻的印象！在第二年——1988年7月，在八一建军节即将来临之际，时任全国人大常委会副委员长的习仲勋，亲自撰文写了一篇回忆贺龙的文章《学习和发扬贺龙同志的高尚品德和优良作风》。文中回忆起贺龙堂堂的仪表、潇洒的气度、如火的豪情和爽朗诙谐的音容笑貌，描述了自己“几度在贺总领导下工作，有段时间曾随他之后共负一个方面和地方的领导之责”的许多难忘的往事，字里行间充满着对贺龙元帅无限的怀念。

（此文刊载于《张家界日报》等报刊）

文学作品选录

石绍河散文

（石绍河，苗族，桑植县人，中国作家协会会员，张家界市作协主席。现供职于张家界市国土资源局。出版有散文集《清泉石上流》《大地语文》）

银 杏

银杏是乡村的贵族。高大。挺拔。华美。

银杏在我的家乡桑植叫白果树。民间歌谣云：白果垭上长白果，白果树下好人家；生个儿子会读书，生个丫头会绣花。乡下的耕读人家选定傍白果树而居，是把白果树视为神树和福树。家乡的山中野岭、庙前祠后、屋边桥头，时常能看到一棵或几棵白果树高高地站在那里，一树参天，苍劲肃穆，浓荫广覆，果实累累。一到白果成熟，我们便呼朋引伴去捡白果，用石头砸开，吃里面的核仁，滋味甘美，我们认为是天下最好吃的果品。大山里有所小学，操场正中长了一棵五六人合抱的银杏，每年结下的白果能卖上好几千元，是学校一笔不小的收入。后来，这学校干脆改叫白果小学了。

银杏树是我国独特而古老的树种，是世界上现存最有名的孑遗植物之一，已经存在三亿四千五百万年了，被誉为“活化石”和“植物界的大熊猫。”在张家界一带，躲过第四纪冰川运动的动植物只有银杏、珙桐、红豆杉和娃娃鱼等。银杏经过大浪淘沙，代代单传，没有同门兄弟，属于单科单属单种的植物，植物学上的银杏科就其一棵独苗。它广泛种植在宅院、祠堂、文庙、行道和园林中。我曾在少林寺内看见几棵粗壮的银杏，估计树龄在千年以上，树身上有很多大小不一的黑洞，像一只只眼睛。导游告诉我，那是一代代武僧在树上练功留下的痕迹。这几棵高龄银杏不管世事变迁，风吹云动，却岿然挺立，忠诚地记录过往的时光。此时正是金秋十月，少林寺的银杏遍身金黄，以最美的姿态惊艳的色彩，展露着禅意，迎接四面八方游客的到来。

澧水边上的这座旅游新城，这几年，建起了文化广场、市民广场、沿河观光带等休闲场所，数以千万计的花草树木呼啦啦涌进城来，便有了樱花带紫薇路樟树园桃花林。作为乡间贵族的银杏，而今，它如千千万万生活在青山绿水、田园牧歌式乡村的农民一般，向往着山外的世界。它们缠着金黄的稻绳，带着乡间泥土的芬芳，坐着大卡车离开乡土，闯进城来，或伟岸或瑟缩地站在陌生的某一处。于是，文化广场就有了碗口粗的银杏树成百上千地群居，也有水桶粗的银杏树在市民广场、沿河大道独居。无论群居抑或散居，每棵银杏树都想活得云冠巍峨，葱茏庄重，大气娟秀，“风光添野景，黄叶缀成林。”尽量活出独有的气质。也许是还没适应城里的环境，我偶尔从这些树下经过，觉得它们活得还不美气舒心。

城内一处民俗景点的大门两边，植有几棵合抱粗的银杏。每次步行路过，我都要停下来看它们是否缓过劲来。这几棵树不知来自哪里，树梢被削，树枝被剁，树皮皲裂，像几根电杆戳在那里，长出的新叶稀疏单薄，了无生气。主人还是很关照这几棵树的，每棵树的四周用粗粗的木棒撑着，有的还用铁丝拉着，防止大风刮倒或是人为碰倒。有的树上还吊挂着好些塑料瓶袋在输液。我看着看着，就替这几棵银杏心酸和心痛。看那躯干，也该在野地里生活了几十年，后来被喜爱它的城里人看上，才不明就里地迁移到这里。初来乍到，水土不服，整天蔫头巴脑，远比不上生活在野地里那般自在，那般旺相。适应和融入是需要放低身段，需要时间的。做一棵城里的树真不容易。

银杏树体高大，树干通直，姿态优美，叶形古雅，寿命绵长，可自然净化空气，具有冬暖夏凉的特异功能，是市民青睐的景观树。人们不嫌它长得缓慢，一边小心呵护一边耐心等待它成长。银杏也不负众望，一年四季都在努力追赶时间超越自我。春天里，春风吹拂，春雨滋润，银杏枝头紫色的芽苞慢慢萌发、缓缓舒展，嫩嫩的叶片睡眼惺忪，鹅黄晶亮，薄如羽翼，故“银杏株叶扶疏，新绿时最可爱”。我们往往只注意银杏的叶和果，却极少留意它的花。李时珍说银杏“二月开花成簇，青白色，二更开花，随即卸落，人罕见之”。难怪我们把银杏看作乔木而不看作花木。夏天的银杏枝繁叶茂，生机勃发，那枝叶浓荫满地，遮风挡雨，消暑散热。人们喜欢在树下小憩，一边享受着丝丝凉意，一边对生活的城市评头品足说些风凉话。谁说草木无情？银杏树始终保持静默，从不插言从不外泄，一阵风过，是是非非烟消云散。冯骥才先生说：“秋天从不表现自己，只是呈现自己。”我以为这话冯先生是对银杏说的。秋叶如花，秋叶胜于花。银杏那一身不含一点杂质的金黄色，美到极致，比花十倍百倍可爱，那么炫目张扬，那么惊艳高贵，那么悠然自得，那么宁静舒畅。“碧云天，黄叶地。”金黄的树叶脱离枝头铺满大地，不见凋零之相，反显落叶之美。我在公园广场散步，看见一树树金黄的银杏，就会油然想起乡村田野里一个个金黄的稻草垛，恍惚走进梦幻田园，牵出不绝乡愁。冬天的银杏卸掉华服，树身铅白色，树枝遒劲，直指苍穹，孤傲坚挺，凛然不可侵犯。它悄悄蓄积力量，来年又将呈现一场惊喜和美艳。郭沫若称银杏为“东方的圣者”“中国文人的有生命的纪念塔”。也许看重的更是它这一点。

银杏树叶美丽而富于特质，颜色随季节更替而变化，由春天的新绿浅绿到夏天的深绿墨绿再到秋天的柠檬黄金黄。叶子呈扇形对称，边缘分裂为二，在叶柄处又合二为一，故称二裂银杏叶，寓意着“一和二”“阴和阳”“生和死”“春和秋”等对立统一的和谐，被视作“调和的象征”。银杏叶子还可以看作心型，又是爱情的象征，寄予两个相爱的人最后结合为一的祝福。德国伟大诗人歌德庭院里有一棵银杏，受其启发，他以《二裂银杏叶》为题，写下一首短诗，作为向其情人示爱的礼物。有几句诗这样写道：“它是一个有生命的物体，在自己体内一分为二？还是两个生命合在一起，被我们看成了一体？”银杏叶子酷似鸭子的脚掌，“一名鸭脚，取其叶之似。”“鸭脚叶黄乌臼丹，草烟小店风雨寒。”（陆游）“鸭脚生江南，名实未相浮。”（欧阳修）“鸡头竹上开危径，鸭脚花中擿废泉”（皮日休），不难看出，唐宋诗人喜欢用鸭脚来称呼银杏。

早些年，看过一部叫《英雄》的电影，故事情节已记不清，却对两个红衣侠女在漫天黄叶飘飞的树林里上下腾挪，左右厮杀的场面印象深刻。那金黄树叶犹如一场暴雪来袭，飘飘洒洒，纷纷扬扬，乱离迷眼，场景十分唯美。我以为飘飞的黄叶是银杏叶，有人告诉我那是胡杨叶。但我不以为然，认定那就是银杏叶，“满地翻黄银杏叶，忽惊天地告成功。”

郭沫若曾为银杏的青翠、莹洁、精巧、美真所倾倒，不惜笔墨写道：“梧桐虽有你的端直而没有你的坚牢；白杨虽有你的葱茏而没有你的庄重。”“秋天到来，蝴蝶已经死了的时候，你的碧叶要翻成金黄，而且又会飞出满园的蝴蝶。”他大声疾呼，要把银杏定为国树。银杏为中国所独有，不是国树也是国树。

今年时令已进入夏季，我留心着庸城里银杏的生存状态。我欣喜地看见很多银杏树今年长得雍容大度，一派深绿，在微风吹拂下唱起生命的欢歌。它们在适应着环境，它们在改善着环境。

作家玄武说："懂一点植物是幸福的事。每到一处，你自然会留意观察，时时得到小小的惊喜和快乐。"银杏从乡村贵族变身为庸城大众情人，时时会给你带来快乐和惊喜。与古老的银杏为伴，我们是幸福的。

谢德才散文

（谢德才，男，土家族。张家界市桑植县委宣传部副部长。县政协委员。中国散文学会会员、湖南省作家协会会员。作品见于《人民日报》《湖南文学》《天津文学》《红豆》《散文选刊》《散文海外版》《中国作家》等报刊。作品入选《中学语文同步教材》《2008年中国散文年选》《百年散文经典》《中国散文排行榜》等20多种选本。出版散文集《张家界看"海"》《一个人的凤凰》《张家界的眼睛》）

桑植民歌

桑植民歌都是美的。

湖南桑植，是个好地方，贺龙在这里诞生，红二方面军从这里起步。生活在这块土地上的桑植人，在沉闷中，激发了潜藏在心中的酸、甜、苦、辣，吼出去，成了桑植民歌，一种力的歌，一种情的歌，一种展示百味人生的歌。歌声犹如茫茫的红土地，圆满、厚重、雄浑。

来到这里，你会知道这里的山上冒民歌，树上长民歌，地里种民歌，锅里煮民歌，河里流民歌。民歌有小调、风俗歌、劳动号子等。调子中，有喜悦的表达、愤怒的倾吐、苦辣的抒发、风土人情的表白、黑暗的揭露、光明的憧憬，更有爱情的独白和对美好生活的追求。演唱的方式，有独唱、对唱、串唱、合唱、自由地唱。这里的民歌，大人唱，三岁的小孩也会唱。这里的人们心情寂寞时，"顺手捡把柴，讲起没钱我苦愁来……"的歌声，很快从心底涌出，唱着唱着，心像灌进阳光一样暖和。当人们心情激动时，抑制不住对生活的热情，扯开喉咙，就会唱起"桑植是个好地方，地是刮金板啦，山是万宝山，树是摇钱树呀，人是活神仙……"

当年桑植人追随贺龙闹革命时，他们唱道："要吃辣椒不怕辣，要当红军不怕杀；刀子架在颈项上，砍掉脑壳只碗大个疤"。这歌声坚定、豪迈、气壮山河。他们放木排时，边驶排，边唱"正月是新年，郎要上四川……"木排悠悠、歌声悠悠。倘遇漂亮的妹子，他们像见到魅力的风景，心动，嘴怎么也关不住："韭菜开花细茸茸，有心恋郎不怕穷；只要二人情意好，冷水泡茶慢慢浓"的歌声，浸人的心底，像媒婆一样，牵线、搭桥，不少的男男女女因此缔成一种爱情的契约。他们把民歌引用到多种场合，派上用场，让歌声自然而然地飘扬在辽阔的大地上。尤其是在节假日期间，民歌就忙了起来，唱民歌成了桑植人传递与表达喜悦情绪的方式。歌声如酒，恰似这里盛产的苞谷烧，越饮越起劲，越唱越过瘾。这里的歌，风吹不到，雨淋不湿，日晒不裂，雪掩不住，就是刚钻出来的雾，只要一听到是桑植民歌来了，就会很自觉地退回去。桑植民歌真有"上天能赶乌云走、下地能把海填平"的功夫。她先后去过北京、莫斯科、维也纳金色大厅，一展风采。

这里的民歌，为何这么奇特？因为，这里山的灵气养育了她，这里水的清凉保育了她，这里土的肥沃滋润了她，这里民族风情的独特靓丽了她。我爱她，她给我的生命带来了活跃，给我的情感带来了寄托，给我的思想带来了流动，使我真正地感受到活在这个世界上的生命意义。

桑植民歌，折射出桑植人民生活中的岁月。她是源远流长的历史之歌。

（此文刊载于《人民日报》）

八大公山的水

一次绝好的机会，让我又一次走进了湖南省桑植县的神奇而美丽的八大公山。

八大公山是国家级原始森林保护区。

八大公山我去过好多次。每次进入那片碧翠的林海，都被望不到边的绿浪所震撼。然而，这次走进八大公山，吸引我的眼球和触动我的灵魂的则是这里的水。

刚到山脚，一同去的摄影朋友大路不走走小路，平路不走走弯路，稳稳当当的路不走却专门找冒险的路。他们左找右寻，上观下看，前探后索，钻到一处溪水发出叮当响的地方止住了脚步，他们迅速支开摄影架子，东摆摆，西摇摇，升升降降，降降升升，瞄准，再瞄准，拍摄起来。我看着他们拍摄，听着他们的议论，便悄悄走到另一处，顺手抓上一根藤子，双脚往下伸，跳下高坎，领悟着他们的选择，感受着他们的投入，分享着他们的喜悦。我好想让他们给自己拍上一张照片，编辑在自己的《张家界看“海”》散文集里，但，又不敢说出声来，生怕打扰他们，坏了他们的情致。许久，在他们停歇的间隙，我说：“可以给我拍上一张吗？”我的话，得到他们的允诺。当我走到一块长满苔藓的石头上，一屁股坐下，还没坐稳，他们就大声喊道：“快，快站起来啊，不然，弄坏了！”当时，吓我一跳，好像没坐到什么，什么给弄坏了?!他们一本正经地对我说：“这地方，相当好，水好清净，又那样激流，水边的石头上也铺满均匀的绿毯，你一屁股坐下去，可就不雅观了。”在他们一阵忙碌之后，我的形象还是挤进了他们的镜头。

车子停在公路边，时间不允许我们久留这人间仙境。大家准备上山的时候，小杨一清点人数，发现少了一人，便立即安排几人分头去找，居然在拍摄照片的那个地方，发现一个摄影的还专注地蹲在溪水旁边拍摄！为了赶时间，我们将他强行地拉上了车。

到了半山腰，雾团团围住我们，舍不得让我们离开。车子停住，大家以为是山上下来的大车因错不开路而挡住我们，哪晓得是路边的瀑布美丽的身段吸引了我们的司机。看来，这厚重的大雾也是怕大家错失这道绝美的风景才如此地缠住我们啊。大山里，一滴滴的水汇成瀑布招引我们，我们一步步地向它靠近。瀑布的声音越来越听得清楚了。在它的周围，根本看不见是谁在进行指挥，但，能听到光阴的流逝，历史的变迁。瀑布的声音，由弱到强，慢慢扩开、升腾，形成了听起来格外舒服的旋律。我们站在那里聆听，融入水中，随瀑飘飞，飞溅的水滴一阵阵飘到我们的身上，如沐浴般的惬意与切爽，真有“到此已无尘半点，上来还有瀑布寻”的味道。这时候，我已明白“山不在多，有瀑则灵！”的道理。想着想着，一位老大爷好像猜透了我的心思，渐渐走近我，轻轻拍着我的肩膀，举起拐杖朝瀑布方向一指：“年轻人，这儿还行吧？今天是没有出太阳，如果有太阳的话，这瀑布，就更好看了，五颜六色的；这瀑布啊，就成了地地道道的彩虹瀑！”

车子一鼓作气地爬上了山。

山上，树木葱郁。

这里的水，全是从植物的根系中流来的，不是靠人工改造引流。

这里就像九寨沟，即使你走错了地方，碰到的都是水。

山里水的绿，恰似一匹扯不断的丝绸，典雅素丽，流淌胭脂的芬芳。这里的水，太嫩太绿，什么东西随便一碰，都会碰破一层皮儿，丝丝有声；这绿也太硬了，什么东西随便搅动，都无法让绿失去本真。一到山里，你看山，山是绿的；看树，树是绿的；看天，天是绿的；看云，云也是绿的，好像全世界的绿都藏在了这里！月牙潭，一个令人惊羡的地方。这潭里的水，无论你从哪个角度去欣赏，都会浮想联翩。潭中，鱼成了流水中的舞蹈演员，一会儿蹦过去，一会儿梭过来。成群结队的鱼群，自由多变的舞型，令人目不暇接。你可以在这里纷纷下饵，拖上钓竿，安静地诱惑单纯的那些“演员们”；紫杉河，也是一个好地方。这里的水是珍贵的红豆杉分解出来的紫杉醇。这水喝了以后，能防癌。当地的百姓都喜欢这河中的水。因此，山里八九十岁人多的是。

“上了八大公山，不去斗篷山不是好汉。”带路的人给我们鼓气。

斗篷山是张家界的最高处。

在朋友的再三激励下，我吃力地走上了斗篷山。

在斗篷山上，我看到了美丽得无法形容的牵手观音树。

这里的牵手观音树，不是一颗，而是遍地。

在千手观音树的下面，冒出的是一股股神仙水。

湖南的，湖北的，还有其他省份的不少人到这里讨过水喝。一喝，百病消除。传说，撰写《本草纲目》的李时珍，到过这里采药，他也喝过这里的水。

这里的水不固执，少自我，是一种融合而神秘的存在。

这里的水，保持荒凉中的洁净，即使风雨雷电过后，洪水涨满溪沟，可等雨一停，溪水又会恢复到雨前的透明。

这里的水像玉露一样微甜。

这里的水，留恋于大山的宁静，眷念于山里空气的干净。它们爱大山，正如列夫·托尔斯泰所说：“我们不但是今天生活在这块土地上，而且过去生活在，并且还要永远生活在……”若不是这里水的涵养，哪有一片又一片的森林错落有致地生长在八大公山。

八大公山的水，无私地滋润，焕发出一道又一道的美景。

八大公山，森林面积4.49万公顷。如果缺少这里的水，洞庭湖也可能会减少，长江的水位也许会下降！

我们可以没衣穿没饭吃，但不能没水喝，没有水，我们就不能活。因此，让我们热爱流水，珍惜流水。听，流水的歌声，正从我们面前奔跑而过。

（此文刊载于《散文海外版》）

南岔的鱼

看山，去张家界；吃鱼，到南岔来。

南岔，在桑植的地盘上。桑植，贺龙元帅的故乡。去南岔，与贺龙故居同道。南岔夹在县城与贺龙故居的正中间。若你从桑植县城动身，坐辆车，稍刹不住，就冲过了。

这个极小极小的乡下地方，许多年前，是怪丑的，鸟儿飞走，车子绕道，就连躺在她怀里多年的房屋，感觉不是滋味，也不愿待下去，迁的迁，移的移，不少都离开了这里。剩下的，几乎只有这里的荒凉、忧虑与寂寞。

自从这里耸起一座气魄宏伟的贺龙电坝，坝上的鱼因此有了舒适的生存空间。一条条的鱼，从澧水源头的七眼泉里冒出来，潜入河水中。这条河两面的山，青得滴了下来，染绿了河，仿佛一床绿毯子铺着，满是奇异的绿呀。我想在这上面踩一踩，因看不透它，刚伸出脚，又缩了回来。但我明白，一条又一条的鱼在这绿水中沾了不少的光，生命得到了延续。

这条河里的鱼，大多是鲤鱼、鳜鱼、鲢鱼，

还有许多，我实在是叫不出它们的名字。它们在水中游、洞里钻、滩上跳。一队队地游上去，又一排排地游下来。它们没有夸张的色彩，足以乘风破浪；无波光粼粼的河面，可纵身跃起，动作比猴子灵活。它们生活在这条河里，自由自在。

有了鱼，便有了鱼店。只要你来到鱼店，就会知道这店里人制作鱼的方法挺多，清煮、红烧、油炸，烹制各种汤肴，老少皆宜。蘸上葛粉油炸，味美色鲜；熬汤，卧入面条，味道清甜；清煮，鲜嫩可口，余味无穷。

不管你是诚心来这里吃鱼，还是无意地碰上，给你的，都是美好的。凡到这里吃过鱼的人，就会知道这里的鱼总是吃不厌，食不腻。大约是鱼长期生长在这条没有污染的河水里，营养成分可与对虾、龙虾等海珍媲美。

如果你不是热天来这里的话，老板会把你安排在洁净的屋子里吃，保你吃过痛快；倘若你是热天来到这里，老板会从屋子里挪出一张张的桌子，搁在河沿的水泥板上，几把椅子一围，味道自然出来。你吃的时候，风，会悄悄地从山坳那边翻过来，吻你、亲你、揉摩你，你的浑身像刚擦过清凉油一样凉爽；聪明的小狗，知道你来，老远摇着尾巴跑到你的身边，生怕打扰你，默默地躲在桌下，为你清扫卫生；旋在你头上的鸟儿，忽高忽低，有时触手可及；坝旁洞里的水憋不住了，滚出来，被撕成大小的几绺，溅起又薄又细的水花，将要温柔地淋浴着你。倏地，一双双眼像涂了“明油”的山妹子，靓在你的面前，张开丽质的歌喉，为你唱起这里的民歌。

如今，这里的鱼店胖了起来，鳞次栉比的“小洋楼”风光起来。南岔人有了吃的，有了存款，自来水溜进了屋，柏油路引到了家门口。说起来，还真好笑，最近一位陈姓的台湾同胞回乡探亲，竟走错了路，找不到家。这巨大的变化，祖国露出了会心的笑容。

南岔的鱼，我不禁惊诧于你那浓浓的香了。

（此文刊载于《人民日报》）

向延波散文

（向延波，男，1974年生，现供职于桑植县委宣传部，迄今在《诗选刊》《文艺报》《散文百家》《民族文学》《星星诗刊》《绿风》《湖南文学》《创作与评论》等报纸杂志发表诗歌、散文、小说约千余篇首，作品入选《当代诗选》《新湘军文学作品选》等多种选集，其历史题材的长篇小说《大土司》三部曲《龙盘虎踞》《风云际会》《改土归流》获2016年中国少数民族重点作品扶持，另著有小说集《无名指》《美人痣》，诗歌小辑《青灯黄卷间羁旅的心灵》《倾情的河流流进故乡的月色》《花朵，旋转在年轻的掌心》。系中国少数民族作家学会会员，湖南省作协会员，湖南省首批入选“三百工程”文艺家，张家界市作协副主席，桑植县作协主席）

这方水土这座城

武陵山脉如浪奔涌，走马放缰。澧水恣意欢快，一泻东南。山水纵横，歌舞飘荡，这就是澧源桑植。

“如果在八大公山遇到两棵树，不要和他们比年龄，不要展示伤口给他们看。”这是我在一首小诗里写到的。先去看看两棵树，和山西的老祖槐一样，那是澧源的灵树。在北纬三十七度，跳动着一颗强劲有力的绿色心脏，是八大公山。在汪洋般深绿色的诱惑里，斗篷山极顶，挺立着两棵树，一棵一千余年，一棵老得不知年岁。“千手观音”不愧为中国形态最美丽的古树之一，伸展着不知历经多少沧桑风雨的铜枝铁柯，遮天蔽日，王者气象不流而露。第四纪冰川孑遗的“活化石”珙桐王又逢春而发了，你见过盛开了一千四百年的花朵吗？她就是。在漫山红遍的杜鹃簇拥下，状如白鸽的花朵曳曳欲飞……这两棵树，就是我们的两位老祖宗，她们与天地同寿，深情地庇佑着脚下的这方水土和人们。中国自古讲究天地人之间相生相应，澧水三源就从两棵灵树的脚下涓涓始出……

斗篷山以下，是绝版的山水、孤品的田园。

澧水浩浩荡荡地向东南而去，不舍昼夜，进洞庭，入长江。她是“三湘四水”里最小的山妹子，清秀脱俗，纤尘不染，浑身上下带着那么点儿倔强野性。八百里干流，收纳了成千上万的涓涓细流，三百六十滩，蜿蜒处留下了无数深情的野柳河湾。“南洲之美莫如澧”，我从南源、北源、中源三个角度去爱这条母亲河，把书中所有的溢美之词搜集起来，也无法描绘她的水清沙白、藤蔓纷披和两岸的小桥人家。

喜欢一水两岸的田园布局，认为那是世上最美的村庄地理。我的一个个村庄、一户户竹林人家和相依为命的黄狗们，世代生活在兰草丛中、悠哉桃源里。澧源漂流，在临水的浓荫下烧烤，享受清凉一夏；冬天去天平山赏雪，看红妆素裹，山河妖娆。雨后初霁的天气，整个澧溇两岸云蒸霞蔚，一步一景，美不胜收。云朝山观云海、五行山看雾瀑，九天洞的别有洞天，夹河湾的千仞绝壁，南滩的日出晚霞，柳阳溪的碧波千顷……每年盛夏，全家都要去五道水歇上两夜，喜欢那个深山小镇子的宁静和慵懒。远离了尘嚣，放下了烦忧，去七眼泉掬一口大山的甘泉，去问候芳香袭人的溪畔幽兰，晚上枕着高山流水入眠，不知魏晋，无论秦汉。“山中无甲子”，睁眼醒来，就到了金黄的九月，激情的镰刀开始刷刷地割向澧水两岸，那一张张自在笑容下的古铜色，怕是穿越了千年。“玉女晒羞”山下，汉子雄壮，女人如玉，算是一方水土养一方人吧。

去寻幽觅古吧，这是一本浸透了千年时光的羊皮经卷。

历史的烟云消散在岁月的深处，但纵情的故事仍然俯首可拾。天罡城、俄蒂城、七年寨、嘹云寨、廖城这些古城堡外，杀伐声和松涛声阵阵，似乎在诉说那烽火兵燹的岁月，相单程、覃儿健、尚俄蒂、向大坤、覃垕，一个个鲜活的英雄人物跃然纸上。贺帅两把菜刀起义的故事，在一代一代的口中经典流传。这方水土，从不缺少热血男儿和高昂的头颅。不屈与抗争，从来都没有从澧水的梦呓里消失过。

如果偏狭地认为，这片水土虽然有绝佳的山水和一流的英雄侠士，却粗陋到放不下一张书桌、一本经书的话，那就大错特错了。和渊厚的九澧文明相比，澧源的人文一样不遑多让。两河口、河口、上洞街高高的牌坊和断碑残碣，隐隐诉说着土司王朝的不朽传奇。七百年前，白族的先祖们从云南大理远涉山水来到这里，便有了民歌广场上仗鼓舞铿锵有力的脚步和鼓点。澧水四大书院澧源独占两座，崇文书院、萝洞书院里，青砖、石壁和郁郁葱葱的藤萝，还袅袅散发着书香气，澧源三杰的吟哦声未曾飘远。祖籍河口的晚清八大书家之一的沙文清，留在各地的银钩铁划，足证了澧源名士风流动天下。大岩屋石壁上镌下的“山高水长，亿万斯年”，记载了山民们热爱和平、敦亲睦邻的典范。五道水、鹿儿口、两河口、南岔、苦竹寨、淋溪河、长潭坪，一字儿排开的二十多个老码头，让人依次感受到当时繁华富庶、船家商贾往来不绝的气息。一座苦竹寨，摆手堂前，木楼千叠，人歌人哭，可以演义边城兴衰的传奇。那水边的人儿，个个都是歌手，张口便来，一亮嗓子就可以穿云裂帛，绕梁不绝。首批国家非物质文化遗产的桑植民歌，多得像山上的箬竹叶。歌词情味隽永，展开生活的万花筒。迎客的“三道茶”被肤如凝脂的姑娘们捧出，浓郁的民族风情缠绕你归去的脚步。

如果想真正领会这方水土的厚重、古老、幽远，还得去西界山下的澧源小城走走看看。小城虽小，但是很老。跳过石器时代的歌舞，照过秦汉的月亮，听过明清的梆子，开过民国的烟馆和火铺，挥舞过激情岁月的旌旗，唱出了新中国“东方红太阳升”的慷慨豪迈。这座小城，有他霓虹时尚的一面，有他节节生长的高楼，有他溢光流彩的街道，但我总以为，他喜欢回忆和沉思。闲暇的时间，我喜欢带着女儿去文昌老街走走逛逛，尝着各种传统味道的小吃，沿着幽深的小巷，踩着锃亮的青石老街，等落在地上的阳光一寸寸缩短。古老的时光在高高的风火墙上穿梭，沧桑的况味从斑驳的苔痕上漫漶出来，有历史故事从青砖缝隙里一缕儿一缕儿地慢慢长出来……

我就越发喜欢她的宁静和古朴了。

“山如眉峰聚，水如眼波横”，是小城的眉注和批语。作家石绍河《一城山色半城水》的笔下，把这座水边小城写得入汤入味了。近有渔舟唱晚、芦苇轻拂，远有夕阳霞影、碧波轻漾。生于斯长于斯，还没有住够，那就“择一城终老”吧！不会去羡慕那个门前栽菊、南山种豆的五柳先生，也不问前程后事。秋风起，终于理解了那个因为思念家乡义无反顾辞官去吃鲈鱼的唐人张翰。“休说鲈鱼堪脍”，只是静静地喜欢她的波光潋滟，喜欢她的散淡闲适。当我站在小城的芦苇岸边，临风挥毫写下“一水两岸如诗似画有经史记载，百族万家衔恩结义看天地作证”的时候，你可以想象我得意扬扬的样子了。

佛家讲，只有天公赐福，三世修行，方能与这方水土这座城结下奇缘！

（此文应约为张家界建市三十周年所作）

陈颉诗五首

（陈颉，男，土家族，七十年代出生，中国作家协会会员，湖南省诗歌学会理事，出版《最是澧水》《两年间》《时光的瓷瓶》《澧水，澧水》等4部诗集，诗集《两年间》获第六届毛泽东文学奖提名奖，诗集《澧水，澧水》获第四届中国当代诗歌奖，并入围第十一届全国少数民族文学“骏马奖”，入选中国新诗百年百位最具活力诗人，获第三届“曹植诗歌奖”、第六届中国“红高粱诗歌奖”提名奖等文学奖）

羞女山

酉水肩头，形似女人羞涩处的山峦
慢慢打开，船行水上
借着傍晚的一缕阳光
九月的夜色紧挨着苍茫，一群鸟
从山边幽暗的林间飞来
是谁的召唤，聚拢又散开

其实，我不敢下笔写啊，屹立山前
风吹河面，一张巨大的网
在黑暗中交换命运
母性的力量，坚硬无比
阴门山，和谐与美，口口相传
谁都无力辩驳，山崖上的一幅画
风中翻转的细语，若隐若无
宁静承载着生命的密码

眼睛隔着时光的烟火

晚秋沿澧水逆流而上
源头就是故乡，一路上秋风过后
高高低低的树丫上黑色的鸟巢

一双双眼睛隔着时光的烟火
惊讶中落满荒凉
过了神堂湾，落日晃动山崖
一只鹰凛冽的飞翔
一颗子弹迅速落入谷底
九龙山头的感恩寺
一只龟蹲在暮鼓声中
洇入黛色，一动未动

车行峰岭，群鸦低鸣
一些事情在心里动荡不安
虚构梦境中，所有归乡的词语
远离了我的手边

茅岩河

在一条河，与鱼称兄道弟
会放纵你的美妙，一线天穹插进水里
额头红日，谦卑让开这条通道

河水隐藏的历史，在乌篷船里偷笑
隔着桃花的清香，我无需一一道破

河风吹来，一朵扁担花，这过河的神
立壁千仞，水雾中矜持依旧
灵魂的光阴在浪花肩头慢慢醒来

在这片水域，有一种信仰，木材换盐的江山
号子唤醒开河的隐秘，击穿历史烟云

傍晚，鹰盘峡谷，壮美可以折叠起来
时间是一只酒碗，宿醉船舷，天高云淡

印象，苦竹寨

青石板面的倒影，吊脚楼上的窗花
是一个朝代的虚荣。茅岩河深处
闪烁着诱人的孔雀蓝

楚国之夜，江湖近在咫尺
灯红酒绿支撑的码头，摇晃着城墙根头的排客
三千里河水，拽不回七夕夜话

苦竹寨，度过岁月苍茫，五月的一瓣桃花
砸开河水的体温，没有风，是否有些陌生了
倒影中的古寨，神秘之光，依稀可见

梅山阁

澧水身段，梅山点了一下
就站稳了脚跟

一尊阁，一小城，一条河
在这里三分秋色，六十年前
贺龙元帅跃马梅山
将一盘棋博弈的淋漓尽致

梅山阁，淡淡暮色中
线装史书的铁血风骨，隐隐马蹄
忽远忽近，一位将士的雄心
安然若虚，卧龙啸处，望河之洲
梅山阁，苍茫战场，云聚云散

谷晓平诗八首

（谷晓平，男，白族，本科文化，中共党员，1968年出生，湖南桑植人，国际中华诗词协会会员，张家界市诗词协会理事，张家界市作家协会会员，天门诗社社员。现供职于桑植县财政局）

喜迎马年新春

紫气东来遍域中，寒梅携杏共春融。
神州滋润巫山雨，桑梓唱酬澧水红。
播雨耕云兴禹甸，增收减负惠农工。
春光骀荡腾金马，绿染乾坤一梦同。

乡村一隅

一坡葱绿照晚霞，万紫林中隐农家。
草露山风枝头月，碧溪疏影水底鸭。

南滩草场烧烤

串烧啤酒辣油香，绿水青山沐暖阳。
竹外松林楼鼓处，谁家姑嫂笑儿郎？

产业之歌

春风化雨润山乡，创业艰辛岁月长。
恶水穷山欺壮汉，草庐野果度饥荒。
十年一剑展新路，万叶千杆谢上苍。
新式农民职业化，凯歌高奏写华章。

龙年新春小吟

瑞雪纷纷梅自馨，祥龙劲舞踏乾坤。
春回故里始苏暖，万物风流竞日新。

春　望

日暮登高望翠微，蓝天碧野展芳菲。
百蛰出腊皆抒志，千骑逢春各显威。
柳绿桃红飞絮乱，蜂嘤蝶舞细风吹。
欣闻远处犬声吠，蟋蟀和鸣伴我归。

平头界村

平头界上四时春，天朗气清无杂尘。
日照九天烟有望，山连五岭景无垠。
清渠碧水田间过，大道楼栏耳目新。
幌若桃源醉归路，风情万种满乾坤。

七　律

贺桑植县作家协会2017年年会

紫气升腾兆瑞祥，杏梅逐梦澧河香。
九天揽月吴刚醉，四海游龙屈子章。
篝火融光暖雅韵，群枝漫舞竞菲芳。
且看华夏清明日，皓月苍穹唱大唐。